Die Potsdamer Konferenz 1945

Teheran,
Jalta,
Potsdam
Konferenzdokumente der Sowjetunion

Band 3

Die Potsdamer (Berliner) Konferenz 1945

Pahl-Rugenstein

Herausgeber:
Ministerium für Auswärtige Angelegenheiten der UdSSR

Pahl-Rugenstein Verlag GmbH, Köln 1986
Vom Staatsverlag der DDR genehmigte Lizenzausgabe

Gesamtherstellung: Staatsdruckerei der DDR

CIP-Kurztitelaufnahme der Deutschen Bibliothek

Teheran, Jalta, Potsdam: Konferenzdokumente d. Sowjetunion/
[Hrsg.: Ministerium für Auswärtige Angelegenheiten d. UdSSR]. –
Köln: Pahl-Rugenstein
NE: SSSR
Bd. 3. Potsdamer Konferenz ‹1945›:
Die Potsdamer (Berliner) Konferenz 1945. – 1986

Potsdamer Konferenz ‹1945›:
Die Potsdamer (Berliner) Konferenz 1945/
[Hrsg.: Ministerium für Auswärtige Angelegenheiten d. UdSSR]. –
Köln: Pahl-Rugenstein, 1986.
(Teheran, Jalta, Potsdam; Bd. 3)
ISBN 3-7609-1039-4
NE: SSSR/Ministerstvo Inostrannych Del; Die Potsdamer (Berliner) Konferenz
neunzehnhundertfünfundvierzig

Vorbemerkung

Die vorliegende Dokumentensammlung der Potsdamer Konferenz der führenden Repräsentanten der drei alliierten Mächte – UdSSR, USA und Großbritannien – (17. Juli bis 2. August 1945) ist der dritte und abschließende Band der Publikation „Teheran, Jalta, Potsdam. Konferenzdokumente der Sowjetunion".

Die in diesem Band veröffentlichten Dokumente ziehen das Fazit des weltgeschichtlichen Kampfes der Antihitlerkoalition gegen das faschistische Deutschland und seine Satelliten, in dessen Verlauf „die Möglichkeit einer effektiven politischen und militärischen Zusammenarbeit von Staaten mit unterschiedlicher Gesellschaftsordnung in der Praxis bewiesen wurde"[1]. Die Dokumente sind ein überzeugender Beweis für die große Rolle, die die Sowjetunion bei der Herstellung eines gerechten und dauerhaften Nachkriegsfriedens gespielt hat.

Die Dokumente der Potsdamer Konferenz wurden vom Außenministerium der USA 1960 in der offiziellen Publikation „Foreign Relations of the United States. Diplomatic Papers. The Conference of Berlin (The Potsdam Conference). 1945", Bd. I–II veröffentlicht. Bei der vorbereitenden Arbeit zu der Dokumentensammlung wurden die sowjetischen Aufzeichnungen der Sitzungen der Potsdamer Konferenz mit den amerikanischen Aufzeichnungen und mit im staatlichen Archiv Großbritanniens aufbewahrten englischen Aufzeichnungen, die Anfang der 70er Jahre für Wissenschaftler freigegeben worden waren, verglichen; an der russischen Übersetzung der Reden der Regierungschefs und anderen Vertreter der USA und Englands auf der Potsdamer Konferenz wurden die erforderlichen Korrekturen vorgenommen.

Erstmals macht die vorliegende Dokumentensammlung in sowjetischen Archiven verwahrte Dokumente und Materialien, die sich auf die Potsdamer Konferenz beziehen, der Öffentlichkeit zugänglich. Sie besteht aus drei Teilen.

Teil I enthält die sowjetischen Aufzeichnungen über die Sitzungen der Regierungschefs und der Außenminister sowie über die Unterredungen J. W. Stalins mit H. S. Truman und W. S. Churchill sowie W. M. Molotow mit H. S. Truman, A. Eden und J. Byrnes in Potsdam.

Teil II beinhaltet die Arbeitsdokumente der Konferenz: Memoranden, Entwürfe von Vorschlägen, Berichte der Kommissionen der Konferenz und andere Dokumente zu den auf der Potsdamer Konferenz beratenen Fragen.

Teil III umfaßt die abschließenden Dokumente der Konferenz: das Protokoll und die Mitteilung über die Potsdamer Konferenz der drei Großmächte.

In jedem Teil sind die Dokumente chronologisch geordnet. Undatierte Dokumente erhielten das Datum der Aushändigung oder des Empfangs bzw. das Datum der Vorlage oder Annahme auf der Sitzung der Regierungschefs, der Außenminister oder der Kommissionen der Konferenz. Alle diese Fälle sind durch Anmerkungen zum Datum des Dokuments kenntlich gemacht worden.

Die Numerierung der Dokumente erfolgte durch die Redaktion, die auch die meisten Überschriften der Dokumente verfaßte.

Die Dokumente folgen in der Regel den in den Archiven verwahrten Texten. Anschließend an den Text des Dokuments folgt der Hinweis „Nach Archiv". Wurde das Dokument bereits veröffentlicht, wird der Titel der entsprechenden Publikation angegeben.

Der Sammelband ist mit erläuternden Anmerkungen, einem Sachregister, einem Namensverzeichnis und Bilddokumenten aus dem Archiv für Außenpolitik der UdSSR, dem Nationalarchiv der USA und aus privaten Archiven sowjetischer Diplomaten versehen.

Pahl-Rugenstein Verlag

Dokumente der Berliner Konferenz

(Einleitung)

Die Berliner (Potsdamer) Konferenz der Regierungschefs der UdSSR, der USA und Großbritanniens (17. Juli–2. August 1945) war die letzte in der Reihe der Konferenzen der Alliierten während des Großen Vaterländischen Krieges. Im Unterschied zu den vorangegangenen Konferenzen fand sie bereits nach Beendigung des Krieges in Europa statt. Hitlerdeutschland hatte eine vollständige und vernichtende Niederlage erlitten. Am 8. Mai 1945 wurde in Berlin in Anwesenheit von Vertretern des sowjetischen und des verbündeten Kommandos die Urkunde über die bedingungslose Kapitulation Deutschlands vom Hitlerkommando unterzeichnet.

Der sozialistische Sowjetstaat war die Hauptkraft, die dem deutschen Faschismus den Weg zur Weltherrschaft versperrt, die Hauptlast des Krieges getragen und die entscheidende Rolle bei der Zerschlagung Hitlerdeutschlands gespielt hatte. Der Generalsekretär des Zentralkomitees der KPdSU und Vorsitzende des Präsidiums des Obersten Sowjets der UdSSR, L. I. Breshnew, betonte, daß „das Sowjetvolk die harte Prüfung des Krieges in Ehren bestanden hat. Der Feind wurde zerschlagen, niedergeworfen. Unser hervorragendes, heldenhaftes, mächtiges Volk hat das ruhmreiche Leninsche Banner, das Banner des Großen Oktober, das Banner des Sozialismus hoch über den Planeten erhoben und es durch das Feuer der Kriegsjahre siegreich getragen."[2]

Die Völker und Armeen der anderen Staaten der Antihitlerkoalition haben ihren Beitrag zum gemeinsamen Sieg über den Feind geleistet.

Die Berliner Konferenz war einberufen worden, um den historischen Sieg, den die Völker der UdSSR und der anderen verbündeten Länder über das faschistische Deutschland errungen hatten, in ihren Beschlüssen zu verankern und das Programm für einen gerechten und dauerhaften Frieden in Europa zu erarbeiten.

Die veröffentlichten Dokumente vergegenwärtigen dic Atmosphäre, in der die Konferenz verlief, sie zeigen die Positionen der Konferenzteilnehmer zu den mit der Beendigung des Krieges in Europa und der Nachkriegsregelung verbundenen Fragen, den Verlauf der Beratungen und die Wege zur Lösung der drängenden internationalen Probleme durch die höchsten Repräsentanten der drei Großmächte, der Teilnehmer an der Antihitlerkoalition.

Die Dokumente demonstrieren die unbestreitbare Tatsache, daß die sowjetische Delegation auf der Berliner Konferenz bestrebt war, den Geist der Zu-

2 L. I. Breshnew, Leninskim kursom, Bd. 1, Moskau 1970, S. 139.

sammenarbeit zwischen den Großmächten, der während des Krieges zwischen ihnen bestand, auch für die Nachkriegszeit, für die Friedenszeit zu erhalten und ihre Anstrengungen zu vereinen, damit Europa nie wieder Schauplatz blutiger Kriege und Konflikte wird.

Die Dokumente des vorliegenden Sammelbandes zeugen auch davon, daß Staaten, die zu unterschiedlichen Gesellschaftssystemen gehören, abgestimmte Beschlüsse zu den kompliziertesten Fragen erreichen können und müssen, wenn es um das Schicksal der Menschheit, um die Gewährleistung des Friedens und der Sicherheit der Völker geht.

Die Beschlüsse der Berliner Konferenz sind bis auf den heutigen Tag Gegenstand einer scharfen ideologischen Auseinandersetzung. Unter den bürgerlichen Historikern des Westens herrscht bei aller Vielfalt ihrer Richtungen das Bestreben vor, die Bedeutung der Konferenz herunterzuspielen und deren Ergebnisse in einem falschen Licht darzustellen. Im Grunde wenden sich diejenigen, die den nach dem Krieg entstandenen Realitäten in Europa – der Veränderung des Kräfteverhältnisses zugunsten der UdSSR, der Kräfte des Friedens, der Demokratie und des Sozialismus – nicht Rechnung tragen wollen, auch gegen die Beschlüsse der Berliner Konferenz. Die bürgerliche Geschichtsschreibung hat zu verschiedenen Zeiten versucht, die Potsdamer Beschlüsse als „verhängnisvollen Fehler" des Westens, als „Abkommen, um nicht überein zu kommen" oder sogar als „dreiseitige Deklaration des ‚kalten Krieges'"[3] darzustellen. Die vorliegende Publikation trägt dazu bei, die bürgerlichen Fälschungen zu entlarven.

Nach der Beendigung des Krieges in Europa hatten die drei alliierten Mächte auf der Berliner Konferenz vor allem das Hauptproblem, die deutsche Frage, zu lösen.

In Verwirklichung des Krimabkommens über Deutschland[4] waren die politischen und wirtschaftlichen Grundsätze für die koordinierte Politik der Alliierten gegenüber Deutschland zu erarbeiten, um den deutschen Militarismus und Nazismus für immer auszurotten und die Gefahr einer deutschen Aggression zu beseitigen und dem deutschen Volk die Möglichkeit einer demokratischen, friedlichen Entwicklung zu sichern. Die drei Alliierten hatten auch solche sich aus der Niederlage Hitlerdeutschlands ergebenden wichtigen Fragen zu lösen, wie die Frage der Reparationen, territoriale Fragen, die Frage der Kriegsverbrecher und andere.

Auf der Berliner Konferenz hatten die drei alliierten Mächte auch einen abgestimmten Beschluß über die Vorbereitung der Friedensverträge für Italien, Rumänien, Bulgarien, Ungarn und Finnland, die vor der Kapitulation Deutschlands aus dem Krieg gegen die Vereinten Nationen ausgetreten waren und Deutschland den Krieg erklärt hatten, zu fassen.

Zur Herstellung eines dauerhaften und langwährenden Friedens in Europa hatten die drei alliierten Mächte die gemeinsame Politik gegenüber diesen Län-

3 Vgl. auch „Potsdam after Twenty five Years", International Affairs, July 1970; Q. Howe, Ashes of Victory. World War II and its Aftermath, New York 1972; Ch. L. Mee, Meeting at Potsdam, New York 1975.

4 Vgl. Sowjetski Sojus na meshdunarodnych konferenzijach perioda Welikoi Otetschestwennoi woiny 1941–1945 gg., Bd. IV, Krymskaja konferenzija rukowoditelej trjoch sojusnych dershaw – SSSR, SSchA i Welikobritanii (4–11 fewralja 1945 g.), Moskau 1984, S. 247 f. (im folgenden: Krymskaja konferenzija).

dern festzulegen und gleichzeitig eine solche Frage zu lösen, wie die Wiederherstellung diplomatischer Beziehungen mit Finnland, Rumänien, Bulgarien und Ungarn vor Abschluß der Friedensverträge mit diesen Ländern, die ihre Bereitschaft zur Zusammenarbeit mit den Vereinten Nationen durch die Tat bewiesen hatten.

Die drei alliierten Mächte mußten Fragen entscheiden, die sich aus der Tatsache ergeben hatten, daß in Übereinstimmung mit der Krimdeklaration über Polen[5] die Provisorische polnische Regierung der nationalen Einheit gebildet und die polnische Emigrantenregierung aufgelöst worden war. Sie hatten ferner die Frage der Westgrenze Polens zu entscheiden.

Schließlich, nach Beendigung des Krieges in Europa und in Übereinstimmung mit dem Abkommen über den Eintritt der UdSSR in den Krieg gegen Japan, das zwischen der UdSSR, den USA und Großbritannien auf der Krimkonferenz[6] unterzeichnet worden war, stand vor den drei alliierten Mächten die Frage der Abstimmung der militärischen Operationen vor allem der UdSSR und der USA, um den fernöstlichen Aggressor – das militaristische Japan – schnellstmöglich zu zerschlagen.

Die internationale Situation, in der die Vorbereitung auf die Berliner Konferenz verlief, unterschied sich wesentlich von jener während der Krimkonferenz. Die Beziehungen zwischen den drei Mächten nahmen nach Beendigung des Krieges in Europa einen komplizierteren Charakter an.

Ungeachtet der großen Opfer an Menschen und der materiellen Verluste ging das Sowjetland noch mächtiger aus dem Kampf gegen die faschistischen Eindringlinge hervor. Die Sowjetunion verfügte über ein riesiges militärisches und materielles Potential. Noch fester wurde die politisch-moralische Einheit des Sowjetvolkes. Die internationale Autorität des Sowjetstaates wuchs außerordentlich an.

Der Sieg des Sowjetvolkes über den deutschen Faschismus, der der Sowjetunion einen Krieg aufgezwungen hatte, wie es ihn seinen Ausmaßen, der Anspannung der Kräfte und der Zahl der Opfer nach noch nie gegeben hatte, war ein Sieg des Sozialismus über die Stoßkräfte des Weltimperialismus.

Mit der Befreiung von der Hitlerokkupation brachten die Völker Mittel- und Südosteuropas ihr Streben nach einer radikalen Änderung der sozialen Ordnung zum Ausdruck. „Das Frühjahr 1945“, äußerte L. I. Breshnew, „wurde für viele europäische Völker zum Frühling einer neuen Geschichtsepoche. Die Werktätigen einer Reihe von Ländern nahmen die Macht in ihre eigenen Hände und gingen zum Aufbau des Sozialismus über.“[7]

Das Kräfteverhältnis in der Welt entwickelte sich zugunsten der Demokratie, des Friedens und des Sozialismus und zuungunsten des Kapitalismus. Unter diesen Bedingungen verstärkten sich in den herrschenden Kreisen der USA und Großbritanniens merklich antisowjetische Tendenzen; es begann sich eine offene Gegnerschaft zur Sowjetunion zu zeigen; die Regierungen dieser Länder strebten danach, die Zusammenarbeit mit der UdSSR in einer Reihe politischer Fragen zu schwächen und erarbeiteten Pläne für eine Nachkriegsordnung, wobei sie sich von den eigenen imperialistischen Interessen leiten ließen.

5 Vgl. Krymskaja konferenzija, a. a. O., S. 250 f.
6 Vgl. a. a. O., S. 254 f.
7 L. I. Breshnew, Leninskim kursom, Bd. 3, Moskau 1972, S. 18.

Den reaktionären antisowjetischen Kurs in der Außenpolitik des Westens brachte der Premierminister Großbritanniens, W. Churchill, unverhohlen zum Ausdruck. In seinem Schreiben an den Präsidenten der USA, H. Truman, vom 12. Mai 1945 schreckte er seine überseeischen Kollegen mit dem Vormarsch der Roten Armee ins Zentrum Europas und schrieb von dem „eisernen Vorhang", der angeblich vor der Front der sowjetischen Streitkräfte niedergegangen sei.[8]

Nachdem er dem Präsidenten der USA vorgeschlagen hatte, gemeinsam mit ihm oder jeder für sich den Chef der Sowjetregierung einzuladen, sich in irgend einer unzerstörten Stadt Deutschlands zu einer dreiseitigen Konferenz zu treffen, forderte der Premierminister Großbritanniens dazu auf, die amerikanischen und englischen Truppen so lange nicht aus den von ihnen während der Kampfhandlungen besetzten Gebieten der sowjetischen Besatzungszone Deutschlands zurückzuziehen, bis eine Einigung in allen strittigen Fragen erzielt worden sei.[9] Churchill war auch der Meinung, daß die Dreimächtekonferenz so schnell wie möglich stattfinden müsse, noch bevor die anglo-amerikanischen Kräfte aus Europa in den Fernen Osten zur Teilnahme am Krieg gegen Japan verlegt werden.

Zur selben Zeit wurde der Generalstab des Empire in London damit beauftragt, die Möglichkeit der Einleitung militärischer Handlungen gegen Rußland zu prüfen, falls bei den weiteren Verhandlungen Schwierigkeiten entstehen sollten.[10] In einer Reihe von Ländern, die durch die anglo-amerikanischen Truppen von den faschistischen Okkupanten befreit worden waren, führte das alliierte Kommando die Entwaffnung der deutschen Truppen nicht vollständig durch.

Gegen Ende des Krieges in Europa ging man auch in den herrschenden Kreisen der USA zu einem „harten Kurs" gegenüber der UdSSR über. Während des Treffens des neuen Präsidenten der USA, H. Truman, mit dem amerikanischen Botschafter in der UdSSR, A. Harriman, am 20. April 1945, auf dem dringende Fragen der amerikanisch-sowjetischen Beziehungen beraten wurden und an dem einige Kabinettsmitglieder teilnahmen, erklärte Truman, daß er beabsichtige, gegenüber den Russen „hart zu sein".[11] Am 23. April erging sich der neue Präsident im Gespräch mit dem Volkskommissar für Auswärtige Angelegenheiten der UdSSR, W. M. Molotow, der zur Teilnahme an der Konferenz der Vereinten Nationen in San Francisco in die USA gekommen war, in groben Ausfällen gegen die UdSSR, wobei er die Sowjetunion beschuldigte, gerade sie würde die Beschlüsse der Krimkonferenz nicht erfüllen. „Ich bedauerte", erinnert sich Harriman, „daß Truman so scharf auftrat, da solch ein Verhalten Molotow die Möglichkeit gab, Stalin mitzuteilen, daß man sich von der Politik Roosevelts abwendet."[12]

In der Politik der Westmächte zeigte sich die Tendenz zur Revision einzelner Beschlüsse der Krimkonferenz (hinsichtlich Polen, der Deklaration über das befreite Europa, der Reparationen von Deutschland u. a.).

So wichen die englische und die amerikanische Regierung von den Festlegungen der Krimkonferenz zur Frage der Bildung einer Provisorischen polnischen Regierung der nationalen Einheit ab, indem sie den gefaßten Beschluß über die

8 W. S. Churchill, The Second World War, Bd. 6, Triumph and Tragedy, London 1954, S. 498.
9 Vgl. a. a. O., S. 499.
10 Vgl. A. Bryant, Triumph in the West, 1943–1946, London 1959, S. 470.
11 W. A. Harriman/E. Abel, Special Envoy to Churchill and Stalin, 1941–1946, New York 1975, S. 447.
12 a. a. O., S. 454

Reorganisation der existierenden volksdemokratischen Provisorischen Regierung der Polnischen Republik als deren Liquidierung und Schaffung einer völlig neuen Regierung auslegten. Die herrschenden Kreise der Westmächte gaben dem Begriff „demokratische Einrichtungen" und anderen, die in der Deklaration über das befreite Europa enthalten sind, ihre begrenzte, bürgerliche Interpretation; sie lehnten es ab, die volksdemokratischen Regierungen in Bulgarien, Ungarn und Rumänien anzuerkennen. In der Interalliierten Reparationskommission wandten sie sich gegen die auf der Krimkonferenz festgelegte Reparationssumme von Deutschland.

Hinter dem Versuch, die Krimbeschlüsse zu revidieren, verbarg sich das Bestreben der Regierungen der USA und Großbritanniens, auf diplomatischem Wege den Kräften der Reaktion in den befreiten Ländern Europas Unterstützung zu geben, ihre Absicht, das Wirtschaftspotential des besiegten Deutschland in den Dienst ihrer imperialistischen Interessen zu stellen.

Zu vielen strittigen Fragen zwischen den Regierungschefs der UdSSR, der USA und Großbritanniens wurde nach der Krimkonferenz ein intensiver Schriftwechsel geführt, aber es ging nicht voran, und die Lösung einer Reihe von Fragen geriet in eine Sackgasse. Die Anhänger des „harten Kurses" gegenüber der UdSSR, die sich gegen die Zusammenarbeit von Staaten mit unterschiedlichen Gesellschaftssystemen wandten, konnten jedoch das internationale Klima, das sich im Ergebnis des Sieges der Antihitlerkoalition über das faschistische Deutschland verbessert hatte, nicht ändern. Das Kräfteverhältnis nach Beendigung des Krieges in Europa und die entstandene politisch-moralische Situation begünstigten nicht die Absichten der reaktionären herrschenden Kreise Großbritanniens und der Vereinigten Staaten. Im übrigen hatten die westlichen Militärs eine bessere Vorstellung vom wirklichen Kräfteverhältnis in der Nachkriegswelt als solche Politiker wie ein W. S. Churchill. Der Chef des britischen Generalstabes, Feldmarschall Alan Brooke, schrieb am 24. Mai 1945 in sein Tagebuch: „Der Gedanke", mit Rußland einen Krieg beginnen zu können, „ist natürlich phantastisch und eine Aussicht auf Erfolg ganz unmöglich".[13]

Eine ähnliche Auffassung vertraten auch die führenden Militärs der USA.[14] Die Position der herrschenden Kreise der Vereinigten Staaten gegenüber der UdSSR wurde auch noch dadurch bestimmt, daß sie außerordentlich daran interessiert waren, den Krieg mit Japan im Fernen Osten mit den geringsten Verlusten für die USA und in kürzester Zeit zu beenden. Das konnte aber nur mit Hilfe der UdSSR erreicht werden. In den USA begriff man auch, daß die anglo-amerikanischen Truppen keinen Zutritt nach Berlin und Wien erhalten würden, wenn sie sich nicht aus der sowjetischen Besatzungszone Deutschlands zurückziehen. Die USA-Administration mußte ferner die Stimmung der amerikanischen Öffentlichkeit berücksichtigen und konnte nicht in so kurzer Zeit von der Politik der Zusammenarbeit mit der UdSSR zur Politik der Konfrontation übergehen.

Aus diesen Gründen unterstützten die herrschenden Kreise der USA nicht voll die antisowjetischen Pläne Churchills. In einem Schreiben an den englischen Premierminister schrieb der Präsident der USA, daß er es vorziehe, die Entwick-

13 A. Bryant, Triumph in the West . . ., a. a. O., S. 470.
14 Vgl. Foreign Relations of the United States. Diplomatic Papers. The Conference of Berlin (The Potsdam Conference) 1945, Vol. I, Washington 1960, S. 264 f.

lung der Ereignisse abzuwarten, bevor er den vom Premierminister vorgeschlagenen Kurs billige.[15] Die Regierung der USA beschloß, direkte Kontakte zur Sowjetregierung aufzunehmen und Vorverhandlungen von realistischeren Positionen aus zu führen. Am 20. Mai 1945 schrieb der Präsident der USA dem Chef der Sowjetregierung: „Ich bin überzeugt, daß Sie genau wie ich um die Schwierigkeiten wissen, die sich bei der Behandlung der komplizierten und wichtigen Fragen, denen wir uns gegenübersehen, auf dem Wege des Austausches von Botschaften ergeben. Da noch keine Möglichkeit für ein Zusammentreffen zwischen uns besteht, entsende ich deshalb Herrn Harry Hopkins mit Botschafter Harriman nach Moskau, damit sie Gelegenheit haben, mit Ihnen persönlich diese Fragen zu besprechen.“[16] Die Sowjetregierung antwortete zustimmend auf den Vorschlag des Präsidenten. Das Treffen wurde für den 26. Mai 1945 anberaumt.[17]

Gleichzeitig wurde der ehemalige amerikanische Botschafter in der UdSSR, J. Davies, als persönlicher Vertreter des Präsidenten der USA zu Verhandlungen mit dem Premierminister Großbritanniens nach London entsandt.

Während der Verhandlungen der führenden sowjetischen Persönlichkeiten mit Hopkins in Moskau (26. Mai–6. Juni 1945) wurde ein breiter Kreis von Fragen der Beziehungen zwischen der UdSSR und den USA beraten, und Lösungswege wurden gefunden. Die Seiten vereinbarten, daß die Deutschland betreffenden Fragen auf dem bevorstehenden Gipfeltreffen behandelt werden. Hopkins wurde über die Ernennung des sowjetischen Vertreters für den Kontrollrat in Deutschland, Marschall G. K. Shukow, informiert.

Am 5. Juni 1945 sollte in Berlin die erste Sitzung des Kontrollrates in Deutschland stattfinden. An ebendiesem Tage wurde die Erklärung in Anbetracht der Niederlage Deutschlands und der Übernahme der obersten Regierungsgewalt hinsichtlich Deutschlands durch die Regierungen der UdSSR, der USA, Großbritanniens und Frankreichs unterzeichnet und am 6. Juni veröffentlicht. Der Erklärung wurde das Dokument über die Bestimmungen der bedingungslosen Kapitulation Deutschlands zugrunde gelegt, das die Europäische Konsultativkommission, die auf der Grundlage des Beschlusses der Moskauer Konferenz[18] gebildet worden war, ausgearbeitet hatte. In der Erklärung heißt es, daß die Alliierten diejenigen Maßnahmen treffen werden, „die sie zum künftigen Frieden und zur künftigen Sicherheit für erforderlich halten, darunter auch die vollständige Abrüstung und Entmilitarisierung Deutschlands“.[19] Gleichzeitig wurden auch die Vereinbarungen über die Besatzungszonen und über das Kontrollverfahren in Deutschland veröffentlicht.

Bald wurde auch eine Übereinkunft darüber erzielt, daß die Regierungen der

15 N. Feis, Between War and Peace. The Potsdam Conference, London 1960, S. 76.

16 Perepiska Predsedatelja Sowjeta Ministrow SSSR s presidentami SSchA i premjer-ministrami Welikobritanii wo wremja Welikoi Otetschestwennoi woiny 1941–1945 gg., Bd. 2, Moskau 1976, S. 250 (im folgenden: Perepiska Predsedatelja Sowjeta Ministrow SSSR).

17 Vgl. ebenda.

18 Vgl. Sowjetski Sojus na meshdunarodnych konferenzijach perioda Welikoi Otetschestwennoi woiny 1941–1945 gg., Bd. I, Moskowskaja konferenzija ministrow inostrannych del SSSR, SSchA i Welikobritanii (19–30 oktjabrja 1943 g.), Moskau 1984, S. 322 f. (im folgenden: Moskowskaja konferenzija).

19 Sbornik dejstwujuschtschich dogoworow, soglascheni i konwenzi, sakljutschonnych SSSR s inostrannymi gossudarstwami, Folge XI, Moskau 1955, S. 90 (im folgenden: Sbornik dejstwujuschtschich dogoworow).

USA und Englands ihre Truppen aus dem von ihnen besetzten Teil der sowjetischen Besatzungszone in Deutschland abziehen werden. Da der Kontrollrat und andere Organe der alliierten Kontrolle in Deutschland ihren Sitz in Berlin hatten, erhielten Truppenteile der Westmächte Zugang zu den für sie bestimmten Sektoren von Groß-Berlin. Dabei blieb jedoch Berlin Teil der sowjetischen Besatzungszone Deutschlands. Gleichzeitig wurde über die Frage der Stationierung von Truppen nach Zonen in Österreich und des Einzuges englischer, amerikanischer und französischer Truppen in Wien eine Übereinkunft erzielt. Im Schriftwechsel zwischen den Regierungschefs der UdSSR, den USA und Großbritanniens war als Termin für den Beginn der Truppenverlegung der 1. Juli 1945 festgesetzt.

Im Ergebnis der Verhandlungen der Sowjetregierung mit Hopkins beschleunigte man die Entscheidung der Frage in bezug auf die Bildung einer Provisorischen polnischen Regierung der nationalen Einheit. Die Moskauer Dreimächtekommission, die auf der Krimkonferenz[20] gebildet worden war, gelangte zu einem Übereinkommen darüber, wen man von den Vertretern der Provisorischen polnischen Regierung und den demokratischen Persönlichkeiten, die in Polen und im Ausland leben, zu Konsultationen in dieser Frage einladen sollte. Die Konsultationen fanden vom 17. bis 21. Juni 1945 in Moskau statt. Die Teilnehmer der Beratung erklärten, daß die „nationale Würde und die Souveränität des polnischen Staates verlangen, daß die polnischen Angelegenheiten von den Polen selbst entschieden werden“.[21] Am 28. Juni 1945 bildete die Krajowa Rada Narodowa die Provisorische polnische Regierung der nationalen Einheit, deren Kern die bestehende und von der Sowjetunion vorher anerkannte Provisorische Regierung der Polnischen Republik blieb. Am 29. Juni wurde sie von Frankreich und am 5. Juli 1945 von den USA und Großbritannien anerkannt.

Nach den Verhandlungen in Moskau verlief die Konferenz in San Francisco erfolgreicher. Am 26. Juni beendete sie ihre Arbeit mit der einmütigen Annahme der Charta der Vereinten Nationen, in der das Hauptziel dieser Organisation formuliert war: die künftigen Generationen vor der Geißel des Krieges zu bewahren.[22]

Während der Verhandlungen in Moskau wurde Übereinkunft darüber erzielt, daß die neue Konferenz der Regierungschefs der drei alliierten Mächte für den 15. Juli 1945 nach Berlin einberufen wird.[23]

Was die Verhandlungen in London betrifft, so überzeugte sich der aus Washington entsandte J. Davies von der „äußerst feindseligen Position Churchills zur UdSSR“. Schließlich erklärte aber Churchill, daß er „die Durchführung der Politik der USA gegenüber der Sowjetunion nicht behindern“ werde und einverstanden sei, zu versuchen, „alle mit ihrer Würde zu vereinbarenden Mittel zur Lösung der Meinungsverschiedenheiten zwischen den ‚Großen Drei‘ auszuschöpfen“.[24]

20 Vgl. Krymskaja konferenzija . . ., a. a. O., S. 250 f.

21 Wneschnjaja politika Sowjetskogo Sojusa w period Otetschestwennoi woiny. Dokumenty i materialy, Bd. 3, Moskau 1947, S. 302 (im folgenden: Wneschnjaja politika Sowjetskogo Sojusa).

22 Vgl. Sowjetski Sojus na meshdunarodnych konferenzijach perioda Welikoi Otetschestwennoi woiny 1941–1945 gg., Bd. V, Konferenzija Objedinjonnych Nazi w San Franzisko (25 aprelja–26 ijunja 1945 g.), Moskau 1984 (im folgenden: Konferenzija Objedinjonnych Nazi w San Franzisko).

23 Statt am 15. Juli begann die Berliner Konferenz am 17. Juli 1945.

24 H. Feis, Between War and Peace . . ., a. a. O., S. 125 f.

Die Übereinkünfte, die von den alliierten Mächten im Vorfeld des Treffens der Regierungschefs der UdSSR, der USA und Großbritanniens zu einer Reihe von Fragen erzielt worden waren, machten in erheblichem Maße den Weg für eine erfolgreiche Durchführung der Berliner Konferenz frei, obgleich die herrschenden Kreise der USA und Großbritanniens ihre Versuche, der UdSSR gegenüber eine Politik „von der Position der Stärke aus" zu führen, nicht aufgaben. Schon der Zeitpunkt der Begegnung der „Großen Drei", der 15. Juli 1945, war, wie sich später herausstellte, vom Präsidenten der USA der UdSSR in der Absicht vorgeschlagen worden, daß er nach dem Atombombentest der Amerikaner lag. Der Präsident erwog schon damals, den „Atomtrumpf" in den Verhandlungen mit der UdSSR auszunutzen.

Im Briefwechsel der Regierungschefs der UdSSR, der USA und Großbritanniens erhielt die Konferenz im Einvernehmen zwischen den drei Mächten den Code „Terminal". Als Konferenzort wurde auf Vorschlag der Sowjetregierung Berlin, die Hauptstadt des geschlagenen Deutschland, gewählt. Da Berlin selbst aber weitgehend zerstört war, fand die Konferenz in Potsdam, nahe Berlin, im Schloß Cecilienhof statt, das den Sturm auf Berlin unbeschädigt überstanden hatte.

Die Delegationen waren in den unversehrt gebliebenen Villen von Babelsberg untergebracht. Die Delegation der USA unter Leitung des Präsidenten H. Truman und die Delegation Großbritanniens unter Leitung W. Churchills trafen am 15. Juli 1945 in Berlin ein. Mit W. Churchill reiste der Führer der Labour Party, C. Attlee, zur Konferenz an, damit im Falle eines Regierungswechsels in Großbritannien nach den Parlamentswahlen die „Kontinuität" gewährleistet war. Da die Konservativen in den Wahlen (sie fanden am 5. Juli statt, die endgültigen Ergebnisse wurden aber am 26. Juli bekanntgegeben) eine Niederlage erlitten, leitete die Delegation Großbritanniens ab 28. Juli C. Attlee, der Premierminister Großbritanniens geworden war.

Die Delegation der UdSSR unter Leitung des Vorsitzenden des Rates der Volkskommissare, J. W. Stalin, traf mit der Bahn am 16. Juli 1945 in Berlin ein. Am Morgen des 17. Juli fand die erste Begegnung J. W. Stalins und des neuen Präsidenten der USA statt. Im Laufe des Gespräches erklärte Präsident H. Truman dem sowjetischen Regierungschef, daß er zu ihm „ebensolche freundschaftlichen Beziehungen herstellen" möchte, „wie sie zwischen Generalissimus Stalin und Präsident Roosevelt bestanden haben". J. W. Stalin erwiderte, daß es „von seiten der Sowjetregierung volle Bereitschaft gibt, mit den USA zusammenzugehen"[25].

Am Vorabend der Berliner Konferenz wurde in den USA eine Atomexplosion durchgeführt. Über die Erprobung einer neuen Waffe von „außerordentlicher Zerstörungskraft" informierte Präsident H. Truman den Leiter der sowjetischen Delegation am 24. Juli 1945. Die Mitteilung machte jedoch auf die sowjetische Delegation nicht den von den westlichen Führern erwarteten Eindruck.

Die Konferenz verlief im Zeichen des großen Sieges der verbündeten Staaten und Völker über den deutschen Faschismus, bei dem der UdSSR die Hauptrolle zukam. Nur mit Hilfe der Sowjetunion konnte in kurzer Zeit auch der Sieg über die japanischen Aggressoren errungen werden. Gerade diese Faktoren hatten bestimmenden Einfluß auf den Verlauf der Konferenz in Potsdam.

25 Vgl. Dok. Nr. 2, S. 37.

Die Konferenz in Potsdam wurde am 17. Juli 1945 um 17.00 Uhr eröffnet. An ihr nahmen die Leiter der Delegationen teil: J. W. Stalin – UdSSR, H. Truman – USA, W. Churchill (ab 28. Juli C. Attlee) – Großbritannien.

An der Konferenz nahmen auch die Außenminister der UdSSR (W. M. Molotow), der USA (J. Byrnes) und Großbritanniens (A. Eden und dann E. Bevin), deren Stellvertreter, der Botschafter der UdSSR in den USA, A. A. Gromyko, der Botschafter der UdSSR in Großbritannien, F. T. Gussew, und Vertreter der Außenministerien und Militärbehörden der drei Länder teil.

Den Vorsitz auf der Konferenz führte auf Vorschlag des Leiters der sowjetischen Delegation der Präsident der USA. Die erste Sitzung begann mit der Beratung der Tagesordnung. Die amerikanische und die englische Delegation hatten Listen von Fragen vorgelegt, die sie noch vor Beginn der Konferenz zu beraten wünschten.[26] Eine verbindliche Tagesordnung war jedoch nicht erarbeitet worden. Die Delegationen konnten beliebige Fragen zur Erörterung vorschlagen.

Der Präsident der USA legte der Konferenz den Entwurf eines Vorschlages über die Bildung eines Rates der Außenminister vor, der die Friedensverträge für Italien, Rumänien, Finnland, Bulgarien und Ungarn vorbereiten und Vorschläge für die Regelung der territorialen Fragen, die in Verbindung mit der Beendigung des Krieges in Europa entstanden waren, ausarbeiten sollte; er legte ein Memorandum über die Politik gegenüber Deutschland in der Anfangsperiode der Kontrolle, ein Dokument über die Erfüllung der Krimdeklaration über das befreite Europa und ein Dokument über die Politik gegenüber Italien vor.

Churchill schlug im Namen der englischen Delegation vor, die polnische Frage, unter der er vor allem die Durchführung von Wahlen in Polen verstand, sowie die Frage der Erfüllung des Krimabkommens über Jugoslawien in die Tagesordnung der Konferenz aufzunehmen.

J. W. Stalin fügte seinerseits die Fragen der Reparationen von Deutschland, der Aufteilung der deutschen Flotte, der Wiederherstellung diplomatischer Beziehungen zu den Ländern, die an der Seite Deutschlands gekämpft, aber nach ihrer Befreiung mit ihm gebrochen hatten, der Auflösung der polnischen Emigrantenregierung im Zusammenhang mit der Bildung der Polnischen Regierung der nationalen Einheit, des Francoregimes in Spanien und einige andere zur Tagesordnung der Konferenz hinzu.

Einen zentralen Platz in der Arbeit der Berliner Konferenz nahm die deutsche Frage ein.

Der Beratung der deutschen Frage auf der Konferenz ging eine lange und komplizierte Arbeit der alliierten Mächte auf den vorangegangenen Treffen der „Großen Drei“ (Teheran, Krim), in den alliierten Kommissionen, die zur Behandlung der verschiedenen Aspekte dieses Problems gebildet worden waren (die Europäische Konsultativkommission – EKK, die Interalliierte Reparationskommission u. a.), und im Kontrollrat in Deutschland voraus. Die zuvor von den Alliierten abgeschlossenen Abkommen über Deutschland sicherten die Schaffung eines notwendigen Mechanismus für die Verwaltung Deutschlands in der Anfangsperiode der Besetzung, für die Umgestaltung seines Lebens auf friedliebender, demokratischer Grundlage. Grundlegende Dokumente waren die auf der Krimkonferenz erzielten Vereinbarungen über Deutschland, die Urkunde

26 Vgl. Dok. Nr. 30, 31.

über die bedingungslose Kapitulation Deutschlands, die Erklärung in Anbetracht der Niederlage Deutschlands, das Abkommen über die Besatzungszonen in Deutschland und über die Verwaltung von Groß-Berlin, das Abkommen über den Kontrollmechanismus in Deutschland und andere. Zum Zeitpunkt der Einberufung der Konferenz wurde in der EKK noch ein weiteres Abkommen, das über einige zusätzliche Forderungen an Deutschland, ausgearbeitet und am 25. Juli 1945 unterzeichnet.[27] In diesem Abkommen waren Maßnahmen vorgesehen, die auf die Entwaffnung und Entmilitarisierung Deutschlands und auf die völlige Liquidierung des faschistischen Regimes in Deutschland gerichtet waren.

Auf Drängen der sowjetischen Seite wurden in das Abkommen Punkte aufgenommen, die die völlige und endgültige Auflösung aller Streitkräfte Deutschlands, der SS, der SA, des SD und der Gestapo mit allen ihren Organisationen, Stäben und Einrichtungen, einschließlich des Generalstabes, des Offizierskorps, des Reservistenkorps, der Militärschulen, Organisationen der Kriegsveteranen und aller anderen militärischen und halbmilitärischen Organisationen zusammen mit ihren Klubs und Verbänden, das Verbot von militärischer Ausbildung aller Art und von Organisationen, die zur Förderung der militärischen Ausbildung beitragen könnten, sowie die Auflösung der nationalsozialistischen Partei und ihr Verbot vorsahen.

Der Entwurf der USA über die Politik gegenüber Deutschland[28], auf dessen Grundlage die Beratung geführt wurde, enthielt viele wichtige Bestimmungen früherer Abkommen der Alliierten über Deutschland, wodurch das Erreichen eines abgestimmten Beschlusses erleichtert wurde.

Schon am zweiten Konferenztag wurden im wesentlichen die politischen Grundsätze einer koordinierten Politik der drei Mächte gegenüber Deutschland gebilligt.

Viel schwieriger war die Abstimmung der wirtschaftlichen Grundsätze der Behandlung Deutschlands, die mit Fragen der Vernichtung des Kriegspotentials Deutschlands, der Entnahme der Reparationen, der Vorschußlieferungen aus Deutschland, der Versorgung Deutschlands mit Lebensmitteln und Brennstoffen sowie mit anderen Wirtschafts- und Finanzfragen zusammenhingen. Die Westmächte waren auf jede Weise bestrebt, sich Handlungsfreiheit auf dem Gebiet der Wirtschaftspolitik in Deutschland, zumindest in ihren eigenen Besatzungszonen, zu sichern, darunter auch in einer solchen wichtigen Frage, die sich aus der Tatsache der Niederlage Hitlerdeutschlands ergab, wie die der Reparationen.

Auf den Sitzungen am 31. Juli und 1. August stimmten die Regierungschefs endgültig den Text der Übereinkunft „Politische und wirtschaftliche Grundsätze, von denen man sich bei der Behandlung Deutschlands in der Anfangsperiode der Kontrolle leiten lassen muß“[29] ab.

Dieser Übereinkunft lagen die Prinzipien der Entmilitarisierung, Demokratisierung und Entnazifizierung Deutschlands zugrunde. „Der deutsche Militarismus und Nazismus werden ausgerottet“, hieß es in der Mitteilung über die Dreimächtekonferenz von Berlin, „und die Alliierten werden in Übereinstimmung miteinander in der Gegenwart und in der Zukunft auch andere Maßnahmen tref-

27 Vgl. Sbornik dejstwujuschtschich dogoworow . . ., Folge XI, a. a. O, S. 91.
28 Vgl. Dok. Nr. 33.
29 Vgl. Dok. Nr. 158, 159.

fen, die notwendig sind, damit Deutschland nie wieder seine Nachbarn oder die Erhaltung des Friedens in der ganzen Welt bedrohen kann."[30] Gleichzeitig erklärten die drei Mächte: „Es ist nicht die Absicht der Alliierten, das deutsche Volk zu vernichten oder zu versklaven." Sie verkündeten ihre Absicht, „dem deutschen Volk die Möglichkeit (zu) geben, sich darauf vorzubereiten, sein Leben im weiteren auf einer demokratischen und friedlichen Grundlage wiederaufzubauen" und nach Erreichung dieses Ziels „mit der Zeit einen Platz unter den freien und friedlichen Völkern der Welt einzunehmen".[31]

Im Abschnitt der Übereinkunft über die politischen Grundsätze bekräftigten die drei Mächte: „Entsprechend der Vereinbarung über den Kontrollmechanismus in Deutschland wird die oberste Macht in Deutschland von den Oberkommandierenden der Streitkräfte der Union der Sozialistischen Sowjetrepubliken, der Vereinigten Staaten von Amerika, des Vereinigten Königreiches und der Französischen Republik ausgeübt, und zwar von jedem in seiner Besatzungszone nach den Weisungen seiner entsprechenden Regierung sowie gemeinsam in ihrer Eigenschaft als Mitglieder des Kontrollrates in den Deutschland als Ganzes betreffenden Fragen."[32]

Als Ziele der Besetzung wurden verkündet: die völlige Entwaffnung und Entmilitarisierung Deutschlands und die Beseitigung der gesamten deutschen Industrie, die für Kriegsproduktion genutzt werden kann, oder Kontrolle über sie; die Auflösung der nationalsozialistischen Partei und das Vorbeugen jeder nazistischen und militaristischen Betätigung und Propaganda; die Aufhebung aller nazistischen Gesetze; die Bestrafung der Kriegsverbrecher; die Förderung der Tätigkeit antifaschistischer Parteien und die Vorbereitung auf die endgültige Umgestaltung des deutschen politischen Lebens auf demokratischer Grundlage und auf eine eventuelle friedliche Mitarbeit Deutschlands am internationalen Leben.

Die drei Mächte kamen überein, wie es im Entwurf der USA über die Politik gegenüber Deutschland vorgeschlagen war, daß bis auf weiteres „keine zentrale deutsche Regierung gebildet werden"[33] wird. Bei der Beratung des Entwurfes der USA auf der Konferenz unterbreitete die sowjetische Delegation den Zusatz, daß eine zentrale deutsche Verwaltung, bestehend aus Sekretären für Außenhandel, Industrie, Finanzwesen, Transport- und Nachrichtenwesen, gebildet wird.[34] Die Westmächte nahmen den Vorschlag der UdSSR nicht an, obwohl sie es in Abänderung seiner Formulierung für zweckmäßig befanden festzulegen, einige wichtige zentrale deutsche Verwaltungsabteilungen auf den obengenannten Gebieten unter der Leitung des Kontrollrates in Deutschland zu errichten.

Die Sowjetregierung stimmte diesem Vorschlag der Westmächte zu.

Demselben Ziel – der Vernichtung des deutschen Kriegspotentials und der Beseitigung der deutschen Bedrohung – waren die auf der Konferenz angenommenen wirtschaftlichen Grundsätze der Behandlung Deutschlands untergeordnet. Sie sahen nicht nur das Verbot der Produktion von Waffen, Kriegsausrüstung und Kriegsmitteln, sondern auch die Dezentralisierung des deutschen Wirtschaftslebens, die Vernichtung der bestehenden übermäßigen Konzentration der

30 Vgl. Dok. Nr. 159.
31 Vgl. Dok. Nr. 159.
32 Vgl. ebenda.
33 ebenda
34 Vgl. Dok. Nr. 129.

Wirtschaftskraft in Form von Kartellen, Syndikaten, Trusts und anderen Monopolvereinigungen vor. Bei der Organisation des Wirtschaftslebens Deutschlands sollte das Hauptgewicht auf die Entwicklung der Landwirtschaft und der Friedensindustrie gelegt werden.

Die wirtschaftlichen Grundsätze der Behandlung Deutschlands sahen vor, daß „während der Besatzungszeit ... Deutschland als eine wirtschaftliche Einheit zu betrachten“ ist.[35] Eine gemeinsame Politik sollte hinsichtlich der Erzeugung und der Verteilung der Produkte der Bergbau- und der verarbeitenden Industrie, der Landwirtschaft, der Forstwirtschaft und der Fischerei, der Löhne und Preise, des Import- und Exportprogramms, der Währung und des Bankwesens, der Reparationen und der Beseitigung des militärischen Industriepotentials sowie des Transport- und Nachrichtenwesens durchgeführt werden.

Die Frage der Reparationen wurde auf der Berliner Konferenz als Bestandteil der Wirtschaftspolitik der alliierten Mächte gegenüber Deutschland betrachtet. Die Reparationen sollten der wirtschaftlichen Entwaffnung Deutschlands dienen und gleichzeitig ein Mittel sein, zumindest teilweise den Schaden zu ersetzen, der von den deutschen Eindringlingen den Ländern zugefügt wurde, die Opfer der Aggression waren.

Insgesamt belief sich der materielle Schaden, den die Aggressoren der Volkswirtschaft und einzelnen Staatsangehörigen der UdSSR zugefügt hatten, auf rund 2 Billionen 600 Milliarden Rubel[36]. Die Regierungen der USA und Englands konnten nicht umhin, die großen Verluste der UdSSR an Menschen und Material im Krieg gegen Hitlerdeutschland anzuerkennen. Auf der Krimkonferenz wurde die Übereinkunft erzielt, daß Deutschland verpflichtet wird, „den Schaden, den es den verbündeten Nationen im Laufe des Krieges zugefügt hat, durch Sachleistungen wiedergutzumachen“, wobei die USA dem Vorschlag der Sowjetunion zustimmten, als Grundlage für die Diskussion in der zu diesem Zweck gebildeten Interalliierten Reparationskommission die Summe von 20 Milliarden Dollar festzulegen, von der 50 % die Sowjetunion erhalten sollte.[37]

Auf der Berliner Konferenz ging die Delegation der USA jedoch von der Position, die sie auf der Krim vertreten hatte, ab und begründete diese veränderte Einstellung mit den großen Zerstörungen und dem Verlust einiger Gebiete Deutschlands nach der Krimkonferenz, wodurch die früher festgelegte Reparationsziffer sich nun als nicht real erweise. Die Delegation der USA wandte sich gegen die Festlegung konkreter Reparationssummen für jeden Staat; sie schlug die Anwendung des Prinzips der zonenweisen Entnahme von Reparationen vor, nach dem jede der vier Besatzungsmächte ihre Reparationsansprüche aus ihrer eigenen Zone befriedigen sollte.[38] Die englische Delegation erklärte, sie „enthalte sich jeglicher Vorschläge“ über Reparationen[39], unterstützte aber faktisch den Vorschlag der USA.

In der Position der USA und Großbritanniens zur Reparationsfrage zeigten sich antisowjetische Tendenzen in ihrer Politik: Einerseits wollten sie die berech-

35 Vgl. Dok. Nr. 159.
36 Vgl. Welikaja Otetschestwennaja woina Sowjetskogo Sojusa 1941–1945. Kratkaja istorija. Moskau, 1965, S. 552.
37 Vgl. Krymskaja konferenzija ..., a. a. O., S. 254.
38 Vgl. Dok. Nr. 87.
39 Vgl. Dok. Nr. 23, Anlage 2.

tigten Reparationsforderungen der UdSSR nicht befriedigen, andererseits waren sie nicht gewillt, das militärische Wirtschaftspotential Deutschlands, das hauptsächlich in den westlichen Besatzungszonen, vor allem im Ruhrgebiet, konzentriert war, übermäßig zu schwächen. Bereits damals planten sie, Deutschland in Zukunft der Sowjetunion entgegenzusetzen und sein militärisch-wirtschaftliches Potential in ihrem Interesse zu nutzen.

In diesem Zusammenhang ist die Haltung der Westmächte gegenüber dem Vorschlag der Delegation der UdSSR über die Verwaltung des Ruhrgebietes charakteristisch. Nach dem sowjetischen Vorschlag sollte das Industriegebiet an der Ruhr zur größtmöglichen Reduzierung des Militärpotentials Deutschlands unter alliierter Kontrolle durch die USA, Großbritannien, die UdSSR und Frankreich stehen.[40] Die Westmächte, die früher die Errichtung einer internationalen Kontrolle über das Ruhrgebiet angeregt hatten, lehnten in Berlin die Annahme dieses Vorschlages der UdSSR ab.

Die sowjetische Delegation unterbreitete auf der Konferenz ihre Reparationsvorschläge in ursprünglicher Form am 23. Juli und in endgültiger Form am 31. Juli 1945.[41] Nachdem man übereingekommen war, daß jede Regierung die Reparationen aus ihrer Besatzungszone entnimmt, forderten die Vertreter der UdSSR in Ergänzung zu den Reparationen, die die UdSSR aus ihrer eigenen Zone erhält, Ausrüstungen auf Reparationskonto aus den westlichen Zonen. Der Leiter der sowjetischen Delegation unterstrich, daß die Sowjetunion „sehr viel Ausrüstungen in diesem Krieg verloren (hat), ungeheuer viel". Man muß wenigstens einen kleinen Teil davon ersetzen.[42] Die sowjetische Delegation wies auch darauf hin, daß die Amerikaner und Engländer viele Ausrüstungen aus dem Teil der sowjetischen Besatzungszone, in dem sie sich zeitweilig bis zu deren Besetzung durch sowjetische Truppen aufhielten, abtransportiert hatten. Listen dieser abtransportierten Ausrüstungen wurden den Vertretern der USA und Englands übergeben.[43] Die Sowjetunion forderte auch für 500 Millionen Dollar Aktien von Industrie- und Transportbetrieben in den Westzonen, 30 % der Auslandsinvestitionen Deutschlands und 30 % des deutschen Goldes, das in die Verfügung der Verbündeten gelangt ist.[44]

Die Reparationsfrage wurde erst zum Ende der Konferenz entschieden. In der erzielten Übereinkunft wurde festgelegt, daß Deutschland in größtmöglichem Ausmaß für die Verluste und Leiden, die es den Vereinten Nationen zugefügt hat, Ausgleich schaffen soll. Die Übereinkunft sah vor, daß die Reparationsansprüche der UdSSR durch Entnahmen aus der sowjetischen Besatzungszone in Deutschland und aus entsprechenden deutschen Auslandsinvestitionen befriedigt werden sollen. Außerdem wurde beschlossen, daß die UdSSR aus den westlichen Zonen 25 % der Industrieanlagen, die zu Reparationszwecken entnommen werden, erhalten soll, davon 15 % im Austausch gegen den entsprechenden Wert an Nahrungsmitteln, Kohle und anderen Waren und 10 % ohne Bezahlung oder Gegenleistung irgendwelcher Art. Die UdSSR erklärte sich einverstanden, die

40 Vgl. Dok. Nr. 117.
41 Dok. Nr. 69, 70, 136.
42 Dok. Nr. 26, S. 209.
43 Vgl. Dok. Nr. 102.
44 Vgl. Dok. Nr. 136.

Reparationsansprüche Polens aus ihrem eigenen Anteil an den Reparationen zu befriedigen.

Die Reparationsansprüche der USA, Englands und der anderen zu Reparationsforderungen berechtigten Länder sollten aus den westlichen Besatzungszonen Deutschlands und aus den entsprechenden deutschen Auslandsinvestitionen befriedigt werden.[45] Was den Umfang der Entnahmen aus jeder Zone betrifft, so wurde festgelegt, daß „nach Entrichtung der Reparationen dem deutschen Volk genügend Mittel belassen werden (sollen), um ohne Hilfe von außen existieren zu können"[46].

Auf der Konferenz stellte die sowjetische Delegation die Frage der Aufteilung der deutschen Kriegs- und Handelsflotte, die sich in der Hand der Engländer befand, zur Diskussion und unterbreitete einen entsprechenden Vorschlag.[47] Die Delegationen der USA und Englands versuchten, die Lösung dieser Frage hinauszuzögern. Erst gegen Ende der Konferenz waren sie einverstanden, die deutsche Flotte zu gleichen Teilen unter die UdSSR, Großbritannien und die USA aufzuteilen.

Die drei Regierungen kamen überein, je eine Dreierkommission für die Kriegs- und die Handelsflotte zu bilden, um Empfehlungen über die Aufteilung der Schiffe unter den drei Ländern zu erarbeiten. Es wurde festgelegt, daß die Übergabe der Kriegsschiffe bis spätestens 15. Februar 1946 abzuschließen ist, die tatsächliche Übergabe der Schiffe der Handelsflotte sollte nach Beendigung des Krieges gegen Japan erfolgen.[48]

Auf der Konferenz wurde die Frage der Hauptkriegsverbrecher behandelt. Die sowjetische Delegation erklärte sich bereit, den englischen Entwurf anzunehmen, der vorsah, die Hauptkriegsverbrecher „einer schnellen und gerechten Aburteilung" zuzuführen.[49] Sie schlug jedoch vor, in dem Entwurf deutsche Hauptkriegsverbrecher, „solche wie Göring, Heß, Ribbentrop, Rosenberg, Keitel und andere"[50], namentlich aufzuführen.

Die englische und die amerikanische Delegation fühlten sich bemüßigt, die Namen der Hauptkriegsverbrecher nicht zu nennen und lediglich über den baldigen Abschluß der Londoner Verhandlungen über die Schaffung eines Internationalen Militärgerichtshofes zur Aburteilung und Bestrafung der Hauptkriegsverbrecher zu informieren. Auf Drängen der sowjetischen Delegation beschloß die Konferenz, bis zum 1. September 1945 die erste Liste der Nazikriegsverbrecher zu veröffentlichen.[51]

Aus dem Beschluß der Berliner Konferenz über die Kriegsverbrecher klang die strenge und gerechte Stimme der Völker, die verlangten, die faschistischen Anführer für die Aggression, die Barbarei im Krieg, die Versklavung und die bestialische Ermordung Millionen friedlicher Menschen, für die Verbrechen gegen den Frieden und die Menschlichkeit unverzüglich zu bestrafen.

Auf der Konferenz übergab die Delegation der UdSSR den Delegationen

45 Vgl. Dok. Nr. 158, 159.
46 ebenda
47 Vgl. Dok. Nr. 39.
48 Vgl. Dok. Nr. 158.
49 Vgl. Dok. Nr. 132.
50 Dok. Nr. 26, S. 219.
51 Vgl. Dok. Nr. 158, 159.

Großbritanniens und der USA einige Aide-mémoire über die Nichterfüllung der Kapitulationsbedingungen Deutschlands durch die USA und England, unter anderem über 400 000 nicht entwaffnete deutsche Soldaten in Norwegen.[52]

Die Berliner Konferenz prüfte einen Vorschlag der Sowjetregierung zur Übergabe der Stadt Königsberg und des anliegenden Gebietes an die Sowjetunion.[53] Bei der Behandlung dieser Frage auf der Konferenz erinnerte die sowjetische Delegation die amerikanische und die englische Delegation an die Zustimmung der USA und Englands zum sowjetischen Vorschlag zu dieser Frage auf der Konferenz von Teheran. Die Delegationen der USA und Englands bekräftigten ihre auf der Konferenz von Teheran gegebene Zustimmung, die Stadt Königsberg und das anliegende Gebiet an die Sowjetunion zu übergeben, was in den Beschlüssen der Berliner Konferenz seinen Niederschlag fand.[54]

Entsprechend dem Beschluß der Krimkonferenz schlug die sowjetische Delegation vor, die Frage der Westgrenze Polens zu behandeln. Am 20. Juli übergab sie den Delegationen der USA und Großbritanniens den Entwurf eines Abkommens über die Festlegung der Westgrenze Polens entlang der Linie unmittelbar „westlich von Swinemünde bis zur Oder, bei Belassen Stettins auf seiten Polens, weiter dem Lauf der Oder entlang bis zur Mündung der westlichen Neiße und von hier aus entlang der westlichen Neiße bis zur tschechoslowakischen Grenze“[55].

Die englische und die amerikanische Delegation versuchten, der Lösung der Frage der Westgrenze Polens in Potsdam auszuweichen, und verbanden sie mit anderen Fragen (über die Überführung der deutschen Bevölkerung, ihre Versorgung mit Lebensmitteln, über die Reparationen u. a.).

Ausgehend von den Beschlüssen der Krimkonferenz, daß es bei der Behandlung dieser Frage erforderlich ist, die Meinung der neuen polnischen Regierung einzuholen, bestand die sowjetische Delegation darauf, Vertreter der Provisorischen polnischen Regierung der nationalen Einheit zur Konferenz einzuladen. Die Leiter der Regierungsdelegation Polens begründeten während der Treffen mit den Regierungschefs und den Außenministern der drei Mächte in Potsdam allseitig die berechtigten polnischen Forderungen auf die ureigenen polnischen Gebiete im Westen. Die sowjetische Delegation unterstützte diese Forderungen.

Die englische und die amerikanische Delegation erklärten sich schließlich mit der Festlegung der Westgrenze Polens entsprechend dem Vorschlag der sowjetischen Delegation vom 20. Juli einverstanden. Die Festlegung dieser Grenze wurde durch den Beschluß der drei Regierungschefs über die Überführung der in Polen, der Tschechoslowakei und in Ungarn verbliebenen deutschen Bevölkerung bekräftigt. Somit wurde auf der Berliner Konferenz die Frage der Westgrenze Polens endgültig geklärt.[56]

Auf Initiative der Sowjetregierung behandelte die Konferenz Fragen, die mit der Bildung der Provisorischen polnischen Regierung der nationalen Einheit und der Aufnahme diplomatischer Beziehungen zu dieser Regierung durch die Vereinigten Staaten und Großbritannien verbunden waren. Die sowjetische Delegation unterbreitete den Entwurf einer Erklärung, die vorsah, daß angesichts der

52 Dok. Nr. 90.
53 Dok. Nr. 64.
54 Dok. Nr. 158, 159.
55 Dok. Nr. 49.
56 Vgl. Dok. Nr. 158, 159.

Bildung der Provisorischen polnischen Regierung der nationalen Einheit in Polen auf der Grundlage der Krimbeschlüsse und ihrer Anerkennung durch die drei verbündeten Mächte, die Regierungen der USA und Englands jegliche Beziehungen zur polnischen Emigrantenregierung abbrechen und der Provisorischen polnischen Regierung Unterstützung gewähren in bezug auf die unverzügliche Übergabe allen in deren Verfügung befindlichen Eigentums an sie. Im Entwurf der Erklärung wurde es auch als notwendig erachtet, daß die gesamten polnischen bewaffneten Kräfte, die der polnischen Emigrantenregierung unterstellt waren, der Provisorischen polnischen Regierung der nationalen Einheit unterstellt werden.[57] Mit diesem Vorschlag beabsichtigte die Sowjetunion, die innere und die internationale Stellung der neuen polnischen Regierung zu festigen.

In der Diskussion schlugen die englische und die amerikanische Delegation vor, in den Entwurf der Erklärung die Forderung aufzunehmen, daß die Provisorische polnische Regierung die Schulden der polnischen Emigrantenregierung tilgt, und ihr die Verpflichtung aufzuerlegen, unverzüglich Wahlen in Polen durchzuführen, wobei im letztgenannten Fall von den westlichen Delegationen eine Formulierung vorgeschlagen wurde, die die Würde Polens verletzte. Auf Drängen der Delegation der UdSSR zogen die englische und die amerikanische Delegation ihre Forderung nach Schuldverschreibungen zurück. Sie waren auch einverstanden, den Text der Erklärung hinsichtlich der Durchführung von Wahlen in Polen zu ändern.

Die von der Berliner Konferenz angenommene Erklärung über Polen sollte den Schutz der Interessen Polens und seiner Provisorischen Regierung der nationalen Einheit sichern.[58]

Großen Raum nahmen in der Arbeit der Berliner Konferenz die Vorbereitung einer Friedensregelung für Italien, Rumänien, Bulgarien, Ungarn und Finnland sowie die Politik der alliierten Mächte gegenüber diesen Ländern bis zur Unterzeichnung von Friedensverträgen mit ihnen ein.

Auf der ersten Sitzung der Regierungschefs unterbreitete der Präsident der USA zu diesen Fragen drei Entwürfe: über die Schaffung eines Rates der Außenminister; über die Erfüllung der Deklaration von Jalta über das befreite Europa; über die Politik gegenüber Italien.

Der erste Entwurf sah die Errichtung eines Rates der Außenminister vor, der die UdSSR, die USA, Großbritannien, Frankreich und China vertreten soll, um die vorbereitende Arbeit für eine Friedensregelung fortzusetzen.[59] Die Konferenz nahm diesen Entwurf mit geringfügigen redaktionellen Änderungen an.

Als eine unverzügliche und wichtige Aufgabe des Rates erhielt er aufgetragen, „Friedensverträge für Italien, Rumänien, Bulgarien, Ungarn und Finnland aufzusetzen, die den Vereinten Nationen vorzulegen sind, und Vorschläge zur Regelung der territorialen Fragen auszuarbeiten, die in Verbindung mit der Beendigung des Krieges in Europa entstehen“[60].

Es wurde beschlossen, daß bei der Vorbereitung der Entwürfe von Friedensverträgen mit den genannten Ländern der Rat aus Vertretern der Mächte bestehen soll, die die Kapitulationsbedingungen unterschrieben haben, die diesem

57 Dok. Nr. 37.
58 Vgl. Dok. Nr. 158, 159.
59 Vgl. Dok. Nr. 32.
60 Dok. Nr. 159.

oder jenem Staat vorgeschrieben wurden. Bei der Behandlung der Frage einer Friedensregelung mit Italien sollte Frankreich als Unterzeichner der Kapitulationsbedingungen Italiens betrachtet werden. Die Konferenz vereinbarte, daß die Errichtung des Rates der Außenminister nicht der auf der Krimkonferenz erzielten Übereinkunft bezüglich periodischer Beratungen der Außenminister der UdSSR, der USA und Großbritanniens widersprechen wird.[61]

Im zweiten Entwurf forderte die Delegation der USA nicht mehr und nicht weniger als die „unverzügliche Reorganisation" der in Bulgarien und Rumänien bestehenden volksdemokratischen Regierungen. Erst nach erfolgter Reorganisation dieser Regierungen könne entsprechend dem amerikanischen Vorschlag die diplomatische Anerkennung durch die alliierten Staaten und der Abschluß von Friedensverträgen mit diesen Staaten erfolgen.[62] Diese Forderungen der Delegation der USA, die von den Vertretern Großbritanniens unterstützt wurden, stellten einen Versuch dar, sich in die inneren Angelegenheiten Bulgariens und Rumäniens einzumischen.

Gleichzeitig empfahl die amerikanische Delegation in ihrem Entwurf über die Politik gegenüber Italien, das unter militärischer Kontrolle der USA und Englands stand, und in einer Ergänzung vom 20. Juli zu diesem Projekt, nachdem sie den Beitrag Italiens zur Niederschlagung Deutschlands anerkannt hatte, die Kapitulationsbedingungen Italiens außer Kraft zu setzen, eine gewisse Interimssituation zwischen den Kapitulationsbedingungen und dem künftigen Friedensvertrag herbeizuführen und Italien in der Frage des Beitritts zur UNO zu unterstützen.[63]

Nachdem sich die sowjetische Delegation mit den Dokumenten der USA vertraut gemacht hatte, konnte sie nicht umhin, die voreingenommene und unterschiedliche Haltung der USA und Englands zu den befreiten Ländern Europas, die nach dem Willen ihrer ehemaligen faschistischen Regierungen an der Seite Deutschlands gekämpft, doch dann mit Deutschland gebrochen und ihm den Krieg erklärt hatten, festzustellen.

Im Memorandum vom 20. Juli 1945 machte die sowjetische Delegation die Westmächte darauf aufmerksam, daß in Rumänien und Bulgarien ebenso wie in Finnland und Ungarn seit der Unterzeichnung der Waffenstillstandsverträge durch die Regierungen dieser Staaten „eine rechtmäßige Ordnung besteht und eine legale Macht wirkt, die das Ansehen und das Vertrauen der Bevölkerung dieser Staaten genießt. Die Regierungen dieser Staaten", heißt es in dem Memorandum, „erfüllen gewissenhaft die Verpflichtungen, die sie laut Kapitulationsakte übernommen haben"[64]. Die sowjetische Regierung wandte sich gegen die Versuche der USA und Englands, sich in die inneren Angelegenheiten Rumäniens und Bulgariens einzumischen. Die sowjetische Regierung hielt es für erforderlich, „in den kommenden Tagen die diplomatischen Beziehungen mit Rumänien, Bulgarien, Finnland und Ungarn wiederaufzunehmen, da eine weitere Verzögerung in dieser Hinsicht nicht gerechtfertigt ist".[65]

In ihren folgenden Vorschlägen vom 21. Juli zog die amerikanische Delegation die Forderung der Westmächte nach Reorganisation der Regierungen in Ru-

61 Vgl. ebenda.
62 Vgl. Dok. Nr. 35.
63 Vgl. Dok. Nr. 36, 48.
64 Dok. Nr. 47.
65 ebenda

mänien und Bulgarien zurück.[66] Doch lehnten es die USA und Großbritannien nach wie vor ab, diese Regierungen anzuerkennen. Sie bestanden auch darauf, daß die in Italien, Griechenland, Bulgarien, Rumänien und Ungarn bevorstehenden Wahlen unter Beobachtung der drei Mächte durchgeführt werden.

Am 22. Juli unterbreitete die amerikanische Delegation den Entwurf „Über die Zulassung zur Organisation der Vereinten Nationen", in dem vorgesehen war, den Antrag Italiens, neutraler Staaten sowie aller anderen Länder auf Aufnahme in die UNO gemäß Artikel IV der UN-Charta zu unterstützen, doch über die Aufnahme Rumäniens, Bulgariens, Ungarns und Finnlands wurde nichts gesagt.[67]

Auf der Sitzung vom 24. Juli betonte der Leiter der sowjetischen Delegation, daß in den Entwürfen der USA eine künstliche Teilung vorgenommen wird: „einerseits Italien, dessen Lage man erleichtert, und andererseits Rumänien, Bulgarien, Ungarn und Finnland, deren Lage man nicht zu erleichtern beabsichtigt". „Die Erleichterung für Italien begann damit", sagte der sowjetische Delegationsleiter, „daß zu diesem Land die diplomatischen Beziehungen wiederaufgenommen wurden. Jetzt wird ein zweiter Schritt vorgeschlagen, die Eingliederung Italiens in die Organisation der Vereinten Nationen." Der sowjetische Repräsentant erklärte sein Einverständnis, diesen zweiten Schritt gegenüber Italien zu tun, schlug aber gleichzeitig vor, auch im Hinblick auf die anderen erwähnten Länder „in diesem Falle . . . den ersten Schritt zu tun . . . das heißt, die diplomatischen Beziehungen zu ihnen wiederherzustellen"[68].

Im Ergebnis einer langen und heftigen Diskussion, in deren Verlauf die sowjetische Delegation Festigkeit in der Verteidigung ihrer prinzipiellen Position mit der Bereitschaft zu einzelnen Kompromissen verband, wurde die Übereinkunft „Abschluß der Friedensverträge und Zulassung zur Organisation der Vereinten Nationen" erzielt.[69] Die drei Regierungen sprachen sich dafür aus, daß die gegenwärtige „anomale Stellung Italiens, Bulgariens, Finnlands, Ungarns und Rumäniens durch den Abschluß von Friedensverträgen beendet wird". Der Rat der Außenminister wurde mit der Vorbereitung von Friedensverträgen, in erster Linie für Italien und dann für Bulgarien, Finnland, Ungarn und Rumänien beauftragt. Nach dem Abschluß von Friedensverträgen mit den anerkannten demokratischen Regierungen in diesen Staaten hielten es die drei Mächte für möglich, deren Anträge auf Aufnahme in die Vereinten Nationen zu unterstützen. Die Regierungen der UdSSR, der USA und Großbritanniens kamen überein, jede für sich in nächster Zeit die Frage der Herstellung diplomatischer Beziehungen zu Finnland, Rumänien, Bulgarien und Ungarn vor dem Abschluß von Friedensverträgen mit diesen Ländern zu prüfen.

Der Sowjetregierung war es damit gelungen, die Annahme eines Beschlusses durchzusetzen, der günstige Bedingungen für die Entwicklung der volksdemokratischen Ordnung gewährleistete, die in Bulgarien, Ungarn und Rumänien gesiegt hatte, und für die Festigung ihrer internationalen Stellung.

Auf der Berliner Konferenz legte die sowjetische Delegation den Entwurf eines Vorschlages über das Verhältnis zum Francoregime in Spanien vor, das mit

66 Vgl. Dok. Nr. 58, 59, 60.
67 Dok. Nr. 67.
68 Dok. Nr. 18.
69 Vgl. Dok. Nr. 158, 159.

Unterstützung der faschistischen Regierungen Deutschlands und Italiens geschaffen worden war. Die sowjetische Delegation schlug vor, den Vereinten Nationen zu empfehlen, „jegliche Beziehungen zur Francoregierung abzubrechen“, die „demokratischen Kräfte in Spanien zu unterstützen und dem spanischen Volk die Möglichkeit zu geben, eine solche Regierungsform zu schaffen, die seinem Willen entspricht“[70]. Die Westmächte lehnten einen Schritt wie den Abbruch der diplomatischen Beziehungen zur Francoregierung ab. In der Übereinkunft „Abschluß der Friedensverträge und Zulassung zur Organisation der Vereinten Nationen“ erklärten jedoch alle drei Parteien, sie würden einen Antrag auf UNO-Mitgliedschaft seitens der spanischen Regierung nicht unterstützen.[71]

Auf der Berliner Konferenz trat die sowjetische Delegation für den Schutz aller befreiten Völker und gegen die Versuche der USA und Englands auf, sich in deren innere Angelegenheiten einzumischen. Die Delegation Großbritanniens unterbreitete den drei Regierungen ein Dokument über Jugoslawien zur Behandlung[72], in dem vorgeschlagen wurde, die jugoslawische Regierung unter Marschall Tito darauf hinzuweisen, daß sie die Krimbeschlüsse über Jugoslawien nicht erfülle.

Der sowjetische Delegationsleiter erklärte auf der Konferenz, daß „Marschall Tito die Beschlüsse der Krimkonferenz voll und ganz (erfüllt)“[73]. Die sowjetische Delegation schlug vor, Vertreter Jugoslawiens zur Konferenz einzuladen, wenn beschlossen wird, die jugoslawische Frage zu erörtern. „Man kann die Frage jetzt nicht ohne Teilnahme jugoslawischer Vertreter entscheiden“, sagte der sowjetische Delegationsleiter.[74]

Der sowjetische Repräsentant sagte, indem er die Lage in Jugoslawien während der Krimkonferenz mit der zum Zeitpunkt der Berliner Konferenz bestehenden Lage verglich: „Damals gab es zwei Regierungen, und eine Aussöhnung zwischen ihnen war unmöglich. Wir haben uns in diese Sache eingemischt. Und jetzt besteht dort eine rechtmäßige Regierung ... man kann nicht über einen ganzen Staat richten, ohne seine Vertreter gehört zu haben.“[75] Die englische und die amerikanische Delegation bestanden jedoch weiter darauf, das Dokument Großbritanniens zu erörtern. Inzwischen unterbreitete die sowjetische Seite der Konferenz ein Dokument über Triest und Istrien.[76] Darin war die Erklärung der jugoslawischen Regierung über die Nichterfüllung des am 9. Juni 1945 mit Jugoslawien geschlossenen Abkommens über die Bildung einer zeitweiligen Militärverwaltung in den genannten Gebieten seitens Englands und der USA enthalten, und es wurde darauf hingewiesen, daß dort die italo-faschistischen Gesetze und die italo-faschistische Verwaltung wieder eingesetzt würden.

Außerdem legte die sowjetische Regierung ein Dokument über die Notwendigkeit vor, die anomale Lage in Griechenland, die durch die Einmischung Englands entstanden war, zu beseitigen.[77] Die Leiter der englischen Delegation wa-

70 Vgl. Dok. Nr. 40.
71 Vgl. Dok. Nr. 158, 159.
72 Vgl. Dok. Nr. 42.
73 Dok. Nr. 8, S. 76.
74 Dok. Nr. 8, S. 74.
75 a. a. O., S. 74/75
76 Vgl. Dok. Nr. 131.
77 Vgl. Dok. Nr. 143.

ren in einer äußerst ungünstigen Lage. Der englische Außenminister Bevin schlug vor, von der Behandlung aller drei Vorschläge auf der Konferenz Abstand zu nehmen: des englischen Vorschlages über Jugoslawien und der sowjetischen Dokumente über Jugoslawien und Griechenland. Die sowjetische und die amerikanische Delegation stimmten diesem Vorschlag zu.[78]

Vom Bemühen getragen, die Unabhängigkeit des österreichischen Staates wiederherzustellen, war der Vorschlag der Sowjetregierung, die Kompetenz der provisorischen Regierung K. Renner auf ganz Österreich auszudehnen.[79] Diese Regierung, die Ende April 1945 nach der Befreiung Wiens durch sowjetische Truppen dort entstanden war, genoß das Vertrauen der Bevölkerung und war unverzüglich von der Sowjetunion anerkannt worden. Die amerikanische und die englische Delegation bestanden jedoch darauf, daß in dem Beschluß der Konferenz über Österreich vermerkt wird, die drei Regierungen „(sind) bereit, diese Frage nach dem Einzug der britischen und amerikanischen Streitkräfte in die Stadt Wien zu prüfen"[80].

Auf der Konferenz wurden viele andere Fragen erörtert, die die Interessen der befreiten Völker berührten. So unterbreitete die sowjetische Delegation den drei Regierungen Dokumente über Syrien und Libanon sowie über Treuhandterritorien zur Prüfung.[81] Durch alle Vorschläge der Regierung der UdSSR zog sich wie ein roter Faden das Streben, die Folgen des Krieges schnellstens zu beseitigen und den befreiten Ländern das Recht einzuräumen, ihr Schicksal selbst zu bestimmen. Und wenn auch nicht alle diese Fragen in Potsdam gelöst wurden, so förderte doch die ständige Unterstützung der befreiten Völker seitens der UdSSR deren weiteren Kampf um Unabhängigkeit und sozialen Fortschritt.

Die amerikanische Delegation unterbreitete auf der Berliner Konferenz einen Vorschlag über die freie und ungehinderte Schiffahrt auf internationalen Binnenwasserstraßen.[82] Auf Initiative der englischen Delegation[83] wurde auf der Berliner Konferenz auch die Frage der Durchfahrt von Schiffen durch die Schwarzmeer-Meerengen erörtert. Doch Beschlüsse zu diesen Fragen wurden nicht gefaßt.

Auf der Konferenz in Potsdam wurden zwischen den Regierungschefs auch mit der Kriegführung gegen Japan zusammenhängende Fragen beraten. Es fanden Treffen der Chefs der Stäbe der drei Länder zu militärischen Fragen statt. Zu Beginn der Konferenz in Potsdam bekräftigte die sowjetische Delegation gegenüber dem Präsidenten der USA, daß die UdSSR ihre Verpflichtung aus dem auf der Krimkonferenz erzielten Abkommen vom 11. Februar 1945, in den Krieg gegen Japan einzutreten, erfüllen wird.[84] Der Chef des Generalstabes der Roten Armee, Armeegeneral A. I. Antonow, teilte mit, daß sich sowjetische Truppen im Fernen Osten konzentrieren werden und das Ziel der militärischen Operationen der sowjetischen Streitkräfte im Fernen Osten darin besteht, die japanischen

78 Vgl. Dok. Nr. 26, S. 219.
79 Vgl. Dok. Nr. 18, S. 158.
80 Dok. Nr. 158, 159.
81 Vgl. Dok. Nr. 50, 75.
82 Vgl. Dok. Nr. 74.
83 Vgl. Dok. Nr. 31, 13.
84 Vgl. Dok. Nr. 2.

Truppen im Norden Chinas zu zerschlagen und auf die Halbinsel Liaodong vorzustoßen.[85]

Die Sowjetunion hielt sich im folgenden konsequent an die getroffene Vereinbarung. Die USA und England hingegen veröffentlichten im Namen der USA, Englands und Chinas am 26. Juli 1945 ohne Absprache mit der UdSSR die Potsdamer Deklaration, in der die Regierung Japans zur bedingungslosen Kapitulation zu den in dieser Deklaration gestellten Bedingungen aufgefordert wird.[86] Die sowjetische Delegation in Potsdam erhielt am 26. Juli, das heißt am Tag der Unterzeichnung der Deklaration, lediglich eine Kopie „zur Information". Als die sowjetische Seite den Wunsch äußerte, die Veröffentlichung der Deklaration zu verschieben, antworteten die amerikanischen Vertreter, sie sei bereits Pressevertretern übergeben worden.[87]

Das war ein Versuch der Westmächte, ungeachtet ihres außerordentlichen Interesses an einer Unterstützung durch die UdSSR im Krieg gegen Japan, die sowjetische Regierung bei der Lösung der Nachkriegsfragen in bezug auf Japan auszuschalten. Da in der Deklaration dem Streben der Völker – den japanischen Aggressor so schnell wie möglich niederzuwerfen und den gewünschten Frieden im Fernen Osten näher zu bringen – Ausdruck gegeben wurde, schloß sich die sowjetische Regierung ihr später an, was am 8. August 1945 offiziell bekanntgegeben wurde.[88]

Die Berliner Konferenz behandelte eine Reihe weiterer Nachkriegsfragen, die von den Delegationen der UdSSR, der USA und Englands aufgeworfen wurden (über die internationale Zone von Tanger, über die Innereuropäische Transportkonferenz, über den Truppenabzug aus Iran u. a.). Die sowjetische Regierung war bei der Behandlung aller Fragen bemüht, den Frieden und die Sicherheit der Völker und die Festigung ihrer Zusammenarbeit nach dem Kriege zu sichern. In einer Reihe von Fragen beschränkten sich die Seiten darauf, sie auf der Konferenz zu erörtern, einige wurden dem Rat der Außenminister, der im September 1945 in London zusammenkommen sollte, zur Behandlung übergeben.

Die Berliner Konferenz fand mit der Unterzeichnung des Protokolls der Berliner Konferenz der drei Großmächte (1. August 1945)[89] und der Mitteilung über die Berliner Konferenz der drei Mächte (2. August 1945)[90] durch die Regierungschefs der UdSSR, der USA und Großbritanniens ihren Abschluß.

In den ersten Augusttagen wurden die in Potsdam angenommenen grundlegenden Abkommen Frankreich mit dem Vorschlag zugesandt, sich ihnen anzuschließen. Die französische Regierung stimmte ihnen im Prinzip zu.

Die Beschlüsse der Berliner Konferenz, deren grundlegendsten in der Mitteilung über die Konferenz veröffentlicht wurden, fanden die Zustimmung und Unterstützung der anderen Staaten und Völker. Die Konferenz hatte abgestimmte Beschlüsse der alliierten Mächte zu Nachkriegsfragen erarbeitet, die die Ergebnisse des antifaschistischen Befreiungskampfes der Völker widerspiegelten.

85 Vgl. Istorija Welikoi Otetschestwennoi woiny Sowjetskogo Sojusa. 1941–1945, Bd. 5, Moskau 1963, S. 539.
86 Vgl. Dok. Nr. 97, Anlage.
87 Vgl. Dok. Nr. 22.
88 Vgl. Prawda vom 9. 8. 1945.
89 Vgl. Dok. Nr. 158.
90 Dok. Nr. 159.

Diese Beschlüsse sahen vor allem die Durchführung äußerst wichtiger Maßnahmen zur Entmilitarisierung, Demokratisierung und Entnazifizierung Deutschlands sowie die Schaffung solcher Bedingungen vor, daß von deutschem Boden nie wieder die Gefahr einer neuen Aggression ausgeht. Auf der Konferenz wurden die Grenzen der europäischen Staaten festgelegt und die Grundlagen für eine Nachkriegsfriedensordnung in Europa gelegt.

Auf der Berliner Konferenz wurde erneut die Möglichkeit einer erfolgreichen Zusammenarbeit von Staaten mit unterschiedlicher Gesellschaftsordnung nicht nur bei der Führung eines Krieges gegen einen gemeinsamen Aggressor, sondern auch bei der Organisierung des Nachkriegsfriedens demonstriert. Gleichzeitig zeigte sie die ganze Haltlosigkeit der Politik der Stärke, die die Imperialisten der USA und Englands gegenüber der UdSSR zu betreiben suchten.

In jenen Tagen schrieb die Prawda: „Die jetzige internationale Nachkriegslage wird durch große Kompliziertheit gekennzeichnet. Um so größeren Wert und größere Bedeutung erlangen die auf der Berliner Konferenz gefaßten wichtigen Beschlüsse und die erzielten Vereinbarungen. Sie zeugen vom Willen der Teilnehmer dieser historischen Konferenz zu gegenseitigem Verständnis im Interesse der Sicherung eines festen und gerechten Friedens.“[91] Die in Potsdam gefaßten Beschlüsse brachten die gemeinsamen Interessen der Konferenzteilnehmer zum Ausdruck und entsprachen gleichzeitig den Interessen aller friedliebenden Staaten. „Diese grundlegenden gemeinsamen Interessen bestehen darin“, schrieb die Prawda, „ein für alle mal die Gefahr einer deutschen Aggression zu beseitigen, die Wiedergeburt des deutschen Imperialismus zu verhindern und einen stabilen Frieden zwischen den Völkern und allgemeine Sicherheit zu gewährleisten.“[92]

Die positive Bedeutung der Potsdamer Beschlüsse wurde in den USA und Großbritannien unterstrichen. Der englische Premierminister Attlee betonte insbesondere: „Wir haben einen wesentlichen Fortschritt auf dem Wege zum besseren gegenseitigen Verständnis zwischen den drei Regierungen erreicht . . . und die erzielten Beschlüsse sind eine gute Grundlage für das weitere Vorankommen.“[93]

Die auf der Berliner Konferenz erzielten Vereinbarungen haben die Prüfung der Zeit bestanden. „Die sozialistischen Staaten und alle friedliebenden Völker Europas“, sagte L. I. Breshnew, „bestehen mit vollem Grund auf festen Garantien dafür, daß weder heute noch morgen, niemals mehr von deutschem Boden die Gefahr einer neuen Aggression ausgeht. So sind der Sinn und der Geist des historischen Potsdamer Abkommens.“[94]

Mehrere Jahrzehnte sind die Menschen von einem Weltkrieg verschont geblieben. Das Prinzip der friedlichen Koexistenz von Staaten mit unterschiedlicher Gesellschaftsordnung behauptet sich immer mehr als einzig realistisches und vernünftiges Prinzip der internationalen Beziehungen. Die in den 70er Jahren von der UdSSR, Polen, der DDR und der Tschechoslowakei abgeschlossenen Verträge mit der BRD basieren auf der Anerkennung der nach dem zweiten Weltkrieg entstandenen politischen und territorialen Realitäten und festigen die Unverletzlichkeit der bestehenden europäischen Grenzen, einschließlich der Grenze zwi-

91 Prawda vom 3. 8. 1945.
92 ebenda
93 L. Woodward, British Foreign Policy in the Second World War, London 1962, S. 568 f.
94 L. I. Breshnew, Leninskim kursom, Bd. 3. a. a. O., S. 20.

schen der DDR und der BRD und der Westgrenze der Volksrepublik Polen. Die Unverletzlichkeit der Grenzen aller Staaten in Europa wurde von 33 europäischen Staaten sowie den USA und Kanada anerkannt – den Teilnehmern der Konferenz für Sicherheit und Zusammenarbeit in Europa, deren Arbeit auf höchster Ebene mit der Annahme der Schlußakte 1975 in Helsinki ihren Abschluß fand.

Die vorliegende Dokumentensammlung „Die Berliner Konferenz der drei Mächte – UdSSR, USA und Großbritannien" bildet den Abschluß der sechsbändigen Ausgabe „Die Sowjetunion auf internationalen Konferenzen während des Großen Vaterländischen Krieges 1941 bis 1945". Wie die Dokumente dieser Ausgabe beweisen, leistete die Sowjetunion einen entscheidenden Beitrag zur gemeinsamen Zerschlagung des deutschen Faschismus und zur Verwirklichung der dringendsten Aufgabe der Antihitlerkoalition, den zweiten Weltkrieg schnellstens zu beenden. Die Dokumente dieser Ausgabe zeugen von der großen Rolle der Sowjetunion bei der Erarbeitung der Grundlagen für eine gerechte, demokratische Nachkriegsfriedensordnung sowie bei der Schaffung einer wirksamen internationalen Sicherheitsorganisation. Getreu ihrer internationalistischen Pflicht verteidigte die Sowjetunion aktiv das Recht der befreiten Völker auf ihre Freiheit und Unabhängigkeit. Bereits zu Kriegsende bildeten sich zwischen der UdSSR, Polen, der Tschechoslowakei, Jugoslawien, Albanien, Bulgarien, Ungarn und Rumänien Beziehungen neuen Typs heraus. Dieser Prozeß beeinflußte wesentlich die Veränderung der Lage in Europa und auf dem gesamten Erdball zugunsten der Kräfte des Friedens, der Demokratie und des Sozialismus.

Auf dem vom Faschismus befreiten deutschen Boden entstand und entwickelte sich ein sozialistischer Staat, die DDR, der zu einem wichtigen Faktor bei der Festigung des Friedens und der Sicherheit in Europa geworden ist.

Die große sozialistische Staatengemeinschaft steht fest auf Wacht für die Interessen des Friedens, der Sicherheit und der Unabhängigkeit der Völker.

Die Sowjetunion trat stets für die Festigung der Zusammenarbeit zwischen den Großmächten im Interesse der Erlangung des Sieges und der Errichtung eines dauerhaften Friedens ein.

Der erfolgreiche Abschluß der Potsdamer Konferenz ist ein anschaulicher Beweis dafür, daß die drei Mächte, die während des Krieges im Kampf gegen den gemeinsamen Feind zusammengearbeitet hatten, ungeachtet der bestehenden Unterschiede in ihren Positionen auch im Frieden eine Grundlage für die Zusammenarbeit finden können, wenn der Wunsch dazu besteht. Die Sowjetregierung demonstrierte auf der Konferenz anschaulich ihren guten Willen zu einer solchen Zusammenarbeit.

In seiner Rede auf der Festveranstaltung anläßlich des 30. Jahrestages des Sieges des Sowjetvolkes im Großen Vaterländischen Krieg sagte L. I. Breshnew: „Die Kriegsjahre haben gezeigt, daß die Unterschiedlichkeit der Gesellschaftsordnungen kein Hindernis für eine Vereinigung der Anstrengungen im Kampf gegen Aggression, für Frieden und internationale Sicherheit ist. In den Jahren des Krieges haben wir, und zwar nicht schlecht, zusammengearbeitet, um den Krieg schneller beenden zu können. Jetzt lösen wir eine andere, nicht minder wichtige und wohl noch kompliziertere Aufgabe: die Zusammenarbeit anzubahnen, um eine neue weltweite Katastrophe zu verhindern."[95]

95 L. I. Breshnew, Leninskim kursom, Bd. 5, Moskau 1976, S. 291.

TEIL I

Nr. 1
Aufzeichnung über die Unterredung des Volkskommissars für Auswärtige Angelegenheiten der UdSSR mit dem Außenminister Großbritanniens

Potsdam, 16. Juli 1945, 18 Uhr

Molotow fragt Eden, ob die britische Delegation einverstanden sei, ab morgen mit der Arbeit zu beginnen.

Eden antwortet, Churchill sei bereit, die Arbeit aufzunehmen, und daß er, Churchill, eine Zusammenkunft mit Truman hatte, der so schnell wie möglich zur Sache selbst übergehen möchte.

Molotow erkundigt sich, ob es für die britische Delegation akzeptabel sei, die Sitzung morgen um 17 Uhr zu beginnen.

Eden bejaht dies und fragt, ob Molotow die Plenarsitzung der drei Regierungschefs meine. Die britische Delegation wünsche die Arbeit natürlich so schnell wie möglich zu beenden, da auf ihre Mitglieder die Auszählung der Stimmen[1] wartet.

Molotow bemerkt, daß die Konservativen sicher hoffen, eine Zweidrittelmehrheit zu erhalten.

Eden entgegnet, daß die Konservativen zufrieden wären, wenn sie eine Mehrheit von 100 Stimmen erhielten.

Molotow fragt Eden, ob er Berlin gesehen habe.

Eden erwidert, daß er ja deshalb verspätet bei Molotow eingetroffen sei, weil er sich Berlin angesehen habe.

Molotow sagt, daß die Zerstörungen in Berlin gewaltig sind und sich vor dem Krieg niemand vorstellen konnte, daß eine große Stadt so zerstört werden kann. Die Deutschen haben dies aber verdient.

Eden stimmt dieser Bemerkung zu und sagt, Göring habe zu Beginn des Krieges gern über die Zerstörungen englischer Städte gespottet.

Molotow erwidert, daß Görings Verhalten zu Beginn des Krieges sehr großtuerisch war, daß er dann aber verstummte, einzig und allein Goebbels beruhigte sich nicht.

1 Siehe Anmerkung 1.

Molotow fragt Eden nach der Arbeitsordnung der Konferenz.

Eden antwortet, daß Churchill die auf der Krim[2] angenommene Ordnung sehr gut gefallen habe.

Molotow erwähnt, daß die sowjetische Delegation die Liste der Fragen ergänzen möchte, die auf der Konferenz beraten werden sollen.[3]

Die sowjetische Delegation möchte die folgenden Fragen auch in den Kreis jener einbeziehen, die erörtert werden sollen:

1. Aufteilung der deutschen Flotte.
2. Reparationen.
3. Treuhandterritorien.
4. Polen.
5. Beziehungen zu Satellitenstaaten.
6. Spanien.
7. Tanger.
8. Syrien und Libanon.

Eden entgegnet, daß die von der britischen Delegation vorgeschlagene Liste[4] natürlich nicht endgültig ist. Was insbesondere Syrien und Libanon betrifft, so sei er, Eden, bereit, Molotow ein Denkmal zu setzen, wenn er zur Lösung dieser Frage beitragen könne. In bezug auf die polnische Frage müsse er, Eden, hinzufügen, daß die Sache nach der Konferenz von San Francisco[5] besser vorankam, vor allem durch den Geist der Zusammenarbeit, den die Sowjetunion in dieser Frage zeige.

Molotow sagt, daß diese Frage dank gemeinsamer Anstrengungen erfolgreich gelöst werden konnte, aber jetzt die Regierung Arciszewski[6] ein Hindernis darstelle. Auf der Konferenz wird die Frage der Regierung Arciszewski erörtert werden müssen, insbesondere die des ihr gehörenden Vermögens usw.

Eden erwähnt, daß sich trotzdem die Ereignisse in einer günstigen Richtung für die neue polnische Regierung[7] entwickelten, deren Positionen sich festigen.

Molotow stimmt dem zu.

Eden bemerkt, das Prestige dieser neuen Regierung wachse um so stärker, je mehr sich das polnische Volk davon überzeugt, daß die neue Regierung fest auf den Füßen steht. In London ist unter den Polen ein Streben nach Rückkehr in die Heimat zu verzeichnen. Dazu habe Mikołajczyk in beträchtlichem Maße beigetragen.

Molotow erwidert, daß dieses Streben ganz natürlich ist, und fügt hinzu, daß sich Mikołajczyk sicher nicht schlecht fühlt.

Eden antwortet, daß sich Kerr unlängst mit Mikołajczyk getroffen habe. Seinen Worten zufolge fühle sich Mikołajczyk sehr gut.

Eden erklärt, die Engländer seien mit dem Verhalten Titos nicht besonders zufrieden.

Molotow erwidert, daß Tito wegen Istrien[8] gekränkt ist. Im großen und gan-

2 Siehe Anmerkung 2.
3 Vgl. Dok. Nr. 30, 31.
4 Vgl. Dok. Nr. 31.
5 Siehe Anmerkung 3.
6 Siehe Anmerkung 4.
7 Siehe Anmerkung 5.
8 Siehe Anmerkung 6.

zen gäbe es aber in Jugoslawien keine komplizierten Ereignisse. Mit der Zeit wird dort alles in Ordnung kommen.

Eden sagt, daß die Jugoslawen das Abkommen Tito – Šubašić[9] noch nicht ganz erfüllt haben. Möglicherweise werde sie das derzeitige Treffen der drei Regierungschefs veranlassen, dieses Abkommen zu erfüllen.

Molotow äußert, Jugoslawien befinde sich in einer sehr schwierigen wirtschaftlichen Lage. Es hat mehr als alle anderen Länder, die Sowjetunion ausgenommen, gelitten.

Eden fragt, ob es in Jugoslawien wirklich so viele Kämpfe gegeben habe.

Molotow bestätigt dies und erklärt, daß die Jugoslawen im Partisanenkrieg große Opfer gebracht haben.

Eden bemerkt, daß die Engländer bereit wären, den Jugoslawen zu helfen, wenn die Jugoslawen das Abkommen Tito – Šubašić voll realisieren.

Molotow fragt, was sie dafür tun müssen.

Eden antwortet, sie müßten ihr Parlament erweitern, das seinerseits alle Gesetze bestätigen muß, die früher von der jugoslawischen Regierung erlassen wurden.

Molotow sagt, daß vor dem Krieg in der jugoslawischen Skupština die profaschistischen Kräfte überwogen und es jetzt für die Jugoslawen schwer sei, wirklich demokratische Persönlichkeiten unter den ehemaligen Mitgliedern der Skupština zu finden. Übrigens habe er, Molotow, in den Zeitungen gelesen, daß die Jugoslawen beabsichtigen, die Erweiterung der Skupština am 23. Juli zu beraten.

Eden äußert, daß er auch davon gehört habe.

Eden erklärt weiter, ihm scheine, daß es jetzt schon keine tschechoslowakische Frage mehr gäbe.

Molotow erwidert, daß es wirklich keine tschechoslowakische Frage mehr gibt.

Molotow fragt Eden, ob er mit den Ergebnissen der Konferenz von San Francisco zufrieden sei.

Eden antwortet, er sei mit den Ergebnissen der Konferenz zufrieden, wenn er auch kein Spezialist für die dort erörterten Fragen sei.

Molotow sagt, seines Erachtens wäre der Verlauf der Konferenz gut, daß es natürlich Schwierigkeiten und Hemmnisse gab, aber es wäre auch unmöglich zu erwarten, daß die Konferenz ohne solche hätte verlaufen können.

Eden sagt, daß Türken zu ihm nach London gekommen wären.

Molotow erwidert, er wisse, daß die Türken Eden über die Verhandlungen in Moskau[10] informiert haben – und er, Molotow, hoffe, richtig. 1921 nutzten die Türken die Schwäche des Sowjetstaates aus und nahmen ihm einen Teil Sowjetarmeniens weg. Die Armenier in der Sowjetunion fühlen sich beleidigt. Aus diesen Gründen hat die Sowjetregierung auch die Frage der Rückgabe des rechtmäßig der Sowjetunion gehörenden Territoriums aufgeworfen. Was die Meerengen betrifft, so spricht die Sowjetregierung schon lange davon, daß die Konvention zu Montreux[11] sie nicht befriedigt.

Eden erklärt, die Engländer hätten früher nie etwas von territorialen Forde-

9 Siehe Anmerkung 7.
10 Siehe Anmerkung 8.
11 Siehe Anmerkung 9.

rungen der Sowjetunion an die Türkei gehört. Die britische Regierung wußte lediglich von sowjetischen Vorschlägen in bezug auf das Regime der Meerengen.

Molotow entgegnet, daß die Frage der territorialen Forderungen der Sowjetunion an die Türkei deshalb entstand, weil die Türken der Sowjetregierung vorschlugen, mit ihnen einen Bündnisvertrag abzuschließen, und die Sowjetregierung fragten, zu welchen Bedingungen sie bereit wäre, dies zu tun. Natürlich antwortete die Sowjetregierung darauf der türkischen Regierung mit der Darlegung ihrer Bedingungen.

Eden bemerkt, die Türken seien nicht bereit, die territorialen Forderungen der Sowjetunion zu erfüllen.

Molotow sagt, das Territorium, von dem die Rede ist, gehöre nicht den Türken. Sie handelten unrechtmäßig, als sie es der Sowjetunion wegnahmen. Die Polen handelten auch unrechtmäßig, als sie 1921 einen Teil des sowjetischen Territoriums an sich rissen. Aber die Polen beschlossen, ihre Position zu überprüfen, und sind jetzt bereit, dieses Territorium der Sowjetunion zurückzugeben. Er, Molotow, führte dieses Beispiel den Türken an.

Eden antwortet, daß es in der Türkei keine Curzonlinie[12] gibt.

Molotow sagt, die englische Regierung wäre früher trotzdem wiederholt für die Verteidigung der armenischen Bevölkerung eingetreten, die sich unter türkischer Herrschaft befand. Erst unlängst unterstützte Dr. Hewlett Johnson die Armenier in dieser Frage.

Eden sagt, daß Johnson ganz und gar ein Sowjetmensch sei und die von ihm angeführten Argumente völlig mit den Argumenten der Sowjetregierung übereinstimmen. In England werde er sogar der „rote Dekan" genannt.

Molotow erwidert, er stimme dem nicht zu, Johnson sei keineswegs ein Sowjetmensch.

Eden fragt, ob viele Armenier auf türkischem Territorium leben.

Molotow antwortet, dort gäbe es etwa 400 000 bis 500 000 Armenier. In Sowjetarmenien leben insgesamt etwa eine Million Armenier, aber außerhalb seines Territoriums, im Ausland, leben mehr als eine Million Armenier. Wenn das Territorium der Armenier größer wird, werden viele im Ausland lebende Armenier bestrebt sein, in die Heimat zurückzukehren. Die Armenier sind sehr fähige und tatkräftige Menschen, besonders in wirtschaftlichen Fragen. Sollen die Türken der Sowjetunion die armenischen Gebiete zurückgeben, das wird rechtmäßig sein.

Eden dankt Molotow für die angenehme Unterhaltung.

Nach Archiv.

12 Siehe Anmerkung 10.

Nr. 2
Aufzeichnung über die Unterredung des Vorsitzenden des Rates der Volkskommissare der UdSSR mit dem Präsidenten der USA

17. Juli 1945, 12 Uhr

Stalin bittet um Entschuldigung, weil er sich um einen Tag verspätet hat. Aber wegen der Verhandlungen mit den Chinesen[13] wurde er aufgehalten, er wollte zwar fliegen, aber die Ärzte erlaubten es nicht.

Truman sagt, daß er das völlig verstehe. Er freue sich sehr, Generalissimus Stalin kennenzulernen.

Stalin bemerkt, daß es gut sei, persönlichen Kontakt zu haben.

Truman sagt, seines Erachtens werde es bei den Verhandlungen keine großen Schwierigkeiten geben, und die Seiten könnten sich einigen.

Stalin erklärt, daß die sowjetische Delegation der von Harriman übergebenen Liste[14] einige Fragen hinzufügen möchte.

Molotow weist darauf hin, daß die sowjetische Delegation folgende Fragen erörtern möchte:

1. Aufteilung der deutschen Flotte.
2. Reparationen.
3. Polen.
4. Treuhandterritorien.

Stalin sagt, bei der letzten Frage gehe es nicht um das Regime der Treuhandschaft, das schon auf der Konferenz von San Francisco[15] festgelegt wurde, sondern um die Aufteilung der kolonialen Gebiete, die Italien und anderen Ländern gehören.

Truman erklärt, daß er bereit sei, alle Fragen zu erörtern, die die sowjetische Delegation aufwirft, und daß auch er einige Fragen hat, die er stellen möchte.

Truman sagt, zusammen mit ihm befänden sich General Marshall und andere Chefs amerikanischer Stäbe in Berlin. Wenn die sowjetischen Militärs irgendwelche militärischen Fragen haben, so sind die amerikanischen Militärs zu einer Zusammenkunft bereit, um diese zu erörtern.

Stalin antwortet, daß der Chef des Generalstabes der Roten Armee, General Antonow, Marschall der Luftstreitkräfte Falalejew und Flottenadmiral Kusnezow hierhergekommen sind, außerdem stehe Shukow der Konferenz jederzeit zur Verfügung.

Truman fragt, ob heute auf der Sitzung Militärs anwesend sein würden.

Stalin bemerkt, die sowjetischen Militärs befänden sich jetzt in Berlin, so daß sie es nicht schaffen werden, um 17 Uhr hier zu sein.

Molotow sagt, die sowjetische Delegation wünsche auch die Fragen Tanger und Spanien zu beraten.

Stalin fügt hinzu, daß die sowjetische Delegation die Frage des Francoregimes in Spanien erörtern möchte, das in Spanien von Ländern der „Achse“[16] – von Ita-

13 Siehe Anmerkung 11.
14 Vgl. Dok. Nr. 30.
15 Siehe Anmerkung 12.
16 Siehe Anmerkung 13.

lien und Deutschland – errichtet wurde. Man könne es als ein dem spanischen Volk aufgezwungenes Regime betrachten. Seine Existenz schadet den Vereinten Nationen[17], weil es Reste faschistischer Regimes anderer Länder bei sich verbirgt. Deshalb erachte es die Sowjetregierung als notwendig, mit dem Francoregime zu brechen und dem spanischen Volk die Möglichkeit zu geben, in seinem Lande die Ordnung zu errichten, die es wünscht.

Truman antwortet, ihm habe Franco nie gefallen und er sei bereit, diese Frage zu behandeln. Er, Truman, möchte auch eine Reihe Fragen erörtern, die von außerordentlicher Bedeutung für die USA sind. Er ist sehr erfreut über das Zusammentreffen mit Generalissimus Stalin und möchte zu ihm ebensolche freundschaftlichen Beziehungen herstellen, wie sie zwischen Generalissimus Stalin und Präsident Roosevelt bestanden haben. Er, Truman, sei davon überzeugt, daß dies notwendig ist, weil er meint, daß sich das Schicksal der Welt in den Händen der drei Mächte befindet. Er möchte der Freund des Generalissimus sein. Er sei kein Diplomat und pflege ohne Umschweife zu sprechen.

Stalin entgegnet, daß es von seiten der Sowjetregierung volle Bereitschaft gibt, mit den USA zusammenzugehen.

Truman sagt, bei den Verhandlungen werde es natürlich auch Schwierigkeiten und unterschiedliche Meinungen geben.

Stalin erwidert, daß es ohne Schwierigkeiten nicht abgehen werde, daß das wichtigste der Wunsch sei, eine gemeinsame Sprache zu finden.

Truman bemerkt, alle drei Seiten hätten diesen Wunsch.

Stalin fragt, ob Truman mit Churchill zusammengetroffen sei.

Truman antwortet, daß er gestern morgen eine Zusammenkunft mit Churchill hatte. Churchill sei von seinem Wahlsieg überzeugt.

Stalin sagt, das englische Volk könne den Sieger nicht vergessen. Das englische Volk meine freilich, daß der Krieg zu Ende sei. Das englische Volk betrachte, wie ihm, Stalin, scheint, den Krieg gegen Japan als einen weit von ihm entfernten Krieg und zeige wenig Interesse dafür. Die Engländer denken, daß die USA und die Sowjetunion ihre Pflicht in dem Krieg gegen Japan[18] erfüllen werden.

Truman sagt, daß die Sache der Alliierten im Krieg gegen Japan nicht so steht, daß eine aktive englische Hilfe erforderlich sei. Aber die USA erwarten Hilfe von der Sowjetunion.

Stalin antwortet, die Sowjetunion werde Mitte August bereit sein, in Aktion zu treten, und daß sie ihr Wort halten wird.

Truman gibt seiner Zufriedenheit Ausdruck und bittet Stalin, ihm von den Verhandlungen mit Song[19] zu berichten.

Stalin informiert Truman ausführlich über die Verhandlungen mit Song, wobei er Song als einen Menschen charakterisiert, der die Interessen der Sowjetunion besser versteht als die führenden Elemente in Chongqing.

Byrnes fragt, ob sich die Meinungsverschiedenheiten in den Verhandlungen mit den Chinesen damit erklären lassen, daß die Seiten das Abkommen von Jalta[20] unterschiedlich auffassen.

17 Siehe Anmerkung 14.
18 Siehe Anmerkung 15.
19 Siehe Anmerkung 11.
20 Gemeint ist das Abkommen zu Fragen des Fernen Ostens vom 11. Februar 1945 (vgl. Krimkonferenz, Dok. Nr. 27).

Stalin erwidert, die sowjetische Seite habe keineswegs den Wunsch, das Abkommen von Jalta zu erweitern. Im Gegenteil, die Sowjetregierung machte den Chinesen eine Reihe von Zugeständnissen im Vergleich zu den in diesem Abkommen fixierten Bedingungen. Die Chinesen verstehen jedoch nicht, worin die vorrangigen Interessen der Sowjetunion an den Eisenbahnlinien und Häfen der Mandschurei bestehen.

Molotow äußert, daß die Meinungsverschiedenheiten mit den Chinesen von zweitrangiger Bedeutung sind und daß sie, wie er hoffe, überwunden werden, wenn Song nach Moskau zurückkehren wird.

Truman bringt die gleiche Hoffnung zum Ausdruck.

Nach Archiv.

Nr. 3
Aufzeichnung über die erste Sitzung der Regierungschefs
17. Juli 1945, 17.08 Uhr

Churchill. Wer soll auf unserer Konferenz der Vorsitzende sein?

Stalin. Ich schlage den Präsidenten der USA, Truman, vor.

Churchill. Die englische Delegation unterstützt diesen Vorschlag.

Truman. Ich übernehme den Vorsitz dieser Konferenz.

Ich gestatte mir, einige der Fragen aufzuwerfen, die sich vor unserer Begegnung angesammelt haben und dringend einer Erörterung bedürfen. Dann werden wir die Reihenfolge der Arbeit der Konferenz selbst besprechen.

Churchill. Wir werden das Recht haben, Ergänzungen zur Tagesordnung einzubringen.

Truman. Eines der vordringlichsten Probleme ist gegenwärtig die Schaffung irgendeines Mechanismus zur Regelung der Frage der Friedensverhandlungen, sonst wird die politische und wirtschaftliche Entwicklung Europas zum Schaden der Sache der Alliierten und der ganzen Welt weitergehen.

Die Erfahrung der Versailler Konferenz nach dem ersten Weltkrieg lehrt, daß eine Friedenskonferenz, wenn sie nicht vorher von den Siegermächten vorbereitet ist, mit sehr vielen Mängeln behaftet sein kann. Eine Friedenskonferenz ohne vorherige Vorbereitung tagt in der gespannten Atmosphäre von Streitigkeiten, was die Ausarbeitung von Beschlüssen dieser Konferenz zwangsläufig verzögert.

Ich schlage deshalb, ausgehend von den Erfahrungen der Versailler Konferenz, vor, gleich jetzt einen speziellen Rat zu bilden, dem die Außenminister Großbritanniens, der UdSSR, der USA, Frankreichs und Chinas angehören sollen, das heißt Länder, die ständige Mitglieder des Sicherheitsrates der Vereinten Nationen sind, der auf der Konferenz in San Francisco[21] gebildet wurde. Dieser Ministerrat zur Vorbereitung der Friedenskonferenz muß so bald wie möglich nach unserem Treffen zusammentreten. In diesem Geiste und auf dieser Linie habe ich auch den Entwurf über die Bildung des Rates der Außenminister zur Vorbereitung der Friedenskonferenz verfaßt, den ich Ihnen zur Prüfung vorlege.[22]

21 Siehe Anmerkung 3.
22 Vgl. Dok. Nr. 32.

Churchill. Ich schlage vor, diese Frage unseren Außenministern zur Erörterung zu übergeben, die uns auf der nächsten Sitzung Bericht erstatten.

Stalin. Einverstanden. Mir ist nur die Teilnahme des Außenministers Chinas in diesem Rat unklar. Es geht doch wohl um europäische Probleme? Inwiefern ist da die Teilnahme eines Vertreters Chinas angebracht?

Truman. Diese Frage können wir nach dem Bericht der Außenminister erörtern.

Stalin. Gut.

Truman. Zum Kontrollrat für Deutschland.[23] Dieser Rat muß seine Arbeit so schnell wie möglich, entsprechend dem bereits geschlossenen Abkommen, aufnehmen. Zu diesem Zweck lege ich Ihnen einen Entwurf zur Erörterung vor, der Grundsätze enthält, die unserer Meinung nach für die Arbeit des Kontrollrates richtungweisend sein sollen.[24]

Churchill. Ich hatte keine Möglichkeit, dieses Dokument zu lesen, aber ich werde es mit großer Aufmerksamkeit und Achtung lesen, und dann kann das Dokument erörtert werden. Diese Frage ist so umfassend, daß sie nicht an die Außenminister zur Erörterung weitergeleitet werden sollte, vielmehr müssen wir selbst sie prüfen und erörtern und erst dann, im äußersten Falle, an die Minister weitergeben.

Truman. Wir könnten diese Frage morgen beraten.

Stalin. Wir können diese Frage auch morgen beraten. Die Minister könnten sich damit schon vorher vertraut machen, was nicht stören würde, da wir selbst uns parallel mit dieser Frage vertraut machen werden.

Churchill. Für unsere Minister reichen bereits die Aufgaben aus dem ersten Dokument. Vielleicht könnte man ihnen dann morgen auch diese zweite Frage übergeben?

Stalin. Gut, übergeben wir sie also morgen.

Truman verliest den Inhalt eines Memorandums[25], in dem es heißt, daß die drei Mächte mit den Beschlüssen in der Deklaration von Jalta über das befreite Europa[26] bestimmte Verpflichtungen gegenüber den befreiten Völkern Europas und den ehemaligen Satelliten Deutschlands übernommen haben. Diese Beschlüsse sehen bei der Lösung der politischen und wirtschaftlichen Probleme des befreiten Europa nach demokratischen Prinzipien eine abgestimmte Politik der drei Mächte und ihr gemeinsames Vorgehen vor.

Nach der Konferenz von Jalta wurden die Verpflichtungen, die wir in der Deklaration über das befreite Europa übernommen haben, nicht erfüllt. Nach Ansicht der Regierung der USA wird eine weitere Nichterfüllung dieser Verpflichtungen in der ganzen Welt als Zeichen fehlender Einheit unter den drei Großmächten gewertet werden und das Vertrauen in die Aufrichtigkeit und Einheitlichkeit der Ziele der Vereinten Nationen[27] erschüttern. Daher schlägt die Regierung der USA vor, auf dieser Konferenz folgende Maßnahmen, die der Erfüllung der Verpflichtungen aus dieser Deklaration dienen, lückenlos zu vereinbaren.

Die drei großen alliierten Staaten sollten sich unbedingt für eine sofortige

23 Siehe Anmerkung 16.
24 Vgl. Dok. Nr. 33, 34.
25 Vgl. Dok. Nr. 35.
26 Siehe Anmerkung 2.
27 Siehe Anmerkung 14.

Umbildung der gegenwärtigen Regierungen Rumäniens und Bulgariens[28] in völliger Übereinstimmung mit Punkt „c“ im dritten Absatz der Deklaration über das befreite Europa aussprechen. Es müssen unverzüglich Konsultationen zur Ausarbeitung eines erforderlichen Verfahrens stattfinden, das für die Umbildung dieser Regierungen notwendig ist und die Teilnahme von Vertretern aller bedeutenden demokratischen Gruppen an diesen Regierungen gewährleistet. Nachdem die Umbildung dieser Regierungen stattgefunden hat, können die diplomatische Anerkennung durch die alliierten Mächte und der Abschluß entsprechender Friedensverträge folgen.

Entsprechend den im dritten Absatz Punkt „d“ der Deklaration über das befreite Europa dargelegten Verpflichtungen der drei Mächte müssen die Regierungen der drei Mächte beraten, wie man die provisorischen Regierungen bei der Durchführung freier und ungehinderter Wahlen am besten unterstützen könnte. Diese Unterstützung wird in Rumänien, Bulgarien und vielleicht auch in anderen Ländern notwendig sein.

Eine der wichtigsten Aufgaben, die vor uns stehen, ist die Festlegung unserer Haltung gegenüber Italien. Angesichts der Tatsache, daß Italien kürzlich Japan den Krieg erklärt hat, hoffe ich, daß die Konferenz es für möglich halten wird, Italien in der Frage seiner Aufnahme in die Organisation der Vereinten Nationen[29/30] zu unterstützen. Die Außenminister könnten dazu eine geeignete Erklärung im Namen der Regierungen der Vereinten Nationen ausarbeiten.

Ist es notwendig, dieses Dokument[31] vollständig zu verlesen? Haben Sie Zeit?

Churchill. Herr Präsident, das sind sehr wichtige Fragen, und wir sollten die Zeit haben, um sie zu beraten. Es handelt sich darum, daß sich unsere Positionen in diesen Fragen unterscheiden. Italien hat uns im schwersten Augenblick überfallen, als Frankreich kurz vor dem Fall stand. Wir haben in Afrika zwei Jahre gegen Italien gekämpft, bevor Amerika in den Krieg eintrat, und wir hatten schwere Verluste. Wir mußten sogar Kräfte des Vereinigten Königreiches aufs Spiel setzen, mußten unsere Verteidigung im Vereinigten Königreich schwächen, um Truppen nach Afrika zu entsenden. Wir hatten schwere Seeschlachten im Mittelmeer. Doch wir hegen die besten Absichten gegenüber Italien und haben dies unter Beweis gestellt, indem wir ihm Schiffe beließen.

Stalin. Das ist sehr gut, aber wir sollten uns heute auf die Aufstellung der Tagesordnung samt Zusatzpunkten beschränken. Nachdem die Tagesordnung festgelegt ist, kann man zur substantiellen Erörterung jeder beliebigen Frage übergehen.

Truman. Ich bin völlig einverstanden.

Churchill. Ich bin dem Präsidenten sehr dankbar, daß er diese Diskussion eröffnet und damit einen großen Beitrag zu unserer Arbeit geleistet hat, aber ich meine, daß wir zur Beratung dieser Fragen Zeit haben sollten. Ich sehe diese Vorschläge zum ersten Mal. Ich will nicht sagen, daß ich diesen Vorschlägen nicht zustimmen kann, aber man muß die Zeit haben, sie zu erörtern. Ich schlage vor, daß der Präsident seine Vorschläge, wenn er noch welche hat, vorbringt und wir dann die Tagesordnung festsetzen.

28 Siehe Anmerkung 17.
29 Siehe Anmerkung 3.
30 Siehe Anmerkung 14.
31 Vgl. Dok. Nr. 36.

Stalin. Gut.

Truman. Ziel der drei Regierungen im Hinblick auf Italien ist dessen Entwicklung zur politischen Selbständigkeit, zum wirtschaftlichen Wiederaufbau und die Gewährleistung des Rechts für das italienische Volk, seine Regierungsform selbst zu wählen.

Die gegenwärtige Lage Italiens, einerseits als mitkämpfende Seite und andererseits als Macht, die bedingungslos kapituliert hat, ist anomal und behindert jeden Versuch sowohl von seiten der Alliierten als auch seitens Italiens selbst, seine wirtschaftliche und politische Lage zu verbessern. Diese anomale Lage kann nur durch Abschluß eines Friedensvertrages mit Italien endgültig beseitigt werden. Die Vorbereitung des Entwurfes eines solchen Vertrages muß eine der ersten Aufgaben sein, die dem Rat der Außenminister übertragen wird.

Gleichzeitig kann eine Verbesserung der inneren Lage Italiens herbeigeführt werden, wenn man ein zeitweiliges Abkommen erzielt, in dem Italiens Beitrag zur Niederwerfung Deutschlands anerkannt wird. Deshalb empfiehlt es sich, die kurzen Kapitulationsbedingungen Italiens und die ausführlichen Kapitulationsbedingungen Italiens[32] außer Kraft zu setzen und sie durch Verpflichtungen der italienischen Regierung, wie sie sich aus der neuen Situation in Italien ergeben, zu ersetzen.

Diese Verpflichtungen sollten vorsehen: Die italienische Regierung enthält sich jeglicher feindlicher Handlungen gegen jedes Mitglied der Vereinten Nationen; die italienische Regierung darf keine allgemeinen Streitkräfte, See- und Luftstreitkräfte und -ausrüstungen haben, außer den von den Alliierten belassenen, und wird alle Instruktionen der Alliierten befolgen; bis zum Abschluß des Friedensvertrages soll, soweit es für die militärischen Belange der Alliierten, solange sie auf dem Territorium Italiens bleiben, und für die gerechte Lösung der Gebietsstreitigkeiten notwendig ist, eine Kontrolle über Italien ausgeübt werden.

Da ich überraschend zum Vorsitzenden dieser Konferenz gewählt wurde, war es mir nicht möglich, meinen Gefühlen sofort Ausdruck zu verleihen. Ich freue mich sehr, Sie, Generalissimus, und auch Sie, Herr Premierminister, kennenzulernen. Ich weiß sehr wohl, daß ich hier den Platz eines Menschen einnehme, der unersetzlich ist: des früheren Präsidenten Roosevelt. Ich würde mich freuen, wenigstens teilweise dem zu entsprechen, wie Sie Präsident Roosevelt in Ihrer Erinnerung bewahren. Ich möchte die Freundschaft festigen, die zwischen ihm und Ihnen bestand.

Die Fragen, die ich Ihnen unterbreitet habe, sind natürlich sehr wichtig. Das schließt allerdings nicht aus, daß weitere Fragen auf die Tagesordnung gesetzt werden.

Churchill. Generalissimus, wollen Sie dem Herrn Präsidenten etwas antworten, oder lassen Sie mich das tun?

Stalin. Ich überlasse das Ihnen.

Churchill. Ich möchte dem Präsidenten der USA im Namen der britischen Delegation aufrichtig dafür danken, daß er den Vorsitz dieser Konferenz übernommen hat, und dafür, daß er die Ansichten der großen Republik, die er repräsentiert und deren Oberhaupt er ist, dargelegt hat. Ich möchte ihm sagen – ich bin überzeugt, der Generalissimus wird sich mir anschließen –, daß wir ihn in diesem

32 Siehe Anmerkung 18.

wichtigen Augenblick überaus aufrichtig begrüßen und daß wir die innigen Gefühle, die uns mit Präsident Roosevelt verbanden, auch ihm entgegenbringen. Der neue Präsident übernahm sein Amt in einem historischen Augenblick, und es ist unser Wunsch, daß die gegenwärtigen Aufgaben und Ziele, für die wir gekämpft haben, heute, im Frieden, erfüllt werden. Wir empfinden Achtung nicht nur vor dem amerikanischen Volk, sondern auch vor seinem Präsidenten persönlich, und ich hoffe, daß dieses Gefühl der Achtung allzeit erstarken und der Verbesserung unserer Beziehungen dienen wird.

Stalin. Im Namen der russischen Delegation kann ich erklären, daß wir die Gefühle, denen Herr Churchill Ausdruck verliehen hat, voll und ganz teilen.

Churchill. Es scheint mir, wir sollten jetzt zu den Fragen der Tagesordnung übergehen und ein ungefähres Programm unserer Arbeit aufstellen, um zu sehen, ob wir selbst in der Lage sind, diese Tagesordnung zu bewältigen, oder ob ein Teil der Fragen den Außenministern zu übertragen ist. Mir scheint, wir brauchen nicht sofort die gesamte Tagesordnung festzulegen, wir könnten uns auf eine Tagesordnung für jeweils einen Tag beschränken. Wir möchten beispielsweise die polnische Frage hinzufügen.

Stalin. Es wäre dennoch gut, wenn alle drei Delegationen alle Fragen vortrügen, von denen sie meinen, daß sie auf die Tagesordnung zu setzen sind. Die Russen haben Fragen zur Aufteilung der deutschen Flotte und andere. Zur Frage der Flotte gab es einen Briefwechsel zwischen mir und dem Präsidenten, und es wurde eine Einigung erzielt.[33]

Die zweite Frage ist die der Reparationen.

Dann ist die Frage der Treuhandgebiete zu erörtern.

Churchill. Meinen Sie dabei Gebiete in Europa oder in der ganzen Welt?

Stalin. Das werden wir besprechen. Ich weiß noch nicht genau, was das für Gebiete sind, aber die Russen wünschen, an der Verwaltung der Treuhandgebiete teilzunehmen.

Gesondert möchten wir die Frage nach der Wiederherstellung diplomatischer Beziehungen zu den ehemaligen Satelliten Deutschlands stellen.

Es ist auch notwendig, sich mit der Frage des Regimes in Spanien zu befassen. Wir Russen sind der Ansicht, daß dem spanischen Volk das gegenwärtige Francoregime durch Deutschland und Italien aufgezwungen wurde. Es birgt eine große Gefahr für die freiheitliebenden Vereinten Nationen in sich. Wir meinen, daß es gut wäre, dem spanischen Volk Bedingungen zu schaffen, damit es ein Regime errichten kann, das ihm zusagt.

Churchill. Wir beraten zunächst lediglich, was auf die Tagesordnung zu setzen ist. Ich bin einverstanden, daß Spanien als eine Frage auf die Tagesordnung gesetzt werden muß.

Stalin. Ich erkläre nur den Gedanken, was unter der Frage zu verstehen ist.

Dann sollte die Tangerfrage[34] behandelt werden.

Churchill. Herr Eden hat mir gesagt, wenn wir zur Tangerfrage kommen, so könnten wir wegen der Abwesenheit der Franzosen nur eine provisorische Vereinbarung treffen.

Stalin. Dennoch ist es interessant, die Meinung der drei Großmächte zu dieser Frage zu erfahren.

33 Siehe Anmerkung 19.
34 Siehe Anmerkung 20.

Dann ist die Frage Syrien und Libanon zu erörtern. Auch ist erforderlich, die polnische Frage zu erörtern, und zwar unter dem Gesichtspunkt der Lösung jener Fragen, die sich aus der Tatsache ergeben, daß in Polen die Regierung der Nationalen Einheit[35] gebildet wurde und im Zusammenhang damit die Notwendigkeit besteht, die polnische Emigrantenregierung[36] aufzulösen.

Churchill. Ich halte es für notwendig, die polnische Frage zu erörtern. Die Erörterung dieser Frage nach der Krimkonferenz hat zweifellos zu einer befriedigenden Lösung der polnischen Frage geführt. Ich bin durchaus damit einverstanden, daß diese Frage und auch die sich daraus ergebende Frage der Auflösung der polnischen Regierung in London erörtert wird.

Stalin. Richtig, richtig.

Churchill. Ich hoffe, daß der Generalissimus und der Präsident verstehen werden, daß wir bei uns die Londoner polnische Regierung haben, die die Basis für den Unterhalt der polnischen Armee bildete, die gegen Deutschland gekämpft hat. Daraus ergibt sich eine Reihe zweitrangiger Fragen, die mit der Auflösung der polnischen Regierung in London verbunden sind. Wie mir scheint, verfolgen wir die gleichen Ziele, aber wir haben ohne Zweifel eine schwierigere Aufgabe als die beiden anderen Mächte. In Verbindung mit der Auflösung der polnischen Regierung kommen wir nicht umhin, für die Soldaten zu sorgen. Aber wir müssen diese Fragen im Geiste und im Lichte der Konferenz von Jalta lösen. Im Zusammenhang mit der polnischen Frage messen wir der Frage der Wahlen eine sehr große Bedeutung bei; diese Wahlen sollten Ausdruck des aufrichtigen Wunsches des polnischen Volkes sein.

Stalin. Die russische Delegation hat zunächst keine weiteren Fragen für die Tagesordnung.

Churchill. Wir haben Ihnen bereits unsere Tagesordnung unterbreitet. Wenn Sie gestatten, Herr Präsident, möchte ich einen Vorschlag zum Arbeitsverfahren dieser Konferenz machen. Ich schlage vor, daß die drei Außenminister heute oder morgen früh zusammentreten und jene Fragen auswählen, die hier von uns morgen am besten erörtert werden könnten. Dieses Verfahren können wir auch in den kommenden Sitzungstagen anwenden. Die Minister können die Tagesordnung besser zusammenstellen, wenn sie drei, vier oder fünf Fragen auswählen. Sie können morgen früh zusammenkommen und die Tagesordnung für uns zusammenstellen.

Stalin. Ich habe keine Einwände.

Truman. Einverstanden.

Churchill. Ich meine, daß wir uns im allgemeinen bereits eine Vorstellung von unserer Aufgabe gebildet haben und uns der Umfang unserer Arbeit klargeworden ist. Mir scheint, jetzt müssen die Außenminister ihre Wahl treffen und sie uns unterbreiten, und dann können wir mit der Arbeit beginnen.

Stalin. Einverstanden. Womit wollen wir uns heute befassen? Wollen wir unsere Sitzung fortsetzen, noch bevor die Minister uns fünf bis sechs Fragen vorgelegt haben? Ich denke, wir könnten die Frage der Bildung des Rates der Außenminister als Institution zur Vorbereitung der künftigen Friedenskonferenz erörtern.

35 Siehe Anmerkung 5.
36 Siehe Anmerkung 4.

Truman. Einverstanden.

Churchill. Einverstanden.

Stalin. Zu besprechen ist die Frage der Zugehörigkeit eines Vertreters Chinas zum Rat der Minister angesichts dessen, daß der Rat sich mit europäischen Angelegenheiten befassen wird.

Truman. China wird eines der ständigen Mitglieder des in San Francisco gebildeten Sicherheitsrates sein.

Stalin. Entfällt der Beschluß der Krimkonferenz, demzufolge sich die Außenminister periodisch zur Beratung verschiedener Fragen treffen sollen?

Truman. Wir schlagen vor, einen Rat der Minister zu einem bestimmten Zweck zu schaffen: zur Ausarbeitung der Bedingungen der Friedensverträge und zur Vorbereitung der Friedenskonferenz.

Stalin. Auf der Krimkonferenz wurde festgelegt, daß die Außenminister alle drei bis vier Monate zusammenkommen und einzelne Fragen besprechen. Entfällt das jetzt? Dann entfällt anscheinend auch die Europäische Konsultativkommission?[37] Ich verstehe das so und bitte um Aufklärung: Verstehe ich das richtig oder nicht?

Truman. Der Rat der Minister wird nur zu einem bestimmten Zweck gebildet: zur Ausarbeitung der Bedingungen der Friedensverträge.

Stalin. Ich habe keine Einwände gegen die Bildung des Rates der Minister, aber damit werden die Ministerberatungen, die durch Beschluß der Krimkonferenz festgelegt wurden, offensichtlich aufgehoben, und man muß annehmen, daß auch die Europäische Konsultativkommission entfällt. Diese beiden Einrichtungen werden durch den Rat der Außenminister ersetzt.

Churchill. Die drei Außenminister sollten sich, wie auf der Krimkonferenz vereinbart wurde, alle drei bis vier Monate treffen, um uns in einer ganzen Reihe wichtiger Fragen, die Europa betreffen, zu beraten. Ich denke, wenn wir den Rat der Minister der drei Großmächte noch um den Vertreter Chinas erweitern, so wird dies die Sache nur komplizieren, da der Ministerrat Fragen behandeln wird, die europäische Länder betreffen. Wenn wir die Friedensbedingungen behandeln werden, die die ganze Welt und nicht nur Europa betreffen, so wird man den Vertreter Chinas einladen können. Unsere drei Minister können ihre Arbeit weitaus leichter und fruchtbarer erledigen. Die Teilnahme des Vertreters Chinas an der laufenden Arbeit des Ministerrates würde die Arbeit nur komplizieren. Es ist sehr leicht, auf dem Papier Organisationen zu gründen, wenn sie aber praktisch nichts leisten, sind sie meiner Ansicht nach überflüssig. Kann denn beispielsweise die Frage der künftigen Verwaltung Deutschlands nicht von uns ohne die Teilnahme Chinas entschieden werden? Beschränken wir uns im Ministerrat doch auf drei Minister.

Truman. Ich schlage vor, die Beratung über die Einstellung der periodischen Treffen der Minister, die durch Beschluß der Konferenz von Jalta festgelegt wurden, zu vertagen. Jetzt beraten wir über die Bildung des Ministerrates zur Vorbereitung von Entwürfen zu Friedensverträgen, und das ist eine ganz andere Frage. Ich möchte Ihnen den Entwurf der USA über den Ministerrat vorlegen, in dem die Grundsätze der Organisation dieses Rates dargelegt sind.

Nach unserem Entwurf wird ein Rat der Außenminister errichtet, der sich aus

37 Siehe Anmerkung 21.

den Außenministern der UdSSR, der USA, Großbritanniens, Chinas und Frankreichs zusammensetzt. Der Rat versammelt sich periodisch zu Beratungen, und seine erste Zusammenkunft findet am Soundsovielten statt.

Jeder Außenminister soll von einem ranghohen Stellvertreter begleitet werden, der ordnungsgemäß bevollmächtigt ist, in Abwesenheit des Außenministers die Arbeit selbständig durchzuführen. Er soll auch von einem begrenzten Stab von Beratern begleitet werden. Es ist die Einrichtung eines vereinigten Sekretariats vorgesehen.

Der Ministerrat wird bevollmächtigt, die Friedensverträge mit Italien, Rumänien, Bulgarien und Ungarn zwecks Übergabe an die Regierungen der Vereinten Nationen aufzusetzen. Der Ministerrat empfiehlt auch Wege zur Lösung territorialer Fragen, die nach Kriegsende in Europa offengeblieben sind. Der Rat soll die ausführlichen Bedingungen des Friedensvertrages mit Deutschland vorbereiten, die von der künftigen Regierung Deutschlands angenommen werden, nachdem eine dazu geeignete deutsche Regierung gebildet worden ist.

Wenn sich der Ministerrat mit einer Frage befaßt, die unmittelbar einen nicht im Rat vertretenen Staat betrifft, so wird dieser Staat zur Sitzung des Rates eingeladen, um an der Erörterung der gegebenen Frage teilzunehmen. Das bedeutet nicht, daß starre Regeln für die Arbeit des Rates festgelegt werden. Der Rat legt die Verfahrensweise entsprechend dem gegebenen Problem fest. In bestimmten Fällen kann der Rat zur Vorberatung unter Beteiligung anderer interessierter Staaten einberufen werden, in anderen Fällen wäre es wünschenswert, den Rat vor Einladung der interessierten Seiten einzuberufen.

Stalin. Wird das ein Rat sein, der die Fragen der künftigen internationalen Friedenskonferenz vorbereitet?

Truman. Ja.

Churchill. Die Friedenskonferenz, die den Krieg beenden wird.

Stalin. In Europa ist der Krieg zu Ende. Der Rat bestimmt und empfiehlt den Termin für die Einberufung der Friedenskonferenz.

Truman. Wir meinen, daß die Konferenz nicht eher einberufen werden soll, als wir uns gebührend auf sie vorbereitet haben.

Churchill. Mir scheint, daß es keine Schwierigkeiten bereitet, uns über das Ziel zu einigen, nach dem wir streben. Wir müssen einen Ministerrat zur Vorbereitung der Entwürfe zu den Friedensverträgen bilden. Aber dieser Rat darf nicht an die Stelle der Organisationen treten, die bereits bestehen und die sich mit laufenden Fragen befassen, also nicht an die Stelle der periodischen Beratungen der drei Minister und der Europäischen Konsultativkommission, an der auch Frankreich teilnimmt. Der Ministerrat ist eine breitere Organisation. Die Vertreter dort können festlegen, wieweit sich die Europäische Konsultativkommission und die periodischen Beratungen der Minister mit Fragen des Friedensvertrages befassen können.

Stalin. Wer wird wem untergeordnet sein?

Churchill. Der Ministerrat besteht parallel zum Sicherheitsrat, in dem auch China vertreten ist, und parallel zu den periodischen Beratungen der Minister und zur Europäischen Konsultativkommission. Bis zum Sieg über Japan wird es China schwerfallen, an der Erörterung europäischer Fragen teilzunehmen. Uns erwachsen überflüssige Schwierigkeiten, wenn China jetzt an der Erörterung europäischer Fragen teilnimmt. Europa war immer ein großer Vulkan, und seine

Probleme müssen sehr ernst genommen werden. Möglicherweise werden wir zum Zeitpunkt der Einberufung der Friedenskonferenz bessere Nachrichten aus dem Fernen Osten haben, dann wird man auch China einladen können.

Ich schlage im Prinzip vor, daß der Friedensvertrag von den fünf Hauptmächten vorbereitet wird; was jedoch Europa betrifft, sollten die europäischen Probleme nur von den vier Mächten beraten werden, die unmittelbar an diesen Problemen interessiert sind. Dadurch werden wir die Arbeit der Europäischen Konsultativkommission und der periodischen Ministerberatungen nicht stören. Diese beiden Organisationen können ihre Arbeit gleichzeitig fortsetzen.

Stalin. Vielleicht übergeben wir diese Frage den Ministern zur Beratung?

Truman. Ich bin einverstanden und habe keine Einwände gegen den Ausschluß Chinas aus dem Ministerrat.

Churchill. Ich meine, daß man die Sache so organisieren könnte, daß einige Mitglieder nicht ständig an den Sitzungen teilnehmen, obgleich sie die vollen Rechte wie alle anderen Mitglieder besitzen, sondern nur dann an den Sitzungen teilnehmen, wenn Fragen behandelt werden, die sie interessieren.

Truman. Ich verstehe die Sache so, daß diese Frage den Außenministern zur Beratung zu übergeben ist.

Stalin. Ja, richtig.

Truman. Können wir heute noch irgend etwas besprechen?

Stalin. Da alle Fragen von den Ministern beraten werden, bleibt für uns heute nichts mehr zu tun.

Churchill. Ich schlage vor, daß die Außenminister die Frage behandeln sollen, ob es vier oder fünf Mitglieder geben soll, aber daß sich dieser Ministerrat ausschließlich mit der Vorbereitung des Friedensvertrages zunächst für Europa und dann für die ganze Welt befassen soll.

Stalin. Des Friedensvertrages oder der Friedenskonferenz?

Churchill. Der Ministerrat wird einen Plan vorbereiten und ihn den Regierungschefs zur Prüfung vorlegen.

Stalin. Mögen die Außenminister die Frage beraten, ob es notwendig ist, die Europäische Konsultativkommission am Leben zu erhalten, und ob es notwendig ist, daß die periodischen Beratungen der drei Minister, die entsprechend den Beschlüssen von Jalta eingerichtet wurden, ihre Funktionen behalten. Sollen doch die Minister auch diese Fragen erörtern.

Churchill. Das hängt von der Lage in Europa und davon ab, wie die Arbeit dieser Organisationen vorankommt. Ich schlage vor, daß die drei Minister ihre periodischen Beratungen fortsetzen und daß die Europäische Konsultativkommission ebenfalls ihre Arbeit fortsetzt.

Truman. Wir müssen konkrete Fragen für die Beratung auf der morgigen Sitzung festlegen.

Churchill. Wir möchten, daß wir jeden Abend bei der Rückkehr nach Hause irgend etwas Konkretes in der Tasche haben.

Truman. Ich möchte, daß die Außenminister uns jeden Tag etwas Konkretes zur Beratung vorlegen.

Stalin. Ich bin einverstanden.

Truman. Ich schlage auch vor, unsere Sitzungen um vier Uhr statt um fünf zu beginnen.

Stalin. Um vier? Na gut.

Churchill. Wir fügen uns dem Vorsitzenden.

Truman. Wenn dies angenommen ist, vertagen wir die Behandlung der Fragen bis morgen vier Uhr nachmittags.

Stalin. Vertagen wir sie. Nur eine Frage: Warum verweigert Herr Churchill den Russen ihren Anteil an der deutschen Flotte?

Churchill. Ich bin nicht dagegen. Aber wenn Sie mir schon die Frage stellen, hier meine Antwort: Diese Flotte ist zu versenken oder aufzuteilen.

Stalin. Sind Sie für Versenken oder für Aufteilen?

Churchill. Alle Mittel des Krieges sind schreckliche Dinge.

Stalin. Die Flotte muß aufgeteilt werden. Wenn Herr Churchill es vorzieht, die Flotte zu versenken, so kann er seinen Anteil versenken. Ich beabsichtige nicht, meinen Anteil zu versenken.

Churchill. Gegenwärtig befindet sich fast die gesamte deutsche Flotte in unserer Hand.

Stalin. Das ist es ja, das ist es ja. Und darum müssen wir diese Frage entscheiden.

Truman. Die morgige Sitzung beginnt um vier Uhr.

Nach Archiv. Veröffentlicht in:
Meshdunarodnaja Shisn, 1965/10, S. 151 ff.

Nr. 4
Kommuniqué über die Eröffnung der Berliner (Potsdamer) Konferenz der Regierungschefs der UdSSR, der USA und Großbritanniens

17. Juli 1945

Die Berliner Konferenz der Regierungschefs Großbritanniens, der Vereinigten Staaten von Amerika und der Sowjetunion wurde heute um 5 Uhr nachmittags eröffnet.

Der Präsident der Vereinigten Staaten wurde von seinen beiden Kollegen gebeten, den Vorsitz auf den Sitzungen der Konferenz zu führen. Es fand ein einleitender Meinungsaustausch zu Fragen statt, die Beschlüsse der drei Regierungschefs erfordern.

Es wurde beschlossen, daß sich die drei Außenminister regelmäßig zur Abwicklung der Vorbereitungsarbeiten für die Konferenz treffen.

Nach Archiv. Veröffentlicht in:
Iswestija vom 18. 7. 1945

Nr. 5
Aufzeichnung über die erste Sitzung der Außenminister

18. Juli 1945, 11 Uhr

(Vorsitzender: Byrnes)

In der Sitzung wurden folgende Fragen behandelt:

1. Die Frage des Verfahrens und des Mechanismus bei Friedensverhandlungen und der Regelung territorialer Probleme.

Der von der amerikanischen Delegation vorgelegte Entwurf über die Errichtung eines Rates der Außenminister[38] wurde im Prinzip gebilligt. Punkt 3 dieses Entwurfes wurde geändert. Die neue Fassung des Punktes 3 lautet:

„3. Als eine unverzügliche und wichtige Aufgabe des Rates wird ihm aufgetragen, Friedensverträge mit Italien, Rumänien, Bulgarien, Ungarn und Finnland aufzusetzen, die den Vereinten Nationen[39] vorzulegen sind, und Vorschläge zur Regelung der ungelösten territorialen Fragen auszuarbeiten, die in Verbindung mit der Beendigung des Krieges in Europa entstehen. Der Rat wird zur Vorbereitung einer Friedensregelung für Deutschland mit der Maßgabe genutzt werden, daß das entsprechende Dokument durch eine für diesen Zweck geeignete Regierung Deutschlands, nachdem eine solche Regierung gebildet sein wird, angenommen wird.

Zwecks Lösung jeder dieser Aufgaben wird der Rat aus den Mitgliedern bestehen, welche die Staaten vertreten, die die Kapitulationsbedingungen unterschrieben haben, welche dem Feindstaat vorgeschrieben wurden, den die gegebene Aufgabe betrifft.

Andere Angelegenheiten werden von Zeit zu Zeit dem Rat nach Vereinbarung zwischen den Staaten, die seine Mitglieder sind, übertragen."

Für die endgültige Fassung des Entwurfes wurde eine Kommission gebildet, die sich wie folgt zusammensetzt: von der UdSSR – Wyschinski und Semjonow; von den USA – Matthews und Cohen; von Großbritannien – Strang und Harrison.

Die sowjetische Delegation bittet festzuhalten, daß sie sich das Recht vorbehält, eine Änderung zu Punkt 1 des Entwurfes der Vereinigten Staaten von Amerika vorzuschlagen, insbesondere erachtet die sowjetische Delegation es als zweckmäßig, einen Rat der Minister zu errichten, und zwar bestehend aus vier Ministern für europäische Angelegenheiten und aus fünf Ministern (einschließlich China) für Fragen, die die ganze Welt betreffen. Im Ergebnis des Meinungsaustausches kamen die Minister überein, daß die in den Beschlüssen der Krimkonferenz[40] vorgesehenen Beratungen der drei Außenminister beibehalten und nicht durch die Bildung eines Rates der Außenminister berührt werden, obgleich diese Beratungen bisweilen auch gleichzeitig mit den Beratungen des Rates der Minister stattfinden können.

Was die Funktionen der Europäischen Konsultativkommission[41] betrifft, so wurde vereinbart, die Funktionen dieser Kommission nach entsprechender Übereinkunft mit Frankreich dem Alliierten Kontrollrat in Deutschland[42] und dem in Österreich[43] zu übertragen.

2. Als zweite Frage wurde der von der USA-Delegation vorgelegte Entwurf über die politischen Befugnisse des Kontrollrates in Deutschland[44] beraten. Nach Vornahme einer Reihe von Änderungen und Ergänzungen übergaben die Außenminister diesen Entwurf der Redaktionskommission. Es wurde vereinbart, daß die Außenminister, ohne den Abschluß der Arbeit der Redaktionskom-

38 Vgl. Dok. Nr. 32.
39 Siehe Anmerkung 14.
40 Siehe Anmerkung 2.
41 Siehe Anmerkung 21.
42 Siehe Anmerkung 16.
43 Siehe Anmerkung 22.
44 Vgl. Dok. Nr. 33.

mission an diesem Entwurf abzuwarten, den Regierungschefs die Frage der politischen Kompetenzen des Kontrollrates in Deutschland zur vorherigen Behandlung in der Abendsitzung am 18. Juli stellen werden.

Hinsichtlich der wirtschaftlichen Kompetenzen des Kontrollrates in Deutschland kamen die Außenminister überein, daß die Deutschland betreffenden wirtschaftlichen Fragen sehr kompliziert sind und eine längere Erörterung und umfangreiche Vorarbeit erfordern. Deshalb vereinbarten die Außenminister, diese Fragen an eine Expertenkommission zur Beratung zu überweisen. Die Expertenkommission wird den Außenministern so schnell wie möglich jene Fragen vortragen, über die sie keine Übereinstimmung erzielen konnte. Auf der Grundlage dieser Information entscheiden die Außenminister, welche dieser Fragen sie den drei Regierungschefs zur Erörterung und entsprechenden Beschlußfassung empfehlen.

Der Expertenkommission gehören folgende Personen an: von der UdSSR – Maiski, Sobolew, Arutjunjan; von den USA – Clayton und Pauley; von Großbritannien – David Waley und Coulsen.

3. Die sowjetische Delegation hatte vorgeschlagen, die Frage der deutschen Kriegs- und Handelsflotte zu erörtern.

Nach einem kurzen Meinungsaustausch kamen die Außenminister überein, diese Frage demnächst zu behandeln.

4. Anschließend wurde die polnische Frage behandelt, insbesondere die Auflösung der polnischen Emigrantenregierung in London[45] und die Erfüllung der Krimerklärung über Polen[46] betreffende Probleme.

Die Außenminister vereinbarten, den drei Regierungschefs zu empfehlen, auf der heutigen Sitzung die polnische Frage zu erörtern; dabei kamen die Minister überein, daß bei der Erörterung der polnischen Frage zwei Aspekte zu beachten sind: erstens die verschiedenen mit der Auflösung der polnischen Emigrantenregierung in London im Zusammenhang stehenden Probleme, insbesondere die Frage der Sicherung der Unversehrtheit der Werte und des Vermögens, die sich in der Verfügung dieser Regierung befinden, und zweitens die Fragen, die die weitere Verwirklichung der Krimerklärung über Polen betreffen, insbesondere die Organisierung und Durchführung freier Wahlen in Polen.

Nach Archiv.

Nr. 6
Aufzeichnung über die zweite Sitzung der Regierungschefs
18. Juli 1945, 16.18 Uhr

(Truman eröffnet die Sitzung.)

Churchill. Ich möchte mich außerhalb der Tagesordnung zu einer Frage äußern, die vom Standpunkt der internationalen Beziehungen nicht besonders wichtig ist und nur zeitweilige Bedeutung besitzt. Während unseres Treffens in Teheran[47] war es für die Pressevertreter sehr schwer, irgendwelche Informatio-

45 Siehe Anmerkung 4.
46 Siehe Anmerkung 2.
47 Siehe Anmerkung 23.

nen über die Arbeit der Konferenz zu bekommen, und während der Konferenz von Jalta[48] war dies völlig unmöglich. Nach Berlin sind etwa hundertachtzig Korrespondenten gekommen, die in der Umgebung grimmig und entrüstet umherstreichen.

Stalin. Das ist eine ganze Kompanie. Wer hat ihnen hier Zutritt gewährt?

Churchill. Sie befinden sich natürlich nicht hier, innerhalb dieser Zone, sondern in Berlin. Natürlich können wir nur dann in Ruhe arbeiten, wenn die Geheimhaltung gewahrt wird, und diese Geheimhaltung müssen wir gewährleisten. Wenn meine beiden Kollegen mir darin zustimmen, so könnte ich, als alter Journalist, mit ihnen sprechen, ihnen die Notwendigkeit der Geheimhaltung unseres Treffens erklären und ihnen sagen, daß wir ihnen zwar gewogen sind, aber nicht erzählen können, was hier geschieht. Ich meine, daß man sie etwas streicheln sollte, um sie zu beruhigen.

Stalin. Was wollen sie, was sind ihre Forderungen?

Truman. Jede Delegation hat spezielle Vertreter für Pressefragen, und es ist deren Sache, uns gegen Forderungen der Korrespondenten in Schutz zu nehmen. Dafür sind sie da. Man könnte sie beauftragen, mit den Journalisten zu sprechen.

Churchill. Ich möchte natürlich nicht das Opferlamm abgeben. Ich kann mit ihnen sprechen, wenn der Generalissimus garantiert, mich notfalls durch Truppeneinsatz freizukämpfen.

Truman. Heute haben unsere Außenminister eine Tagesordnung vorbereitet und empfehlen sie uns zur Behandlung. Nach Absprache der Minister fungiert Byrnes als Berichterstatter zur Tagesordnung.[49]

Byrnes. Die Beratung der Außenminister beschloß, die Aufnahme folgender Fragen in die Tagesordnung für heute vorzuschlagen:

1. Verfahren und Mechanismus für Friedensverhandlungen und die Regelung territorialer Probleme.
2. Kompetenzen des Kontrollrates in Deutschland[50] auf politischem Gebiet.
3. Die polnische Frage, im besonderen Fragen, die die Auflösung der polnischen Emigrantenregierung in London[51] betreffen.

Was die erste Frage nach dem Verfahren und dem Mechanismus für Friedensverhandlungen und die Regelung territorialer Probleme betrifft (Bildung des Rates der Außenminister), so wurde der von der USA-Delegation vorgelegte Entwurf[52] auf der Beratung der Außenminister im Prinzip gebilligt. Die Beratung hat den Punkt 3 des Entwurfes über die Gründung des Rates der Außenminister[53] in einer neuen Fassung angenommen. Die erste und wichtigste Aufgabe des Rates der Minister wird die Ausarbeitung der Entwürfe der Friedensverträge mit Italien, Rumänien, Bulgarien, Ungarn und Finnland sowie die Vorbereitung des Friedensvertrages für Deutschland scin.

Eine nicht minder wichtige Aufgabe des Rates der Minister wird darin bestehen, die Bedingungen für die Organisation und Durchführung der Friedenskonferenz im Detail vorzubereiten und das Ergebnis den Regierungen der Vereinten

48 Siehe Anmerkung 2.
49 Vgl. Anlage zu vorliegendem Dokument (im folgenden: Vgl. Anlage).
50 Siehe Anmerkung 16.
51 Siehe Anmerkung 4.
52 Vgl. Dok. Nr. 32.
53 Vgl. Dok. Nr. 5, S. 49.

Nationen[54] vorzulegen. Der Rat der Minister soll auch zur Vorbereitung von Fragen im Zusammenhang mit der friedlichen Regelung territorialer Streitfälle genutzt werden. Zur Erfüllung all dieser Aufgaben setzt sich der Rat der Außenminister aus den Mitgliedern zusammen, die auch ständige Mitglieder des Sicherheitsrates sind.

Bei der Behandlung von Fragen im Rat der Minister, die die unmittelbaren Interessen von Staaten berühren, die nicht im Rat vertreten sind, werden diese Staaten eingeladen, Vertreter zur Teilnahme an der Beratung der Frage zu entsenden. In einigen Fällen kann der Rat die Frage zunächst in seiner Zusammensetzung, bevor Vertreter der interessierten Staaten eingeladen werden, vorberaten.

Die sowjetische Delegation behält sich das Recht vor, eine Änderung einzubringen und Bemerkungen zu Punkt 1 des Entwurfes der USA-Delegation über die Errichtung des Rates der Außenminister zu machen.[55]

In der Beratung wurde vereinbart, daß die auf Beschluß der Krimkonferenz angesetzten periodischen Beratungen der drei Minister durch die Arbeit des Rates der Minister nicht berührt werden.

Im Hinblick auf die Vollmachten der Europäischen Konsultativkommission[56] kam man in der Beratung der Minister überein, diese Kompetenzen dem Alliierten Kontrollrat in Deutschland[57] und dem in Österreich[58] zu übertragen. Somit wurde der von der amerikanischen Delegation vorgelegte Entwurf über die Errichtung des Rates der Außenminister im wesentlichen gebilligt, mit Ausnahme des Vorbehaltes der sowjetischen Delegation zu Punkt 1.

Stalin. Die sowjetische Delegation zieht ihren Vorbehalt zu Punkt 1 des Entwurfes zurück. Was alles übrige betrifft, ist die sowjetische Delegation einverstanden und akzeptiert den Entwurf.

Truman. Demnach ist der Entwurf über die Errichtung des Rates der Minister ohne Einwände angenommen.

Stalin. Man kann folgenden Text annehmen: Die drei Großmächte vertreten die Interessen aller Vereinten Nationen und können die Verantwortung übernehmen.

Truman. Wir gehen zur zweiten Frage über.

Churchill. Unsere Außenminister haben gut gearbeitet.

Stalin. Zweifellos, zweifellos.

Truman. Die nächste Frage betrifft die politischen Kompetenzen des Kontrollrates in Deutschland.[59]

Byrnes. Die Außenminister haben die Frage der politischen Kompetenzen des Kontrollrates in Deutschland und dessen wirtschaftliche Kompetenzen behandelt. Einige Meinungsverschiedenheiten, zu denen es bei der Aussprache zu dieser Frage kam, wurden an die neugebildeten Kommissionen weitergeleitet. Diese Kommissionen haben ihre Arbeit bislang nicht abgeschlossen, aber die Mi-

54 Siehe Anmerkung 14.
55 Vgl. Dok. Nr. 32.
56 Siehe Anmerkung 21.
57 Siehe Anmerkung 16.
58 Siehe Anmerkung 22.
59 Vgl. Dok. Nr. 33.

nister einigten sich, daß es wünschenswert wäre, wenn die Regierungschefs auf der heutigen Sitzung die Frage der politischen Kompetenzen des Kontrollrates in Deutschland vorberaten würden. Die Minister stimmten auch überein, daß die Deutschland betreffenden wirtschaftlichen Fragen so schwierig und kompliziert sind, daß sie einer Expertenkommission übertragen werden sollten. Diese Kommissionen werden den Ministern jene Fragen vortragen, zu denen keine Übereinstimmung erzielt werden konnte. Die Außenminister ihrerseits werden entscheiden, welche dieser Fragen den Regierungschefs zur Prüfung vorzulegen sind.

Die Außenminister sind auch übereingekommen, daß sie zwar für heute die Beratung der Frage der deutschen Kriegs- und Handelsflotte nicht empfehlen werden, daß diese Frage jedoch etwas später behandelt wird.

Churchill. Ich möchte nur eine Frage stellen. Ich bemerke, daß hier das Wort „Deutschland" gebraucht wird. Was bedeutet jetzt „Deutschland"? Kann man es in dem Sinne auffassen, wie es vor dem Krieg war?

Truman. Wie faßt die sowjetische Delegation diese Frage auf?

Stalin. Deutschland ist das, was es nach dem Kriege geworden ist. Ein anderes Deutschland gibt es heute nicht. So verstehe ich diese Frage.

Truman. Kann man von Deutschland sprechen, wie es vor dem Kriege im Jahre 1937 war?

Stalin. Wie es im Jahre 1945 ist.

Truman. Es hat im Jahre 1945 alles verloren, Deutschland besteht heute faktisch nicht.

Stalin. Deutschland ist, wie man bei uns sagt, ein geographischer Begriff. Fassen wir es erst einmal so auf. Man kann nicht von den Ergebnissen des Krieges abstrahieren.

Truman. Ja, aber es muß irgendeine Bestimmung des Begriffes „Deutschland" gegeben werden. Ich meine, Deutschland von 1886 oder 1937, das ist nicht das Deutschland von heute, von 1945.

Stalin. Es hat sich im Ergebnis des Krieges verändert, und so fassen wir es auf.

Truman. Ich bin damit völlig einverstanden, aber dennoch muß irgendeine Bestimmung des Begriffs „Deutschland" gegeben werden.

Stalin. Würde man beispielsweise daran denken, eine deutsche Verwaltung im Sudetenteil der Tschechoslowakei zu errichten? Das ist das Gebiet, aus dem die Deutschen die Tschechen vertrieben haben.

Truman. Vielleicht wollen wir doch von Deutschland sprechen, wie es vor dem Kriege im Jahre 1937 war?

Stalin. Formal kann man es so auffassen, dem Wesen der Sache nach ist es nicht so. Sollte in Königsberg eine deutsche Verwaltung auftauchen, so werden wir sie davonjagen. Unbedingt davonjagen.

Truman. Auf der Krimkonferenz wurde vereinbart, territoriale Fragen auf der Friedenskonferenz zu entscheiden. Wie wollen wir nun den Begriff „Deutschland" bestimmen?

Stalin. Laßt uns die Westgrenzen Polens bestimmen, dann wird die Frage über Deutschland klarer. Es fällt mir sehr schwer zu sagen, was jetzt Deutschland ist. Das ist ein Land, das keine Regierung hat, das keine bestimmten Grenzen hat, da die Grenzen nicht von unseren Truppen festgelegt werden. Deutschland hat keine Streitkräfte, auch keine Grenztruppen, es ist aufgeteilt in Besatzungszonen. Und nun bestimmen Sie, was Deutschland ist. Es ist ein zerschlagenes Land.

Truman. Vielleicht nehmen wir als Ausgangspunkt die Grenzen Deutschlands von 1937?

Stalin. Ausgehen kann man von allem. Von irgend etwas muß man ausgehen. In diesem Sinne kann man auch das Jahr 1937 nehmen.

Truman. Das war Deutschland nach dem Versailler Vertrag.[60]

Stalin. Ja, man kann Deutschland von 1937 nehmen, aber nur als Ausgangspunkt. Das ist einfach eine Arbeitshypothese, um unsere Arbeit zu erleichtern.

Churchill. Nur als Ausgangspunkt. Das bedeutet nicht, daß wir uns darauf beschränken.

Truman. Wir sind einverstanden, Deutschland von 1937 als Ausgangspunkt zu nehmen.

Wir haben die zweite Frage noch nicht abgeschlossen, aber wir werden uns darüber verständigen.

Stalin. Ist die politische Seite vorbereitet?

Byrnes. Die politische Seite ist vorbereitet und kann erörtert werden.

Stalin. Die russische Delegation billigt im allgemeinen alle Punkte des politischen Abschnittes dieser Frage. Es gibt nur eine Abänderung zu Punkt 5: Es wäre gut, die letzten vier Zeilen zu streichen, da hier ein kleines Schlupfloch für die Nazis bleibt, das sie ausnutzen könnten.

Truman. Einverstanden, daß diese vier Zeilen gestrichen werden.

Stalin. Sehr gut. Mit allem übrigen sind wir einverstanden. Ich möchte, daß die Redaktionskommission diesen Text noch redigiert.

Byrnes. Zu diesem Zweck wurde auf der Beratung der Außenminister eine spezielle Kommission gebildet.

Stalin. Gut, keine Einwände.

Eden. Es wäre gut, wenn die Minister auf ihrer Beratung morgen früh dieses Dokument, nachdem es die Redaktionskommission vorgelegt hat, nochmals durchsehen.

Stalin. Das wird natürlich besser sein.

Churchill. In diesem Entwurf ist in Punkt 2, Unterpunkt 1 b von der Vernichtung von Waffen und anderem Kriegsgerät sowie aller speziellen Mittel zu ihrer Produktion die Rede. Es gibt jedoch in Deutschland Versuchsanlagen von großem Wert. Es wäre unerwünscht, diese Anlagen zu vernichten.

Stalin. Im Entwurf heißt es: in Besitz nehmen oder vernichten.

Churchill. Wir können sie alle gemeinsam nutzen oder untereinander aufteilen.

Stalin. Das können wir.

Die sowjetische Delegation hat einen Entwurf zur polnischen Frage[61] in russischer und englischer Sprache.

Ich hätte die Bitte, daß Sie sich mit dem Entwurf bekannt machen.

Truman. Ich schlage vor, den Bericht von Byrnes über die Beratung der Minister abzuschließen und uns dann mit Ihrem Entwurf vertraut zu machen.

Byrnes. Die Außenminister sind übereingekommen, den Regierungschefs zu empfehlen, die polnische Frage unter zwei Aspekten zu behandeln: Auflösung der polnischen Emigrantenregierung in London und Erfüllung der Beschlüsse der

60 Siehe Anmerkung 24.
61 Vgl. Dok. Nr. 37.

Krimkonferenz über Polen, namentlich, was die Durchführung freier und unbehinderter Wahlen in Polen betrifft.

(Danach wird der Wortlaut des Entwurfes der sowjetischen Delegation über Polen verlesen.)

Churchill. Herr Präsident, ich möchte klarstellen, daß die Last in dieser Frage auf der britischen Regierung ruht, da wir, als Hitler Polen überfiel, die Polen bei uns aufnahmen und ihnen Asyl boten. Die Londoner polnische Regierung verfügt über kein nennenswertes Vermögen, aber in London gibt es 20 Millionen Pfund in Gold, die wir gesperrt haben. Dieses Gold ist ein Guthaben der polnischen Zentralbank. Die Frage, wo man dieses Gold deponieren soll, seine Verlagerung in eine andere Zentralbank, muß auf normalem Wege entschieden werden. Aber dieses Gold gehört nicht der Londoner polnischen Regierung.

Stalin. 20 Millionen Pfund Sterling?

Churchill. Ungefähr. Ich muß hinzufügen, daß die polnische Botschaft in London nunmehr geräumt ist und der polnische Botschafter sie nicht mehr bewohnt. Deshalb steht die Botschaft zur Verfügung und kann den Botschafter der Provisorischen polnischen Regierung[62] aufnehmen, und je schneller er ernannt wird, um so besser.

Es erhebt sich die Frage, auf welche Weise die polnische Regierung in London fünfeinhalb Jahre lang finanziert wurde. Sie wurde von der britischen Regierung finanziert. Wir haben ihr in dieser Zeit etwa 120 Millionen Pfund Sterling zur Verfügung gestellt, damit sie ihre Armee versorgen, diplomatische Beziehungen pflegen und andere Funktionen ausüben sowie eine beträchtliche Zahl von Polen unterstützen konnte, die auf unserer Insel Zuflucht vor den Deutschen gefunden haben, die einzige Zuflucht, die ihnen offenstand.

Als die Londoner polnische Regierung als nicht anerkannt erklärt wurde, beschloß man, allen Angestellten eine dreimonatige Vergütung auszuzahlen und sie dann zu entlassen. Wir hielten es für ungerecht, sie ohne jede Entschädigung zu entlassen.

Herr Präsident, das ist eine sehr wichtige Frage, und ich bitte um die Erlaubnis, darüber sprechen zu dürfen. Unsere Lage ist außergewöhnlich. Wir müssen uns jetzt mit der Auflösung oder Verlegung der polnischen Truppen befassen, die gemeinsam mit uns gegen die Deutschen gekämpft haben. Diese Truppen kamen 1940 aus Frankreich. Einige davon gelangten über die Schweiz nach Italien, und dann kamen weitere in kleinen Gruppen an. Wir evakuierten die Polen, die in Frankreich festsaßen, als Frankreich kapitulierte. Es waren 40 000 oder 50 000 Mann.

So bauten wir eine polnische Armee auf, die aus fünf Divisionen bestand und ihre Basis in England hatte. Etwa 20 000 Polen befinden sich gegenwärtig in Deutschland und sind sehr beunruhigt. Es besteht ein polnisches Korps mit drei Divisionen in Italien, in dem ebenfalls große Aufregung herrscht.

Insgesamt besteht die polnische Armee aus 180 000 bis 200 000 Mann.

Unsere Politik ist es, möglichst viele Polen zur Rückkehr nach Polen zu bewegen. Deshalb war ich sehr aufgebracht, als ich vom Auftreten General Anders' las, den der Generalissimus kennt. Anders erklärte seinen Truppen in Italien, wenn sie nach Polen zurückkehrten, würde man sie nach Sibirien schaffen. Wir

62 Siehe Anmerkung 5.

haben gegen diesen General Disziplinarmaßnahmen ergriffen, damit er in Zukunft derartige Äußerungen unterläßt.

Es erfordert Zeit, um mit allen diesen Schwierigkeiten fertig zu werden. Aber unsere Politik ist darauf gerichtet, eine möglichst große Zahl von Polen zur Rückkehr nach Polen zu bewegen. Das betrifft auch die Zivilbeschäftigten. Je besser natürlich die Lage in Polen sein wird, um so eher werden die Polen dorthin zurückkehren. Ich möchte die Gelegenheit nutzen, um zu sagen, wie sehr ich mich über die in Polen in den letzten beiden Monaten eingetretene Verbesserung der Lage freue.

Ich möchte der neuen polnischen Regierung, die ihre positive Rolle spielen wird, weitere Erfolge wünschen, und obwohl sie nicht alles gibt, was wir uns wünschten, bedeutet sie dennoch einen Fortschritt, dank der geduldigen Arbeit der Regierungen der drei Mächte. Was die Verbesserung der Lage in Polen betrifft, muß man auch die Rolle Mikołajczyks würdigen.

Ich hoffe, daß ein Großteil der Polen, sowie sich die Lage in Polen verbessert, allmählich in die Heimat zurückkehren wird. Ich habe im Parlament das Versprechen abgegeben, daß diejenigen polnischen Soldaten, die nicht den Wunsch haben werden, nach Polen zurückzukehren, von uns in die britische Staatsbürgerschaft und in die Armee aufgenommen werden. Es wäre wünschenswert, wenn die neue Polnische Regierung der nationalen Einheit die Versicherung abgeben könnte, daß die nach Polen zurückkehrenden Polen volle Freiheit und wirtschaftliche Sicherstellung genießen werden. Eine solche Versicherung der polnischen Regierung wäre der Rückkehr der Polen in die Heimat, in ihr von der Roten Armee befreites Land sehr dienlich.

Stalin. Haben Sie den Entwurf der russischen Delegation über Polen[63] gelesen?

Churchill. Das habe ich. Meine Ausführungen sind eine Antwort auf den Entwurf der russischen Delegation zum Beweis dessen, daß ich im Prinzip einverstanden bin, allerdings unter der Bedingung, daß das, was ich eben gesagt habe, Berücksichtigung findet.

Stalin. Ich verstehe die schwierige Lage der britischen Regierung. Ich weiß, daß sie sich der polnischen Emigrantenregierung angenommen hat. Ich weiß, daß die ehemaligen polnischen Machthaber dessenungeachtet der Regierung Großbritanniens viele Unannehmlichkeiten bereitet haben. Ich verstehe die schwierige Lage der britischen Regierung. Ich bitte aber zu beachten, daß unser Entwurf nicht die Aufgabe hat, die Lage der britischen Regierung zu erschweren, und deren schwierige Lage berücksichtigt. Unser Entwurf dient nur einem Ziel: mit der Unklarheit, die nach wie vor in dieser Frage herrscht, Schluß zu machen und den Punkt auf das i zu setzen.

Faktisch existiert die Regierung Arciszewski noch, sie hat ihre Minister, sie setzt ihre Tätigkeit fort, sie hat ihre Agentur, sie hat ihre Basis und ihre Presse. Das alles macht einen ungünstigen Eindruck. Unser Entwurf zielt darauf ab, mit dieser unklaren Situation Schluß zu machen. Wenn Herr Churchill Punkte in diesem Entwurf nennt, die der Regierung Großbritanniens Schwierigkeiten bereiten, so bin ich bereit, sie zu streichen. Unser Entwurf verfolgt nicht das Ziel, der britischen Regierung Schwierigkeiten zu bereiten.

63 Vgl. Dok. Nr. 37.

Churchill. Wir sind mit Ihnen völlig einverstanden. Wir wollen diese Frage aus der Welt schaffen, doch wenn eine Regierung nicht mehr anerkannt wird und keine Beihilfe mehr erhält, besitzt sie keine Existenzmöglichkeit. Gleichzeitig können Sie aber Privatpersonen in England nicht daran hindern, daß sie weiterleben und Gespräche führen. Diese Menschen treffen sich mit Abgeordneten des Parlaments und haben im Parlament ihre Anhänger. Wir als Regierung unterhalten jedoch keinerlei Beziehungen zu ihnen. Ich selbst und Herr Eden haben uns nie mit ihnen getroffen, und seit der Zeit, da Herr Mikołajczyk abgereist ist, weiß ich gar nicht, was ich mit ihnen tun soll; ich treffe sie nie. Ich weiß nicht, was man tun soll, wenn Arciszewski in London spazierengeht und mit Journalisten schwatzt. Was aber uns betrifft, sind sie für uns in diplomatischer Hinsicht nicht vorhanden und aufgelöst, und ich hoffe, daß sie bald völlig ineffektiv sein werden. Aber mit der Armee müssen wir natürlich vorsichtig sein.

Die Armee kann meutern, und wir tragen dann die Verluste. Wir haben eine beträchtliche polnische Armee in Schottland stehen. Aber wir verfolgen dasselbe Ziel wie der Generalissimus und der Präsident. Wir bitten nur, uns zu vertrauen und Zeit zu lassen und auch zu helfen, daß in Polen Bedingungen geschaffen werden, die dazu beitragen, daß diese Polen dorthin zurückkehren. Wir wären einverstanden, daß der Entwurf der sowjetischen Delegation den drei Außenministern zur Prüfung übergeben wird, unter Beachtung der Diskussion, die heute stattfand, und des Dokumentes, das unser Außenminister vorlegen wird. Aber es scheint mir, daß wir dasselbe Ziel haben, und je schneller wir mit dieser Frage fertig werden, um so besser.

Truman. Ich sehe keine wesentlichen Meinungsverschiedenheiten zwischen dem Generalissimus und dem Premierminister. Herr Churchill bittet lediglich um Vertrauen und Zeit, um alle diese Schwierigkeiten zu beseitigen, von denen er hier sprach. Deshalb wird es, wie mir scheint, keine großen Schwierigkeiten bereiten, diese Frage zu regeln. Um so mehr, als Herr Stalin gesagt hat, er sei bereit, die strittigen Punkte zu streichen. Die Beschlüsse der Konferenz von Jalta sehen vor, daß nach der Bildung der neuen Regierung so bald wie möglich allgemeine Wahlen auf der Basis des allgemeinen Wahlrechts durchgeführt werden.

Churchill. Vielleicht prüfen die Außenminister die gesamte Frage einschließlich der Wahlen?

Stalin. Die Regierung Polens lehnt die Durchführung unbehinderter Wahlen nicht ab. Überweisen wir diesen Entwurf also an die Außenminister.

Truman. Das wäre alles, was Herr Byrnes heute den Regierungschefs zur Beratung vorzulegen hatte. Soll ich die Außenminister beauftragen, für morgen die Tagesordnung vorzubereiten?

Stalin. Es wäre gut.

Churchill. Ich verstehe, welche große Bedeutung die Frage der politischen Grundsätze hat, die gegenüber Deutschland anzuwenden sind. Ich verstehe, daß wir diese Frage heute nicht erörtern können, doch ich hoffe, daß wir sie morgen beraten werden. Das Hauptprinzip, das wir behandeln müssen, besteht darin, ob wir in allen vier Besatzungszonen Deutschlands ein einheitliches Kontrollsystem anwenden sollen oder ob in den verschiedenen Besatzungszonen unterschiedliche Grundsätze angewandt werden.

Stalin. Gerade diese Frage ist im politischen Teil des Entwurfes vorgesehen. Ich habe es so aufgefaßt, daß wir für eine einheitliche Politik eintreten.

Truman. Völlig richtig.

Churchill. Ich wollte dies unterstreichen, da das von großer Bedeutung ist.

Stalin. Das ist richtig.

Truman. Wir versammeln uns morgen um vier Uhr.

Nach Archiv. Veröffentlicht in:
Meshdunarodnaja Shisn, 1965/10, S. 156 ff.

Anlage

Mitteilung über die Sitzung der Außenminister

18. Juli 1945[64]

Die Außenminister kamen überein, den Regierungschefs zu empfehlen, folgende Fragen auf der heute, am 18. Juli, in der zweiten Tageshälfte stattfindenden Sitzung zu erörtern:

1. Die Frage des Verfahrens und des Mechanismus bei Friedensverhandlungen und der Regelung territorialer Probleme.

2. Die Frage der Kompetenzen des Kontrollrates in Deutschland in politischen Fragen.

3. Die polnische Frage, im besonderen die Auflösung der ehemaligen polnischen Regierung in London und die Erfüllung des Abkommens von Jalta über Polen betreffende Probleme.

Das Verfahren der Friedensregelung

1. Der von den Vereinigten Staaten vorgelegte Entwurf des Vorschlages über die Schaffung eines Rates der Außenminister[65] wurde im Prinzip gebilligt.

2. Punkt 3 des Entwurfes der Vereinigten Staaten wurde in der folgenden neuen Fassung angenommen:

„3. Als eine unverzügliche und wichtige Aufgabe des Rates wird ihm aufgetragen, Friedensverträge mit Italien, Rumänien, Bulgarien, Ungarn und Finnland aufzusetzen, die den Vereinten Nationen vorzulegen sind, und Vorschläge zur Regelung der ungelösten territorialen Fragen auszuarbeiten, die in Verbindung mit der Beendigung des Krieges in Europa entstehen. Der Rat wird zur Vorbereitung einer Friedensregelung für Deutschland mit der Maßgabe genutzt werden, daß das entsprechende Dokument durch die für diesen Zweck geeignete Regierung Deutschlands, nachdem eine solche Regierung gebildet sein wird, angenommen wird.

Zur Lösung jeder dieser Aufgaben wird der Rat aus den Mitgliedern bestehen, welche die Staaten vertreten, die die Kapitulationsbedingungen unterschrieben haben, welche dem Feindstaat vorgeschrieben wurden, den die gegebene Aufgabe betrifft.

Andere Angelegenheiten werden von Zeit zu Zeit dem Rat nach Vereinbarung zwischen den Staaten, die seine Mitglieder sind, übertragen."

3. Die sowjetische Delegation behält sich das Recht vor, eine Änderung zu Punkt 1 des Entwurfes der Vereinigten Staaten vorzuschlagen.

64 Berichterstatter Byrnes.

65 Vgl. Dok. Nr. 32.

4. Es wurde vereinbart, daß die auf der Konferenz von Jalta festgelegten Beratungen der drei Außenminister nicht durch die Errichtung eines neuen Rates der Außenminister berührt werden, obgleich sie bisweilen gleichzeitig mit den Beratungen des Rates stattfinden können.

5. Es wurde Übereinkunft erzielt, die Funktionen der Europäischen Konsultativkommission nach Vereinbarung mit Frankreich den Alliierten Kontrollräten (in Deutschland und Österreich) zu übertragen.

Die politischen Kompetenzen des Kontrollrates in Deutschland

1. Von den Außenministern wurde der politische Teil des vorgeschlagenen Abkommens über die gegenüber Deutschland in der Anfangsperiode der Kontrolle anzuwendenden politischen und wirtschaftlichen Grundsätze erörtert, das von den Vereinigten Staaten vorgelegt wurde.[66] Es wurde eine Reihe von Abänderungen vorgeschlagen, die an die von den Außenministern eingesetzte Redaktionskommission überwiesen worden sind. Die Kommission hat ihre Arbeit noch nicht abgeschlossen, die Außenminister kamen aber überein, daß es wünschenswert wäre, wenn die Regierungschefs auf der heutigen Sitzung die Frage der politischen Kompetenzen des Kontrollrates in Deutschland vorberaten würden.

2. Die Außenminister einigten sich darüber, daß die Deutschland betreffenden wirtschaftlichen Fragen sehr kompliziert sind und daher zunächst an eine Expertenkommission überwiesen werden sollen. Diese Kommission wird den Außenministern so schnell wie möglich jene Fragen vortragen, über die sie keine Übereinstimmung erzielen konnte. Die Außenminister werden dann entscheiden, welche dieser Fragen sie den Regierungschefs zur Erörterung und Beschlußfassung empfehlen.

3. Die Außenminister kamen überein, daß sie zwar die Frage, wie über die deutsche Kriegsflotte und die Handelsschiffe verfügt werden soll, heute nicht erörtern werden, diese Frage aber demnächst behandelt wird.

Die polnische Frage

Die Außenminister vereinbarten, den Regierungschefs zu empfehlen, auf der heutigen Sitzung die polnische Frage zu erörtern. Sie schlugen vor, diese Frage unter zwei Aspekten zu behandeln: 1) alle verschiedenen Probleme, die mit der Auflösung der ehemaligen polnischen Regierung in London im Zusammenhang stehen; 2) Fragen, die die weitere Erfüllung der Deklaration von Jalta über Polen betreffen, insbesondere Maßnahmen zur schnellen Durchführung freier und unbehinderter Wahlen.

Nach Archiv.

66 Vgl. Dok. Nr. 33.

Nr. 7
Aufzeichnung über die zweite Sitzung der Außenminister
19. Juli 1945, 11 Uhr

(Vorsitzender: Eden)

Eden verkündet die von der Redaktionskommission vorbereitete Tagesordnung:

1. Über die politischen und wirtschaftlichen Grundsätze, von denen man sich bei der Behandlung Deutschlands in der Anfangsperiode der Kontrolle leiten lassen muß.

2. Die polnische Frage.

Byrnes schlägt vor, den zweiten Absatz des Punktes 3 des Entwurfes über die Errichtung eines Rates der Außenminister[67] zu präzisieren, bevor die Frage der politischen und wirtschaftlichen Grundsätze bezüglich Deutschlands erörtert wird. Er fragt, ob an der Arbeit des Rates Vertreter der Staaten teilnehmen werden, die die Waffenstillstandsbedingungen nicht unterzeichnet haben. Wird es beispielsweise einem Vertreter der Republik Frankreich gestattet sein, an den Sitzungen des Rates der Minister bei der Erörterung der Italienfrage teilzunehmen?

Molotow ist der Auffassung, daß Frankreich an der Vorbereitung des Entwurfes eines Friedensvertrages mit Italien teilnehmen kann.

Byrnes vertritt die Meinung, wenn Frankreich keinem ehemaligen Feindstaat den Krieg erklärt habe, so könne ein französischer Vertreter an der Erörterung der Frage teilnehmen, sollte aber nicht an deren Entscheidung mitwirken. Byrnes schlägt vor, diese Frage zur endgültigen Formulierung an die Redaktionskommission zu überweisen.

Molotow stimmt Byrnes' Vorschlag zu, die Frage an die Redaktionskommission zu überweisen.

Eden erklärt sich auch damit einverstanden, die von Byrnes berührte Frage an die Redaktionskommission zu überweisen. Dann fragt er die Delegationen, ob es Ergänzungen zur Tagesordnung gibt.

Molotow schlägt vor, die von ihm vorgelegten Entwürfe zur deutschen Kriegs- und Handelsflotte[68] und zur Frage des Francoregimes in Spanien[69] zu behandeln.

Eden erklärt, daß er diese Entwürfe noch nicht kenne, aber sehr erfreut sei, sie zu sehen. Dann schlägt Eden vor, zur Tagesordnung überzugehen, und erteilt Strang als dem Berichterstatter der Redaktionskommission das Wort.

Strang zählt alle Änderungen und Zusätze auf, die von der Redaktionskommission am Entwurf über die politischen und wirtschaftlichen Grundsätze, von denen man sich bei der Behandlung Deutschlands in der Anfangsperiode der Kontrolle[70] leiten lassen muß, vorgenommen würden.

Die Redaktionskommission schlägt folgende Änderungen und Ergänzungen vor:

1. Streichen der Zwischenüberschrift des ersten Artikels des Entwurfes.

67 Vgl. Dok. Nr. 6, Anlage.
68 Vgl. Dok. Nr. 39.
69 Vgl. Dok. Nr. 40.
70 Vgl. Dok. Nr. 38.

2. Einfügung der Worte „und Entmilitarisierung" nach den Worten „völlige Entwaffnung" in Punkt 2, Unterpunkt 1.

3. Die Formulierung des Absatzes „a" desselben Unterpunktes wurde mit den Empfehlungen der Europäischen Konsultativkommission[71] in Übereinstimmung gebracht.

4. In Absatz „b" desselben Unterpunktes muß es anstelle von „übernommen werden" heißen: „müssen sich in der Verfügung der Alliierten befinden".

5. In Punkt 3 ist vor den Worten „nazistischen Gesetze" das Wort „alle" einzufügen.

6. In Punkt 4 wurden in den zweiten Satz die Worte „und das leitende Personal der nazistischen Einrichtungen und Organisationen" eingefügt.

7. In Punkt 5 wurde ein neuer Satz darüber aufgenommen, welche Personen alle Mitglieder der nazistischen Partei und alle anderen Personen, die den Zielen der Alliierten feindlich gegenüberstehen, die ihrer Funktionen und verantwortlichen Posten in wichtigen Privatbereichen enthoben wurden, ersetzen müssen.

8. Hinzugefügt wurde Punkt 7 über das Gerichtswesen, das entsprechend den Grundsätzen der Demokratie reorganisiert werden muß.

9. In Punkt 8 hat die Redaktionskommission folgende Änderungen vorgenommen: Im ersten Unterpunkt wurde der Gedanke hervorgehoben, daß die Wahlen der örtlichen Selbstverwaltung so schnell, wie es die Wahrung der Sicherheit der Besatzungstruppen erlaubt, durchgeführt werden müssen; im zweiten Unterpunkt desselben Punktes wird anstelle von „nichtnazistische politische Parteien" „demokratische politische Parteien" vorgeschlagen; im dritten Unterpunkt desselben Punktes wurden einige stilistische Änderungen vorgenommen.

Eden fragt Molotow und Byrnes nach ihrer Meinung zu den Zusätzen und Änderungen, die von der Redaktionskommission vorgeschlagen werden.

Molotow schlägt vor, diesen Korrekturen und Änderungen zuzustimmen und die Arbeit der Redaktionskommission zu billigen.

Byrnes erklärt sich ebenfalls mit den Vorschlägen der Redaktionskommission einverstanden.

Eden schlägt vor, nach der Vornahme der Ergänzungen und Änderungen durch die Redaktionskommission den Entwurf über die politischen und wirtschaftlichen Grundsätze hinsichtlich Deutschlands auf die Tagesordnung der Sitzung der Regierungschefs zu setzen.

Molotow und Byrnes sind damit einverstanden.

Eden teilt mit, daß die englische Delegation den Entwurf einer Erklärung zur polnischen Frage vorbereitet hat und daß sie versucht hat, eine russische Übersetzung anzufertigen, die es nur in einem handgeschriebenen Exemplar gibt.[72]

Molotow erklärt, daß er, solange sich die sowjetische Delegation mit dem Entwurf der englischen Delegation zur polnischen Frage bekannt macht, einen Entwurf der sowjetischen Delegation über die deutsche Kriegs- und Handelsflotte[73] der Aufmerksamkeit der amerikanischen und der englischen Delegation empfehlen könne.

Nach dem Vertrautmachen mit dem Entwurf der englischen Delegation zur polnischen Frage macht Molotow folgende Bemerkungen: Der erste Absatz des

71 Siehe Anmerkung 25.
72 Vgl. Dok. Nr. 41.
73 Vgl. Dok. Nr. 39.

Entwurfes ruft keine Einwände hervor, wenn es keine Einwände von seiten der amerikanischen Delegation gibt.

Byrnes erklärt, er habe keine Einwände.

Molotow erklärt, der zweite Absatz des englischen Entwurfes bedürfe einer gewissen Präzisierung. In diesem Absatz gehe es um die Bereitschaft der britischen Regierung, die Frage zu erörtern, aber es gäbe kein Element der Dringlichkeit dieser Sache. Er schlägt vor, in diesen Absatz den Satz aus dem Entwurf der sowjetischen Delegation[74] aufzunehmen, in dem es um die unverzügliche Unterstützung bei der Übergabe der Werte und des Vermögens der ehemaligen polnischen Emigrantenregierung[75] an die Polnische Regierung der nationalen Einheit[76] geht.

Eden erklärt, die britische Regierung habe den gesamten Apparat der polnischen Emigrantenregierung unter ihre Kontrolle genommen, der schnell aufgelöst wird. Ein Komitee des Schatzamtes Großbritanniens hat die vollständige Kontrolle über die Finanzen der polnischen Emigrantenregierung übernommen, und ohne seine Genehmigung können keinerlei Finanzoperationen vorgenommen werden. Die Tätigkeit aller polnischen Ministerien wurde unverzüglich nach der Anerkennung der Polnischen Regierung der nationalen Einheit unterbunden. Alle diplomatischen Privilegien der polnischen Emigrantenregierung wurden aufgehoben, und das gesamte Vermögen dieser Regierung wurde mit Ausnahme der Räume der Botschaft unter die Kontrolle der britischen Regierung gestellt. Die gesamte Tätigkeit, die nicht mit der Auflösung im Zusammenhang steht, wurde eingestellt; die Werbung für die polnische Armee wurde unterbunden, und es wurde die Aufsicht über die Tätigkeit des polnischen Generalstabes festgelegt; alle polnischen Streitkräfte wurden unter britische Kontrolle gestellt. Die Finanzierung der polnischen Streitkräfte wurde ebenso wie die Finanzierung auf der zivilen Ebene unter britische Kontrolle gestellt; alle Handelsschiffe befinden sich unter dem Schutz der britischen Regierung, und es ist beabsichtigt, diese Frage unter Teilnahme von Vertretern der Polnischen Regierung der nationalen Einheit zu erörtern. Zum Schluß seiner Erklärung teilte Eden mit, er habe gegen die Bemerkung Molotows, in den zweiten Absatz des Entwurfes der englischen Delegation zur polnischen Frage ein Element der Dringlichkeit aufzunehmen, nichts einzuwenden.

Molotow äußert die Erwägung, daß effektive Maßnahmen zu treffen sind, die die Unversehrtheit der Werte und des Vermögens gewährleisten, die sich in der Verfügung der polnischen Emigrantenregierung befinden und an die Polnische Regierung der nationalen Einheit zu übergeben sind. Insbesondere warnt er vor der Möglichkeit der Übergabe verschiedener Werte und von Vermögen durch die Emigrantenregierung an irgendwelche Einrichtungen, Organisationen oder Privatpersonen.

Eden versichert, das kann nicht geschehen, da die Werte und das Vermögen seit der Anerkennung der Polnischen Regierung der nationalen Einheit durch die englische Regierung unter deren Kontrolle stehen.

Molotow schlägt vor, insofern Eden keine Einwände hat, in den zweiten Ab-

74 Vgl. Dok. Nr. 37.
75 Siehe Anmerkung 4.
76 Siehe Anmerkung 5.

satz einen Vermerk über die unverzügliche Übergabe der Werte und des Vermögens an die Polnische Regierung der nationalen Einheit einzufügen sowie die Termine und Formen der Übergabe durch entsprechende Verhandlungen festzulegen.

Eden schlägt vor, die Formulierung dieses Absatzes des Entwurfes der englischen Delegation an die Redaktionskommission zu überweisen.

Molotow und Byrnes sind damit einverstanden.

Molotow schlägt vor, die konkreten Pflichten der Emigrantenregierung in dem die Übergabe der Werte und des Vermögens an die Polnische Regierung der nationalen Einheit betreffenden Teil anzugeben. Ferner lenkt Molotow die Aufmerksamkeit auf den Teil des englischen Entwurfes, in dem es heißt, daß die nach Polen zurückkehrenden Polen die volle Gewißheit ihrer politischen Freiheit und materiellen Sicherstellung haben müssen. In keinem Staat gibt es Verhältnisse der ausreichenden materiellen Sicherung aller seiner Bürger.

Eden antwortet, in dem Entwurf seien die persönliche Freiheit und die Unverletzlichkeit der nach Polen zurückkehrenden Polen gemeint.

Molotow schlägt vor, den letzten Absatz des Entwurfes in genaue Übereinstimmung mit den Beschlüssen der Krimkonferenz[77] zur Durchführung von Wahlen in Polen zu bringen.

Auf Molotows Vorschlag erklärten sich Eden und Byrnes damit einverstanden, den Entwurf zur Formulierung an die Redaktionskommission zu überweisen, für die folgende Personen bestimmt werden: Wyschinski und Golunski von der sowjetischen Delegation; Harriman und Bohlen von der amerikanischen Delegation und Kerr und Dean von der englischen Delegation.

Für die Arbeit der Kommission wird eine Frist von einem Tag festgelegt.

Eden teilt mit, daß die für die deutschen Wirtschaftsprobleme zuständige Kommission ihre Arbeit noch nicht abschließen und ihren Entwurf noch nicht den Ministern zur Behandlung vorlegen konnte. Er schlägt vor, die Fragen der Tagesordnung für die Sitzung der drei Regierungschefs aufzustellen.

Nach einem Meinungsaustausch wurde beschlossen, folgende Fragen auf die Tagesordnung der Abendsitzung der drei Regierungschefs zu setzen:

1. Zur politischen Kontrolle über Deutschland.
2. Die polnische Frage (vorausgesetzt, daß die Redaktionskommission den Entwurf bis 16 Uhr vorbereitet hat).
3. Über die deutsche Kriegs- und Handelsflotte.
4. Über Spanien und das Francoregime.
5. Zur Erfüllung der Deklaration der Krimkonferenz über das befreite Europa.
6. Zu Jugoslawien.
7. Über den Abtransport von Ausrüstungen aus Rumänien.

Dabei informierte Eden darüber, daß zu den beiden letzten Punkten der vorgeschlagenen Tagesordnung die Entwürfe noch nicht vorbereitet sind.

Nach Archiv.

77 Siehe Anmerkung 2.

Nr. 8
Aufzeichnung über die dritte Sitzung der Regierungschefs
19. Juli 1945, 16.10 Uhr

(Truman eröffnet die Sitzung.)

Churchill. Der Generalissimus hat gestern gleich am Anfang der Sitzung die Frage des Zwischenfalls an der griechisch-albanischen Grenze aufgeworfen. Wir haben entsprechende Ermittlungen angestellt, konnten aber nicht feststellen, daß dort Kämpfe stattgefunden hätten. Möglicherweise hat es unbedeutende Feuerwechsel gegeben. Die Völker dort sind einander nicht sehr gewogen.

In diesem Gebiet gibt es keine griechische Felddivision. Wir wissen das, weil sich unsere Leute dort befinden. Es gibt dort 7 000 Mann Nationalgarde, die an der Grenze zu Albanien und Jugoslawien stehen. Ihre Bewaffnung und Ausrüstung ist für den inneren Schutz vorgesehen. Jenseits der Grenze stehen 30 000 Mann albanische Truppen, 30 000 Mann jugoslawische und 24 000 Mann bulgarische Truppen.

Ich erwähne das deshalb, weil ich meine, daß die Konferenz der Großmächte darauf dringen sollte, daß derartige Überfälle über die Grenze irgendeiner der Mächte unterbleiben. Die Grenzen werden auf der Friedenskonferenz festgelegt werden, und wir sollten sagen, daß jeder, der seine Grenzen bereits vorher festzulegen versucht, dadurch in eine schlechtere Lage geraten kann.

Stalin. Hier liegt irgendein Mißverständnis vor. Wir müssen diese Frage nicht hier auf der Konferenz erörtern. Ich habe sie nicht auf der Konferenz gestellt, sondern habe mich dazu in einem Privatgespräch geäußert.

Churchill. Ich stimme dem Generalissimus zu, daß diese Frage nicht auf der Sitzung erörtert wurde. Wenn diese Frage jedoch auf die Tagesordnung gesetzt wird, sind wir bereit, sie zu erörtern.

Truman. Wir werden diese Frage nicht erörtern, sondern zur Behandlung der Fragen übergehen, die uns im Namen der Außenminister[78] unterbreitet werden.

Eden. Auf der heutigen Sitzung der Außenminister teilte Herr Byrnes mit, daß die amerikanische Delegation eine Abänderung an der Fassung von Punkt 3 des Entwurfes über die Errichtung eines Rates der Außenminister[79] eingebracht hat. Die Minister sind übereingekommen, diesen Punkt an die Redaktionskommission zu überweisen.

Dann behandelten die Außenminister den politischen Teil des Abkommens über die politischen und wirtschaftlichen Grundsätze, von denen man sich bei der Behandlung Deutschlands in der Anfangsperiode der Kontrolle leiten lassen muß[80]. Die englische Delegation erinnerte daran, daß die Regierungschefs sich gestern mit dem Entwurf vorerst befaßt haben und daß die Minister beauftragt wurden, heute Bericht zu erstatten.

Die Außenminister haben diesen Entwurf durchgesehen, einige Ergänzungen und Veränderungen vorgenommen und legen nunmehr den neuen Entwurf des politischen Teils des Abkommens[81] den Regierungschefs zur Prüfung vor. Die

78 Vgl. auch Anlage.
79 Vgl. Dok. Nr. 7.
80 Vgl. Dok. Nr. 33.
81 Vgl. Dok. Nr. 38.

Das Hauptportal von Schloß Cecilienhof

Schloß Cecilienhof, in dem die Konferenz stattfand

Vor Beginn der Sitzung der Regierungschefs

Außenminister sind der Meinung, daß es nach Abschluß der Beratung und Abstimmung des wirtschaftlichen Teils des Entwurfes notwendig sein wird, auf der Konferenz die Frage der Veröffentlichung des ganzen Abkommens zu besprechen.

Weiter haben die Minister die polnische Frage behandelt; sie hatten eine sehr wichtige und nützliche Aussprache über diese Frage, die dann an die Redaktionskommission überwiesen wurde. Die Minister hoffen, daß es morgen möglich sein wird, der Konferenz den Bericht zu dieser Frage zu erstatten, wenn die Redaktionskommission ihre Arbeit abzuschließen vermag.

Die Minister kamen überein, der heutigen Plenarsitzung folgende Fragen zur Behandlung vorzulegen: die deutsche Kriegs- und Handelsflotte, Spanien, die Erfüllung der Deklaration von Jalta über das befreite Europa, Jugoslawien und die Entnahme von Industrieausrüstungen aus Rumänien.

Truman. Die erste Frage betrifft die deutsche Flotte. Mir scheint, daß man, bevor man diese Frage entscheidet, eine andere Frage entscheiden muß, und zwar: Was ist Kriegsbeute und was sind Reparationen? Ist die Handelsflotte Gegenstand der Reparationen, so muß die Frage zu dem Zeitpunkt entschieden werden, an dem über die Reparationsfrage entschieden wird. Wir müssen die Reparationskommission beauftragen, den Kreis der Sachwerte festzulegen, die zu den Reparationen gehören sollen. Ich hege deshalb ein besonderes Interesse an der Handelsflotte Deutschlands, weil es vielleicht gelingt, sie im Krieg gegen Japan zu nutzen.

Stalin. Die Kriegsflotte hat wie die gesamte übrige militärische Ausrüstung als Beute zu gelten. Die Truppen, die die Waffen gestreckt haben, müssen ihre Waffen denjenigen abliefern, vor denen sie kapituliert haben. Das gleiche kann auch für die Handelsflotte gelten. Die Vorschläge der militärischen Vertreter der drei Mächte besagen direkt, daß die Kriegsflotte zu entwaffnen und auszuliefern ist. Das sind die Bestimmungen der Kapitulation Deutschlands. Vielleicht könnte im Hinblick auf die Handelsflotte die Frage gestellt werden, ob sie als Beute zu betrachten oder zu den Reparationen zu zählen ist; was aber die Kriegsflotte betrifft, so ist sie Beutegut und unterliegt der Auslieferung. Wenn Sie sich an den Fall Italien erinnern, so sehen Sie, daß beide Flotten, die Seekriegs- und die Handelsflotte, zur Kategorie der Kriegsbeute zählten.

Churchill. Ich möchte diese Frage nicht von einem rein juristischen Standpunkt aus betrachten und mit Fachtermini operieren. Aber ich möchte Gerechtigkeit und eine freundschaftliche Lösung dieser Frage erzielen, möchte ein Übereinkommen der drei Mächte zu dieser Frage herbeiführen, das als Teil in das gesamte Abkommen zu allen Fragen auf dieser Konferenz eingeht. Ich möchte jetzt nur von der deutschen Kriegsflotte sprechen. In der Tat befinden sich alle verwendungsfähigen deutschen Schiffe in unserer Hand. Ich nehme an, daß eine gemeinsame freundschaftliche Lösung der sich aus dieser Konferenz ergebenden Fragen erzielt werden wird, davon bin ich überzeugt, und deshalb haben wir im Prinzip keine Einwände gegen eine Aufteilung der deutschen Flotte.

Ich spreche jetzt nicht von der italienischen Flotte. Mir scheint, daß diese Frage gesondert zu behandeln ist in Verbindung mit unserer gemeinsamen Politik gegenüber Italien. Natürlich erhebt sich dabei auch die Frage nach der Entschädigung für Verluste. Was Großbritannien betrifft, so hatte es sehr schwere Verluste. Es hat etwa 10 große Kriegsschiffe verloren, das heißt Schlachtschiffe, schwere Kreuzer und Flugzeugträger, überdies mindestens 20 Kreuzer und mehrere hundert Torpedoboote, U-Boote und kleine Schiffe.

Mir scheint, daß die U-Boote in eine andere Kategorie eingeordnet werden sollten als die übrige deutsche Kriegsflotte. Diese U-Boote spielen eine besondere Rolle; gemäß einer Konvention, die auch Deutschland unterzeichnet hat, sollte deren Einsatz begrenzt sein.[82] Aber Deuschland hat diese Konvention verletzt und die U-Boote sehr breit eingesetzt, das heißt, Deutschland hat sie widerrechtlich eingesetzt, und während des Krieges mußten wir ebenfalls von einem konventionsgemäßen Einsatz der U-Boote Abstand nehmen. Meiner Meinung nach müssen diese U-Boote vernichtet oder versenkt werden.

Ich verstehe aber, daß die neuesten deutschen U-Boote, namentlich die besten davon, von bestimmtem wissenschaftlichem und technischem Interesse sind und daß man sie zur Untersuchung erhalten muß. Die Information über diese U-Boote muß allen drei Großmächten zur Verfügung gestellt werden. Ich betrachte die Sache nicht ausschließlich vom maritimen Standpunkt und erkenne voll und ganz die Verluste an, die die Rote Armee in diesem Krieg erlitten hat. Meiner Ansicht nach sollten wir hier keine endgültige Entscheidung treffen, aber nach Abschluß der Konferenz sollte der Großteil dieser Schiffe vernichtet werden, und ein Teil kann exakt unter uns allen aufgeteilt werden.

Was die Überwasserschiffe betrifft, so sollten sie zu gleichen Teilen unter uns aufgeteilt werden unter der Bedingung, daß wir über alle anderen Fragen eine Übereinkunft erzielen und hier im besten Einvernehmen auseinandergehen. Ich habe nichts dagegen, daß Rußland ein Drittel der deutschen Flotte erhält, aber nur unter den Bedingungen, die ich soeben nannte. Ich gebe zu, daß ein so großes und mächtiges Volk wie das russische, das einen so großen Beitrag zur gemeinsamen Sache geleistet hat, auf den Weltmeeren freundlich aufgenommen werden muß. Wir werden das Erscheinen der russischen Flotte auf den Meeren begrüßen. Ich verstehe, daß es sehr schwer ist, in kurzer Zeit eine große Flotte zu bauen. Deshalb können diese deutschen Schiffe zu Studienzwecken und zum Aufbau der russischen Flotte dienen. Ich habe nichts weiter hinzuzufügen. Wenn es erwünscht ist, über die Handelsflotte zu sprechen, so könnte ich auch dazu etwas sagen.

Truman. Bitte.

Churchill. Ich denke, daß die deutsche Handelsflotte, solange der Krieg mit Japan dauert, in diesem Krieg eine bedeutende Rolle spielen könnte. Die Möglichkeit, den Krieg so schnell wie möglich zu beenden, hängt in bedeutendem Maße von der Handelsflotte ab. Was die Menschen, die Luftstreitkräfte und die Seekriegsflotte betrifft, so haben wir genügend davon. Aber es fehlen uns die Mittel zur Verlegung dieser Menschen und auch zum Transport von Material. Außerdem wird eine Handelsflotte gebraucht zum Heranschaffen von Lebensmitteln auf die britischen Inseln sowie zum Heranschaffen von Lebensmitteln für die befreiten europäischen Länder. Hier stellt jede Tonne einen großen Wert dar. Wir und Amerika haben unsere gesamte Handelsflotte in den Dienst der gemeinsamen Sache gestellt. Ich würde es sehr bedauern, wenn die Handelsflotte Deutschlands mit ihren 1,2 Millionen Tonnen nicht in den Dienst dieser gemeinsamen Sache gestellt würde, damit der Krieg gegen Japan möglichst schnell beendet wird.

82 Siehe Anmerkung 26.

Ich möchte auch noch das Folgende erwähnen. Finnland besitzt eine Handelsflotte mit einer Wasserverdrängung von etwa 400 000 Tonnen. Diese Flotte ist in die Hände unseres russischen Verbündeten übergegangen. In die Hände des russischen Verbündeten sind auch einige rumänische Dampfer übergegangen, darunter zwei wichtige Transporter, die dringend für den Truppentransport benötigt werden. Wenn eine Aufteilung der Flotte zu drei gleichen Teilen unter unseren Mächten erfolgt, so müßte meines Erachtens die Handelsflotte Rumäniens und Finnlands in die insgesamt zur Aufteilung kommenden Schiffe einbezogen werden.

Stalin. Wir haben nichts von Finnlands Handelsflotte genommen, kein einziges Schiff, und von Rumänien haben wir ein Schiff genommen.

Churchill. Ich wollte nur von den Grundsätzen sprechen, nach denen wir die Aufteilung der Handelsflotte vornehmen könnten.

Schließlich ist zu bedenken, daß es außer unseren drei Mächten noch andere Länder gibt. Norwegen beispielsweise hat sehr schwere Verluste seiner Handelsflotte zu beklagen. Die norwegische Tonnage, insbesondere die norwegischen Tanker, stellte eine große Kraft dar. Sie haben uns ihre gesamte Flotte zur Verfügung gestellt, und diese Flotte hat schwere Verluste erlitten. Andere Länder haben ebenfalls einen Großteil ihrer Flotte verloren. Meines Erachtens müßte die Frage gestellt werden, die Handelsflotte nicht in drei, sondern in vier Teile aufzuteilen und den vierten Teil zur Befriedigung der Interessen einiger anderer Länder zu verwenden, die hier nicht vertreten sind. Ich möchte diese Frage nur zur Prüfung und Erörterung unterbreiten.

Truman. Ich möchte meinerseits eine Bemerkung zu dieser Frage machen. Ich würde die deutsche Kriegsflotte sehr gern in drei Teile aufteilen, mit Ausnahme der U-Boot-Flotte. Aber ich möchte die Entscheidung über diese Frage im Interesse des Krieges gegen Japan aufschieben. Für uns wären alle diese Schiffe von großem Nutzen, da wir sie nicht nur zum Truppentransport, sondern auch für die Versorgung Europas nutzen könnten. Die Lage ist gegenwärtig so, daß die uns zur Verfügung stehenden Schiffe absolut nicht ausreichen. Deshalb möchte ich sehr, daß die gesamte deutsche Überwasserflotte für den Krieg gegen Japan erhalten bleibt.

Ich halte es für angebracht, hier hinzuzufügen, daß wir in den USA nach Beendigung des Krieges mit Japan eine große Zahl nicht nur von Schiffen der Kriegsflotte, sondern auch eine große Zahl von Handelsschiffen haben werden, die an interessierte Länder verkauft werden können. Ich wäre sehr froh, wenn alle Schiffe der deutschen Handelsflotte zur Kriegführung gegen Japan eingesetzt würden.

Stalin. Und wenn die Russen gegen Japan kämpfen werden?

Truman. Natürlich können die Russen Anspruch auf ein Drittel der Flotte erheben, das ihnen dann übergeben wird. Darüber kann man sich einigen.

Stalin. Für uns ist das Prinzip wichtig.

Churchill. Herr Präsident, ich nehme an, daß wir zu einer Vereinbarung gelangen können. Meines Erachtens könnten jetzt die Schiffe jedem Teilnehmer zugewiesen werden, und wenn der Krieg mit Japan beendet ist, werden die Schiffe entsprechend übergeben.

Stalin. Welche Schiffe?

Churchill. Ich meine die Handelsschiffe. Aber meines Erachtens ist hier das

Prinzip die Hauptsache. Man muß bedenken, daß die Offensive der Roten Armee längs der Ostseeküste die Deutschen gezwungen hat, ihre Häfen zu räumen, und so wurde die deutsche Flotte aus der Ostsee vertrieben. Ich muß zugeben, daß ich den Wunsch von Generalissimus Stalin unterstütze, daß die Russen einen Teil der Kriegs- und Handelsflotte Deutschlands bekommen, und ich meine, daß ein anderer Ausweg nur die Versenkung der gesamten Flotte sein kann. Aber das wäre unvernünftig, da unser Verbündeter einen Teil dieser Flotte zu erhalten wünscht.

Stalin. Man darf die Russen nicht als Menschen hinstellen, die die erfolgreichen Aktionen der Flotte der Alliierten gegen Japan zu behindern beabsichtigen. Aber man darf daraus auch nicht den Schluß ziehen, die Russen wünschten ein Geschenk von ihren Verbündeten. Wir wollen kein Geschenk, wir wollen nur wissen, ob dieses Prinzip anerkannt wird, ob der Anspruch der Russen auf einen Teil der deutschen Flotte als berechtigt angesehen wird.

Churchill. Ich habe nicht von einem Geschenk gesprochen.

Stalin. Ich habe nicht gesagt, daß Sie davon gesprochen haben.

Ich möchte, daß Klarheit geschaffen wird in der Frage, ob die Russen ein Anrecht auf ein Drittel der Kriegs- und der Handelsflotte Deutschlands haben. Meines Erachtens haben die Russen ein Anrecht darauf, und das, was sie bekommen werden, werden sie zu Recht erhalten. Ich trete nur für Klarheit in dieser Frage ein. Wenn meine Kollegen anders denken, so möchte ich deren wahre Meinung wissen. Wenn im Prinzip anerkannt wird, daß die Russen ein Anrecht auf ein Drittel der Kriegs- und Handelsflotte Deutschlands haben, so sind wir zufrieden.

Was die Verwendung der Handelsflotte Deutschlands und insbesondere jenes Drittels, das Rußland rechtmäßig zugesprochen wird, betrifft, so werden wir natürlich nicht zu verhindern suchen, daß dieses Drittel von den Alliierten in ihrem Kampf gegen Japan maximal eingesetzt wird. Ich bin auch damit einverstanden, daß diese Frage am Ende der Konferenz entschieden wird.

Ich möchte noch bei einer Frage verweilen. Wie bekannt, befindet sich ein Großteil der Flotte in den Händen unseres Verbündeten, aber unseren Leuten wurde der Zutritt zur Kriegs- und Handelsflotte Deutschlands verwehrt, sie durften die Schiffe nicht besichtigen. Wenn man uns wenigstens die Möglichkeit geben würde, die Verzeichnisse dieser Schiffe einzusehen. Könnte dieses Verbot nicht aufgehoben werden, damit die Vertreter der russischen Flottenkommission zur Besichtigung der Schiffe dieser Flotte und zur Ermittlung der Anzahl der Schiffe zugelassen werden?

Churchill. Auch wir verfügen über Fakten, wonach unsere Leute an der Besichtigung einiger Kriegsbeutestücke in der Ostsee gehindert wurden.

Stalin. In der Ostsee wurden nur U-Boote erbeutet, aber das ist eine völlig unbrauchbare, zerschlagene Unterwasserflotte. Aber wenn der Wunsch besteht, sie zu besichtigen, so kann diese Möglichkeit zu jeder Zeit geschaffen werden.

Churchill. Unser Prinzip ist Gleichheit und Gerechtigkeit. Deshalb halte ich Ihren Vorschlag für akzeptabel. Wir haben nur eine Bitte: Ob es sich einrichten läßt, daß unsere Leute die Möglichkeit haben, die überaus interessante deutsche Ausrüstung beispielsweise in der Ostsee, insbesondere einige U-Boote, zu besichtigen.

Stalin. Bitte.

Truman. Ich möchte hier im Namen der USA erklären, daß Sie zu allen unseren Zonen Zutritt haben und alles besichtigen können, was Sie zu sehen wünschen. Aber wir wollen unsererseits ebenfalls die Möglichkeit haben, das zu sehen, was für uns interessant ist.

Churchill. Ich habe hier vom Unterschied zwischen U-Booten und Überwasserschiffen gesprochen. Generalissimus Stalin wird uns verstehen, wenn wir als Inselbewohner in dieser Frage sehr empfindlich sind. Unsere Insel erzeugt weniger als zwei Drittel der erforderlichen Lebensmittel. Während des Krieges hatten wir unter den U-Booten sehr zu leiden, mehr als jeder andere. Zweimal standen wir am Rande der Katastrophe. Daher ist das U-Boot in England kein populärer Kriegsschiffstyp. Ich bin dafür, den Großteil der U-Boote zu versenken.

Stalin. Ich bin ebenfalls dafür.

Churchill. Und daß der übrige Teil der U-Boote zu gleichen Teilen zu Studien- und technischen Zwecken unter uns aufgeteilt wird, da sie von beträchtlichem Interesse sind. Zweimal haben uns die Handlungen der feindlichen U-Boote fast an den Rand der Katastrophe gebracht. Ich bin daher damit einverstanden, daß wir einen Großteil der U-Boote versenken und den Rest unter den drei Mächten aufteilen. Ich bitte den Generalissimus und den Präsidenten um Verzeihung, aber wir befinden uns in dieser Hinsicht in einer besonderen Lage. Unsere militärische Macht hat unter diesen U-Booten sehr gelitten. Wenn ich mich mit diesem Prinzip einverstanden erkläre, so stelle ich nur die Bedingung, daß die Frage, wie viele U-Boote zu versenken und wie viele aufzuteilen sind, am Ende der Konferenz entschieden wird.

Stalin. Gut, ich bin einverstanden.

Truman. Wir haben diese Frage hinreichend erörtert und können zur nächsten Frage übergehen.

Eden. Die nächste Frage betrifft Spanien.

Truman. Wünscht der Generalissimus, sich zu dieser Frage zu äußern?

Stalin. Die Vorschläge[83] wurden verteilt. Zu dem dort Gesagten habe ich nichts hinzuzufügen.

Churchill. Herr Präsident, die britische Regierung – die gegenwärtige und die vorangegangene – haßt Franco und seine Regierung. Man hat mich mißverstanden und gesagt, ich verhielte mich freundschaftlich zu diesem Herrn. Alles, was ich gesagt habe, war, daß Spanienpolitik mehr bedeutet als Karikaturen auf Franco. Meines Erachtens sind die anhaltende Vernichtung von Menschen, die man ins Gefängnis geworfen hat für Dinge, die sechs Jahre zurückliegen, und verschiedene andere Umstände in Spanien nach unseren englischen Vorstellungen völlig undemokratisch.

Als Franco mir ein Schreiben schickte, in dem es hieß, daß er, ich und einige andere westliche Länder uns gegen die Bedrohung durch die Sowjetunion zusammenschließen müßten, sandte ich ihm, mit Einverständnis meines Kabinetts, eine recht kühle Antwort. Die Sowjetregierung wird sich dessen wahrscheinlich erinnern, da ich ihr ebenso wie dem Präsidenten eine Kopie meines Schreibens[84] zugeschickt habe. Folglich gibt es zwischen uns keine nennenswerten Meinungsverschiedenheiten hinsichtlich der Gefühle, die wir für das gegenwärtige Regime in Spanien hegen.

Schwierigkeiten für die Annahme des vom Generalissimus vorgelegten Ent-

83 Vgl. Dok. Nr. 40.
84 Siehe Anmerkung 27.

wurfes sehe ich beim ersten Punkt, der vom Abbruch aller Beziehungen mit der Regierung Franco, die die Regierung Spaniens ist, handelt. Meines Erachtens könnte ein solcher Schritt seinem Charakter nach angesichts des Stolzes und der gewissen Empfindlichkeit der Spanier einen Zusammenschluß der Spanier um Franco bewirken, statt sie zur Abkehr von Franco zu bewegen. Deshalb halte ich den Abbruch der diplomatischen Beziehungen mit der Regierung Spaniens für ein unbefriedigendes Verfahren zur Lösung dieser Frage.

Das würde uns zwar eine gewisse Genugtuung geben, doch dann werden wir keinen Kontakt mehr haben, den wir in schweren Zeiten brauchen könnten. Ich denke, daß ein solcher Schritt nur die Stellung Francos festigen könnte, und wenn seine Stellung gefestigt ist, werden wir uns Beschimpfungen von ihm gefallen lassen oder Gewalt gegen ihn anwenden müssen. Ich bin gegen Gewaltanwendung in solchen Fällen. Ich meine, daß wir uns nicht in die inneren Angelegenheiten eines Staates einmischen sollen, mit dem wir in den Ansichten nicht übereinstimmen, es sei denn, daß ein solcher Staat uns überfällt.

Was die Länder betrifft, die wir besiegt haben, so müssen wir dort unsere Kontrolle errichten. Was aber die Länder betrifft, die im Krieg befreit wurden, so können wir dort die Errichtung eines faschistischen oder eines Francoregimes nicht dulden. Aber hier haben wir es mit einem Land zu tun, das am Krieg nicht teilgenommen hat, und deshalb bin ich gegen eine Einmischung in dessen innere Angelegenheiten. Die Regierung Seiner Majestät würde langwierige Erörterungen dieser Frage benötigen, bevor sie sich auf einen Abbruch der Beziehungen zu Spanien einließe.

Mir scheint, daß die Macht Francos jetzt gefährdet ist, und ich hoffe, daß es gelingt, auf diplomatischem Wege seinen Sturz zu beschleunigen. Abbruch der Beziehungen ist meines Erachtens eine sehr gefährliche Art, diese Frage zu lösen. Überdies ist zu beachten, daß stets Möglichkeiten eines Wiederaufloderns des Bürgerkrieges in Spanien bestehen, und dieser Krieg hat Spanien 2 Millionen Gefallene von den insgesamt 17 oder 18 Millionen Einwohnern des Landes gekostet. Und mir täte eine aktive Einmischung zum gegenwärtigen Zeitpunkt leid, da ich der Ansicht bin, daß dort Kräfte wirken, um die Lage zum Besseren zu wenden. Das ist meine Ansicht zu dieser Frage. Die in San Francisco[85] gegründete Weltorganisation lehnt Einmischungen in die inneren Angelegenheiten anderer Länder ab. Deshalb wäre es falsch, wenn wir aktiv in die Lösung dieser Frage eingreifen würden. Das würde der in San Francisco beschlossenen Charta der internationalen Organisation widersprechen.

Truman. Ich hege keine Sympathien für das Francoregime, aber ich möchte nicht an einem spanischen Bürgerkrieg beteiligt sein. Mir reicht der Krieg in Europa. Wir würden gern eine andere Regierung in Spanien statt der Regierung Franco anerkennen, aber ich meine, daß dies eine Frage ist, die Spanien selbst entscheiden muß.

Stalin. Das heißt, in Spanien bleibt alles unverändert? Ich aber meine, daß das Francoregime sich festigt und halbfaschistische Regimes in einigen anderen Ländern Europas unterhält. Man darf nicht vergessen, daß das Francoregime dem spanischen Volk von außen aufgezwungen wurde und kein Regime ist, das sich aus den inneren Bedingungen ergeben hat.

Sie wissen sehr wohl, daß das Francoregime von Hitler und Mussolini aufge-

85 Siehe Anmerkung 3.

zwungen wurde und deren Hinterlassenschaft darstellt. Wenn wir das Francoregime vernichten, so vernichten wir das Erbe Hitlers und Mussolinis. Man darf auch nicht außer acht lassen, daß die demokratische Befreiung Europas gewisse Pflichten auferlegt.

Ich schlage keine militärische Einmischung vor, ich schlage nicht vor, dort einen Bürgerkrieg zu entfesseln. Ich möchte nur, daß das spanische Volk weiß, daß wir, die Führer des demokratischen Europa, das Francoregime ablehnen. Wenn wir dies nicht in irgendeiner Form erklären, wird das spanische Volk zu Recht annehmen, daß wir nicht gegen das Francoregime sind. Es kann sagen, daß wir, da wir das Francoregime nicht antasten, es unterstützen.

Welche Mittel diplomatischer Art gibt es, um dem spanischen Volk zu zeigen, daß wir nicht auf der Seite Francos stehen, sondern auf der Seite der Demokratie? Nehmen wir an, ein Mittel wie der Abbruch der diplomatischen Beziehungen wäre zu drastisch. Könnten wir aber nicht über andere, elastischere Mittel diplomatischer Art nachdenken? Das muß geschehen, damit das spanische Volk weiß, daß wir mit ihm und nicht mit Franco sympathisieren.

Meines Erachtens wäre es gefährlich, das Francoregime so bestehen zu lassen, wie es jetzt ist. Die öffentliche Meinung in den europäischen Ländern ist, wie man aus der Presse ersieht, ebenso wie die öffentliche Meinung in Amerika, dem Francoregime nicht gewogen. Wenn wir diese Frage umgehen, könnte man meinen, daß wir das Francoregime in Spanien stillschweigend gutheißen, es sanktionieren. Das wäre ein schwerer Vorwurf gegen uns. Ich möchte nicht als Angeklagter dastehen.

Churchill. Sie unterhalten keine diplomatischen Beziehungen zur spanischen Regierung, und deshalb kann Ihnen niemand einen derartigen Vorwurf machen.

Stalin. Aber ich habe das Recht und die Möglichkeit, diese Frage zu stellen und zu lösen. Woher können die Menschen wissen, ob die Sowjetunion mit dem Francoregime sympathisiert oder nicht? Man denkt allgemein, daß die „Großen Drei" solche Fragen lösen können. Ich gehöre zu den „Großen Drei" genauso wie der Präsident und der Premierminister. Habe ich etwa das Recht, über das zu schweigen, was in Spanien geschieht, über das Francoregime und über die große Gefahr, die dieses Regime für ganz Europa bedeutet? Es wäre ein großer Fehler, wenn wir diese Frage unbeachtet ließen und nichts dazu sagten.

Churchill. Jede Regierung hat die uneingeschränkte Freiheit, sich individuell zu äußern. Die gleiche Freiheit genießt auch die Presse, worauf Generalissimus Stalin hier hingewiesen hat. Die sowjetische und zum Teil auch die amerikanische Presse haben sich sehr freimütig über die Lage der Dinge in Spanien geäußert. Was die britische Regierung betrifft, so möchten wir, obgleich wir das Franco und seinem Botschafter sehr oft gesagt haben, die Beziehungen zur spanischen Regierung nicht abbrechen.

Bei uns bestehen seit langem Handelsbeziehungen mit Spanien. Sie liefern uns Apfelsinen, Wein und einige andere Produkte, wir unsererseits liefern ihnen unsere Erzeugnisse. Ich möchte diesen Handel, für den Fall, daß unsere Einmischung nicht zu den gewünschten Ergebnissen führt, nicht gefährden. Aber gleichzeitig verstehe ich vollauf den Standpunkt von Generalissimus Stalin. Franco erdreistete sich, die „Blaue Division"[86] nach Rußland zu entsenden, deshalb verstehe ich die Ansicht der Russen.

86 Siehe Anmerkung 28.

Aber Spanien hat uns nicht im geringsten gestört, selbst dann nicht, als es uns in der Bucht von Algeciras[87] stören konnte. Niemand zweifelt daran, daß Generalissismus Stalin Franco haßt, und ich meine, daß die meisten Engländer seine Auffassung teilen. Ich möchte nur betonen, daß wir durch ihn nichts zu leiden hatten.

Stalin. Es geht hier nicht um irgendeine Kränkung. Ich meine, nebenbei gesagt, daß auch England durch das Francoregime gelitten hat. Spanien hat seine Küste lange Zeit Hitler für dessen U-Boote zur Verfügung gestellt. Deshalb kann man annehmen, daß das Francoregime England doch irgendwie geschadet hat.

Ich möchte aber nicht, daß diese Frage vom Standpunkt einer Art Kränkung gewertet wird. Nicht um die „Blaue Division" geht es, sondern darum, daß das Francoregime eine ernste Gefahr für Europa darstellt. Deshalb bin ich der Ansicht, daß man irgend etwas gegen dieses Regime unternehmen muß. Wenn der Abbruch der diplomatischen Beziehungen nicht das Richtige ist, bestehe ich nicht darauf. Man kann auch andere Mittel finden. Wir brauchen nur zu sagen, daß wir keine Sympathien für das Francoregime hegen und das Streben des spanischen Volkes nach Demokratie für gerecht halten – wir brauchen nur dies zu sagen, und vom Francoregime wird nichts übrigbleiben. Ich versichere Sie.

Ich schlage vor: Mögen die Außenminister darüber sprechen, ob sich nicht eine andere, weichere und elastischere Form finden läßt, um zu verstehen zu geben, daß die Großmächte das Francoregime nicht unterstützen.

Truman. Das sagt mir zu; ich bin einverstanden, die Frage zur Behandlung an die Außenminister zu überweisen.

Churchill. Ich wäre dagegen. Mir scheint, daß dies eine Frage ist, die in diesem Saal entschieden werden muß.

Stalin. Natürlich werden wir hier entscheiden, aber die Minister sollen vorher beraten.

Truman. Ich habe ebenfalls keine Einwände dagegen, daß diese Frage zur vorherigen Behandlung an unsere Außenminister überwiesen wird.

Churchill. Ich halte dies für unerwünscht, weil es sich hier um eine Frage des Prinzips handelt, und zwar um Einmischung in die inneren Angelegenheiten anderer Länder.

Stalin. Das ist keine innere Angelegenheit, das Francoregime bedeutet eine internationale Gefahr.

Churchill. Das kann jeder über das Regime eines beliebigen anderen Landes sagen.

Stalin. Nein, so ein Regime wie in Spanien besteht in keinem anderen Land. In keinem anderen Land Europas ist ein solches Regime bestehengeblieben.

Churchill. Man könnte Portugal vorwerfen, es habe ein diktatorisches Regime.

Stalin. Das Francoregime wurde von außen geschaffen, durch Einmischung Hitlers und Mussolinis. Franco verhält sich sehr herausfordernd, er versteckt Nazis bei sich. Ich stelle nicht die Frage Portugal.

Churchill. Ich kann dem Parlament keine Einmischung in die inneren Angelegenheiten Spaniens empfehlen. Das wäre gegen die Politik, die wir schon seit langem betreiben. Gleichzeitig wäre ich über eine Änderung des Regimes in Spanien froh, aber nur auf natürlichem Wege. Ich persönlich wäre sehr froh, wenn in Spa-

87 Siehe Anmerkung 29.

nien eine Revolution stattfände, wenn sich dort zum Beispiel eine konstitutionelle Monarchie etablieren und die politischen Häftlinge amnestieren würde.

Aber ich meine, wenn ich oder die britische Regierung in diesem Sinne unseren Einfluß in Spanien geltend machen, so würde das einen Gefühlswandel bei den Spaniern gegen uns und für Franco hervorrufen. Meines Erachtens nähert sich Franco zum gegenwärtigen Zeitpunkt seinem Sturz.

Wenn wir hier vereinbarte Handlungen unternehmen, so werden wir dadurch nur seine Position festigen. Aber die britische Regierung wird in keiner Weise Franco und die jetzige spanische Regierung unterstützen, mit Ausnahme der Weiterführung des Handels mit Spanien, worüber ich hier bereits gesprochen habe.

Truman. Ich würde sehr froh sein, wenn wir uns einigten, daß diese Frage den Außenministern zur vorherigen Beratung übergeben wird, damit sie eine geeignete Formel in dieser Angelegenheit finden.

Stalin. Ich habe Verständnis für die Schwierigkeiten, die Herrn Churchill durch Anfragen im Parlament entstehen. Aber das kann man mildern. Wie, wenn wir die Angelegenheit so lösen, daß wir die Frage des Francoregimes nicht gesondert stellen und uns dahin einigen, daß diese Frage nicht gesondert als Frage des Francoregimes stand und entschieden wurde.

Die drei Außenminister werden beauftragt, unter Berücksichtigung des Meinungsaustausches zur Frage des Francoregimes eine geeignete Formulierung für diese Frage zu suchen, dabei insbesondere die Formulierung von Herrn Churchill einzuschließen, daß Franco seinem Ende zutreibt, seinem Regime nicht die Sympathien der demokratischen Mächte gehören und daß dieses Regime in der Öffentlichkeit nicht geschätzt wird. Eine solche Formulierung könnte man als Punkt in eine unserer Erklärungen über Europa aufnehmen. Wir werden doch irgendwelche gemeinsamen Erklärungen haben, und dort könnte man eine solche von den Außenministern ausgearbeitete Formulierung aufnehmen.

Das wird der Regierung Großbritanniens keinerlei Verpflichtungen auferlegen, aber der Punkt wird eine kurze Einschätzung des Francoregimes enthalten, und die öffentliche Meinung wird wissen, daß wir nicht auf der Seite des Francoregimes stehen. Meiner Ansicht nach müssen wir so einen Beschluß fassen. Mögen die Außenminister überlegen, in welche Form wir dies kleiden.

Churchill. Ich habe noch nicht prinzipiell zugestimmt, daß wir eine gemeinsame Erklärung zu dieser Frage abgeben.

Stalin. Nicht zu Spanien, sondern über Europa werden wir eine allgemeine Einschätzung geben, und dort könnte man das als einen Punkt einfügen. Man muß doch bedenken: In allen unseren Dokumenten ist von allen Ländern die Rede, mit Ausnahme Spaniens.

Churchill. Die Linie, die ich verfolge, besteht in folgendem: Spanien ist ein Land, das nicht in den Krieg hineingezogen wurde, und kein Satellitenland; es wurde auch nicht von den Alliierten befreit, wir können uns deshalb nicht in seine inneren Angelegenheiten einmischen. Das ist eine prinzipielle Frage.

Was Jugoslawien, Bulgarien und andere Länder betrifft, so gibt es dort viele Fragen, die uns nicht gefallen und die wir kritisieren könnten. Aber diese Länder wurden in den Krieg hineingezogen und von den Alliierten befreit.

Wenn Sie wünschen, so könnte man eine Erklärung ausarbeiten über die allgemeinen Grundsätze, auf denen demokratische Regierungen beruhen. Darüber könnte man sprechen. Ich denke da beispielsweise an die amerikanische Verfassung. Franco ist zweifellos weit entfernt von dieser Verfassung. Alle Länder sind untereinander verschieden, und wenn wir uns einmischen wollten, würde uns das eine Menge Schwierigkeiten bereiten.

Ich weiß nicht, was die Spanier selbst denken, aber mir scheint, daß die einen so denken und die anderen anders, und ich bin überzeugt, daß viele Spanier sich von Franco befreien möchten, aber ohne Druck von außen. Ich sehe nicht, was die Außenminister in dieser Frage tun könnten. Mir scheint, daß es ihnen sehr schwere Arbeit bereiten und die Erörterung dieser Frage sich als nutzlos erweisen würde.

Truman. Ich sehe wenig Möglichkeiten für eine Einigung in dieser Frage auf der jetzigen Sitzung. Vielleicht wäre es besser, später zu ihr zurückzukehren?

Stalin. Vielleicht übergibt man die Angelegenheit dennoch den Außenministern, damit sie versuchen, eine geeignete Formel zu finden?

Churchill. Gerade in diesem Punkt haben wir keine Einigung erzielt.

Truman. Ich denke, wir gehen jetzt besser zu einer anderen Frage über und kommen auf die Frage Spanien später zurück.

Churchill. Ich schlage keine ablehnende Entscheidung vor, ich schlage nur vor, jetzt zur Behandlung anderer Fragen überzugehen und diese Frage später zu erörtern.

Truman. Gehen wir zur nächsten Frage über.

Eden. Die Erklärung über das befreite Europa.

Truman. Ein Dokument zu dieser Frage habe ich am 17. Juli vorgelegt.[88]

Stalin. Ich schlage vor, diese Frage zu vertagen; wir können einen anderen Vorschlag zu dieser Frage unterbreiten.

Truman. Ich habe nichts dagegen, daß wir diese Frage jetzt vertagen.

Eden. Die nächste Frage betrifft Jugoslawien. Wir haben zu dieser Frage bereits einen kleinen Entwurf überreicht.[89]

Stalin. Ich meine, daß wir diese Frage nicht lösen können, ohne die Vertreter Jugoslawiens angehört zu haben.

Eden. Es ist zu beachten, daß wir auf der Krimkonferenz[90] eine Vereinbarung über Jugoslawien in Abwesenheit jugoslawischer Vertreter erzielt haben.

Stalin. Jetzt ist es ein verbündetes Land, in dem eine rechtmäßige Regierung gebildet wurde. Man kann die Frage jetzt nicht ohne Teilnahme jugoslawischer Vertreter entscheiden. Damals gab es zwei Regierungen, und eine Aussöhnung zwischen ihnen war unmöglich. Wir haben uns in diese Sache eingemischt. Und jetzt besteht dort eine rechtmäßige Regierung. Laden wir die Vertreter Jugoslawiens ein, hören wir sie an, und dann wollen wir beschließen.

Churchill. Šubašić und Tito?

Stalin. Ja.

Churchill. Aber sie sind untereinander uneins, beide Seiten sind sehr gegeneinander eingestellt.

Stalin. Mir ist das nicht bekannt. Lassen Sie uns diese Sache nachprüfen, laden wir sie hierher ein, sollen sie ihre Meinung hier vortragen.

88 Vgl. Dok. Nr. 35.
89 Vgl. Dok. Nr. 42.
90 Siehe Anmerkung 2.

Truman. Ist die Sache so ernst, daß man sie hierher zitiert? Ich halte das für unangebracht.

Churchill. Wir haben auf der Krimkonferenz unsere Unterschrift unter die Vereinbarung gesetzt und sehen nun, daß diese Deklaration in Jugoslawien nicht erfüllt wird: Es gibt kein Gesetz über die Wahlen, die Versammlung (AVNOJ)[91] wurde nicht erweitert, die Rechtsordnung ist nicht wiederhergestellt, die Regierung Tito hat ein von der Partei streng kontrolliertes Regime errichtet, das von einer politischen Polizei aufrechterhalten wird, die Presse wird genauso kontrolliert wie in einigen faschistischen Ländern.

Wir sehen, daß die Lage in Jugoslawien nicht unsere in der Deklaration der Krimkonferenz ausgedrückten Hoffnungen rechtfertigt. Wir haben Jugoslawien eine beträchtliche Menge Waffen geliefert zu einer Zeit, da wir selber schwach waren, und deshalb sind wir enttäuscht und bedauern es, daß die Ereignisse dort eine solche Wendung genommen haben. Unser Vorschlag ist sehr bescheiden, er besteht darin, das zu erfüllen, was in der Deklaration von Jalta gesagt wurde.

Stalin. Herr Churchill ist gleich zur Erörterung übergegangen, statt auf die Frage des Präsidenten zu antworten, ob er die Angelegenheit für so ernst und wichtig hält, daß sie auf unserer Konferenz zu erörtern ist und dazu Vertreter Jugoslawiens einzuladen sind. Wenn der Präsident gestattet, kann ich Herrn Churchills Beispiel folgen und ebenfalls zur Erörterung der Frage übergehen.

Sehen Sie, das, was uns Herr Churchill hier mitgeteilt hat über eine Verletzung der bekannten Beschlüsse der Krimkonferenz, dergleichen ist uns aus unseren Quellen nicht bekannt. Ich würde es für richtig halten, daß wir die Jugoslawen selbst anhören, ihnen die Möglichkeit geben, diese Anklagen zu widerlegen oder sie zu bestätigen.

Churchill. Ich möchte, daß Sie das Wort „Anklage" durch das Wort „Beschwerde" ersetzen.

Stalin. Es geht nicht um Worte, und ich kann natürlich das Wort „Anklage" durch das Wort „Beschwerde" ersetzen. Aber man kann nicht über einen ganzen Staat richten, ohne seine Vertreter angehört zu haben.

Churchill. Wir hatten jetzt die Möglichkeit, die Frage zu durchdenken, und ich meine, daß es angebracht wäre, wenn beide Seiten, und zwar Tito und Šubašić, die Möglichkeit hätten, sich hier zu treffen. Vielleicht werden diese Schwierigkeiten dann aus der Welt geschafft, und wir könnten zu einer abgestimmten Entscheidung kommen. Aber sind Sie der Meinung, daß Marschall Tito bereit sein wird, hierherzukommen?

Stalin. Ich weiß nicht, man muß anfragen, ob sie kommen können.

Truman. Ich möchte, bevor eine Entscheidung getroffen wird, eine Erklärung abgeben. Ich bin als Vertreter der USA hierhergekommen, und zwar dazu, um mit Ihnen Weltprobleme zu beraten. Aber ich bin nicht hierhergekommen, um über jedes Land Europas Urteile abzugeben, Streitfragen zu prüfen, die von der in San Francisco gegründeten Weltorganisation entschieden werden sollen.

Wenn wir politische Beschwerden gegen irgend jemand untersuchen, werden wir nur unnötig Zeit verlieren. Wenn wir Tito, Franco und andere Persönlichkeiten hierher zitieren, so wird das zu nichts Gutem führen. Wir sind kein Gerichts-

91 Siehe Anmerkung 30.

organ zur Untersuchung von Klagen gegen einzelne Staatsmänner. Wir sollten uns mit jenen Fragen befassen, über die wir Übereinkommen erzielen können.

Stalin. Das ist eine richtige Bemerkung.

Truman. Wir sollten jene Fragen erörtern, die für jeden von uns von Interesse sind.

Churchill. Das ist eine Frage, die auch die USA interessiert, Herr Präsident, denn es handelt sich hier um die Erfüllung der Beschlüsse, die auf der Krimkonferenz gefaßt wurden. Das ist eine Frage des Prinzips. Es ist natürlich völlig klar, daß man die Lage in Jugoslawien, die Stellung Marschall Titos berücksichtigen muß. Es ist nicht viel Zeit vergangen, seit das Land zur Ruhe gekommen ist. Aber alles, was wir in unserem Entwurf im Auge hatten, war der Wunsch, daß das, was auf der Krimkonferenz gesagt wurde, auch tatsächlich erfüllt wird.

Stalin. Meines Erachtens erfüllt Marschall Tito die Beschlüsse der Krimkonferenz voll und ganz.

Truman. Es stimmt, daß Jugoslawien nicht alle Beschlüsse der Krimkonferenz erfüllt. Auch bei uns gibt es Beschwerden. Man muß die jugoslawische Regierung darauf hinweisen. Aber wir könnten diese Frage bis zur nächsten Sitzung vertagen.

Churchill. Ich möchte Generalissimus Stalin für seine Geduld bei der Erörterung dieser Frage danken. Wenn wir über die Meinungsverschiedenheiten, die mitunter zwischen uns auftauchen, nicht sprechen können, wenn wir sie nicht erörtern können, wo soll man denn diese Meinungsverschiedenheiten sonst erörtern?

Stalin. Wir erörtern ja hier. Aber ohne den Angeklagten läßt sich die Frage nicht entscheiden. Sie klagen den Chef der jugoslawischen Regierung an, ich bitte ihn anzuhören und dann einen Beschluß zu fassen. Aber erörtern kann man soviel man will.

Churchill. Ich bin damit einverstanden, aber der Präsident ist dagegen, daß Tito hierhergebeten wird.

Stalin. Dann muß man die Frage absetzen.

Truman. Gehen wir zur nächsten Frage über.

Churchill. Wir haben ein Dokument zu Rumänien[92] unterbreitet. Mir scheint, daß man diese Frage zur vorherigen Erörterung an die Außenminister überweisen kann, und es ist vielleicht möglich, daß wir eine Übereinkunft erzielen werden. Diese Frage schließt viele verschiedene Details ein.

Stalin. Ich denke, daß geringe Fragen auf dem üblichen diplomatischen Wege geregelt werden können, ohne daß wir sie auf unserer Konferenz zur Diskussion stellen. Zur Regelung einer derartigen Frage gibt es Botschafter, sie wären auch imstande, sie zu lösen. Aber da diese Frage hier aufgeworfen wurde, muß ich die Genauigkeit des unterbreiteten Memorandums bestreiten. Es geht um jene Röhren, die Rumänien den Engländern vor dem Krieg abgekauft hatte. Während des Krieges bemächtigten sich die Deutschen dieser Röhren und erklärten sie zu ihrem Eigentum. Einen Teil dieser Röhren haben wir abtransportiert, da die Deutschen unsere Erdölindustrie im Nordkaukasus teilweise zerstört haben. Nach dieser Bemerkung von mir kann ich dem zustimmen, daß die Außenminister diese Frage beraten, aber besser wäre es, wenn die Sowjetunion und England diese Fra-

92 Vgl. Dok. Nr. 43.

ge auf diplomatischem Wege regelten und die Aufmerksamkeit der Konferenz nicht ablenkten.[93]

Churchill. Die Frage ist durchaus nicht gering, da wir die Seite sind, der Schaden zugefügt wurde.

Stalin. Von den Deutschen, nicht von uns.

Churchill. Ganz recht, die Deutschen nahmen uns diese Röhren weg. Aber unsere Untertanen haben dafür bezahlt, und deshalb meinen wir, daß man den Wert dieser Röhren in die Reparationssumme einbeziehen muß, die Rumänien entsprechend den Bedingungen des Waffenstillstandsabkommens[94] als Wiedergutmachung zu ersetzen hat.

Truman. Eine ähnliche Lage hat sich mit dem Eigentum einiger amerikanischer Firmen ergeben. Könnten wir nicht diese Frage den Außenministern zur Beratung übergeben?

Stalin. Bitte.

Truman. Die heutige Tagesordnung ist erschöpft. Morgen findet die Sitzung um vier Uhr statt.

Nach Archiv. Veröffentlicht mit Kürzungen in:
Meshdunarodnaja Shisn, 1965/12, S. 139 ff.

Anlage

Mitteilung über die Sitzung der Außenminister

19. Juli 1945[95]

1. Der Außenminister der Vereinigten Staaten teilte der Sitzung mit, daß die Regierung der Vereinigten Staaten einen Abänderungsvorschlag zu der überarbeiteten Fassung des Punktes 3 im Entwurf des Vorschlages der Vereinigten Staaten über die Errichtung eines Rates der Außenminister[96] unterbreiten möchte, die auf der Sitzung der Außenminister am 18. Juli angenommen wurde. Auf der Sitzung wurde beschlossen, diese Frage an die Redaktionskommission zu überweisen.

2. Deutschland. Politische Fragen.

Die Außenminister unterzogen den politischen Teil des vorgeschlagenen und von der Delegation der Vereinigten Staaten verbreiteten Abkommens über die politischen und wirtschaftlichen Grundsätze, von denen man sich bei der Behandlung Deutschlands in der Anfangsperiode der Kontrolle leiten lassen muß, einer weiteren Prüfung. Dieser Entwurf war von den Regierungschefs auf ihrer gestrigen Sitzung vorberaten worden, und die Außenminister wurden beauftragt, einen Bericht zu diesem Entwurf auf der betreffenden Sitzung vorzulegen.

Die Außenminister legen jetzt den überarbeiteten Entwurf (Abschnitt A)[97] des politischen Teils des vorgeschlagenen Abkommens vor, der sich bereits in den Händen der Delegierten befindet.

Neben redaktionellen Verbesserungen des Textes nahmen die Außenminister

93 Siehe Anmerkung 31.
94 Siehe Anmerkung 32.
95 Berichterstatter Eden.
96 Vgl. Dok. Nr. 6, Anlage.
97 Vgl. Dok. Nr. 38.

an einigen Stellen Ergänzungen vor. Nunmehr legen sie diesen Text den Regierungschefs zur Annahme vor.

Nach der Erörterung und Annahme des wirtschaftlichen Teils wird die Frage, ob das ganze Abkommen veröffentlicht werden soll, zur Prüfung vorgelegt werden.

3. Polen.

Die Delegation des Vereinigten Königreiches legte den überarbeiteten Entwurf der von Marschall Stalin auf der Plenarsitzung am 18. Juli unterbreiteten Erklärung[98] der drei Regierungschefs zur polnischen Frage vor.

Die Minister kamen überein, diesen überarbeiteten Entwurf an die Redaktionskommission zu überweisen.

Tagesordnung der Plenarsitzung.

Die Minister vereinbarten, der Plenarsitzung heute folgende Punkte zur Behandlung vorzulegen:

a) Deutschland: politische Fragen.

b) Polen.

Diese Frage soll auf die Tagesordnung gesetzt werden, wenn der Bericht der Redaktionskommission rechtzeitig vorliegt.

c) Die deutsche Kriegs- und Handelsflotte.

Dazu wurde von der russischen Delegation ein Memorandum verbreitet.[99]

d) Spanien.

Dazu wurde von der russischen Delegation ein Memorandum verteilt.[100]

e) Die Deklaration von Jalta über das befreite Europa.

Zu dieser Frage wurde von der Delegation der Vereinigten Staaten ein Memorandum vom 17. Juli in Umlauf gebracht.[101]

f) Jugoslawien.

Die britische Delegation schlug vor, die Lage in Jugoslawien und die Erfüllung des Abkommens zwischen Tito und Šubašić[102] zu erörtern, und verpflichtete sich, ein Dokument zu dieser Frage vorzulegen.[103]

g) Rumänien.

Die britische Delegation schlug vor, die Frage der Entnahme alliierter Industrieausrüstungen, besonders aus Rumänien, als Kriegsbeute zu beraten, und verpflichtete sich, zu dieser Frage ein Dokument vorzulegen.[104]

Nach Archiv.

98 Vgl. Dok. Nr. 37, 41.
99 Vgl. Dok. Nr. 39.
100 Vgl. Dok. Nr. 40.
101 Vgl. Dok. Nr. 35.
102 Siehe Anmerkung 7.
103 Vgl. Dok. Nr. 42.
104 Vgl. Dok. Nr. 43.

Nr. 9
Aufzeichnung über die dritte Sitzung der Außenminister
20. Juli 1945, 11.30 Uhr

(Vorsitzender: Molotow)

Auf der Tagesordnung der Sitzung der drei Minister standen folgende Fragen:

1. Wirtschaftliche Grundsätze hinsichtlich Deutschlands. Es wurde festgestellt, daß die mit der Vorbereitung dieser Frage beauftragte Kommission ihre Arbeit noch nicht abschließen konnte, und deshalb wurde diese Frage inhaltlich nicht erörtert. Die Minister beschlossen, die Kommission zu bitten, ihre Arbeit über die wirtschaftlichen Grundsätze hinsichtlich Deutschlands bis zum 21. Juli abzuschließen.

2. Die polnische Frage.

Die Kommission, die sich mit dieser Frage befaßt, berichtete, daß sie ihre Arbeit noch nicht abgeschlossen hat, infolgedessen konnte die Frage inhaltlich nicht behandelt werden. Deshalb wurde beschlossen, die Kommission zu bitten, ihre Arbeit hinsichtlich der Vorbereitung des Entwurfes zur polnischen Frage bis zum 21. Juli abzuschließen.

3. Die Frage des Verfahrens und des Mechanismus für die Friedensverhandlungen und die Regelung territorialer Probleme.

Da die mit der Vorbereitung des Textentwurfes zur Frage der Friedensregelung beauftragte Kommission diese Aufgabe nicht erfüllen konnte, weil Mitglieder dieser Kommission in anderen Kommissionen beschäftigt waren, wurde beschlossen, daß die Außenminister heute um 15.45 Uhr zusätzlich zusammenkommen, um diese Frage zum Vortrag auf der Sitzung der drei Regierungschefs vorzubereiten.

4. Zur Erklärung der Krimkonferenz über das befreite Europa.[105]

Molotow übergab Eden und Byrnes den sowjetischen Entwurf zur Frage der Erfüllung der Krimerklärung über das befreite Europa.[106]

Im Zusammenhang mit dem vorgelegten Entwurf wurden Fragen zur Lage in Rumänien und Bulgarien einerseits und in Griechenland andererseits erörtert. Im Ergebnis der Erörterung stellte sich heraus, daß die Außenminister die Lage in diesen Ländern unterschiedlich einschätzen. Byrnes und Eden erklärten insbesondere, daß es in Rumänien und Bulgarien Beschränkungen für die Presse gibt.

Molotow bemerkte, daß unter Kriegsbedingungen gewisse unerläßliche Beschränkungen für die Presse bestanden. Gegenwärtig könnten angesichts der Beendigung des Krieges die Arbeitsmöglichkeiten für die Pressevertreter in diesen Ländern beträchtlich erweitert werden.

Byrnes schlug vor, ein Abkommen der drei Mächte abzuschließen über die Beobachtung des Wahlverlaufes in Italien, Griechenland, Rumänien, Bulgarien und Ungarn und zu diesem Zweck über die Gewährleistung des freien Zugangs für Pressevertreter der UdSSR, der USA und Großbritanniens in diesen Ländern sowie über die Gewährung der Möglichkeit für sie, sich frei zu bewegen und frei ihre Informationen zu übermitteln.

Eden schloß sich dem von Byrnes unterbreiteten Vorschlag an.

105 Siehe Anmerkung 2.
106 Vgl. Dok. Nr. 47.

Molotow erklärte, er sehe keine Notwendigkeit für die Entsendung von Sonderbeobachtern nach Rumänien und Bulgarien. Was aber Griechenland betrifft, so ist der Standpunkt der Sowjetregierung in dem vorgelegten Dokument dargelegt.[107]

Molotow erklärte ferner, wenn die Außenminister Großbritanniens und der USA schriftliche Vorschläge zu dieser Frage unterbreiten, so könnten sie auf der Sitzung der drei Minister erörtert werden.

5. Über Italien.

Byrnes legte den Entwurf eines Beschlusses der drei Regierungschefs vor, worin diese die Aufnahme Italiens in die Organisation der Vereinten Nationen[108] unterstützen, und schlug ergänzend vor, daß sie jedoch die Aufnahme Spaniens in die Organisation der Vereinten Nationen nicht unterstützten, solange Spanien unter der Kontrolle des gegenwärtig in diesem Lande existierenden Regimes steht.[109]

Eden erklärte, daß er diesen Vorschlag unterstützt. Er sagte, daß er es, sollte zu dieser Frage irgendeine Erklärung ausgearbeitet werden, für zweckmäßig erachtet, darin zu erwähnen, daß die drei Mächte auch die Aufnahme einiger neutraler Länder, beispielsweise Schwedens, der Schweiz und Portugals, in die Organisation der Vereinten Nationen unterstützen werden.

Molotow stellte die Frage, ob dieser Vorschlag auch auf solche Länder ausgedehnt werden kann, die früher feindliche Länder waren und dann gegen Deutschland kämpften.

Eden erklärte, er meine, daß solche Länder erst nach Unterzeichnung von Friedensverträgen mit ihnen in den Kreis der Vereinten Nationen aufgenommen werden können.

Zur Ausarbeitung dieser Frage wurde eine Kommission in der Zusammensetzung gebildet: Maiski und Gussew aus der UdSSR, Matthews und Cannon von den USA, Millar und Dean von Großbritannien.

Gleichzeitig wurde die Kommission, die sich mit Reparationen befaßt[110], beauftragt, die Frage der Reparationen von Italien und Österreich zu prüfen.

6. Über die Westgrenze Polens.

Molotow übergab den Außenministern der USA und Großbritanniens die Vorschläge der Sowjetregierung über die Festlegung der Westgrenze Polens.[111] Die Minister kamen überein, diese Frage auf der Sitzung der drei Regierungschefs am 20. Juli zu stellen.

7. Über Treuhandterritorien.

Molotow übergab den Außenministern der USA und Großbritanniens die Vorschläge der Sowjetregierung über die Treuhandterritorien.[112] Es wurde beschlossen, diese Frage auf der Sitzung der drei Regierungschefs am 20. Juli zu stellen.

107 Vgl. Dok. Nr. 44, 47.
108 Siehe Anmerkung 14.
109 Vgl. Dok. Nr. 48.
110 Gemeint ist die Kommission, der auf der ersten Sitzung der Außenminister am 18. Juli aufgetragen wurde, den Entwurf eines Abkommens über die wirtschaftlichen Grundsätze hinsichtlich Deutschlands vorzubereiten.
111 Vgl. Dok. Nr. 49.
112 Vgl. Dok. Nr. 50.

Die sowjetische Delegation auf der Sitzung der Regierungschefs

Sitzung der Außenminister

Auf der Terrasse der Residenz J. W. Stalins

Von rechts nach links: J. W. Stalin, H. Truman und W. Churchill

8. Über die Tagesordnung der Sitzung der drei Regierungschefs am 20. Juli.

Die Minister kamen überein, den drei Regierungschefs folgende Tagesordnung zu empfehlen:

1. Über die Friedensregelung.
2. Memorandum des USA-Präsidenten vom 17. Juli über die Politik gegenüber Italien.[113]
3. Die Lage in Österreich und insbesondere in Wien (Mitteilung des Premierministers Großbritanniens).
4. Über die Westgrenze Polens.
5. Über Treuhandterritorien.

Damit war die Sitzung der Außenminister der UdSSR, der USA und Großbritanniens geschlossen.

Nach Archiv.

Nr. 10
Aufzeichnung über die vierte Sitzung der Regierungschefs
20. Juli 1945, 16.08 Uhr

(Truman eröffnet die Sitzung.)

Molotow. Auf der heutigen Sitzung der drei Außenminister standen folgende Fragen: (es folgt die Mitteilung)[114].

Churchill. Gestatten Sie, Herr Präsident, eine kleine Frage über das Verfahren unserer Arbeit zum Nutzen der Sache aufzuwerfen. Unsere Minister kommen täglich zusammen und bereiten ein umfangreiches Programm für unsere Abendsitzungen vor. Heute beispielsweise haben sie ihre Arbeit erst um zwei Uhr beendet. Uns bleibt dann nur sehr wenig Zeit, um die von ihnen ausgearbeiteten Dokumente durchzusehen und zu erörtern. Wäre es nicht besser, unsere Abendsitzungen um fünf Uhr zu beginnen?

Truman. Ich habe keine Einwände.

Gehen wir zur Erörterung der Fragen der Tagesordnung über. Zur Debatte steht die erste Frage.

Churchill. Ich hatte es so verstanden, daß eine Abänderung zum Entwurf über die Errichtung des Rates der Außenminister vorliegt.

Truman. Die Abänderung wurde bekanntgegeben.[115] Ich bin mit dieser Abänderung einverstanden.

Churchill (der den Wortlaut der Abänderung noch einmal durchgelesen hat). Ich bin ebenfalls mit der Abänderung einverstanden.

Truman. Man muß festlegen, wann und an welchem Ort der Rat der Außenminister zusammentritt. Ich bin bereit, die Entscheidung dieser Frage den Außenministern zu überlassen.

Churchill. Ich bin völlig einverstanden, daß diese Frage erörtert werden soll, aber ich bin der Meinung, daß London dieser Ort sein soll. Hier muß das Sekretariat seinen ständigen Sitz haben, während die Sitzungen, wenn es sich als günstig

113 Vgl. Dok. Nr. 36.
114 Vgl. Anlage.
115 Vgl. Anlage und auch Dok. Nr. 51.

erweist, auch an anderen Orten stattfinden können. Zur Erhärtung meiner Ansicht möchte ich daran erinnern, daß London die Hauptstadt ist, die im Krieg mehr als alle anderen unter dem feindlichen Feuer stand. Meines Wissens ist es die größte Stadt der Welt und eine der ältesten Städte der Welt. Außerdem liegt es auf halbem Wege zwischen den USA und Rußland.

Stalin. Das ist die Hauptsache. (Heiterkeit.)

Churchill. Und außerdem ist London jetzt an der Reihe.

Stalin. Richtig.

Churchill. Ich möchte nur hinzufügen, daß ich sechsmal über den Ozean geflogen bin, um die Ehre zu haben, mit dem Präsidenten der USA zu konferieren, und zweimal Moskau[116] besucht habe. London jedoch wird überhaupt nicht als Ort unserer Zusammenkünfte genutzt. In England empfindet man das sehr stark, und ich denke, daß auch Herr Attlee etwas darüber sagen könnte.

Attlee. Ich stimme den Ausführungen des Premierministers hier völlig zu und möchte hinzufügen, daß unsere Menschen das Recht haben, diese hervorragenden Persönlichkeiten bei uns zu sehen. Sie würden sich sehr darüber freuen. Sie haben sehr viel durchgemacht. Außerdem meine ich, daß auch die geographische Lage Londons eine wichtige Rolle spielt. Ich unterstütze den Wunsch des Premierministers.

Truman. Ich stimme dem Vorschlag des Premierministers ebenfalls zu und bin der Meinung, daß die geographische Lage eine große Rolle spielt.

Stalin. Gut, ich habe keine Einwände.

Truman. Ich möchte mir aber auch das Recht vorbehalten, die Regierungschefs zu einem Besuch in die USA einzuladen.

Churchill. Gestatten Sie mir, dem Präsidenten und dem Generalissimus meinen Dank für die liebenswürdige Annahme unseres Vorschlages auszusprechen.

Truman. Ich denke, daß sich unseren drei Außenministern zu gegebener Zeit die Außenminister Chinas und Frankreichs zugesellen werden. Ich denke auch, daß man die Außenminister beauftragen kann, die Frage zu entscheiden, zu welchem Termin der Rat einzuberufen ist.

(Stalin und Churchill stimmen den Vorschlägen Trumans zu.)

Truman. Die zweite Frage betrifft die Politik hinsichtlich Italiens. Unsere Vorschläge für die Politik gegenüber Italien wurden auf der ersten Sitzung überreicht.[117] Mein Vorschlag läuft im wesentlichen auf folgendes hinaus:

Meines Erachtens wird die Lage Italiens bedeutend verbessert, wenn wir seine Verdienste als Teilnehmer am Krieg gegen Deutschland anerkennen. Ich schlage vor, daß die Kapitulationsbedingungen durch folgende Verpflichtungen der italienischen Regierung ersetzt werden: 1) Die italienische Regierung enthält sich bis zum Abschluß des Friedensvertrages jeglicher feindlicher Handlungen gegen irgendeine der Vereinten Nationen; 2) die italienische Regierung wird keinerlei Land-, See- und Luftstreitkräfte oder Ausrüstungen unterhalten mit Ausnahme dessen, wozu sie von den Alliierten ermächtigt wurde, und sie wird alle Weisungen im Hinblick auf derartige Kräfte und Ausrüstungen befolgen.

Für die Dauer der Gültigkeit dieses Abkommens soll die Kontrolle über Ita-

116 Siehe Anmerkung 33.
117 Vgl. Dok. Nr. 36.

lien nur soweit aufrechterhalten bleiben, als dies notwendig ist: a) zur Sicherstellung der alliierten militärischen Bedürfnisse, solange die alliierten Streitkräfte in Italien bleiben oder von dort aus operieren, und b) zur Sicherstellung einer gerechten Lösung territorialer Streitfälle.

Stalin. Es wäre gut, wenn die Minister die Frage der Politik gegenüber Italien erörterten. Ich habe keine prinzipiellen Einwände, aber vielleicht werden einige Abänderungen redaktionellen Charakters notwendig sein. Es wäre gut, dieses Papier den drei Ministern zur abschließenden Durchsicht zu übergeben und sie gleichzeitig zu bitten, neben der Frage Italien die Frage Rumänien, Bulgarien und Finnland zu erörtern.

Für uns gibt es keinen Grund, die Frage Italien aus den Fragen bezüglich der anderen Länder auszugliedern. Italien hat natürlich als erstes Land kapituliert und dann im Krieg gegen Deutschland geholfen. Es waren zwar keine starken Kräfte, insgesamt drei Divisionen, aber immerhin hat Italien geholfen. Es beabsichtigt, sich dem Krieg gegen Japan anzuschließen. Das ist ebenfalls ein Plus. Aber das gleiche Plus haben auch andere Länder, so Rumänien, Bulgarien und Ungarn, aufzuweisen. Diese Länder haben unverzüglich nach der Kapitulation ihre Truppen gegen Deutschland eingesetzt. Bulgarien setzte 8 bis 10 Divisionen gegen Deutschland ein, Rumänien etwa 9 Divisionen. Man sollte auch diesen Ländern Erleichterungen gewähren.

Was Finnland betrifft, so hat es keine nennenswerte Hilfe im Krieg geleistet, aber es verhält sich gut und erfüllt gewissenhaft die übernommenen Verpflichtungen. Man könnte auch seine Lage erleichtern.

Deshalb wäre es gut, gleichzeitig mit den Erleichterungen für Italien auch diesen Ländern Erleichterungen zu gewähren und alle diese Fragen zusammen zu behandeln. Wenn die Kollegen mit meinem Vorschlag einverstanden sind, so könnten die drei Minister beauftragt werden, diese Fragen als eine einheitliche Frage zu behandeln.

Truman. Italien war das erste Land, das kapituliert hat, und seine Kapitulationsbedingungen waren, soweit mir bekannt ist, etwas härter als die Kapitulationsbedingungen der anderen Länder. Aber ich stimme zu, daß die Lage der anderen Satellitenstaaten gleichfalls überprüft werden muß. Ich stimme in dieser Frage völlig mit Generalissimus Stalin überein.

Churchill. In der Italienfrage ist unsere Position nicht ganz identisch mit der meiner beiden Kollegen. Uns hat Italien im Juni 1940 überfallen. Wir hatten schwere Verluste im Mittelmeer sowie während der Verteidigung Ägyptens, die wir zu einer Zeit organisieren mußten, da uns selbst die Invasion drohte. Wir haben viele Kriegsschiffe und Schiffe der Handelsflotte im Mittelmeer verloren. Wir hatten schwere Verluste zu Lande, an der Küste Nordafrikas. Und die Zahl dieser Opfer hat sich erhöht, als Deutschland seine Truppen nach Afrika schickte. Ohne Unterstützung von irgendeiner Seite mußten wir den Feldzug in Abessinien unternehmen, der damit endete, daß der Kaiser von Abessinien seinen Thron wiedererhielt. Sonderstaffeln der italienischen Luftstreitkräfte wurden zur Bombardierung Londons eingesetzt.

Man muß auch daran erinnern, daß Italien ohne jede Begründung Griechenland überfiel und kurz vor Kriegsausbruch ebenfalls ohne jede Begründung in Albanien einfiel. Das alles geschah, als wir völlig allein waren.

Ich sage das alles deshalb, weil ich meine, daß man die Verluste nicht vergessen darf, die uns Italien zugefügt hat. Wir können das italienische Volk nicht freisprechen, ebensowenig, wie wir das deutsche Volk freisprechen, weil es unter das Joch Hitlers geraten war. Dessenungeachtet waren wir bemüht, den Gedanken einer Wiederherstellung Italiens als einer wichtigen Macht in Europa und im Mittelmeer zu unterstützen. Als ich vor einem Jahr dort war, unterbreitete ich Präsident Roosevelt eine Reihe von Vorschlägen, und die meisten Vorschläge wurden in die dann veröffentlichte Deklaration aufgenommen.

Ich möchte nicht, daß man annimmt, ich hätte Rachegefühle gegen Italien. Ich habe mich gegen Veröffentlichungen in verschiedenen Zeitungen gewandt, die behaupteten, wir wären gegen Italien eingestellt. Im Namen der Regierung Seiner Majestät habe ich erklärt, daß wir reinen Herzens und mit dem Wunsch an diese Frage herangehen, die besten Ergebnisse zu erzielen. Ich möchte, daß alle diese Überlegungen Beachtung finden.

Ich möchte mich dem Präsidenten und dem Generalissimus im Prinzip anschließen, daß wir eine Geste gegenüber dem italienischen Volk tun, das im Kriege viel gelitten und sich für die Vertreibung der Deutschen von seinem Territorium eingesetzt hat. Deshalb hat die britische Delegation im Prinzip keine Einwände dagegen, mit Italien Frieden zu schließen. Diese Arbeit wird zweifellos einige Monate erfordern, um die Friedensbedingungen vorzubereiten.

Ich stelle desgleichen fest, daß die gegenwärtige italienische Regierung keine demokratischen Grundlagen besitzt, wie sie sich aus freien und unabhängigen Wahlen ergeben. Sie besteht einfach aus Politikern, die sich als Führer verschiedener politischer Parteien bezeichnen. Ich denke, daß die italienische Regierung noch vor dem Winter Wahlen durchzuführen beabsichtigt. Deshalb halte ich es, obgleich ich damit einverstanden bin, daß der Rat der Außenminister die Arbeit zur Vorbereitung des Friedensvertrages aufnimmt, nicht für wünschenswert, daß er diese Arbeit beendet, bevor die italienische Regierung auf demokratischen Grundsätzen beruhen wird.

Indessen muß ich sagen, daß ich mit dem Memorandum der USA über die zeitweiligen Bestimmungen, wonach die jetzt bestehenden Waffenstillstandsbedingungen durch einige Verpflichtungen der gegenwärtigen italienischen Regierung ersetzt werden sollen[118], nicht ganz einverstanden bin. Ich meine, daß keine italienische Regierung garantierte Zusicherungen geben kann, wenn sie sich nicht auf das italienische Volk stützt. Wenn die durch die Kapitulation bedingten existierenden Rechte aufgehoben und durch Verpflichtungen der italienischen Regierung ersetzt werden – und bis zum Abschluß des Friedensvertrages vergeht noch eine geraume Zeit –, so verlieren wir alle unsere Möglichkeiten mit Ausnahme der Gewaltanwendung, um Italien zur Erfüllung unserer Bedingungen zu veranlassen. Doch niemand von uns wünscht, zur Erreichung solcher Ziele Gewalt anzuwenden.

Nimmt man das amerikanische Memorandum, so ist darin nichts über die Zukunft der italienischen Flotte, die italienischen Kolonien, die Reparationen und andere wichtige Fragen gesagt. So verlieren wir Rechte, die wir entsprechend dem Dokument über die Kapitulation[119] besitzen.

Schließlich muß ich noch sagen, daß die Kapitulationsbedingungen nicht nur

118 Vgl. Dok. Nr. 36, 48.
119 Siehe Anmerkung 18.

von Großbritannien, sondern auch von anderen Staaten des Britischen Empires unterzeichnet wurden, sie wurden von den Dominions Australien, Neuseeland und anderen unterzeichnet, die während des Krieges Verluste erlitten haben. Man wird die Frage mit ihnen erörtern müssen. Außerdem war Griechenland Opfer der italienischen Invasion. Ich möchte heute nicht weiter gehen, als daß ich mich im Prinzip damit einverstanden erkläre, daß der Rat der Außenminister die Arbeit zur Vorbereitung der Friedensbedingungen aufnimmt.

Was die anderen Länder betrifft, von denen hier die Rede war, so muß ich sagen, daß Bulgarien nicht das Recht hat, irgendwelche Forderungen an Großbritannien zu stellen. Bulgarien hat uns einen schweren Schlag versetzt und alles getan, um uns auf dem Balkan zu schaden. Es ist natürlich nicht meine Sache, über die Undankbarkeit Bulgariens gegenüber Rußland zu sprechen. Die russische Armee hat Bulgarien seinerzeit vom türkischen Joch befreit, nach vielen Jahren grausamer Gewaltherrschaft. In diesem Krieg hat Bulgarien fast nicht gelitten, es war Deutschlands Lakai, und auf dessen Zeichen hin überfiel es Griechenland und Jugoslawien und fügte ihnen schweren Schaden zu. Aber Bulgarien ist noch immer bewaffnet. Mir scheint, daß es genauso stark ist wie vorher, denn es besitzt 15 Divisionen. Die Frage der Reparationen von Bulgarien ist nicht geregelt. Ich muß gestehen, daß ich keine große Neigung zu einem baldigen Friedensschluß mit Bulgarien verspüre, jedenfalls weniger als zum Abschluß eines solchen Friedens mit Italien.

Ich bin meinen Kollegen sehr dankbar, daß sie meine Überlegungen so geduldig angehört haben. Abschließend muß ich sagen, daß ich in einigen Punkten mit der Meinung des Präsidenten und des Generalissimus nicht übereinstimme.

Stalin. Mir scheint, daß die Italienfrage eine Frage der großen Politik ist. Die Aufgabe der „Großen Drei" besteht darin, von Deutschland als der Hauptkraft der Aggression die Satelliten loszureißen. Dazu gibt es zwei Methoden. Erstens die Methode der Gewalt. Diese Methode haben wir mit Erfolg angewandt, und die Truppen der Alliierten stehen in Italien sowie auf dem Territorium anderer Länder. Aber diese Methode allein genügt nicht, um die Komplicen von Deutschland loszureißen. Wenn wir uns auch in Zukunft auf die Methode der Gewaltanwendung gegen sie beschränken, dann besteht die Gefahr, daß wir den Boden für eine künftige Aggression Deutschlands bereiten. Daher ist es zweckmäßig, die Methode der Gewalt durch die Methode der Erleichterung der Lage dieser Länder zu ergänzen. Es ist meines Erachtens das einzige Mittel – wenn man die Frage perspektivisch anpackt –, daß wir diese Länder um uns sammeln und sie endgültig von Deutschland losreißen.

Das sind Erwägungen der großen Politik. Alle übrigen Erwägungen über Rache oder Kränkung scheiden aus.

Von diesem Standpunkt bewerte ich die Vorlage des Präsidenten der USA. Ich meine, daß diese Vorlage des Präsidenten einer solchen Politik, einer Politik des endgültigen Losreißens der Satelliten von Deutschland durch Erleichterung ihrer Lage, entspricht. Deshalb habe ich keine prinzipiellen Einwände gegen die Leitsätze, die in der Vorlage des Präsidenten aufgestellt werden. Vielleicht werden da einige redaktionelle Verbesserungen notwendig sein.

Jetzt die andere Seite der Frage. Ich meine die Ausführungen von Herrn Churchill. Natürlich hat Italien sich auch an Rußland schwer versündigt. Mit den italienischen Truppen sind wir nicht nur in der Ukraine, sondern auch am Don und an der Wolga zusammengestoßen, so tief sind sie in unser Land eingedrungen. Aber ich meine, daß es falsch wäre, sich von Erinnerungen an Kränkungen oder Gefühlen der Rache leiten zu lassen und darauf die eigene Politik aufzubauen. Gefühle der Rache oder des Hasses oder das Gefühl der Vergeltung für erlittene Kränkungen sind sehr schlechte Ratgeber in der Politik. In der Politik muß man sich meines Erachtens von der Berechnung der Kräfte leiten lassen.

Die Frage muß so gestellt werden: Wollen wir Italien auf unserer Seite haben, um es von den Kräften zu isolieren, die irgendwann in Deutschland gegen uns aufstehen könnten? Ich meine, daß wir das wollen, und davon müssen wir ausgehen. Wir müssen die ehemaligen Komplicen von Deutschland losreißen.

Viele Schwierigkeiten und Entbehrungen haben uns Länder wie Rumänien verursacht, das nicht wenige Divisionen gegen die sowjetischen Truppen eingesetzt hat, und wie Ungarn, das in der letzten Kriegsperiode 20 Divisionen gegen die Sowjettruppen aufgeboten hat. Sehr schweren Schaden hat uns Finnland zugefügt. Ohne Hilfe Finnlands hätte Deutschland die Blockade Leningrads natürlich nicht durchführen können. Finnland hat 24 Divisionen gegen uns aufgeboten.

Weniger Schwierigkeiten und Leid hat uns Bulgarien bereitet. Es half Deutschland beim Überfall und bei der Durchführung der Angriffsoperationen gegen Rußland, aber es ist nicht selbst in den Krieg gegen uns eingetreten und hat keine Truppen gegen die Sowjettruppen eingesetzt. Im Waffenstillstandsabkommen war vorgesehen, daß Bulgarien seine Truppen für den Krieg gegen Deutschland zur Verfügung stellen muß. Dieses Abkommen haben die Vertreter der drei Mächte – USA, Großbritannien und UdSSR – unterzeichnet.[120] Im Abkommen heißt es, daß die bulgarische Armee nach der Beendigung des Krieges gegen Deutschland zu demobilisieren und auf den Friedensstand zu reduzieren ist. Das müssen wir tun, und das wird geschehen. Bulgarien kann sich der Erfüllung des Abkommens nicht widersetzen und wird es erfüllen müssen.

Solcherart sind die Sünden der Satelliten gegen die Alliierten und im besonderen gegen die Sowjetunion.

Wenn wir damit beginnen, uns an ihnen zu rächen, weil sie uns großen Schaden zugefügt haben, so ist das eine mögliche Politik. Ich bin kein Anhänger dieser Politik. Nachdem diese Länder besiegt sind und Kontrollkommissionen der drei Mächte sich dort befinden, damit die Waffenstillstandsbedingungen[121] erfüllt werden, ist es an der Zeit, zu einer anderen Politik überzugehen, zur Politik der Erleichterung ihrer Lage. Und ihre Lage erleichtern heißt, diese Länder von Deutschland loszureißen.

Jetzt ein konkreter Vorschlag. Soweit ich verstanden habe, schlägt Präsident Truman nicht die sofortige Ausarbeitung eines Vertrages mit Italien vor. Präsident Truman schlägt lediglich vor, den Weg zum Abschluß eines solchen Vertrages in nächster Zeit zu ebnen, und bis dahin schlägt er vor, eine gewisse Zwischenstufe zwischen den von Italien angenommenen Kapitulationsbedingungen und dem künftigen Friedensvertrag zu schaffen.

Ich denke, daß es kaum Einwände gegen einen solchen Vorschlag geben kann. Er ist durchaus praktisch und spruchreif. Was die anderen Satelliten betrifft, so meine ich, daß man zunächst mit der Herstellung der diplomatischen Be-

120 Siehe Anmerkung 32.
121 Siehe Anmerkung 34.

ziehungen zu ihnen beginnen könnte. Man könnte einwenden, daß es dort keine frei gewählten Regierungen gibt. Aber eine solche Regierung besteht auch in Italien nicht. Dennoch wurden mit Italien die diplomatischen Beziehungen wiederhergestellt. Es bestehen keine solchen Regierungen in Frankreich und Belgien. Dennoch gibt es keinerlei Bedenken, was die Frage der diplomatischen Beziehungen mit diesen Ländern betrifft.

Churchill. Das waren Verbündete.

Stalin. Ich verstehe. Aber Demokratie ist überall Demokratie, ob bei den Verbündeten oder bei den Satelliten.

Truman. Soweit ich verstehe, ist die Lage so: Ich habe einen konkreten Vorschlag bezüglich Italiens unterbreitet. Die Waffenstillstandsbedingungen sind von allen unseren drei Staaten unterzeichnet worden.

Eden. Wir haben nicht im Namen der Dominions unterzeichnet.

Truman. Was die anderen Satelliten betrifft, haben die Dominions ebenfalls nicht unterzeichnet. Aber kehren wir zur erörterten Frage zurück. Auf die Tagesordnung wurde die Frage über die Politik gegenüber Italien gesetzt. Die sowjetische Seite hat die Frage Rumänien, Bulgarien, Ungarn und Finnland aufgeworfen. Soweit ich verstanden habe, hat der Generalissimus vorgeschlagen, die Frage Italien und die der anderen Satellitenstaaten unseren Außenministern zur Prüfung zu übergeben.

Es handelt sich um die Ausarbeitung von vorläufigen Bedingungen bis zum Abschluß des Friedensvertrages. Ich bin mit dem Generalissimus völlig einverstanden, daß diese Verträge nicht auf Gefühlen der Rache, des Hasses und der Kränkung beruhen dürfen, sondern auf dem Gefühl der Gerechtigkeit, um Möglichkeiten für die friedliche Existenz der gesamten Menschheit zu schaffen, und ich denke, daß wir das hier alles in allem erreichen können.

Ich muß hier einige Worte über die Reparationen von Italien sagen. Die Lage in Italien ist gegenwärtig derart, daß wir vor der Frage stehen, Italien eine Beihilfe in Höhe von 700 Millionen bis 1 Milliarde Dollar zu gewähren. Aber ich muß erklären, daß wir anderen Ländern nicht die gleiche Hilfe gewähren können, ohne etwas dafür zu erhalten. Ich meine, daß wir hier darum bemüht sein müssen, Bedingungen vorzubereiten, unter denen die Länder aus eigenen Mitteln leben können.

Ich meine, daß diese beiden Fragen den Außenministern zur Prüfung übergeben werden können, und sie werden die Grundlagen eines Abkommens zu finden wissen, damit wir zu einer gemeinsamen Meinung hinsichtlich aller dieser Länder kommen können.

Churchill. Ich denke, wir alle sind uns einig, daß die Frage Italien an die Außenminister übergeben werden soll. Ich habe mich lediglich gegen die Aufhebung der bestehenden Kapitulationsbedingungen ausgesprochen, denn das würde uns sehr wesentlicher Rechte berauben. Ich bin mit dem Präsidenten einverstanden, daß es notwendig ist, die Bedingungen zu erleichtern und gegenüber Italien eine entsprechende Geste zu machen. Ich habe keine Einwände, wenn wir hier erklären, daß für Italien ein Friedensvertrag vorbereitet wird.

Ich bin völlig einverstanden mit all dem, was der Generalissimus und der Präsident dazu gesagt haben, daß die Zukunft nicht im Geiste der Rache für erlittene Kränkungen entschieden werden darf. Ich habe mit großer Genugtuung diese Erklärung von den Führern gehört, die hier große Völker vertreten. Ich hege große Sympathien für Italien, und in diesem Geiste wird die Regierung Großbritanniens handeln. Ich habe in bezug auf Italien das Wort „Reparationen" gebraucht, aber wir beanspruchen für uns natürlich keine Reparationen; wir hatten Griechenland im Auge.

Truman. Ich würde vorschlagen, daß die Frage Italien und die der anderen Länder an die drei Außenminister überwiesen wird.

Churchill. Ich bin einverstanden, daß die vorbereitende Arbeit zur Ausarbeitung des Friedensvertrages mit Italien dem Rat der Außenminister übertragen wird.

Stalin. Welchem Rat?

Churchill. Dem künftigen Rat der Außenminister. Ich hatte nur einen Vorbehalt in bezug auf die zeitweiligen Maßnahmen gemacht. Das kann in den Beratungen unserer Außenminister erörtert werden, die täglich stattfinden.

Stalin. Ich würde vorschlagen, daß die Außenminister auch die Frage der anderen Länder, die Komplicen Deutschlands waren, erörtern. Ich bitte Herrn Churchill, nichts dagegen einzuwenden. (Allgemeine Heiterkeit.) Ich bitte, daß die drei Außenminister neben der Italienfrage auch die Frage der anderen Länder erörtern.

Churchill. Ich hatte nie Einwände. (Heiterkeit.)

Truman. Ich bin ebenfalls einverstanden.

Gehen wir zur nächsten Frage über. Die nächste Frage ist der Bericht des Premierministers über die Lage in Österreich und insbesondere in Wien.

Churchill. Ich bedauere es sehr, daß ich im Verlauf der heutigen Diskussion mehrere Male die Meinung der sowjetischen Delegation nicht teilen konnte. Aber ich bin der Ansicht, daß die Lage in Österreich und in Wien unbefriedigend ist. Es wurde vereinbart, daß wir verschiedene Sektoren, verschiedene Zonen in Österreich haben werden.[122] Diese Sache zieht sich schon lange hin.

Vor mehr als zwei Monaten bat ich darum, britischen Offizieren die Einreise nach Wien zu ermöglichen, um die Gebäude, die wir brauchen werden, Flugplätze und Truppenunterkünfte zu besichtigen. Alles das war im Prinzip vorher vereinbart worden. Unsere Offiziere waren in Wien, aber die Ergebnisse ihres Besuches konnten nicht zufriedenstellen, unsere Missionen mußten die Stadt verlassen und unverrichteter Dinge zurückkehren. Und jetzt wird uns nicht nur die Einreise nach Wien verwehrt, sondern auch der Einzug unserer Truppen in die Zone, auf die wir uns geeinigt haben.

Seit der Befreiung Österreichs durch die sowjetischen Truppen sind bereits drei bis vier Monate vergangen. Ich verstehe nicht, warum bei einer so einfachen Sache solche Schwierigkeiten bestehen, und dies, nachdem über diese Angelegenheit ein Abkommen geschlossen wurde. Mir gehen unbefriedigende Berichte von Feldmarschall Alexander zu. Noch immer haben wir keinen Platz, wo wir uns einrichten können. Ich meine, daß man uns in Anbetracht des unterzeichneten Abkommens eine solche Genehmigung erteilen sollte.

Gestern bat man mich zu klären, ob eine russische Delegation die in englischer Hand befindlichen deutschen Schiffe besichtigen könnte. Auf diese Frage habe ich geantwortet: auf der Basis der Gegenseitigkeit. Wenn deutsche Schiffe, die in England liegen, von russischen Vertretern besichtigt werden können, so muß uns,

122 Siehe Anmerkung 35.

wie mir scheint, der Zutritt in feindliche Städte, die unter russischer Besatzung stehen, gewährt werden. Wir haben unsere Truppen aus der russischen Besatzungszone im Norden Deutschlands abgezogen, die amerikanischen Truppen haben diese Zone ebenfalls geräumt, wir aber haben nicht das Recht, mit unseren Truppen in unsere Zone in Österreich einzuziehen.

Stalin. Es gibt ein Abkommen über die Zonen in Österreich, aber es hat kein Abkommen über die Zonen in Wien gegeben.[123] Verständlicherweise erforderte es einige Zeit, damit dieses Abkommen zustande kommt. Dieses Abkommen ist jetzt erzielt worden, das war gestern. Man mußte sich über die Zuteilung der Flugplätze einigen. Das erforderte ebenfalls Zeit. Auch darüber wurde ein Abkommen erzielt. Die Antwort der Franzosen ist erst gestern eingetroffen. Jetzt wurde der Tag festgelegt, an dem Ihre Truppen in Wien einrücken und unsere Truppen abziehen sollen. Damit kann man heute oder morgen beginnen.

Herr Churchill ist sehr aufgebracht, aber mit der Angelegenheit hat es eine andere Bewandtnis. Man kann nicht sagen: Man läßt uns nicht in unsere Zone. (Heiterkeit.) So kann man nicht sagen. Uns hat man einen Monat lang nicht in unsere Zone in Deutschland gelassen. Wir haben uns nicht beschwert, wir wußten, wie kompliziert es ist, Truppen abzuziehen und alles für den Einzug der sowjetischen Truppen vorzubereiten. Die Sowjetregierung hat nicht die Absicht, das erreichte Abkommen zu verletzen. Wenn die Frage der Lage in Österreich und speziell in Wien nur darauf hinausläuft, dann ist sie bereits gelöst. Im Raum Berlin wurde vernünftiger gehandelt, und dort wurde die Frage schneller erledigt.

Feldmarschall Alexander handelt weniger umsichtig, und das war ebenfalls einer der Faktoren, die die Angelegenheit verzögerten. Er verhält sich so, als würden ihm die russischen Truppen unterstehen. Das hat die Lösung der Frage nur aufgehalten. Die englischen und amerikanischen militärischen Führer im Raum Deutschland haben nicht so gehandelt. Gegenwärtig steht dem nichts mehr im Wege, daß jede Armee in ihre Zone einrückt, sei es in Wien oder in der Steiermark, und zwar deshalb, weil nunmehr ein Abkommen erzielt wurde.

Churchill. Ich bin sehr froh, daß die Angelegenheit endlich beigelegt ist und wir in unsere Zone gelassen werden. Was Feldmarschall Alexander betrifft, so gibt es meines Erachtens keinen Grund zur Klage.

Stalin. Über Eisenhower gab es keine Klagen, über Montgomery gab es keine Klagen, aber über Alexander wird geklagt.

Churchill. Wir bitten sehr darum, uns diese Klagen vorzulegen.

Stalin. Ich möchte nicht gegen Alexander aussagen, ich habe keine Anklagerede gehalten. (Heiterkeit.)

Churchill. Ich fühle mich verpflichtet zu sagen, daß die Regierung Großbritanniens, da keine eigentlichen Klagen gegen Alexander vorliegen, ihm weiterhin volles Vertrauen schenkt. Wir werden alle von ihm unternommenen Schritte unterstützen.

Stalin. Ich persönlich habe keine Klagen, ich habe nur vorgetragen, was mir die Befehlshaber mitgeteilt haben, und dies als eine der Ursachen für die Verzögerung bei der Lösung der Frage angeführt.

Churchill. An dieser Sache sind wir nicht allein interessiert. Auch die amerikanischen Kommandeure sind daran interessiert.

123 Siehe Anmerkung 35.

Truman. Ich denke, daß in dieser Frage völlige Übereinstimmung erzielt wurde.

Die nächste Frage betrifft die Westgrenze Polens. Wie ich die Sache verstehe, hat die sowjetische Delegation Erwägungen zu dieser Frage.

Stalin. Wenn meine Kollegen auf die Erörterung dieser Frage nicht vorbereitet sind, so könnten wir vielleicht zur nächsten Frage übergehen und diese Frage morgen erörtern?

Truman. Es ist besser, sie morgen zu erörtern. Diese Frage wird die erste auf der Tagesordnung der morgigen Sitzung sein.

Die nächste Frage betrifft die territoriale Treuhandschaft.

Stalin. Vielleicht erörtern wir auch diese Frage morgen?

Truman. Ich bin einverstanden. Unsere Tagesordnung ist erschöpft. Morgen findet die Sitzung um fünf Uhr statt.

Nach Archiv. Veröffentlicht in:
Meshdunarodnaja Shisn, 1965/12, S. 146 ff.

Anlage

Mitteilung über die Sitzung der Außenminister

20. Juli 1945[124]

Auf der Tagesordnung der Sitzung der drei Außenminister standen folgende Fragen:

1. Wirtschaftliche Grundsätze hinsichtlich Deutschlands. Es wurde festgestellt, daß die mit der Vorbereitung dieser Frage beauftragte Kommission ihre Arbeit noch nicht abgeschlossen hat, und deshalb wurde diese Frage inhaltlich nicht erörtert. Es wurde beschlossen: die Kommission zu bitten, ihre Arbeit bis zum 21. Juli abzuschließen.

2. Polnische Frage.

Es wurde mitgeteilt, daß die Kommission, die sich mit dieser Frage befaßt, ihre Arbeit noch nicht abgeschlossen hat, und infolgedessen wurde diese Frage inhaltlich nicht erörtert. Es wurde beschlossen, die Kommission zu bitten, ihre Arbeit bis zum 21. Juli abzuschließen.

3. Über die Friedensregelung.

Da die mit der Vorbereitung des Textentwurfes zu dieser Frage beauftragte Kommission diese Aufgabe nicht erfüllen konnte, weil Mitglieder dieser Kommission in anderen Kommissionen beschäftigt waren, wurde beschlossen, daß die Außenminister heute um 15.45 Uhr zusammenkommen, um diese Frage zum Vortrag auf der Sitzung der drei Regierungschefs vorzubereiten. Auf dieser Sitzung beschlossen die drei Außenminister eine Abänderung zu Punkt 3[125], so daß dieser Punkt nunmehr folgendermaßen lautet:

„3. Als eine unverzügliche und wichtige Aufgabe des Rates wird ihm aufgetragen, Friedensverträge mit Italien, Rumänien, Bulgarien, Ungarn und Finnland aufzusetzen, die den Vereinten Nationen vorzulegen sind, und Vorschläge zur Regelung der ungelösten territorialen Fragen auszuarbeiten, die in Verbindung mit der Beendigung des Krieges in Europa entstehen. Der Rat wird zur Vor-

124 Berichterstatter Molotow.
125 Vgl. Dok. Nr. 51.

bereitung einer Friedensregelung für Deutschland mit der Maßgabe genutzt werden, daß ein entsprechendes Dokument durch eine für diesen Zweck geeignete Regierung Deutschlands, nachdem eine solche gebildet sein wird, angenommen wird.

Zur Lösung jeder dieser Aufgaben wird der Rat aus den Mitgliedern bestehen, welche jene Staaten vertreten, die die Kapitulationsbedingungen unterschrieben haben, welche dem Feindstaat vorgeschrieben wurden, den die gegebene Aufgabe betrifft. Bei der Behandlung der Frage der Friedensregelung für Italien wird Frankreich als ein Unterzeichner der Kapitulationsbedingungen Italiens betrachtet werden. Andere Mitglieder werden zur Teilnahme eingeladen werden, wenn Fragen erörtert werden, die sie direkt betreffen.

Andere Angelegenheiten werden von Zeit zu Zeit dem Rat nach Vereinbarung zwischen den Staaten, die seine Mitglieder sind, übertragen."

4. Zur Deklaration von Jalta über das befreite Europa.

Der Volkskommissar für Auswärtige Angelegenheiten der UdSSR, Molotow, überreichte dem Außenminister Großbritanniens, Mr. Eden, und dem Außenminister der USA, Mr. Byrnes, den sowjetischen Entwurf[126], der zu dieser Frage unterbreitet wurde. Im Zusammenhang mit dem vorgelegten Entwurf wurden Fragen zur Lage in Rumänien und Bulgarien einerseits und in Griechenland andererseits erörtert. Im Ergebnis der Erörterung stellte sich heraus, daß die Außenminister die Lage in diesen Ländern unterschiedlich einschätzen. Herr Byrnes und Herr Eden erklärten insbesondere, daß es in Rumänien und Bulgarien Beschränkungen für die Presse gibt. Molotow wies darauf hin, daß unter Kriegsbedingungen gewisse unerläßliche Beschränkungen für die Presse bestanden. Gegenwärtig können angesichts der Beendigung des Krieges die Arbeitsmöglichkeiten für die Pressevertreter beträchtlich erweitert werden. Diese Frage steht außer Zweifel. Der Außenminister der USA, Herr Byrnes, schlug vor, ein Abkommen der drei Mächte abzuschließen über die Beobachtung des Wahlverlaufes in Italien, Griechenland, Rumänien, Bulgarien und Ungarn durch die drei Mächte, über die Gewährleistung des freien Zugangs der Pressevertreter der USA, der UdSSR und Großbritanniens in diesen Ländern und über die Gewährung der Möglichkeit für sie, sich frei zu bewegen und frei ihre Informationen zu übermitteln.

Herr Eden schloß sich diesem Vorschlag an. Der Volkskommissar für Auswärtige Angelegenheiten der UdSSR, Molotow, erklärte, er sehe keine Notwendigkeit für die Entsendung von Sonderbeobachtern nach Rumänien und Bulgarien. Was aber Griechenland betrifft[127], so sei der Standpunkt der Sowjetregierung in dem vorgelegten Dokument dargelegt. Molotow erklärte, wenn die Außenminister Großbritanniens und der USA schriftliche Vorschläge zu dieser Frage unterbreiten, so könnten diese auf der Sitzung der drei Minister erörtert werden.

5. Über Italien.

Der Außenminister Herr Byrnes legte den Entwurf eines Beschlusses der drei Regierungschefs[128] vor, worin diese die Aufnahme Italiens in die Organisation der Vereinten Nationen unterstützen, daß sie jedoch die Aufnahme Spaniens in

126 Vgl. Dok. Nr. 47.
127 Vgl. Dok. Nr. 44.
128 Vgl. Dok. Nr. 48.

die Organisation der Vereinten Nationen nicht unterstützen werden, solange Spanien unter Kontrolle des gegenwärtig in diesem Lande existierenden Regimes steht. Der Außenminister Großbritanniens, Herr Eden, erklärte, daß er diesen Vorschlag unterstützt und daß er es, sollte zu dieser Frage irgendeine Erklärung ausgearbeitet werden, für zweckmäßig erachte, darin zu erwähnen, daß die drei Mächte auch die Aufnahme einiger neutraler Länder, wie beispielsweise Schweden, die Schweiz und Portugal, in die Vereinten Nationen unterstützen werden.

Molotow stellte die Frage, ob dieser Vorschlag auch auf solche Länder ausgedehnt werden kann, die früher feindliche Länder waren, die dann gegen Deutschland kämpften. Herr A. Eden erklärte, daß man diese Frage erörtern könne, er persönlich aber meine, daß solche Länder erst nach Unterzeichnung von Friedensverträgen mit ihnen in den Kreis der Vereinten Nationen aufgenommen werden können. Zur Ausarbeitung dieser Frage wurde eine Kommission in der Zusammensetzung gebildet: Matthews und Cannon von den USA; Millar und Dean von Großbritannien; Maiski und Gussew von der UdSSR.

Im Zusammenhang damit wurde beschlossen, die Kommission, die sich mit der Reparationsfrage befaßt, zu beauftragen, die Frage der Reparationen von Italien und Österreich zu prüfen.

6. Über die Westgrenze Polens.

Molotow übergab den Außenministern der USA und Großbritanniens die Vorschläge der Sowjetregierung über die Festlegung der Westgrenze Polens[129] zusammen mit einer entsprechenden Karte. Es wurde beschlossen, diese Frage auf der Sitzung der drei Regierungschefs am 20. Juli zu stellen.

7. Über Treuhandterritorien.

Molotow überreichte den Außenministern der USA und Großbritanniens die Vorschläge der Sowjetregierung über die Treuhandterritorien.[130] Es wurde beschlossen, diese Frage auf der Sitzung der drei Regierungschefs am 20. Juli zu stellen.

8. Über die Tagesordnung der Sitzung der drei Regierungschefs am 20. Juli.

Man kam überein, den drei Regierungschefs folgende Tagesordnung zu empfehlen:

1) Über die Friedensregelung.

2) Memorandum des Präsidenten der USA vom 17. Juli über die Politik gegenüber Italien.[131]

3) Die Lage in Österreich und insbesondere in Wien (Mitteilung des Premierministers Großbritanniens).

4) Über die Westgrenze Polens.

5) Über Treuhandterritorien.

Nach Archiv.

129 Vgl. Dok. Nr. 49.
130 Vgl. Dok. Nr. 50.
131 Vgl. Dok. Nr. 36.

Nr. 11
Aufzeichnung über die fünfte Sitzung der Regierungschefs
21. Juli 1945, 17.05 Uhr

Truman. Über die heutige Sitzung der Außenminister[132] wird Herr Byrnes berichten.[133]

Byrnes. Die Außenminister haben die Frage nach dem Datum der offiziellen Errichtung des Rates der Außenminister erörtert und sind übereingekommen, daß der Rat bis spätestens 1. September konstituiert werden soll. Sie haben auch vereinbart, daß an die Regierung Chinas und an die Provisorische Regierung Frankreichs Telegramme zu senden sind mit der Einladung zur Teilnahme an der Arbeit des Rates, noch bevor dessen Gründung der Öffentlichkeit bekanntgegeben wird. Auf Bitte der britischen Delegation wurde die Redaktionskommission, die sich mit dieser Frage beschäftigt, beauftragt, einige geringfügige Änderungen am vorliegenden Wortlaut des Vorschlages[134] vorzunehmen.

Die nächste Frage betrifft die wirtschaftlichen Grundsätze hinsichtlich Deutschlands. Da der Bericht der Kommission über diese Frage eben erst vorgelegt wurde[135] und unsere Delegationen nicht die Möglichkeit hatten, ihn gründlich zu studieren, kamen sie überein, die Erörterung dieser Frage auf morgen zu vertagen.

Die nächste war die polnische Frage: über die Auflösung der Londoner Regierung[136] und die Erfüllung der Deklaration von Jalta[137]. Der Vorsitzende der Kommission, die sich mit dieser Frage befaßt, erstattete im Namen der Kommission Bericht. Angesichts dessen, daß die Kommission keine völlige Einigung erzielen konnte, wurden die Fragen, bei denen Meinungsverschiedenheiten bestanden, von den Außenministern eingehend erörtert. Die Minister einigten sich über einige dieser Punkte, aber die folgenden Punkte werden den Regierungschefs zur endgültigen Entscheidung übergeben.

Ich denke, daß Ihnen die zur Entscheidung vorgelegten Meinungsverschiedenheiten klarer werden, wenn Sie den Bericht des Kommissionsvorsitzenden vor sich haben. Folgende Fragen werden Ihnen zur Entscheidung vorgelegt: a) der Punkt, der sich auf die Übergabe der Aktiva an die polnische Regierung und auf die Anerkennung der Verpflichtungen gegenüber den Regierungen Großbritanniens und der USA seitens der polnischen Regierung[138] bezieht; b) der Punkt, der sich auf die Durchführung von Wahlen und auf die Pressefreiheit bezieht.

Über den ersten Punkt der Meinungsverschiedenheiten, die sich auf die Übergabe der Aktiva an die polnische Regierung und die Anerkennung der Verpflichtungen gegenüber der englischen und der amerikanischen Regierung durch die polnische Regierung beziehen, berichtete der Vorsitzende der Kommission das Folgende:

132 Die Aufzeichnung der vierten Sitzung der Außenminister am 21. Juli 1945 wurde in sowjetischen Archiven nicht aufgefunden.
133 Vgl. auch Anlage.
134 Vgl. Dok. Nr. 103.
135 Vgl. Dok. Nr. 55.
136 Siehe Anmerkung 4.
137 Siehe Anmerkung 2.
138 Siehe Anmerkung 5.

Die britische Regierung und die Regierung der USA haben bereits Maßnahmen getroffen, um die Übereignung polnischen Eigentums, das sich auf dem Territorium der USA und Großbritanniens befindet und unter der Kontrolle ihrer Regierungen steht, an andere Personen zu verhindern, unabhängig davon, welcherart dieses Eigentum sein mag. Sie sind bereit, unverzüglich Maßnahmen zur Übergabe dieses Eigentums an die polnische nationale Regierung nach den gesetzlichen Vorschriften zu treffen. Zu diesem Zweck sind sie bereit, mit entsprechenden Vertretern der Provisorischen polnischen Regierung die Art und Weise und die Termine der Übergabe dieses Eigentums zu erörtern.

Über die Formulierung dieses Vorschlages gab es Meinungsverschiedenheiten. Die Position der USA-Regierung besteht darin, daß die Frage der Aktiva Gegenstand von Verhandlungen zwischen der Regierung des Polnischen Staates und der USA-Regierung sein soll. Gleichzeitig soll zwischen ihnen auch die Frage der Verpflichtungen der polnischen Regierung erörtert werden. Die Regierung der USA ist überzeugt, daß die Provisorische polnische Regierung nicht an unserer Bereitschaft zweifelt, sämtliches Eigentum, das ihr gehört, entsprechend den bei uns bestehenden Gesetzen in ihre Verfügung zu übergeben.

Deshalb schlugen wir vor, den Punkt, der diese Frage betrifft, folgendermaßen zu formulieren: „Die britische Regierung und die Regierung der USA haben Maßnahmen zum Schutz der Interessen der Provisorischen polnischen Regierung als der anerkannten Regierung des Polnischen Staates hinsichtlich des Eigentums getroffen, das dem Polnischen Staat gehört, sich auf ihren Gebieten und unter ihrer Kontrolle befindet, unabhängig davon, welcherart dieses Eigentum auch sein mag. Sie haben ferner Maßnahmen zur Verhinderung einer Übergabe dieses Eigentums an Dritte getroffen. Der Provisorischen polnischen Regierung werden alle Möglichkeiten zur Anwendung der üblichen rechtlichen Maßnahmen zur Wiedererlangung beliebigen Eigentums des Polnischen Staates, das ihm unrechtmäßig entzogen sein sollte, geboten."

Werden wir diese Punkte der Meinungsverschiedenheiten erörtern, oder kann der Bericht fortgesetzt werden?

Stalin. Hören wir zunächst den Bericht an und gehen wir dann zur Erörterung über.

Byrnes. Keine Meinungsverschiedenheiten gab es über den folgenden Punkt: „Die drei Mächte lassen es sich angelegen sein, der Provisorischen polnischen Regierung, so schnell, wie dies praktisch möglich ist, bei der Erleichterung der Rückkehr aller im Ausland befindlichen Polen behilflich zu sein, die nach Polen zurückzukehren wünschen, einschließlich der Mitglieder der polnischen Streitkräfte und der Handelsflotte. Sie erwarten, daß den in die Heimat zurückkehrenden Polen dieselben persönlichen und Vermögensrechte eingeräumt werden wie allen polnischen Bürgern."

Meinungsverschiedenheiten gibt es über den folgenden Punkt: „Die drei Mächte nehmen zur Kenntnis, daß die Provisorische polnische Regierung in Übereinstimmung mit den Beschlüssen der Krimkonferenz der Abhaltung freier und durch nichts behinderter Wahlen, die so bald wie möglich auf der Grundlage des allgemeinen Wahlrechts bei geheimer Abstimmung durchgeführt werden sollen, zugestimmt hat, wobei alle demokratischen und antinazistischen Parteien das Recht haben werden, daran teilzunehmen und Kandidaten aufzustellen. Die drei Mächte geben der ernsten Hoffnung Ausdruck, daß die Wahlen so durchgeführt werden, daß aller Welt klar wird: Alle demokratischen und antinazistischen Kreise der polnischen öffentlichen Meinung hatten die Möglichkeit, frei ihre Ansichten zu äußern und damit unbeschränkt an der Wiederherstellung des politischen Lebens im Lande teilzunehmen.

Des weiteren erwarten die drei Mächte, daß die Vertreter der alliierten Presse volle Freiheit genießen werden, der Welt über die Entwicklung der Ereignisse in Polen vor und während der Wahlen zu berichten."

Die Meinungsverschiedenheiten bestehen darin, daß die sowjetische Delegation vorschlägt, die beiden letzten Sätze dieses Punktes zu streichen. Herr Eden hat sich damit einverstanden erklärt, vorausgesetzt, daß der Satz über den freien Zugang von Vertretern der alliierten Presse nach Polen stehen bleibt.

Somit ist der erste Gegenstand der Meinungsverschiedenheiten der Punkt über die Übergabe der Aktiva ohne Erwähnung der Passiva.

Truman. Nach unseren Gesetzen ist es unmöglich, von den Aktiva zu sprechen und kein Wort über die Passiva zu sagen. Ich hatte mich auch gestern dazu geäußert. Die Vereinigten Staaten haben nicht die Absicht, sich eine derartige Belastung aufzubürden. Wir können nicht die Verpflichtung übernehmen, der polnischen Regierung alle Aktiva zu übergeben, ohne die Verpflichtungen zu erörtern, die sie ihrerseits trägt.

Churchill. Wir sind einverstanden mit dem Vorschlag des Präsidenten, wonach der polnischen Regierung die Aktiva nur unter der Bedingung übergeben werden, daß gleichzeitig die Verpflichtungen erwähnt werden, die die polnische Regierung übernommen hat.

Byrnes. Unsere Fassung, die in der Hoffnung auf einen Kompromiß vorgelegt wurde, spricht weder von Aktiva noch von Passiva. Wir sagen, daß die britische Regierung und die Regierung der USA bereits Maßnahmen getroffen haben zum Schutz der Interessen der polnischen Regierung hinsichtlich des Eigentums des Polnischen Staates, das auf ihren Gebieten liegt, welcherart dieses Eigentum auch sein mag. In dem Entwurf heißt es ebenfalls, daß beide Regierungen bereits Maßnahmen zur Verhinderung einer Übergabe derartigen Eigentums an Dritte getroffen haben. Weiterhin wird dort gesagt, daß der polnischen Regierung alle Möglichkeiten zur Anwendung der üblichen rechtlichen Maßnahmen geboten werden zwecks Wiedererlangung beliebigen Eigentums, das unrechtmäßig entzogen sein sollte.

Churchill. Hier ist weder von Aktiva noch von Verpflichtungen die Rede.

Byrnes. Ich habe bereits über die Momente gesprochen, die unser Entwurf enthält.

Churchill. Hier ist nichts gesagt über die Übertragung von Verpflichtungen gegenüber Großbritannien auf die Polnische provisorische Regierung, und zwar die 120 Millionen Pfund Sterling, die wir der ehemaligen polnischen Regierung in London vorgeschossen haben. Mit anderen Worten, wir befinden uns in der gleichen Lage wie Sie.

Byrnes. Wenn die sowjetische Regierung ebenfalls über Eigentum verfügen würde, das der polnischen Regierung gehört, so könnte diese Frage auf diplomatischem Wege gelöst werden. Meines Erachtens besteht keine Notwendigkeit, öffentlich die Übergabe des Eigentums der polnischen Regierung zu erwähnen, das der Regierung Polens nach ihrer Anerkennung durch die Regierung der USA zu übergeben ist.

Churchill. Ich fasse es also so auf, daß wir jetzt den Gedanken von den Aktiva und den Verpflichtungen beiseitelassen. Für uns ist diese Frage natürlich wichtiger als für die USA, und zwar deshalb, weil wir der ehemaligen polnischen Regierung in London große Vorschüsse gewährt haben.

Truman. Es gefällt mir nicht, wenn hier vorgeschlagen wird, eine öffentliche Erklärung über die Erfüllung dieser Verpflichtungen abzugeben.

Churchill. Ich bin mit Ihnen einverstanden.

Stalin. Gedenkt die britische Regierung, die Vorschüsse, die sie zum Unterhalt der polnischen Truppen gewährt hat, von Polen in vollem Umfang zurückzufordern?

Churchill. Nein. Das werden wir mit den Polen erörtern.

Stalin. Wir haben bestimmte Mittel für die Regierung Sikorski und auch für den Aufbau der Armee der Provisorischen nationalen Regierung gegeben. Wir sind aber der Ansicht, daß das polnische Volk diese Schulden mit seinem Blute getilgt hat. Ich halte den Kompromißvorschlag der amerikanischen Regierung für akzeptabel mit Ausnahme der Stelle, wo es heißt, daß der Provisorischen polnischen Regierung alle Möglichkeiten zur Anwendung der üblichen rechtlichen Maßnahmen geboten werden. Ich schlage vor, statt dessen zu sagen: Der Provisorischen polnischen Regierung werden entsprechend den gesetzlichen Forderungen alle Möglichkeiten geboten. Mit dieser Abänderung könnte man den Kompromißvorschlag der amerikanischen Delegation annehmen.

Churchill. Und wo ist da ein Unterschied?

Stalin. Der Unterschied besteht darin, daß die übliche Verschleppung entfällt, die es bei den „üblichen rechtlichen Maßnahmen" gibt. Wenn man sagt, auf gesetzlicher Grundlage, wird es einfacher sein. Aber das ist letzten Endes eine Kleinigkeit, man kann den Vorschlag der amerikanischen Delegation auch in ihrer Formulierung akzeptieren.

Byrnes. Der nächste Punkt, über den es Meinungsverschiedenheiten gab, bezieht sich auf folgende Formulierung: „Die drei Mächte nehmen zur Kenntnis, daß die Provisorische polnische Regierung in Übereinstimmung mit den Beschlüssen der Krimkonferenz usw. . . . zugestimmt hat." Gegen diese Formulierung hatte Herr Eden Einwände.

Eden. Ich habe eine Kompromißformulierung vorgeschlagen, gegen die die sowjetische Delegation Einwände erhob, und zwar: Von den Worten „die drei Mächte geben der ernsten Hoffnung Ausdruck" bis zu den Worten „ihre Ansichten zu äußern" diese ganze Stelle zu streichen, aber den letzten Satz über die Zulassung von Vertretern der alliierten Presse zu erhalten.

Stalin. Es ist gut, daß Herr Eden den Interessen und der Würde Polens entgegengekommen ist. Das ist zu begrüßen. Und wenn er noch einen weiteren Schritt in dieser Richtung tut, so werden wir meines Erachtens alle dem Vorschlag zustimmen können. (Heiterkeit.) In den vorangehenden Zeilen heißt es, daß die polnische Regierung die Krimdeklaration zu erfüllen hat. Warum soll man diesen Gedanken noch einmal wiederholen?

Ausländische Korrespondenten werden nach Polen kommen und nicht zur polnischen Regierung, sie werden volle Freiheit genießen, es wird von ihrer Seite keine Klagen über die polnische Regierung geben. Wozu ist es nötig, das noch ein weiteres Mal zu wiederholen? Die Polen werden sich dadurch gekränkt fühlen, sie werden darin einen Argwohn sehen, als wollten sie keine Korrespondenten zulassen. Lassen wir doch diesen Punkt mit den Worten enden, daß die „demokratischen und antinazistischen Parteien das Recht haben werden, daran teilzunehmen und Kandidaten aufzustellen“, und das übrige streichen wir.

Churchill. Das ist kein Kompromiß. (Heiterkeit.)

Stalin. Das ist ein Kompromiß hinsichtlich der polnischen Regierung. (Heiterkeit.)

Churchill. Und ich hatte eher daran gedacht, diese Formulierung zu verstärken als sie abzuschwächen.

Stalin. Wozu soll man das tun?

Truman. Wir interessieren uns sehr für die Frage der Wahlen in Polen, weil es bei uns sechs Millionen Bürger polnischer Abstammung gibt. Wenn die Wahlen in Polen in voller Freiheit durchgeführt werden und unsere Korrespondenten völlig frei ihre Informationen über die Durchführung und die Ergebnisse der Wahlen mitteilen können, so wird dies für mich als Präsident sehr wichtig sein. Ich meine, daß die polnische Regierung, wenn sie von vornherein weiß, daß die drei Mächte von der polnischen Regierung die Durchführung freier Wahlen und freien Zugang für die Vertreter der Presse der alliierten Länder erwarten, die in den Beschlüssen der Krimkonferenz enthaltenen Forderungen natürlich äußerst sorgfältig erfüllen wird.

Stalin. Ich denke – sehen Sie, Herr Eden, ich bin zu einem Kompromiß bereit – folgenden Vorschlag einzubringen: nach den Worten „Kandidaten aufzustellen“ ein Komma zu setzen und weiter zu sagen: „und die Vertreter der alliierten Presse volle Freiheit genießen werden, der Welt über den Verlauf und die Ergebnisse der Wahlen zu berichten.“

Truman. Das sagt mir zu.

Churchill. Eine Rolle spielen hier die Worte „nehmen zur Kenntnis“ zu Beginn des Absatzes. Ich bin ebenfalls einverstanden.[139]

Byrnes. Die nächste Frage betrifft Italien und die anderen Satellitenländer. Die Delegation der USA hat zwei Dokumente zu dieser Frage vorgelegt,[140] aber auf der Sitzung der Außenminister wurde beschlossen, die Erörterung zu vertagen, um diese Dokumente studieren zu können. Die Außenminister kamen überein, diese Dokumente der Redaktionskommission zu übergeben. Es entstanden jedoch Meinungsverschiedenheiten darüber, ob sich die Kommission mit jedem Dokument einzeln befassen oder beide als ein Dokument betrachten soll. Die sowjetische Delegation sprach sich für ein einziges Dokument aus, die amerikanische Delegation hingegen für zwei gesonderte Dokumente. Man einigte sich, angesichts dessen, daß die Frage der Politik gegenüber Italien und den anderen Satelliten von den Regierungschefs an die Außenminister überwiesen wurde, die Regierungschefs zu bitten, auf der heutigen Sitzung die Frage zu entscheiden, welche Weisung der Redaktionskommission zu geben ist: ein einziges Dokument über alle diese Länder vorzubereiten oder zwei Dokumente, ausgehend von den amerikanischen Entwürfen.

Truman. Auf der ersten Sitzung hat die amerikanische Delegation zwei Dokumente vorgelegt: das erste über die Politik gegenüber Italien[141] (diese Frage wur-

139 Vgl. Dok. Nr. 57.
140 Vgl. Dok. Nr. 59, 60.
141 Vgl. Dok. Nr. 36.

de gestern und vorgestern lange erörtert) und das zweite über die Außenpolitik gegenüber Rumänien, Bulgarien und anderen Satellitenländern[142]. Wir denken, daß man diese beiden Fragen gesondert behandeln muß, da Italien das erste Land war, das kapituliert und dann am Krieg gegen Deutschland teilgenommen hat. Außerdem bestehen zwischen der Regierung der USA und der Regierung Italiens diplomatische Beziehungen; die Regierung der USA unterhält keine solchen Beziehungen zu den Regierungen der genannten Länder. Doch das bedeutet nicht, daß wir der Meinung sind, die Frage Italien müßte früher als die Frage dieser Länder gelöst werden. Ich wiederhole, wir sind der Ansicht, daß diese beiden Fragen gesondert zu behandeln sind.

Stalin. Ich habe eine Abänderung zu den Vorschlägen der Amerikaner[143] betreffend die Frage der Politik gegenüber Rumänien, Bulgarien, Ungarn und Finnland. Im Prinzip habe ich keine Einwände gegen diese Vorschläge, aber zum zweiten Punkt möchte ich eine Ergänzung einbringen. Im zweiten Punkt heißt es: „Die drei Regierungen werden erklären" das und das und das; ich schlage vor, danach die Worte hinzuzusetzen: „und im gegenwärtigen Augenblick erklären sie, daß sie die Wiederaufnahme der diplomatischen Beziehungen mit ihnen für möglich halten."

Truman. Dem kann ich nicht zustimmen.

Stalin. Dann wird man die Erörterung beider Entwürfe – sowohl über Italien als auch über diese Länder – vertagen müssen.

Truman. Wir sind nicht bereit, zu den Regierungen dieser Länder diplomatische Beziehungen aufzunehmen. Außerdem befanden wir uns niemals im Kriegszustand mit Finnland. Doch, wie ich bereits gesagt habe, wenn die Regierungen dieser Länder auf der Grundlage freier Wahlen umgebildet werden, sind wir bereit, zu ihnen diplomatische Beziehungen herzustellen.

Stalin. Ich kann ohne die von mir vorgeschlagene Ergänzung nicht zustimmen.

Churchill. Die Zeit vergeht; wir sitzen hier bereits eine Woche, und wir stellen eine große Zahl von Fragen zurück.

Die Position der britischen Regierung ist in dieser Frage dieselbe wie die der USA.

Byrnes. Die folgende Frage betrifft die Tagesordnung der heutigen Sitzung der Regierungschefs. Wir sind übereingekommen, daß die Außenminister den Regierungschefs empfehlen werden, die beiden erwähnten, den Außenministern von den Regierungschefs vorher übergebenen Fragen, zu denen die Außenminister jetzt weitere Weisungen erhalten möchten, sowie drei Fragen, die aus der Tagesordnung der gestrigen Sitzung der Regierungschefs übernommen worden sind, in die Tagesordnung der heutigen Sitzung aufzunehmen. Es wird also die folgende Tagesordnung für die heutige Sitzung vorgeschlagen:

1. Die polnische Frage: die Auflösung der Londoner Regierung und die Erfüllung des Abkommens von Jalta.

2. Die Frage, ob die Redaktionskommission bei der Ausarbeitung der Frage über die Politik gegenüber Italien und den anderen Satelliten eine gesonderte Empfehlung für Italien oder eine einzige Empfehlung für alle Länder, von denen die Rede ist, vorbereiten soll.

142 Vgl. Dok. Nr. 35.
143 Vgl. Dok. Nr. 60.

3. Die polnische Westgrenze. Die sowjetische Delegation hat gestern ein Dokument zu dieser Frage vorgelegt.[144]

4. Treuhandschaft. Die sowjetische Delegation hat gestern auch zu dieser Frage ein Dokument vorgelegt.[145]

5. Türkei. Es wird angenommen, daß die britische Delegation den Wunsch hat, diese Frage mündlich vorzutragen.

Truman. Gestatten Sie mir, eine Erklärung zur Westgrenze Polens abzugeben. In dem Abkommen von Jalta wurde festgelegt, daß das Territorium Deutschlands von den Truppen der vier Mächte – Großbritanniens, der UdSSR, der USA und Frankreichs – besetzt wird, von denen jede ihre Besatzungszone erhält. Die Frage der Grenzen Polens wurde auf der Konferenz berührt, aber in dem Beschluß hieß es, daß diese Frage endgültig auf der Friedenskonferenz entschieden werden soll. Auf einer unserer ersten Sitzungen haben wir beschlossen, bei der Erörterung der künftigen Grenzen Deutschlands von den Grenzen Deutschlands im Dezember 1937 auszugehen.

Wir haben unsere Besatzungszonen und die Grenzen dieser Zonen festgelegt.[146] Wir haben unsere Truppen in unsere Zonen zurückgezogen, so wie es festgelegt war. Aber jetzt hat offensichtlich eine weitere Regierung eine Besatzungszone erhalten, und das geschah ohne Konsultation mit uns. Wenn man der Meinung war, daß Polen zu den Mächten gehören soll, denen eine eigene Besatzungszone zugewiesen wird, hätte man sich darüber früher verständigen müssen. Es ist für uns schwierig, einer solchen Lösung der Frage zuzustimmen, da es zu dieser Frage keinerlei Konsultationen mit uns gegeben hat. Ich verhalte mich freundschaftlich zu Polen und werde den Vorschlägen der sowjetischen Regierung über die Westgrenze möglicherweise uneingeschränkt zustimmen, aber ich möchte das nicht jetzt tun, da es dafür einen anderen Ort geben wird, und zwar die Friedenskonferenz.

Stalin. In den Beschlüssen der Krimkonferenz hieß es, daß die drei Regierungschefs übereingekommen sind, daß die Ostgrenze Polens entlang der Curzonlinie[147] verlaufe, womit also die Ostgrenze Polens auf der Konferenz festgelegt wurde. Was die Westgrenze betrifft, so hieß es in den Beschlüssen der Konferenz, daß Polen einen beträchtlichen Gebietszuwachs im Norden und Westen erhalten muß. Es hieß dort weiter: Sie, das heißt die drei Regierungen, sind der Ansicht, daß die Meinung der neuen polnischen Regierung der nationalen Einheit über den Umfang dieses Gebietszuwachses zu gegebener Zeit einzuholen ist und daß die endgültige Festlegung der Westgrenze Polens bis zur Friedenskonferenz zu vertagen ist.

Truman. Ich habe das auch so verstanden. Aber wir waren und sind nicht berechtigt, Polen eine Besatzungszone zuzuweisen.

Stalin. Die polnische Regierung der nationalen Einheit hat bereits ihre Ansicht über die Westgrenze geäußert.[148] Ihre Ansicht ist uns allen jetzt bekannt.

Truman. Über diese Westgrenze hat es niemals eine offizielle Erklärung gegeben.

144 Vgl. Dok. Nr. 49.
145 Vgl. Dok. Nr. 50.
146 Siehe Anmerkung 36.
147 Siehe Anmerkung 10.
148 Vgl. Dok. Nr. 46.

Stalin. Ich spreche jetzt von der Ansicht der polnischen Regierung. Sie ist uns jetzt allen bekannt. Wir können uns jetzt über die Westgrenze Polens einigen, und auf der Friedenskonferenz soll diese Westgrenze endgültig ihre formelle Gestalt erhalten.

Truman. Herr Byrnes hat die Botschaft der polnischen Regierung erst heute empfangen. Wir konnten sie noch nicht eingehend studieren.

Stalin. Unser Vorschlag läuft darauf hinaus, daß wir unsere Meinung äußern zum Wunsch der polnischen Regierung, die und die Westgrenze zu haben. Ob wir unsere Meinung heute oder morgen äußern, das ist völlig belanglos.

Was die Frage betrifft, daß wir den Polen eine Besatzungszone eingeräumt haben ohne Einverständnis der verbündeten Regierungen, so ist diese Frage nicht exakt gestellt. Die amerikanische Regierung und die britische Regierung haben uns in ihren Noten wiederholt aufgefordert, keine polnische Verwaltung in den Westgebieten zuzulassen, solange die Frage der Westgrenze Polens nicht endgültig entschieden ist. Das konnten wir nicht tun, da die deutsche Bevölkerung mit den zurückweichenden deutschen Truppen nach dem Westen abzog. Die polnische Bevölkerung dagegen ging vorwärts, nach dem Westen, und unsere Armee brauchte in ihrem Hinterland, in dem Gebiet, das unsere Armee besetzte, eine örtliche Verwaltung. Unsere Armee kann nicht gleichzeitig eine Verwaltung im Hinterland aufbauen, kämpfen und das Territorium vom Feind säubern. Das ist sie nicht gewohnt. Deshalb haben wir die Polen zugelassen.

In diesem Sinne antworteten wir damals unseren amerikanischen und englischen Freunden. Wir waren dazu um so mehr bereit, als wir wußten, daß Polen einen Gebietszuwachs westlich von seiner früheren Grenze erhält. Ich weiß nicht, was es unserer gemeinsamen Sache schaden kann, wenn die Polen ihre Verwaltung in dem Gebiet einrichten, das ohnehin bei Polen verbleiben soll. Ich habe meine Ausführungen beendet.

Truman. Ich habe keine Einwände gegen die hier geäußerte Meinung über die künftige Grenze Polens. Aber wir haben uns geeinigt, daß sich alle Teile Deutschlands unter der Leitung der vier Mächte befinden sollen. Und es wird sehr schwer sein, zu einer gerechten Lösung der Reparationsfrage zu kommen, wenn wichtige Teile Deutschlands von einer Macht besetzt sind, die nicht zu den vier Mächten zählt.

Stalin. Haben Sie etwa Angst wegen der Reparationen? Wir können auf die Reparationen aus diesen Gebieten verzichten, bitte sehr.

Truman. Wir haben nicht die Absicht, sie zu bekommen.

Stalin. Was diese Westgebiete betrifft, so gab es darüber keine Entscheidung, es handelt sich um die Interpretation des Beschlusses, der auf der Krim gefaßt wurde. Hinsichtlich der Westgrenze gab es keinerlei Beschlüsse, die Frage blieb offen. Es wurde nur versprochen, die Grenzen Polens nach dem Westen und Norden auszudehnen.

Churchill. Ich hätte ziemlich viel über den Verlauf der Westgrenze Polens zu sagen, aber, soweit ich verstanden habe, ist jetzt noch nicht die Zeit dazu gekommen.

Truman. Die Festlegung der künftigen Grenzen ist Sache der Friedenskonferenz.

Stalin. Es ist sehr schwer, die deutsche Verwaltung in den Westgebieten wiederherzustellen – alle sind geflohen.

Truman. Sollte die sowjetische Regierung Hilfe bei der Wiederherstellung der deutschen Verwaltung in diesen Gebieten wünschen, so könnte diese Frage erörtert werden.

Stalin. Unsere Konzeption, die Konzeption der Russen bei der Einnahme von gegnerischem Territorium im Kriege, besteht in folgendem: Die Armee kämpft, sie rückt vor und hat keine anderen Sorgen als die, wie sie die Schlacht gewinnen soll. Doch damit die Armee vorrücken kann, braucht sie ein ruhiges Hinterland. Sie kann nicht mit dem Feind gleichzeitig an der Front und im Hinterland kämpfen. Die Armee kämpft gut, wenn das Hinterland ruhig ist, wenn das Hinterland mit ihr sympathisiert und sie unterstützt. Stellen Sie sich die Situation vor, daß die deutsche Bevölkerung entweder mit ihren zurückweichenden Truppen flüchtet oder unseren Truppen in den Rücken schießt. Die polnische Bevölkerung aber folgt unseren Truppen auf dem Fuße. Bei einer solchen Lage ist es ganz natürlich, daß die Armee bestrebt ist, im Hinterland eine Verwaltung zu haben, die mit ihr sympathisiert und sie unterstützt. Das ist der Kern der Sache.

Truman. Das verstehe ich und empfinde ich nach.

Stalin. Es gab keinen anderen Ausweg. Das bedeutet natürlich nicht, daß ich selbst die Grenzen festlege. Wenn Sie die von der polnischen Regierung vorgeschlagene Linie nicht billigen, so bleibt die Frage offen. Das ist alles.

Churchill. Aber kann man diese Frage ohne Entscheidung lassen?

Stalin. Irgendwann wird man sie entscheiden müssen.

Churchill. Es steht noch die Frage der Lieferungen. Die Frage der Lebensmittellieferungen ist eine sehr wichtige Frage, weil dies die wichtigsten Gebiete für die Lebensmittelversorgung der deutschen Bevölkerung sind.

Stalin. Aber wer wird dort arbeiten, Getreide produzieren? Außer den Polen ist niemand da zum Arbeiten.

Truman. Wir können eine Einigung erzielen. Ich denke, daß der Kern der Frage, die vor uns steht und uns Sorge macht, darin liegt, welche Verwaltung es in diesen Gebieten geben wird. Uns interessiert auch die Frage, ob diese Gebiete während der Besatzungszeit ein Teil Deutschlands oder ein Teil Polens sein werden. Die Frage besteht in folgendem: Wir haben eine Besatzungszone, Frankreich hat eine Besatzungszone, Besatzungszonen haben auch die Engländer und die Sowjetunion. Ich möchte wissen, ob die Gebiete, von denen jetzt die Rede ist, zur sowjetischen Besatzungszone gehören. Ich denke, daß wir zu gegebener Zeit ein Abkommen über die künftigen Grenzen Polens erzielen können, aber jetzt interessiert mich die Frage dieser Gebiete für die Zeit der Besetzung.

Stalin. Auf dem Papier sind es noch deutsche Gebiete. In Wirklichkeit, de facto, sind es polnische Gebiete.

Truman. Was ist mit der örtlichen Bevölkerung geschehen? Es waren dort allem Anschein nach an die drei Millionen.

Stalin. Die Bevölkerung ist fortgezogen.

Churchill. Wenn das so ist, so werden sie sich folglich in den Gebieten ernähren müssen, in die sie gegangen sind, wenn die Gebiete, die von den Deutschen verlassen wurden, Deutschland nicht übergeben und Deutschland nicht zur Verfügung stehen werden. Ich sehe das so, daß nach dem Plan der polnischen Regierung, der, soweit ich verstanden habe, von der sowjetischen Regierung unterstützt wird, ein Viertel der landwirtschaftlichen Nutzfläche Deutschlands von 1937 von diesem losgerissen wird.

Was die Bevölkerung betrifft, so stellt es sich heraus, daß drei oder vier Millionen Polen aus dem Osten in die Westgebiete überführt werden. Die Vorkriegsbevölkerung Deutschlands betrug in diesen Gebieten nach russischen Angaben achtundeinviertel Millionen. Das heißt, daß außer den ernsten Schwierigkeiten, die mit der Überführung einer so großen Zahl von Menschen verbunden sind, eine unverhältnismäßig große Last den anderen Teilen Deutschlands aufgebürdet und das Lebensmittelproblem dennoch nicht gelöst wird.

Truman. Frankreich wird das Saargebiet und das Ruhrgebiet bekommen wollen, und wenn wir Frankreich das Saargebiet und das Ruhrgebiet geben, was bleibt dann noch Deutschland?

Stalin. Darüber gibt es keinen Beschluß. Aber bezüglich der Westgrenze Polens gibt es einen Beschluß: den Beschluß, daß Polen einen Gebietszuwachs im Norden und im Westen erhalten soll.

Churchill. Noch eine Bemerkung zur Erklärung von Generalissimus Stalin, daß alle Deutschen diese Gebiete verlassen hätten. Es gibt andere Meldungen, die besagen, daß dort immerhin 2 bis 2,5 Millionen Deutsche geblieben sind. Natürlich müßte man diese Zahl prüfen.

Stalin. Natürlich, man muß überprüfen. Wir haben die Frage der Grenze erörtert und sind jetzt bei der Frage der Lebensmittelversorgung Deutschlands angelangt. Wenn Sie diese Frage erörtern möchten, bitte, ich habe keine Einwände.

Churchill. Es ist richtig, daß die Grenze zur Verhandlung stand und wir jetzt zur Frage der Lebensmittelversorgung Deutschlands übergegangen sind. Aber ich habe dies erwähnt, weil die Grenzfrage uns große Schwierigkeiten bei der Lösung einiger anderer Fragen bereitet.

Stalin. Ich gebe zu, daß es gewisse Schwierigkeiten mit der Versorgung Deutschlands gibt, aber die Hauptschuldigen an diesen Schwierigkeiten sind die Deutschen selbst. Der Krieg hat dazu geführt, daß von diesen acht Millionen Deutschen dort fast niemand verblieben ist. Nehmen Sie Stettin; es hatte 500 000 Einwohner, und als wir in Stettin einzogen, waren nur 8 000 übriggeblieben.

In Ostpreußen haben sich die Deutschen so verhalten: Der größte Teil ist nach dem Westen abgezogen, in das Hinterland der eigenen Truppen, ein anderer Teil ist in das Gebiet Königsberg zu den Russen gegangen. Als wir in die Zone kamen, die als Gebietszuwachs für Polen bestimmt war, ist kein Deutscher mehr dagewesen, nur die Polen sind geblieben. So hat sich die Sache gewendet.

In der Zone zwischen Oder und Weichsel haben die Deutschen ihre Felder verlassen, die Felder werden von den Polen bestellt und abgeerntet. Die Polen werden kaum gewillt sein, den Deutschen abzugeben, was sie bestellt haben. Das ist die Situation, die in diesen Gebieten entstanden ist.

Truman. Ich möchte noch einmal wiederholen: Meines Erachtens sind jenen Mächten Besatzungszonen einzuräumen, über die ein Beschluß vorliegt. Ich wende mich nicht dagegen, daß die Frage der Grenzen Polens behandelt wird, aber ich meine, daß wir diese Frage hier nicht entscheiden können.

Churchill. Wir haben zugestimmt, daß Polen auf Kosten Deutschlands für das Gebiet, das es östlich der Curzonlinie[149] verloren hat, entschädigt wird. Doch muß das eine das andere aufwiegen. Jetzt verlangt Polen für sich weit mehr, als es

149 Siehe Anmerkung 10.

im Osten abgibt. Ich bin nicht der Ansicht, daß dies zum Wohle Europas geschieht, von den Alliierten ganz zu schweigen. Wenn drei oder vier Millionen Polen östlich der Curzonlinie umgesetzt werden, so könnten drei oder vier Millionen Deutsche nach Westen übergeführt werden, um für die Polen Platz zu schaffen. Aber die Überführung von acht Millionen Menschen jetzt, das ist eine Sache, die ich nicht unterstützen kann. Die Entschädigung soll dem Verlust entsprechen. Anders wäre es auch für Polen selbst nicht gut. Wenn die Deutschen, wie Generalissimus Stalin gesagt hat, die Gebiete östlich und westlich der Oder verlassen haben, so sollte man sie anregen, wieder dorthin zurückzukehren.

Jedenfalls sind die Polen nicht berechtigt, eine katastrophale Lage in der Lebensmittelversorgung der deutschen Bevölkerung zu schaffen. Ich möchte diesen Standpunkt noch einmal unterstreichen. Ich möchte, daß der Generalissimus unseren Schwierigkeiten ebensoviel Verständnis entgegenbringt wie, so hoffe ich, wir den seinen entgegenbringen werden.

Wir wünschen nicht, daß eine zahlenmäßig gewaltige deutsche Bevölkerung ohne jede Nahrungsmittelquellen uns überlassen bleibt. Nehmen wir beispielsweise die gewaltige Bevölkerung im Ruhrgebiet, im Kohlerevier. Diese Bevölkerung befindet sich in der englischen Besatzungszone. Wenn für sie nicht hinreichend Lebensmittel bereitgestellt werden, so wird in unserer eigenen Zone eine Lage wie in den deutschen Konzentrationslagern entstehen.

Stalin. Deutschland war ohne Getreideimporte sowieso nicht ausgekommen und wird nicht auskommen.

Churchill. Ja, natürlich, aber es wird um so weniger die Möglichkeit haben, sich zu ernähren, wenn man ihm die Ostgebiete wegnimmt.

Stalin. Sollen sie von Polen Getreide kaufen.

Churchill. Wir sind nicht der Ansicht, daß dieses Gebiet polnisches Gebiet ist.

Stalin. Dort leben Polen. Sie haben die Felder bestellt. Wir können nicht von den Polen fordern, daß sie die Felder bestellen und das Getreide an die Deutschen abgeben.

Churchill. Außerdem muß ich darauf hinweisen, daß die Bedingungen in den von den Polen besetzten Gebieten überhaupt sehr merkwürdig sind. Man teilt mir beispielsweise mit, daß die Polen schlesische Kohle an Schweden verkaufen. Sie tun dies zur gleichen Zeit, wo wir in England unter Kohlemangel leiden und der kälteste und härteste Winter ohne Brennstoff bevorsteht. Wir gehen von dem gemeinsamen Prinzip aus, daß die Lebensmittel- und Brennstoffversorgung Deutschlands in den Grenzen von 1937 proportional zur Bevölkerungszahl erfolgen soll, unabhängig davon, in welcher Zone sich die Lebensmittel und die Kohle befinden.

Stalin. Aber wer wird diese Kohle fördern? Die Deutschen fördern nicht, das tun die Polen, sie arbeiten.

Churchill. Aber sie arbeiten in Schlesien.

Stalin. Aber dort sind alle Besitzer geflohen.

Churchill. Sie sind fortgezogen, weil die Kampfhandlungen sie geschreckt haben, aber da der Krieg beendet ist, könnten sie zurückkehren.

Stalin. Sie wollen nicht, und die Polen haben auch kein besonderes Verlangen danach.

Churchill. Ich war gestern tief berührt von den Worten des Generalissimus, als er davon sprach, daß es nicht am Platz wäre, sich bei der Behandlung der Probleme der Gegenwart und der Zunkunft von Gefühlen der Rache leiten zu lassen. Ich meine deshalb, daß meine heutigen Gedanken bei ihm Verständnis finden müßten, da es ungerecht wäre, eine so gewaltige Zahl Deutscher zu uns zu schikken, während die Polen alle Vorteile für sich hätten.

Stalin. Ich spreche von den Unternehmern, die aus dem Kohlerevier geflohen sind. Wir selbst kaufen jetzt Kohle bei den Polen wie die Schweden, weil es bei uns in einigen Gebieten, beispielsweise im Baltikum, an Kohle mangelt.

Truman. Offensichtlich ist es eine vollendete Tatsache, daß man Polen einen beträchtlichen Teil Deutschlands zur Besetzung übergeben hat. Was bleibt dann noch zur Reparationsentnahme? Selbst bei uns in den USA fehlt es an Kohle. Dessenungeachtet liefern wir in diesem Jahr 6,5 Millionen Tonnen Kohle nach Europa. Ich meine, daß dieser Teil Deutschlands und namentlich das Kohlerevier sowohl im Hinblick auf die Reparationen als auch im Hinblick auf die Lebensmittelversorgung als bei Deutschland verbleibend zu betrachten ist. Ich meine, daß die Polen nicht das Recht haben, sich diesen Teil Deutschlands zu nehmen. Wir erörtern jetzt die Frage der künftigen Grenzen Polens. Aber ich meine, daß wir diese Frage nicht hier entscheiden können, sie muß auf der Friedenskonferenz entschieden werden.

Stalin. Wer wird dort Kohle fördern? Uns Russen fehlen in den eigenen Betrieben Arbeitskräfte. Bei den Deutschen sind alle Arbeiter zur Armee gegangen; die Goebbelspropaganda hatte ihr Ziel erreicht. Es bleibt die Möglichkeit, entweder die gesamte Produktion einzustellen oder die Angelegenheit den Polen zu übergeben. Einen anderen Ausweg gibt es nicht. Was die Kohle betrifft, so muß ich sagen, daß die Polen in den alten Grenzen ein eigenes, sehr reiches Kohlerevier besaßen. Diesem Kohlerevier wurde das Kohlerevier Schlesien hinzugefügt, das den Deutschen gehört hat. Dort arbeiten Polen. Wir können nicht die von den Polen geförderte Kohle nehmen.

Churchill. In den Gruben Schlesiens wird, wenn ich recht verstehe, von polnischen Arbeitern abgebaut. Es ist nichts dagegen einzuwenden, daß diese Gruben im Auftrag der Sowjetregierung in der sowjetischen Besatzungszone ausgebeutet werden, nicht aber der polnischen Regierung in einer Zone, die Polen nicht zur Besetzung übergeben wurde.

Stalin. Das würde alle Beziehungen zwischen zwei befreundeten Staaten stören. Außerdem bitte ich Herrn Churchill zu bedenken, daß den Deutschen selbst Arbeitskräfte fehlen. Sehr viele Betriebe, die wir während unseres Vormarsches vorfanden, wurden von ausländischen Arbeitern in Gang gehalten, von Italienern, Bulgaren, Franzosen, Russen, Ukrainern und anderen. Das waren alles Arbeiter, die von den Deutschen gewaltsam aus ihrer Heimat verschleppt wurden. Als die russischen Truppen in diese Gebiete kamen, werteten das die ausländischen Arbeiter als Befreiung und fuhren nach Hause. Wo sind die deutschen Arbeiter geblieben? Sie waren zum größten Teil zur deutschen Armee eingezogen und während des Krieges entweder getötet oder gefangengenommen worden.

Es entstand eine Situation, in der die große deutsche Industrie mit der geringsten Zahl deutscher Arbeiter und zahlreichen ausländischen Arbeitern betrieben wurde. Als diese ausländischen Arbeiter befreit wurden, zogen sie fort, und die Betriebe standen ohne Arbeiter da. Jetzt ist die Lage so, daß man diese Betriebe entweder schließen oder der einheimischen Bevölkerung, das heißt den Polen, die Möglichkeit geben muß, dort zu arbeiten. Man kann die Polen jetzt nicht vertreiben. Diese Lage hat sich spontan ergeben. Dafür kann man eigentlich niemandem die Schuld geben.

Attlee. Ich möchte einige Worte zur gegenwärtigen Situation vom Standpunkt der Besatzungsmächte in Deutschland sagen. Wenn wir von der Frage der endgültigen Grenze zwischen Polen und Deutschland absehen, so sehen wir vor uns ein Land, in dem Chaos herrscht und das früher eine wirtschaftliche Einheit darstellte. Wir haben ein Land vor uns, das in der Lebensmittel- und zum Teil in der Kohleversorgung von seinen Ostgebieten abhängig war, die teilweise von Polen bewohnt wurden. Meines Erachtens müssen die Hilfsquellen ganz Deutschlands von 1937 zum Unterhalt und zur Versorgung der gesamten deutschen Bevölkerung genutzt werden, und wenn ein Teil Deutschlands vorher abgetrennt wird, so schafft das große Schwierigkeiten für die Besatzungsmächte in der westlichen und südlichen Zone.

Wenn Arbeitskräfte für die Ostgebiete nötig sind, so müssen sie unter der Bevölkerung im übrigen Deutschland gefunden werden, unter dem Teil der deutschen Bevölkerung, der demobilisiert oder von der Arbeit in der Rüstungsindustrie befreit wurde. Und diese Arbeitskräfte müssen dorthin geschickt werden, wo sie den größten Nutzen bringen können, damit die Alliierten in den nächsten Monaten nicht in eine schwierige Lage geraten.

Stalin. Vielleicht berücksichtigt Herr Attlee, daß Polen ebenfalls unter den Kriegsfolgen zu leiden hat und ebenfalls ein Verbündeter ist.

Attlee. Ja, aber es befindet sich in einer bevorzugten Lage.

Stalin. Gegenüber Deutschland. Das ist nur richtig so.

Attlee. Nein, gegenüber den anderen Alliierten.

Stalin. Das ist bei weitem nicht so.

Truman. Ich möchte offen sagen, was ich zu dieser Frage denke. Ich kann im Sinne einer Lösung der Frage der Reparationen sowie der Lebensmittel- und Kohleversorgung der gesamten deutschen Bevölkerung nicht zustimmen, daß der östliche Teil Deutschlands von 1937 ausgegliedert wird.

Churchill. Wir haben diese Frage noch nicht abgeschlossen. Daneben haben wir natürlich auch angenehmere Fragen. (Heiterkeit.)

Truman. Ich schlage vor, die Sitzung jetzt zu schließen; vielleicht denken wir erst einmal über diese Fragen nach. Das ist mir recht.

Stalin. Das kann man, auch mir ist es recht.

Truman. Morgen findet die Sitzung um fünf Uhr statt.

Nach Archiv. Veröffentlicht in:
Meshdunarodnaja Shisn. 1966/1, S. 153ff.

Anlage

Mitteilung über die Sitzung der Außenminister

21. Juli 1945[150]

1. Der Rat der Außenminister.

Die Außenminister haben die Frage nach dem Datum der offiziellen Errichtung des Rates erörtert und sind übereingekommen, daß der Rat bis spätestens 1. September konstituiert werden soll. Sie haben auch vereinbart, daß an die Re-

150 Berichterstatter Byrnes.

gierung Chinas und die Provisorische Regierung Frankreichs Telegramme zu senden sind mit der Einladung zur Teilnahme an der Arbeit des Rates, noch bevor die Errichtung des Rates öffentlich bekanntgegeben wird. Auf Bitte der britischen Delegation wurde die Redaktionskommission, die sich mit dieser Frage beschäftigte, beauftragt, einige geringfügige Änderungen am vorliegenden Wortlaut der Vorschläge vorzunehmen.[151]

II. Wirtschaftliche Fragen hinsichtlich Deutschlands.

Da der Bericht der Kommission zu dieser Frage eben erst vorgelegt wurde[152] und die einzelnen Delegationen nicht die Möglichkeit hatten, ihn gründlich zu studieren, kam man überein, die Erörterung dieser Frage auf morgen zu vertagen.

III. Die polnische Frage – die Auflösung der Londoner Regierung und die Erfüllung der Deklaration von Jalta.

Der Vorsitzende der Kommission, die sich mit dieser Frage befaßte, gab den Bericht der Kommission. Da die Kommission keine völlige Einigung erzielen konnte, wurden die Fragen, bei denen Meinungsverschiedenheiten bestanden, eingehend erörtert. Die Außenminister einigten sich über einige dieser Fragen, die folgenden Fragen wurden jedoch den Regierungschefs zur endgültigen Entscheidung übergeben:

a) der Punkt, der sich auf die Übergabe der Aktiva und die Anerkennung der Verpflichtungen durch die Provisorische polnische Regierung bezieht (der revidierte amerikanische Entwurf dieses Punktes wurde zur Prüfung vorgelegt);

b) der Punkt, der sich auf die Durchführung von Wahlen und auf die Pressefreiheit bezieht.[153]

IV. Erfüllung der Deklaration von Jalta über das befreite Europa und die Satellitenländer.

Auf der Sitzung legte die amerikanische Delegation ein Dokument zu dieser Frage vor;[154] es wurde beschlossen, die Erörterung des Dokuments zu vertagen, um Zeit einzuräumen, es zusätzlich zu studieren.

V. Italien und andere Satellitenländer.

In diesem Zusammenhang legte die amerikanische Delegation zwei Dokumente vor: das erste über die Politik gegenüber Italien und das zweite über die Politik gegenüber Rumänien, Bulgarien, Ungarn und Finnland.[155] Die Außenminister kamen überein, diese Dokumente der Redaktionskommission zu übergeben. Es entstanden jedoch Meinungsverschiedenheiten darüber, ob man die Kommission beauftragen sollte, die Politik gegenüber allen Staaten in einem Dokument oder gesondert darzulegen: gegenüber Italien einerseits und gegenüber Bulgarien, Rumänien, Ungarn und Finnland andererseits.

Die sowjetische Delegation sprach sich für ein einziges Dokument aus, die amerikanische Delegation für zwei gesonderte Dokumente. Da die Frage der Politik gegenüber Italien und den anderen Satelliten von den Regierungschefs an die Außenminister überwiesen worden war, kam man überein, die Regierungschefs zu bitten, auf der heutigen Sitzung die Frage zu entscheiden, welche Weisung der

151 Vgl. Dok. Nr. 103.
152 Vgl. Dok. Nr. 55.
153 Vgl. Dok. Nr. 11, S. 99–104.
154 Vgl. Dok. Nr. 58.
155 Vgl. Dok. Nr. 59, 60.

Redaktionskommission zu geben ist: ein einziges Dokument über alle diese Länder vorzubereiten oder zwei Dokumente auf der Grundlage der amerikanischen Entwürfe.

VI. Tagesordnung für die Sitzung der Regierungschefs

Es wurde beschlossen, daß die Außenminister den Regierungschefs empfehlen, die beiden oben erwähnten Fragen, die zuvor von den Regierungschefs an die Außenminister übergeben worden waren und zu denen die Außenminister jetzt weitere Weisungen erhalten möchten, sowie drei Fragen, die aus der Tagesordnung der gestrigen Sitzung übernommen worden sind, in die Tagesordnung der heutigen Sitzung aufzunehmen. Es wird also die folgende Tagesordnung vorgeschlagen:

1. Die polnische Frage: die Auflösung der Londoner Regierung und die Erfüllung der Deklaration von Jalta.

2. Die Frage, ob die Redaktionskommission bei der Ausarbeitung des Entwurfes über die Politik gegenüber Italien und den anderen Satelliten eine gesonderte Empfehlung für Italien oder eine einzige Empfehlung für alle Länder, von denen die Rede ist, vorbereiten soll.

3. Die Westgrenze Polens. Die sowjetische Delegation hat gestern ein Dokument zu dieser Frage vorgelegt.[156]

4. Treuhandschaft. Die sowjetische Delegation hat gestern auch zu dieser Frage ein Dokument vorgelegt.[157]

5. Türkei. Es wird angenommen, daß die britische Delegation wünscht, diese Frage mündlich vorzutragen.

Nach Archiv.

Nr. 12

Kurze Aufzeichnung über die fünfte Sitzung der Außenminister

22. Juli 1945, 11.10 Uhr

Auf der Sitzung führte Eden den Vorsitz, der folgende Tagesordnung zur Behandlung vorlegte:

1. Über die Aufnahme neutraler Länder, ausgenommen Spanien, in die Organisation der Vereinten Nationen[158].
2. Über den Rat der Außenminister.
3. Über die wirtschaftlichen Grundsätze hinsichtlich Deutschlands.
4. Über die Deklaration von Jalta über das befreite Europa.
5. Über die rumänischen Erdölausrüstungen.

Molotow schlug vor, folgende Fragen zusätzlich aut die Tagesordnung zu setzen:

1) Über Reparationen von Deutschland, Österreich und Italien.
2) Über Spanien.
3) Über Tanger.
4) Über die deutsche Flotte.

156 Vgl. Dok. Nr. 49.
157 Vgl. Dok. Nr. 50.
158 Siehe Anmerkung 3.

Byrnes brachte folgende Ergänzungen zur Tagesordnung ein:

1) Über die Besatzungszonen in Wien (Festlegung des Datums des Truppeneinzuges in Wien).

2) Über die internationale Zusammenarbeit zur Lösung der europäischen Wirtschaftsprobleme.

Zum ersten Tagesordnungspunkt erklärte Eden, daß die Kommission ihre Arbeit noch nicht abgeschlossen hat.

Dann begann die Beratung mit der Erörterung über die Erklärung von Jalta über das befreite Europa.

Im Ergebnis der Erörterung wurde beschlossen, den drei Regierungschefs mitzuteilen, daß

zu Punkt 1 des amerikanischen Dokuments[159], in dem von der Beobachtung der nationalen Wahlen in Italien, Griechenland, Bulgarien, Rumänien und Ungarn die Rede ist, keine Einigung erzielt wurde;

beschlossen wurde, die Punkte 2 und 3 des amerikanischen Dokuments einer Kommission zu übergeben, der angehören: von den USA – Cannon, Russell, von Großbritannien – Hayter, von der Sowjetunion – Sobolew und Golunski.

Ferner wurde die Frage der wirtschaftlichen Grundsätze hinsichtlich Deutschlands erörtert.

Byrnes erklärte, er sei nicht bereit, heute die Frage der Reparationen zu behandeln.

Die Minister kamen überein, daß auf der heutigen Sitzung nur abgestimmte Fragen in bezug auf die wirtschaftlichen Grundsätze beraten werden[160] und das Problem der Reparationen auf die Tagesordnung der Sitzung der Regierungschefs am 23. Juli gesetzt wird.

Punkt 10 wurde mit der Änderung Molotows, die Wörter „vernichtet“ und „entfernt“ umzustellen, angenommen.

Die Punkte 11 und 12 wurden ohne Änderung angenommen.

Zu Punkt 13 wurde von Molotow ein Änderungsantrag gestellt, in dem er vorschlug, nach „ein wirtschaftliches Ganzes“ einzufügen: „nach detaillierten Instruktionen, die vom Kontrollrat[161] in Übereinstimmung mit den in diesem Abkommen festgelegten Grundsätzen erlassen werden“.

Eden stimmte diesem Änderungsantrag zu. Byrnes bat darum, die Annahme dieses Punktes zu vertagen, um ihn studieren zu können.

Die Punkte 14, 15 und 16 wurden ohne Änderung angenommen.

Molotow schlug vor, Punkt 18 herauszunehmen. Einigung in dieser Frage wurde nicht erzielt.

Des weiteren wurde die Frage der rumänischen Erdölausrüstungen erörtert.[162] Nach einer langwierigen Diskussion darüber, wem die Erdölröhren gehören, schlug Eden vor, eine Spezialistenkommission zur Prüfung dieser Frage zu bilden.

Byrnes unterstützte den Vorschlag Edens.

Molotow unterstützte diesen Vorschlag nicht, und das Problem des Abtransportes der Erdölausrüstungen aus Rumänien blieb offen.

159 Vgl. Dok. Nr. 58.
160 Vgl. Dok. Nr. 55.
161 Siehe Anmerkung 16.
162 Siehe Anmerkung 31.

Die Minister schlugen folgende Tagesordnung für die Sitzung der drei Regierungschefs vor:

1. Über die Westgrenze Polens.
2. Über Treuhandterritorien.
3. Über die Türkei.
4. Über eine teilweise Veränderung der Westgrenze der UdSSR (eingebracht von Molotow).
5. Über Iran.
6. Über die Zusammenarbeit bei der Lösung dringender europäischer Wirtschaftsprobleme (eingebracht von Byrnes).
7. Über die Direktive an die alliierten Oberkommandierenden in Deutschland (eingebracht von Byrnes)[163].
8. Über Tanger.
9. Über Syrien und Libanon.

Nach Archiv.

Nr. 13
Aufzeichnung über die sechste Sitzung der Regierungschefs

22. Juli 1945 17.07 Uhr

(Trumann eröffnet die Sitzung.)

Stalin. Ich möchte mitteilen, daß heute der Abzug der sowjetischen Truppen in Österreich begonnen hat, sie werden sich in einigen Gebieten bis zu 100 km zurückziehen müssen. Der Abzug wird am 24. Juli abgeschlossen sein. In Wien sind die Vorausabteilungen der alliierten Truppen bereits eingezogen.

Churchill. Wir sind dem Generalissmus sehr dankbar, daß er die Erfüllung des Abkommens[164] so schnell in Angriff genommen hat.

Truman. Auch die amerikanische Regierung spricht ihren Dank aus.

Stalin. Wozu der Dank, wir sind dazu verpflichtet.

Truman. Heute berichtet Herr Eden über die Sitzung der Außenminister.[165]

Eden. Die Außenminister haben auf ihrer Vormittagssitzung folgende Fragen erörtert:

Erste Frage: die Deklaration von Jalta über das befreite Europa.

Die Minister haben sich mit dem Memorandum befaßt, das die Delegation der USA am 21. Juli vorgelegt hat.[166] Dieses Memorandum betraf drei Fragen: erstens die Beobachtung der Wahlen in einigen europäischen Ländern; zweitens die Schaffung günstiger Bedingungen für die Vertreter der internationalen Presse in den befreiten Ländern und den ehemaligen Satellitenländern; drittens das Arbeitsverfahren der Kontrollkommission in Rumänien, Bulgarien und Ungarn.[167]

Die britische Delegation äußerte Einverständnis mit dem Memorandum der USA. Die sowjetische Delegation hat sich mit dem Vorschlag über die Beobachtung der Wahlen nicht einverstanden erklärt.

163 Vgl. Dok. Nr. 62.
164 Siehe Anmerkung 35.
165 Vgl. Anlage.
166 Vgl. Dok. Nr. 58.
167 Siehe Anmerkung 34.

Hinsichtlich der zweiten und dritten Frage über die Pressevertreter und das Arbeitsverfahren für die Kontrollkommissionen in Bulgarien, Rumänien und Ungarn wurde beschlossen, diese Vorschläge an eine Kommission folgender Zusammensetzung zu überweisen: Cannon und Russell von den USA, Sobolew von der UdSSR, Hayter von Großbritannien.

Die sowjetische Delegation hat versprochen, ein Memorandum vorzulegen, das die in letzter Zeit eingetretenen Verbesserungen im Status der britischen und amerikanischen Vertreter in den Kontrollkommissionen in Rumänien, Bulgarien und Ungarn zeigt.[168] Die sowjetische Delegation hat auch zugestimmt, ein Memorandum über die Veränderungen vorzubereiten, die sie im Zusammenhang mit dem Arbeitsverfahren der alliierten Kommission in Italien[169] für notwendig und wünschenswert hält.

Zweite Frage: wirtschaftliche Grundsätze hinsichtlich Deutschlands.

Es wurde ein Bericht der Wirtschaftskommission vorgelegt.[170] Die Delegation der USA hat gebeten, die Erörterung der Reparationsfrage bis zur nächsten Sitzung aufzuschieben. Die sowjetische Delegation hat vorgeschlagen, jene wirtschaftlichen Grundsätze zu behandeln, die in der Kommission abgestimmt worden waren. Die Außenminister beschlossen daher, nur die abgestimmten Grundsätze zu beraten und weder strittige Grundsätze noch die Reparationsfrage zu berühren. Es wurde beschlossen, daß die Reparationsfrage als erster Punkt auf die Tagesordnung der Sitzung der Außenminister am 23. Juli gesetzt wird.

Die Punkte 11, 12, 14, 15 und 17 wurden angenommen unter der Bedingung, daß über die übrigen, noch strittigen Punkte Einigung erzielt wird.

Was die übrigen Punkte betrifft, so kam man zu Punkt 10 überein, den letzten Satz so zu ändern, daß er folgendermaßen lautet:

„Die für die künftig genehmigte Industrie nicht erforderlichen Produktionskapazitäten sind entsprechend dem durch die Interalliierte Reparationskommission[171] empfohlenen und durch die interessierten Regierungen bestätigten Reparationsplan entweder zu entnehmen oder, falls sie nicht entnommen werden, zu vernichten."

Die Punkte 13, 16 und 18 wurden vertagt und sollen einer weiteren Erörterung unterzogen werden.

Eine weitere Frage wurde heute früh beraten, nämlich die der Entnahme von alliierten Industrieausrüstungen als Beutegut, besonders in Rumänien. Zu dieser Frage gab es auf der Grundlage des Memorandums, das die Delegation des Vereinigten Königreiches am 19. Juli vorlegte[172], eine Diskussion. Zu einer Übereinkunft ist es nicht gekommen, und die Frage wurde zur weiteren Beratung vertagt.

Die Minister haben beschlossen, der heutigen Sitzung der Regierungschefs folgende Tagesordnung vorzuschlagen:

1. Die Westgrenze Polens: Fortsetzung der Diskussion.
2. Treuhandschaft: Die Frage wurde auf der gestrigen Sitzung der Regierungschefs vertagt.
3. Türkei: Die Frage wurde ebenfalls auf der gestrigen Sitzung vertagt.

168 Vgl. Dok. Nr. 98, Anlagen 1, 2.
169 Siehe Anmerkung 37.
170 Vgl. Dok. Nr. 55.
171 Siehe Anmerkung 38.
172 Vgl. Dok. Nr. 43.

4. Die teilweise Veränderung der Westgrenze der UdSSR: Vorschlag der sowjetischen Delegation.

5. Iran: Ein Memorandum wurde von der Delegation des Vereinigten Königreiches am 21. Juli vorgelegt.[173]

Es wurde beschlossen, einige weitere Fragen auf die morgige Sitzung der Außenminister zu vertagen. Es sind dies folgende Fragen:

1. Zusammenarbeit bei der Lösung dringender europäischer Wirtschaftsprobleme: Vorschlag der Delegation der USA.

2. Direktive der Regierungschefs hinsichtlich der Kontrolle über Deutschland gemäß den von ihnen vereinbarten Grundsätzen: Vorschlag der Delegation der USA.

3. Tanger: Vorschlag der sowjetischen Delegation.

4. Syrien und Libanon: Vorschlag der sowjetischen Delegation.

Truman. Sind Sie damit einverstanden, daß diese Fragen von den Außenministern auf ihrer morgigen Sitzung beraten werden?

Churchill. Ich weiß nicht, um welche Vorschläge zu Syrien und Libanon es sich handelt. Diese Frage berührt uns mehr als irgendeinen anderen Staat. Meine Kollegen berührt diese Frage nicht, denn dort sind lediglich britische Truppen beteiligt. Natürlich hatten wir Schwierigkeiten mit Frankreich wegen dieser Frage. Wir sind bereit, uns aus Syrien und Libanon zurückzuziehen, wir suchen dort nichts. Aber gegenwärtig geht das nicht, denn auf den Abzug der Engländer wird ein Morden der Franzosen beginnen. Ich möchte wissen, worum es sich handelt, bevor ich eine Entscheidung treffen kann. Vielleicht kann das hier geschehen?

Stalin. Bitte. Es geht um folgendes. Die Regierung Syriens hat die Sowjetregierung angerufen, wir sollen uns in diese Angelegenheit einschalten. Bekanntlich haben wir uns seinerzeit in einer Note zu dieser Frage an die französische, die britische und die amerikanische Regierung[174] gewandt. Wir hätten gern eine entsprechende Information dazu, weil auch wir daran interessiert sind. Natürlich kann man die Frage vorher auf der Sitzung der Außenminister behandeln.

Churchill. Ich würde vorziehen, daß die ersten drei Punkte den Außenministern zur Behandlung überwiesen werden, daß aber die Frage Syrien und Libanon hier erörtert wird.

Stalin. Bitte.

Truman. Ich schlage vor, die ersten drei Fragen den Außenministern zu übergeben und die Frage Syrien und Libanon hier durch die Regierungschefs zu behandeln, nachdem die auf der Tagesordnung stehenden Fragen erledigt sein werden.

Gehen wir zum ersten Punkt der Tagesordnung über, zur Westgrenze Polens. Der Standpunkt der amerikanischen Regierung zu dieser Frage wurde von mir gestern dargelegt.

Molotow. Darf ich auf Vorschlag der sowjetischen Delegation noch eine Frage auf die Tagesordnung setzen?

Truman. Bitte.

Molotow. Wir möchten eine Mitteilung über ein Lager in Italien machen, in dem sich sowjetische Kriegsgefangene befinden. Könnten wir diese Mitteilung vielleicht am Ende der Sitzung machen?

173 Vgl. Dok. Nr. 61.
174 Siehe Anmerkung 39.

Truman. Das ist akzeptabel.

Churchill. Ich habe auch nichts einzuwenden. Wird dieses Lager von amerikanischen oder von britischen Streitkräften kontrolliert?

Stalin. Von britischen.

Churchill. Natürlich sind wir nicht unterrichtet, und ich weiß nicht, wovon die Rede ist. Daher können wir womöglich nicht auf der Stelle eine Antwort geben. Ich werde mich aber freuen zu hören, worum es hier geht.

Truman. Kommen wir jetzt zur Beratung der ersten Frage: die Westgrenze Polens.

Churchill. Ich habe gehört, Herr Präsident, daß Sie sagten, Sie hätten Ihren Standpunkt bereits gestern dargelegt. Ich habe zu den von mir bereits geäußerten Auffassungen ebenfalls nichts hinzuzufügen.

Truman. (Zu Stalin.) Haben Sie etwas hinzuzufügen?

Stalin. Haben Sie sich mit der Erklärung der polnischen Regierung[175] bekannt gemacht?

Truman. Ja, ich habe sie gelesen.

Churchill. Dieses Schreiben von Bierut?

Stalin. Ja, das Schreiben von Bierut und Osóbka-Morawski.

Churchill. Ja, ich habe es durchgelesen.

Stalin. Beharren alle Delegationen weiterhin auf ihrer vorherigen Meinung?

Truman. Das ist offensichtlich.

Stalin. Die Frage bleibt offen.

Truman. Können wir zur nächsten Frage übergehen?

Churchill. Was heißt das, bleibt offen? Bedeutet das, daß nichts dazu unternommen wird?

Truman. Wenn die Frage offenbleibt, können wir sie noch einmal erörtern.

Churchill. Kann man hoffen, daß diese Frage vor unserer Abreise zur Aussprache reif wird?

Stalin. Vielleicht.

Churchill. Es wäre sehr schade, wenn wir auseinandergingen, ohne diese Frage entschieden zu haben, die zweifellos in den Parlamenten der ganzen Welt erörtert werden wird.

Stalin. Dann lassen Sie uns die Bitte der polnischen Regierung respektieren.

Churchill. Dieser Vorschlag ist für die britische Regierung völlig unannehmbar. Ich habe gestern eine ganze Reihe von Gründen genannt, warum dieser Vorschlag unannehmbar ist. Es wird Polen nicht zum Nutzen gereichen, ein solches Territorium zu besitzen. Es wird zur Untergrabung der wirtschaftlichen Lage Deutschlands führen und den Besatzungsmächten im Hinblick auf die Versorgung des westlichen Teils Deutschlands mit Lebensmitteln und Brennstoff eine außerordentliche Last aufbürden. Wir haben überdies einige moralische Bedenken, ob eine Überführung der Bevölkerung dieser Größenordnung erwünscht ist. Wir stimmen einer Überführung im Prinzip zu, aber in der gleichen Größenordnung, in der die Bevölkerung östlich der Curzonlinie[176] überführt wird. Wenn es sich aber um die Überführung von acht oder neun Millionen Menschen handelt, so halten wir das für falsch. Die Meldungen zu dieser Frage sind

175 Vgl. Dok. Nr. 46.
176 Siehe Anmerkung 10.

sehr widersprüchlich. Nach unseren Angaben gibt es dort acht oder neun Millionen Menschen; nach sowjetischen Angaben sind diese Menschen alle von dort weggezogen. Uns scheint, solange diese Meldungen nicht überprüft sind, können wir an unseren Zahlen festhalten. Vorläufig hatten wir nicht die Möglichkeit zu überprüfen, was dort wirklich vorgeht. Ich könnte noch weitere Gründe anführen, doch ich will die Konferenz nicht belasten.

Stalin. Ich möchte gegen die Gründe, die Herr Churchill angeführt hat, keine Einwände vorbringen, aber eine Reihe von Gründen halte ich doch für besonders wichtig.

Zum Brennstoff. Man sagt, Deutschland verbleibe kein Brennstoff. Aber es bleibt doch das Rheingebiet, dort gibt es Brennstoff. Es wird Deutschland keine nennenswerten Schwierigkeiten bereiten, wenn es die schlesische Kohle verliert; die wichtigsten Brennstoffvorkommen Deutschlands liegen im Westen.

Die zweite Frage: die Überführung der Bevölkerung. Es gibt in diesen Gebieten keine acht, keine sechs, keine drei und keine zwei Millionen Einwohner. Die Leute dort sind entweder zur Armee eingezogen worden und sind dann gefallen oder gefangengenommen worden, oder sie haben diese Gebiete verlassen. Es sind nur sehr wenige Deutsche in diesem Gebiet geblieben. Aber das kann man überprüfen. Könnte man es nicht so einrichten, daß wir die Meinung der polnischen Vertreter über die Grenze Polens anhören?

Churchill. Ich kann diesen Vorschlag zur Zeit nicht unterstützen angesichts der Meinung, die der Präsident hier zur Einladung der Vertreter Jugoslawiens geäußert hat.

Stalin. Man soll die Vertreter Polens zum Rat der Außenminister in London einladen und sie dort anhören.

Truman. Ich habe keine Einwände dagegen.

Churchill. Aber, Herr Präsident, der Rat der Außenminister wird doch erst im September zusammentreten.

Stalin. Und eben dann wird der Rat die Vertreter der polnischen Regierung nach London einladen.

Churchill. Um die Information zu überprüfen?

Stalin. Bis dahin werden allen drei Seiten Informationen eingeholt haben.

Churchill. Das wird doch aber nur die Überweisung einer schwierigen Frage von dieser Konferenz an den Rat der Außenminister bedeuten, wo doch diese Konferenz die Frage entscheiden kann.

Stalin. Ich meine auch, daß sie es kann. Ausgehend von dem Beschluß der Krimkonferenz[177], sind wir verpflichtet, die Meinung der polnischen Regierung zur Frage der Westgrenze Polens anzuhören.

Truman. Das ist richtig. Ich denke, daß man den sowjetischen Vorschlag, der Rat der Außenminister solle Vertreter der polnischen Regierung nach London einladen, annehmen soll. Das schließt aber natürlich nicht die Möglichkeit aus, diese Frage auf der gegenwärtigen Konferenz zu erörtern.

Stalin. Ich schlage vor, die Vertreter der polnischen Regierung zum Rat der Außenminister im September nach London einzuladen und dort ihre Meinung anzuhören.

177 Siehe Anmerkung 2.

Churchill. Das ist eine andere Frage. Ich dachte, es geht um die Überprüfung der Angaben über die Zahl der Deutschen in diesen Gebieten.

Stalin. Es geht um die Westgrenze Polens.

Churchill. Aber wie kann man dort die Grenzfrage entscheiden, wo doch diese Frage auf der Friedenskonferenz entschieden werden soll?

Truman. Ich halte es für nützlich, die Polen im Rat der Außenminister in London anzuhören.

Stalin. Richtig.

Churchill. Ich bedauere, daß die Entscheidung einer so wichtigen und dringenden Frage einem Organ überlassen wird, das weniger Autorität besitzt als unsere Konferenz.

Stalin. Dann lassen Sie uns die Polen hierher einladen, und wir hören sie hier an.

Churchill. Ich würde dies vorziehen, da die Frage drängt. Es ist aber nicht schwer vorauszusehen, was die Polen fordern werden. Sie werden natürlich mehr fordern als das, wozu wir zustimmen können.

Stalin. Wenn wir aber die Polen einladen, können sie uns nicht vorwerfen, daß wir die Frage entschieden haben, ohne sie anzuhören. Ich möchte, daß seitens der Polen kein solcher Vorwurf gegen uns erhoben werden kann.

Churchill. Ich erhebe keine Vorwürfe gegen sie.

Stalin. Nicht Sie, sondern die Polen werden sagen: Man hat die Grenzfrage entschieden, ohne uns anzuhören.

Churchill. Ich habe jetzt verstanden.

Truman. Muß man die Frage so schnell entscheiden? Ich wiederhole, meines Erachtens muß die endgültige Entscheidung dieser Frage der Friedenskonferenz überlassen werden, wir selbst können diese Frage nicht entscheiden. Aber ich denke, daß die Erörterung dieser Frage hier überaus nützlich war, und sie schließt auch eine weitere Erörterung nicht aus. Ich weiß nur nicht, inwiefern diese Frage dringlich ist.

Stalin. Wenn sie nicht dringlich ist, dann überweisen wir diese Frage an den Rat der Außenminister. Das kann nicht schaden.

Truman. Das schließt aber nicht die Möglichkeit aus, diese Frage auch hier noch weiter zu erörtern.

Churchill. Herr Präsident, bei allem Respekt Ihnen gegenüber möchte ich bemerken, daß diese Frage von bestimmter Dringlichkeit ist. Wird die Entscheidung in dieser Frage aufgeschoben, so wird die bestehende Lage fixiert. Die Polen werden mit der Nutzung dieser Gebiete beginnen, sie werden sich dort festsetzen, und wenn der Prozeß fortdauert, so wird es sehr schwer sein, dann irgendeinen anderen Beschluß zu fassen. Deshalb hoffe ich nach wie vor, daß wir hier zu irgendeiner Übereinkunft gelangen, damit wir wissen, wie die Lage der polnischen Frage ist.

Ich kann mir nicht vorstellen, wie diese Frage vom Rat der Außenminister in London gelöst werden kann, wenn wir hier nicht in der Lage waren, zu einer Übereinkuft zu gelangen. Und wenn wir diese Frage nicht entscheiden, bleibt das Lebensmittel- und Brennstoffproblem offen, die Lebensmittel- und Brennstoffversorgung der deutschen Bevölkerung wird uns, vor allem den Engländern, aufgebürdet, da in ihrer Besatzungszone die Lebensmittelressourcen am geringsten sind. Wenn auch der Rat der Außenminister nach Anhören der Polen zu keinem

Übereinkommen gelangt, so wird die Frage für unbestimmte Zeit aufgeschoben. Mittlerweile wird der Winter hereinbrechen, und es wird immer noch keine Übereinkunft geben.

Ich möchte sehr gern konziliant sein und einen Ausweg aus den praktischen Schwierigkeiten finden, von denen gestern Generalissimus Stalin sprach, aus den Schwierigkeiten, die sich im Lauf der Ereignisse ergaben. Wir wären bereit, Ihnen einen Kompromißvorschlag zur Prüfung vorzulegen, der für die Zwischenzeit, vom gegenwärtigen Zeitpunkt bis zur Friedenskonferenz, gültig wäre. Ich schlage vor, eine provisorische Linie zu ziehen, östlich derer die Polen ein Gebiet als Teil Polens bis zur endgültigen Regelung der Frage auf der Friedenskonferenz einnehmen sollen; westlich von dieser Linie könnten die Polen, sofern sie sich dort befinden, als Vertreter der Sowjetregierung in der der Sowjetunion zugeteilten Zone fungieren.

Ich hatte nach der Konferenz von Teheran[178] mehrere Gespräche mit dem Generalissimus, und wir sind, wie mir scheint, in großen Zügen übereingekommen, daß das neue Polen seine Grenzen nach dem Westen bis zur Oder verschieben soll. Aber diese Frage ist nicht so einfach. Die Meinungsverschiedenheiten zwischen dem Generalissimus und mir bestehen darin, daß die britische Regierung Polen eine Vergrößerung seines Territoriums zwar zubilligt, aber nicht bereit ist, so weit zu gehen wie die sowjetische Regierung. Wenn ich von der Linie an der Oder spreche, so meine ich die Linie, von der wir vor zwei Jahren in Teheran sprachen, wobei von einer genauen Grenzfestlegung nicht die Rede war. Jetzt sind wir bereit, der Konferenz den provisorischen Grenzverlauf Polens zur Prüfung zu unterbreiten. Wenn man die Frage bis September vertagt und den Rat der Außenminister beauftragt, sie mit den Polen zu erörtern, so bedeutet das, daß die Frage nicht vor dem Winter entschieden wird. Ich würde es bedauern, wenn wir hier nicht im Prinzip zu einer Übereinkunft in dieser Frage kämen. Ich meine, wenn diese Frage vertagt und dem Rat der Außenminister zur Erörterung unter Teilnahme der Polen überwiesen wird, so wird uns eine solche Lösung nichts nützen.

Unsere Position hinsichtlich dieser Gebiete und dieser Linie ist völlig klar. Ich möchte hier einen praktischen Ausweg aus der Situation finden. Doch wenn diese Frage dem Rat der Außenminister übergeben wird, so wird die Entscheidung zu weit aufgeschoben. Ich sehe die Frage, was ihre Entscheidung hier betrifft, nicht als hoffnungslos an. Ich bin überzeugt, daß wir eine Kompromißlösung finden könnten. Wir könnten den Polen alles geben, was wir entscheiden, ihnen zu geben, und den übrigen Teil des Gebietes unter Verwaltung der sowjetischen Regierung belassen.

Meines Erachtens ist es sinnlos, diese Frage bis September ungelöst zu lassen. Wenn wir diese Frage nicht entscheiden, so wird das einen Mißerfolg unserer Konferenz bedeuten.

Ich wiederhole: Als wir den Ausdruck „Oderlinie" gebrauchten, hatten wir diese Linie nur annähernd im Auge. Die von uns vorgeschlagene Linie sollte man sich auf der Karte ansehen. An einer Stelle überschreitet unsere Linie sogar die Oder.

Ich wende mich an die Konferenz mit der Bitte, ihre auf eine Übereinkunft in dieser Frage gerichteten Versuche fortzusetzen, wenn nicht heute, dann an einem

178 Siehe Anmerkung 23.

anderen Tage, denn wenn sich die Außenminister im September treffen und, sagen wir, zwei Wochen mit den Polen diskutieren, wobei die Sowjetunion eine Ansicht vertreten wird, die USA und Großbritannien hingegen eine andere, kann sich die Frage erneut als ungelöst erweisen, oder wir erreichen ihre Lösung zu spät. Wie wird dann die Lage Berlins sein? Berlin erhält einen Teil seiner Kohle aus Schlesien.

Stalin. Berlin bekommt Kohle nicht aus Schlesien, sondern aus Torgau (Sachsen), wie früher.

Churchill. Das Problem der Kohle für Berlin ist sehr wichtig, da diese Stadt von uns gemeinsam besetzt ist.

Stalin. Sollen sie sie aus dem Ruhrgebiet holen und aus Zwickau.

Churchill. Das ist die sogenannte Braunkohle?

Stalin. Nein, das ist gute Steinkohle. Braunkohle läßt sich gut zu Briketts verarbeiten, und die Deutschen haben gute Brikettfabriken. Sie haben allerhand Möglichkeiten.

Churchill. Ich sage nur, daß sie einen Teil der Kohle für Berlin aus Schlesien bekommen haben.

Stalin. Bevor die britischen Truppen das Gebiet von Zwickau besetzt hatten, holten die Deutschen die Kohle für Berlin von da. Nach dem Abzug der alliierten Truppen aus Sachsen nach dem Westen bekam Berlin Kohle aus Torgau.

Truman. Wenn Sie gestatten, möchte ich die Haltung der USA zu dieser Frage noch einmal darlegen.

Stalin. Bitte.

Truman. Ich möchte hier Stellen aus dem Beschluß der Krimkonferenz zitieren.

„Die Drei Regierungschefs sind der Ansicht, daß die Ostgrenze Polens entlang der Curzonlinie[179] mit fünf bis acht Kilometern Abweichung von ihr in einigen Gebieten zugunsten Polens verlaufen soll. Die Drei Regierungschefs erkennen an, daß Polen im Norden und im Westen einen wesentlichen Gebietszuwachs erhalten muß. Sie sind der Ansicht, daß über den Umfang dieses Zuwachses zu geeigneter Zeit die Meinung der neuen Polnischen Regierung der Nationalen Einheit eingeholt und dann die endgültige Festlegung der Westgrenze Polens bis zur Friedenskonferenz vertagt wird."

Dieses Abkommen wurde von Präsident Roosevelt, Generalissimus Stalin und Premierminister Churchill erzielt. Ich bin mit dieser Entscheidung einverstanden. Und ich verstehe die Schwierigkeiten sehr gut, von denen Generalissimus Stalin gestern sprach. Ich verstehe auch gut die Schwierigkeiten hinsichtlich der Lebensmittel- und Brennstoffversorgung, über die gestern Premierminister Churchill gesprochen hat. Aber ich meine, daß diese Schwierigkeiten nichts am Wesen der Sache ändern.

Stalin. Wenn Sie der Erörterung dieser Frage nicht überdrüssig sind, bin ich bereit, noch einmal das Wort zu ergreifen. Ich gehe ebenfalls von dem Beschluß der Krimkonferenz aus, den der Präsident gerade zitiert hat. Aus dem genauen Sinn dieses Beschlusses geht hervor, daß wir, nachdem sich die Regierung der Nationalen Einheit in Polen gebildet hat, die Meinung der neuen polnischen Regierung zur Westgrenze Polens einholen sollten. Die polnische Regierung hat uns

179 Siehe Anmerkung 10.

ihre Meinung mitgeteilt. Jetzt haben wir zwei Möglichkeiten: entweder die Meinung der polnischen Regierung über die Westgrenze Polens zu bestätigen, oder wir müssen, wenn wir mit den polnischen Vorschlägen nicht einverstanden sind, die polnischen Vertreter anhören und erst danach die Frage entscheiden.

Ich halte es für zweckmäßig, die Frage auf unserer Konferenz zu entscheiden und, da keine übereinstimmende Meinung mit der polnischen Regierung besteht, ihre Vertreter hierher einzuladen und sie anzuhören. Aber es wurde hier die Meinung geäußert, es wäre unnötig, die Polen zu dieser Konferenz einzuladen. Wenn dem so ist, dann kann man die Frage dem Rat der Außenminister übergeben.

Ich möchte Herrn Churchill und den anderen, die bei der Krimkonferenz zugegen waren, die Ansicht in Erinnerung rufen, die damals Präsident Roosevelt und Premierminister Churchill vertraten und der ich nicht zustimmte. Herr Churchill sprach von einer Westgrenze Polens entlang der Oder, von der Mündung immer entlang der Oder bis zur Mündung der Neiße in die Oder, und zwar der östlichen Neiße. Ich trat für eine Linie westlich der Neiße ein. Nach dem Schema von Präsident Roosevelt und Herrn Churchill blieben Stettin und auch Breslau und das Gebiet westlich der Neiße bei Deutschland. (Zeigt auf der Karte.)

Hier wird die Frage der Grenzen behandelt und kein provisorischer Grenzverlauf. Diese Frage läßt sich nicht umgehen. Wenn Sie mit den Polen einverstanden wären, könnte man einen Beschluß fassen, ohne Vertreter der polnischen Regierung hierher einzuladen. Aber da Sie die Meinung der polnischen Regierung nicht teilen und Abänderungen wünschen, wäre es gut, wenn wir die Polen hierher einladen und ihre Meinung anhören. Das ist eine prinzipielle Frage.

Churchill. Ich möchte im Namen der britischen Regierung meine Einwände gegen die Einladung der Polen zurückziehen, damit wir versuchen, die Annahme irgendeines praktischen Beschlusses zu erreichen, der bis zur endgültigen Regelung der Frage auf der Friedenskonferenz gültig wäre.

Truman. Ich habe keine Einwände dagegen, daß die Vertreter der polnischen Regierung hierher eingeladen werden. Sie können hier mit unseren Außenministern sprechen.

Stalin. Richtig.

Churchill. Und dann könnten die Ergebnisse der mit ihnen geführten Verhandlungen den Regierungschefs vorgelegt werden.

Stalin. Richtig, richtig.

Churchill. Wer schickt ihnen die Einladung zu?

Stalin. Ich meine, der Vorsitzende.

Truman. Gut. Gehen wir zur nächsten Frage über. Ich denke, daß die sowjetische Delegation einen Vorschlag zur Treuhandschaft hat.

Stalin. Ich bitte, Molotow das Wort zu erteilen. Er ist unser Fachmann in dieser Frage.

Truman. Bitte.

Molotow. Das, was in den in schriftlicher Form vorgelegten Vorschlägen der sowjetischen Delegation formuliert ist[180], ergibt sich aus den Beschlüssen der Konferenz von San Francisco[181]. Da die Hauptfrage betreffs der Treuhandschaft durch die Charta der Organisation der Vereinten Nationen[182] entschieden ist,

180 Vgl. Dok. Nr. 50.
181 Siehe Anmerkung 3.
182 Siehe Anmerkung 14.

steht vor der Konferenz der Regierungschefs konkret die Frage der Territorien. Die sowjetische Delegation ist der Meinung, daß die Konferenz kaum in der Lage ist, diese Frage in allen Einzelheiten zu behandeln, sie könnte aber erstens die Frage der Kolonialbesitzungen Italiens in Afrika und am Mittelmeer und zweitens die Frage der Territorien, die unter dem Mandat des Völkerbundes[183] stehen, erörtern. Die sowjetische Delegation legt in ihren Vorschlägen zwei Varianten einer möglichen Lösung der Frage der ehemaligen italienischen Kolonien dar. Sie schlägt vor, diese Frage den Außenministern zur Prüfung zu überweisen.

Churchill. Natürlich ist ein Meinungsaustausch über jede beliebige Frage möglich. Doch wenn es sich erweist, daß die Meinungen der Seiten auseinandergehen, wird das Ergebnis nur das sein, daß wir eine angenehme Erörterung hatten. Mir scheint, daß die Frage der Mandate in San Francisco[184] entschieden wurde.

Truman. Gestatten Sie mir, den Artikel aus der Charta der Organisation der Vereinten Nationen vorzulesen, der von der Treuhandschaft handelt.

„1. Das Treuhandschaftssystem findet auf folgenden Kategorien von Gebieten Anwendung, die durch Treuhandschaftsabkommen in dieses System einbezogen werden:

a) Gebiete, die gegenwärtig unter Mandat stehen;

b) Gebiete, die infolge des zweiten Weltkrieges von Feindstaaten abgetrennt werden;

c) Gebiete, die von den für ihre Verwaltung verantwortlichen Staaten freiwillig dem System unterstellt werden.

2. Es wird Gegenstand einer späteren Übereinkunft sein, welche Gebiete der genannten Kategorien in das Treuhandschaftssystem einbezogen werden und unter welchen Bedingungen das geschieht.“

Ich denke, daß die sowjetischen Vorschläge sich auf den zweiten Punkt dieses Artikels beziehen. Ich bin einverstanden mit dem Vorschlag der sowjetischen Delegation, diese Frage an die Außenminister zur Beratung zu überweisen.

Churchill. Wir haben dem zugestimmt, was in San Francisco angenommen wurde, aber mehr nicht. Da die Frage der Treuhandschaft in den Händen einer internationalen Organisation liegt, bin ich im Zweifel, ob ein Meinungsaustausch zu dieser Frage hier wünschenswert ist.

Truman. Ich denke, daß es hier durchaus angebracht sein wird, diese Frage ebenso zu behandeln wie die Frage über Polen oder jede andere Frage.

Churchill. Die Frage über Polen wurde nicht von einer internationalen Organisation behandelt.

Wir haben unseren Standpunkt zur Frage der Treuhandschaft in Jalta vertraulich[185] und in San Francisco offen dargelegt. Unsere Haltung ist klar und unabänderlich.

Truman. Die Position Großbritanniens wird voll und ganz durch einen anderen Artikel der Charta der Organisation der Vereinten Nationen gesichert, und ich sehe keinen Grund, warum diese Frage hier nicht behandelt werden könnte.

Stalin. Aus der Presse ist beispielsweise bekannt, daß Herr Eden im engli-

183 Siehe Anmerkung 40.
184 Siehe Anmerkung 3.
185 Siehe Anmerkung 2.

schen Parlament erklärt hat, Italien habe seine Kolonien ein für allemal verloren. Wer hat das entschieden? Wenn Italien sie verloren hat, wer hat sie gefunden? (Heiterkeit.) Das ist eine sehr interessante Frage.

Churchill. Ich kann darauf antworten. Durch ständige Anstrengungen, unter großen Verlusten und durch glänzende Siege hat die britische Armee allein diese Kolonien erobert.

Truman. Alle?

Stalin. Und die Rote Armee hat Berlin eingenommen. (Heiterkeit.)

Churchill. Ich möchte meine Erklärung zu Ende führen, da der Herr Präsident die Worte „die britische Armee hat allein erobert" in Zweifel zieht. Ich meine folgende italienischen Kolonien: Italienisch-Somalia, Eritrea, Kyrenaica und Tripolis, die wir allein, unter sehr schwierigen Bedingungen erobert haben.

Wir sind aber nicht auf territoriale Erwerbungen aus. Wir wollen keine Vorteile aus diesem Krieg ziehen, obgleich wir große Verluste erlitten haben. Was natürlich die Menschenopfer betrifft, so sind sie nicht so groß wie die Opfer, die die Sowjetunion und ihre tapferen Truppen erbracht haben. Wir sind aber aus diesem Krieg als großer Schuldner der USA hervorgegangen. Wir werden niemals die gleiche Stärke zur See haben wie die USA. Während des Krieges haben wir nur ein Schlachtschiff gebaut, aber zehn verloren. Aber ungeachtet aller dieser Verluste haben wir keinerlei territoriale Ansprüche. Deshalb gehen wir ohne alle Hintergedanken die Frage der Treuhandschaftsgebiete an.

Jetzt zur Erklärung, die Eden im Parlament abgegeben hat, wo er sagte, daß Italien seine Kolonien verloren hat. Das bedeutet nicht, daß Italien nicht das Recht hat, diese Kolonien zu beanspruchen. Das schließt bei der Vorbereitung des Friedensvertrages mit Italien eine Erörterung der Frage nicht aus, ob Italien ein Teil seiner früheren Kolonien zurückzugeben ist. Ich unterstütze keinen solchen Vorschlag, aber wir haben keine Einwände gegen die Erörterung über die Kolonien weder im Rat der Außenminister, wenn dieser sich mit der Vorbereitung des Friedensvertrages mit Italien befassen wird, noch natürlich auf der Friedenskonferenz für die endgültige Regelung.

Ich muß sagen, daß ich, als ich Tripolis und die Kyrenaica besuchte, die Arbeit gesehen habe, die die Italiener geleistet haben, um das Land zu kultivieren und zu bestellen: Sie ist, trotz der schwierigen Bedingungen, hervorragend. Ich möchte sagen, daß wir zwar nicht dafür eintreten, daß Italien seine afrikanischen Kolonien zurückgegeben werden, wir schließen aber die Möglichkeit der Erörterung dieser Frage nicht aus. Gegenwärtig befinden sich alle diese Kolonien in unserer Hand. Wer will sie haben? Sollte es an diesem Tische Anwärter auf diese Kolonien geben, wäre es gut, wenn sie sich äußerten.

Truman. Wir brauchen sie nicht. Wir haben selbst genug arme Italiener, die ernährt werden müssen.

Churchill. Wir haben die Frage geprüft, ob einige dieser Kolonien sich nicht zur Ansiedlung der Juden eignen. Aber wir sind der Meinung, daß es für die Juden nicht günstig wäre, sich dort anzusiedeln.

Natürlich haben wir erhebliche Interessen im Mittelmeerraum, und jede Veränderung des Status quo in diesem Gebiet würde unsererseits eine lange und sorgfältige Prüfung erfordern.

Es ist uns nicht ganz klar, was unsere russischen Verbündeten wollen.

Stalin. Wir möchten wissen, ob Sie der Ansicht sind, daß Italien seine Kolonien für immer verloren hat. Wenn Sie der Ansicht sind, daß es diese Kolonien verloren hat, welchen Staaten werden wir dann die Treuhandschaft über sie übertragen? Wir möchten das wissen. Sollte es verfrüht sein, darüber zu sprechen, so können wir warten, aber irgendwann wird man sich dazu äußern müssen.

Churchill. Natürlich müssen wir die Frage entscheiden, ob man Italien die Kolonien abnimmt, wozu wir vollauf berechtigt sind.

Stalin. Diese Frage muß noch entschieden werden.

Churchill. Und wenn sie weggenommen werden, wozu wir vollauf berechtigt sind, so ist die Frage zu entscheiden, wem die Treuhandschaft übertragen wird. Die Frage, welche Kolonien Italien wegzunehmen sind, unterliegt der Entscheidung auf der Friedenskonferenz, und die Frage der weiteren Verwaltung dieser Gebiete unterliegt der Zuständigkeit einer internationalen Organisation.

Stalin. Kann man Herrn Churchill so verstehen, daß diese Konferenz hier nicht bevollmächtigt ist, diese Frage zu behandeln?

Churchill. Unsere Konferenz kann diese Frage nicht entscheiden, sie muß von der Friedenskonferenz entschieden werden. Wenn aber unsere „Drei" zu einer Einigung kommt, so wird das natürlich große Bedeutung haben.

Stalin. Mein Vorschlag geht nicht dahin, diese Frage zu entscheiden, sondern sie zu erörtern. Ich meine, daß unsere Konferenz natürlich kompetent ist, diese Frage zu erörtern.

Churchill. Wir erörtern diese Frage jetzt. Ich habe keine Einwände, wenn der Generalissimus sagt, was er will, und ich bin einverstanden, unverzüglich diese Frage zu prüfen.

Stalin. Es geht hier nicht um den Generalissimus, sondern darum, daß die Frage nicht behandelt ist und daß sie behandelt werden muß.

Churchill. Welche Frage genau?

Stalin. Die Frage, die von der sowjetischen Delegation eingebracht wurde.

Truman. Ich bin mit dem Vorschlag der sowjetischen Delegation einverstanden, diese Frage den Außenministern zur Beratung zu überweisen.

Stalin. Das ist eine andere Sache.

Truman. Wir haben keine Einwände gegen diesen Vorschlag.

Churchill. Ich habe auch keine Einwände, mit Ausnahme dessen, daß wir alle Fragen an unsere Minister überweisen.

Truman. Das ist ganz natürlich.

Churchill. Mir scheint, daß es viele dringlichere Fragen gibt, die man entscheiden sollte, solange wir uns hier befinden. Wir haben entschieden, daß die Frage des Friedensvertrages mit Italien vom Rat der Außenminister im September vorrangig behandelt wird, und dann erhebt sich automatisch die Frage, was mit diesen italienischen Kolonien zu geschehen hat. Ich bin dagegen, unsere Außenminister auch noch mit dieser Frage zu belasten. Aber es wird möglich sein, diese Frage auf die Tagesordnung zu setzen, wenn die Minister Zeit finden, sich mit dieser Frage zu befassen.

Stalin. Überweisen wir sie an die Minister.

Truman. Ich unterstütze diesen Vorschlag.

Churchill. Überweisen wir diese Frage an die Außenminister, aber unter der Bedingung, daß sie ihre Arbeit an vordringlicheren Fragen nicht verzögert.

Stalin. Nicht doch, ohne diese Vorbehalte. Mit solchen Vorbehalten überweist man eine Frage nicht. Entweder überweisen wir sie oder wir überweisen sie nicht.

Churchill. Wenn Sie darauf bestehen, so gebe ich nach.

Truman. Wir überweisen diese Frage an die Außenminister zur Beratung.

Die folgende Frage betrifft die Türkei. Ich glaube, daß die englische Delegation einen Vorschlag hat.

Churchill. Diese Frage wird bedeutsam angesichts der anerkannten Notwendigkeit, Änderungen an der Konvention zu Montreux[186] vorzunehmen. Während der Verhandlungen mit der Sowjetregierung[187] hat die britische Regierung erklärt, daß sie für eine Revision der Konvention zu Montreux[188] ist. Diese Revision sollte durch ein Abkommen zwischen den Teilnehmern der Konvention, mit Ausnahme von Japan natürlich, erfolgen.

Ich habe wiederholt die Bereitschaft geäußert, ein Abkommen auszuarbeiten, dem zufolge sich die sowjetische Flotte – die Seekriegs- und die Handelsflotte – aus dem Schwarzen Meer ins Mittelmeer und umgekehrt frei bewegen kann. Deshalb eröffnen wir die Beratung dieser Frage auf der Grundlage eines freundschaftlichen Einvernehmens.

Zugleich nehme ich mir die Freiheit, die Aufmerksamkeit des Generalissimus darauf zu lenken, wie wichtig es ist, die Türkei nicht in Schrecken zu versetzen. Ohne Zweifel ist die Türkei sehr beunruhigt über die Konzentration bulgarischer und sowjetischer Truppen in Bulgarien sowie auch über die ständigen Beschuldigungen der Türkei in der sowjetischen Presse und im Rundfunk und natürlich über jene Wendung, die die Verhandlungen genommen haben, die zwischen dem türkischen Botschafter in der UdSSR und Herrn Molotow[189] stattfanden. Während dieser Verhandlungen wurden Veränderungen der Ostgrenze der Türkei sowie ein sowjetischer Stützpunkt an den Meerengen erwähnt.

Ich verstehe, daß das keine Ansprüche der Sowjetregierung gegenüber der Türkei sind, in Anbetracht dessen jedoch, daß die Türkei die Frage eines Bündnisses mit der UdSSR aufgeworfen hat, stellte letztere Bedingungen für den Abschluß eines solchen Bündnisses. Mir ist vollkommen klar, daß, wenn die Türkei die Sowjetregierung um den Abschluß eines Offensiv- und Defensivbündnisses ersucht, dies für die Sowjetregierung eine gute Gelegenheit darstellt zu erklären, wie man die Beziehungen zwischen der Türkei und Rußland verbessern kann. Die gestellten Bedingungen haben jedoch die Türkei beunruhigt. Ich weiß nicht, was nach diesen Verhandlungen geschah. Und deshalb möchte ich gern wissen, welche Haltung die Sowjetregierung zu dieser Frage einnimmt.

Stalin. Ich bitte, Molotow das Wort zu erteilen.

Molotow. Ich werde jetzt in schriftlicher Form ein Dokument zur Frage der Meerengen in englischer und russischer Sprache übergeben. Aber vorher möchte ich erläutern, wie die Frage entstand.

Die türkische Regierung ergriff die Initiative und schlug der Sowjetregierung vor, einen Bündnisvertrag abzuschließen. Die türkische Regierung trug diese Frage zuerst an unseren Botschafter in Ankara heran und brachte sie danach, Ende Mai, über den türkischen Botschafter in Moskau vor.

Anfang Juni hatte ich zwei Gespräche mit dem türkischen Botschafter in Mos-

186 Siehe Anmerkung 9.
187 Siehe Anmerkung 41.
188 Siehe Anmerkung 41.
189 Siehe Anmerkung 8.

kau, Sarper[190]. Auf den Vorschlag der türkischen Regierung, einen Bündnisvertrag abzuschließen, wurde die Antwort erteilt, daß die Sowjetregierung unter bestimmten Bedingungen keine Einwände gegen den Abschluß eines solchen Vertrages erhebt. Von meiner Seite wurde darauf hingewiesen, daß wir bei Abschluß eines Bündnisvertrages die gegenseitigen Ansprüche regeln sollten.

Von unserer Seite gibt es zwei Fragen, die zu regeln sind. Der Abschluß eines Bündnisvertrages bedeutet, daß wir gemeinsam unsere Grenzen verteidigen müssen: die UdSSR nicht nur ihre Grenze, sondern auch die türkische, und die Türkei nicht nur ihre, sondern auch die sowjetische. In gewissen Abschnitten halten wir jedoch die Grenze zwischen der UdSSR und der Türkei für ungerecht. Tatsächlich wurde 1921 von Sowjetarmenien und Sowjetgeorgien durch die Türkei ein Territorium gewaltsam abgetrennt – das ist das bekannte Territorium des Gebietes von Kars, Artvin und Ardahan. Hier ist eine Karte des von den Türken annektierten Territoriums (übergibt eine Karte). Deshalb erklärte ich, daß man, um einen Bündnisvertrag abzuschließen, die Frage der von Georgien und Armenien abgetrennten Territorien regeln muß, ihnen dieses Territorium zurückgeben muß.

Die zweite wichtige Frage, die wir regeln sollten, ist die Frage der Schwarzmeer-Meerengen. Wir haben gegenüber unseren Verbündeten wiederholt erklärt, daß wir die zu Montreux[191] abgeschlossene Konvention nicht für richtig halten können. Nach dieser Konvention hat die Sowjetunion in den Schwarzmeer-Meerengen das gleiche Recht wie der japanische Kaiser. Uns scheint, daß dies nicht der bestehenden Lage entspricht. Wir wissen, daß unsere Verbündeten, der Präsident der USA und der Primierminister Großbritanniens, es ebenfalls für notwendig erachten, diese Lage zu korrigieren.

Die türkische Regierung wurde davon unterrichtet, daß im Falle ihrer Bereitschaft, diese strittigen Grundfragen zu regeln, wir nach deren Regelung bereit sind, einen Bündnisvertrag abzuschließen. Dabei äußerten wir die Bereitschaft, jene Fragen zu regeln, die möglicherweise von der Türkei an uns gestellt werden. Es wurde hinzugefügt, daß, wenn die türkische Regierung aber eine Regelung dieser beiden Fragen für unannehmbar erachtet, wir bereit sind, ein nur die Meerengen betreffendes Abkommen zu schließen. Die türkische Regierung wurde in mündlicher Form über jene Vorschläge informiert, die ich Ihnen schriftlich übergebe. (Übergibt dem Präsidenten und dem Premierminister den Text eines Memorandums in russischer und englischer Sprache.[192])

Churchill. Gestatten Sie, es durchzulesen.

Molotow. Bitte.

Churchill. (Nach der Lektüre des Memorandums.) Das ist ein sehr wichtiges Dokument, und es geht bei weitem über das hinaus, was wir früher besprochen haben.

Molotow. Aber damals war von einem Bündnisvertrag mit der Türkei nicht einmal die Rede.

Churchill. Ich vermute, daß an alle anderen Seiten, die die Konvention unterzeichnet haben, ebenfalls eine Anfrage gerichtet wird.

190 Siehe Anmerkung 8.
191 Siehe Anmerkung 9.
192 Vgl. Dok. Nr. 63.

Molotow. Mit Ausnahme Japans.

Churchill. In Zusammenhang mit dem übergebenen Memorandum treten ganz andere Fragen auf. Es geht um einen russischen Stützpunkt an den Meerengen sowie darum, daß niemand mehr mit der Frage der Dardanellen und des Bosporus und der Durchfahrt durch sie zu tun hat, außer der Türkei und der Sowjetunion. Ich bin davon überzeugt, daß die Türkei damit niemals einverstanden sein wird.

Molotow. Solche Verträge zwischen der Türkei und Rußland gab es auch früher schon.

Churchill. Denen zufolge Rußland einen befestigten Stütztpunkt an den Meerengen erhielt?

Molotow. Denen zufolge die Durchfahrt durch die Meerengen allein von der Türkei und Rußland entschieden wurde. Das waren der Vertrag von 1805 und der 1833 abgeschlossene Vertrag von Hunkjar-Iskelessi[193].

Churchill. Ich möchte die Möglichkeit haben, mich mit diesen Verträgen vertraut zu machen. Aber im Augenblick will ich bloß auf den Unterschied zwischen den dargelegten Vorschlägen und jenen hinweisen, um die es früher ging.

Stalin. Um welche Vorschläge handelte es sich?

Churchill. In meinen Verhandlungen mit der Sowjetregierung habe ich die Bereitschaft zum Ausdruck gebracht, auf die türkische Regierung Einfluß zu nehmen, damit sie sich mit einer Revision der Konvention zu Montreux einverstanden erklärt. Dieser Vorschlag von mir bleibt in Kraft. Aber ich fühle micht völlig ungebunden hinsichtlich der neuen Vorschläge.

Stalin. Sie sind ungebunden.

Churchill. Ich will mein Wort nicht brechen. Mir würde es sehr zusagen, ein Übereinkommen mit Ihnen zu erzielen.

Truman. Ich bin nicht bereit, zu dieser Frage meine Meinung zu äußern, da ich nicht in der Lage war, sie zu durchdenken . Ich muß die Vorschläge der Sowjetregierung studieren, bevor ich meine Meinung äußere.

(Die sowjetische Delegation übergibt nun den Delegationen der USA und Englands Vorschläge bezüglich des Gebietes Königsberg.[194])

Truman. Ich möchte vorschlagen, daß diese Frage an die Außenminister zur Beratung überwiesen wird.

Ich habe noch eine Frage. Wir haben uns bereits geeinigt, Vertreter der polnischen Regierung hierher einzuladen. Ich glaube, die Korrenspondenten werden erfahren wollen, zu welchem Zweck Vertreter der polnischen Regierung eingeladen werden, und mir scheint, daß es zweckmäßig wäre, ein Kommuniqué dazu herauszugeben.

Stalin. Vor Ankunft der Polen?

Truman. Ja, vor ihrer Ankunft.

Stalin. Meines Erachtens ist es möglich.

Churchill. Das widerspricht dem Prinzip, das wir bisher befolgt haben.

Stalin. Egal, man kann ein Kommuniqué herausgeben, man kann es auch sein lassen. Ich bin mit dem und mit jenem einverstanden.

Churchill. Soll man den Zweck ihrer Reise angeben?

193 Siehe Anmerkung 42.
194 Vgl. Dok. Nr. 64.

Stalin. Mir scheint, daß es nicht nötig ist, den Zweck anzugeben.

Churchill. Ich bitte, den Zweck der Reise nicht anzugeben.

Truman. Angenommen, ohne Angabe des Zwecks.

Stalin. Gut.

Molotow. Kann man jetzt eine Mitteilung über ein Lager sowjetischer Kriegsgefangener in Italien[195] machen? Es handelt sich um das Lager Nr. 5 im Gebiet der Stadt Cesenatico, das unter Kontrolle der britischen Behörden steht und in dem sich hauptsächlich Ukrainer befinden. Die britischen Behörden erklärten ursprünglich, im Lager befänden sich 150 Mann, als jedoch der sowjetische Vertreter das Lager besuchte, fand der 10 000 Ukrainer vor, aus denen das englische Kommando eine ganze Division gebildet hatte. Es waren zwölf Regimenter aufgestellt worden, darunter ein Nachrichtenregiment und ein Pionierbataillon. Zu Offizieren hatte man vorwiegend ehemalige Petljura-Leute ernannt, die früher in der Hitlerwehrmacht Kommandoposten bekleidet hatten. Beim Besuch des sowjetischen Offiziers in diesem Lager äußerten 625 Mann den Wunsch, unverzüglich in die Sowjetunion zurückzukehren.

Churchill. Wir begrüßen jede Beobachtung von Ihrer Seite. Ich werde telegraphisch einen Sonderbericht anfordern.[196] Möglicherweise gab es dort viele Polen.

Stalin. Nein, es waren dort nur Ukrainer, sowjetische Staatsangehörige.

Churchill. Wann war das etwa?

Stalin. Wir haben heute das Telegramm erhalten, und ereignet hat sich das in den letzten Monaten.

Churchill. Ich habe bisher nichts davon gehört.

(Truman schließt die Sitzung und beraumt die folgende Sitzung für morgen um fünf Uhr an.)

Nach Archiv. Veröffentlicht mit Kürzungen in: Meshdunarodnaja Shisn, 1966/3, S. 150ff.

Anlage

Mitteilung über die Sitzung der Außenminister[197]

22. Juli 1945

Die Sitzung stellte fest, daß folgende Fragen immer noch auf der Tagesordnung der Außenminister stehen:

1. Die Zulassung neutraler Staaten zur Internationalen Organisation, ausgenommen die jetzige spanische Regierung.
2. Der Rat der Außenminister.
3. Die Reparationen von Italien und Österreich.
4. Die Erdölversorgung Europas.
5. Die Deklaration von Jalta über das befreite Europa.
6. Wirtschaftsfragen bezüglich Deutschlands.
7. Die Entnahme alliierter Industrieausrüstungen als Kriegsbeute, besonders aus Rumänien.

Die Sitzung stellte fest, daß die Fragen 1 bis 4 an verschiedene Kommissionen

195 Vgl. auch Dok. Nr. 77.
196 Vgl. auch Dok. Nr. 18, S. 157f.
197 Berichterstatter Eden.

übergeben wurden und daher auf der Sitzung der Außenminister heute morgen nicht behandelt werden konnten. Sie begannen deshalb mit der Beratung der drei übrigen Fragen.

Die Deklaration von Jalta über das befreite Europa

Der Sitzung lag das von der Delegation der Vereinigten Staaten am 21. Juli[198] eingebrachte Memorandum vor. Das Memorandum betraf drei Fragen:

1. Die Beobachtung der Wahlen in einigen europäischen Ländern.
2. Die Schaffung günstiger Bedingungen für die Pressevertreter in den befreiten Staaten und ehemaligen Satellitenstaaten der Achse.[199]
3. Das Arbeitsverfahren der Kontrollkommissionen in Rumänien, Bulgarien und Ungarn.

Die britische Delegation brachte ihre Zustimmung zum Memorandum der Vereinigten Staaten zum Ausdruck. Die sowjetische Delegation konnte dem Vorschlag zur Beobachtung der Wahlen nicht zustimmen. Was die zweite und dritte Frage betrifft, so wurde beschlossen, sie einer Kommission zur Beratung zu übergeben, der angehören:

von den Vereinigten Staaten Cannon und Russel;
von der Sowjetunion Sobolew;
vom Vereinigten Königreich Hayter.

Die sowjetische Delegation verpflichtete sich, ein Memorandum vorzulegen, das die letzten Verbesserungen am Status des britischen und des amerikanischen Vertreters in den Kontrollkommissionen in Rumänien, Bulgarien und Ungarn[200] zeigt. Die sowjetische Delegation stimmte auch zu, ein Memorandum über die Veränderungen vorzubereiten, die sie in bezug auf das Arbeitsverfahren der Alliierten Kommission in Italien für wünschenswert hält.

Wirtschaftsfragen bezüglich Deutschlands

Den Außenministern lag der Bericht der Wirtschaftskommission[201] vor. Die Delegation der Vereinigten Staaten ersuchte darum, die Erörterung der Reparationsfrage bis zur nächsten Sitzung zu vertagen, und die sowjetische Delegation ersuchte darum, die Beratung auf die in der Kommission abgestimmten wirtschaftlichen Grundsätze zu beschränken. Die Außenminister beschlossen daher, nur die abgestimmten Grundsätze zu beraten und weder strittige Grundsätze noch die Reparationsfrage zu berühren. Sie kamen überein, daß die Reparationsfrage der erste Tagesordnungspunkt auf der Sitzung der Außenminister am 23. Juli sein wird. Die Punkte 11, 12, 14, 15 und 17 dieser Grundsätze wurden unter der Bedingung angenommen, daß zu den übrigen noch strittigen Punkten Übereinkunft erzielt wird.

Zu den übrigen Punkten:

Punkt 10. Man kam überein, den letzten Satz so zu ändern, daß er folgendermaßen lautet: „Die für die künftig genehmigte Industrie nicht erforderlichen Pro-

198 Vgl. Dok. Nr. 58.
199 Siehe Anmerkung 13.
200 Vgl. Dok. Nr. 98, Anlagen 1, 2.
201 Vgl. Dok. Nr. 55.

duktionskapazitäten sind entsprechend dem durch die Interalliierte Reparationskommission empfohlenen und durch die interessierten Regierungen bestätigten Reparationsplan entweder zu entnehmen oder, falls sie nicht entnommen werden, zu vernichten."

Punkt 13. Die sowjetische Delegation schlug vor, den ersten Satz zu ergänzen und wie folgt zu formulieren:

„Nach detaillierten Instruktionen, die vom Kontrollrat in Übereinstimmung mit den in diesem Abkommen festgelegten Grundsätzen erlassen werden."

Die Delegation der USA ersuchte darum, ihr Zeit zur Prüfung dieses Vorschlages zu geben, die Frage wurde daher vertagt.

Punkt 16. Es wurde darauf hingewiesen, daß sich dieser Punkt auf die Anlage zur Reparationsfrage bezieht, er wurde daher vertagt.

Punkt 18. Die sowjetische Delegation ersuchte darum, diesen Punkt zu streichen. Da dieser Punkt aber einer der strittigen war, wurde beschlossen, seine Behandlung zu vertagen.

Die Entnahme alliierter Industrieausrüstungen als Kriegsbeute, besonders aus Rumänien.

Es fand eine allgemeine Beratung dieser Frage auf der Grundlage des am 19. Juli von der Delegation des Vereinigten Königreiches vorgelegten Memorandums statt.[202] Es wurde keine Übereinkunft erzielt, und die weitere Behandlung der Frage wurde daher vertagt.

Tagesordnung für die Plenarsitzung

Die Außenminister kamen überein, als Tagesordnung für die heutige Nachmittagssitzung folgende Fragen zu empfehlen:

1. Westgrenze Polens (Fortsetzung der Erörterung).
2. Treuhandschaft (diese Frage wurde auf der gestrigen Plenarsitzung vertagt).
3. Türkei (diese Frage wurde auf der gestrigen Plenarsitzung vertagt).
4. Teilweise Veränderung der Westgrenze der Sowjetunion (Vorschlag der sowjetischen Delegation).
5. Iran (ein Memorandum wurde von der Delegation des Vereinigten Königreiches am 21. Juli[203] vorgelegt).

Es wurde beschlossen, einige weitere Fragen der Sitzung der Außenminister am 23. Juli zu übertragen. Es sind dies folgende Fragen:

Zusammenarbeit bei der Lösung dringender europäischer Wirtschaftsprobleme (Vorschlag der Delegation der USA).

Direktive der Regierungschefs zur Kontrolle über Deutschland in Übereinstimmung mit den abgestimmten Grundsätzen (Vorschlag der Delegation der USA).

Tanger (Vorschlag der sowjetischen Delegation).

Syrien und Libanon (Vorschlag der sowjetischen Delegation).

202 Vgl. Dok. Nr. 43.
203 Vgl. Dok. Nr. 61.

Es wurde die Hoffnung geäußert, daß man sich einigen könne, diese Fragen unverzüglich den Außenministern zu übergeben, ohne daß sie im jetzigen Stadium auf der Plenarsitzung beraten werden.

Nach Archiv.

Nr. 14
Aufzeichnung über die Unterredung des Volkskommissars für Auswärtige Angelegenheiten der UdSSR mit dem Außenminister der USA
23. Juli 1945, 10.30 Uhr

Byrnes erklärt, daß Molotow, davon sei er überzeugt, verstehe, daß die Delegation der USA von Anfang an den Wunsch hatte, bei der Entscheidung der Reparationsfrage Deutschland als einheitliches Ganzes zu betrachten. Er, Byrnes, habe die Beratung dieser Frage auf der Sitzung der Regierungschefs gehört. Er habe auch den Bericht der Wirtschaftskommission gehört. Er, Byrnes, sei über die entstandene Lage äußerst beunruhigt und schlage vor, daß Molotow und er diese Frage miteinander beraten, bevor sie den „großen Drei" zur Behandlung unterbreitet wird. Der Premierminister habe seine Forderungen im Zusammenhang damit geltend gemacht, daß die Polen Kohle aus der sowjetischen Zone nehmen, verkaufen und nutzen, ohne einzuwilligen, daß diese Kohle in den Gesamtreparationsfonds aufgenommen wird. Der Präsident habe erklärt, daß er Einwand erhebe gegen die Übergabe deutschen Territoriums unter polnische Verwaltung, die dazu führte, daß jetzt noch eine Macht Deutschland besetzt. Die amerikanischen Vertreter in der Reparationskommission[204] hätten ihn, Byrnes, davon in Kenntnis gesetzt, daß nach ihren Informationen vom Territorium der sowjetischen Besatzungszone, mit Ausnahme des Polen übergebenen Territoriums, Ausrüstungen abtransportiert wurden. Er, Byrnes, sehe endlose Streitereien voraus, ob dieses abtransportierte Vermögen als Kriegsbeute oder als Reparationen anzusehen ist. Die Meinungsverschiedenheiten zur Frage der Röhren in Rumänien[205] seien ein Beispiel dafür. Die amerikanischen Vertreter erklärten, daß außer Ausrüstungen auch Silber, Haushaltsgegenstände und anderes wertvolle Vermögen abtransportiert wurde, das heißt Vermögen, das in den Gesamtreprationsfonds aufgenommen werden muß. Des weiteren würden die Amerikaner darauf bestehen, daß eine bestimmte Menge Lebensmittel und Brennstoffe in die amerikanische Zone geliefert wird. Die Amerikaner würden nicht wiederholen, was nach dem vorigen Weltkrieg geschah, das heißt, sie werden nicht aus ihrer eigenen Tasche die Reparationen bezahlen. Die Amerikaner würden darauf bestehen, daß Deutschland vor Zahlung der Reparationen die Kohle und die Lebensmittel, die ihm geliefert wurden, bezahlt. Die sowjetischen Vertreter seien damit nicht einverstanden. Es werde ständig Diskussionen darüber geben, daß die Amerikaner zuviel Lebensmittel für Deutschland liefern und daß größere Möglichkeiten für die Zahlung der Reparationen gesichert werden müssen. Ge-

204 Siehe Anmerkung 38.
205 Siehe Anmerkung 31.

neralissimus Stalin habe auf der Sitzung der „großen Drei“ erklärt, daß die Engländer, wenn sie Kohle aus Schlesien haben wollen, dafür mit Waren aus der britischen Zone bezahlen müssen. All das veranlasse ihn, Byrnes, zu denken, daß sich diese Frage ernstlich auf die gegenseitigen Beziehungen der Alliierten gerade zu dem Zeitpunkt auswirken werde, zu dem das Bestreben besteht, diese Beziehungen so freundschaftlich wie möglich zu gestalten. Deshalb will er, Byrnes, folgendes vorschlagen. Die russische Zone stellt 50 % des Territoriums Deutschlands dar, und darin sind etwa 50 % der Ressourcen Deutschlands konzentriert.

Molotow bemerkt, daß bei den Ressourcen diese Ziffer kleiner ist.

Byrnes erklärt, daß er nur von annähernden Ziffern, entsprechend einer von den amerikanischen Vertretern gegebenen annähernden Schätzung, spreche. Er, Byrnes, wolle vorschlagen, daß die Russen die Reparationen aus ihrer Zone entnehmen, ebenso wie die Engländer, die Amerikaner und die Franzosen die Reparationen aus ihren Zonen entnehmen werden.

Molotow bemerkt, daß in diesem Falle Deutschland nicht als wirtschaftliches Ganzes betrachtet werde.

Byrnes erwidert, daß er dies nur in bezug auf die Reparationen vorschlägt. In allen anderen Fragen wird Deutschland als wirtschaftliches Ganzes betrachtet. Es wird ein Bevölkerungs- und Warenaustausch stattfinden. Wenn die Amerikaner Waren aus der russischen Zone erhalten möchten, werden sie dafür mit Ausrüstungen zahlen, die die sowjetischen Behörden aus ihrer Zone haben möchten.

Molotow bemerkt, daß das Herz Deutschlands das Ruhrgebiet ist.

Byrnes erwidert, daß er nicht wisse, wo bei Deutschland das Herz und wo die Seele sitzt, aber nach amerikanischen Informationen seien 50 % der Ressourcen für die Reparationen in der sowjetischen Zone, 30 % in der englischen und 20 % in der amerikanischen Zone konzentriert. Bei der Lösung aller anderen Fragen, wie zum Beispiel der Währungs- und Transportfragen, wird Deutschland als wirtschaftliches Ganzes betrachtet werden.

Molotow sagt, daß der Vorschlag von Byrnes neu sei.

Byrnes erwidert, daß die Amerikaner es anfangs vorgezogen hätten, die Reparationsfrage so zu lösen, daß das gesamte Vermögen in den Gesamtreparationsfonds gegeben und dieser Fonds dann entsprechend dem festgelegten prozentualen Verhältnis aufgeteilt wird. Jetzt habe sich jedoch gezeigt, daß sich die Bedingungen völlig verändert haben, und sie, die Amerikaner, seien nicht in der Lage, so zu verfahren, wie sie gehofft hatten.

Molotow bemerkt, daß seines Erachtens dennoch so verfahren werden könne, wie es beabsichtigt war.

Byrnes sagt, daß nach der Erklärung Maiskis die abtransportierten Betriebe Kriegsbeute seien.

Molotow sagt, daß Maiski die Frage nicht erläutert habe. Er, Molotow, meine, daß Byrnes, er und Eden sich einig werden könnten, wenn sie zur Beratung dieser Frage zusammenkommen würden. Er, Molotow, werde die Position der Sowjetregierung erläutern und einen Vorschlag unterbreiten. Gestern abend habe er an dieser Frage gearbeitet.

Byrnes bemerkt, daß sein Vorschlag im Zusammenhang mit der Beratung der Frage durch die „großen Drei“ entstanden sei.

Molotow bemerkt, daß auf der Sitzung der „großen Drei“ diese Frage nicht vollständig beraten wurde.

Byrnes sagt, daß die Reparationskommission diese Frage beraten, aber keine Übereinkunft erzielt habe.

Molotow sagt, daß er die Arbeit der Reparationskommission für nicht sehr effektiv halte. Molotow erklärt, daß er bereit sei, mit Byrnes ausführlicher über diese Frage zu verhandeln, wenn er es wünscht.

Byrnes erwidert, daß all diese Fragen so wichtig sind, daß er bereit sei, sie zu jeder Zeit zu beraten, da von der Lösung dieser Fragen sehr viel abhängt.

Abschließend vereinbaren Molotow und Byrnes, sich gemeinsam mit Eden am 23. Juli[206] um 15 Uhr zu treffen.

Nach Archiv.

Nr. 15
Kurze Aufzeichnung über die sechste Sitzung der Außenminister
23. Juli 1945, 11.30 Uhr

(Vorsitzender Molotow)

1. Reparationen von Deutschland, Österreich und Italien.

1) Molotow überreichte Byrnes und Eden die Memoranden „Plan der Reparationen von Deutschland" und „Vorschußlieferungen a conto Reparationen von Deutschland"[207].

2) Die Wirtschaftskommission wurde bauftragt, die von der Delegation der UdSSR vorgelegten Dokumente zu prüfen.

2. Wirtschaftliche Grundsätze hinsichtlich Deutschlands.

1) Die Punkte 18 und 19[208] wurden den „großen Drei" zur Beratung übergeben.

2) Molotow zog seinen Abänderungsantrag zu Punkt 13[209] zurück.

3. Über den Rat der Außenminister.

Der in der Redaktionskommission abgestimmte Wortlaut[210] wurde ohne Änderungen bestätigt.

4. Über die Treuhandterritorien.

Es wurde die Erklärung Molotows zur Kenntnis genommen, daß die Sowjetregierung diese Frage auf der ersten Sitzung des Rates der Außenminister erneut aufwerfen wird.

5. Über die Direktive an die alliierten Oberkommandierenden in Deutschland.

Es wurde beschlossen, den alliierten Oberkommandierenden in Deutschland alle sie betreffenden Beschlüsse der Konferenz zur Kenntnis zu bringen. Zur Vorbereitung der Mitteilung an die Oberkommandierenden wurde eine Kommission gebildet, der angehören:
von der UdSSR Gussew und Sobolew;

206 Eine Aufzeichnung dieser inoffiziellen Sitzung der Außenminister wurde in sowjetischen Archiven nicht aufgefunden.
207 Vgl. Dok. Nr. 69, 70.
208 Vgl. Dok. Nr. 55, 71, 72.
209 Vgl. Dok. Nr. 12, S. 108.
210 Vgl. Dok. Nr. 73.

von England Strang und Harrison;
von den USA Murphy und Riddleberger.

6. Über die Zusammenarbeit bei der Lösung dringender europäischer Wirtschaftsprobleme.

Diese Frage wurde einer Kommission zur Behandlung übergeben, der angehören:
von der UdSSR Arutjunjan und Geraschtschenko;
von den USA Clayton und Pauley;
von England Brand und Coulson.

7. Über Tanger.

Es wurde beschlossen:

1) Den ersten Absatz des sowjetischen Entwurfes[211] anzunehmen.

2) Diese Frage in nächster Zeit auf der Beratung der vier Mächte (UdSSR, England, Frankreich und USA) in Paris zu erörtern.

8. Bestätigung des Wortlauts der Einladung an die Regierungen Chinas und Frankreichs, sich der Errichtung eines Rates der Außenminister[212] anzuschließen.

1) Der Wortlaut wurde bestätigt.

2) Es wurde beschlossen, den Regierungen Chinas und Frankreichs 48 Stunden vor der Veröffentlichung des Abschlußkommuniqués der Konferenz die Einladung zuzustellen.

9. Tagesordnung der „großen Drei" für heute.

1) Über die Türkei.

2) Über das Gebiet Königsberg.

3) Über Syrien und Libanon.

4) Über Iran.

Nach Archiv.

Nr. 16
Aufzeichnung über die siebente Sitzung der Regierungschefs
23. Juli 1945, 17.10 Uhr

Truman. Heute berichtet Herr Molotow[213] über die Sitzung der Außenminister.

Molotow. Auf der Tagesordnung der heutigen Ministersitzung standen folgende Fragen:

1. Reparationen von Deutschland, Österreich und Italien.

Der Volkskommissar für Auswärtige Angelegenheiten der UdSSR hat den Außenministern der USA und Großbritanniens Entwürfe der sowjetischen Delegation für einen Plan der Reparationen von Deutschland und zu Vorschußlieferungen aus Deutschland a conto Reparationen überreicht.[214]

Es wurde beschlossen, die Wirtschaftskommission mit der vorherigen Prüfung

211 Vgl. Dok. Nr. 65.
212 Vgl. Dok. Nr. 103.
213 Vgl. auch Anlage.
214 Vgl. Dok. Nr. 69, 70.

beider Entwürfe zu beauftragen und diese dann auf der nächsten Sitzung der drei Minister zu erörtern.

2. Wirtschaftliche Grundsätze hinsichtlich Deutschands.[215]

Es wurden die Punkte 13, 18 und der von der sowjetischen Delegation vorgeschlagene neue Entwurf für Punkt 19[216] erörtert. Die sowjetische Delegation erklärte, daß sie die von ihr zu Punkt 13[217] vorgeschlagene Abänderung zurückzieht. Sie schlug vor, den Punkt 18 zu streichen und die dort aufgeworfenen Fragen von den alliierten Organen in Deutschland erörtern und danach vom Kontrollrat entscheiden zu lassen. Wenn keine Vereinbarung im Kontrollrat[218] erzielt wird, sollten diese Fragen durch Abstimmung zwischen den Regierungen entschieden werden. Es wurde keine Übereinstimmung erzielt und beschlossen, die Frage betreffend Punkt 18 den drei Regierungschefs zur Entscheidung zu übergeben.

Zu dem von der sowjetischen Delegation vorgeschlagenen neuen Entwurf für Punkt 19 erklärte der Außenminister der USA, daß dieser Entwurf für die USA unannehmbar sei. Die sowjetische Delegation schlug einen Alternativentwurf für Punkt 19 vor, demzufolge der vom Kontrollrat bestätigte Export aus Deutschland zur Deckung des Imports vor allen anderen Lieferungen Vorrang hat. In allen anderen Fällen haben die Reparationen[219] Vorrang. Es wurde keine Einigung erzielt und beschlossen, diese Frage den drei Regierungschefs zur Entscheidung zu übergeben.

3. Über den Rat der Außenminister.

Der von der Redaktionskommission vorgelegte Entwurf[220] wurde ohne Änderung bestätigt.

4. Über die Treuhandschaftsterritorien.

Es wurde der Entwurf der sowjetischen Delegation[221] beraten. Der Außenminister Großbritanniens erklärte, in erster Linie müsse die Frage entschieden werden, ob die italienischen Kolonien von Italien abgetrennt werden und welche namentlich. Diese Frage müsse bei der Ausarbeitung des Friedensvertrages mit Italien entschieden werden. Die Frage, wem die Treuhandschaft über die gesamten ehemaligen italienischen Kolonien zu übertragen ist, die man von Italien abzutrennen beschließt, solle von der internationalen Organisation der Vereinten Nationen[222] entschieden werden. Der Außenminister der USA schlug vor, die Entscheidung über diese Frage bis zum Abschluß des Friedensvertrages mit Italien zu vertagen, wenn alle Gebietsfragen, die Italien betreffen, entschieden würden. Der Volkskommissar für Auswärtige Angelegenheiten der UdSSR schlug vor, der ersten Sitzung des Rates der Außenminister in London im September dieses Jahres das sowjetische Memorandum zur Prüfung vorzulegen. Der englische Minister erklärte, seiner Ansicht nach bestehe nicht die Notwendigkeit, das sowjetische Memorandum dem Rat der Außenminister zu übergeben, da sich bei der

215 Vgl. Dok. Nr. 55.
216 Vgl. Dok. Nr. 71.
217 Vgl. Dok. Nr. 12, S. 108.
218 Siehe Anmerkung 16.
219 Vgl. Dok. Nr. 72.
220 Vgl. Dok. Nr. 73.
221 Vgl. Dok. Nr. 50.
222 Siehe Anmerkung 14.

Ausarbeitung des Friedensvertrages mit Italien die Frage der italienischen Kolonien automatisch erheben werde. Der Volkskommissar für Auswärtige Angelegenheiten der UdSSR ersuchte darum, zur Kenntnis zu nehmen, daß die Sowjetregierung die im sowjetischen Memorandum angeschnittenen Fragen auf der Septembersitzung des Rates der Außenminister in London stellen werde.

5. Über die Direktive an die alliierten Oberkommandierenden in Deutschland.

Man ist übereingekommen, den Oberkommandierenden der alliierten Besatzungstruppen in Deutschland alle sie betreffenden Beschlüsse der Konferenz, nachdem zu diesen Beschlüssen die Provisorische Regierung der Französischen Republik konsultiert wurde, zur Kenntnis zu bringen.

Es wurde beschlossen, zu diesem Zweck eine Kommission in folgender Zusammensetzung zu bilden: Murphy und Riddleberger von den USA, Strang und Harrison von Großbritannien, Gussew und Sobolew von der UdSSR.

6. Über die Zusammenarbeit bei der Lösung dringender europäischer Wirtschaftsprobleme.

Zur vorbereitenden Prüfung des von der Delegation der USA vorgelegten Memorandums[223] wurde die Bildung einer Kommission in folgender Zusammensetzung beschlossen: Clayton und Pauley von den USA, Brand und Coulson von Großbritannien, Arutjunjan und Geraschtschenko von der UdSSR.

7. Über Tanger.

Es wurde der sowjetische Entwurf[224] beraten.

Es wurde beschlossen:

1. Den ersten Absatz des Entwurfes der sowjetischen Delegation anzunehmen, und zwar:

„Nach Prüfung der die Zone von Tanger betreffenden Frage einigten wir uns, daß diese Zone, die die Stadt Tanger und das anliegende Gebiet umfaßt, angesichts ihrer besonderen strategischen Bedeutung international bleiben soll."

2. Die gesamte Frage Tanger in nächster Zeit auf einer Beratung der Vertreter der vier Mächte – UdSSR, USA, Großbritannien und Frankreich – in Paris zu erörtern.

8. Bestätigung des Wortlauts einer Einladung an die Regierungen Chinas und Frankreichs.

Es wurde beschlossen, die Einladung 48 Stunden vor Veröffentlichung des Kommuniqués über die Ergebnisse der Konferenz abzuschicken.

9. Über die Tagesordnung der Sitzung der drei Regierungschefs am 23. Juli.

Man ist übereingekommen, den drei Regierungschefs folgende Tagesordnung zu empfehlen:

1. Über die Türkei.
2. Über das Gebiet Königsberg.
3. Über Syrien und Libanon.
4. Über Iran.

Truman. Die erste Frage der Tagesordnung betrifft die Türkei und die Schwarzmeer-Meerengen. Gestern haben wir die Diskussion in Anbetracht dessen unterbrochen, daß der Premierminister seine Erklärung nicht abgeschlossen hatte.

223 Vgl. Dok. Nr. 66.
224 Vgl. Dok. Nr. 65.

Churchill. Ich hatte meine Erklärung gestern abgeschlossen. Ich habe erklärt, daß ich den Vorschlag über die Errichtung eines russischen Militärstützpunktes nicht unterstützen kann und nicht glaube, daß die Türkei diesem Vorschlag zustimmt.

Stalin. Gestern hat Herr Churchill behauptet, daß die Russen die Türken in Schrecken versetzt haben, daß eines der Hauptmomente, weswegen sie sich erschreckt zeigten, darin bestehe, daß russische und bulgarische Truppen in Bulgarien zusammengezogen sind. Ich halte es für erforderlich, in dieser Angelegenheit Auskunft zu geben – zur Beruhigung von Herrn Churchill. Ich weiß nicht, was für Informationen er von den Türken erhalten hat, aber ich muß sagen, daß wir in Bulgarien zwei Divisionen haben. Herr Churchill ist von den Türken in Schrecken versetzt worden.

Churchill. Wieviel britische Truppen befinden sich Ihrer Meinung nach in Griechenland?

Stalin. Nicht weniger als fünf Divisionen.

Churchill. Wir haben dort zwei Divisionen.

Stalin. Das sind ungefähr wieviel Tausend?

Churchill. Ungefähr 40 000.

Stalin. Wir haben in Bulgarien weniger, etwa 30 000.

Churchill. Feldmarschall Alexander befindet sich hier, er kann die genaue Zahl nennen.

Stalin. Ich bin dafür, der Erklärung von Herrn Churchill hundertprozentig zu glauben. Wenn nötig, könnte der Chef des Generalstabes der Roten Armee, General Antonow, genaue Auskunft geben. Die Türken haben im Gebiet von Konstantinopel mehr als 20 Divisionen, möglicherweise 23 oder 24 Divisionen. Ich versichere Ihnen, die bulgarischen Truppen haben die Türken nicht erschreckt. Der Vorschlag über Grenzkorrekturen – könnte der vielleicht die Türken erschreckt haben? Es ging um die Wiederherstellung der Grenzen, die vor dem ersten Weltkrieg bestanden.[225] Ich denke an das Gebiet von Kars, das vor dem Krieg zu Armenien gehörte, und an das Gebiet von Ardahan, das vor dem Krieg zu Georgien gehörte. Die Frage der Wiederherstellung der alten Grenze wäre nicht aufgetaucht, wenn die Türken nicht die Frage eines Bündnisvertrages zwischen der UdSSR und der Türkei aufgeworfen hätten. Ein Bündnis bedeutet aber, daß wir uns verpflichten, die Grenze der Türkei zu verteidigen, wie auch die Türkei sich verpflichtet, unsere Grenzen zu verteidigen. Wir sind aber der Ansicht, daß die Grenze im Gebiet von Kars und Ardahan nicht richtig ist, und wir haben gegenüber der Türkei erklärt, wenn sie mit uns ein Bündnis schließen will, man diese Grenze korrigieren muß, wenn sie jedoch die Grenze nicht berichtigen will, die Frage eines Bündnisses entfällt.

Die Frage der Meerengen. Für die Lage eines solch großen Staates wie Rußland hat die Frage der Meerengen maßgebliche Bedeutung. Die Konvention zu Montreux[226] ist völlig gegen Rußland gerichtet, ist ein Rußland feindlicher Vertrag. Der Türkei wird das Recht gewährt, die Meerengen für unsere Schiffahrt nicht nur im Kriegsfalle zu sperren, sondern auch in dem Falle, wenn es der Türkei scheint, daß eine Kriegsgefahr besteht, wobei die Frage, wann diese erwächst,

225 Siehe Anmerkung 8.
226 Siehe Anmerkung 9.

die Türkei selbst entscheidet. Eine unerträgliche Situation! Der Türkei kann es immer scheinen, daß irgendeine Gefahr vorhanden ist, und sie kann die Meerengen immer schließen. Wir, die Russen, haben so ziemlich dieselben Rechte in bezug auf die Meerengen wie der japanische Kaiser. Das ist lachhaft, aber es ist Tatsache. Es ergibt sich, daß ein kleiner Staat, der von England unterstützt wird, einem großen Staat an die Gurgel greift und ihm keine Durchfahrt gestattet. Man kann sich vorstellen, welcher Lärm sich in England erheben würde, wenn ein solcher Vertrag in bezug auf Gibraltar existieren würde, oder in Amerika, wenn ein solcher Vertrag hinsichtlich des Panamakanals existieren würde. Es steht also die Frage, daß unseren Schiffen die Möglichkeit der freien Durchfahrt aus dem Schwarzen Meer und umgekehrt eingeräumt wird. Aber da die Türkei schwach ist und nicht selbst die Möglichkeit der freien Durchfahrt im Falle irgendwelcher Verwicklungen behaupten kann, müssen wir irgendeine Garantie haben, daß diese Freiheit der Durchfahrt gewährleistet wird.

Sie sind der Auffassung, daß ein Militärstützpunkt an den Meerengen unannehmbar ist. Gut, dann geben Sie uns irgendeinen anderen Stützpunkt, wo die russische Flotte repariert, ausgerüstet werden könnte und wo sie gemeinsam mit ihren Verbündeten für das Recht Rußlands eintreten könnte. So steht die Sache. Aber die Sachlage so beizubehalten, wie sie jetzt existiert, ist lachhaft. Ich bin am Schluß.

Truman. Gestatten Sie mir, meine Ansichten über die Schwarzmeer-Meerengen und die internationalen Binnenwasserstraßen überhaupt darzulegen.

Wir vertreten folgende Position in dieser Frage: Wir sind der Ansicht, daß die Konvention zu Montreux revidiert werden muß. Wir meinem, daß die Schwarzmeer-Meerengen zu einem freien Wasserweg werden müßten, der für alle Welt offen ist, und daß das Recht der freien Durchfahrt durch die Meerengen für alle Schiffe von uns allen gemeinsam garantiert werden muß. Ich habe viel über diese Fragen nachgedacht. Wo entspringen alle diese Kriege? In den letzten zweihundert Jahren begannen sie alle im Raum zwischen dem Mittelmeer und der Ostsee, der Ostgrenze Frankreichs und der Westgrenze Rußlands. Und das letzte Mal wurde der Weltfrieden vor allem durch Deutschland verletzt. Ich denke, daß unsere Konferenz verpflichtet ist, ebenso wie die künftige Friedenskonferenz, eine Wiederholung solcher Erscheinungen nicht zuzulassen.

Stalin. Richtig.

Truman. Ich nehme an, es wird diesem Ziel in hohem Maße dienen, wenn wir festlegen und garantieren, daß die Wasserwege für alle Nationen frei sind.

Stalin. Welche beispielsweise?

Truman. Ich habe einen Vorschlag über die Freiheit der Verkehrswege, und ich meine, daß wir uns bemühen sollten, eine solche Lage herbeizuführen, bei der Rußland, England und allen anderen Staaten der freie Zugang zu allen Weltmeeren gewährt wird. Hier ist der Vorschlag. (Überreicht den Entwurf des Vorschlages.)[227]

Unser Entwurf sieht die Herstellung einer freien und uneingeschränkten Schiffahrt auf allen internationalen Binnenwasserstraßen vor. Die Regierung der USA ist der Ansicht, daß eine derartige freie und uneingeschränkte Schiffahrt auf Binnenwasserstraßen hergestellt werden soll, die durch das Gebiet zweier oder

227 Vgl. Dok. Nr. 74.

mehrerer Staaten verlaufen, und daß sie durch internationale Organe geregelt werden soll, in denen alle interessierten Staaten vertreten sind.

Wir meinen, daß solche Organe so schnell wie möglich zu schaffen sind. In erster Linie ist es notwendig, provisorische Schiffahrtsorgane für die Donau und den Rhein zu bilden. Diese provisorischen Organe sollen die Funktion haben, die Navigationsmittel auf den genannten Flüssen wieder instand zu setzen und weiterzuentwickeln, die Flußschiffahrt zwecks Gewährleistung gleicher Möglichkeiten für Bürger verschiedener Nationalitäten zu beaufsichtigen und einheitliche Regeln für die Nutzung dieser Mittel sowie Navigationsregeln, Zoll- und sanitäre Formalitäten und andere ähnliche Fragen festzulegen. Mitglieder dieser Organe sollen die Vereinigten Staaten, das Vereinigte Königreich, die Sowjetunion, Frankreich und die souveränen Anliegerstaaten sein, die von den Regierungen dieser Mächte anerkannt sind.

Ich meine, daß das gleiche Verfahren auch beim Kieler Kanal angewandt werden soll, und im gleichen Sinne ist die Konvention zu Montreux zu revidieren. Auf diese Weise werden wir einen freien Verkehr in diesen Gebieten haben.

Ich bringe diese Vorschläge deshalb ein, weil ich in den nächsten fünfundzwanzig Jahren nicht an einem weiteren Krieg beteiligt sein möchte, der wegen der Meerengen oder wegen der Donau ausbrechen würde.

Es ist unser Wunsch, daß Europa frei und wirtschaftlich gesund ist, dem Aufblühen der Sowjetunion, Englands, Frankreichs und aller übrigen Staaten dient und daß die Vereinigten Staaten auf der Grundlage der Gleichberechtigung und des gegenseitigen Vorteils mit ihm Handel treiben können. Ich meine, daß unser Vorschlag ein Schritt vorwärts in dieser Richtung sein kann.

Was die territoriale Frage betrifft, so berührt sie nur die Sowjetunion und die Türkei und muß zwischen ihnen entschieden werden. Doch die Frage der Schwarzmeer-Meerengen geht uns alle und viele andere Länder an. Ich bin am Schluß.

Churchill. Ich unterstütze energisch den Vorschlag über die Revision der Konvention zu Montreux, damit für die Handels- und Kriegsflotte Sowjetrußlands eine freie und ungehinderte Durchfahrt durch die Meerengen sowohl in Friedens- als auch in Kriegszeiten gewährleistet wird. Ich bin voll und ganz einverstanden mit dem Präsidenten und seinem Vorschlag, daß die freie Passage dieser Meerengen durch uns alle garantiert werden soll. Die Garantie der Großmächte und interessierter Staaten wird zweifellos effektiv sein.

Was die anderen Wasserwege betrifft, die der Präsident erwähnte, so sind wir im Prinzip mit den allgemeinen Linien der Erklärung des Präsidenten einverstanden. Wir stimmen auch dem Vorschlag des Präsidenten zu, daß der Kieler Kanal frei und offen ist, garantiert durch alle Großmächte. Wir messen auch der freien Schiffahrt auf der Donau und dem Rhein große Bedeutung bei.

Truman. Zweifellos haben wir in der Frage der Revision der Konvention zu Montreux die gleiche Meinung.

Churchill. Und auch über die Ziele, um derentwillen sie revidiert werden muß.

Stalin. Man muß die Vorschläge des Präsidenten lesen. Beim Hören allein erfaßt man nicht alles. Vielleicht gehen wir unterdessen zu anderen Fragen über?

Truman. Die nächste Frage der Tagesordnung ist die der Übergabe des Gebietes Königsberg in Ostpreußen an die Sowjetunion. Das sowjetische Dokument zu dieser Frage wurde gestern übergeben.[228]

Stalin. Präsident Roosevelt und Herr Churchill haben dazu bereits auf der Teheraner Konferenz[229] ihre Zustimmung gegeben, und die Frage wurde zwischen uns abgestimmt. Wir möchten, daß diese Vereinbarung auf der jetzigen Konferenz bestätigt wird.

Truman. Ich bin im Prinzip einverstanden. Ich bitte lediglich, mir die Möglichkeit zum Studium der Bedingungen zu geben, aber ich bin überzeugt, daß es von unserer Seite keine Einwände geben wird. Ich bin damit einverstanden, daß Rußland bestimmte Gebiete in diesem Raum bekommen soll.

Stalin. Gut.

Churchill. Der Generalissimus hat völlig richtig festgestellt, daß die Frage bereits in Teheran gestanden hat, und dann haben wir sie erneut im Oktober 1944[230] erörtert.

Stalin. In Moskau.

Churchill. Ja, das war in Moskau, und das war im Zusammenhang mit der Aussprache über die Curzonlinie.[231]

Stalin. Richtig.

Churchill. Am 15. Dezember 1944 äußerte ich mich dazu im Parlament. Ich erklärte, daß die britische Regierung dem sowjetischen Standpunkt wohlwollend gegenübersteht. Die einzige Frage, die entsteht, ist die rechtliche Seite der Übergabe dieses Gebietes. Der hier vorliegende sowjetische Entwurf fordert gewissermaßen anzuerkennen, daß es kein Ostpreußen mehr gibt und daß das Gebiet von Königsberg nicht unter Kontrolle des Alliierten Kontrollrates in Deutschland steht.

Was die britische Regierung betrifft, so unterstützen wir den Wunsch der sowjetischen Regierung, diese Gebiete in den Bestand der Sowjetunion einzugliedern. Diese Erklärung gilt im Prinzip. Wir haben natürlich noch nicht die genaue Linie auf der Karte geprüft. Aber ich versichere der sowjetischen Regierung erneut, daß wir stets die russische Position in diesem Teil der Welt unterstützen.

Stalin. Mehr schlagen wir auch nicht vor. Es genügt uns, wenn die amerikanische Regierung und die Regierung von Großbritannien diesen Vorschlag im Prinzip billigen.

Churchill. Einverstanden.

Truman. Einverstanden.

Churchill. Es wird einer kleinen Korrektur dieses Dokuments bedürfen. Wenn dies ein Teil des Kommuniqués nach Abschluß der Konferenz sein wird, schlage ich eine allgemeinere Formulierung dieses Dokuments vor.

Stalin. Ich habe keine Einwände.

Truman. Somit erklären wir uns im Prinzip mit dem Entwurf des Vorschlages der sowjetischen Delegation einverstanden.

Die nächste Frage auf der Tagesordnung ist die Frage Syrien und Libanon.

(Die sowjetische Delegation überreicht den Delegationen der USA und Eng-

228 Vgl. Dok. Nr. 64.
229 Siehe Anmerkung 23.
230 Siehe Anmerkung 41.
231 Siehe Anmerkung 10.

lands den Wortlaut eines Vorschlages zu dieser Frage in russischer und englischer Sprache.[232])

Churchill. Gegenwärtig liegt die Last der Aufrechterhaltung von Ordnung und Frieden in Syrien und Libanon völlig auf unseren Schultern. Wir haben weder die Absicht noch den Wunsch, in diesen Ländern irgendwelche Vorrechte zu bekommen, außer denen, die auch andere Länder genießen. In der Zeit, als wir in Syrien und Libanon einzogen, um die Deutschen und die Vichy-Truppen[233] von da hinauszuwerfen, schlossen wir mit Frankreich ein Abkommen, dem zufolge wir die Selbständigkeit Syriens und Libanons anerkennen sollten. Angesichts der langjährigen historischen Bindungen zwischen Frankreich und diesen Ländern erklärten wir, wir hätten nichts dagegen, wenn Frankreich dort eine privilegierte Stellung hätte, vorausgesetzt, daß ein Abkommen mit den neuen selbständigen Regierungen dieser Länder geschlossen werden würde.

Wir teilten de Gaulle mit, daß wir, sobald Frankreich einen Vertrag mit Syrien und Libanon abschließt, der für diese Länder zufriedenstellend ist, unverzüglich unsere Truppen abziehen. Würden wir jetzt unsere Truppen abziehen, so würde man die französischen Bürger und die zahlenmäßig schwachen französischen Truppen, die dort stehen, niedermetzeln. Wir möchten nicht, daß dies geschieht, da dies große Unruhen unter den Arabern auslösen würde, was den Frieden und die Ruhe in Saudi-Arabien und Irak stören könnte. Der Ausbruch solcher Unruhen in diesem Teil der Welt würde Unruhen in Ägypten zur Folge haben. Es könnte keinen ungünstigeren Augenblick für derartige Unruhen unter den Arabern geben als jetzt, denn dadurch käme es zu einer Bedrohung der Verbindungswege zum Suezkanal, und über diese Route gehen die Waffen und die Verstärkung für den Krieg im Fernen Osten. Der Verbindungsweg für die Kriegführung gegen Japan ist nicht nur für England, sondern auch für die USA von großer Bedeutung.

General de Gaulle verhielt sich sehr unvernünftig in diesen Gebieten; entgegen unserem Rat und unseren Bitten schickte er 500 Mann zu Schiff dorthin, und ihr Auftauchen war der Anlaß für Unruhen, die bis heute andauern. Das war dumm, denn was konnten diese 500 Mann ausrichten? Aber ihr Auftauchen war der Funke, der die Unruhen auslöste.

Diese antifranzösischen Unruhen bewirkten sofort Unruhen in Irak, wo die Regierung und das Volk Syrien Beistand leisten wollten. Dieses Ereignis brachte die ganze arabische Welt in Bewegung. Aber jetzt hat sich General de Gaulle bereit erklärt, die sogenannten Spezialtruppen der syrischen Regierung zu übergeben.

Ich hoffe, daß wenn schon nicht ein Abkommen, so doch eine Regelung dieser Frage mit den Franzosen zustande kommt, wodurch die Unabhängigkeit Syriens und Libanons garantiert und Frankreich eine gewisse Anerkennung seiner kulturellen und geschäftlichen Interessen gesichert wird.

Gestatten Sie mir, an dieser Stelle noch einmal zu wiederholen, daß Großbritannien nicht den Wunsch hat, dort auch nur einen Tag länger als notwendig zu bleiben. Wir werden sehr froh sein, wenn wir uns von dieser undankbaren Arbeit befreit haben, die wir im Interesse der Alliierten übernommen haben.

232 Vgl. Dok. Nr. 75.
233 Siehe Anmerkung 43.

Angesichts dessen, daß diese Frage nur Frankreich und uns betrifft, und natürlich auch Syrien und Libanon, sind wir nicht für den Vorschlag, eine Konferenz einzuberufen, an der außer Großbritannien und Frankreich die USA und die Sowjetunion teilnehmen und auf der ein gemeinsamer Beschluß gefaßt würde. Die gesamte Last hatten wir zu tragen, wir handelten ohne jede Unterstützung, wenn man von einer gewissen Unterstützung durch Frankreich absieht, aber wir handelten im Interesse aller. Deshalb möchten wir nicht, daß diese Frage auf einer besonderen Konferenz behandelt wird. Sollten die USA unseren Platz einnehmen wollen, so würden wir das natürlich nur begrüßen.

Truman. Nein, danke. (Heiterkeit.)

Als dieser Streit zwischen Frankreich und Syrien sowie Libanon ausbrach, gab es zwischen mir und dem Premierminister einen Briefwechsel zu dieser Frage. Als der Premierminister mir mitteilte, Großbritannien verfüge dort über genügend Truppen, um den Frieden in diesem Raum aufrechtzuerhalten, bat ich ihn, alles Notwendige zu tun, was zur Erhaltung dieses Friedens notwendig ist, da wir an den Verbindungswegen zum Fernen Osten durch den Suezkanal ebenfalls interessiert sind. Es ist möglich, daß da geringfügige Differenzen zwischen uns und dem Premierminister bestehen.

Wir meinen, daß keinem Staat Privilegien in diesen Gebieten eingeräumt werden sollten. Diese Gebiete müssen für alle Staaten gleichermaßen zugänglich sein. Wir sind auch der Meinung, daß Frankreich keinerlei besonderen Vorrechte gegenüber anderen Staaten haben sollte.

Stalin. Ich fasse das so auf, daß die USA keinerlei Vorrechte Frankreichs in Syrien und Libanon anerkennen.

Truman. Ja.

Churchill. Was unsere Position betrifft, wünschten wir, Frankreich hätte dort Vorrechte, da wir es ihm versprochen hatten, als unser Staat schwach war und wir dort gegen die Deutschen kämpfen mußten. Aber das betrifft nur uns, und wir haben natürlich nicht die Möglichkeit und das Recht, andere zu binden. Außerdem haben wir uns nicht verpflichtet, uns übermäßig anzustrengen, damit Frankreich dort seine Privilegien behalte. Wenn Frankreich solche Privilegien zu erhalten vermag, werden wir nichts dagegen einwenden, wir werden seinem Erfolg sogar Wohlwollen entgegenbringen.

Stalin. Von wem können die Franzosen diese Privilegien erhalten?

Churchill. Von den Republiken Syrien und Libanon.

Stalin. Nur von ihnen?

Churchill. Nur von ihnen. Die Franzosen besitzen dort eigene Schulen, archäologische Institute usw. Viele Franzosen leben dort seit langem, und sie haben sogar ein Chanson „Wir fahren nach Syrien". Sie sagen, ihre Rechte gehen bis auf die Zeit der Kreuzzüge zurück. Doch möchten wir uns deshalb nicht mit den Großmächten überwerfen.

Truman. Wir wollen, daß in diesen Gebieten alle Staaten gleiche Rechte haben.

Churchill. Werden Sie Syrien daran hindern, Herr Präsident, den Franzosen Sonderrechte einzuräumen?

Truman. Ich werde die Syrer natürlich nicht daran hindern, wenn sie es zu tun wünschen. Ich zweifle aber, daß sie den Wunsch dazu hätten. (Heiterkeit.)

Stalin. Die russische Delegation dankt Herrn Churchill für die Information und zieht ihren Vorschlag zurück.

Churchill. Ich danke dem Generalissimus.

Truman. Ich danke ebenfalls.

Gehen wir zur nächsten Frage über. Das ist die Frage Iran. Herr Churchill hat einen Vorschlag zu dieser Frage.

Churchill. Wir haben den Delegationen ein Dokument zu dieser Frage überreicht[234] und würden gern erfahren, wie die Großmächte dazu stehen.

Truman. Was uns betrifft, so waren wir schon längst bereit, unsere Truppen aus Iran abzuziehen, aber wir haben dort eine große Menge Material der verschiedensten Art, das wir zur Kriegführung im Pazifik verwenden wollen.

Stalin. Die russische Delegation ist der Ansicht, daß man Teheran auf alle Fälle räumen könnte.

Churchill. Ich möchte auch zu den beiden anderen Punkten übergehen, damit man diesen Entwurf abschließen kann. Zur Nennung einer Frist im Vertrag[235]. Im Vertrag heißt es, daß die Truppen spätestens sechs Monate nach Beendigung der Kampfhandlungen aus Iran abgezogen werden müssen. Bis jetzt sind erst zweieinhalb Monate seit Beendigung des Krieges vergangen. Aber wir haben den Iranern versprochen, daß die Truppen abgezogen werden, sobald der Krieg mit Deutschland beendet ist.

Ich schlage vor, die Truppen unverzüglich aus Teheran abzuziehen und die Frage des weiteren Truppenabzuges im September im Rat der Außenminister zu erörtern.

Stalin. Ich habe keine Einwände.

Truman. Wir werden den Abzug unserer Truppen aus Iran fortsetzen, weil dort Truppen stehen, die wir im Pazifik benötigen.

Stalin. Das ist selbstverständlich Ihr gutes Recht. Wir unsererseits versprechen, daß seitens unserer Truppen keinerlei Handlungen gegen Iran unternommen werden.

Truman. Ich habe nichts dagegen, diese Frage an den Rat der Außenminister in London zur Erörterung zu überweisen.

Churchill. Wir haben noch die Frage Wien. Ich möchte mich hier zu den Besatzungszonen äußern, die den britischen und amerikanischen Truppen in Wien eingeräumt wurden. Was die britische Zone betrifft, so stellt es sich heraus, daß in dieser Zone 500 000 Menschen leben, und da die Quellen der Lebensmittelversorgung Wiens östlich der Stadt liegen, sind wir nicht in der Lage, die Ernährung dieser halben Million Menschen zu übernehmen. Deshalb schlagen wir den Abschluß eines zeitweiligen Abkommens vor, wonach die Russen diese Bevölkerung so lange mit Lebensmitteln versorgen, bis ein längerfristiges Abkommen ausgearbeitet ist. Feldmarschall Alexander wird eine Erklärung zur tatsächlichen Lage abgeben.

Alexander. Die Lage ist so, wie es der Premierminister soeben dargelegt hat. In unserer Zone gibt es eine halbe Million Einwohner. Ich habe in Italien keine Lebensmittel, die ich zur Verfügung stellen könnte. Es gibt kleine Vorräte in Klagenfurt, aber diese Vorräte würden für drei Wochen oder höchsten für einen Mo-

234 Vgl. Dok. Nr. 61.
235 Siehe Anmerkung 44.

nat reichen. Deshalb müßte man, wenn wir uns verpflichteten, die Bevölkerung zu ernähren, Lebensmittel aus den USA heranschaffen.

Truman. In unserer Zone beträgt die Bevölkerungszahl etwa 375 000. Unsere Schiffe sind jetzt in Anspruch genommen, Güter für die Kampfhandlungen gegen Japan, Lebensmittel nach Europa und einiges Material in die UdSSR zu befördern. Es fehlen uns Transportmittel, so daß es uns sogar schwerfallen würde, die Bevölkerung unserer Zone zu versorgen.

Stalin. Und wie steht es mit der französischen Zone?

Alexander. Das ist mir nicht bekannt.

Stalin. Gesatten Sie mir, daß ich mich mit Marschall Konew in Verbindung setze. Ich denke, daß es möglich wäre, die Übergabe der Versorgung der Wiener Bevölkerung an unsere Alliierten um einen Monat aufzuschieben. Für welche Zeit müßte man diese Versorgung organisieren – bis zur neuen Ernte oder wie?

Churchill. Die Schwierigkeit besteht darin, daß diese 500 000 Menschen in unserer Zone und die 375 000 in der amerikanischen Zone immer Nahrungsmittel aus den östlichen Gebieten des Landes erhalten haben.

Stalin. Wir haben ein Abkommen mit der österreichischen Regierung, wonach wir bis zur Einbringung der neuen Ernte einige Lebensmittel gegen Waren abgeben. Ich denke, daß man das bis September verlängern könnte. Aber ich muß trotzdem mit Marschall Konew vorher darüber sprechen. Heute abend oder morgen früh kann ich das tun und werde Ihnen dann die Antwort mitteilen.

Churchill. Die Lage ist so, daß Feldmarschall Alexander mit seinen Truppen in die Steiermark eingezogen ist, aber es fällt ihm schwer, in Wien einzuziehen, solange die Frage der Lebensmittelversorgung der Bevölkerung nicht gelöst ist.

Stalin. Ist die Lebensmittelversorgung in Wien denn schon so schlimm?

Churchill. Wir wissen es nicht, wir waren nicht dort.

Stalin. Die Lage der Bevölkerung dort ist nicht schlecht.

Alexander. Wenn Sie uns dabei helfen könnten, sind wir natürlich bereit, weiter vorzurücken und unseren Teil Arbeit zu übernehmen.

Stalin. Ich kann das morgen sagen.

Churchill. Wir danken Ihnen.

Stalin. Es wäre gut, wenn die englischen und amerikanischen Behörden bereit wären, das Abkommen mit der Regierung Renner[236] auch auf ihre Zonen auszudehnen. Das wird keine Anerkennung der Regierung Renner oder eine Wiederaufnahme diplomatischer Beziehungen bedeuten, aber es würde die Regierung Renner in die gleiche Lage versetzen, in der sich die Regierung Finnlands befindet. Ihre Kompetenz würde auf diese Zonen ausgedehnt, und das würde die Lösung der Frage erleichtern.

Truman. Wir sind bereit, diese Frage zu erörtern, sobald unsere Truppen in Wien eingezogen sind.

Churchill. Wir sind ebenfalls einverstanden.

Ich möchte eine Verfahrensfrage aufwerfen. Dem Herrn Präsidenten dürfte ebenso wie dem Generalissimus bekannt sein, daß Herr Attlee und ich daran interessiert sind, London einen Besuch abzustatten (Heiterkeit), am Donnerstag dieser Woche. Deshalb muß ich am Mittwoch, dem 25. Juli, mit dem Außenminister hier abreisen[237]. Aber wir, beziehungsweise nur einige von uns, werden zur

236 Siehe Anmerkung 45.
237 Siehe Anmerkung 1.

Abendsitzung am 27. Juli zurückkehren. (Heiterkeit) Könnte man deshalb die Mittwochsitzung nicht am Vormittag durchführen?

Stalin. Gut.

Truman. Das kann man.

Churchill. Ich schlage vor, daß die Außenminister sich weiterhin wie gewohnt treffen und lediglich Herr Eden während seiner Abwesenheit von Herrn Cadogan vertreten wird.

Stalin. Gut.

Truman. Einigen wir uns also darauf, die Sitzung am 25. Juli um 11 Uhr vormittags abzuhalten.

Die morgige Sitzung findet um 17 Uhr statt.

Nach Archiv. Veröffentlicht mit Kürzungen in: Meshdunarodnaja Shisn, 1966/3, S. 156 ff.

Anlage

Mitteilung über die Sitzung der Außenminister

23. Juli 1945[238]

Auf der Tagesordnung der Sitzung der drei Minister standen folgende Fragen:

1. Reparationen von Deutschland, Österreich und Italien.

Molotow überreichte den Außenministern Herrn Byrnes und Herrn Eden die Entwürfe der sowjetischen Delegation für einen Plan der Reparationen von Deutschland und zu Vorschußlieferungen aus Deutschland a conto Reparationen.[239] Es wurde beschlossen, die Wirtschaftskommission zu beauftragen, beide Entwürfe vorbereitend zu prüfen und sie dann auf der nächsten Sitzung der drei Minister zu beraten.

2. Wirtschaftliche Grundsätze hinsichtlich Deutschlands.[240]

Es wurden die Punkte 13, 18 und der von der sowjetischen Delegation vorgeschlagene neue Entwurf des Punktes 19[241] erörtert. Molotow erklärte, daß er seinen Abänderungsantrag zu Punkt 13[242] zurückziehe, und schlug vor, Punkt 18 mit der Maßgabe zu streichen, daß die in diesem Punkt berührten Fragen von den alliierten Organen in Deutschland untersucht und danach vom Kontrollrat oder, falls im Kontrollrat kein Übereinkommen erzielt wird, durch Vereinbarung zwischen den Regierungen entschieden werden. Es wurde keine Übereinkunft erzielt und beschlossen, Punkt 18 den drei Regierungschefs zur Beschlußfassung zu übergeben.

Molotow überreichte Herrn Eden und Herrn Byrnes den von der sowjetischen Delegation vorgeschlagenen neuen Entwurf zu Punkt 19. Herr Byrnes erklärte, daß dieser Entwurf für die USA unannehmbar ist. Molotow schlug einen Alternativentwurf dieses Punktes[243] vor, dem zufolge der vom Kontrollrat bestätigte Export aus Deutschland zur Deckung des Imports gegenüber allen anderen Lieferungen vorrangig ausgeführt werden muß. In allen anderen Fällen haben die Re-

238 Berichterstatter Molotow.
239 Vgl. Dok. Nr. 69, 70.
240 Vgl. Dok. Nr. 55.
241 Vgl. Dok. Nr. 71.
242 Vgl. Dok. Nr. 12, S. 108.
243 Vgl. Dok. Nr. 72.

parationen den Vorrang. Es wurde keine Übereinkunft erzielt und beschlossen, diese Frage den drei Regierungschefs zur Beschlußfassung zu übergeben.

3. Über den Rat der Außenminister.

Der von der Redaktionskommission vorgelegte Entwurf[244] wurde ohne Änderungen bestätigt.

4. Über die Treuhandschaftsterritorien.

Es wurde der Entwurf der sowjetischen Delegation[245] beraten. Herr Eden erklärte, in erster Linie müsse die Frage entschieden werden, ob die italienischen Kolonien von Italien abgetrennt werden und welche. Diese Frage müsse bei der Ausarbeitung des Friedensvertrages mit Italien entschieden werden. Die Frage, wem die Treuhandschaft über alle ehemaligen italienischen Kolonien, deren Abtrennung von Italien beschlossen wird, zu übertragen ist, solle von der internationalen Organisation der Vereinten Nationen entschieden werden. Herr Byrnes schlug vor, die Entscheidung über diese Frage bis zum Abschluß des Friedensvertrages mit Italien zu vertagen, wenn alle Italien betreffenden Territorialfragen entschieden werden.

Molotow schlug vor, das sowjetische Memorandum der ersten Sitzung des Rates der Außenminister in London im September dieses Jahres zur Prüfung vorzulegen. Herr Eden erklärte, seines Erachtens bestehe keine Notwendigkeit, das sowjetische Memorandum dem Rat der Außenminister zu übergeben, da sich bei der Ausarbeitung des Friedensvertrages mit Italien die Frage der italienischen Kolonien automatisch erheben werde.

Molotow ersuchte darum, zur Kenntnis zu nehmen, daß die im sowjetischen Memorandum berührten Fragen von der Sowjetregierung auf der Septembersitzung des Rates der Außenminister in London gestellt werden.

5. Über die Direktive an die alliierten Oberkommandierenden in Deutschland.

Es wurde vereinbart, die Oberkommandierenden der alliierten Besatzungstruppen in Deutschland über alle sie betreffenden Beschlüsse der Konferenz nach deren Abschluß in Kenntnis zu setzen, wie auch die Provisorische Regierung der Französischen Republik zu diesen Beschlüssen konsultiert werden wird.

Es wurde beschlossen, zu diesem Zweck eine Kommission in folgender Zusammensetzung zu bilden: Murphy und Riddleberger von den USA; Strang und Harrison von Großbritannien; Gussew und Sobolew von der UdSSR.

6. Über die Zusammenarbeit bei der Lösung dringender europäischer Wirtschaftsprobleme.

Zur vorbereitenden Prüfung des von der Delegation der USA vorgelegten Memorandums[246] wurde beschlossen, eine Kommission in folgender Zusammensetzung zu bilden: Clayton und Pauley von den USA; Brand und Coulson von Großbritannien; Arutjunjan und Geraschtschenko von der UdSSR.

7 Über Tanger.

Es wurde der sowjetische Entwurf[247] beraten. Es wurde beschlossen:

1) Den ersten Absatz des Entwurfes der sowjetischen Delegation anzunehmen, und zwar folgendes:

244 Vgl. Dok. Nr. 73.
245 Vgl. Dok. Nr. 50.
246 Vgl. Dok. Nr. 66.
247 Vgl. Dok. Nr. 65.

„Nach Prüfung der die Zone von Tanger betreffenden Frage einigten wir uns, daß diese Zone, die die Stadt Tanger und das anliegende Gebiet umfaßt, angesichts ihrer besonderen strategischen Bedeutung international bleiben soll."

2) Die gesamte Frage Tanger in nächster Zeit auf einer Beratung der Vertreter der vier Mächte – UdSSR, USA, Großbritannien und Frankreich – in Paris zu beraten.

8. Bestätigung des Wortlauts einer Einladung an die Regierungen Chinas und Frankreichs.

Der von der Kommission vorgeschlagene Wortlaut der Einladung wurde ohne Änderungen bestätigt.[248]

Es wurde beschlossen, die Einladung 48 Stunden vor Veröffentlichung des Kommuniqués über die Ergebnisse der Konferenz abzuschicken.

9. Über die Tagesordnung der Sitzung der drei Regierungschefs am 23. Juli.

Es wurde vereinbart, den drei Regierungschefs folgende Tagesordnung zu empfehlen:

1. Über die Türkei.
2. Über das Gebiet Königsberg.
3. Über Syrien und Libanon.
4. Über Iran.

Nach Archiv.

Nr. 17
Kurze Aufzeichnung über die siebente Sitzung der Außenminister

24. Juli 1945, 11.15 Uhr

(Vorsitzender Byrnes)

1. Mitteilung von Byrnes über die Ankunft der Polen.

Es wurde vereinbart, die Vertreter der polnischen Regierung[249] zur Sitzung der Minister heute um 12.30 Uhr einzuladen.

2. Über die Reparationen.

Molotow unterbreitete den sowjetischen Vorschlag über die Reparationen von Österreich und Italien[250].

Es wurde beschlossen, diese Frage der Wirtschaftskommission zu übergeben.

3. Über die Erdölversorgung Europas (amerikanischer Entwurf)[251].

Es wurde beschlossen, diese Frage der Wirtschaftskommission zu übergeben.

4. Über das befreite Europa.

Es wurde beschlossen, nach Prüfung der sowjetischen Vorschläge über die Erweiterung der Funktion der AKK[252] in Rumänien, Bulgarien, Ungarn und Finnland[253] auf diese Frage zurückzukommen.

5. Über die Zulassung zur Organisation der Vereinten Nationen.

248 Vgl. Dok. Nr. 103.
249 Siehe Anmerkung 5.
250 Vgl. Dok. Nr. 79, 80.
251 Vgl. Dok. Nr. 53.
252 Siehe Anmerkung 34.
253 Vgl. Dok. Nr. 98, Anlagen 1, 2.

Da die Kommission über die Zulassung der europäischen Länder, die einen Waffenstillstand abgeschlossen hatten und danach Verbündete geworden waren, zur Organisation der Vereinten Nationen keine Übereinkunft erzielt hat, schlug Molotow vor, die Frage der Sitzung der Regierungschefs zu übertragen.

Byrnes erklärte unter Berufung auf die Äußerung des Präsidenten, daß die USA nicht beabsichtigen, vor der Durchführung von Wahlen in diesen Ländern diplomatische Beziehungen zu ihnen aufzunehmen.

Eden begründete sein Nichteinverständnis mit der Zulassung Rumäniens, Bulgariens und anderer zur Organisation der Vereinten Nationen damit, daß die Regierungen dieser Länder nur eine „kommunistische Minderheit" vertreten.

Molotow schlug vor, die betreffende Stelle so zu redigieren, daß darauf hingewiesen wird, daß Rumänien, Ungarn, Bulgarien und Finnland nicht in eine schlechtere Lage versetzt werden als Italien. Ohne das könne die sowjetische Delegation, worauf J. W. Stalin bereits hingewiesen hatte, dem vorgeschlagenen Entwurf[254] nicht zustimmen.

Es wurde beschlossen, diese Frage den „großen Drei" zur Beratung zu übergeben.

6. Über die rumänischen Erdölausrüstungen – ein neuer englischer Vorschlag[255].

Byrnes schlug vor, die Frage der Feststellung des Eigentumsrechts an den Röhren einer Kommission aus Vertretern nicht interessierter Länder zu übertragen.

Es wurde beschlossen, nach Prüfung des neuen englischen Vorschlages auf diese Frage zurückzukommen.

7. Über die Tagesordnung der Sitzung der Regierungschefs.

Es wurde beschlossen, folgende Fragen zu empfehlen:

1) Über die Türkei.

2) Die Westgrenze Polens.

Anmerkung: Es wurde beschlossen, die von Molotow vorgeschlagenen Fragen der Aufteilung der deutschen Flotte und der Verteilung der Reparationen der Sitzung der Regierungschefs am 25. Juli zu empfehlen.

8. Erklärung der Vertreter der polnischen Regierung über die Westgrenze Polens.

Auf Vorschlag von Byrnes wurden in den Saal eingeladen: Bierut, Mikołajczyk, Grabski, Osóbka-Morawski, Rzymowski, Rola-Żymierski, Gomułka und Modzelewski.

Es sprachen: Bierut, Rzymowski, Mikołajczyk, Byrnes und Molotow[256].

Nachdem Mikołajczyk seine Zustimmung zu den Erklärungen Bieruts und Osóbka-Morawskis erklärt hatte, fügte er hinzu, daß die Gebiete, die Polen angeschlossen werden sollen, die Basis des deutschen Militarismus waren und deshalb Deutschland diese Gebiete entzogen werden müssen. Der Anschluß der erwähnten Gebiete an Polen ist vom Standpunkt der wirtschaftlichen Entwicklung Polens aus notwendig, da ihre Wirtschaft und Verkehrswege, besonders die Wasserstraßen, eng mit der Wirtschaft und den Verkehrswegen Polens verbunden sind.

254 Vgl. Dok. Nr. 67.
255 Vgl. Dok. Nr. 81.
256 Vgl. Anlage (Rede Molotows).

Er endete mit der Bitte um positive und schnelle Entscheidung der Frage der Westgrenze Polens.

Es wurde beschlossen: Auf der Sitzung der Regierungschefs über die Information, die die Vertreter der polnischen Regierung auf der Sitzung der Außenminister gegeben haben, zu berichten[257].

Anlage

Rede Molotows auf der Sitzung der Außenminister

Es geht darum, daß sich die Sowjetunion in dieser Frage in einer besonderen Lage befindet. Bekanntlich hat die Krimkonferenz sowohl die Frage der Ostgrenze Polens als auch die Frage seiner Westgrenze behandelt. Sie sind beide miteinander verbunden. Was jedoch die Ostgrenze Polens betrifft, so ist das gleichzeitig eine Frage der sowjetisch-polnischen Grenze. Deshalb möchte ich eine Bemerkung zu dem Problem machen, an dem die Vertreter der polnischen Regierung interessiert sind.

Das Problem der Grenzen Polens hat historische Bedeutung. Wir haben hier die Erklärung der Vertreter der polnischen Regierung zu einer Frage gehört, die große historische Bedeutung nicht nur für Polen, nicht nur für die Nachbarn Polens, von denen die Sowjetunion einer ist, sondern auch für ganz Europa hat.

Unter freundschaftlicher Mitwirkung der Regierungen Großbritanniens und der USA wurde auf der Konferenz von Jalta die Frage der Ostgrenze Polens entschieden. Wir halten es für sehr bedeutungsvoll und schätzen besonders, daß diese Entscheidung unter freundschaftlicher Zustimmung der Nachbarn – Polens und der Sowjetunion – getroffen wurde.

Im Zusammenhang damit, daß das Gebiet der Westukraine und Westbelorußlands an die Sowjetunion übergegangen ist, wurde die Ostgrenze Polens nach Westen verlegt. Mir scheint, daß es im Zusammenhang damit nicht schwer ist zu begreifen, daß wir, die sowjetischen Menschen, eine besondere Verpflichtung gegenüber Polen bei der Entscheidung der Frage seiner Westgrenze verspüren. Ich sage nichts Neues sowohl für die Vertreter der USA und Großbritanniens als auch für die Vertreter Polens, wenn ich hier den Standpunkt der Sowjetregierung zur Frage der Westgrenze Polens darlege. Dennoch bin ich verpflichtet, dies zu tun, da ich es für eine Sache der Gerechtigkeit halte.

Die Sowjetregierung hält die Forderung der polnischen Regierung nach Verlegung der Grenze Polens an die Oder, unter Aufnahme von Stettin in den Bestand Polens, und an die Westliche Neiße für gerecht und zeitgemäß. Deutschland muß aus diesen von ihm annektierten polnischen Gebieten verdrängt werden, und diese Gebiete müssen Polen der Gerechtigkeit halber übergeben werden. Eine solche Entscheidung wird im Interesse des Friedens nicht nur in Europa, sondern auch in der ganzen Welt liegen. Vom Standpunkt der internationalen Beziehungen aus wird eine solche Entscheidung ein ernstes Hindernis auf dem Wege der aggressiven Bestrebungen Deutschlands bedeuten. Gleichzeitig wird sie auch die Wiedergeburt Nationalpolens bedeuten, wird bedeuten, daß Polen als Nationalstaat wiedergeboren und in dieser Eigenschaft eine Stütze des Frie-

257 Siehe Anmerkung 46.

dens in Europa sein wird. Deutschland wird weniger Möglichkeiten haben, seine aggressiven Ziele zu verwirklichen, und Polen wird vom Standpunkt seiner gerechten nationalen Interessen aus eine Einheit werden.

Die Frage so zu entscheiden, wie uns die Vertreter der polnischen Regierung vorschlagen, bedeutet, eine Lebensfrage nicht nur für die Gegenwart, sondern auch für die Zukunft Polens zu lösen. Alle Polen werden in einem Staat vereinigt sein – das ist die Frage, die wir entscheiden, wenn wir die Vorschläge der polnischen Regierung annehmen. Es ist eines der größten Ergebnisse der Zerschlagung Deutschlands, wenn sich die Ukrainer in einem Staat zusammenschließen, und die Polen, alle Polen, sich in ihrem Staat zusammenschließen. Wir werden in Europa in Gestalt dieser Staaten – der Ukraine und Polens – friedliebende demokratische Staaten erhalten.

Das wiedergeborene Nationalpolen in den Grenzen, die die Vertreter der polnischen Regierung vorschlagen und mit denen die Sowjetregierung einverstanden ist, wird ein wirtschaftlich starker Staat sein. In diesen alten polnischen Gebieten, bei dieser Lage seiner Grenzen auf See und auf dem Festland wird Polen ein wirtschaftlich starker Staat mit Zukunft werden. Jetzt, da Polen ein demokratischer Staat geworden ist, wissen wir, daß dies im Interesse seiner Nachbarn und im Interesse aller demokratischen Staaten liegt.

Deshalb hofft die sowjetische Delegation auf volles Verständnis für die Vorschläge, die wir hier seitens der polnischen Delegation gehört haben.

Nach Archiv.

Nr. 18

Aufzeichnung über die achte Sitzung der Regierungschefs

24. Juli 1945, 17.12 Uhr

Truman. Heute berichtet Herr Byrnes[258] über die Sitzung der Außenminister.

Byrnes. Auf der Sitzung der drei Minister wurde festgestellt, daß die Kommission, die sich mit Wirtschaftsfragen und Fragen der Reparationen beschäftigt, ihren Bericht noch nicht ausgearbeitet hat. Die sowjetische Delegation hat vorgeschlagen, daß dieser Kommission auch die Frage der Reparationen von Italien und Österreich übertragen wird. Sie hat zwei kurze Dokumente betreffs Reparationen von diesen beiden Ländern überreicht.[259]

Es wurde beschlossen, die Behandlung der wirtschaftlichen Grundsätze hinsichtlich Deutschlands und der Reparationen von Deutschland sowie die Frage der Reparationen von Italien und Österreich auf morgen zu vertagen. Den Außenministern wurde mitgeteilt, daß die Kommission für Wirtschaftsfragen heute abend zusammentritt, um ihre Arbeit abzuschließen.

Am 20. Juli hatte die Delegation der USA ein Dokument über die Erdölversorgung Europas übergeben.[260] Es war beschlossen worden, auch diese Frage an die Kommission für Wirtschaftsfragen zu überweisen. Da sich die Kommission jedoch mit dieser Frage nicht befaßt hat, erklärten sich die Minister damit einverstanden, die Erörterung dieser Frage zu vertagen.

258 Vgl. auch Anlage.
259 Vgl. Dok. Nr. 79, 80.
260 Vgl. Dok. Nr. 53.

Die nächste Frage, die von den Ministern erörtert wurde, war die der Erfüllung der Deklaration von Jalta über das befreite Europa und die Satellitenstaaten. Es wurde festgestellt, daß die mit dieser Frage betraute Kommission ihre Arbeit noch nicht abgeschlossen hat, so daß auch die Erörterung dieser Frage vertagt wurde.

Ferner wurde die Frage der Zulassung Italiens und anderer Länder zur Organisation der Vereinten Nationen beraten. Die Delegation der USA schlug vor, angesichts der Tatsache, daß die Kommission, die sich mit dieser Frage befaßte, keine Einigung erzielt hat, diese Frage auf der Sitzung der Außenminister zu behandeln, und zwar auf der Grundlage des Dokuments[261], an dem die Kommission gearbeitet hat.

Die sowjetische Delegation erklärte, daß sie an dieser Diskussion nicht teilnehmen kann, da dieses Dokument die Zulassung Rumäniens, Bulgariens, Ungarns und Finnlands zur Organisation der Vereinten Nationen nicht erwähnt.

Die englische Delegation schlug vor, den letzten Satz im ersten Abschnitt dieses Dokuments zu streichen. Die USA-Delegation erklärte sich damit einverstanden. Die englische Delegation schlug eine neue Fassung des zweiten Absatzes dieses Dokuments vor, in dem die Interessen der anderen verbündeten Länder, die in Beziehung zum Friedensvertrag mit Italien[262] stehen, berücksichtigt werden. Die amerikanische Delegation erklärte sich einverstanden, den englischen Vorschlag in das korrigierte Dokument über die Frage der Zulassung zur Organisation der Vereinten Nationen aufzunehmen.

Die Delegation der USA schlug vor, einen zusätzlichen Punkt in das Dokument aufzunehmen, um dem Wunsch der sowjetischen Delegation entgegenzukommen. Dieser Punkt lautet: „Die drei Regierungen hoffen ebenfalls, daß der Rat der Außenminister ohne unnötigen Verzug mit der Vorbereitung der Friedensverträge mit Rumänien, Bulgarien, Ungarn und Finnland beginnt. Sie haben ferner den Wunsch, nach Abschluß von Friedensverträgen mit den verantwortlichen demokratischen Regierungen dieser Länder, deren Bitte um Aufnahme in die Organisation der Vereinten Nationen zu unterstützen."

Die sowjetische Delegation bestand darauf, daß Bulgarien, Rumänien, Ungarn und Finnland hinsichtlich des Eintritts in die Organisation der Vereinten Nationen keine schlechteren Bedingungen erhalten als Italien. Die amerikanische Delegation gab der Hoffnung Ausdruck, daß der von ihr vorgeschlagene Ergänzungspunkt die sowjetische Delegation zufriedenstelle.

Da die Minister keine völlige Übereinstimmung in dieser Frage erzielten, wurde beschlossen, sie den Regierungschefs zur Entscheidung zu übergeben. Diese Frage wurde in die heutige Tagesordnung der Sitzung der drei Regierungschefs aufgenommen.

Die britische Delegation legte ein neues Dokument zur Frage der rumänischen Erdölausrüstungen vor.[263] Die sowjetische Delegation erbat Zeit für das Studium dieses Dokuments, und die Beratung wurde daher aufgeschoben.

Es wurde vereinbart, den Regierungschefs folgende Fragen zur Erörterung auf der heutigen Sitzung zu empfehlen:

261 Vgl. Dok. Nr. 67.
262 Vgl. Dok. Nr. 82.
263 Vgl. Dok. Nr. 81.

1. Zulassung zur Organisation der Vereinten Nationen. Das den Außenministern heute vormittag vorgelegte Dokument[264] kann als Diskussionsgrundlage für die drei Regierungschefs dienen.

2. Über die Schwarzmeer-Meerengen und die freie und uneingeschränkte Schiffahrt auf den internationalen Binnenwasserstraßen. Die Diskussion wurde auf der gestrigen Sitzung der Regierungschefs vertagt, damit man die Möglichkeit habe, den Vorschlag des Präsidenten[265] zu studieren.

Die Minister sind ferner übereingekommen, den drei Regierungschefs die Aufnahme folgender Fragen in die Tagesordnung ihrer morgigen Vormittagssitzung zu empfehlen:

1. Über die deutsche Kriegs- und Handelsflotte.
2. Über die Reparationen von Deutschland.

Des weiteren teilte die amerikanische Delegation mit, daß in Potsdam die Delegation aus Vertretern der Provisorischen polnischen Regierung unter Leitung von Präsident Bierut auf Einladung des Präsidenten der USA eingetroffen ist, die entsprechend dem Beschluß der drei Regierungschefs am 22. Juli[266] erging. Auf der Sitzung der Außenminister legte die polnische Delegation ihre Meinung über die Westgrenze Polens dar, die kurz gesagt auf folgendes hinausläuft:

Die polnische Delegation ist der Meinung, daß die Westgrenze Polens von der Ostsee über Swinemünde verlaufen soll, wobei Stettin in den Bestand Polens eingeht, weiter entlang der Oder bis zur Westlichen Neiße und entlang der Westlichen Neiße bis zur Grenze der Tschechoslowakei.

Bei der neuen territorialen Gestaltung Polens brauchen polnische Bevölkerungsteile nicht mehr in andere Länder auszuwandern, und die Arbeit jener Polen, die früher gezwungen waren, in andere Länder auszuwandern, kann voll genutzt werden.

Vom Standpunkt der Sicherheit ist von großer Bedeutung, daß die von der polnische Delegation vorgeschlagene Grenze die kürzest mögliche Grenze zwischen Polen und Deutschland ist und leichter verteidigt werden kann.

Die Deutschen haben versucht, die polnische Bevölkerung zu vernichten und die polnische Kultur zu zerstören. Vom historischen Standpunkt aus wäre es gerecht, einen mächtigen polnischen Staat zu schaffen, der in der Lage wäre, sich gegen jede deutsche Aggression zu verteidigen.

Diese Gebiete gehörten zu den stärksten Basen der deutschen Rüstungsindustrie und waren eine Basis des deutschen Imperialismus. Die vorgeschlagene Lösung würde Deutschland das Aufmarschgebiet im Osten und die Basis der Rüstungsproduktion entziehen.

Polen würde ein Staat ohne nationale Minderheiten werden.

Vor dem Krieg hatte Polen einen Überschuß an ländlicher Bevölkerung, die in der Industrie nicht eingesetzt werden konnte, da die Industrie nicht hinreichend entwickelt war. Der Erwerb dieser Gebiete wird es Polen gestatten, die Dorfbevölkerung zur Arbeit in den Städten heranzuziehen, und jene, die aus Polen ausgewandert sind, werden in die Heimat zurückkehren und dort Arbeit bekommen können.

264 Vgl. Dok. Nr. 67.
265 Vgl. Dok. Nr. 74.
266 Vgl. Dok. Nr. 68, 78.

Die polnischen Vertreter wiesen ferner darauf hin, daß das Einzugsgebiet der Oder vollständig Polen übergeben werden soll, da die Oder selbst nicht genügend Wasser führt und die Quellen ihrer Zuflüsse im Gebiet der Westlichen Neiße liegen.

Die polnische Delegation erklärte abschließend, daß ihrer Ansicht nach zu dieser Frage möglichst schnell ein Beschluß gefaßt und ein Abkommen erzielt werden sollte, damit die polnische Regierung die Möglichkeit erhält, möglichst schnell die Polen aus dem Ausland zu repatriieren, damit sie am Wiederaufbau Polens teilnehmen können.

Truman. Die erste Frage auf der Tagesordnung ist die Zulassung Italiens und der anderen Satellitenstaaten, einschließlich Finnlands, zur Organisation der Vereinten Nationen.

Byrnes. In dieser Frage besteht Übereinstimmung zwischen der britischen und der amerikanischen Delegation.

Eden. Wir sind mit Ihrem ursprünglichen Dokument[267] völlig einverstanden, was aber die zweite Fassung[268] betrifft, haben wir einige Bedenken. Die neue Fassung erweckt den Eindruck, als würden wir fordern, daß die italienische Regierung umgebildet wird, bevor wir zum Abschluß des Friedensvertrages mit Italien schreiten.

Byrnes. In der Hoffnung, eine Kompromißlösung in dieser Frage zu finden und auch um den Wünschen der sowjetischen Delegation entgegenzukommen, daß die anderen Satelliten in der Frage der Zulassung zur Organistion der Vereinten Nationen nicht schlechter gestellt werden als Italien, habe ich diese neue Fassung vorgeschlagen. Aber ich möchte die englische Delegation darauf aufmerksam machen, daß die neue Fassung keine Bedenken im Hinblick auf die gegenwärtige italienische Regierung hervorruft.

Diese Fassung sieht lediglich den Abschluß von Friedensverträgen mit verantwortlichen demokratischen Regierungen vor. Das ist eine Sache der Zukunft. Schon die Tatsache, daß die Regierung der USA diplomatische Beziehungen zur jetzigen italienischen Regierung hergestellt hat, zeigt doch hinreichend klar unsere Haltung zu dieser Regierung.

Eden. Wir haben das Gefühl, daß wir Ihren Standpunkt fast teilen, es handelt sich nur um die Formulierung.

Stalin. Wenn es darum geht, den Satellitenstaaten Erleichterung zu gewähren, so muß das in dem vorliegenden Beschluß gesagt werden. Die Lage Italiens wird erleichtert, wogegen schwer etwas einzuwenden ist. Aber die Erleichterung der Lage Italiens wird nicht begleitet von einer gleichzeitigen Erleichterung der Lage für die anderen Länder, die einst Komplizen Deutschlands waren.

Es entsteht der Eindruck, daß hier eine künstliche Trennung vorgenommen wird: einerseits Italien, dessen Lage man erleichtert, und andererseits Rumänien, Bulgarien, Ungarn und Finnland, deren Lage man nicht zu erleichtern beabsichtigt. Es besteht die Gefahr, daß unser Beschluß in Mißkredit gebracht wird: Worin hat Italien eigentlich größere Verdienste im Vergleich zu den anderen Ländern? Sein einziges „Verdienst" besteht darin, daß Italien als erstes Land kapituliert hat. In allem übrigen hat sich Italien schlechter verhalten und größeren Schaden angerichtet als jeder andere Satellitenstaat.

267 Vgl. Dok. Nr. 67.
268 Vgl. Dok. Nr. 83.

Zweifellos hat jeder der vier Staaten – Rumänien, Bulgarien, Ungarn und Finnland – den Alliierten weit weniger Schaden zugefügt als Italien. Was die Regierung in Italien betrifft, ist sie etwa demokratischer als die Regierungen in Rumänien, Bulgarien oder Ungarn[269]? Natürlich nicht! Ist die Regierung in Italien etwa verantwortlicher als die in Rumänien oder Bulgarien? Es gab weder in Italien noch in den anderen Staaten demokratische Wahlen. In dieser Hinsicht sind sie gleich. Deshalb begreife ich nicht dieses Wohlwollen für Italien und eine solche ablehnende Haltung gegenüber allen übrigen Staaten, die ehemals Komplizen Deutschlands waren.

Die Erleichterung für Italien begann damit, daß zu diesem Land die diplomatischen Beziehungen wiederaufgenommen wurden. Jetzt wird ein zweiter Schritt vorgeschlagen, die Eingliederung Italiens in die Organisation der Vereinten Nationen. Gut, lassen Sie uns diesen zweiten Schritt gegenüber Italien tun, aber auch im Hinblick auf die anderen erwähnten Länder schlage ich in diesem Falle vor, den ersten Schritt zu tun, der gegenüber Italien vor einigen Monaten getan wurde, das heißt die diplomatischen Beziehung zu ihnen wiederherzustellen. Das wird gerecht sein, und eine gewisse Abstufung wird gewahrt: an erster Stelle Italien, an zweiter alle übrigen.

Andernfalls ergibt sich, daß gegenüber Italien ein erster Schritt getan wurde und nun vorgeschlagen wird, einen zweiten Schritt zu tun, und das alles deshalb, weil die italienische Regierung als erste kapituliert hat, obwohl Italien den Alliierten weitaus mehr Schaden zugefügt hat als alle übrigen Staaten, die Deutschlands Komplizen waren. Darin besteht der Vorschlag der sowjetischen Delegation.

Churchill. Wir stimmen in groben Zügen dem Standpunkt der USA in dieser Frage zu.

Truman. Ich möchte sagen, daß die unterschiedlichen Meinungen über die Regierung Italiens einerseits und über die Regierungen Rumäniens, Bulgariens und Ungarns andererseits sich daraus erklären, daß unsere Vertreter nicht die Möglichkeit hatten, die erforderlichen Informationen über die letztgenannten Länder einzuholen. In Italien gab es keine derartige Lage; hier wurde allen unseren Regierungen – der USA, Großbritanniens und der Sowjetunion – die Möglichkeit gewährt, freie Informationen zu bekommen.

Das können wir im Hinblick auf Rumänien, Bulgarien und Ungarn nicht sagen, wo wir nicht die Möglichkeit hatten, freie Informationen einzuholen. Außerdem gibt der Charakter der gegenwärtigen Regierungen in diesen Ländern uns nicht die Möglichkeit, unverzüglich diplomatische Beziehungen zu ihnen herzustellen. Aber in dem zur Erörterung vorgelegten Dokument versuchten wir, dem Wunsch der sowjetischen Delegation Rechnung zu tragen und die anderen Satelliten nicht schlechter zu stellen als Italien.

Stalin. Aber zu Italien unterhalten Sie diplomatische Beziehungen und zu diesen Ländern nicht.

Truman. Aber auch die anderen Satelliten können unsere Anerkennung erhalten, wenn ihre Regierungen unseren Forderungen entsprechen.

Stalin. Welchen Forderungen?

Truman. Hinsichtlich der Bewegungsfreiheit und Informationsfreiheit.

269 Siehe Anmerkung 17.

Stalin. Nicht eine dieser Regierungen behindert die Vertreter der alliierten Presse in ihrer Bewegungsfreiheit und Informationsfreiheit und kann dies auch nicht. Da liegt ein Mißverständnis vor. Seit Kriegsende hat sich die Situation hier verbessert. Den sowjetischen Vertretern sind in Italien ebenfalls Beschränkungen auferlegt worden.

Truman. Wir möchten, daß die Regierungen umgebildet werden, und wenn sie verantwortlicher und demokratischer werden, werden wir sie anerkennen.

Stalin. Ich versichere Ihnen, daß die Regierung Bulgariens demokratischer ist als die Regierung Italiens.

Truman. Um den sowjetischen Wünschen entgegenzukommen, haben wir im Hinblick auf Rumänien, Bulgarien und Ungarn die gleiche Formulierung vorgeschlagen wie im Hinblick auf Italien.

Stalin. Aber dieser Vorschlag schließt nicht die Wiederaufnahme diplomatischer Beziehungen ein.

Truman. Ich habe bereits mehrere Male gesagt, daß wir zu diesen Regierungen so lange keine diplomatischen Beziehungen wiederherstellen können, als sie nicht so organisiert sind, wie wir es für erforderlich halten.

Byrnes. Das einzige, was wir zur Erleichterung der Lage Italiens vorgeschlagen haben, ist, daß sein Antrag auf Mitgliedschaft in der Organisation der Vereinten Nationen unterstützt wird. Ich möchte Sie auf jenen Punkt unseres Vorschlages aufmerksam machen, der in der gleichen Fassung von den anderen Satelliten handelt. Somit wird die Erleichterung der Lage Italiens von einer Erleichterung der Lage der anderen Satelliten begleitet. Wir waren hier bemüht, den Wünschen der sowjetischen Delegation entgegenzukommen.

Stalin. Ich schlage vor, das Wort „verantwortliche", im Hinblick auf die italienische Regierung gebraucht, an allen Stellen, wo es vorkommt, zu streichen. Dieses Wort setzt die Stellung der italienischen Regierung herab.

Truman. Wir können den Antrag von Regierungen auf Mitgliedschaft in der Organisation der Vereinten Nationen nicht unterstützen, wenn sie nicht verantwortlich und demokratisch sind.

Stalin. In Argentinien ist die Regierung weniger demokratisch als in Italien, aber Argentinien ist Mitglied der Organisation der Vereinten Nationen. Wenn Regierung, dann demokratische Regierung, und fügt man „verantwortliche" hinzu, so entsteht der Eindruck, als wäre das irgendeine andere Regierung. Und außerdem ist die Ergänzung hinsichtlich der Wiederherstellung diplomatischer Beziehungen hinzuzufügen.

Ich schlage vor, in dem Punkt, wo die Rede von Rumänien, Bulgarien, Ungarn und Finnland ist, einen Satz hinzuzusetzen, daß jede unserer drei Regierungen in nächster Zeit die Frage der Wiederherstellung diplomatischer Beziehungen zu diesen Ländern prüfen wird. Das heißt nicht, daß sie dies gleichzeitig tun und die diplomatischen Beziehungen zum gleichen Zeitpunkt wiederaufnehmen, das bedeutet aber, daß jede der drei Regierungen die Frage der Wiederaufnahme diplomatischer Beziehungen prüft. Die eine früher, die andere später. Ich führe ein Beispiel an: Gegenwärtig gibt es in Italien diplomatische Vertreter der USA und der Sowjetunion, aber weder diplomatische Vertreter Großbritanniens noch Frankreichs, es gibt dort keine Botschafter dieser Regierungen.

Churchill. Wir sind der Ansicht, daß unser Vertreter in Italien voll akkreditiert ist. Da wir uns formell immer noch im Kriegszustand mit Italien befinden, kann die Stellung dieses Vertreters nicht völlig der Stellung eines Botschafters gleichgesetzt werden, denn nach der britischen Verfassung können wir unter solchen Bedingungen keine normalen diplomatischen Beziehungen haben. Aber wir bezeichnen ihn als Botschafter.

Stalin. Aber nicht als solchen, wie ihn die Sowjetunion und die USA haben.

Churchill. Nicht ganz. Zu neunzig Prozent.

Stalin. Nicht ganz, das ist richtig.

Churchill. Aber die Ursache ist eine formale und technische.

Stalin. Und einen solchen Botschafter sollte man auch nach Rumänien schikken, so einen Nicht-ganz-Botschafter. (Allgemeine Heiterkeit.)

Churchill. Wir haben das bisher nicht getan.

Truman. Wir wollen alle Anstrengungen unternehmen, eine Lage herbeizuführen, bei der wir diplomatische Beziehungen zu diesen Regierungen wiederherstellen können. Ich habe bereits erklärt, worin die Schwierigkeiten bei der Lösung dieser Frage bestehen.

Stalin. Schwierigkeiten gab es früher, jetzt nicht mehr. Es fällt uns sehr schwer, uns dieser Resolution in der jetzigen Fassung anzuschließen. Wir möchten uns ihr nicht anschließen.

Churchill. Wir wollen keine Worte gebrauchen, die auf irgend jemand von uns einen Schatten werfen könnten. Ich möchte mich nur für Italien verwenden und nicht nur deshalb, weil es das erste Land war, das aus dem Krieg ausschied. Es ist viel Zeit vergangen, seitdem es aus dem Krieg ausgeschieden ist; wenn ich nicht irre, sind es bereits zwei Jahre. Es ist aber eine sehr kurze Zeit vergangen, seit die anderen Länder den Krieg beendet haben, vier bis fünf Monate. Etwas früher hat Rumänien den Krieg eingestellt.

Stalin. Rumänien, dann Finnland. Und zu Italien wurden die diplomatischen Beziehungen sieben bis acht Monate nach seiner Kapitulation wiederhergestellt.

Churchill. Die Lage Italiens ist folgende. Seit zwei Jahren ist es aus dem Krieg ausgeschieden, und seither kämpft es an unserer Seite, so gut es kann. Außerdem ist zu bedenken, daß wir in Italien standen und alles über die politischen Bedingungen dort wissen. Das kann man nicht über Bulgarien, Rumänien und die anderen Länder sagen. Außerdem war Italien kein einheitliches Land: Der nördliche Teil Italiens befand sich unter feindlichem Joch und wurde erst vor zwei Monaten befreit. Wir kämpften dort gemeinsam mit Italien, das uns große Unterstützung leistete.

Es wurde aber immer anerkannt, daß Italien keine völlig demokratische Regierung haben kann, solange der nördliche Teil nicht befreit sein wird. Doch in der Zwischenzeit haben wir die italienische Regierung anerkannt und mit ihr gearbeitet. Ich hatte eine Vereinbarung mit der Sowjetregierung über die Unterstützung der Regierung von General Badoglio[270]. Und ich war damals mit unseren amerikanischen Freunden nicht einverstanden; ich wollte diese Regierung unterstützen, solange der Norden nicht befreit ist, damit dann eine italienische Regierung auf breiterer Grundlage gebildet werden könne. Aber der Gang der Ereignisse zog andere Schritte nach sich.

Wir haben freundschaftliche Beziehungen zu Italien hergestellt. Es gibt dort keine politische Zensur. Die italienische Presse hat mich nur wenige Monate nach

270 Siehe Anmerkung 47.

der bedingungslosen Kapitulation Italiens häufig angegriffen. Man kann eine beträchtliche Zunahme der Freiheit in Italien beobachten. Jetzt, wo der Norden befreit ist, schicken sich die Italiener an, demokratische Wahlen durchzuführen. Deshalb sehe ich keinen Grund, warum wir nicht schon jetzt die Frage des Friedensvertrages mit Italien erörtern könnten.

Ich muß sagen, daß wir über Rumänien und erst recht über Bulgarien nichts wissen. Unsere Mission in Bukarest wurde Bedingungen einer Isolierung unterworfen, die an eine Internierung erinnert.

Stalin. Kann man solche Dinge sagen, ohne sie geprüft zu haben?

Churchill. Das wissen wir von unserem eigenen Vertreter dort. Ich bin überzeugt, daß der Generalissimus erstaunt wäre, wenn er eine Reihe Fakten erführe, die unsere Mission in Bukarest betroffen haben.

Stalin. Märchen!

Churchill. Sie können natürlich unsere Erklärung als Märchen bezeichnen, aber ich habe volles Vertrauen zu unserem politischen Vertreter Luftmarschall Stevenson. Ich kenne ihn persönlich seit vielen Jahren. Die Arbeitsbedingungen unserer Mission waren schwer. Es gab große Verzögerungen mit den Flugzeugen für unsere Mission. Von unseren sowjetischen Freunden kamen Klagen über die zahlenmäßige Stärke unserer Mission, die gar nicht so groß war. Die Kontrollkommission[271], die aus drei Mitgliedern bestehen sollte, trat fast immer nur mit zwei Mitgliedern zusammen. Der sowjetische Oberbefehlshaber, der Vorsitzender der Kontrollkommission ist, traf sich manchmal mit dem amerikanischen Vertreter, manchmal mit dem englischen, aber selten mit beiden gemeinsam. Was aber Italien betrifft, so ist es von vielen sowjetischen Vertretern besucht worden.

Stalin. Nichts dergleichen, wir haben keinerlei Rechte in Italien.

Churchill. Aber jedenfalls ist die Lage dort so, daß Sie völlig frei nach Italien kommen können. Deshalb bin ich nicht der Meinung, daß man die Lage in Italien mit der Lage in Rumänien, Bulgarien und anderen Ländern vergleichen kann.

Truman. Wir müssen sagen, daß unsere Missionen in diesen Ländern bei der Erfüllung ihrer Arbeit ebenfalls auf große Schwierigkeiten gestoßen sind. Aber wir möchten hier nicht darüber sprechen.

Byrnes. In der Hoffnung, zu einer Einigung zu kommen, schlage ich vor, die Worte „verantwortliche Regierung" durch die Worte „anerkannte Regierung" zu ersetzen.

Stalin. Das ist eher annehmbar. Aber meines Erachtens sollte man auch einen Beschluß darüber fassen, daß die drei Regierungen einverstanden sind, die Frage der Herstellung diplomatischer Beziehungen zu diesen vier Ländern zu prüfen. Ich schlage vor, am Ende des Punktes, den Herr Byrnes über die vier Länder vorgeschlagen hat, folgendes hinzuzufügen: „Die drei Regierungen kommen überein, jede für sich in nächster Zeit die Frage der Herstellung diplomatischer Beziehungen zu Rumänien, Bulgarien, Ungarn und Finnland zu prüfen."

Churchill. Steht das dann nicht in Widerspruch zu dem, worüber wir jetzt gesprochen haben?

Stalin. Nein, denn wenn wir beschließen, die Frage der Friedensverträge mit Rumänien, Bulgarien und anderen Ländern vorzubereiten, diese Länder aber

271 Siehe Anmerkung 34.

nicht einmal anerkannt haben, so ist klar, daß die Frage der Anerkennung von jeder Regierung selbständig gestellt wird.

Truman. Ich habe keinerlei Einwände.

Stalin. Dann haben wir ebenfalls keine Einwände.

Churchill. Meines Erachtens gibt es einen Widerspruch. Ich habe den Präsidenten hier so verstanden, daß er jetzt die Regierungen Rumäniens, Bulgariens und der anderen Satellitenstaaten nicht anerkennen will.

Truman. Hier heißt es, daß wir uns lediglich verpflichten, diese Frage zu prüfen.

Churchill. Das ist eine Irreführung der Öffentlichkeit.

Stalin. Warum?

Churchill. Weil aus dem Sinn der Erklärung hervorgeht, daß wir diese Regierungen bald anerkennen; indessen weiß ich, daß dies weder die Haltung der Regierung der Vereinigten Staaten noch die der Regierung des Vereinigten Königreiches widerspiegelt.

Stalin. Ich stimme dem Präsidenten zu und möchte Herrn Churchill widersprechen. Wir alle haben bereits akzeptiert, daß wir dem Rat der Außenminister den Auftrag erteilen, die Friedensverträge mit Rumänien, Bulgarien, Ungarn und Finnland vorzubereiten. Wir alle sind der Ansicht, daß ein Friedensvertrag nur mit einer anerkannten Regierung abgeschlossen werden kann. Folglich müssen wir irgendwie etwas über diese Anerkennung sagen, und dann wird es keinen Widerspruch geben. Sagen wir aber nicht, daß die drei Regierungen beabsichtigen, die Frage der Anerkennung in nächster Zukunft zu stellen, so muß man auch den Punkt über die Vorbereitung der Friedensverträge mit diesen Ländern streichen.

Churchill. Ich möchte den Präsidenten fragen, ob er annimmt, daß im Herbst dieses Jahres Vertreter der jetzigen Regierungen Rumäniens, Bulgariens und der anderen Länder im Rat der Außenminister erscheinen und wir dort mit ihnen die Friedensverträge erörtern werden?

Truman. Vertreter in den Rat der Außenminister kann nur eine Regierung entsenden, die von uns anerkannt sein wird.

Stalin. Richtig.

Churchill. Die jetzigen Regierungen werden nicht anerkannt werden, und deshalb wird man die Friedensverträge mit ihnen nicht vorbereiten können.

Stalin. Woher haben Sie das?

Churchill. Das ergibt sich logisch.

Stalin. Nein, das ergibt sich nicht.

Churchill. Vielleicht denke ich nicht richtig, aber mir scheint, daß es sich so ergibt.

Stalin. Diese Regierungen können anerkannt werden, aber sie können auch nicht anerkannt werden. Niemand weiß, ob sie anerkannt sein werden oder nicht. Und so ist auch diese Formulierung zu verstehen: „werden die Fragen der Anerkennung prüfen". Und einen Friedensvertrag mit ihnen wird es dann geben, wenn sie anerkannt sein werden.

Churchill. Wer diesen Punkt liest, wird nicht verstehen, daß die Regierung der USA die jetzigen Regierungen Rumäniens und Bulgariens nicht anerkennen will. Wenn aber andere Regierungen gebildet sein werden, die wir anerkennen können, dann werden wir auch die Vorbereitung der Friedensverträge mit ihnen in

Angriff nehmen. Ich bitte um Verzeihung, daß ich so auf diesem Punkt beharre, aber man muß bedenken, daß dieses Dokument, wenn es veröffentlicht wird, erläutert werden muß, besonders von mir im Parlament. Wir sagen, daß wir Friedensverträge mit den Regierungen abschließen werden, die wir anerkennen werden, wir haben aber nicht die Absicht, diese Regierungen anzuerkennen. Mir scheint das fast sinnlos.

Truman. Ich schlage vor, diese Frage erneut an die Außenminister zu überweisen, damit sie sie noch einmal prüfen.

Stalin. Herr Churchill hat nicht recht, hier ist durchaus nicht vom Abschluß der Friedensverträge die Rede, hier ist die Rede von der Vorbereitung. Warum kann man einen Vertrag nicht vorbereiten, selbst wenn die Regierung nicht anerkannt ist?

Churchill. Natürlich, wir können den Friedensvertrag selbst vorbereiten. Ich schlage vor, in diesem Falle die Präposition „mit" durch „für" zu ersetzen, so daß es nicht heißt „Friedensverträge mit Rumänien, Bulgarien" usw., sondern „Friedensverträge für Rumänien, Bulgarien" usw.

Stalin. Ich habe nichts dagegen, daß es „für" heißt.

Churchill. Ich danke Ihnen.

Stalin. Keine Ursache.

(Allgemeine Heiterheit.)

Churchill. Es wäre wünschenswert, wenn die Außenminister dieses Dokument noch einmal durchsehen.

Stalin. Bitte, ich habe nichts dagegen.

Truman. Sie müssen die Erörterung, die heute stattfand, beachten.

Stalin. Gut.

Truman. Die nächste Frage betrifft die Schwarzmeer-Meerengen und die freie Schiffahrt auf den internationalen Binnenwasserstraßen. Die amerikanische Delegation hat ihre Vorschläge zu dieser Frage eingebracht.[272]

Stalin. Die Vorschläge Präsident Trumans berühren nicht die Frage der Türkei und der Meerengen. In ihnen wird nur von freier Schiffahrt gesprochen. Wir möchten eine Antwort bezüglich der Schwarzmeer-Meerengen und der Stützpunkte an diesen Meerengen erhalten. Auf diese Fragen geben die Vorschläge des Präsidenten keine Antwort.

Truman. Ich möchte, daß diese zwei Fragen zusammen erörtert werden.

Stalin. Ich fürchte, daß es uns in bezug auf die Meerengen nicht gelingen wird, ein Übereinkommen zu erreichen, da unsere Ansichten sehr auseinandergehen. Vielleicht werden wir diese Frage vertagen und uns einstweilen mit anderen Fragen beschäftigen.

Churchill. Meiner Ansicht nach war Übereinstimmung darüber erzielt worden, daß die freie Schiffahrt durch die Schwarzmeer-Meerengen von den drei Großmächten bestätigt und garantiert werden soll und daß die Vereinigten Staaten einer derartigen Organisation beitreten werden. Für mich stellt das eine wichtige Tatsache dar.

Truman. Der Premierminister hat meinen Standpunkt zu dieser Frage gut wiedergegeben.

Stalin. Hinsichtlich der Freiheit der Durchfahrt durch die Meerengen ist das

272 Vgl. Dok. Nr. 74.

ein richtiger Vorschlag, dieser Gedanke bietet sich für eine Lösung der vorliegenden Frage an.

Churchill. Wir hoffen, daß die Garantie der freien Durchfahrt von seiten der drei Großmächte bei weitem wirkungsvoller sein wird als eine Befestigung an den Meerengen.

Molotow. Und wie wird die Durchfahrt durch den Suezkanal geregelt, wird auf ihn dasselbe Prinzip angewandt?

Churchill. Der Suezkanal ist für alle offen sowohl in Friedenszeiten als auch während des Krieges.

Molotow. Unterliegt er einer ebensolchen internationalen Kontrolle, wie sie für die Schwarzmeer-Meerengen vorgeschlagen wurde?

Churchill. Diese Frage ist bisher nicht aufgeworfen worden.

Molotow. Wenn das ein solch gutes Prinzip ist, warum wird es dann nicht auf den Suezkanal angewandt?

Churchill. Wir haben einen Vertrag mit Ägypten, der uns völlig zufriedenstellt. Er ist 70 Jahre lang in Kraft, und bis jetzt hat es keine Beschwerden gegeben.

Molotow. Beschwerden gab es viele. Dazu sollte man Ägypten befragen.

Churchill. Ägypten hat den Vertrag mit uns unterzeichnet.

Molotow. Sie haben aber gesagt, daß eine internationale Kontrolle besser sei. Wir schlagen auch vor, einen Vertrag mit der Türkei zu schließen.

Churchill. Unser Vorschlag verfolgt das Ziel, die Position Rußlands dahingehend zu festigen, daß es immer die volle Freiheit der Durchfahrt durch die Meerengen in beiden Richtungen hat.

Wir sind bereit, an der Garantie dieses Regimes teilzunehmen sowie auf die Türkei einzuwirken, daß sie eine solche Garantie akzeptiert. Kann man erwarten, daß die Türkei beginnen wird, Einwände zu erheben, wenn die drei Großmächte koordiniert handeln und Interesse an dieser Frage zum Ausdruck bringen? Die Freiheit der Durchfahrt kann ohne Erschwernisse und ohne Verzögerung von seiten der Türkei gesichert werden. Ich bin damit einverstanden, diese Frage zu vertagen, aber mir scheint, daß unsere russischen Freunde jenen wichtigen Vorschlag unterschätzen, den wir in der gestrigen Sitzung entgegengenommen haben.

Truman. Mein Standpunkt ist folgender, daß, wenn das freie Regime der Meerengen durch eine internationale Autorität garantiert wird, keinerlei Befestigungen an diesen Meerengen erforderlich sind, weder der Türkei noch Rußlands.

Churchill. Ich habe volles Verständnis für den Generalissimus und pflichte ihm bei, daß eine solche Großmacht wie die Sowjetunion nicht jedesmal demütig die Türkei zu bitten braucht, wenn ihre Schiffe die Meerengen passieren müssen, nur weil die Türkei erklärt, daß sie einen Krieg befürchte. Ich teile Ihre Unzufriedenheit mit einer solchen Sachlage.

Stalin. Es gibt wohl dringendere Fragen als die Frage der Meerengen, und man könnte diese Frage vertagen.

Churchill. Diese Frage wurde von Großbritannien aus dem Wunsch heraus aufgeworfen, die Konvention zu Montreux[273] zu revidieren. Ich bin mit der Vertagung einverstanden, wenn die sowjetische Seite es wünscht.

273 Siehe Anmerkung 9.

Stalin. Es ist besser, diese Frage zu vertagen. Man muß mit der Türkei Rücksprache nehmen.

Truman. Unser Vorschlag über die internationale Kontrolle bedeutet, daß die Meerengen nicht in einer Hand sein werden, wessen immer es auch sei. Wir werden uns bemühen, die Türken von der Richtigkeit unseres Standpunktes in dieser Frage zu überzeugen.

Stalin. Gut, lassen Sie uns das tun.

Truman. Ich möchte der Konferenz einen Vorschlag unterbreiten. Mir scheint, daß es an der Zeit ist, an die Vorbereitung eines Kommuniqués über die Arbeit der Konferenz zu denken. Ich schlage deshalb vor, eine spezielle Kommission zu benennen, die mit der Vorbereitung eines solchen Kommuniqués beauftragt wird.

Stalin. Gut.

Truman. Wir müssen die Frage der Zusammensetzung der Kommission vereinbaren.

Stalin. Gut.

Truman. Wir beauftragen die Außenminister, Kandidaten für diese Kommission vorzuschlagen.

Stalin. Gut. Und morgen findet unsere Sitzung um 11 Uhr statt?

Truman. Ja.

Stalin. Herr Churchill hatte Zeifel in dieser Hinsicht.

Eden. Heute beim Frühstück äußerten wir die Annahme, daß es vielleicht nicht genügend Fragen für die morgige Sitzung geben würde. Da aber die heutige Tagesordnung nicht erschöpft ist, werden die nicht behandelten Fragen der morgigen Sitzung zufallen.

Truman. Sobald wir erkannt haben, daß für uns nichts mehr zu tun ist, fahren wir nach Hause.

(Heiterkeit.)

Aber vorläufig haben wir noch Arbeit.

Churchill. Herr Attlee und ich müssen zur Parlamentseröffnung am 8. August nach London zurückkehren. Auf jeden Fall kann ich nicht länger bleiben als bis zum 6. August.

Stalin. Die Frage der Westgrenze Polens, die letzte Frage der heutigen Sitzung, ist noch nicht erledigt.

Churchill. Und außerdem die von der sowjetischen Seite aufgeworfene Frage über das Lager in Italien[274]. Ich möchte jetzt eine Erklärung zu dieser Frage abgeben.

Stalin. Haben wir die Zeit und den Wunsch, jetzt die Frage der Westgrenze Polens zu erörtern?

Churchill. Morgen früh treffen wir uns mit den Polen und werden ein Gespräch mit Herrn Bierut haben.

Stalin. Dann wollen wir vertagen.

Churchill. Die Situation in diesem Lager ist in wenigen Worten folgende. Tatsächlich befinden sich in diesem Lager 10 000 Mann. Man muß aber bedenken, daß wir gerade erst eine Million Mann gefangengenommen haben. Mit diesen 10 000 Mann beschäftigt sich jetzt die sowjetische Mission in Rom, und diese Mis-

274 Vgl. Dok. Nr. 13, S. 111, 124; und Dok. Nr. 77.

sion hat freien Zutritt zum Lager. Es wurde mitgeteilt, daß die im Lager befindlichen Personen überwiegend Ukrainer, aber nicht sowjetische Staatsangehörige sind. In diesem Lager gibt es auch eine gewisse Zahl von Polen, die, soweit wir feststellen konnten, in den Grenzen Polens von 1939 gelebt haben. 665 Mann wünschen unverzüglich in die Sowjetunion zurückzukehren, und es werden Maßnahmen zu ihrem Abtransport getroffen. Wir sind auch bereit, alle übrigen, die zurückzukehren wünschen, zu übergeben.

Diese 10 000 Mann haben sich uns fast als geschlossene militärische Einheit ergeben, und wir haben sie als solche erhalten, unter Führung ihrer eigenen Kommandeure, ausschließlich aus administrativen Erwägungen. Wir wären froh, wenn General Golikow seine Beschwerden an Feldmarschall Alexander oder an dessen Hauptquartier richten würde.

Alexander. Ich kann dem, was der Premierminister hier gesagt hat, nicht viel hinzufügen. Ich möchte, daß alle hier Anwesenden wissen, daß ich den russischen Vertretern in Italien stets volle Bewegungsfreiheit gewährt und ihnen jede Möglichkeit geboten habe, zu sehen, was sie wünschten. Und ich meine, daß es zweckmäßig ist, so vorzugehen, da in den Fällen, wo sich eine große Zahl russischer Soldaten in unserer Hand befindet, die Ratschläge verantwortlicher russischer Vertreter für uns sehr nützlich sein können. Ich gedenke, wenn der Generalissimus einverstanden ist, im gleichen Sinne weiter zu verfahren, wie dies bisher geschah.

Stalin. Wir sind in diesen Fällen vertraglich[275] verpflichtet, einander zu unterstützen und Bürger bei der Rückkehr in die Heimat nicht zu behindern, sondern, umgekehrt, ihnen bei der Rückkehr in die Heimat behilflich zu sein.

Churchill. Wenn ihr Vertreter einen General schickt oder selbst im Hauptquartier in dieser Angelegenheit vorstellig wird, dann wird alles Notwendige geschehen.

Stalin. Gut. Ich halte die Frage für erledigt.

Ich habe heute mit Marschall Konew, der sich in Wien befindet, gesprochen. Er hat die Ausgabe von Lebensmittelrationen an die Bevölkerung Wiens nicht eingestellt, in keiner Zone, und wird sie so lange nicht einstellen, bis die Amerikaner und Engländer die Möglichkeit finden, etwas zu unternehmen.

Truman und Churchill. Wir sind Ihnen sehr dankbar.

Churchill. Es stand die Frage der Ausdehnung der Renner-Administration[276] auf die britische und amerikanische Zone.

Stalin. Es wäre gut, ihre Kompetenz auf alle Zonen auszudehnen.

Churchill. Wir meinen, daß dies eine der ersten Fragen ist, die wir prüfen müssen, sobald wir in Wien eingerückt sind. Im Prinzip sind wir einverstanden, daß es wünschenswert ist, mit einer einzigen österreichischen Verwaltung zu arbeiten.

Stalin. Natürlich ist das besser.

Churchill. Wir wollen die örtliche Verwaltung nicht behindern.

Stalin. So wird es besser sein.

Truman. Bis morgen um 11 Uhr.

Nach Archiv. Veröffentlicht mit Kürzungen in: Meshdunarodnaja Shisn, 1966/5, S. 152 ff.

275 Siehe Anmerkung 48.
276 Siehe Anmerkung 45.

Anlage
Mitteilung über die Sitzung der Außenminister
24. Juli 1945[277]

1. Reparationen von Deutschland, Österreich und Italien. Wirtschaftsfragen Deutschlands betreffend.

Der Vorsitzende erklärte, daß die Kommission, die sich mit deutschen Wirtschaftsfragen und Fragen der Reparationen von Deutschland befaßt, ihren Bericht zu diesen Problemen noch nicht ausgearbeitet hat. Herr Molotow sagte, daß dieser Kommission auch die Frage der Reparationen von Österreich und Italien übertragen wurde. Er legte zwei kurze Dokumente über die Reparationen von diesen beiden Ländern vor.[278] Es wurde beschlossen, diese Dokumente der Wirtschaftskommission zum Studium zu übergeben. Es wurde ebenfalls beschlossen, die Beratung über die Reparationen von Deutschland und die wirtschaftlichen Grundsätze hinsichtlich Deutschlands auf morgen zu vertagen.

2. Erdölversorgung Europas.

Der Vorsitzende stellte die Anfrage, ob der Bericht zu dem entsprechenden Dokument der Delegation der USA, das am 20. Juli vorgelegt wurde[279], ausgearbeitet sei, und erhielt die Antwort, daß sich dieses Dokument immer noch zur Prüfung in der Wirtschaftskommission befinde. Es wurde beschlossen, die Erörterung dieser Frage bis zur Vorlage des Berichtes der Kommission zu vertagen.

3. Verwirklichung der Deklaration von Jalta über das befreite Europa und die Satellitenstaaten.

Die mit dieser Frage befaßte Kommission hat ihren Bericht noch nicht vorbereitet, und es wurde beschlossen, die Erörterung bis zur Vorlage des Berichtes zu vertagen.

4. Zulassung zur Organisation der Vereinten Nationen.

Da die mit diesem Problem befaßte Kommission ebenfalls noch keinerlei Übereinkommen erzielen konnte, schlug der Vorsitzende vor, diese Frage in der Sitzung der Außenminister zu beraten, und zwar auf der Grundlage jenes Dokuments, an dem die Kommission gearbeitet hat.[280] Herr Molotow erklärte, daß die sowjetische Delegation an einer Diskussion zu diesem Dokument nicht teilnehmen könne, da es die Zulassung Bulgariens, Ungarns, Rumäniens und Finnlands zur Organisation der Vereinten Nationen nicht erwähnt.

Herr Eden schlug vor, den letzten Satz im ersten Absatz dieses Dokuments auszulassen, womit sich Herr Byrnes einverstanden erklärte. Herr Eden schlug eine neue Fassung des zweiten Absatzes dieses Dokuments vor, die die Interessen der anderen alliierten Länder, die in Beziehung zum Friedensvertrag mit Italien[281] stehen, berücksichtigen würde. Dieser Absatz ist in dem überarbeiteten Dokument „Zulassung zur Organisation der Vereinten Nationen"[282], das der Mitteilung beigefügt ist, enthalten.

Der Vorsitzende schlug vor, der von Herrn Molotow aufgeworfenen Frage

277 Berichterstatter Byrnes.
278 Vgl. Dok. Nr. 79, 80.
279 Vgl. Dok. Nr. 53.
280 Vgl. Dok. Nr. 67.
281 Vgl. Dok. Nr. 82.
282 Wurde in sowjetischen Archiven nicht aufgefunden.

entgegenkommenden folgenden zusätzlichen Absatz in das Dokument aufzunehmen:

„Die drei Regierungen hoffen ebenfalls, daß der Rat der Außenminister ohne unnötigen Verzug mit der Vorbereitung der Friedensverträge mit Rumänien, Bulgarien, Ungarn und Finnland beginnt. Sie haben ferner den Wunsch, nach Abschluß von Friedensverträgen mit den verantwortlichen demokratischen Regierungen dieser Länder deren Bitte um Aufnahme in die Organisation der Vereinten Nationen zu unterstützen."

Herr Molotow bestand darauf, daß grundsätzlich eine Einigung darüber erzielt wird, daß Rumänien, Bulgarien, Ungarn und Finnland im Zusammenhang mit der erörterten Frage nicht in eine schlechtere Lage versetzt werden als Italien. Da es nicht gelang, völlige Übereinstimmung zu erzielen, wurde im Laufe der weiteren Diskussion die Entscheidung getroffen, diese Frage den Regierungschefs zur Beratung zu übergeben und sie in die Tagesordnung ihrer heutigen Sitzung aufzunehmen.

5. Rumänische Erdölausrüstungen.

Die britische Delegation verteilte ein neues Dokument über die Übergabe britischer und amerikanischer Erdölausrüstungen in Rumänien[283]. Die sowjetische Delegation erklärte, daß sie für das Studium dieses Dokuments Zeit brauche, daher wurde die Erörterung dieser Frage vertagt.

6. Tagesordnung für die Sitzung der Regierungschefs.

Man kam überein, den Regierungschefs folgende Fragen für die Tagesordnung ihrer heutigen Sitzung zu empfehlen:

1. Zulassung zur Organisation der Vereinten Nationen. Das den Außenministern heute vormittag vorgelegte Dokument kann als Diskussionsgrundlage für die Regierungschefs dienen.

2. Schwarzmeer-Meerengen sowie freie und uneingeschränkte Schiffahrt auf internationalen Binnenwasserstraßen. Die Diskussion zu dieser Frage wurde auf der gestrigen Sitzung der Regierungschefs vertagt, um die Möglichkeit zu geben, das vom Präsidenten überreichte Dokument „Die freie und uneingeschränkte Schiffahrt auf internationalen Binnenwasserstraßen"[284] zu prüfen.

7. Tagesordnung für die morgige Sitzung der Regierungschefs.

Man kam überein, den Regierungschefs zu empfehlen, folgende Fragen in die Tagesordnung ihrer morgigen Vormittagssitzung aufzunehmen:

1. Über die deutsche Kriegs- und Handelsflotte.
2. Über die Reparationen von Deutschland.

8. Die Westgrenze Polens.

Die Delegation der Vertreter der Provisorischen polnischen Regierung der nationalen Einheit unter Leitung von Präsident Bierut, die auf Einladung Präsident Trumans, die entsprechend dem Beschluß der drei Regierungschefs am 22. Juli [285] erging, eingetroffen ist, äußerte ihre Meinung zur Westgrenze Polens. Ein Resümee der Grundgedanken der polnischen Erklärung ist beigefügt.[286]

Nach Archiv.

283 Vgl. Dok. Nr. 81.
284 Vgl. Dok. Nr. 74.
285 Vgl. Dok. Nr. 68, 78.
286 Vgl. Dok. Nr. 17.

Nr. 19
Aufzeichnung über die neunte Sitzung der Regierungschefs
25. Juli 1945, 11.25 Uhr

Truman. Gestern wurde vorgeschlagen, die Diskussion über die Westgrenze Polens heute fortzusetzen.

Stalin. Gut.

Truman. Ich erinnere mich, daß Herr Churchill einen Ergänzungsvorschlag hatte.

Churchill. Ich habe nichts hinzuzusetzen. Ich hatte ein Gespräch mit der polnischen Delegation, und heute vormittag hatte ich das Vergnügen, mich erneut mit Herrn Bierut zu treffen. Gestern sprach Herr Eden mit der polnischen Delegation. Die Polen bestätigten, daß sich in dem Gebiet, das sie im Westen eingenommen haben, eineinhalb Millionen Deutsche befinden. Ich meine, daß diese Frage mit der Reparationsfrage sowie mit der Frage der Besatzungszonen der vier Mächte in Deutschland verbunden ist.

Truman. Ich halte die Bemerkung von Herrn Churchill für richtig. Auch Herr Byrnes hat sich mit der polnischen Delegation getroffen und beabsichtigt, sich noch einmal mit ihr zu treffen. Gestatten Sie mir, folgenden Vorschlag zur Verfahrensweise zu machen. Da Herr Byrnes und Herr Eden die Aussprachen fortsetzen werden, meine ich, daß es nützlich wäre, unsere Diskussion zu dieser Frage bis Freitag zu vertagen.

Stalin. Gut.

Truman. Die nächste Frage unserer Tagesordnung ist die der deutschen Kriegs- und Handelsflotte. Ich denke, daß wir bereits zu einer Einigung in dieser Frage gelangt sind.

Churchill. Natürlich müssen die konkreten Vorschläge zu dieser Frage geprüft werden. Ich denke, daß wir uns diesen konkreten Vorschlägen zuwenden.

Truman. Außenminister Byrnes hat mir gesagt, daß sein Mitarbeiter Clayton und Admiral Land sich mit dieser Frage beschäftigt und konkrete Vorschläge ausgearbeitet haben. Ich bin bereit, diese Frage zu jeder Zeit zu behandeln, würde es aber vorziehen, zunächst Herrn Byrnes zu hören und mich mit den Dokumenten zu dieser Frage, die ich eben erst erhalten habe, vertraut zu machen.

(Es wurde beschlossen, die Behandlung dieser Frage zu vertagen.)

Churchill. Es gibt noch eine Frage, die zwar nicht auf der Tagesordnung steht, die man aber erörtern sollte, und zwar die Frage der Überführung der Bevölkerung. Es gibt eine große Zahl von Deutschen, die aus der Tschechoslowakei nach Deutschland zu überführen sind.

Stalin. Die tschechoslowakischen Behörden haben diese Deutschen evakuiert, und sie befinden sich gegenwärtig in Dresden, in Leipzig und in Chemnitz.

Churchill. Wir schätzen, daß es 2,5 Millionen Sudetendeutsche gibt, die zu überführen sind. Außerdem will die Tschechoslowakei die 150 000 deutschen Bürger schnellstens loswerden, die seinerzeit aus dem Reich in die Tschechoslowakei übergeführt wurden. Nach unserer Information haben erst 2 000 von diesen 150 000 Deutschen die Tschechoslowakei verlassen. Das ist ein großes Unternehmen, 2,5 Millionen Menschen zu überführen. Aber wohin soll man sie überführen? In die russische Zone?

Stalin. Der Großteil von ihnen geht in die russische Zone.

Churchill. Wir wollen sie nicht in unserer Zone haben.

Stalin. Wir schlagen das auch gar nicht vor. (Heiterkeit.)

Churchill. Wenn sie kommen, so wollen sie auch essen. Mir scheint, daß die Überführung noch gar nicht richtig begonnen hat.

Stalin. Aus der Tschechoslowakei?

Churchill. Ja, aus der Tschechoslowakei. Vorläufig erfolgt die Überführung nur in geringem Umfang.

Stalin. Ich verfüge über Informationen, daß die Tschechen die Deutschen in Kenntnis setzen, bevor sie sie aussiedeln. Was die Polen betrifft, so haben sie eineinhalb Millionen Deutsche zurückgehalten, um sie bei der Ernteeinbringung zu verwenden; sobald die Ernte in Polen abgeschlossen ist, werden die Polen die Deutschen aus Polen evakuieren.

Churchill. Meines Erachtens sollte man das nicht tun, wenn man die Fragen der Lebensmittelversorgung, der Reparationen usw. berücksichtigt, das heißt Fragen, die noch nicht gelöst sind. Wir sind jetzt in eine solche Lage geraten, daß die Polen Lebensmittel und Brennstoff haben und wir die Bevölkerung. Die Versorgung dieser Bevölkerung lastet als schwere Bürde auf uns.

Stalin. Man muß sich in die Lage der Polen versetzen. Fünfeinhalb Jahre hindurch haben ihnen die Deutschen viel Leid und Kränkungen zugefügt.

Truman. Ich habe gestern den Ausführungen Präsident Bieruts zu dieser Frage sehr aufmerksam zugehört. Ich hege Mitgefühl für die Polen und die Russen und verstehe die Schwierigkeiten, vor denen sie stehen. Meine Position habe ich schon hinreichend klar dargelegt.

Ich möchte meinen Kollegen erklären, welche Vollmachten ich in Fragen der Friedensregelung habe. Wenn wir hier Fragen erörtern, die in den Friedensvertrag aufgenommen werden sollen, so ist Ihnen allen sicherlich verständlich, daß dieser Vertrag entsprechend unserer Verfassung nur mit Einverständnis des Senats der USA abgeschlossen werden kann. Wenn ich hier diesen oder jenen Vorschlag, der auf der Konferenz vorgebracht wird, unterstütze, so bedeutet das unbedingt, daß ich alles tun werde, was in meinen Kräften steht, um auch eine Sanktionierung dieses Beschlusses durch den Senat zu sichern. Man kann natürlich nicht garantieren, daß dieser auch unbedingt angenommen wird.

Ich muß Ihnen sagen, die politische Stimmung in Amerika ist derart, daß ich nicht jeden Vorschlag hier unterstützen kann ohne die Gewißheit, daß unsere öffentliche Meinung ihn unterstützen wird. Ich gebe diese Erklärung nicht deshalb ab, um die Grundlage zu ändern, auf der die Fragen mit meinen Kollegen hier erörtert werden, sondern um klarzumachen, welche Möglichkeiten ich im Hinblick auf die verfassungsmäßige Macht habe. Ich möchte sagen, bei Abschluß der Friedensverträge muß ich die Tatsache in Rechnung stellen, daß sie der Zustimmung des Senats der USA bedürfen.

Stalin. Betreffen die Ausführungen des Präsidenten nur die Friedensverträge oder alle Fragen, die hier erörtert werden?

Truman. Das bezieht sich nur auf jene Abkommen und Verträge, die gemäß der Verfassung dem Senat der USA zur Bestätigung vorzulegen sind.

Stalin. Heißt das, daß alle übrigen Fragen entschieden werden können?

Truman. Wir können hier jede beliebige Frage entscheiden, wenn diese Frage nicht dem Senat zur Ratifikation unterbreitet werden muß.

Stalin. Das heißt, nur die Frage der Friedensverträge bedarf der Ratifikation durch den Senat?

Truman. Das ist richtig. Ich verfüge über ausgedehnte Vollmachten, aber ich will sie nicht mißbrauchen.

Churchill. Ich schlage vor, zur Frage der polnischen Bewegung nach dem Westen zurückzukehren.

Stalin. Wir haben uns auf diese Frage nicht vorbereitet, die Frage wurde zufällig gestellt. Mit einem Meinungsaustausch bin ich natürlich einverstanden, aber sie jetzt zu lösen ist außerordentlich schwierig.

Churchill. Ich möchte diese Frage heute nicht erörtern. Ich möchte nur sagen, daß diese Frage den Grundstock des Gelingens der gesamten Konferenz bildet. Wenn die Konferenz ihre Arbeit, sagen wir, in zehn Tagen abschließt, ohne eine Entscheidung über Polen angenommen zu haben, und wenn die Frage der gleichen Verteilung von Lebensmitteln auf dem gesamten Gebiet Deutschlands nicht geregelt sein wird, so bedeutet das alles zweifellos einen Mißerfolg der Konferenz. Wir werden dann zum Vorschlag von Herrn Byrnes zurückkehren müssen, daß jeder mit dem auskommen muß, was er in seiner Zone hat. Ich hoffe, daß wir ein Übereinkommen über diesen Fragenkomplex erzielen, die den Kern unserer gesamten Arbeit bildet. Wir müssen zugeben, daß wir bislang keinerlei Fortschritt erzielt haben.

Truman. Ich teile die Meinung des Premierministers, daß wir in diesen Fragen keinerlei Fortschritte erzielt haben.

Stalin. Ich denke, daß die Frage der Versorgung ganz Deutschlands mit Kohle und Metall weitaus größere Bedeutung hat. Das Ruhrgebiet liefert neunzig Prozent des Metalls und achtzig Prozent der Steinkohle.

Churchill. Wenn Kohle aus dem Ruhrgebiet in die russische Zone geliefert wird, so müssen diese Lieferungen mit Lebensmitteln aus dieser Zone bezahlt werden.

Stalin. Wenn das Ruhrgebiet bei Deutschland verbleibt, so muß es ganz Deutschland versorgen.

Churchill. Und warum darf man dann keine Lebensmittel aus Ihrer Zone nehmen?

Stalin. Weil dieses Gebiet an Polen geht.

Churchill. Aber wie werden die Arbeiter im Ruhrgebiet diese Kohle produzieren, wenn sie nichts zu essen haben werden, und woher können sie die Lebensmittel nehmen?

Stalin. Es ist längst bekannt, daß Deutschland stets Lebensmittel, insbesondere Getreide, eingeführt hat. Wenn Deutschland nicht genügend Getreide und Lebensmittel hat, so wird es diese kaufen.

Churchill. Wie kann es dann die Reparationen bezahlen?

Stalin. Es kann sie bezahlen, in Deutschland ist noch so allerlei verblieben.

Churchill. Die Ruhrkohle liegt zwar in unserer Zone, aber ich kann nicht die Verantwortung für eine Regelung übernehmen, die dazu führt, daß in der britischen Zone diesen Winter Hunger herrschen wird, während die Polen sämtliche Lebensmittel für sich behalten.

Stalin. Das ist nicht richtig. Kürzlich baten sie, ihnen mit Getreide zu helfen; es fehlt ihnen an Getreide, sie baten um Getreide bis zur neuen Ernte.

Churchill. Ich hoffe, daß der Generalissimus einige unserer Schwierigkeiten anerkennt, ebenso wie wir seine Schwierigkeiten anerkennen. Bei uns in England werden wir in diesem Winter den größten Kohlemangel haben, da es uns an Kohle fehlt.

Stalin. Warum? England hat immer Kohle exportiert.

Churchill. Da die Bergleute noch nicht demobilisiert sind, fehlt es bei uns an Arbeitskräften in der Kohleindustrie.

Stalin. Es gibt genügend Gefangene. Bei uns arbeiten Gefangene im Kohlebergbau, ohne sie wäre es sehr schwer. Wir stellen unsere Kohlereviere wieder her und setzen dazu Gefangene ein. 400 000 deutsche Soldaten sitzen bei Ihnen in Norwegen[287], sie sind nicht einmal entwaffnet, und man weiß nicht, worauf sie dort warten. Da haben Sie die Arbeitskräfte.

Churchill. Ich wußte nicht, daß sie nicht entwaffnet sind. In jedem Falle ist es unsere Absicht, sie zu entwaffnen. Ich weiß nicht genau, wie dort die Lage ist, aber diese Frage wurde vom Hauptquartier der Alliierten Expeditionsstreitkräfte geregelt. In jedem Falle werde ich Erkundigungen einziehen.

Ich möchte nochmals wiederholen und Ihre Aufmerksamkeit darauf lenken, daß uns Kohle fehlt, weil wir sie nach Frankreich, Belgien und Holland exportieren. Und zu einer Zeit, wo es uns an Kohle für diesen Winter fehlt, verstehen wir nicht, warum die Polen die Möglichkeit haben, Kohle aus einem Gebiet zu verkaufen, das ihnen noch nicht gehört.

Stalin. Sie haben Kohle aus dem Revier von Dąbrowa verkauft. Das ist ihr Gebiet.

Ich bin nicht gewohnt zu klagen, aber ich muß sagen, daß unsere Lage noch schlechter ist. Wir haben mehrere Millionen Tote, es fehlt bei uns an Menschen. Wollte ich anfangen zu klagen, fürchte ich, Sie würden Tränen vergießen, so schwer ist die Lage in Rußland. Aber ich möchte Ihnen keine Unannehmlichkeiten bereiten.

Churchill. Wir kontrollieren das Ruhrgebiet und wären bereit, Ruhrkohle gegen Lebensmittel zu tauschen.

Stalin. Diese Frage ist zu durchdenken.

Churchill. Ich erwarte gar nicht, daß wir heute zu irgendeiner Entscheidung kommen, aber ich möchte, daß die Teilnehmer der Konferenz während dieser kurzen Unterbrechung darüber nachdenken, daß ihnen die Entscheidung einer großen Frage bevorsteht.

Truman. Wenn wir heute nichts mehr zu erörtern haben, schlage ich vor, diese Frage an die Außenminister zur Behandlung zu überweisen.

Churchill. Am Freitag um fünf Uhr treffen wir uns wieder.

Eden. Wir haben eine Mitteilung von Dr. Beneš erhalten, in der er den Wunsch äußert, daß wir hier die Frage der Überführung der Deutschen aus der Tschechoslowakei erörtern. Können die Außenminister sich mit dieser Frage befassen?

Stalin. Mir scheint, daß die Überführung bereits durchgeführt ist.

Churchill. Wir meinen nicht, daß eine große Zahl von Deutschen bereits von da weggefahren ist, und vor uns steht nach wie vor das Problem, wie diese Frage zu lösen ist.

Stalin. Bitte schön.

287 Vgl. Dok. Nr. 90.

Churchill. Mögen sich die Außenminister mit dieser Frage befassen und die Tatsachen feststellen.

Stalin. Gut.

Truman. Ich bin einverstanden.

Vor der Unterbrechung möchte ich Ihre Aufmerksamkeit noch einmal auf den Vorschlag lenken, den ich über die internationalen Binnenwasserstraßen[288] unterbreitet habe. Ich denke, daß die Außenminister auch diesen meinen Vorschlag beraten könnten.

(Stalin und Churchill äußern ihre Zustimmung.

Dann überreicht die sowjetische Delegation dem Präsidenten der USA und dem Premierminister Englands ein Aide-mémoire über die Behinderungen, denen sowjetische Staatsangehörige in Österreich und in Deutschland bei der Repatriierung ausgesetzt sind, sowie ein Aide-mémoire über die in Norwegen stehenden, nicht entwaffneten deutschen Truppen, wovon in dieser Sitzung der Regierungschefs bereits die Rede war[289].)

Churchill. Ich kann aber versichern, daß es unsere Absicht ist, diese Truppen zu entwaffnen.

Stalin. Ich zweifle nicht daran. (Heiterkeit.)

Churchill. Wir halten sie nicht in Reserve, um sie plötzlich aus dem Ärmel zu schütteln. Ich werde sofort einen Bericht darüber anfordern.

(Truman schließt die Sitzung und erklärt, daß die folgende Sitzung am Freitag, dem 27. Juli, um 5 Uhr abends stattfindet.)

Nach Archiv. Veröffentlicht in:
Meshdunarodnaja Shisn, 1966/5, S. 158 ff.

Nr. 20
Aufzeichnung über die achte Sitzung der Außenminister
25. Juli 1945, 12.30 Uhr

(Vorsitzender Molotow)

Byrnes. Ich möchte mich hier zu einigen Fragen äußern, die heute auf der Sitzung der „großen Drei" beraten wurden. Der Präsident lenkte die Aufmerksamkeit auf seine Vorschläge über die Schiffahrt auf den Binnenwasserstraßen[290]. Soweit ich mich erinnere, haben wir zu den Vorschlägen des Präsidenten nichts getan, und ich schlage vor, mit der Vorbereitung dieser Frage eine Kommission zu beauftragen. Der Präsident hat gerade vor Beendigung der Sitzung auf diese seine Vorschläge aufmerksam gemacht und gebeten, sie vorher auf der Sitzung der Außenminister zu beraten. Der Präsident hat gesagt, daß er wünscht, daß diese Frage noch einmal von den „großen Drei" vor Beendigung der Konferenz beraten wird und darum ersucht, die Vorschläge vorher den Außenministern zur Beratung zu übergeben. Wenn es möglich wäre, die Vorbereitung dieser Frage einer Kommission zu übertragen, könnten wir sie danach auf unserer Sitzung behandeln und den „großen Drei" zur Beratung übergeben.

288 Vgl. Dok. Nr. 74, 88.
289 Vgl. Dok. Nr. 89, 90.
290 Vgl. Dok. Nr. 74, 88.

Cadogan. Ich denke auch, daß mit dieser Frage eine spezielle Kommission beauftragt werden sollte.

Molotow. Gut.

Cadogan. Ich könnte für diese Kommission von unserer Delegation vorschlagen . . .

(Die Zusammensetzung der Kommission wird festgelegt[291].)

Byrnes. Uns wurde auch die Frage der Überführung der Bevölkerung aus der Tschechoslowakei nach Deutschland übergeben. Es handelt sich um die deutsche Bevölkerung. Was denken Sie, könnten wir diese Frage jetzt beraten?

Molotow. Ich möchte hier den Standpunkt der USA-Delegation zu dieser Frage hören und erfahren, welche Vorschläge es gibt.

Byrnes. Diese Frage bezieht sich auf die Sudetendeutschen, die vor dem Kriege in der Tschechoslowakei lebten. Es gibt einen Vorschlag der britischen Delegation, in dem es heißt, daß diese Überführung planmäßig durchgeführt werden muß[292].

Cadogan. Meines Erachtens geht es hier nicht nur um die Überführung der Sudetendeutschen aus der Tschechoslowakei, sondern auch um die Überführung der Deutschen aus Westpolen. In der Tat, man hat uns mitgeteilt, daß ein großer Teil der Deutschen das von den Polen besetzte Gebiet verlassen hat. Damit ist die Frage aber nicht erschöpft, wenn diese Leute einen neuen ständigen Wohnsitz haben sollen. Es gibt noch eine Frage geringerer Bedeutung, die Frage der Überführung einer bestimmten Anzahl von Deutschen aus Ungarn. Ich verstehe, daß die ungarische Regierung eine bestimmte Anzahl Deutscher, die bei ihnen lebt, nach Deutschland überführen möchte. Wir haben keinen detaillierten Plan zu dieser Frage, sind aber der Meinung, daß die Frage der Überführung der deutschen Bevölkerung unter der Kontrolle des Alliierten Kontrollrates[293] stehen muß, der in Zusammenarbeit mit den Regierungen Polens, der Tschechoslowakei und Ungarns handelt.

Byrnes. Ich verstehe gut, daß nicht gleichzeitig eine große Anzahl Menschen übergeführt werden kann, und es kommen offenbar über 3 Millionen zusammen. Ich denke, daß der Kontrollrat das einzige Organ ist, das sich mit dieser Frage befassen kann. Wenn die Überführung allmählich durchgeführt wird, wird das die Lebensmittellage nicht merklich verschlechtern. Die Hauptschwierigkeit dabei besteht in einseitigen Handlungen, die auf die gleichzeitige Überführung der Bevölkerung gerichtet sind; das wird sofort große Schwierigkeiten in bezug auf Lebensmittel, Wohnung usw. schaffen. Können wir dem Kontrollrat nicht die Anweisung geben, daß er eine planmäßige und allmähliche Überführung der Deutschen vornimmt und verhindert, daß sie rasch und zu gleicher Zeit aus den erwähnten Ländern hinausgeworfen werden.

Molotow. Ich möchte feststellen, ob es irgendwelche Vorschläge zu dieser Frage gibt.

Byrnes. Der einzige Vorschlag, den es gibt, besteht darin, daß der Kontrollrat diese Sache regeln soll. Man kann den Kontrollrat beauftragen, diese Sache so zu regeln, daß eine planmäßige und allmähliche Überführung stattfindet und nicht plötzlich die gesamte deutsche Bevölkerung gleichzeitig hinausgeworfen wird.

291 Vgl. Anlage.
292 Vgl. Dok. Nr. 91.
293 Siehe Anmerkung 16.

Molotow. Natürlich, der Kontrollrat hat damit zu tun, aber der Kontrollrat kann nicht alles allein tun. Erfolgt doch die Aussiedlung der Deutschen aus der Tschechoslowakei und anderen Ländern. Der Kontrollrat kann wohl kaum der Regierung der Tschechoslowakei und den anderen Regierungen Anweisungen dazu erteilen. Das einzige, was er kann, ist – nicht über die Grenze lassen. Wir können also wohl kaum die Regelung dieser Angelegenheit nur dem Kontrollrat in Deutschland übertragen.

Cadogan. Gestatten Sie mir, einen Vorschlag zu machen, der sich vielleicht als praktisch erweisen wird. Können wir nicht dem Kontrollrat die Anweisung geben, dieses Problem, wie es gegenwärtig steht, zu prüfen. Wenn wirklich schon eine große Anzahl Deutscher übergeführt ist, dann kann der Kontrollrat die bestehende Lage prüfen und einen Terminplan für die Überführung der nächsten Gruppen Deutscher aufstellen. Könnten wir nicht gleichzeitig den drei Regierungen – der tschechoslowakischen, der polnischen und der ungarischen – mitteilen, daß sie die Überführung der deutschen Bevölkerung so lange verzögern möchten, bis diese Frage geregelt ist. In bezug auf Ungarn scheint mir, daß die Kontrollkommission[294] diese Überführung regeln könnte.

Byrnes. Der Vorschlag von Herrn Cadogan ist vernünftig, ich denke aber, daß wir den Kontrollrat in Deutschland ermächtigen könnten, Verhandlungen mit diesen drei Regierungen zu führen, um die planmäßige und allmähliche Überführung der deutschen Bevölkerung aus diesen Ländern nach Deutschland zu regeln.

Molotow. Bis jetzt haben wir den Kontrollrat noch nie beauftragt, Verhandlungen mit anderen Regierungen zu dieser oder jener Frage zu führen. Unabhängig davon müssen wir aber Vorschläge zu dieser Frage formulieren. Ich habe nichts dagegen, den hier unterbreiteten Vorschlag zu beraten, möchte aber eine Formulierung dieses Vorschlages haben.

Byrnes. Ihre Bemerkung, Herr Molotow, hat auf mich großen Eindruck gemacht. Der Kontrollrat kann tatsächlich nur die Überführung der deutschen Bevölkerung aus diesen Ländern nach Deutschland nicht zulassen. Wir könnten aber den Kontrollrat ermächtigen, Verhandlungen zu dieser Frage mit den drei Regierungen zu führen, damit sie übereinkommen, die planmäßige und allmähliche Überführung der deutschen Bevölkerung aus diesen Ländern nach Deutschland durchzuführen.

Molotow. Man könnte eine Kommission benennen oder einen einzelnen beauftragen, den Entwurf eines Beschlusses auszuarbeiten und ihn dann auf der Sitzung der Minister beraten. Ich denke, daß wir uns zu dieser Frage einigen können, es muß nur ein Entwurf da sein.

Byrnes und Cadogan stimmen zu, eine Kommission zu bilden und mit der Ausarbeitung eines Vorschlages zu dieser Frage zu beauftragen. (Es wird die Zusammensetzung dieser Kommission festgelegt[295].)

Byrnes. Ich habe keine anderen Vorschläge. Es wird für uns sehr schwer werden, in einer Reihe von Fragen voranzukommen, solange die von uns benannten Kommissionen ihre Gedanken nicht vorgelegt haben. Ich möchte bitten, daß insbesondere diese Kommission so schnell wie möglich ihre Arbeit aufnimmt, damit wir schneller ein Ergebnis erreichen können.

294 Siehe Anmerkung 34.
295 Vgl. Anlage.

Cadogan. Wir müssen auch Kommissionen für die Ausarbeitung des Kommuniqués über die Arbeit der Konferenz und für die Ausarbeitung des Protokolls über die Beschlüsse der Konferenz benennen.

Molotow. Richtig, benennen wir. (Es wird die Zusammensetzung dieser beiden Kommissionen festgelegt[296].)

Cadogan. Herr Vorsitzender, ich denke, daß die Arbeit der Kommission für die Ausarbeitung des Protokolls dringender ist, weil das eine langwierige und große Arbeit ist und wir schon einen gewissen Fortschritt in einzelnen Fragen erzielt haben. Was die Arbeit der Kommission zur Ausarbeitung des Kommuniqués betrifft, so ist sie weniger dringlich, diese Arbeit kann mehr zum Ende unserer Konferenz begonnen werden.

Byrnes. Ich denke, daß es nützlich sein wird, gerade jetzt eine Kommission zur Ausarbeitung des Kommuniqués zu benennen. Sie kann sich damit befassen, die Texte, die wir auf der Konferenz bereits angenommen haben, für die Veröffentlichung vorzubereiten. Außerdem muß berücksichtigt werden, daß die Konferenz rasch zu Ende gehen kann und der Kommission zu wenig Zeit für diese wichtige Arbeit bleiben wird. Wenn das Kommuniqué fertig sein wird, werden wir Herrn Molotow bitten, die Durchsicht der Texte dieses Kommuniqués zu übernehmen, da er aus San Francisco[297] so reiche Erfahrungen auf diesem Gebiet hat.

(Damit wird die Sitzung geschlossen.)

Anlage

Protokoll

1. Über die Bildung der Kommission zur Erörterung des amerikanischen Vorschlages über die Freiheit der Schiffahrt auf internationalen Binnenwasserstraßen.

Es wurde beschlossen, eine Kommission zu bilden, der 6 Personen angehören:
von der UdSSR – Geraschtschenko, Lawrischtschew;
von den USA – Riddleberger, Russel;
von Großbritannien – Ward, Dean.

2. Über die Bildung der Kommission zur Prüfung der Frage der Aussiedlung der Deutschen aus der Tschechoslowakei, aus Polen und Ungarn.

Es wurde beschlossen, zur Ausarbeitung eines Entwurfes zu dieser Frage eine Kommission in folgender Zusammensetzung zu bilden:
von der UdSSR – Sobolew, Semjonow;
von den USA – Cannon;
von Großbritannien – Harrison.

3. Über die Bildung der Kommission für die Ausarbeitung des Kommuniqués und des Protokolls über die Beschlüsse der Konferenz.

Es wurde beschlossen, zwei Kommissionen zu bilden:
für das Protokoll – von der UdSSR – Gromyko, Kosyrew, Gribanow;
von den USA – Dunn, Matthews, Cohen;
von Großbritannien – Bridges, Brook, Hayter, Dean.

296 Vgl. Anlage.
297 Siehe Anmerkung 3.

für das Kommuniqué – von der UdSSR – Sobolew, Golunskij;
von den USA – Walter Brown, Wilder Foote;
von Großbritannien – Bridges, Brook, Hayter, Dean.

Nach Archiv.

Nr. 21
Aufzeichnung über die neunte Sitzung der Außenminister
27. Juli 1945, 16 Uhr

(Vorsitzender Molotow)

Ich möchte die Frage bezüglich Italiens und der Satelliten erörtern. Diese Frage wurde faktisch von den „großen Drei" beraten und entschieden, uns bleibt die wenige Arbeit zur Ausgestaltung dieses Beschlusses.

Byrnes. Ich bin der Meinung, daß diese Frage beraten und Beschlüsse formuliert werden müssen.

Molotow. Gut, beraten wir diese Frage. Welche Fragen können heute noch behandelt werden?

Byrnes. Ich habe eine Liste von Fragen, die der Beratung auf der Sitzung der Minister und auf der Sitzung der „großen Drei" harren. Ich denke, daß es zweckmäßig sein wird, diese Liste zu verlesen, da wir uns jetzt in einem Stadium befinden, in dem eine ganze Reihe von Fragen entschieden werden müssen.

Molotow. Richtig.

Byrnes. Die erste Frage von den nicht abgeschlossenen ist die Frage der wirtschaftlichen Grundsätze hinsichtlich Deutschlands.

Molotow. Noch wichtiger ist die Frage der Reparationen. Ohne die Entscheidung dieser Frage können keinerlei Wirtschaftsprobleme entschieden werden.

Byrnes. Die Reparationsfrage steht als zweite auf der Liste, ich erörtere nicht die Reihenfolge dieser Fragen. Aber diese Frage kann vor der Frage der wirtschaftlichen Grundsätze beraten werden.

Die dritte Frage ist die über die italienischen und österreichischen Reparationen.

Die vierte Frage ist die über das Erdöl für Westeuropa.

Die fünfte Frage ist die Zulassung Italiens zur Organisation der Vereinten Nationen.

Molotow. Ich dachte, daß wir diese Frage als erste gestellt haben.

Byrnes. Ich bin einverstanden, daß wir diese Frage als erste behandeln, ich lese hier die Fragen vor, die noch nicht abgeschlossen sind, und stelle nicht die Frage nach der Reihenfolge ihrer Beratung.

Die sechste Frage ist die Erfüllung der Deklaration von Jalta über das befreite Europa.

Die siebente ist die Frage über Italien und die anderen Satellitenstaaten. Die amerikanische Delegation hat ein Dokument vorgelegt, und wir haben noch keine Antwort auf dieses Dokument erhalten.

Molotow. Welches Dokument ist das?

Byrnes. Es ist das Dokument, das die amerikanische Delegation am ersten Konferenztag vorgelegt hat[298]. Seine Beratung wurde vertagt.

298 Vgl. Dok. Nr. 36.

Molotow. Das über die Erleichterung der Bedingungen für Italien?

Byrnes. Das ist die Frage der Friedensbedingungen.

Die achte Frage betrifft die Erdölausrüstungen in Rumänien. Zu dieser Frage wurde von der englischen Delegation ein Dokument vorgelegt[299].

Die neunte Frage ist die der Westgrenze Polens.

Die zehnte und letzte Frage ist die Zusammenarbeit bei der Lösung dringender europäischer Wirtschaftsprobleme.

Soweit ich mich erinnere, haben wir schon alle Fragen erwähnt, die von der amerikanischen und von der sowjetischen Delegation für die Tagesordnung vorgeschlagen sind. Es gibt aber zwei Fragen, die auf der Konferenz der „Drei" noch nicht erörtert wurden. Das ist die Frage der Kriegsverbrecher, die von der englischen Delegation vorgeschlagen wurde, und die Frage der Überführung der deutschen Bevölkerung aus Polen und der Tschechoslowakei. Zu dieser Frage gibt es Vorschläge der englischen Delegation[300]. Ich denke, daß wir diese Frage behandeln können.

Molotow. Es wurde eine Kommission für diese Frage gebildet.

Byrnes. In diesem Falle bin ich bereit, jetzt die Frage der Zulassung Italiens und der Satellitenstaaten zur Organisation der Vereinten Nationen zu beraten.

Cadogan. Wir haben noch eine Frage – die politischen Grundsätze hinsichtlich Deutschlands. Als wir die Frage der Wirtschaftsprobleme beraten haben, wurde vorgeschlagen, aus dem Dokument über die wirtschaftlichen Grundsätze zwei Punkte in das Dokument über die politischen Grundsätze aufzunehmen, da die berührten Fragen allgemeinen, grundsätzlichen Charakter hatten. Jetzt können wir den noch zu behandelnden Fragen die Frage der politischen Grundsätze hinsichtlich Deutschlands hinzufügen. Vielleicht wird es genügen, auf dieser Sitzung diese Frage zu erörtern und die Grundsätze zu entwerfen, die dann der Kommission zur Ausarbeitung des Dokuments übergeben werden[301].

Molotow. Darüber müssen die Meinungen ausgetauscht werden.

Ich möchte noch an eine weitere Frage erinnern, an die der deutschen Flotte. Diese Frage muß ebenfalls in die Liste der nicht abgeschlossenen Fragen aufgenommen werden. Ich bin einverstanden, die Frage der Kriegsverbrecher zur Diskussion zu stellen, aber zuerst müßte diese Frage auf der Sitzung der „großen Drei" gestellt werden.

Byrnes. Ich bin einverstanden mit dem Vorschlag von Herrn Molotow, daß diese Frage auf die Tagesordnung der „großen Drei" gesetzt wird.

Molotow. Kann mit der Erörterung der ersten Frage begonnen werden?

Byrnes. Es geht darum, daß ich in der Liste der Fragen, die in den Kommissionen behandelt wurden, noch eine Frage nicht sehe – die Frage der Schiffahrt auf den internationalen Binnenwasserstraßen. Diese Frage steht in der Kommission zur Beratung.

Molotow. Gut.

Byrnes. In der Frage der Zulassung der vier Satellitenstaaten zur Organisation der Vereinten Nationen ist der Präsident mit dem sowjetischen Vorschlag nicht einverstanden gewesen.

299 Vgl. Dok. Nr. 43, 81.
300 Vgl. Dok. Nr. 91.
301 Vgl. Dok. Nr. 84.

Molotow. Ich habe das so verstanden, daß der Herr Präsident seine Zustimmung zu diesem Vorschlag gegeben hat.

Byrnes. Der Präsident hat gesagt, daß er mit der Fassung des Vorschlages nicht einverstanden ist und daß dieser Vorschlag redigiert werden muß.

Cadogan. Ich kann bestätigen, daß der Premierminister den Bericht nicht angenommen hat, er war nicht einverstanden mit dem Vorschlag der sowjetischen Delegation, den Satz einzufügen: „Die drei Regierungen kommen überein, jede für sich in nächster Zeit die Frage der Herstellung diplomatischer Beziehungen zu Rumänien, Bulgarien, Ungarn und Finnland zu prüfen"[302]. Der Premierminister erläuterte, weshalb dieser Vorschlag unannehmbar ist. Er ist unannehmbar, weil Großbritannien in Übereinstimmung mit der Verfassung keine diplomatischen Beziehungen zu Staaten aufnehmen kann, mit denen es sich technisch im Kriegszustand befindet. Wenn es annehmbar ist, sind wir bereit, einem solchen Vorschlag zuzustimmen: „Der Abschluß von Friedensverträgen mit verantwortlichen demokratischen Regierungen in diesen Staaten wird es den drei Regierungen ermöglichen, normale diplomatische Beziehungen zu ihnen wiederherzustellen und ihren Antrag auf Mitgliedschaft in der Organisation der Vereinten Nationen zu unterstützen."

Molotow. Das ist ein ganz anderer Vorschlag als der von der sowjetischen Delegation unterbreitete. Es geht darum, daß der Premierminister erklärt hat, daß im ersten Satz von Friedensverträgen nicht mit Bulgarien, Rumänien, Ungarn und Finnland, sondern für Bulgarien, Rumänien, Ungarn und Finnland gesprochen werden muß. Andere Änderungen hat er nicht vorgebracht und nur gesagt, daß der Beschluß redigiert werden muß.

Cadogan. Der Premierminister fand, daß die sowjetische Formulierung nicht angenommen werden kann. Ich unterbreite jetzt meinen Änderungsvorschlag, der vielleicht als Grundlage für die Diskussion und die Annahme eines Beschlusses dienen kann.

Byrnes. Soweit ich mich erinnere, hat der Premierminister erklärt, daß er diesen Vorschlag nicht billigen kann und daß er nicht klug ist. Ich erinnere mich daran, weil ich, als ich erkannte, daß wir zu keiner Übereinkunft gelangt waren, bedauerte, daß ich das Dokument über die Zulassung Italiens zur Organisation der Vereinten Nationen[303] vorgeschlagen habe. Ich hatte gedacht, daß es gegen diesen Vorschlag keine Einwände geben wird. Danach hat die englische Delegation den Vorschlag über die Aufnahme einiger neutraler Länder in die Organisation der Vereinten Nationen unterbreitet, dann wurde vorgeschlagen, die Formulierung über den Beitritt Italiens zu ändern, und es wurde die Korrektur an dem betreffenden Absatz angenommen. Dann schlug die sowjetische Delegation vor, Bulgarien, Rumänien, Ungarn und Finnland in das Abkommen aufzunehmen, aber nach tagelanger Diskussion konnten wir diesem Vorschlag nicht zustimmen. Danach erfuhr ich von der Position des Premierministers und beschloß, daß es am besten wäre, unseren Vorschlag über Italien zurückzuziehen, weil es sehr wichtig ist, daß zwischen uns Einvernehmen besteht.

Wenn die sowjetische und die englische Delegation meinem letzten Entwurf[304] nicht zustimmen können, möchte ich bitten, meinen Vorschlag über die

302 Vgl. Dok. Nr. 18, S. 153.
303 Vgl. Dok. Nr. 48.
304 Vgl. Dok. Nr. 83.

Unterstützung Italiens bei seinem Eintritt in die Organisation der Vereinten Nationen zu streichen. Wir haben viele wichtige Fragen, zu denen wir Übereinkunft erzielen müssen, und ich möchte nicht, daß deren Entscheidung verzögert wird. Ich denke, daß wir solche wichtigen Fragen wie die Reparationen, die deutsche Flotte, die Westgrenze Polens und andere wichtige Fragen auf die Tagesordnung setzen und dazu abgestimmte Vorschläge für die „großen Drei" vorbereiten müssen.

Molotow. Ich möchte dazu folgendes sagen. Wir haben die Frage der Zulassung zur Organisation der Vereinten Nationen mehrmals beraten und haben dafür nicht wenig Zeit verwendet. Die Initiative zu dieser Frage ging von der amerikanischen Delegation aus. Die sowjetische Delegation hatte den Eindruck, daß die amerikanische Delegation auf der vorangegangenen Sitzung der „großen Drei" mit dem Änderungsvorschlag der sowjetischen Delegation einverstanden war und daß keinerlei Meinungsverschiedenheiten oder Einwände geblieben waren.

Byrnes. Das ist richtig.

Molotow. Einen Einwand gab es nur seitens des Premierminsters.

Byrnes. Ja, das ist richtig. Der Präsident stimmte zu, er sagte nur, daß an der Fassung eine Änderung vorgenommen werden muß.

Molotow. Da Herr Byrnes einen neuen Vorschlag gemacht hat, schlage ich vor, diese Frage auf die Sitzung der „großen Drei" zu übertragen, sie können die Frage streichen oder ihr eine andere Richtung geben. Für uns ist es nicht angebracht, das zu tun, und wir können es auch gar nicht. Herr Attlee hat die Diskussion zu dieser Frage gehört. Der Präsident, Generalissimus Stalin und der Premierminister können diese Frage streichen oder ihr eine andere Richtung geben.

Byrnes. Ich habe nichts dagegen, daß diese Frage auf die Tagesordnung der „großen Drei" gesetzt wird, ich wollte nur die Position der amerikanischen Delegation, die der Präsident billigt, mitteilen. Herr Molotow hat recht, das ist ein amerikanischer Vorschlag, wir haben aber nur vorgeschlagen, den Eintritt Italiens in die Organisation der Vereinten Nationen zu unterstützen, und als ein anderer Vorschlag gemacht wurde, haben wir uns bemüht, ihm zuzustimmen. Wir sind immer bestrebt, eine Übereinkunft zu erzielen, und wenn sich herausstellt, daß keine Übereinkunft erreicht werden kann, sind wir dennoch bemüht, durch neue Vorschläge ein solches Einvernehmen zu erreichen.

Molotow. Übergeben wir doch die Frage den „großen Drei".

Die nächste Frage, die wir erörtern müssen, sind die wirtschaftlichen Grundsätze hinsichtlich Deutschlands, oder wir können zuerst über die Erfüllung der Deklaration von Jalta beraten.

Byrnes. Die Wahl wird dem Vorsitzenden überlassen.

Cadogan. Ich bin ebenfalls einverstanden, dem Vorsitzenden die Wahl zu überlassen.

Molotow. Ich schlage vor, die Frage der Reparationen zu behandeln: zuerst aus Deutschland und dann aus den anderen Ländern. Die sowjetische Delegation hält die Arbeit der Reparationskommission[305] für unbefriedigend. Es handelt sich darum, daß wir klare Antworten auf die Fragen haben müssen, die wir beraten, oder diesen Fragen eine andere Richtung geben müssen, wenn wir sie nicht ent-

305 Siehe Anmerkung 38.

scheiden können. Ich möchte die amerikanische Delegation fragen, ob der Beschluß der Krimkonferenz zur Frage der Reparationen aus Deutschland[306] in Kraft bleibt. Ich verstehe, daß die amerikanische Delegation jetzt einen anderen Standpunkt vertreten kann als in Jalta, wir möchten aber wissen, ob das, was zwischen der sowjetischen und der amerikanischen Delegation in Jalta abgestimmt worden ist, in Kraft bleibt oder nicht. Auf der Krim wurde folgendes beschlossen. Ich zitiere Punkt 4 des Protokolls über die Reparationen. (Er zitiert.)

Ich möchte Herrn Byrnes fragen, ob das, was zwischen der sowjetischen und der amerikanischen Delegation in Jalta abgestimmt und in Punkt 4 formuliert worden ist, in Kraft bleibt.

Byrnes. Ja, natürlich, die amerikanische Delegation ist einverstanden, daß diese Erklärung in Kraft bleibt. Diese Erklärung lautet, daß die Reparationskommission das als Ausgangspunkt nehmen soll, was Herr Molotow hier vorgelesen hat. Diese Erklärung wurde der Kommission zur Behandlung übergeben. Ich will hier sagen, daß wir, als wir die Summe von 20 Milliarden Dollar vereinbarten, sie nur als Diskussionsgrundlage angenommen haben.

Molotow. Dieser Tage erklärte Herr Pauley auf der Sitzung der Wirtschaftskommission, daß er diese abgestimmte Meinung der amerikanischen Delegation offiziell zurücknimmt. Ich möchte feststellen, ob die amerikanische Delegation diese abgestimmte Meinung zurücknimmt oder nicht. Ich bestehe nicht auf diesem Vorschlag, ich will es bloß klären.

Byrnes. Ich will keine Mißverständnisse. Wenn Sie fragen, ob die amerikanische Delegation diese Meinung zurücknimmt, muß ich sagen, daß unsere Delegation ihre Meinung niemals zurückgenommen hat. Wir erinnern uns, daß Herr Maiski eine Summe genannt hat und wir zu dieser Summe nichts gesagt haben. Ich denke, daß Sie sich an die Erklärung von Präsident Roosevelt erinnern werden, der sagte, daß wir diese Summe als Diskussionsgrundlage annehmen und daß dieser Vorschlag der Moskauer Reparationskommission übergeben wird. Ich habe Herrn Pauley nach seiner Erklärung gefragt. Er hat mir geantwortet, daß er den genannten Vorschlag geprüft habe, aber in Anbetracht der gegenwärtig bestehenden Umstände denke, daß die genannte Summe unreal sei. Er sagte, daß sei die Position der Wirtschaftskommission.

Molotow. Ist Herr Byrnes so zu verstehen, daß unsere Länder es in Jalta für möglich hielten, eine Reparationssumme aus Deutschland in Höhe von 10 Milliarden Dollar für die Sowjetunion als Diskussionsgrundlage anzunehmen und daß sie diese Summe jetzt für unmöglich halten.

Byrnes. Ich wiederhole noch einmal, weder der Präsident noch ein anderer aus der amerikanischen Delegation hat jemals der Summe von 20 Milliarden Dollar zugestimmt. Das, was Herr Molotow hier zitiert hat, bedeutet, daß wir einverstanden sind, diese Frage auf der Basis der genannten Summe zu erörtern.

Molotow. Ich wollte bloß vorlesen, was geschrieben wurde, und fragen, ob das als Diskussionsgrundlage in Kraft bleibt oder nicht. Herr Byrnes weiß wahrscheinlich schon, daß die sowjetische Delegation es für möglich hält, diese Summe zu reduzieren.

Byrnes. Ich habe gesagt, daß wir sowohl damals als auch jetzt diese Summe als Diskussionsgrundlage angenommen haben und annehmen.

306 Siehe Anmerkung 2.

Molotow. Die sowjetische Delegation erinnert an den Beschluß von Jalta, zu dem die britische Delegation eine Sonderposition einnahm. Die amerikanische Regierung hielt es damals für möglich, die Summe von 20 Milliarden Dollar – davon 10 Milliarden für die Sowjetunion – als Diskussionsgrundlage anzunehmen. Im Zusammenhang damit unterbreitete die sowjetische Delegation ihre Vorschläge auf der jetzigen Konferenz, und zwar: Sie wies darauf hin, aus welchen Zweigen der deutschen Wirtschaft und zu welchen Fristen sie die Realisierung der Reparationen für möglich hält. Maiski hat mir jedoch mitgeteilt, daß Herr Pauley erklärt hat, daß er offiziell die Zustimmung zurückzieht, den Vorschlag von Jalta als Diskussionsgrundlage zu nehmen. Vielleicht hat Herr Pauley offizielle Vollmachten vom Präsidenten zur Abgabe einer solchen Erklärung erhalten?

Byrnes. Ich denke, daß in diesem Fall einfach ein Mißverständnis vorliegt. Herr Pauley hat den Beschluß von Jalta als Diskussionsgrundlage anerkannt. Er ist nach Moskau gefahren und hat 35 Tage lang die Reparationsfrage auf ebendieser Basis beraten.

Molotow. Diese Erklärung wurde nicht in Moskau, sondern in Berlin abgegeben. In Moskau gab es keine Einwände.

Byrnes. Ja, richtig, Herr Pauley hat während der 35tägigen Beratung dieser Frage in Moskau diese Ziffer als Diskussionsgrundlage genommen. Dann fuhr er nach Deutschland, wo er diese Frage weiter prüfte. Er untersuchte die Lage Deutschlands und äußerte dann die Meinung, daß die genannte Reparationssumme völlig unrealisierbar ist, und ich kann die Ursache dieser Meinung verstehen. Ich habe mit Herrn Molotow über diese Frage gesprochen und bin immer bereit, die Erörterung dieser Frage fortzusetzen. Hier müssen aber einige Fakten angeführt werden. Zum Beispiel, nach dem Sieg über Deutschland hat Herr Pauley erfahren, daß die russische Armee sehr viele Werte zerstört hat; wir haben auch sehr viele Betriebe, Häuser usw. zerstört; unsere Armeen haben eine sehr gute Arbeit geleistet. Ich habe mit Herrn Pauley über seine Meinung gesprochen, aber wenn er mir jetzt sagen würde, daß in Deutschland dieselben Möglichkeiten bestehen, wie wir auf der Krim angenommen hatten, hätte ich keine gute Meinung von seinem Urteil. Ich weiß, daß in Jalta die Frage der Reparationen in Höhe von 20 Milliarden Dollar stand, dabei war aber gemeint, daß es sich um ganz Deutschland handelt, auch Schlesien nicht ausgeschlossen. Außerdem weiß ich, daß es einen Unterschied in den Standpunkten gibt, was Kriegsbeute ist und was Reparationen sind. Herr Pauley hat mir mitgeteilt, daß in Berlin, in der amerikanischen Zone, ein Werk für Fernsprechanlagen entdeckt wurde, dessen gesamte Ausrüstung abtransportiert worden war. Aus den Zeisswerken und drei anderen Werken wurde ebenfalls die gesamte Ausrüstung weggeholt. Wenn Herr Pauley erklärt hat, daß es unter den jetzigen Bedingungen unmöglich sei, Reparationen in der früheren Höhe zu entnehmen, dann weiß ich, daß er dabei diese Reparationen für unreal gehalten hat. Nach Meinung der amerikanischen Delegation sind derartige Werke keine Kriegsbeute, sondern Reparationen. Wie ich schon vorher erklärt habe, ist es sehr schwer, die unterschiedlichen Meinungen, die unsere Vertreter in der Wirtschaftskommission haben, in Einklang zu bringen. Ich möchte, daß eine Übereinkunft erzielt wird, aber ich sehe nicht, wie die Vertreter unserer Delegation in dieser Kommission zu einer Übereinkunft kommen können.

Molotow. Die amerikanische Delegation kann eine andere Diskussionsgrundlage vorschlagen.

Byrnes. Ich erinnere mich, daß die amerikanische Delegation schon andere Pläne und eine andere Diskussionsgrundlage vorgeschlagen hat, und ich halte es ganz aufrichtig für wichtig, eine solche Diskussionsgrundlage zu finden, denn wenn wir bestrebt sein werden, den auf der Krimkonferenz vorgesehenen Plan zu erfüllen, wird zwischen uns nur Gereiztheit und keine richtige Übereinstimmung bestehen.

Molotow. Ich verstehe Herrn Byrnes so, daß er seinen Vorschlag zu den Reparationen meint, und zwar, daß die sowjetische Seite die Reparationen aus ihrer Zone und die amerikanische und die englische Seite die Reparationen aus ihren Zonen entnehmen werden. Hält er das für den geeignetsten Vorschlag? Wenn wir zu keiner Übereinkunft zur Reparationsfrage insgesamt kommen werden, wird es letzten Endes auch so sein: Die sowjetische Seite wird die Reparationen in ihrer Zone so entnehmen, wie sie es für nötig hält, und die amerikanische Seite wird die Reparationen in ihrer Zone so entnehmen, wie sie es für nötig hält.

Byrnes. Was die USA betrifft, so wollen wir keine Reparationen für unser Land. Wir haben das Recht auf Reparationen, und wir haben schon über unsere Forderungen gesprochen, weil wir für andere Völker sorgen müssen. Wir meinen Belgien, Holland und Jugoslawien. Wir haben Italien bereits 500 Millionen Dollar gewährt, wir müssen Frankreich helfen, und wir sind einfach bemüht, alles, was in dieser sehr komplizierten Lage getan werden kann, auf das beste zu tun. Ich will ihnen aber noch einmal sagen: Wenn von unserer Position gesprochen wird, dann halte ich die Beseitigung der Quelle der Gereiztheit zwischen uns sogar für wichtiger als die Reparationssumme. Unsere Armee hat die Anweisung erhalten, daß keinerlei Vermögen oder Betriebe abtransportiert werden dürfen, und diese Anweisung wird erfüllt[307]. Es wurden nur einmal Muster technischer Ausrüstung genommen.

Molotow. Die USA waren nicht von deutschen Truppen besetzt. Bei uns war ein riesiges Gebiet besetzt, und auf diesem Gebiet wurde von den feindlichen Truppen eine ungeheure Anzahl von Werken, Kraftwerken und anderen Betrieben vernichtet. Das Gebiet Großbritanniens war ebenfalls nicht besetzt. Wir sind der Auffassung, daß solche Länder wie die Sowjetunion, Polen und Jugoslawien, die besetzt waren, das moralische Recht haben, eine Entschädigung zu erhalten. Die Sowjetunion und die USA befinden sich in diesem Falle in einer grundsätzlich unterschiedlichen Lage. Ein riesiger Teil des Gebietes der Sowjetunion war vom Feind besetzt, der ganze Städte und Siedlungen zerstörte, Betriebe, Kraftwerke und Eisenbahnstrecken in Ruinen verwandelte. Deshalb halten wir es für das moralische Recht der Länder, die besetzt waren, eine bestimmte Entschädigung zu erhalten. Und wir haben den Beschluß der Krimkonferenz so verstanden, daß unsere Verbündeten damit einverstanden waren. Es kann sein, daß die Ausrüstung einiger Werke aus Deutschland in die Sowjetunion abtransportiert wurde, das ist aber eine ganz geringfügige Entschädigung für die ungeheuren Zerstörungen, die die Deutschen auf unserem Territorium angerichtet haben. Ich wiederhole, die Lage ist hier von Grund auf unterschiedlich, da kein einziger deutscher Soldat auf

307 Zum Abtransport verschiedener Ausrüstungen und anderer Werte aus Deutschland durch die Westmächte vgl. Dok. Nr. 102, 137.

dem Gebiet der USA war. Auch wenn die Regierungen der USA oder Großbritanniens befinden, daß es zweckmäßig ist, von Deutschland keinen einzigen Dollar zu nehmen, wir werden bei unserem Standpunkt bleiben. Wir bestehen nicht auf den Zahlen von Jalta, wollen aber von den Regierungen der USA und Großbritanniens eine klare Antwort auf die Reparationsfrage, wobei wir unser moralisches Recht auf Entschädigung für unbestreitbar und unverzichtbar halten.

Die Wirtschaftskommission tritt auf der Stelle oder geht sogar zurück gegenüber dem, was in Jalta beschlossen wurde. Ist es nicht an der Zeit, mit dieser Situation Schluß zu machen und Klarheit in diese Frage zu bringen?

Byrnes. In dem Dokument der Wirtschaftskommission[308] heißt es, daß große Reparationssummen aus Deutschland entnommen werden.

Molotow. Das ist eine leere Phrase, die niemanden zufriedenstellen kann.

Byrnes. Ich denke, daß es keine Möglichkeit geben wird, alle zufriedenzustellen, aber ich hätte gewünscht, hier irgendeinen Plan aufzustellen und die beste Lösung der Frage zu finden.

Molotow. Was schlagen Sie denn vor?

Byrnes. Ich habe keine neuen Vorschläge. Ich denke, daß es am besten sein wird, die Frage bis zum Tag nach der Ankunft von Herrn Attlee zu vertagen, weil wir die Meinung der englischen Delegation wissen müssen. Zum Beispiel in der englischen Zone gibt es Maschinen und Ausrüstungen. Die sowjetische Delegation ist an diesen Maschinen und Ausrüstungen interessiert, sie befinden sich aber in der englischen Zone. Ich denke deshalb, daß wir vor der Rückkehr der englischen Delegation keinen Fortschritt in dieser Frage erreichen werden.

Molotow. Aber der hier anwesende britische Vertreter kann den Standpunkt der britischen Regierung darlegen.

Cadogan. Ich denke nicht, daß ich einen wichtigen Beitrag zur Erörterung dieser Frage in der jetzigen Etappe leisten kann. Ich kann nur sagen, daß die britische Regierung den Beschluß von Jalta angenommen hat und nicht von ihm zurückgetreten ist. Ich denke, daß wohl kaum jemand der Sowjetunion ihren Reparationsanteil absprechen kann. Soweit ich mich erinnere, wurde noch kein Beschluß über die Methoden und die Festlegung bestimmter Fristen erreicht.

Molotow. Das heißt, die Frage wird auf morgen vertagt, wenn ich den Vorschlag von Herrn Byrnes richtig verstanden habe?

Byrnes. Ich denke nicht, daß wir eine Entscheidung dieser Frage werden erreichen können, da die englische Delegation nicht imstande ist, sie zu beraten. Wenn es aber notwendig ist, können wir diese Frage morgen auf der Sitzung beraten.

Molotow. Worin besteht Ihr Vorschlag?

Byrnes. Ich schlage vor, die Frage bis morgen aufzuschieben.

Molotow. Ich habe keine Einwände. Stellen wir sie auf der Sitzung den „großen Drei"?

Byrnes. Ich kann mir nicht vorstellen, wie wir diese Frage beraten können, wenn wir hier keine Übereinstimmung erreichen konnten. Ich denke, daß es besser ist, die Ankunft der englischen Delegation abzuwarten, dann werden wir uns noch einmal bemühen, eine Übereinkunft zu erzielen, und wenn wir das nicht zu erreichen vermögen, werden wir die Frage den „großen Drei" zur Entscheidung übergeben.

308 Vgl. Dok. Nr. 92.

Kann man von Herrn Cadogan erfahren, wann Herr Attlee ankommt?

Cadogan. Leider kann ich diese Frage nicht beantworten. Herr Attlee sagte mir, daß er hierher zurückkommen werde, um die Möglichkeit zu haben, an einer für einen späteren Zeitpunkt anberaumten Sitzung teilnehmen zu können. Sobald ich die Zeit der Rückkehr von Herrn Attlee weiß, werde ich Ihnen unverzüglich davon Mitteilung machen.

Molotow. Ich schlage vor, folgenden Beschluß zu fassen: Die drei Minister halten es für zweckmäßig, die Behandlung dieser Frage bis zur nächsten Sitzung zu vertagen, und sie werden nach ihrer Behandlung auf der Sitzung der drei Minister den „großen Drei" über die Ergebnisse berichten. Wir können vereinbaren, dies, wenn wir es schaffen, morgen zu tun, und wenn wir es nicht schaffen, dann übermorgen.

Byrnes. Ich ziehe morgen vor.

Cadogan. Die Lage wird morgen dieselbe sein wie heute. Es ist möglich, daß Herr Attlee den neuen Außenminister mitbringt oder mir weitere Anweisung gibt, wie diese Sache weiterzuführen ist.

Molotow. Wenn wir es schaffen, beraten wir morgen, wenn wir es nicht schaffen. übermorgen.

Die nächste Frage sind die Reparationen aus Italien und Österreich. Die sowjetische Delegation hält die Arbeit der Wirtschaftskommission zu dieser Frage für unbefriedigend. Uns scheint, daß der von der sowjetischen Delegation vorgelegte Vorschlag über die Reparationen von Österreich[309] behandelt werden sollte. Dieser Vorschlag besteht aus drei Punkten. Ich bitte, sie als Grundlage für die weitere Behandlung zu nehmen. Was Österreich betrifft, so schlägt die sowjetische Delegation vor, die Reparationssumme auf 250 Millionen Dollar festzusetzen, das heißt weniger als von jedem anderen Satelliten. Welche Waren geliefert werden – diese Frage kann im weiteren abgestimmt werden. Als Frist für die Entnahme der Reparationen wurden von uns 6 Jahre vorgeschlagen. Nach unserem Vorschlag sollen diese Reparationen für die Sowjetunion, Großbritannien, die USA und Jugoslawien bestimmt sein. Kann dieser Vorschlag als Grundlage für unsere Übereinkunft zur Frage der Reparationen von Österreich genommen werden?

Byrnes. Was die USA betrifft, so hat der Vertreter der USA in der Wirtschaftskommission bereits unsere Auffassung zum Ausdruck gebracht, daß es unmöglich ist, Reparationen aus Österreich zu erwarten. Das betrifft die laufende Produktion. Wie wir bereits mitgeteilt haben, haben die USA, Großbritannien und Kanada Italien 500 Millionen Dollar zur Verfügung gestellt; Sie wissen: Um seine Wirtschaft wiederherzustellen, müssen noch 500 Millionen Dollar gegeben werden. Mir ist bekannt, daß diese Staaten nicht noch 100 Millionen Dollar aufwenden wollen, damit Waren für die Reparationen produziert werden können. Unser Vertreter in der Kommission hat bereits erklärt, daß sie bereit sind, die Frage der Entnahme von Maschinen und Ausrüstungen, die für den Krieg und nicht für friedliche Zwecke genutzt wurden, zu behandeln. Die USA wollen keine Werke oder Ausrüstungen bekommen, und wir werden froh sein, wenn die Sowjetunion diese Werke und Ausrüstungen erhält. Was die laufende Produktion betrifft, so besteht die Frage darin, Kredit zu erhalten, da es ohne Kredit keine

309 Vgl. Dok. Nr. 79.

laufende Produktion geben kann. Wir können und wollen aber keine Kredite geben.

Molotow. Das schlägt auch keiner vor.

Byrnes. Wir wissen, daß die Österreicher die Produktion nicht anlaufen lassen können, wenn wir ihnen keinen Kredit geben.

Molotow. Sie können entweder mit Waren oder mit der späteren Begleichung der Kredite zahlen.

Byrnes. Die Wirtschaftskommission hat uns mitgeteilt, daß sie nicht sieht, wie Reparationen gezahlt werden können. Wir wissen, daß wir das Geld, das wir bereits gegeben haben, nicht wieder erhalten werden. Wir erklären offen, daß wir nicht sehen, wie man außer Maschinen und Ausrüstungen etwas von Österreich erhalten kann, und wir werden froh sein, die Sowjetunion dabei zu unerstützen, diese Machinen und Ausrüstungen zu erhalten.

Molotow. Das Territorium der USA war nicht von feindlichen Truppen besetzt, aber das Territorium der Sowjetunion war besetzt, und der Krieg fand auf einem bedeutenden Teil unseres Territoriums statt. Wir können nicht zulassen, daß das Eindringen in fremdes Gebiet unbestraft bleibt.

Byrnes. Wenn Sie von den Opfern der russischen Bevölkerung sprechen, will ich nicht, daß sie denken, daß ich sie nicht würdige und nichts von diesen großen Opfern weiß. Es gibt aber nichts Materielles, womit für Menschenleben gezahlt werden könnte.

Molotow. Ich spreche nicht von den Opfern an Menschen, ich spreche von den Zerstörungen, die die österreichischen Truppen auf sowjetischen Territorium angerichtet haben.

Byrnes. Wenn von Ausgaben gesprochen wird, dann haben wir auch riesige Ausgaben für die Kriegführung gehabt.

Molotow. Wir hatten auch riesige Ausgaben für die Kriegführung, aber ich spreche nicht davon, ich spreche von den Zerstörungen auf unserem Territorium, die durch die österreichischen Truppen angerichtet wurden. Kann man das unbestraft lassen? Wenn Rumänien für die den Nachbarn zugefügten Zerstörungen zahlt, warum wird dann Österreich nicht zahlen? Wer kann das begreifen? Unter den Waffenstillstandsbedingungen mit Rumänien[310] steht auch die Unterschrift des Vertreters der USA, Rumänien muß mit unserer gemeinsamen Zustimmung Reparationen zahlen. Wird es verständlich und gerecht sein, wenn Österreich völlig frei von Reparationen sein wird, während seine Truppen an der Besetzung der Sowjetunion und Jugoslawiens beteiligt waren?

Byrnes. Wir haben den Waffenstillstand mit Rumänien unterzeichnet, wissen aber, daß wir keine Reparationen aus Rumänien erwarten können.

Molotow. Wir erhalten Reparationen.

Byrnes. Aber nicht die USA.

Molotow. Sie können auf Reparationen aus Österreich verzichten, das ist Ihr Recht. Ihr Territorium war nicht besetzt.

Byrnes. Ich will praktisch sein: Wenn die Bedingungen so sind, daß man keine Reparationen erhalten kann, dann erklären die USA, daß sie keine Reparationen erhalten wollen. Was Italien betrifft, so bin ich überzeugt, daß Griechenland und Jugoslawien ihrerseits Reparationen aus Italien haben wollen.

310 Siehe Anmerkung 32.

Molotow. Griechenland und Jugoslawien werden in unseren Vorschlägen vorgesehen.

Byrnes. Ich nehme an, daß sie erklären werden – wir müssen in erster Linie Reparationen erhalten.

Molotow. Bitte, beschließen wir doch so, unter den vorrangigen Empfängern der Reparationen aus Italien müssen natürlich Griechenland und Jugoslawien sein. Das ist richtig.

Byrnes. Solange wir keine Möglichkeiten sehen, Reparationen zu erhalten, können wir diesem Vorschlag nicht zustimmen. Man wird nur Maschinen und Ausrüstungen erhalten können, aber nicht Reparationen in Form von Waren. Was Österreich betrifft, so muß es Hilfe von der UNRRA[311] erhalten.

Molotow. Österreich muß Reparationen zahlen, seine Teilnahme an der Besetzung darf nicht unbestraft bleiben.

Byrnes. Es gibt Staaten, die können Reparationen zahlen, aber Österreich ist in einer solchen Lage, daß es keine Reparationen zahlen kann.

Molotow. Halten wir doch den Unterschied in unseren Standpunkten schriftlich fest und übergeben wir die Frage den „großen Drei" zur Entscheidung. Wir werden Ihren Standpunkt, den Standpunkt der britischen Delegation und unseren Standpunkt darlegen.

Cadogan. Mir scheint, daß die Ansichten meiner Regierung dieselben sind wie die von Herrn Byrnes dargelegten Ansichten der Regierung der USA.

Molotow. Man kann so schreiben, daß im Unterschied zum Standpunkt der sowjetischen Delegation die amerikanische und die britische Delegation einen anderen Standpunkt vertreten. Die amerikanische und die britische Delegation halten die Entnahme von Reparationen aus Österreich und Italien nur durch Entnahme bei ihnen vorhandener Ausrüstungen für möglich.

Byrnes. Die für Kriegszwecke genutzt wurden?

Molotow. Reparationen sind keine Kriegsbeute, das bezieht sich nicht auf Kriegsausrüstung, Kriegsmaterial hat mit Reparationen nichts zu tun, niemand wird es als Reparationen nehmen wollen. Ich schlage vor, zu sagen, daß die amerikanische und die britische Delegation der Auffassung sind, daß Reparationen aus Österreich und Italien nur durch Entnahme von in diesen Ländern vorhandenen Ausrüstungen möglich sind.

Byrnes. Sie können Ihre Position erläutern, aber ich habe auch das Recht, meine Position zu erläutern.

Molotow. Ich will Ihre Position verstehen, kann es aber leider nicht.

Byrnes. Ich will die Möglichkeiten für die Entnahme von Maschinen und Ausrüstungen aus der Rüstungsindustrie, die keine Friedensbedeutung hat, prüfen.

Molotow. Das kann schriftlich festgehalten werden, wir sind damit einverstanden. Ich möchte nur klarstellen, daß in dem Beschluß über die Hilfeleistung seitens der UNRRA nicht gesagt ist, daß ein Land, das diese Hilfe erhält, keine Reparationen zahlen kann.

Byrnes. Ich bin ganz anders informiert und werde die Materialien dazu prüfen müssen.

Molotow. Die nächste Frage sind die wirtschaftlichen Grundsätze. Die Punkte 18 und 19 sind bei uns unbehandelt geblieben. Mir scheint, daß wir keine uns al-

311 Siehe Anmerkung 49.

len genehme Formulierung zur Frage der Priorität des Exports finden könnten, wenn wir uns zu den Grundfragen nicht einigen.

Byrnes. Ich denke, daß die Entscheidung dieser Frage von der Entscheidung aller anderen Fragen abhängt. Wir können diese Frage vertagen.

Molotow. Gut. Was ist die nächste Frage?

Byrnes. Die nächste Frage ist die über das Erdöl, aber die Kommission hat mitgeteilt, daß sie zur Berichterstattung darüber nicht bereit ist und hofft, die Frage etwas später vorbereitet zu haben. Man hat mir mitgeteilt, daß der sowjetische Vertreter erklärt hat, daß einige Angaben, die zu erhalten wünschenswert wäre, nicht erhältlich waren.

Molotow. Dann vertagen wir diese Frage. Die nächste Frage ist die Zusammenarbeit bei der Lösung dringender europäischer Wirtschaftsprobleme.

Byrnes. Ich habe einen Bericht, weiß aber nicht, ob Sie und die englische Delegation diesen Bericht erhalten haben[312].

Molotow. Erhalten schon, aber er muß noch durchgelesen werden. (Nach Kenntnisnahme des Berichtes.) Wir haben keine Einwände gegen diesen Bericht.

Byrnes. Ich freue mich, feststellen zu können, daß die Sowjetregierung an der Konferenz zum Binnenverkehr[313] teilnehmen wird. Wir haben der Kommission zu danken, die den Bericht so gut vorbereitet hat.

Die Kommission hat noch keine Übereinkunft zum ersten Punkt erzielt, aber der sowjetische Vertreter hat erklärt, daß diese Frage behandelt werden wird. Sollte diese Frage den „großen Drei“ ohne diesen ersten Punkt unterbreitet werden oder sollte Übereinstimmung zu allen Punkten abgewartet werden?

Molotow. Ich bin sowohl mit dem ersten als auch mit dem zweiten Vorschlag einverstanden. Wie denken meine Kollegen?

Codogan. Es ist sehr angenehm festzustellen, daß die Sowjetregierung zugestimmt hat, an der europäischen Konferenz zum Binnenverkehr teilzunehmen. Sollte man nicht die Tatsache der Teilnahme der Sowjetregierung schriftlich festhalten?

Molotow. Ich schlage vor, den Bericht zu billigen.

Byrnes. Ich schlage ebenfalls vor, festzustellen, daß die Sowjetregierung zugestimmt hat, an dieser Konferenz teilzunehmen.

Molotow. Wir beraten die Frage, wann den „großen Drei“ Bericht erstattet werden soll, jetzt oder nach Abstimmung des ersten Punktes.

Byrnes. Ich schlage vor jetzt.

Molotow. Ich bin einverstanden.

Cadogan. Ich bin auch einverstanden.

Molotow. Die übrigen Fragen können vertagt werden.

Cadogan. Sollte nicht jetzt die Frage der Erdölausrüstungen in Rumänien beraten werden?

Molotow. Wenn Herr Cadogan unser Memorandum zu dieser Frage[314] noch nicht erhalten hat, dann wird er es nach seiner Rückkehr von dieser Sitzung erhalten.

Gestatten Sie, damit die Sitzung zu schließen.

Nach Archiv.

312 Vgl. Dok. Nr. 93.
313 Siehe Anmerkung 50.
314 Vgl. Dok. Nr. 94.

Anlage

Protokoll

27. Juli 1945

1. Über die Zulassung zur Organisation der Vereinten Nationen (Italien und Satellitenstaaten)
Es wurde beschlossen: Auf der Beratung der Minister diese Frage noch einmal zu erörtern und danach der Sitzung der „großen Drei" zu unterbreiten.
2. Reparationen (Deutschland, Österreich, Italien).
Es wurde beschlossen: Die Frage zu vertagen.
3. Erdöl für Westeuropa.
Die Frage wurde vertagt, da sie von der Kommission nicht vorbereitet war.
4. Zusammenarbeit bei der Lösung dringender europäischer Wirtschaftsprobleme.
Es wurde beschlossen: den Bericht der Kommission zu billigen.

Nach Archiv.

Nr. 22
Aufzeichnung über die Unterredung des Volkskommissars für Auswärtige Angelegenheiten der UdSSR mit dem Außenminister der USA

27. Juli 1945, 18 Uhr

Byrnes erklärt, daß er erst heute vormittag von der Bitte Molotows erfahren habe, die Veröffentlichung der Erklärung über Japan zu verschieben. Er, Byrnes, möchte Molotow einige Worte in dieser Angelegenheit sagen. Aus politischen Erwägungen heraus habe der Präsident beschlossen, daß es klug wäre, diese Erklärung zu veröffentlichen, bevor den Truppen der Befehl gegeben wird, mit der Besetzung Japans zu beginnen, und bevor die Truppen der Alliierten weitere Verluste erleiden. Der Präsident habe beschlossen, Japan zur Kapitulation aufzufordern. Zwei Tage zuvor habe er Churchill nach seiner Meinung gefragt, und Churchill habe ihm geantwortet, daß der Präsident die Erklärung auch in seinem, Churchills, Namen veröffentlichen könne. Gleichzeitig habe der Präsident über den Botschafter der USA in China die Meinung Tschiang Kaischeks eingeholt. Als der Präsident gestern nach Babelsberg zurückgekehrt sei, habe er von Hurley die Antwort erhalten, in der mitgeteilt wird, daß Tschiang Kaischek keine Einwände gegen die Erklärung hat. Im Zusammenhang mit der Auszählung der Stimmen in England[315] habe der Präsident beschlossen, die Erklärung unverzüglich zu veröffentlichen. Die Erklärung sei Molotow nicht vorher unterbreitet worden, weil sich die Sowjetunion mit Japan nicht im Kriegszustand befindet und der Präsident für die Sowjetregierung keine Schwierigkeiten schaffen wollte. Er, Byrnes, habe Molotow den Wortlaut der Erklärung zur Kenntnisnahme gesandt[316]. Matthews habe ihm, Byrnes, mitgeteilt, daß die sowjetische Delegation die Ver-

315 Siehe Anmerkung 1.
316 Vgl. Dok. Nr. 97.

öffentlichung der Erklärung zu verschieben wünsche, dieser Wunsch konnte aber nicht mehr erfüllt werden.

Molotow sagt, die sowjetische Delegation habe ihre Bitte unverzüglich nach Erhalt der Erklärung geäußert.

Byrnes erwidert, daß der Wortlaut der Erklärung den Pressevertretern gestern um 7 Uhr abends übergeben wurde.

Molotow äußert, die sowjetische Delegation habe den Wortlaut der Erklärung nach 7 Uhr abends erhalten.

Byrnes erwidert, als der Präsident den Pressevertretern den Wortlaut der Erklärung übergab, sei ihm, Byrnes, der Gedanke gekommen, Molotow zur Kenntnisnahme eine Kopie der Erklärung zu übersenden. Der Präsident habe diese Absicht gebilligt. Der Präsident habe diese Erklärung nicht früher übergeben, weil sich die Sowjetunion mit Japan nicht im Kriegszustand befindet.

Molotow erklärt, er sei nicht befugt, diese Frage zu erörtern.

Byrnes sagt, daß er sich jetzt mit Molotow über die Reparationsfrage unterhalten wolle. Er, Byrnes, halte es für richtig, diese Frage so lange zu vertagen, bis die Engländer entschieden hätten, durch wen sie Eden ersetzen werden, und bis Attlee nach Potsdam zurückgekehrt sei. Diese Frage jetzt zu beraten, wäre nutzlos. Er, Byrnes, möchte jetzt Molotow fragen, ob er, Molotow, noch einmal den Vorschlag über die Entnahme der Reparationen durch jede Seite in ihrer eigenen Zone und über den Austausch der im Ruhrgebiet vorhandenen Ausrüstung gegen Waren aus der sowjetischen Zone durchdacht habe.

Molotow erwidert, daß, wie er meine, eine solche Lösung der Reparationsfrage jeder Seite freie Hand gebe. Die Sowjetunion, die Vereinigten Staaten und Großbritannien würden in ihren Zonen so verfahren, wie sie es für nötig hielten.

Byrnes meint, daß er dies für die einzig mögliche Lösung der Frage halte.

Molotow bemerkt, daß dann folglich kein Abkommen über die Reparationen zustande käme.

Byrnes erwidert, soweit es die USA betreffe, wollen sie, daß die Engländer die im Ruhrgebiet vorhandene Ausrüstung gegen Waren aus der sowjetischen Zone tauschen.

Molotow sagt, daß beabsichtigt sei, die Entnahme von Ausrüstung einmalig in nächster Zeit durchzuführen, aber die Lebensmittellieferungen sich auf einen längeren Zeitraum erstrecken werden.

Byrnes sagt, daß er dies verstehe. Er, Byrnes, meine aber, daß die Ausrüstung unverzüglich entnommen wird und über die Lebensmittel- und Kohlelieferungen ein besonderes Abkommen abgeschlossen wird.

Molotow fragt, für welche Summe nach Byrnes' Meinung Ausrüstung aus dem Ruhrgebiet entnommen werden soll. Die sowjetische Delegation habe die Zahl von zwei Milliarden Dollar genannt.

Byrnes erwidert, daß darüber mit den Engländern verhandelt werden müsse, da sich das Ruhrgebiet in ihrer Zone befindet.

Molotow fragt, was Byrnes vorschlage.

Byrnes erwidert, daß es seines Erachtens leicht sein wird, sich über die Fristen der Lieferungen und über den Wert der Ausrüstung, die der Entnahme aus dem Ruhrgebiet unterliegt, zu einigen, wenn sein, Byrnes', Vorschlag angenommen wird, der den Vorzug besitzt, daß jede Seite in ihrer Zone nach eigenem Ermessen handeln wird. Dabei wird es nicht notwendig sein, mit den Engländern darüber Übereinkunft zu erzielen, welche Werke aus dem Ruhrgebiet zu entnehmen sind.

Molotow sagt, daß die Regierung der USA jetzt vielleicht nicht einverstanden ist mit dem Prinzip der Entnahme der Reparationen. Die Sowjetregierung möchte, daß in diese Frage Klarheit gebracht wird. In Jalta habe die Regierung der USA die sowjetischen Vorschläge über Reparationen von Deutschland unterstützt, und damals war diese Frage in den sowjetisch-amerikanischen Beziehungen klarer. Er, Molotow, wolle Byrnes daran erinnern, daß der Sinn des Beschlusses von Jalta darin bestehe, ein bestimmtes Minimum an Reparationen von Deutschland zu erhalten. Jetzt wisse die Sowjetregierung nicht, ob die amerikanische Regierung mit diesem Beschluß von Jalta einverstanden sei.

Byrnes sagt, daß infolge der unterschiedlichen Auslegung des Beschlusses von Jalta hier ein Mißverständnis bestehe. Die amerikanische Seite verstehe diesen Beschluß in dem Sinne, daß die darin genannte Ziffer der Reparationen Diskussionsgegenstand und nicht eine festgesetzte Summe sei.

Molotow stimmt dem zu.

Byrnes erwidert, wenn dies richtig sei, dann sei es nicht richtig, daß die Amerikaner ihre Meinung geändert hätten. Die in dem Beschluß von Jalta genannte Ziffer bleibe die Diskussionsgrundlage. Was die Summe der Reparationen betrifft, so sei er, Byrnes, der Meinung, daß die Umstände sich ganz anders gestaltet hätten. Sie unterscheiden sich von denen, die während der Krimkonferenz[317] bestanden haben. Er, Byrnes, werde sich bei dem britischen Kollegen erkundigen, für welche Summe die Engländer eine Entnahme von Ausrüstung aus dem Ruhrgebiet für möglich halten. Sei Molotow der Meinung, daß 2 Milliarden Dollar eine realisierbare Ziffer sei?

Molotow antwortet zustimmend.

Byrnes erklärt, daß er mit Clayton, Pauley und Attlee über diese Frage sprechen werde.

Molotow sagt, daß auf der Krim die Amerikaner, im Unterschied zu den Engländern, die nichts versprochen hätten, den Wünschen der sowjetischen Delegation entgegengekommen seien.

Byrnes erwidert, daß er die Lage Deutschlands damals nicht kannte und daher dachte, daß die genannten Ziffern der Reparationen nicht zu hoch seien. Jetzt müsse diese Frage aber ausgehend von den Zerstörungen in Deutschland und unter Berücksichtigung dessen, was aus Deutschland abtransportiert wurde, geprüft werden.

Molotow sagt, daß er im Februar gedacht habe, daß die Zerstörungen in Deutschland größer sein werden, als sich in Wirklichkeit herausgestellt habe. Die sowjetischen Experten haben festgestellt, daß der den Industriebetrieben des Ruhrgebietes verursachte Schaden in einigen Fällen 5 bis 10 %, in seltenen Fällen 15 % beträgt.

Byrnes erwidert, daß die Feststellung des Grades der Zerstörung der Betriebe eine Sache der Experten sei.

Molotow stimmt zu.

Byrnes fragt, ob Molotow den Tausch von Lebensmitteln gegen Ausrüstung aus dem Ruhrgebiet für möglich halte.

317 Siehe Anmerkung 2.

Molotow sagt, daß diese Frage geprüft werden müsse. Es sei jedoch klar, daß die Lebensmittellieferungen im Verlaufe einer längeren Frist realisiert werden können.

Byrnes sagt, daß das natürlich so sei. Die Vorzüge des von ihm, Byrnes, vorgeschlagenen Verfahrens der Entnahme der Reparationen bestehen aber darin, daß die Russen Herr in ihrer Zone sein werden und es nicht erforderlich sein wird, die Frage der Entnahme mit den Engländern abzustimmen. Sein, Byrnes', Vorschlag biete die Möglichkeit, allen Streitigkeiten darüber auszuweichen, welcher Teil der Ausrüstung für die Bedürfnisse des Volkes in Deutschland zu lassen ist.

Molotow fragt, ob er richtig verstanden habe, daß die Amerikaner der Meinung sind, daß im Ruhrgebiet die Industrie nicht in dem Umfang bleiben soll, in dem sie bestanden hat, und daß sie reduziert werden wird.

Byrnes erwidert, daß die Industrie im Ruhrgebiet reduziert werden wird, da die Sowjetunion Ausrüstungen braucht.

Byrnes sagt, daß er im Gespräch mit Molotow noch eine Frage berühren wolle. Heute habe der Präsident mit ihm, Byrnes, über die Beendigung der Konferenz gesprochen. Er möchte sie am Sonntag beenden.

Molotow erwidert, daß es natürlich gut wäre, die Konferenz am Sonntag zu beenden, wenn das möglich sein wird. Wichtig sei es aber, Ergebnisse zu erzielen.

Molotow sagt, daß ihm unverständlich sei, weshalb Byrnes den Vorschlag der Delegation der USA über Italien und die anderen Satelliten[318] zurückgezogen habe. Vielleicht hätte Attlee dem Änderungsantrag, mit dem Churchill nicht einverstanden war, zugestimmt.

Byrnes sagt, daß die Delegation der USA die Veröffentlichung der Erklärung über Italien gemeint habe. Gegen zwei Absätze der vorgeschlagenen Erklärung gab es Einwände. Der Entwurf wurde zwei Wochen lang beraten. Ihm, Byrnes, seien diese Diskussionen schon über. Jeden Tag werden irgendwelche neuen Änderungen vorgeschlagen.

Molotow sagt, daß die sowjetische Delegation aber mit der Delegation der USA übereingekommen sei.

Byrnes erwidert, daß aber keine Übereinkunft mit den Engländern erzielt wurde. Wenn die sowjetische Delegation die Engländer überzeugen könne, den Entwurf anzunehmen, dann werde er erneut beraten werden. Die Sache sei die, daß dem ursprünglichen amerikanischen Vorschlag, der nur Italien betraf, wie einem kleinen Kind Hosen aus den Balkanländern und ein Hemd aus Spanien angezogen wurde. Im Ergebnis sei das arme Kind fast nicht mehr zu sehen.

Nach Archiv.

318 Vgl. Dok. Nr. 83.

Nr. 23
Aufzeichnung über die zehnte Sitzung der Regierungschefs
28. Juli 1945, 10.30 Uhr

(Truman eröffnet die Sitzung.)

Molotow berichtet über die Sitzungen der Außenminister der UdSSR, der USA und Großbritanniens vom 25. Juli 1945 und vom 27. Juli 1945[319].

Truman. Welche Frage werden wir jetzt erörtern – über die Westgrenze Polens oder irgendeine andere Frage?

Stalin. Wir können diese Frage erörtern, wir können die Frage Italien und andere Länder erörtern. Wieviel Zeit haben Sie heute? Können wir eine Stunde arbeiten?

Truman. Das sagt mir zu. Wir werden bis 12 Uhr arbeiten.

Stalin. Ich möchte mitteilen, daß wir, die russische Delegation, einen neuen Vorschlag von Japan erhalten haben. Obwohl man uns nicht gebührend informiert, wenn irgendein Dokument über Japan abgefaßt wird, sind wir doch der Ansicht, daß man sich über neue Vorschläge gegenseitig informieren soll. (Es wird auf Englisch die Note Japans über Vermittlung verlesen.) Dieses Dokument enthält nichts Neues. Das ist nur ein Vorschlag: Japan bietet uns Zusammenarbeit an. Wir beabsichtigen, ihnen in dem gleichen Sinn zu antworten wie das vorige Mal[320].

Truman. Wir haben keine Einwände.

Attlee. Wir sind einverstanden.

Stalin. Meine Information ist beendet.

Truman. Es gibt zwei Fragen, auf die die sowjetische Delegation unsere Aufmerksamkeit vor allem lenken wollte. Die erste über Italien und die anderen Satellitenländer, die zweite über die Reparationen von Österreich und Italien.

Stalin. Außerdem wäre es wünschenswert, die Frage der deutschen Flotte und die Frage der Westgrenze Polens zu stellen.

Truman. Ich denke, wir können hier jede beliebige Frage erörtern, und ich bin bereit, jeden Vorschlag anzuhören, um dann meine Meinung über diese Fragen zu äußern.

Attlee. Ich möchte sagen, daß ich einverstanden bin, alle diese Fragen zu erörtern. Zugleich möchte ich mein Bedauern darüber ausdrücken, daß die Ereignisse in England[321] die Arbeit der Konferenz behindert haben, doch sind wir bereit, beliebig lange hier zu bleiben und uns mit jeder beliebigen Frage zu befassen.

Stalin. Die Frage der Zulassung Italiens und anderer Länder zur Organisation der Vereinten Nationen ist auf der vorigen Sitzung der „großen Drei“[322] erörtert worden. Wie hier jedoch mitgeteilt wurde, haben die Außenminister von den Ergebnissen dieser Erörterung unterschiedliche Eindrücke gewonnen. Der sowjetischen Delegation schien es, daß diese Frage nach den Abänderungen, die der Premierminister hinsichtlich Bulgariens, Rumäniens, Ungarns und Finnlands vorgenommen hatte, zwischen den drei Regierungschefs im wesentlichen abgestimmt

319 Vgl. Anlagen 1, 2.
320 Siehe Anmerkung 51.
321 Siehe Anmerkung 1.
322 Gemeint ist die Sitzung der Regierungschefs am 24. Juli.

worden sei. Wo es sich um die Friedensverträge handelt, wurde beschlossen, die Worte „mit Bulgarien, Rumänien“ usw. durch die Worte „für Bulgarien, Rumänien“ usw. zu ersetzen. Danach wurde die Frage zur Endredaktion an die drei Außenminister verwiesen. Auf der Beratung der Minister schlug jedoch die englische Delegation eine neue Abänderung zum Entwurf vor, die nicht akzeptiert wurde.

Auf der Beratung der Regierungschefs ging es darum, ob man die Regierungen der genannten Länder als verantwortliche oder anerkannte bezeichnen soll. Die russiche Delegation ist der Auffassung, daß die Regierungen sich gekränkt fühlen werden, wenn man „verantwortliche“ sagt, da sie denken werden, daß man sie jetzt für nichtverantwortlich hält. Sagt man aber „anerkannte“, wie wir hier auf der Konferenz der drei Regierungschefs beschlossen haben, so wird es keine Kränkung geben. Jede unserer Regierungen kann die Regierungen dieser Staaten anerkennen, wenn sie diese für demokratisch hält. Dann wird es keine Kränkung für die Regierungen geben, der Sinn aber, der Inhalt, bleibt der gleiche. Wir haben hier einen Beschluß gefaßt, und dann sind die Minister zusammengetreten und haben unseren Beschluß aufgehoben. Das ist nicht richtig. Im Prinzip war das angenommen worden.

Truman. Ich bitte Herrn Byrnes, sich dazu zu äußern.

Byrnes. Auf der Beratung der drei Außenminister hat die sowjetische Delegation erklärt, soweit sie sich entsinne, habe die USA-Delegation ihren Vorschlag angenommen. Im Namen der amerikanischen Delegation erklärte ich, der Präsident habe den Vorschlag der sowjetischen Delegation im Prinzip angenommen[323] und dabei gesagt, man müsse diesen Vorschlag zur redaktionellen Bearbeitung an die Außenminister überweisen: Der Präsident hat dabei nur an die Ersetzung eines Wortes gedacht, nämlich des Wortes „untersuchen“ durch das Wort „prüfen“ (im Englischen ist das von Bedeutung). Folglich hat es in dieser Frage zwischen der amerikanischen und der sowjetischen Delegation keine Meinungsverschiedenheiten gegeben.

Doch erklärte ich damals den Außenministern, daß Herr Churchill, soweit ich mich entsinne, den Vorschlag der sowjetischen Delegation über die Prüfung der Frage nach Anerkennung der Regierungen der Satellitenländer abgelehnt hat. Nach Schluß der Beratung der drei Regierungschefs erklärte mir Herr Churchill, er sei mit diesem Vorschlag nicht einverstanden. Auch sagte ich den Außenministern, die amerikanische Delegation habe ursprünglich ihren Vorschlag über Italien mit dem Ziel eingebracht, diesem Land gewisse Erleichterungen zu verschaffen. Im Vorschlag hieß es nur, daß die drei Mächte eine Erklärung veröffentlichen werden, in der sie den Eintritt Italiens in die Organisation der Vereinten Nationen[324] unterstützen.

Die englische Delegation schlug vor, in die Liste der Länder, deren Eintritt in die Organisation der Vereinten Nationen wir unterstützen werden, auch einige neutrale Länder aufzunehmen. Wir waren damit einverstanden. Die sowjetische Delegation schlug vor, in dieses Dokument einen Punkt bezüglich des Francoregimes aufzunehmen. Um der sowjetischen Delegation entgegenzukommen, fügten wir den Punkt über die ablehnende Haltung der drei Mächte zum Eintritt Spaniens unter dem Francoregime in die Vereinten Nationen hinzu.

323 Vgl. Dok. Nr. 18, S. 154.
324 Vgl. Dok. Nr. 48.

Dann schlug die sowjetische Delegation die Aufnahme des Punktes über die Regierungen Bulgariens, Rumäniens, Ungarns und Finnlands vor. Wir stimmten diesem Punkt mit gewissen Abänderungen zu. Danach wurde vorgeschlagen, an dem Punkt über diese Länder eine redaktionelle Abänderung vorzunehmen. Auch damit waren wir einverstanden.

Leider ergibt sich eine Lage, bei der die englische Delegation ihre Zustimmung verweigert, wenn wir mit unseren sowjetischen Freunden übereinstimmen, und wir die Zustimmung der sowjetischen Delegation nicht erhalten, wenn wir mit unseren englischen Freunden übereinstimmen. (Heiterkeit.) Und wenn jetzt die sowjetische und die englische Delegation ein Übereinkommen über den sowjetischen Vorschlag erzielen könnten, wären wir bereit, das Dokument anzunehmen, wenn sie aber kein Übereinkommen erzielen können, sind wir bereit, unseren bescheidenen Vorschlag über Italien zurückzuziehen.

Attlee. Herr Präsident, ich bitte Herrn Cadogan zu gestatten, unsere Position in dieser Frage darzulegen.

Cadogan. Das Dokument, das wir behandeln, betrifft die Aufnahme Italiens und anderer Satellitenländer und eventuell auch die Aufnahme einiger neutraler Länder in die Organisation der Vereinten Nationen[325]. Soweit mir bekannt ist, wurde der Text des Dokuments, mit Ausnahme zweier Punkte, gebilligt. Generalissimus Stalin hat bereits über einen dieser Punkte gesprochen, und zwar über die Ersetzung der Worte „verantwortliche Regierungen" durch die Worte „anerkannte Regierungen". Mir scheint, daß wir uns vor zwei Tagen, als wir diese Frage erörterten, damit einverstanden erklärten.

Die andere, schwierigere Frage, betrifft Punkt 3, in dem es heißt, daß die drei Regierungen einverstanden sind, die Frage der Wiederaufnahme diplomatischer Beziehungen zu Finnland, Bulgarien, Rumänien und Ungarn in naher Zukunft zu untersuchen. Herr Churchill erläuterte, er sei zwar bereit, die Frage der Wiederaufnahme diplomatischer Beziehungen zu diesen Ländern zu untersuchen, doch könnte die Aufnahme dieses Punktes in die Erklärung irreführend sein, weil die Engländer laut Verfassung keine vollständigen diplomatischen Beziehungen mit Ländern herstellen dürfen, mit denen sie sich technisch noch im Kriegszustand befinden. Es wurde eine Kompromißlösung in dem Sinne vorgeschlagen, daß wir nach Unterzeichnung der Friedensverträge die vollständigen diplomatischen Beziehungen zu diesen Ländern wiederaufnehmen könnten. Doch scheint mir, daß dieser unser Vorschlag bei der sowjetischen Delegation auf Widerspruch gestoßen ist.

Stalin. Ich habe Herrn Cadogan so verstanden, daß er bereit ist, „anerkannte Regierungen" statt „verantwortliche Regierungen" zu sagen.

Cadogan. Ja.

Byrnes. Das ist für uns annehmbar: „anerkannte" statt „verantwortliche".

Stalin. Hier gibt es keinen Unterschied in der Lage zwischen Italien und den Alliierten einerseits und zwischen den anderen Ländern und den Alliierten andererseits. Weder in Italien noch in Rumänien noch in Ungarn oder Bulgarien gibt es eine frei gewählte Regierung[326]. Eine solche Regierung gibt es nur in Finnland. In allen diesen Ländern sind die Regierungen wie in Italien durch Übereinkommen zwischen den Hauptparteien gebildet worden.

325 Vgl. Dok. Nr. 83.
326 Siehe Anmerkung 17.

Ist Italien von den USA und der Sowjetunion anerkannt und von der englischen Regierung zu 90 Prozent anerkannt, warum soll man da nicht die Frage stellen können, daß das Problem der Aufnahme diplomatischer Beziehungen, sagen wir zu Rumänien, Bulgarien und Ungarn untersucht wird? Vom Standpunkt der Demokratie aus ist die Lage dort die gleiche wie in Italien. Dabei ist Italien von den drei Mächten anerkannt. Hier heißt es nicht: vollständige diplomatische Beziehungen herstellen. Ich verstehe eigentlich nicht den Sinn der Abänderung, von der Herr Cadogan gesprochen hat. Warum wird ein solcher Unterschied zwischen Italien, das keine frei gewählte Regierung hat, und den anderen Ländern gemacht, die, mit Ausnahme Finnlands, ebenfalls keine frei gewählten Regierungen haben?

Bevin. Liegt der Unterschied nicht etwa darin, daß wir, was Italien betrifft, wissen, wie die Lage dort ist, während uns über die Lage in den anderen Ländern nichts bekannt ist?

Stalin. Es wird Ihnen nicht vorgeschlagen, sich zur Anerkennung dieser Regierungen zu verpflichten. In der Zeit, in der Sie die Frage der Anerkennung besprechen, werden Sie die Möglichkeit haben, sich mit der Lage in diesen Ländern vertraut zu machen.

Bevin. Doch warum sollen wir uns dazu verpflichten, bevor wir über die Lage in diesen Ländern Bescheid wissen?

Stalin. Wir wußten über Italien genauso wenig Bescheid, als wir zu ihm diplomatische Beziehungen herstellten. Vielleicht sogar weniger, als Sie jetzt über diese Länder wissen. Es geht darum, daß diesen Ländern, von Italien bis hin zu Bulgarien, irgendwelche Wege zur Erleichterung ihrer Lage geöffnet werden. Für Italien zeichnet sich hier die Perspektive des Eintritts in die Organisation der Vereinten Nationen ab. Das ist schon der zweite Schritt auf dem Wege zur Erleichterung seiner Lage; der erste Schritt war, daß 6 oder 8 Monate nach seiner Kapitulation die diplomatischen Beziehungen zu ihm wiederhergestellt wurden. Der zweite Schritt zur Erleichterung der Lage Italiens besteht darin, daß wir ihm zwei Jahre nach seiner Kapitulation die Möglichkeit geben, in die Organisation der Vereinten Nationen einzutreten.

Jetzt besteht die Aufgabe darin, hinsichtlich der anderen Länder den ersten Schritt zu tun: zu gewährleisten, daß die Frage ihrer Anerkennung durch die drei Mächte erörtert wird. Es wird vorgeschlagen, es 10 Monate nach ihrer Kapitulation zu tun. Sind wir übereingekommen, die Lage Italiens zu erleichtern, so muß man in diesem Sinne auch für die anderen Länder etwas tun. Darum geht es.

Attlee. Mir scheint, es ist hier erklärt worden, daß es für uns unmöglich ist, die vollständigen diplomatischen Beziehungen zu diesen Ländern wiederaufzunehmen, bevor die Friedensverträge unterzeichnet sind. Die Schwierigkeit liegt darin, daß die Annahme des sowjetischen Vorschlages den Eindruck erwecken würde, als beabsichtigten wir hinsichtlich dieser Länder etwas zu tun, was für uns unmöglich ist. Die von der englischen Delegation vorgeschlagene Abänderung, wonach die vollständigen diplomatischen Beziehungen zu diesen Ländern nach Abschluß der Friedensverträge mit ihnen wiederaufgenommen werden, stellt fest, was möglich ist.

Stalin. Wie wär's, wenn man sagen würde: Die drei Staaten werden, jeder für sich, die Frage der Herstellung vollständiger oder nichtvollständiger diplomatischer Beziehungen prüfen. Zu Finnland wird man auf alle Fälle die diplomatischen Beziehungen wiederherstellen müssen; es ist schon peinlich, die Entscheidung dieser Frage hinauszuziehen, weil sich dort eine frei gewählte Regierung gebildet hat. Es geht um die übrigen Länder.

Attlee. Mir scheint, dieser Vorschlag entspricht nicht der Wirklichkeit.

Stalin. Gut, nehmen wir dann die Formulierung der Amerikaner an: statt „untersuchen" sagen wir „prüfen".

Attlee. Mir scheint, eine Veränderung des Wortes ändert nichts am Wesen der Sache. Eine einzige Anfrage im Parlament würde alles aufdecken.

Stalin. Aber wir verheimlichen doch nichts. Was gibt es da aufzudecken? Untersuchen bedeutet eins, prüfen etwas anderes. So oder so werden Sie diese Frage prüfen. Es wäre merkwürdig, wenn wir die Frage der Anerkennung dieser Regierungen nicht prüfen würden. Was ist hier schrecklich oder neu? Ich denke, die Engländer könnten die amerikanische Formulierung akzeptieren. Sie verlieren nichts, Sie werden in der öffentlichen Meinung dieser Länder nur gewinnen.

Bevin. Wenn wir zurückkehren, wird man uns im Parlament fragen, was das bedeutet, was wir getan haben. Ich möchte dem Volk ganz aufrichtig antworten. Wenn ich eine Regierung anerkenne, erkenne ich diese Regierung wirklich an. Ich möchte nicht mit Worten Dinge verschleiern, die man anders auffassen kann. Ich würde es vorziehen, den letzten Vorschlag der Amerikaner anzunehmen und die Entscheidung dieser Frage aufzuschieben.

Stalin. Schieben wir sie auf.

Truman. Welche Frage werden wir jetzt behandeln: die Westgrenze Polens oder die Reparationen von Italien und Österreich?

(Es wird beschlossen, die Frage der Reparationen zu behandeln.)

Truman. In diesem Falle möchte ich eine Erklärung über die Reparationen von Italien abgeben. Wie ich bereits am ersten Tag der Erörterung der Frage Italien sagte, genauer, der Frage der Erleichterung der Waffenstillstandsbedingungen für Italien, mußten wir zusammen mit der britischen Regierung Italien ungefähr 500 Millionen Dollar zur Wiederherstellung seiner wirtschaftlichen Lage zur Verfügung stellen. Wir beabsichtigen, Italien eine weitere halbe Milliarde Dollar zum gleichen Zweck zu geben. Die Regierung der USA ist bereit, diese Mittel zu dem ganz bestimmten Zweck zu gewähren, den ich bereits erwähnte, nicht aber dazu, daß Italien den Alliierten und anderen Ländern Reparationen zahlt. Falls es in Italien Rüstungsbetriebe mit schweren Ausrüstungen gibt, die die Sowjetunion benötigt, sind wir einverstanden, daß die Sowjetunion diese Ausrüstungen nimmt. Doch die Mittel, die wir Italien zur Verfügung stellen möchten, müssen in erster Linie durch Export aus Italien gedeckt werden.

Stalin. Man könnte darin einwilligen, daß von Österreich keine Reparationen genommen werden, da Österreich kein selbständiger Staat war. Aber es ist für unser Sowjetvolk sehr schwer zu begreifen, warum überhaupt keine Reparationen von Italien genommen werden sollen, das doch ein selbständiger Staat war, dessen Truppen bis zur Wolga vorgedrungen sind und an der Verwüstung unseres Landes teilgenommen haben. Österreich hat keine eigenen Streitkräfte gehabt, also kann man ihm die Reparationen erlassen, Italien aber hat eigene Streitkräfte gehabt und muß Reparationen leisten.

Truman. Wenn es in Italien Gegenstände gibt, die zur Leistung von Reparationen dienen können, so bin ich völlig damit einverstanden, daß sie der Sowjetunion übergeben werden. Doch sind wir nicht bereit und nicht einverstanden, Italien Geld zu geben, damit es mit diesem Geld Reparationen an die alliierten und andere Länder zahlt.

Stalin. Ich begreife den Standpunkt des Präsidenten, doch möchte ich, daß der Präsident auch meinen Standpunkt begreift. Was gibt dem Sowjetvolk das moralische Recht, über Reparationen zu sprechen? Die Tatsache, daß ein großer Teil der Sowjetunion von feindlichen Truppen okkupiert war. Dreieinhalb Jahre befanden sich sowjetische Menschen unter dem Stiefel der Okkupanten. Wäre nicht die Okkupation gewesen, so hätten die Russen vielleicht nicht das moralische Recht, von Reparationen zu sprechen. Vielleicht.

Truman. Sie haben mein volles Mitgefühl.

Stalin. Der Präsident sagt, vielleicht gibt es in Italien Ausrüstungen, die die Russen benötigen, und vielleicht werden diese Ausrüstungen zur Tilgung der Reparationen verwendet. Gut, ich möchte nicht viel fordern, doch möchte ich, daß die ungefähre Summe dieser Reparationen festgelegt wird. Italien ist ein großes Land. Welche Summe kann von Italien erhoben werden, wie hoch soll der wertmäßige Ausdruck dieser Reparationen sein? Ist der Präsident nicht bereit, auf diese Frage zu antworten, so bin ich bereit zu warten, doch irgendeine Reparationssumme muß festgelegt werden.

Truman. Ich kann diese Frage jetzt nicht beantworten.

Bevin. Ich schlage vor, bei der Festlegung der Reparationssumme nicht das einzubeziehen, was Amerika und Großbritannien Italien geben, sondern nur das in Rechnung zu stellen, was Italien gegenwärtig besitzt.

Stalin. Mir liegt es natürlich fern, die Interessen Amerikas und Englands zu mißachten.

Attlee. Ich möchte sagen, daß ich mit dem, was der Herr Präsident gesagt hat, völlig einverstanden bin. Zugleich fühle ich durchaus mit dem russischen Volk mit, das so viel durchgestanden hat. Aber auch wir haben durch den Überfall Italiens viel durchgemacht. Wir haben auch verwüstete Territorien, und man kann sich die Gefühle des englischen Volkes vorstellen, wenn Italien Reparationen aus den Mitteln zahlen müßte, die ihm faktisch von Amerika und Großbritannien zur Verfügung gestellt wurden. Natürlich, wenn es in Italien Ausrüstungen gibt, die man entnehmen kann, so ist das eine andere Sache, doch wird unser Volk niemals die Zustimmung dazu geben, daß Reparationen mit den Mitteln gezahlt werden, die wir und Amerika gegeben haben.

Stalin. Wir sind bereit, Ausrüstungen zu nehmen.

Attlee. Rüstungsanlagen?

Stalin. Rüstungsanlagen.

Attlee. Werden das einmalige Entnahmen von Rüstungsanlagen sein und nicht Reparationsentnahmen aus der laufenden Produktion?

Stalin. Einmalige Entnahmen.

Bevin. Ich möchte fragen: Handelt es sich um Rüstungsanlagen für die Produktion von Kriegsmaterial?

Stalin. Nein, warum? Es handelt sich um Ausrüstungen der Rüstungsbetriebe, die für die Produktion von Friedensgütern verwendet werden sollen; ebensolche Anlagen entnehmen wir aus Deutschland.

Attlee. Ich dachte an Ausrüstungen, die für die Friedensproduktion nicht verwendet werden können.

Stalin. Jederart Ausrüstungen können für die Friedensproduktion verwendet werden. Wir stellen jetzt unsere Rüstungswerke auf die friedliche Produktion um. Es gibt keine Rüstungsanlagen, die nicht für die Produktion von Friedensgütern genutzt werden könnten. Unsere Panzerwerke zum Beispiel stellen jetzt Kraftwagen her.

Bevin. Es ist sehr schwer zu bestimmen, was Sie nehmen werden.

Stalin. Natürlich können wir jetzt diese Ausrüstungen nicht nennen. Wir möchten nur, daß hier im Prinzip eine Entscheidung getroffen wird, dann werden wir unsere Forderungen formulieren.

Truman. Soweit ich verstanden habe, möchten Sie, wir sollten hier im Prinzip vereinbaren, daß Italien Reparationen zu leisten hat?

Stalin. Ganz recht. Man muß die Reparationssumme bestimmen, und ich bin mit einer geringen Summe einverstanden.

Truman. Ich denke, da gibt es zwischen uns im Prinzip keine großen Meinungsverschiedenheiten in dieser Frage. Ich möchte nur, daß die Vorschüsse, die wir Italien gegeben haben, dabei nicht angetastet werden.

Stalin. Diese Vorschüsse meine ich nicht.

Bevin. Es erhebt sich die Frage: Was soll in erster Linie genommen werden? Die ersten Ansprüche hinsichtlich Italiens sind die Ansprüche Großbritanniens und der USA, die Italien einen Kredit gewährt haben, die zweiten Ansprüche sind die Reparationen.

Stalin. Wir können Italien und die übrigen Aggressoren nicht dadurch belohnen, daß sie straflos aus dem Krieg hervorgehen, ohne auch nur teilweise dafür zu zahlen, was sie verwüstet haben. Darauf verzichten hieße ihnen eine Prämie für den Krieg zahlen.

Truman. Ich bin mit Ihnen völlig einverstanden.

Bevin. Ich höre schlecht, das Flugzeug ist daran schuld. (Stalins Äußerung wird für Bevin wiederholt.)

Truman. Ich stimme der Erklärung des Generalissimus zu, daß der Aggressor keine Prämie bekommen soll, sondern bestraft werden muß.

Stalin. Die Engländer haben durch Italien besonders viel zu leiden gehabt.

Attlee. Das vergessen wir nicht.

Truman. Wir wollen die Stunde unserer morgigen Sitzung festsetzen. Wie gewöhnlich um 5?

Stalin. Bitte.

Truman. Vielleicht beginnen wir unsere Arbeit um 4 Uhr?

Mit allgemeinem Einverständnis werden wir die Sitzung morgen um 4 Uhr eröffnen.

Nach Archiv. Veröffentlicht in:
Meshdunardonaja Shisn, 1966/6, S. 155 ff.

Anlage 1

Mitteilung über die Sitzung der Außenminister[327]

25. Juli 1945

1. Der Außenminister der USA, Herr Byrnes, schlug vor, auf der Sitzung die Frage der Wasserverkehrswege zu erörtern. Herr Byrnes äußerte den Wunsch, daß diese Frage in einer Kommission vorberaten wird. Herr Cadogan und Molotow unterstützten diesen Vorschlag, in dessen Ergebnis eine Kommission folgender Zusammensetzung gebildet wurde:

von den USA – Russell, Riddleberger;
von Großbritannien – Ward, Dean;
von der UdSSR – Geraschtschenko, Lawrischtschew.

2. Danach warf Herr Byrnes die Frage der Überführung deutscher Bevölkerung aus der Tschechoslowakei auf.

Herr Cadogan erklärte, es handle sich nicht nur um die Überführung der Deutschen aus der Tschechoslowakei, sondern auch aus Westpolen und Ungarn. Er äußerte die Meinung, daß die Frage der Überführung dieser Bevölkerung unter der Kontrolle des Alliierten Kontrollrates stehen werde, der mit den Regierungen Polens, der Tschechoslowakei und Ungarns zusammenarbeiten werde.

Molotow sprach sich dafür aus, diese Frage einer Kommission zur vorherigen Prüfung zu überweisen, wonach der von ihr ausgearbeitete Entwurf in der Beratung der drei Minister erörtert werden soll.

Herr Byrnes und Herr Cadogan erklärten sich mit diesem Vorschlag einverstanden. Es wurde eine Kommission folgender Zusammensetzung gebildet:

von den USA – Cannon;
von Großbritannien – Harrison;
von der UdSSR – Sobolew, Semjonow.

3. Herr Cadogan unterbreitete den Vorschlag, eine Kommission zu bilden, die den Entwurf des Kommuniqués über die Arbeit der Konferenz aufstellen soll, und eine Kommission zur Ausarbeitung des Entwurfes eines gemeinsamen Protokolls über die Konferenzbeschlüsse.

Herr Byrnes und Molotow erklärten sich mit diesem Vorschlag einverstanden. Es wurde beschlossen, folgende Kommissionen zu bilden:

a) Zur Vorbereitung des Entwurfes des Kommuniqués über die Konferenzarbeit:

von den USA – Walter Brown, Wilder Foote;
von der UdSSR – Sobolew, Golunski;
von Großbritannien – Bridges, Brook, Hayter, Dean.

b) Zur Vorbereitung des Entwurfes des gemeinsamen Protokolls über die Konferenzbeschlüsse:

von den USA – Dunn, Matthews, Cohen;
von der UdSSR – Gromyko, Kosyrew, Gribanow;
von Großbritannien – Bridges, Brook, Hayter und Dean.

Damit endete die Beratung der Außenminister.

Nach Archiv.

327 Berichterstatter Molotow.

Anlage 2

Mitteilung über die Sitzung der Außenminister[328]

27. Juli 1945

Auf der Tagesordnung der Sitzung der drei Minister standen folgende Fragen:

I. Über Fragen, deren Behandlung nicht abgeschlossen ist.

Es wurde festgestellt, daß bis jetzt die Behandlung folgender Fragen nicht abgeschlossen ist:

1. Über die wirtschaftlichen Grundsätze hinsichtlich Deutschlands.
2. Über die Reparationen von Deutschland.
3. Über die Reparationen von Italien und Österreich.
4. Über die Erdölversorgung Europas.
5. Über die Aufnahme Italiens und anderer ehemaliger Satelliten in die Organisation der Vereinten Nationen.
6. Über die Erfüllung der Deklaration von Jalta über das befreite Europa.
7. Über die Erleichterung der Waffenstillstandsbedingungen für Italien und andere Länder.
8. Über die Entnahme von Erdölausrüstungen aus Rumänien.
9. Über die Westgrenze Polens.
10. Über die Zusammenarbeit bei der Lösung dringender europäischer Wirtschaftsprobleme.
11. Über die Kriegsverbrecher.
12. Über die Umsiedlung von Deutschen aus Polen, der Tschechoslowakei und Ungarn.
13. Über die Ergänzung der politischen Grundsätze für die Behandlung Deutschlands durch zwei Punkte aus Punkt 13 des Entwurfes über die wirtschaftlichen Grundsätze.
14. Über die deutsche Flotte.
15. Über die internationalen Binnenwasserstraßen.

II. Über die Zulassung Italiens und anderer Länder, die Waffenstillstand geschlossen haben und Mitkriegführende auf der Seite der Alliierten geworden sind, zur Organisation der Vereinten Nationen.

Der Außenminister der USA, Herr Byrnes, erklärte, wenn die sowjetische und die englische Delegation sich über die Abfassung des Dokuments zu dieser Frage nicht einigen können, schlage er mit Einverständnis des Präsidenten der USA vor, diese Frage von der Tagesordnung der Konferenz abzusetzen. Herr Byrnes fügte hinzu, seiner Ansicht nach sei es notwendig, vor allem die besonders wichtigen Fragen zu behandeln, und zwar die Fragen der Reparationen, der deutschen Flotte und der Westgrenze Polens.

Herr Cadogan schlug vor, die von der sowjetischen Delegation unterbreitete Fassung des letzten Satzes in Absatz 3 durch folgenden Satz zu ersetzen:

„Der Abschluß von Friedensverträgen mit verantwortlichen demokratischen Regierungen in diesen Staaten wird es den drei Regierungen ermöglichen, normale diplomatische Beziehungen zu ihnen wiederherzustellen und ihren Antrag auf Aufnahme in die Organisation der Vereinten Nationen zu unterstützen."

Molotow erklärte, diese Abänderung sei unannehmbar.

328 Berichterstatter Molotow.

Da auf der Beratung der drei Minister kein Übereinkommen in dieser Frage erzielt wurde, beschloß man, sie den drei Regierungschefs zur Entscheidung zu übergeben.

III. Über die Reparationen von Deutschland.

Molotow erklärte, die sowjetische Delegation betrachte die Arbeit der Reparationskommission als unbefriedigend, und schlägt vor, die Frage der Reparationen von Deutschland unmittelbar auf der Beratung der drei Minister zu behandeln und zu entscheiden. Gegen diesen Vorschlag wurden keine Einwände erhoben.

Danach verlas Molotow Punkt 4 des Krimprotokolls über die Reparationen[329]. Auf die Erklärung von Herrn Pauley in der Reparationskommission hinweisend, daß er die Zustimmung der USA-Regierung zu dem in diesem Punkt dargelegten Beschluß zurückziehe, fragte er Herrn Byrnes, ob die Regierung der USA sich weiterhin an die Krimbeschlüsse zu dieser Frage halte oder ihre Position ändere.

Herr Byrnes erwiderte, das sei ein Mißverständnis. Die Regierung der USA habe sich auf der Krim damit einverstanden erklärt, die Summe von 20 Mrd. Dollar als Verhandlungsgrundlage zu akzeptieren, doch seither haben sowjetische und alliierte Armeen in Deutschland große Zerstörungen angerichtet, und es seien einige Gebiete von Deutschland abgetrennt worden. Folglich könne man jetzt praktisch nicht mehr von dieser Gesamtsumme ausgehen, die die amerikanische Delegation in Jalta als mögliche Verhandlungsgrundlage akzeptiert hatte.

Herr Cadogan erklärte, er enthalte sich jeglicher Vorschläge.

Auf Vorschlag Herrn Byrnes' wurde es als zweckmäßig erachtet, die Behandlung dieser Frage auf die nächste Beratung der drei Minister zu vertagen und dann einen Bericht an die drei Regierungschefs aufzusetzen.

IV. Über die Reparationen von Österreich und Italien.

Molotow schlug vor, bei der weiteren Erörterung dieser Frage den von der sowjetischen Delegation unterbreiteten Vorschlag[330] über die Reparationen von Österreich und von Italien als Grundlage zu nehmen.

Herr Byrnes erklärte, er halte es nicht für möglich, von Österreich und Italien Reparationen in Form von Lieferungen aus der laufenden Produktion zu erheben. Nach Ansicht der amerikanischen Delegation sei nur eine einmalige Entnahme von Ausrüstungen der Kriegsindustrie möglich, die für Zwecke der Friedenszeit nicht genutzt werden können.

Herr Cadogan erklärte, er schließe sich der Auffassung der Delegation der USA an.

In Anbetracht dessen, daß eine Einigung nicht erzielt werden konnte, wurde beschlossen, den drei Regierungschefs über die zutage getretenen Meinungsverschiedenheiten Bericht zu erstatten.

V. Über die wirtschaftlichen Grundsätze hinsichtlich Deutschlands.

Auf Vorschlag Herrn Byrnes' wurde die Erörterung der Frage vertagt.

VI. Über die Erdölversorgung Europas.

Auf Vorschlag Herrn Byrnes' wurde die Behandlung dieser Frage vertagt, weil die Kommission ihre Arbeit noch nicht abgeschlossen hat.

329 Siehe Anmerkung 2.
330 Vgl. Dok. Nr. 79, 80.

VII. Über die wirtschaftliche Zusammenarbeit in Europa.

Es wurde beschlossen, den Bericht der Kommission zu dieser Frage[331] zu bestätigen und die drei Regierungschefs darüber in Kenntnis zu setzen.

Nach Archiv.

Nr. 24
Aufzeichnung über die Unterredung des Volkskommissars für Auswärtige Angelegenheiten der UdSSR mit dem Präsidenten der USA

Babelsberg, 29. Juli 1945, 12.00 Uhr

Molotow teilt mit, daß sich Generalissimus Stalin nicht ganz wohl fühle und heute das Haus nicht verlassen könne, deshalb konnte er auch nicht zu Herrn Truman kommen und wird nicht an der Sitzung um 4.00 Uhr teilnehmen können.

Truman äußert sein Bedauern über die Krankheit des Generalissimus Stalin und sagt, daß die Sitzung natürlich verlegt werden muß. Dann teilte er mit, daß er mit Generalissimus Stalin und Molotow das Problem der Westgrenze Polens erörtern möchte. Er fügte hinzu, daß die amerikanische Delegation jetzt zu dieser Frage einen bestimmten Vorschlag machen kann, und bittet Herrn Byrnes das Wesen dieses Vorschlages darzulegen.

Byrnes sagt, daß es zwischen der sowjetischen und der amerikanischen Delegation zum gegenwärtigen Zeitpunkt zwei oder drei ernsthafte Meinungsverschiedenheiten gibt. Die ernsthafteste davon ist die Frage der Reparationen, dann folgt die Frage der Westgrenze Polens. Die Delegation der USA hofft, daß man, wenn man sich in diesen Fragen mit der sowjetischen Delegation einigen könnte, dann auch die britische Delegation zur Zustimmung zu den Vorschlägen bewegen könne, deren Annahme die sowjetische und die amerikanische Delegation vereinbart hätten. Byrnes fügte hinzu, daß er nicht wisse, wie die Ansichten Attlees und Bevins zur Frage der Westgrenze Polens sind, aber er hoffe, daß man mit ihnen zu einer Einigung kommen kann. Danach teilt Byrnes mit, daß die amerikanische Delegation bereit ist, sich mit allem einverstanden zu erklären, was die Polen erbitten, ausgenommen das Gebiet zwischen der östlichen und westlichen Neiße.

Molotow bemerkt, daß dies ein wichtiges Gebiet ist, auf dem die Polen besonders bestehen.

Byrnes erklärt, daß nach Ansicht der Delegation der USA dieses Gebiet so lange unter sowjetischer Verwaltung bleiben muß, bis die Friedenskonferenz endgültig über sein Schicksal entscheidet. Der Vorschlag der amerikanischen Delegation zu dieser Frage, schließt Byrnes ab, wurde schriftlich dargelegt. (Danach übergibt er Molotow ein Memorandum zu dieser Frage[332], das Bohlen in russischer Übersetzung vorträgt.)

Byrnes hebt noch einmal hervor, daß das strittige Territorium bis zur endgültigen Regelung unter sowjetischer Verwaltung bleibt. Er mißt dem Umstand eine

331 Vgl. Dok. Nr. 93.
332 Vgl. Dok. Nr. 112.

besonders große Bedeutung bei, daß die Frage der Territorien, die sich unter der Verwaltung Polens befinden, eine bedeutende Quelle für Meinungsverschiedenheiten zwischen den Alliierten ist, da nach dem Abkommen von Jalta[333] keine Besatzunszone für Polen vorgesehen war und deshalb die Regierung der USA polnische Besatzungsbehörden auf dem Territorium Deutschlands nicht anerkennt. Seines Erachtens wäre es sehr wünschenswert, dieses Problem zu lösen.

Truman fügte hinzu, daß er den Standpunkt der UdSSR und Polens völlig versteht, da er sich mit den Vertretern Polens unterhalten habe und deren Argumente kennt. Was in dem von Byrnes übergebenen Memorandum vorgeschlagen wird, ist ein großes Zugeständnis von seiten der USA.

Molotow weist darauf hin, daß es in bezug auf das Gebiet, das nach dem von Byrnes vorgelegten Memorandum Polen zur Verfügung gestellt wird, niemals Meinungsverschiedenheiten gab. Schon in Teheran[334] war in dieser Frage Übereinkunft erzielt worden. Ein Mangel des amerikanischen Memorandums besteht darin, daß in ihm nichts über das Gebiet zwischen der westlichen und östlichen Neiße gesagt wird, das für Polen außerordentlich wichtig ist und auf dem die Polen besonders bestehen.

Truman bemerkt, daß die Polen nicht alles erhalten können, was sie wollen, und daß er ihnen ohnehin ein großes Zugeständnis macht.

Byrnes erläutert, daß das Memorandum die Frage, wo die endgültige Grenze Polens verlaufen wird, nicht im voraus entscheidet, da dies Sache der Friedenskonferenz ist. In dem Memorandum wird lediglich der Versuch unternommen, die Lage zu regeln, die dadurch entstanden ist, daß die Polen ohne Konsultation mit den Alliierten die Verwaltung eines großen Gebietes des deutschen Territoriums übernommen haben.

Molotow stellt richtig, daß die von Herrn Byrnes genannte Tatsache das Ergebnis der Kriegsverhältnisse ist, das zur Zeit der Verhandlungen in Jalta nicht vorausgesehen werden konnte. Die Deutschen waren aus diesem Gebiet geflohen, es gab dort fast keine Deutschen mehr, so daß dieses Gebiet fast ausschließlich nur von Polen bewohnt war, was es auch notwendig machte, dort eine polnische Verwaltung zu errichten.

Truman erklärt, daß er ein Zugeständnis gemacht hat, das die sowjetische Delegation annehmen oder auch ablehnen könne.

Molotow erwidert, daß der Standpunkt der sowjetischen Delegation bekannt ist. Den neuen amerikanischen Vorschlag wird er selbstverständlich Generalissimus Stalin übermitteln. Aber ihm, Molotow, ist bekannt, daß Generalissimus Stalin einen sehr festen Standpunkt zu dieser Frage hat: Er ist unbedingt der Meinung, daß der Wunsch der Polen, das polnische Territorium bis zur westlichen Neiße auszudehnen, unterstützt werden muß. Molotow fügt hinzu, daß die sowjetische Delegation damit einverstanden ist, die endgültige Entscheidung der Grenzfrage bis zur Friedenskonferenz zu vertagen, jetzt müsse man sich aber darüber einigen, daß die Verwaltung des gesamten Territoriums bis zur westlichen Neiße in polnischer Hand verbleiben soll.

Truman bemerkt, daß er nichts einzuwenden haben wird, wenn die Friedenskonferenz die Frage der Westgrenze Polens in diesem Sinne entscheiden wird.

333 Siehe Anmerkung 2.
334 Siehe Anmerkung 23.

Für ihn ist wichtig, jetzt Einvernehmen zwischen den USA und der UdSSR zu erzielen.

Molotow wiederholt, daß es gut wäre, wenn es gelänge, sich jetzt darüber zu einigen, daß sich das gesamte Gebiet zwischen der westlichen und der östlichen Neiße zeitweilig unter der Verwaltung Polens befinden soll.

Truman antwortet, daß in diesem Fall kein Zugeständnis seitens der sowjetischen Delegation gemacht würde und dieselbe Lage bestehen bliebe, die eigenmächtig geschaffen wurde und im Abkommen von Jalta nicht vorgesehen war.

Molotow wiederholt noch einmal, daß diese Lage durch die zeitweiligen Kriegsverhältnisse geschaffen wurde und diese Lage selbst ihrem Wesen nach zeitweilig ist.

Byrnes unterstreicht, daß dieses Territorium dem Abkommen von Jalta zufolge von der UdSSR verwaltet werden soll und alles, was die Delegation der USA erbittet, die Verwirklichung dieses Abkommens ist.

Molotow bemerkt, daß die sowjetischen Truppen, und zwar die Truppen des Marschalls Rokossowski, in diesem Gebiet bleiben.

Danach fragt Byrnes, ob die Frage der Reparationen jetzt erörtert werden soll, oder ob man damit so lange warten soll, bis Generalissimus Stalin seine Meinung zu dem amerikanischen Vorschlag über die Westgrenze Polens geäußert hat.

Molotow wiederholt nochmals, daß er diesen Vorschlag Generalissimus Stalin übergeben wird, daß er aber, da er den Standpunkt Stalins kennt, voraussehen kann, daß dieser nicht von seinen Ansichten in dieser Angelegenheit abgehen wird, da er dieses Gebiet als ein für Polen sehr wichtiges betrachtet.

Byrnes schlägt vor, die zweite wichtige Frage zu beraten, zu der keine Übereinkunft erzielt wurde, und zwar die Frage der Reparationen. Die dritte Frage ist dann die Frage der deutschen Kriegs- und Handelsflotte. Nach der Lösung aller dieser Fragen kann die Konferenz beendet werden.

Truman bemerkt, daß seine Position im Hinblick auf die Flotte mit Generalissimus Stalin[335] abgestimmt ist und er sich fest an diese Positionen halten wird. Die Frage besteht jetzt darin, ob sich die neue englische Regierung an die Übereinkunft halten wird, die mit Churchill erzielt wurde.

Molotow bemerkt, daß es in der die Flotte betreffenden Frage zu einer Vereinbarung gekommen ist, sie wurde aber nicht schriftlich festgehalten.

Byrnes pflichtet bei, daß eine Vereinbarung erzielt wurde und daß sie schriftlich niedergelegt werden muß, er bringt die Bereitschaft zum Ausdruck, den sowjetischen Entwurf zu dieser Frage zu prüfen, wenn es einen solchen Entwurf gibt und darin der britische Standpunkt zu den Unterseebooten berücksichtigt wurde.

Molotow erwidert, daß die sowjetische Delegation einen solchen Entwurf[336] hat, daß die sowjetische Delegation aber bereit ist, auch den amerikanischen Entwurf zu prüfen, wenn er von der Delegation der USA vorgelegt wird.

Byrnes schlägt vor, eine Redaktionskommission unter Mitwirkung der Engländer für die Formulierung eines Entwurfes des Beschlusses der Konferenz zu dieser Frage zu bestimmen.

Molotow weist darauf hin, daß der sowjetische Entwurf auf der Grundlage

335 Siehe Anmerkung 19.
336 Vgl. Dok. Nr. 127.

dessen, was vereinbart worden war, ausgearbeitet wurde und daß er unmittelbar, ohne vorherige Behandlung in einer Kommission, erörtert werden kann.

Byrnes bemerkt dazu, daß es sehr viele Einzelheiten gibt, die vorher behandelt werden müssen. So bestand beispielsweise Churchill darauf, daß ein Teil der deutschen Unterseeboote versenkt werden soll. Generalissimus Stalin war damit einverstanden. Die Vereinbarung zu dieser Frage muß präzisiert werden. Ferner ist es notwendig, die Vereinbarung in bezug auf die Handelsschiffe zu präzisieren. Diese Schiffe sollen im Fernen Osten für den Krieg mit Japan genutzt werden. Aber schon jetzt kann im voraus bestimmt werden, welcher Teil der Handelsflotte nach Beendigung der Kriegshandlungen gegen Japan den USA, welcher der UdSSR und welcher Großbritannien übergeben wird.

Molotow stellt dazu fest, daß es wichtig ist, jetzt zu vereinbaren, daß ein Drittel der Kriegsflotte und ein Drittel der Handelsflotte der UdSSR übergeben werden soll.

Truman erklärt, daß die amerikanische Regierung damit einverstanden ist, die deutsche Kriegsflotte unverzüglich aufzuteilen, die Handelsflotte hingegen soll im Krieg gegen Japan eingesetzt werden, obwohl der auf die Sowjetunion entfallende Teil vorher festgelegt werden kann.

Molotow weist darauf hin, daß auch die UdSSR die Handelsflotte im Fernen Osten für den Krieg gegen Japan braucht.

Byrnes erläutert, welche Einzelheiten der Vereinbarung er meint, wenn er von der Notwendigkeit spricht, eine Kommission für die Vorbehandlung der Frage zu bestimmen. Muß beispielsweise, sagt er, ein für die UdSSR vorgesehenes Schiff, wenn es bei Operationen im Fernen Osten versenkt wird, durch irgend etwas anderes ersetzt und irgendwie kompensiert werden. Das muß irgendwie festgelegt werden. Ansonsten wird, wenn wir nur sagen, daß die UdSSR das Recht auf ein Drittel der deutschen Handelsflotte hat, und wenn dieses ganze Drittel im Fernen Osten versenkt wird, für die UdSSR nichts übrigbleiben. Solche Fragen vorher zu vereinbaren, ist besser. Er schlägt vor, daß alle drei Delegationen je zwei Vertreter für die Kommission zur Behandlung dieser Frage bestimmen sollen.

Byrnes fragt dann, ob die sowjetische Delegation über den amerikanischen Vorschlag zum Austausch von Reparationen zwischen dem Ruhrgebiet und der sowjetischen Zone nachgedacht habe.

Molotow bejaht dies. Er sagt, daß dieser Vorschlag im Prinzip angenommen werden kann, aber vorher einige Fragen geklärt werden müssen. So muß beispielsweise geklärt werden, ob beabsichtigt ist, eine gewisse deutsche Zentralverwaltung zu schaffen, die neben anderen Fragen für die Erfüllung des Reparationsplanes zuständig sei.

Byrnes entgegnet, eine solche Verwaltung kann geschaffen werden, aber sie muß vielleicht sowieso verändert werden, wenn wir uns über solch einen Reparationsplan einigen werden, wie wir ihn jetzt erörtern. Nach diesem Plan wird die UdSSR Reparationen aus ihrer und aus der polnischen Zone entnehmen. Wenn dies beschlossen wird, dann ist die einzige noch verbleibende Frage die, daß ein gewisser Prozentsatz der Ausrüstungen aus dem Ruhrgebiet, die für Reparationen zur Verfügung gestellt werden, der UdSSR übergeben und gegen Kohle, Lebensmittel und andere Produkte der sowjetischen Zone, die innerhalb von vier bis fünf Jahren geliefert werden, ausgetauscht werden sollen.

Molotow verweist darauf, daß das Ruhrgebiet ein Teil Deutschlands ist und als solcher der deutschen Zentralverwaltung unterstehen wird. Er erklärt, daß er, wenn er von Verwaltung spricht, keine deutsche Regierung meint, sondern eine zentrale Verwaltung für die zentralisierte Leitung solcher Gebiete wie Transport, Außenhandel, Finanzen, Industrie und Nachrichtenwesen.

Byrnes antwortet, daß damit alle einverstanden sind.

Molotow hebt hervor, daß das Ruhrgebiet unter diesem Aspekt als ein Teil Deutschlands betrachtet wird.

Truman bemerkt, daß dies unbestreitbar ist.

Molotow erläutert, daß diese Frage von großer Bedeutung ist, da sowjetische und amerikanische Ökonomen darin übereinstimmten, daß sich in der sowjetischen Zone insgesamt 40–42 % des Nationalreichtums Deutschlands befinden. In Jalta wurde beschlossen, daß die UdSSR 50 % aller Reparationen erhalten soll. Folglich muß der Teil dieser Reparationen durch Reparationen aus den Westzonen ergänzt werden. Deshalb wirft die sowjetische Delegation auch die Frage auf, daß der UdSSR als Reparationen, in Ergänzung zu dem, was die UdSSR aus ihrer Zone erhalten kann, etwa für zwei Milliarden Ausrüstungen aus dem Ruhrgebiet zur Verfügung gestellt werden sollen. Im Mengenausdruck macht dies den Berechnungen sowjetischer Ökonomen zufolge 5,5 bis 6 Millionen Tonnen aus.

Byrnes bemerkt, daß es in der Frage, welcher Anteil des Nationalreichtums Deutschlands sich in der sowjetischen Zone befindet, zwischen den sowjetischen und amerikanischen Experten keine Einstimmigkeit gibt. Beispielsweise ist Herr Pauley der Meinung, daß sich in der sowjetischen Zone etwa 50 % des gesamten deutschen Nationalreichtums befinden, während die sowjetischen Experten diese Größe mit nur 42 % bestimmen.

Molotow bemerkt, daß einige amerikanische Experten dem zustimmen.

Byrnes führt ergänzend an, daß Pauley bei allen seinen Berechnungen die Tatsache nicht berücksichtigt, daß ein beträchtlicher Teil der deutschen Gebiete der UdSSR und Polen übergeben wird. Er fährt fort, daß die amerikanischen Experten sagen, daß es im Ruhrgebiet viel weniger jedwede Werte gibt, als die sowjetischen Experten annehmen. Dann unterbreitet er folgenden Vorschlag: Von den gesamten im Ruhrgebiet vorhandenen Industrieausrüstungen wird ein gewisser Teil zur Abdeckung der Reparationen bestimmt. 25 % dieses Teils werden der UdSSR übergeben.

Molotow bittet zu erklären, was Herr Byrnes meint, wenn er sagt, daß ein gewisser Teil für Reparationen bestimmt wird.

Byrnes erklärt, daß die Engländer, in deren Zone sich das Ruhrgebiet befindet, bestimmen müssen, welcher Teil der im Ruhrgebiet befindlichen Industrieausrüstungen für die Aufrechterhaltung des wirtschaftlichen Lebens im Lande erhalten bleiben muß, und somit wird bestimmt, wieviel Ausrüstungen entnommen werden können. Von dieser Menge können 25 % der UdSSR zur Verfügung gestellt werden. Als Alternative schlägt Byrnes die Möglichkeit vor, für die UdSSR 12,5 % aller sowohl in der englischen als auch in der amerikanischen Zone befindlichen Ausrüstungen, die für Reparationen genutzt werden sollen, vorzusehen. Der übrige Teil der für Reparationen bestimmten Ausrüstungen wird zur Abdeckung der Reparationsforderungen der anderen Verbündeten benutzt.

Molotow fragt, ob die USA und England beabsichtigen, aus Deutschland Ausrüstungen als Reparationen zu entnehmen.

Byrnes antwortet, daß er, was die USA betrifft, dazu nichts sagen kann. Ihm ist aber bekannt, daß England, Frankreich, Belgien und Holland die Absicht haben, Ausrüstungen zu entnehmen. Er hebt hervor, daß keins dieser Länder auch nur 1 % aus der sowjetischen Zone erhalten wird, ihre Reparationsforderungen gehen zu Lasten der 75 %, die nach der Entnahme der 25 % Ausrüstungen für die UdSSR im Ruhrgebiet verbleiben.

Molotow fragt, wieviel beträgt der Anteil der UdSSR, wenn er in Dollars oder Tonnen Ausrüstungen berechnet wird.

Byrnes antwortet, daß man diesen Anteil in Dollars oder Tonnen nicht berechnen könne, da einerseits noch unbekannt ist, welche Ausrüstungen für die Nutzung als Reparationen bestimmt werden, und andererseits auch unbekannt ist, welche dieser Ausrüstungen die Sowjetunion übernehmen möchte. Schließlich gibt es auch um die Preise Streit: Nach welchen Preisen soll die Reparationssumme berechnet werden – nach Vorkriegspreisen oder nach den heutigen?

Molotow antwortet, daß die UdSSR metallurgische, Maschinenbau- und Chemieausrüstungen erhalten möchte. Was die Preise betrifft, so schlägt die sowjetische Delegation vor, die Bewertung nach den Weltmarktpreisen von 1938 vorzunehmen.

Byrnes entgegnet, daß die amerikanischen Experten meinen, daß Reparationen nicht in Dollars ausgedrückt werden können, auch nicht nach den Preisen von 1938. Die einzige Art, in der gegenwärtig Reparationen ausgedrückt werden können, sind die in Prozenten genannten Anteile.

Molotow bemerkt, daß 25 % einer unbekannten Größe auch eine unbekannte Größe sind.

Byrnes erklärt, daß diese Größe erst nach sorgfältiger Untersuchung der Frage festgelegt werden kann.

Truman fügt hinzu, daß diese 25 % eine Ergänzung dazu sind, was die UdSSR aus ihrer Zone erhalten kann, in der sich nach Berechnungen der amerikanischen Experten 50 % des deutschen Nationalreichtums befinden.

Molotow bemerkt, daß die UdSSR auf nicht mehr als 50 % Anspruch erhebt. Was jedoch die 50 % betrifft, so war die amerikanische Delegation auf der Krim mit dieser Ziffer einverstanden.

Byrnes erwähnt, daß die amerikanische Delegation mit dieser Ziffer nur als Diskussionsgrundlage einverstanden war. In Jalta, fährt Byrnes fort, nannte nur Maiski diese Zahlen. Er nannte auch die Zahl von zehn Milliarden Doller für die UdSSR und zehn Milliarden Dollar für die USA und Großbritannien. Aber nach unserer Einschätzung könnte man in allen drei Zonen – in der amerikanischen, englischen und französischen – Werte für Reparationen in Höhe von nur drei bis vier Milliarden Dollar finden. Er fragt, was die sowjetische Delegation sagen würde, wenn die Amerikaner und Engländer unter Bezugnahme auf die in Jalta genannte Zahl von zehn Milliarden Dollar von der UdSSR fordern würden, daß sie die nicht verfügbaren sechs bis sieben Milliarden aus ihrer Zone ergänzt.

Byrnes erklärt, daß er dies anführt, um zu veranschaulichen, wie gefährlich es wäre, zum gegenwärtigen Zeitpunkt eine bestimmte Zahl zu nennen.

Molotow sagt, daß die sowjetische Delegation bereit ist, die Reduzierung der in den Beschlüssen von Jalta genannten Summe zu erörtern. Er möchte von der algebraischen zur arithmetischen Formel übergehen und einen Hinweis auf eine bestimmte Größe der Reparationen für die UdSSR erhalten, die in irgendwelchen absoluten Zahlen ausgedrückt ist.

Truman sagt, daß er völlig damit einverstanden ist, daß die UdSSR 50 % von allem erhalten soll, was auf dem Territorium ganz Deutschlands für Reparationen genutzt werden kann. Er erläutert, daß während der Verhandlungen in Jalta die Zerstörungen in Deutschland nicht so groß waren wie jetzt und folglich die Werte für Reparationen höher waren. Er fügt hinzu, daß er im Ruhrgebiet war und gesehen hat, daß das Ruhrgebiet ebenso zerstört ist wie Berlin.

Molotow bemerkt dazu, daß die Industrieausrüstungen, wie sich herausgestellt hat, weniger beschädigt sind, als früher vorauszusehen war. Die Städte und generell die Gebäude sind beträchtlich zerstört, aber die Werkbänke und Maschinen sind zu einem bedeutenden Teil unversehrt geblieben.

Truman wiederholt, daß die UdSSR 50 % der gesamten Ausrüstungen und Materialien erhalten soll, die für Reparationen genutzt werden können. Er unterstreicht, daß Rußland und die USA Freunde bleiben müssen, da dies für die Erhaltung des Friedens erforderlich ist. Er schlägt vor, daß sich die sowjetischen und amerikanischen Vertreter, ausgehend von diesem Prinzip, über die Einzelheiten einigen sollten, und er sanktioniert diese Übereinkunft.

Molotow dankt im Namen der sowjetischen Delegation für die Erklärung des Präsidenten und wiederholt, daß er wissen möchte, von welcher Summe diese 50 % berechnet werden sollen.

Byrnes weigert sich erneut, irgendeine Zahl zu nennen. Er erinnert daran, daß Maiski es in Jalta für möglich hielt, die Gesamtsumme der Reparationen von Deutschland in Höhe von 20 Milliarden Dollar zu bestimmen, und fragt, ob es die sowjetische Delegation für möglich hält, zehn Milliarden aus der sowjetischen Zone zu entnehmen.

Molotow antwortet, daß die Zahl reduziert werden muß.

Byrnes fährt fort, seine Argumente dafür darzulegen, daß es gefährlich wäre, sich in Vermutungen zu ergehen, auf die man sich dann als Verpflichtung beruft. Die USA sind bereit, darüber übereinzukommen, daß der UdSSR ein Viertel dessen überlassen wird, was im Ruhrgebiet für Reparationen genutzt werden soll, wie auch immer der in Dollar ausgedrückte Wert wäre.

Molotow stellt fest, daß bei einer solchen Fragestellung unbekannt ist, ob dies 100 Millionen Dollar oder eine Milliarde Dollar oder zwei Milliarden Dollar sein werden.

Byrnes verweist darauf, daß die Delegation der USA zum gegenwärtigen Zeitpunkt unter Berücksichtigung der Unzulänglichkeit der vorhandenen Angaben keine weitere Präzisierung der Summe oder Menge der Reparationen vornehmen kann.

Molotow fragt dann, ob er den Vorschlag der amerikanischen Delegation richtig verstanden habe, und zwar, daß die Sowjetunion Reparationen aus ihrer eigenen Zone erhalten wird und außerdem 25 % all dessen, was von den Industrieausrüstungen des Ruhrgebietes für Reparationen bestimmt wird.

Byrnes bestätigt, daß diese Formulierung den amerikanischen Vorschlag richtig zum Ausdruck bringt. Unbekannt ist noch, ob die Engländer damit einverstanden sein werden, die amerikanische Delegation wird sich aber bemühen, sie dazu zu bewegen. Byrnes verweist ferner darauf, daß sich nach sowjetischen Berechnungen 42 % des Nationalreichtums Deutschlands in der sowjetischen Zone befinden. Die Delegation der USA schlägt somit vor, 25 % von den im voraus für Reparationen festgelegten Industrieausrüstungen des Ruhrgebietes herauszulösen, um den Gesamtanteil derer für Reparationen an die UdSSR auf 50 % zu bringen. Er stellt fest, daß die UdSSR, wenn sich die sowjetische und die amerikanische Delegation darüber nicht einigen können und die Frage offen bleibt, nur das erhalten kann, was ihr aus ihrer Zone zu entnehmen gelingt.

Molotow erinnert daran, daß die sowjetische Delegation und die amerikanische Delegation sich schon darüber geeinigt haben, daß das Ruhrgebiet ein Teil Deutschlands ist und als solches einer deutschen Zentralverwaltung unterstehen wird. Er betont, daß man die Zonen nicht als etwas völlig Isoliertes betrachten darf.

Byrnes bemerkt, daß Molotow, als er den amerikanischen Vorschlag wiederholte, Kohle- und Lebensmittellieferungen aus der sowjetischen Zone unerwähnt ließ.

Byrnes weist darauf hin, daß er bereits wiederholt gesagt hat, daß im Austausch gegen Ausrüstungen, die die UdSSR aus den Westzonen erhalten wird, eine gewisse Menge Kohle und anderer Produkte aus der sowjetischen Zone geliefert werden soll. Er erinnert daran, daß Molotow selbst diesen Austausch als Tausch von Reparationen gegen Reparationen genannt habe.

Molotow bemerkt, daß seines Erachtens gar keine Rede davon sein kann, durch solche Lieferungen die Kosten der gesamten Ausrüstungen zu decken, die für die UdSSR aus dem Ruhrgebiet zur Verfügung gestellt werden. Es kann nur darum gehen, daß auf diese Weise die Kosten eines bestimmten Teils dieser Ausrüstungen gedeckt werden sollen.

Byrnes bemerkt, daß die Engländer zweifellos fest auf diesen Lieferungen bestehen und kaum von ihren Forderungen abgehen werden.

Die Unterredung dauerte 1 Stunde und 30 Minuten.

Nach Archiv.

Nr. 25
Aufzeichnung über das Gespräch des Volkskommissars für Auswärtige Angelegenheiten der UdSSR mit dem Außenminister der USA

30. Juli 1945, 16.30 Uhr

Byrnes erklärt, er sei gekommen, um sich vor der Beratung mit Molotow zu unterhalten. Er möchte sich in einer Reihe von Fragen mit Molotow einigen, bevor er, Byrnes, mit den Engländern zusammentrifft. Die erste Frage betrifft Polen. Der Präsident hat jetzt seine ursprüngliche Position geändert und unterbreitet den Vorschlag, die Westgrenze Polens entlang der westlichen, und nicht der östlichen Neiße[337] festzulegen. Dieser neue Vorschlag wurde noch nicht mit den Engländern abgestimmt.

Molotow fragt, ob Byrnes meint, daß sich die Engländer mit diesem Vorschlag einverstanden erklären werden.

337 Vgl. Dok. Nr. 121.

Byrnes antwortet, er denke, daß sie zustimmen werden.

Die nächste Frage betrifft Italien. Er, Byrnes, habe alles getan, was er konnte, um eine gemeinsame Sprache zu finden, als sich aber herausstellte, daß dies unmöglich sei, habe er seinen Vorschlag zurückgezogen. Aber er, Byrnes, wisse, daß dieser Vorschlag nützlich ist, insbesondere in dem Teil, der Franco betrifft. In Anbetracht dessen unterbreitet Byrnes einen neuen Vorschlag[338]. Byrnes' Idee entsprechend, soll in den ursprünglichen amerikanischen Entwurf ein Satz darüber aufgenommen werden, daß die drei Regierungen damit einverstanden sind, in der nächsten Zeit die Frage der Herstellung diplomatischer Beziehungen mit den Satellitenstaaten in einem möglichen Maße zu untersuchen. Außerdem muß der Vorschlag durch einen Absatz bezüglich der Freiheit für ausländische Korrespondenten in dem für Polen vorgeschlagenen Sinne ergänzt werden. Dies alles zusammen wird ein Kompromißvorschlag sein, der, wie Byrnes meint, den Wünschen Generalissimus Stalins entgegenkommen wird. Der Vorschlag wird auch die Engländer zufriedenstellen. Wenn Molotow diesem neuen Vorschlag zustimmt, so hofft er, Byrnes, die Engländer dazu zu bewegen.

Molotow antwortet, daß der neue Vorschlag im Prinzip akzeptabel ist, daß er aber erst durchdacht werden muß.

Byrnes sagt, daß die nächste Frage die Reparationen betrifft. Byrnes übergibt Molotow den Vorschlag zu dieser Frage[339].

Molotow fragt, wer festlegen soll, was für die Reparationen zur Verfügung steht.

Byrnes erwidert, daß dies jeder Alliierte selbständig in seiner Zone bestimmt. Die Festlegung dessen, was für die Friedenswirtschaft in Deutschland verbleiben muß, muß dann nach seiner, Byrnes, Meinung durch den Kontrollrat[340] erfolgen.

Molotow fragt, ob sich die Reparationskommission[341] mit Fragen der Außmaße der Entnahmen befassen wird.

Byrnes entgegnet, daß sich die Reparationskommission damit befassen wird, wenn ihr dies vom Kontrollrat übertragen wird.

Byrnes führt aus, daß die Sowjetunion nach dem neuen Vorschlag aus den Westzonen 25 % der für Reparationen festgelegten Ausrüstungen erhalten wird. Der übrig bleibende Teil der Ausrüstungen muß zwischen den anderen Ländern – Belgien, Norwegen, Holland usw. – aufgeteilt werden.

Molotow sagt, daß die sowjetische Delegation die Frage interessiert, von welcher Größe die 25 % genommen werden.

Byrnes erwidert, daß diese Größe erst bestimmt werden kann, wenn festgelegt ist, was für die Friedenswirtschaft in Deutschland verbleiben muß. Diese Frage kann jetzt nicht entschieden werden, weil es diesbezüglich selbst unter den amerikanischen Experten große Meinungsverschiedenheiten gibt. Er, Byrnes, könne Molotow jedoch versichern, daß die Vereinigten Staaten die gemeinsamen Abkommen hinsichtlich der Notwendigkeit, Deutschland zu entmilitarisieren, unerschütterlich verwirklichen werden.

Molotow fragt, für welchen Zeitraum die Entnahmen nach dem amerikanischen Vorschlag berechnet sind.

338 Vgl. Dok. Nr. 113.
339 Vgl. Dok. Nr. 114.
340 Siehe Anmerkung 16.
341 Siehe Anmerkung 38.

Byrnes antwortet, daß zwei Jahre vorgesehen sind.

Molotow überreicht Byrnes die sowjetischen Vorschläge über die Reparationen von Deutschland[342].

Molotow sagt, daß er die Frage des Ruhrgebietes stellen möchte, das die sowjetische Delegation als einen Teil Deutschlands betrachte.

Byrnes erwidert, die amerikanische Delegation betrachte es auch als einen Teil Deutschlands. Er, Byrnes, erinnert sich, daß in Jalta von einer Aufteilung Deutschlands gesprochen wurde, Generalissimus Stalin aber später, wie dies aus seiner Unterhaltung mit Hopkins ersichtlich sei, seine Meinung über die Notwendigkeit der Aufteilung Deutschlands[343] geändert habe.

Molotow bejaht.

Byrnes sagt, daß Roosevelt seine Meinung ebenfalls geändert hat und zu dem Schluß gekommen ist, daß eine Aufteilung Deutschlands zu verwirklichen unmöglich sein wird.

Molotow sagt, daß im Ruhrgebiet der Hauptteil des Rüstungspotentials Deutschlands konzentriert ist. Dort werden 90 % des Stahls erzeugt. Molotow möchte fragen, ob es Byrnes nicht als notwendig erachtet, für das Ruhrgebiet einen dem gemeinsamen Kontrollrat in Deutschland unterstellten Alliiertenrat zu schaffen.

Byrnes antwortet, daß er sich nicht sicher ist, ob die Schaffung eines solchen Alliiertenrates für das Ruhrgebiet erforderlich ist.

Molotow sagt, daß es die sowjetische Delegation für notwendig erachtet, einen Alliiertenrat für das Ruhrgebiet zu bilden, und händigt Byrnes den sowjetischen Vorschlag zu dieser Frage aus[344].

Molotow erklärt, daß man vereinbaren muß, was unter Ruhrgebiet zu verstehen ist. Er, Molotow, meint, daß bei der Berechnung der Reparationen in das Ruhrgebiet auch das rheinisch-westfälische Gebiet einbezogen werden muß.

Byrnes entgegnet, daß man sich darüber wirklich einigen muß.

Molotow überreicht Byrnes die sowjetischen Vorschläge über Reparationen von Österreich und Italien[345].

Byrnes bemerkt, daß, wie ihm scheine, die Frage der Reparationen von Österreich und Italien abgesetzt wurde.

Molotow entgegnet, daß die sowjetische Delegation einen gesonderten Vorschlag bezüglich Reparationen von Österreich und Italien vorgelegt hat, den zu erörtern wünschenswert ist.

Byrnes verspricht, sich mit den sowjetischen Vorschlägen vertraut zu machen, und übergibt Molotow seinerseits die amerikanischen Vorschläge über deutsche Aktiva im Ausland[346].

Molotow sagt, nachdem er sich mit dem Vorschlag vertraut gemacht hat, daß es seiner Meinung nach zweckmäßig wäre, die darin vorgeschlagenen Maßnahmen zu erörtern.

Molotow überreicht Byrnes die sowjetischen Vorschläge zu einem Gerichtsverfahren gegen die Hauptkriegsverbrecher[347].

342 Vgl. Dok. Nr. 116.
343 Siehe Anmerkung 52.
344 Vgl. Dok. Nr. 117.
345 Vgl. Dok. Nr. 118.
346 Vgl. Dok. Nr. 119.
347 Vgl. Dok. Nr. 120.

Byrnes erwidert, daß er sich mit diesen Vorschlägen vertraut machen wird, und führt weiter aus, daß er von Jackson alarmierende Informationen über die zu dieser Frage in London[348] stattfindenden Verhandlungen erhalten habe.

Molotow antwortet, daß seines Erachtens alles geregelt werden kann. Er, Molotow, hat von den sowjetischen Vertretern die Mitteilung erhalten, daß es Meinungsverschiedenheiten darüber gibt, wo der Prozeß stattfinden soll, in Nürnberg oder in Berlin. Die Sowjetregierung würde Berlin den Vorzug geben, aber sie ist bereit, jeden dieser Orte zu akzeptieren.

Byrnes äußert seine Zufriedenheit in dieser Angelegenheit.

Nach Archiv.

Nr. 26
Aufzeichnung über die elfte Sitzung der Regierungschefs
31. Juli 1945, 16.05 Uhr

Truman. Über die gestrige Sitzung der Außenminister wird Herr Bevin Bericht erstatten[349].

Bevin. Ich schlage vor, keinen speziellen Bericht zu erstatten, da fast alle Fragen der gestrigen Tagesordnung der Außenministersitzung auf der heutigen Tagesordnung der Sitzung der „großen Drei" stehen.

(Bevins Vorschlag wird angenommen.)

Truman. Der erste Punkt unserer Tagesordnung betrifft die Vorschläge der USA zu den deutschen Reparationen, zur Westgrenze Polens und zur Zulassung zur Organisation der Vereinten Nationen. Herr Byrnes wird jetzt über diese Vorschläge berichten.

Byrnes. Unsere Vorschläge zur Reparationsfrage sind als Teil der Gesamtvorschläge eingebracht worden, die drei strittige Fragen betreffen. Diese Fragen sind: Reparationen, Westgrenze Polens und Zulassung zur Organisation der Vereinten Nationen. Alle diese drei Fragen sind miteinander verbunden. Die Delegation der USA hat auf der Sitzung der Außenminister erklärt, sie sei zu Zugeständnissen hinsichtlich der Westgrenze Polens und der Zulassung zur Organisation der Vereinten Nationen bereit, vorausgesetzt, daß über alle drei Fragen eine Einigung erzielt wird.

Stalin. Sie sind nicht miteinander verbunden, es sind verschiedene Fragen.

Byrnes. Es stimmt, daß es verschiedene Fragen sind. Doch sie haben zwei Wochen lang vor uns gestanden, und wir konnten keine Einigung über sie erzielen. Die Delegation der USA hat ihre Vorschläge zu allen diesen drei Fragen in der Hoffnung auf ein Übereinkommen eingebracht. Wir erklären jedoch hier erneut, daß wir keine Zugeständnisse hinsichtlich der polnischen Grenze machen werden, wenn über die beiden anderen Fragen keine Einigung erzielt wird.

In unseren Vorschlägen zu den Reparationen, die in der gestrigen Ministersitzung behandelt wurden, war vorgesehen, daß 25 Prozent der Industrieanlagen des Ruhrgebietes, die für die Aufrechterhaltung der Friedenswirtschaft nicht not-

348 Siehe Anmerkung 53.
349 Die Aufzeichnung der zehnten Sitzung der Außenminister am 30. Juli war in den sowjetischen Archiven nicht aufzufinden. Wortlaut des Berichtes von Bevin vgl. Anlage zu diesem Dokument.

wendig sind, der Sowjetunion übergeben werden im Austausch gegen Lebensmittel, Kohle, Zink, Kali, Erdölprodukte, Holz usw. aus der sowjetischen Zone. Außerdem haben wir vorgeschlagen, 15 Prozent der Industrieanlagen aus dem Ruhrgebiet, die für die Aufrechterhaltung der Friedenswirtschaft als nicht notwendig betrachtet werden, der Sowjetunion ohne jede Bezahlung oder Tausch zu übergeben.

In der gestrigen Diskussion hat die britische Delegation erklärt, sie könne nicht zustimmen, daß das alles ausschließlich aus dem Ruhrgebiet übergeben wird, doch könne sie in eine Übergabe von Ausrüstungen aus allen westlichen Zonen an die Sowjetunion einwilligen. Wir haben uns einverstanden erklärt, daß der einzige Unterschied zwischen dem englischen und dem amerikanischen Vorschlag in der Höhe des Prozentsatzes besteht, und wenn der Prozentsatz auf alle drei westlichen Besatzungszonen bezogen wird, müsse seine Höhe auf die Hälfte dessen herabgesetzt werden, was in bezug auf das Ruhrgebiet festgelegt wurde, nämlich statt 25 Prozent werden es 12,5 Prozent und statt 15 Prozent werden es 7,5 Prozent sein.

Die sowjetische Delegation stimmte diesem Vorschlag nicht zu, doch die amerikanische und die britische Delegation meinten, das würde in administrativer Hinsicht viel einfacher sein. Außerdem dachten wir, daß eine Entnahme aus den drei westlichen Zonen auch für die Sowjetunion viel vorteilhafter wäre.

Stalin. Auch wir halten es für richtig, daß die Entnahmen nicht nur aus dem Ruhrgebiet, sondern aus allen westlichen Zonen erfolgen.

Byrnes. Das bietet Ihnen eine große Auswahl, was die Ausrüstungen betrifft, zumal diese aus der amerikanischen, der englischen und der französischen Zone entnommen werden können.

Auf der Sitzung der Außenminister wurde vorgeschlagen, daß die Frage entschieden werden muß, wer die Ausrüstungen zu bestimmen habe, die für die Aufrechterhaltung der Friedenswirtschaft entbehrlich sind und als Reparationen in Frage kommen. Die sowjetische Delegation war der Ansicht, daß man genau festlegen müsse, wer die Menge und die Art der Industrieausrüstungen bestimmen werde, die für die Friedenswirtschaft nicht notwendig sind und als Reparationen in Frage kommen. Ich schlug vor, daß diese Bestimmung vom Kontrollrat gemäß den Richtlinien der Alliierten Reparationskommission[350] getroffen und endgültig vom Oberkommandierenden der Zone bestätigt werden solle, aus der diese Ausrüstungen zu entnehmen sind. Ich schlug vor, daß diese Bestimmung durch den Kontrollrat erfolgt, weil im Kontrollrat alle vier Mächte vertreten sind und weil der Kontrollrat ein mit Exekutivfunktionen ausgestattetes Verwaltungsorgan ist, die Reparationskommission aber ein Organ, das sich mit der Ausarbeitung der gemeinsamen Reparationspolitik befaßt.

Ich wiederhole hier den gestern von mir eingebrachten Vorschlag, nämlich, daß die Entnahme von Industrieausrüstungen im Laufe von zwei Jahren abgeschlossen sein soll, während die Lieferungen an die Sowjetunion im Austausch gegen Lieferungen aus ihrer Besatzungszone im Laufe von fünf Jahren erfolgen sollen. Ich schlug ferner vor, daß die Reparationsansprüche der anderen Länder aus den westlichen Besatzungszonen befriedigt werden.

Die beiden anderen Fragen, von denen ich sprach und die in unseren Vor-

350 Siehe Anmerkung 38.

schlägen miteinander verbunden sind, betreffen die Westgrenze Polens und die Zulassung zur Organisation der Vereinten Nationen. Wir stimmen der Lösung dieser Fragen zu unter der Bedingung, daß ein Übereinkommen in der Hauptfrage, der Frage der Reparationen, erzielt wird.

Laut unserem Vorschlag zur polnischen Westgrenze wird der polnischen Regierung das Recht gewährt, die Verwaltung auf dem gesamten Territorium zu bilden, das die Polen gefordert haben.

Was die Frage der Zulassung zur Organisation der Vereinten Nationen betrifft, so haben wir unsere Vorschläge vor drei Tagen zurückgezogen. Jetzt aber bringen wir zu dieser Frage erneut einen Vorschlag ein, dessen Fassung, wie wir hoffen, die Sowjetunion zufriedenstellen wird.

Die Fassung des Vorschlages, den wir vor vier Tagen erörtert haben, lautete: „Die drei Regierungen sind, jede für sich, einverstanden, die Frage der Herstellung diplomatischer Beziehungen zu Finnland, Rumänien, Bulgarien und Ungarn in nächster Zeit zu untersuchen." Die englische Delegation erklärte, das sei für sie unannehmbar, da die englische Regierung nicht in die Herstellung vollständiger diplomatischer Beziehungen zu Ländern einwilligen könne, mit denen sie sich im Kriegszustand befindet. Daraufhin fragte der Chef der Sowjetregierung, ob die englische Regierung bereit sei, die Regierungen dieser Länder vollständig oder teilweise anzuerkennen. Deshalb bringe ich jetzt den Vorschlag in folgender Fassung ein:

„Die drei Regierungen kommen überein, jede für sich, in naher Zukunft im Lichte der dann herrschenden Bedingungen die Frage der Herstellung diplomatischer Beziehungen zu Finnland, Rumänien, Bulgarien und Ungarn zu prüfen, soweit dies vor Abschluß von Friedensverträgen mit diesen Ländern möglich ist."

Ich hoffe, daß unsere sowjetischen und englischen Freunde bereit sein werden, unseren Vorschlag in dieser Fassung anzunehmen.

Stalin. Ich habe gegen diese Fassung im Prinzip nichts einzuwenden.

Byrnes. Wir haben ferner vorgeschlagen, einen neuen Punkt hinzuzufügen, nämlich, daß die drei Regierungen den Wunsch äußern, daß angesichts der sich aus der Beendigung des Krieges in Europa ergebenden veränderten Bedingungen den Vertretern der alliierten Presse die volle Freiheit gewährt wird, der Welt über die Ereignisse in Bulgarien, Rumänien, Ungarn und Finnland zu berichten. Das ist fast die gleiche Fassung, auf die wir uns zuvor geeinigt haben, als von Polen die Rede war.

Stalin. Das könnte man annehmen, doch müßte man die Fassung abändern und statt „die drei Regierungen äußern ihren Wunsch" sagen „die drei Regierungen zweifeln nicht daran, daß . . ." usw.

Byrnes. Was die USA betrifft, so ist das für uns annehmbar. Ich denke, wir sollen jetzt dieses Dokument so annehmen, wie es ist.

Wir haben folglich drei Vorschläge eingebracht, und ich hoffe sehr, daß alle drei hier angenommen werden.

Stalin. Wir haben Vorschläge zu den Reparationen. (Es werden die Vorschläge der sowjetischen Delegation zur Frage der Reparationen von Deutschland verlesen[351].)

351 Vgl. Dok. Nr. 136.

Stalin. Herr Byrnes hat hier vorgeschlagen, alle diese drei Fragen miteinander zu verbinden. Ich verstehe seinen Standpunkt: Er schlägt eine solche Taktik vor, die er für zweckmäßig hält. Eine jede Delegation hat das Recht, solche Vorschläge zu unterbreiten, doch wird die sowjetische Delegation, unabhängig davon, zu jeder dieser Fragen gesondert stimmen.

Die russische Delegation hat ihre Vorschläge unterbreitet. Die Hauptfrage, die Auseinandersetzungen und Meinungsverschiedenheiten hervorruft, ist die der Reparationen von Deutschland. Unsere Erwägungen sind hier dargelegt worden. Sie haben wahrscheinlich bemerkt, daß die russische Delegation sich auf den Standpunkt der amerikanischen Delegation gestellt hat, denn sie hat darauf verzichtet, eine bestimmte Zahl und Menge zu nennen und ist zu Prozentsätzen übergegangen.

Ich weiche etwas vom Hauptthema ab und möchte über die Entnahmen sprechen, die die Engländer und die Amerikaner in der russischen Besatzungszone vor ihrer Besetzung durch die sowjetischen Truppen durchgeführt haben. Es handelt sich um den Abtransport von Waren und Ausrüstungen. Außerdem gibt es einen Bericht des sowjetischen Militärkommandos, daß die englischen und amerikanischen Behörden aus dem gleichen Gebiet 11 000 Waggons fortgeschafft haben[352]. Was mit diesem Vermögen geschehen soll, weiß ich nicht. Wird es den Russen zurückgegeben oder in irgendeiner anderen Weise vergütet werden? Jedenfalls transportieren die Amerikaner und Engländer nicht nur aus ihren Zonen Ausrüstungen ab, sondern haben solche auch aus der russischen Zone abtransportiert, während wir aus Ihren Zonen keinen einzigen Waggon weggeschafft und keine Ausrüstungen aus den Betrieben genommen haben. Die Amerikaner hatten versprochen, nichts wegzuschaffen, haben aber weggeschafft.

Und jetzt zum Kern der Frage. Ich denke, daß wir die Möglichkeit haben, uns über die Frage der Reparationen von Deutschland zu einigen. Was sind die Hauptpunkte des amerikanischen Plans? Erstens: Jeder führt Entnahmen aus seiner Besatzungszone durch. Damit sind wir einverstanden. Zweitens: Ausrüstungen werden nicht nur aus dem Ruhrgebiet, sondern aus allen westlichen Zonen entnommen. Diesen zweiten Punkt haben wir akzeptiert. Drittens: Ein Teil der aus den westlichen Zonen entnommenen Reparationen wird durch einen entsprechenden Gegenwert aus der russischen Zone innerhalb von fünf Jahren gedeckt. Viertens: Der Kontrollrat legt den Umfang der Entnahmen aus den westlichen Zonen fest. Auch das ist akzeptabel.

Worin bestehen also jetzt die Meinungsverschiedenheiten? Uns interessiert die Frage der Fristen, die Frage, wann die Berechnung des Umfangs der Reparationen abgeschlossen wird. Das ist im amerikanischen Entwurf nicht enthalten. Wir möchten eine dreimonatige Frist festlegen.

Byrnes. Die Frage der Fristen muß vereinbart werden.

Stalin. Es handelt sich um die Frist für die Festlegung des Reparationsumfangs. Irgendeine Frist muß vorgeschlagen werden. Wir schlagen drei Monate vor. Genügt das?

Truman. Meiner Meinung nach genügt das.

Attlee. Das ist eine kurze Frist. Ich muß etwas nachdenken.

352 Vgl. Dok. Nr. 102, 137.

Stalin. Nachdenken ist natürlich nicht überflüssig. Drei, vier, fünf Monate, aber eine Frist muß festgelegt werden.

Attlee. Ich schlage sechs Monate vor.

Stalin. Gut, einverstanden.

Bleibt noch der Prozentsatz der Entnahmen. Auch hier ist eine Einigung möglich. Ein Prozent mehr oder weniger, nicht das entscheidet die Frage. Ich hoffe, daß die Engländer und Amerikaner uns hinsichtlich der Festlegung des Prozentsatzes der Entnahmen entgegenkommen werden. Wir haben sehr viel Ausrüstungen in diesem Krieg verloren, ungeheuer viel. Wenigstens ein Zwanzigstel davon muß erstattet werden. Und ich rechne damit, daß Herr Attlee unseren Vorschlag unterstützen wird.

Attlee. Nein, das kann ich nicht.

Stalin. Denken Sie noch nach und unterstützen Sie uns.

Attlee. Ich habe gestern den ganzen Tag darüber nachgedacht. (Heiterkeit.)

Stalin. Was bleibt also zu tun? Ich denke, wir müssen eine allgemeine Einigung in dieser Frage erzielen.

Bevin. Im sowjetischen Dokument fehlen die Worte, die ich gestern gebrauchte, nämlich: „Ausrüstungen, die für die Friedenswirtschaft nicht notwendig sind."

(Die sowjetische Delegation verliest noch einmal den entsprechenden Teil ihrer Vorschläge zur Reparationsfrage.)

Bevin. Ich schlage vor, daß Sie diesen meinen Satz annehmen, der meinen Gedanken genau ausdrückt.

Stalin. Worin besteht er?

Bevin. Der Kontrollrat soll zuerst bestimmen, welche Menge Ausrüstungen zur Aufrechterhaltung der Friedenswirtschaft Deutschland belassen wird.

Stalin. Das ist ein und dasselbe.

Bevin. Also nehmen Sie vielleicht meinen Satz an?

Stalin. Wo ist da der Unterschied?

Bevin. Es ist ein großer Unterschied. Ich möchte nicht, daß es später Mißverständnisse gibt. Ihr Text kann auch anders verstanden werden, nämlich als 15 Prozent der gesamten Ausrüstungen.

Stalin. Nein, wir meinen 15 Prozent der zur Entnahme bestimmten Ausrüstungen, das heißt der Ausrüstungen, die für die Aufrechterhaltung der Friedenswirtschaft Deutschlands nicht notwendig sind.

Bevin. Ich möchte vorschlagen, dies im Dokument zu fixieren, damit völlige Klarheit besteht.

Stalin. Was ist denn da unklar? Der Kontrollrat legt fest, welche Ausrüstungen für die Friedenswirtschaft Deutschlands notwendig sind, und was übrigbleibt, ist eben der Gesamtumfang für die Reparationen.

Byrnes. In unserer Fassung drückt dieser Satz die gemeinsame Auffassung der englischen und der amerikanischen Delegation aus.

Stalin. Was schlagen Sie vor?

Byrnes. Die Menge der Industrieausrüstungen, die für die Friedenswirtschaft als nicht notwendig und deshalb als für die Reparationen verfügbar befunden wird, wird vom Kontrollrat gemäß den Richtlinien der Alliierten Reparationskommission festgelegt und soll vom Kommandierenden der Zone endgültig gebilligt werden, aus der diese Ausrüstungen zu entnehmen sind.

Stalin. Ich habe keine Einwände.

Byrnes. Somit ist die einzige, noch offene Frage die der Prozentsätze. Sie wollen 15 Prozent und 10 Prozent statt 12,5 und 7,5 Prozent?

Stalin. Ja.

Byrnes. Darüber hinaus möchten Sie aber a conto Reparationen für 500 Millionen Dollar Aktien der Industriebetriebe erhalten, die sich in den westlichen Zonen befinden, 30 Prozent der Auslandsaktiva Deutschlands und 30 Prozent des deutschen Goldes, das in die Verfügung der Alliierten gelangt ist. Was das Gold betrifft, kann ich, insoweit mir die Meinung unseres Stabes bekannt ist, sagen, daß ein Teil des Goldes früher anderen Ländern gehört hat. Es wäre ungerecht, die Ansprüche dieser Länder abzulehnen.

Stalin. Das bezieht sich auf das deutsche Gold.

Byrnes. Soweit uns bekannt ist, gibt es kein deutsches Gold, da dieses ganze Gold von den Deutschen während des Krieges zusammengeraubt wurde. Wir müssen dieses Gold den Ländern zurückgeben, denen es früher gehört hat. Besteht die sowjetische Delegation darauf, daß die Sowjetunion zusätzlich zu diesen Prozentsätzen 500 Millionen Dollar Aktien von Industriebetrieben erhalten soll, wie es in den sowjetischen Vorschlägen heißt, 30 Prozent der Auslandsaktiva Deutschlands und 30 Prozent des Goldes, so muß diese Frage hier erörtert werden.

Stalin. Wir möchten das erhalten, wenn das möglich ist.

Byrnes. Was meinen Sie, wenn Sie von den Auslandsaktiva Deutschlands sprechen?

Stalin. Die Aktiva, die die Deutschen in anderen Ländern, darunter in Amerika, besaßen.

Byrnes. Was die Aktiva in Amerika betrifft, so haben wir sie gesperrt, und es bedarf eines Gesetzgebungsaktes, damit Ansprüche auf diese Fonds erhoben werden können. Der Kongreß soll das bereits getan haben. Ich zweifle nicht, daß allerlei Ansprüche auf diese Fonds auch von seiten der Flüchtlinge kommen werden, die sich in Amerika befinden. Diese Frage muß juristisch gelöst werden.

Außerdem bin ich überzeugt, daß zum Beispiel die Regierungen von lateinamerikanischen Ländern, wenn es eine gewisse Menge deutscher Aktiva in diesen Ländern gibt, Ansprüche auf diese Mittel haben werden.

Stalin. Das ist möglich.

Bevin. Wir haben uns gestern geeinigt, daß Frankreich in die Reparationskommission eingegliedert wird, um an der Festlegung der Ausrüstungen teilzunehmen, die a conto Reparationen zu entnehmen sind. Ich möchte, daß Frankreich in diese Kommission eingegliedert wird.

Stalin. Ich habe keine Einwände.

Bevin. Zu den Prozentsätzen. Mir schien, daß wir Ihnen gestern auf der Beratung der Außenminister entgegengekommen sind, indem wir in 12,5 Prozent einwilligten.

Außerdem möchte ich wissen: Wird die Reparationsfrage den üblichen Warenaustausch in ganz Deutschland nicht behindern, wenn man bedenkt, daß wir uns hinsichtlich der wirtschaftlichen Grundsätze und des normalen Warenaustausches in Deutschland geeinigt haben.

Stalin. Wir werden diese Frage erörtern, wenn wir über die wirtschaftlichen Grundsätze sprechen werden.

Bevin. Die Entscheidung der Frage des Goldes ist mit großen Schwierigkeiten verbunden. Wären Sie, was die deutschen Auslandsaktiva betrifft, bereit, sich auf die Guthaben der neutralen Gebiete zu beschränken?

Stalin. Damit könnte man sich einverstanden erklären.

Byrnes. Wir können keinem Zusatz zu unserem Hauptvorschlag zustimmen. Ich meine Punkt 4 der sowjetischen Vorschläge.

Stalin. Dann muß der Prozentsatz erhöht werden. Lassen Sie uns, was Punkt 3 betrifft, den Prozentsatz erhöhen, um so mehr, als Sie aus unserer Zone viel Ausrüstungen weggeschafft haben. (Heiterkeit.) Bei uns sind ungeheuer viel Ausrüstungen vernichtet worden, es muß wenigstens ein kleiner Teil dieser Ausrüstungen ersetzt werden.

Truman. Ich möchte zu den Entnahmen aus ihrer Zone folgende Bemerkung machen. Wir haben davon vor drei Tagen erfahren, als uns eine Liste dieser Ausrüstungen übergeben wurde. Ich habe General Eisenhower geschrieben, er soll der Sache nachgehen und uns Bericht erstatten. Falls eine solche Entnahme stattgefunden hat, so versichere ich Ihnen, daß es nicht auf Weisung der Regierung der USA geschah. Ich kann Ihnen versichern, daß wir eine Möglichkeit der Entschädigung finden werden.

Stalin. Ich schlage vor, zur Frage der Prozentsätze zurückzukehren.

Truman. Wenn Sie bereit sind, Punkt 4 zurückzuziehen, so bin ich bereit, die 15 Prozent und 10 Prozent zu akzeptieren.

Stalin. Gut, ich ziehe ihn zurück.

Bevin. Es wird uns schwerfallen, Frankreich, Belgien und Holland aus der Menge der verbleibenden Ausrüstungen zufriedenzustellen. Ich würde 12,5 Prozent und 10 Prozent vorschlagen. Außerdem bitten wir, Punkt 4 zu streichen.

Stalin. Wir haben dem bereits zugestimmt. Die USA versetzen sich in unsere Lage, warum wollen Sie sich nicht in unsere Lage versetzen?

Bevin. Wir sind für die Zone verantwortlich, aus der die größte Menge Ausrüstungen entnommen wird, und überdies werden Frankreich, Belgien und Holland große Ansprüche erheben.

Byrnes. Der letzte Satz in unseren Vorschlägen lautet, daß Reparationsansprüche anderer Länder, die ein Recht auf Reparationen haben, aus den westlichen Besatzungszonen gedeckt werden sollen. Ich bitte, unsere Fassung hinsichtlich der Ansprüche anderer Länder zu erörtern.

Stalin. Gut, ich bin einverstanden, daß nicht Länder genannt werden, sondern allgemein formuliert wird.

Byrnes. Ich denke, das wäre zweckmäßiger, da über das Fehlen Griechenlands in dieser Liste bereits gesprochen wurde. Auch wir halten es für zweckmäßiger, allgemein zu formulieren.

Stalin. Gut.

Bevin. Mir fällt gerade ein, daß Sie, wenn Sie die geforderten Prozente erhalten, zusammen mit dem, was Sie aus Ihrer Zone erhalten, mehr als 50 Prozent aller deutschen Reparationen haben werden.

Stalin. Viel weniger. Außerdem geben wir für die 15 Prozent einen Gegenwert, das bedeutet eigentlich einen Austausch von Reparationen und folglich nicht neue Reparationen. Aus den westlichen Zonen erhalten wir nur 10 Prozent der Reparationen. Das sind die eigentlichen Reparationen; was die 15 Prozent betrifft, so werden sie für einen bestimmten Gegenwert gegeben. Unsere Forderungen sind minimal. Wir erhalten von Ihnen 10 Prozent, das Übrige aber tauschen wir, wir erstatten dafür den Gegenwert. Ihnen verbleiben 90 Prozent. Wenn wir 7,5 Prozent statt 10 Prozent der Reparationen erhalten, so wäre das ungerecht. Ich bin einverstanden, daß es 15 und 10 Prozent sind. Das ist gerechter. Die Amerikaner sind einverstanden. Was meinen Sie, Herr Bevin?

Bevin. Gut, ich bin einverstanden.

Truman. Wir sind ebenfalls einverstanden.

Byrnes. Somit wird der Entwurf unserer Vorschläge mit den neuen Prozentsätzen plus Festlegung der Fristen für die Bestimmung der Reparationssumme angenommen.

Stalin. Es scheint, daß wir alle unsere Meinungsverschiedenheiten zur Reparationsfrage ausgeräumt haben. Können wir diesen Entwurf zur Endredaktion übergeben?

(Der Vorschlag wird angenommen, es wird eine Kommission zur Redaktion des angenommenen Beschlusses gebildet.)

Truman. Die nächste Frage betrifft die Westgrenze Polens.

Byrnes. Wir haben unsere Vorschläge gestern übergeben[353], und gestern wurden sie auch erörtert. Ich denke, sie brauchen nicht noch einmal verlesen zu werden. Wenn es Bemerkungen oder Abänderungsvorschläge gibt, bin ich bereit, sie anzuhören, doch hoffe ich, daß unsere sowjetischen und englischen Freunde unseren Vorschlägen zustimmen werden.

Bevin. Was die Position der britischen Regierung betrifft, habe ich die Instruktion, mich an die Grenze entlang der östlichen Neiße zu halten. Deshalb möchte ich genauer erfahren, worin dieser neue Vorschlag besteht. Wird diese ganze Zone in die Hände der polnischen Regierung[354] übergehen und werden die sowjetischen Truppen von dort vollständig abgezogen, wie es in den anderen Zonen der Fall war, wo die Truppen der einen Seite abzogen und die andere Seite die Zone übernahm[355]?

Ich bin mit den Polen zusammengetroffen und habe sie gefragt, was ihre Absicht hinsichtlich der Erfüllung der im Dokument der USA erwähnten Deklaration[356] ist. Ich fragte sie, was ihre Absicht hinsichtlich der Durchführung freier und unbehinderter Wahlen auf der Grundlage geheimer Abstimmung sind. Sie versicherten mir, sie möchten diese Wahlen so schnell wie möglich durchführen und rechnen damit, es Anfang 1946 tun zu können. Allerdings werde das natürlich von einigen Bedingungen abhängen, die es ihnen gestatten, diese Wahlen durchzuführen.

Sie erklärten sich auch mit der Pressefreiheit in Polen sowie damit einverstanden, daß ausländische Korrespondenten in Polen zugelassen werden und ihre Information ohne Zensur übermitteln können. Sie gaben mir Zusicherungen hinsichtlich der Religionsfreiheit im ganzen Lande.

Es gibt aber noch eine sehr wichtige Frage, nämlich die Frage der Heimkehr nicht nur von Zivilpersonen, sondern auch von Truppen, die in verschiedenen Ländern unter alliiertem Kommando stehen. Ich bat die Polen, eine Erklärung darüber abzugeben, damit wir sicher sein können, daß diesen Menschen nach ih-

353 Vgl. Dok. Nr. 121.
354 Siehe Anmerkung 5.
355 Vgl. Dok. Nr. 138.
356 Gemeint ist die Deklaration über Polen, angenommen auf der Krimkonferenz.

rer Heimkehr dieselben Bedingungen wie allen anderen Bürgern gewährt werden.

Die nächste Frage, die besonders die Sowjetregierung und die britische Regierung angeht und die von der polnischen Regierung jetzt nicht geregelt werden kann, betrifft die militärische Fluglinie zwischen Warschau, Berlin und London, damit die britische Regierung die ständige Verbindung mit ihrem Botschafter in Warschau aufrechterhalten kann. In dieser Frage möchte ich, daß wir sofort zu einer Einigung kommen. In dem von den USA vorgelegten Dokument heißt es, daß diese Zone unter der Verwaltung der polnischen Regierung stehen und nicht Teil der sowjetischen Zone sein wird. Wie sich Herr Byrnes geäußert hat, werden die Polen für diese Zone verantwortlich sein. Doch fasse ich das so auf, daß, obwohl wir diese Zone unter die Verwaltung der polnischen Administration gestellt haben, sie unter der militärischen Kontrolle der Alliierten bleibt.

Byrnes. Wir sahen uns einer Situation gegenüber, da Polen mit Zustimmung der Sowjetunion dieses Territoriums faktisch verwaltet. In Anbetracht dessen sind die drei Mächte übereingekommen, daß die Verwaltung dieses Territoriums in den Händen Polens bleibt, damit es hinsichtlich des Status dieses Territoriums keine Differenzen mehr gibt. Dabei ist es nicht notwendig, daß Polen einen Vertreter im Kontrollrat hat.

Bevin. Ich bestehe nicht darauf. Wenn wir alle verstehen, worum es geht, habe ich keine Einwände. Man wird mir nach der Rückkehr allerlei Fragen stellen, und deshalb möchte ich wissen, was in dieser Zone geschehen wird. Werden die Polen diese ganze Zone übernehmen, und werden die sowjetischen Truppen abziehen?

Stalin. Die sowjetischen Truppen würden abziehen, wenn durch dieses Territorium nicht Nachschubwege der Roten Armee verliefen, über die Truppenteile der Roten Armee versorgt werden. Dort gibt es zwei Strecken: Die eine verläuft vom Norden nach Berlin, die andere verläuft südlich von Kraków. Diese zwei Linien stellen Verbindungswege für die Versorgung der Sowjetarmee dar. Es ist wie in Belgien, Frankreich und Holland.

Bevin. Die Stärke der Truppen ist auf diese Zwecke beschränkt?

Stalin. Ja, ja. Wir haben von dort bereits vier Fünftel aller Truppen abgezogen, die dort während des Krieges gegen Deutschland standen. Wir beabsichtigen, auch den verbliebenen Teil zu reduzieren. Was die Zone betrifft, die in Übereinstimmung mit dem eingebrachten Vorschlag an Polen geht, so verwaltet Polen faktisch diese Zone schon jetzt und hat dort seine Administration; eine russische Administration gibt es dort nicht.

Bevin. Könnten Sie uns jetzt nicht, was diese militärische Fluglinie betrifft, behilflich sein? Wir waren bemüht, uns darüber mit der polnischen Regierung zu einigen, doch diese kann jetzt nicht zustimmen.

Stalin. Warum kann sie nicht zustimmen?

Bevin. Ich habe so verstanden, daß diese Frage das sowjetische Militärkommando betrifft, weil wir zum Teil über die russische Zone fliegen müssen.

Stalin. Sie fliegen doch auch jetzt über die russische Zone nach Berlin.

Bevin. Können Sie einwilligen, daß wir bis Warschau fliegen?

Stalin. Wir werden einwilligen, wenn man uns Flüge über Frankreich nach London gewährt. (Heiterkeit.) Außerdem muß man sich mit Polen einigen. Ich stelle mir die Sache so vor: Von Berlin nach Warschau wird eine Flugverbindung hergestellt, und es werden englische oder polnische Flugzeuge verkehren, entsprechend einem Vertrag zwischen England und Polen. Was die Flugverbindung mit Moskau auf dieser Linie betrifft, so werden von der Stelle an, wo die Grenze mit Rußland beginnt, russische Flieger fliegen. Was die Befriedigung der Bedürfnisse der Russen im Hinblick auf Flüge nach Paris und London betrifft, so werden dort offensichtlich englische oder französische Flugzeuge verkehren. Dann wird es eine Linie London – Paris – Moskau geben. So stelle ich mir die Sache vor.

Bevin. Selbstverständlich ist diese ganze Frage der Flugverbindung zu groß, als daß sie jetzt hier entschieden werden könnte, doch werden wir stets bereit sein, die Frage hinsichtlich der Fluglinie London – Moskau zu erörtern. Aber jetzt bitte ich Sie, uns bei der Herstellung einer Linie London – Warschau behilflich zu sein, wir brauchen sie, weil sie uns Erleichterungen schafft.

Stalin. Ich verstehe. Ich werde alles tun, was möglich ist.

Bevin. Ich danke Ihnen.

Truman. Sind wir mit der polnischen Frage fertig?

Stalin. Ist die englische Delegation einverstanden?

Bevin. Einverstanden.

Stalin. Also liegt es jetzt an den Polen, wie ich verstehe. Gut, wir sind mit dieser Angelegenheit fertig.

Bevin. Wir müssen die Franzosen über die Veränderung der Grenze Polens in Kenntnis setzen.

Stalin. Bitte.

Byrnes. Unser nächster Vorschlag betrifft die Zulassung Italiens und anderer Satelliten zur Organisation der Vereinten Nationen. Wir haben unser Dokument zu dieser Frage bereits übergeben[357].

Bevin. Die britische Delegation ist einverstanden.

Stalin. Unser Abänderungsvorschlag ist bereits mitgeteilt worden. Er betrifft den neuen Punkt 4, genauer, den Satz, der mit den Worten beginnt: „Die drei Regierungen äußern ihren Wunsch, daß“ usw. Wir schlagen vor: „Die drei Regierungen zweifeln nicht daran, daß“ usw.

(Truman und Attlee stimmen dieser redaktionellen Abänderung zu.)

Truman. Die Entscheidung betreffend die wirtschaftlichen Grundsätze hinsichtlich Deutschlands ist bis zur Entscheidung der Reparationsfrage aufgeschoben worden. Ich denke, es wird jetzt keine Schwierigkeiten bei der Entscheidung dieser Frage geben.

Byrnes. Zum Dokument über die wirtschaftlichen Grundsätze[358] habe ich zwei Vorschläge, die ich verlesen möchte. Der erste bezieht sich auf Punkt 13, in dem von einer gemeinsamen Politik hinsichtlich des Währungs- und Banksystems, der zentralisierten Besteuerung und der Zölle die Rede ist. (Verliest die redaktionelle Abänderung, die angenommen wird.) Außerdem schlage ich vor, zu diesem Punkt einen neuen Unterpunkt „g“ über Transport- und Nachrichtenwesen hinzuzufügen. Auch das muß zentral geleitet werden.

Stalin. Da wird irgendein zentraler Verwaltungsapparat Deutschlands notwendig sein. Es ist schwierig, eine gemeinsame Politik hinsichtlich Deutschlands durchzuführen, wenn kein zentraler deutscher Apparat vorhanden ist.

357 Vgl. Dok. Nr. 113.
358 Vgl. Dok. Nr. 55.

Byrnes. Das ist richtig.

Der zweite Vorschlag bezieht sich auf Unterpunkt „d" in Punkt 14. Ich schlage vor, den letzten Satz so abzuändern, daß er lautet: „Außer den Fällen, wo die interessierte Besatzungsmacht der Ansicht ist, daß dies für den notwendigen Import erforderlich ist, dürfen keinerlei Subsidien oder Kredite an Deutschland oder an die Deutschen seitens beliebiger ausländischer Personen oder Regierungen gestattet werden."

Bevin. Vielleicht ist es besser, diesen Satz überhaupt zu streichen?

Byrnes. Einverstanden. Ich habe noch eine Bemerkung. Nach unserer Übereinkunft über die Reparationen meinen wir, daß Punkt 18 fortfällt.

(Stalin und Bevin bekunden ihre Zustimmung zur Streichung des Punktes).

Bevin. Es gibt noch die Frage über den Vorrang der Bezahlung des Imports, worüber wir in der gestrigen Sitzung der Außenminister gesprochen haben. Die britische Delegation hat gestern vorgeschlagen, in die wirtschaftlichen Grundsätze folgenden Satz aufzunehmen: „Die Bezahlung des genehmigten Imports nach Deutschland soll in erster Linie durch Erlös aus dem Export von Erzeugnissen der laufenden Produktion und aus Warenbeständen erfolgen."

Die sowjetische Delegation hat vorgeschlagen, folgenden Satz hinzuzufügen: „Was das übrige betrifft, so ist den Reparationen der Vorrang vor der Befriedigung anderer wirtschaftlicher Bedürfnisse zu geben." Die britische und die amerikanische Delegation haben diesen sowjetischen Vorschlag nicht annehmen können. Die britische Delegation bittet, ihren Vorschlag anzunehmen.

Stalin. Uns scheint, daß diese Frage überhaupt weggefallen ist.

Truman. Ich habe das genauso verstanden.

Bevin. Mir scheint, daß dies der Behandlung Deutschlands als einheitliches Ganzes im Hinblick auf den Export, den Import usw. widerspricht. Das teilt Deutschland in drei Zonen auf, und wir werden nicht imstande sein, Deutschland beispielsweise in der Frage der Steuererhebung usw. als einheitliches Ganzes zu behandeln.

Stalin. Dazu ist ein zentraler deutscher Verwaltungsapparat erforderlich, über den man auf die deutsche Bevölkerung einwirken kann. Diese Frage wird im Abschnitt „Politische Grundsätze" behandelt werden.

Bevin. Im Prinzip haben wir der Bildung eines solchen zentralen Apparates zugestimmt, wir haben nur einige Änderungen vorgeschlagen. Vielleicht soll man diese Frage zurückstellen und zu den politischen Grundsätzen übergehen, dann werden wir sehen, was sich auch in dieser Frage tun läßt.

(Stalin und Truman bekunden ihre Zustimmung.)

Molotow. Im Zusammenhang mit der Erörterung der Frage der wirtschaftlichen Grundsätze hat die sowjetische Delegation einen Vorschlag zur Frage des Ruhrgebietes eingebracht, wonach das Ruhrindustriegebiet[359] als ein Teil Deutschlands anzusehen und im Ruhrgebiet die Kontrolle der vier Mächte zu errichten ist, wozu ein entsprechender alliierter Rat aus Vertretern der USA, Großbritanniens, Frankreichs und der Sowjetunion gebildet werden soll.

Bevin. Wie ich gestern sagte, kann ich diese Frage in Abwesenheit der Franzosen nicht behandeln. Das ist eine große grundsätzliche Frage, an der die Franzosen aufs höchste interessiert sind.

359 Vgl. Dok. Nr. 117.

Stalin. Vielleicht sollen wir die Frage der Kontrolle über das Ruhrgebiet zurückstellen, aber der Gedanke, daß das Ruhrgebiet ein Teil Deutschlands bleibt, sollte in unserem Dokument festgehalten werden.

Truman. Es ist unbedingt ein Teil Deutschlands.

Stalin. Vielleicht soll man das in einem unserer Dokumente sagen?

Bevin. Warum wird diese Frage gestellt?

Stalin. Diese Frage wird deshalb aufgeworfen, weil auf einer der Konferenzen, auf der in Teheran[360], die Frage gestellt wurde, das Ruhrgebiet aus Deutschland auszugliedern und es als ein besonderes Gebiet unter die Kontrolle des Rates zu stellen. Einige Monate nach der Teheraner Konferenz, als Herr Churchill nach Moskau kam[361], wurde diese Frage bei einem Meinungsaustausch zwischen den Russen und Engländern gleichfalls behandelt, und es wurde wieder der Gedanke geäußert, daß es gut wäre, das Ruhrgebiet als besonderes Gebiet auszugliedern. Der Gedanke der Ausgliederung des Ruhrgebietes aus Deutschland ergab sich aus der These von der Aufteilung Deutschlands[362]. Später trat ein Meinungswandel in dieser Frage ein. Deutschland bleibt ein einheitlicher Staat. Die sowjetische Delegation stellt die Frage: Stimmen Sie zu, daß das Ruhrgebiet ein Teil Deutschlands bleibt? Deshalb steht diese Frage hier.

Truman. Meiner Auffassung nach ist das Ruhrgebiet ein Teil Deutschlands, und es bleibt ein Teil Deutschlands.

Stalin. Es wäre gut, dies in einem unserer Dokumente zu sagen. Ist die englische Delegation damit einverstanden, daß das Ruhrgebiet bei Deutschland bleibt?

Bevin. Ich kann meine Zustimmung nicht geben, weil ich mir das Bild der vorigen Erörterung dieser Frage jetzt nicht vergegenwärtige. Ich weiß, daß der Gedanke einer Internationalisierung des Ruhrgebietes geäußert wurde, damit das Kriegspotential Deutschlands reduziert wird. Dieser Gedanke wurde erörtert. Ich bin einverstanden, daß das Ruhrgebiet bis zur Lösung dieser Frage unter der Verwaltung des Kontrollrates bleibt. Doch möchte ich die Möglichkeit haben, mich in dieser Frage mit meiner Regierung in Verbindung zu setzen, und ich würde vorschlagen, diese Frage an den Rat der Außenminister zu verweisen, damit ich Zeit habe, sie gründlich zu studieren.

(Stalin und Truman stimmen dem Vorschlag Bevins zu.)

Truman. Die folgende Frage betrifft die politischen Grundsätze.

Bevin. Die sowjetische Delegation hat einen Entwurf zur Frage der Organisation einer zentralen deutschen Verwaltung vorgelegt, die dem Kontrollrat helfen soll[363]. Wir schlagen vor, zu dieser Frage unseren Entwurf zu akzeptieren, der kürzer ist. Wir schlagen vor, während einer bestimmten Zeit überhaupt keine deutsche Zentralregierung zu bilden.

Ich schlage vor, unseren kurzen Entwurf[364] anstelle des Entwurfes der sowjetischen Delegation anzunehmen.

Stalin. Man kann ihn annehmen.

Truman. Ich habe keine Einwände.

360 Siehe Anmerkung 23.
361 Siehe Anmerkung 33.
362 Siehe Anmerkung 52.
363 Vgl. Dok. Nr. 129.
364 Vgl. Dok. Nr. 139.

Bevin. Was Punkt 19 der wirtschaftlichen Grundsätze[365] betrifft, würde ich vorschlagen, ihn an die Wirtschaftskommission zur Erörterung zu überweisen. Soll sie ihn jetzt beraten, solange wir hier sind.

Stalin. Soll sie ihn beraten.

Truman. Die nächste Frage betrifft die Überführung der deutschen Bevölkerung aus Polen und der Tschechoslowakei.

Byrnes. Der Bericht der Kommission[366], die sich mit dieser Frage beschäftigte, ist vollständig angenommen worden, mit Ausnahme des letzten Satzes, der lautet: „Gleichzeitig werden die tschechoslowakische Regierung, die polnische Regierung und die Alliierte Kontrollkommission in Ungarn[367] von obigem in Kenntnis gesetzt werden, und ihnen wird vorgeschlagen werden, weitere Ausweisungen der deutschen Bevölkerung zu unterlassen, bis die entsprechenden Regierungen die Berichte ihrer Vertreter im Kontrollrat geprüft haben." Ich halte diesen letzteren Punkt für sehr notwendig, denn dadurch wird der Beschluß effektiv sein.

Stalin. Und ich fürchte, daß ein solcher Beschluß keine ernsthaften Ergebnisse bringen wird. Es handelt sich nicht darum, daß man die Deutschen direkt nimmt und aus diesen Ländern hinausjagt. So einfach ist die Sache nicht. Aber man versetzt sie in eine Lage, in der es für sie besser ist, diese Gebiete zu verlassen. Formal können die Tschechen und die Polen sagen, es bestehe kein Verbot für die Deutschen, dort zu leben, doch in Wirklichkeit werden die Deutschen in eine Lage versetzt, in der es für sie unmöglich wird, dort zu leben. Ich fürchte, wenn wir einen solchen Beschluß annehmen, wird er keine nennenswerten Ergebnisse bringen.

Byrnes. In diesem Punkt heißt es, daß an diese Regierungen die Bitte ergeht, zeitweilig die Aussiedlung der deutschen Bevölkerung einzustellen, bis die Frage im Kontrollrat erörtert wird. Wenn diese Regierungen die Deutschen nicht aussiedeln und nicht zwingen, Polen oder die Tschechoslowakei zu verlassen, so wird dieses Dokument natürlich keine Ergebnisse bringen. Doch wenn sie es tun, können wir sie bitten, diese Handlungen zeitweilig einzustellen. Nach unseren Informationen zwingen sie die Deutschen, Polen und die Tschechoslowakei zu verlassen. Die Umsiedlung von Deutschen aus anderen Ländern vergrößert unsere Last. Wir möchten, daß diese Regierungen in diesem Fall mit uns zusammenarbeiten.

Stalin. Die Polen und die Tschechen werden Ihnen sagen, es gebe bei ihnen keinen Befehl zur Aussiedlung der Deutschen. Doch wenn Sie darauf bestehen, kann ich diesem Vorschlag zustimmen, nur fürchte ich, daß es kein großes Ergebnis bringen wird.

Truman. Wenn Sie zustimmen, werden wir dankbar sein. Vielleicht wird dieser Vorschlag die bestehende Lage nicht verändern, doch gibt er uns die Möglichkeit, uns an diese Regierungen zu wenden.

Stalin. Gut, ich habe keine Einwände.

Bevin. Wir möchten die Franzosen davon in Kenntnis setzen[368].

(Stalin und Truman stimmen zu.)

365 Vgl. Dok. Nr. 55, 71, 72.
366 Vgl. Dok. Nr. 134.
367 Siehe Anmerkung 34.
368 Vgl. Dok. Nr. 140.

Stalin. Wir möchten die Frage der deutschen Flotte abschließen.

Truman. Diese Frage ist heute noch nicht vorbereitet.

Stalin. Vereinbaren wir doch, sie für morgen vorzubereiten.

Truman. Gut, ich bin einverstanden. Ich hatte vor, morgen abzureisen, doch ich kann bleiben.

Stalin. Im Prinzip ist ein Beschluß über die deutsche Flotte gefaßt worden, doch wurde dieser Beschluß nicht endgültig formuliert. Die drei Regierungschefs haben diese Frage entschieden, die Entscheidung muß formuliert werden.

Truman. Die Kommission kann morgen vormittag darüber Bericht erstatten.

Stalin. Gut. Vielleicht soll die Angelegenheit an die Minister überwiesen werden, da die Frage im Prinzip entschieden ist?

Bevin. Vielleicht wird ein Übereinkommen erzielt werden?

Byrnes. Nach der Information, über die ich verfüge, hofft diese Kommission, heute eine Einigung zu erzielen. Die Begegnung ist für heute abend anberaumt.

Stalin. Im Prinzip wurde beschlossen, daß der Sowjetunion ein Drittel der Kriegsflotte, ausgenommen die Unterseeboote, von denen ein großer Teil versenkt werden wird, sowie ein Drittel der Handelsflotte übergeben werden. Ich bitte, diese Frage nicht aufzuschieben und sie morgen zu entscheiden.

(Truman und Attlee äußern ihre Zustimmung.)

Truman. Die Delegation der Vereinigten Staaten hat ein Dokument betreffend die Revision des Verfahrens der Alliierten Kontrollkommissionen[369] in Bulgarien, Rumänien und Ungarn unterbreitet[370].

Byrnes. Unser Vorschlag hinsichtlich der Erfüllung der Deklaration von Jalta über das befreite Europa[371] ist vorgelegt und erörtert worden. Über einige Teile dieses Vorschlages haben wir keine Einigung erzielen können. Doch wurde eine Vereinbarung über zwei Punkte erzielt, die die Revision des Verfahrens der Alliierten Kontrollkommissionen in den drei Ländern betreffen. Der erste Punkt lautet:

„Die drei Regierungen nahmen zur Kenntnis, daß die sowjetischen Vertreter in den Alliierten Kontrollkommissionen in Rumänien, Bulgarien und Ungarn ihren Kollegen vom Vereinigten Königreich und von den Vereinigten Staaten Vorschläge zur Verbesserung der Arbeit der Kontrollkommissionen jetzt, nachdem die Kriegshandlungen in Europa eingestellt worden sind, übermittelt haben. Diese Vorschläge sehen regelmäßige und häufige Treffen der drei Vertreter, die Verbesserung der Arbeitsbedingungen für die britischen und die amerikanischen Vertreter und die gemeinsame vorherige Beratung der Richtlinien vor."

Der zweite Punkt lautet:

„Die drei Regierungen haben vereinbart, daß die Revision des Verfahrens der Alliierten Kontrollkommissionen in diesen Ländern jetzt durchgeführt wird, wobei die oben dargelegten Vorschläge als Diskussionsgrundlage genommen und die Interessen und Verantwortlichkeit der drei Regierungen, die gemeinsam die Waffenstillstandsbedingungen den jeweiligen Ländern vorgelegt haben, berücksichtigt werden."

Wir bitten, diese Punkte zu prüfen, und übergeben Ihnen das Dokument mit der Überschrift: „Über die Revision des Verfahrens der Alliierten Kontrollkom-

369 Siehe Anmerkung 34.
370 Vgl. Dok. Nr. 142.
371 Vgl. Dok. Nr. 35, 58.

missionen in Rumänien, Bulgarien und Ungarn", das das Datum des 31. Juli 1945 trägt[372].

Stalin. Diese Frage stand nicht auf der Tagesordnung. Es ist möglich, daß wir keine Einwände erheben, wenn wir uns über diese Frage Klarheit verschafft haben.

Byrnes. Sie kann morgen erörtert werden.

Stalin. Gut, erörtern wir sie morgen.

Truman. Die nächste Frage betrifft Jugoslawien. Es liegen englische Vorschläge vor[373].

Stalin. Wir haben soeben einen Entwurf verteilt, der die griechische Frage betrifft[374]. Was Jugoslawien angeht, haben wir gestern einen Entwurf über Triest und Istrien übergeben[375].

Bevin. Mir scheint, daß wir einen sehr vernünftigen Vorschlag über Jugoslawien unterbreitet haben. Die sowjetische Delegation hat zwei andere Vorschläge vorgelegt. Ich schlage vor, auf die Erörterung aller drei Vorschläge zu verzichten.

Stalin. Gut.

Truman. Die letzte Frage betrifft die Kriegsverbrecher.

Molotow. Die sowjetische Delegation ist bereit, den Entwurf der britischen Delegation zu dieser Frage[376] mit einer kleinen Abänderung als Grundlage anzunehmen. Sie schlägt vor, in dem letzten Satz des Entwurfes, in dem es heißt, die drei Regierungen erachten es als sehr wichtig, daß der Prozeß gegen die Hauptverbrecher sobald wie möglich beginne, nach dem Wort „Hauptverbrecher" die Worte „solche wie Göring, Heß, Ribbentrop, Rosenberg, Keitel u. a." eingefügt werden.

Attlee. Unsere Schwierigkeit bei der Auswahl der Kriegsverbrecher besteht darin, daß wir den Entwurf des Abkommens dem Staatsanwalt vorgelegt haben und er dort möglicherweise eine ganze Reihe anderer Personen hinzufügen wird. Deshalb sind wir der Meinung, daß man sich lieber auf unseren früheren Vorschlag beschränken soll, ohne die Namen der Hauptverbrecher zu nennen.

Stalin. In unserer Abänderung schlagen wir nicht vor, daß unbedingt nur diesen Personen der Prozeß gemacht wird, sondern wir schlagen vor, Leuten wie Ribbentrop und anderen den Prozeß zu machen. Man darf die Namen bestimmter Personen, die als Hauptkriegsverbrecher bekannt sind, nicht länger ungenannt lassen. Über die Kriegsverbrecher wurde viel gesprochen, und die Völker erwarten, daß wir irgendwelche Namen nennen. Unser Schweigen über diese Personen wirft einen Schatten auf unser Ansehen, dessen können Sie sicher sein. Deshalb gewinnen wir in politischer Hinsicht, und die öffentliche Meinung Europas wird zufrieden sein, wenn wir einige Personen nennen. Wenn wir diese Personen als Beispiel anführen, wird der Staatsanwalt, meine ich, sich nicht gekränkt fühlen. Der Staatsanwalt kann sagen, daß einige Personen zu Unrecht genannt wurden. Doch gibt es keinen Grund dafür, daß der Staatsanwalt sich gekränkt fühlt. Politisch werden wir nur gewinnen, wenn wir einige dieser Personen nennen.

Byrnes. Als wir gestern diese Frage behandelten, hielt ich es für unange-

372 Vgl. Dok. Nr. 142.
373 Vgl. Dok. Nr. 42, 130.
374 Vgl. Dok. Nr. 143.
375 Vgl. Dok. Nr. 131.
376 Vgl. Dok. Nr. 132.

bracht, bestimmte Personen zu nennen oder zu versuchen, hier über ihre Schuld zu befinden. Jedes Land hat unter den Naziverbrechern seine „Vorzugskinder", und wenn wir diese Verbrecher nicht in die Liste aufnehmen, so wird es uns schwerfallen, zu erklären, warum sie nicht aufgenommen wurden.

Stalin. Aber im Vorschlag heißt es doch: „solche wie ..." und „u. a." Das begrenzt nicht die Anzahl, schafft aber Klarheit.

Byrnes. Das gibt denjenigen einen Vorteil, die Sie nennen. (Heiterkeit.)

Attlee. Ich denke nicht, daß die Aufzählung von Namen unserem Dokument mehr Gewicht verleihen wird. Ich bin zum Beispiel der Auffassung, daß Hitler lebt, jedoch ist er in unserer Liste nicht vorhanden.

Stalin. Aber er befindet sich nicht in unseren Händen.

Attlee. Aber Sie führen die Namen von Hauptverbrechern als Beispiel an.

Stalin. Ich bin bereit, Hitler hinzuzufügen (allgemeine Heiterkeit), obwohl er sich nicht in unseren Händen befindet. Ich mache dieses Zugeständnis. (Allgemeine Heiterkeit.)

Attlee. Ich bin der Auffassung, daß die Welt weiß, wer die Hauptverbrecher sind.

Stalin. Aber sehen Sie, unser Schweigen wird dabei so gewertet, als schickten wir uns an, die Hauptverbrecher zu retten, als wollten wir uns an den kleinen Verbrechern schadlos halten und hätten den großen die Möglichkeit gegeben, sich zu retten.

Byrnes. Ich habe heute mit Richter Jackson, dem Vorsitzenden unseres Obersten Gerichts, telefonisch gesprochen. Er ist unser Vertreter in der Kommission für Kriegsverbrecher, die in London[377] tagt. Er hat die Hoffnung ausgesprochen, daß vielleicht heute oder morgen früh eine Einigung über den Internationalen Gerichtshof erzielt wird. Richter Jackson will mich morgen anrufen, um mich über die Frage des Gerichtshofes zu unterrichten. Die Mitteilung über die Bildung des Internationalen Gerichtshofes wird eine gute Nachricht für die Völker sein, die den baldigen Prozeß gegen die Kriegsverbrecher erwarten.

Stalin. Aber das ist eine andere Frage.

Byrnes. Wir können aber in unsere Erklärung die Mitteilung über die in London erzielte Vereinbarung aufnehmen. Das wird unserer Erklärung großen Nachdruck verleihen.

Stalin. Wenn wir nicht einige besonders verhaßte Personen unter den deutschen Kriegsverbrechern nennen, wird unsere Erklärung politisch nicht effektiv sein. Ich habe mich mit russischen Juristen beraten, sie denken, daß es besser wäre, einige Personen zur Orientierung zu nennen.

Truman. Ich möchte einen Vorschlag machen. Wir erwarten morgen vormittag eine Auskunft unseres Vertreters in London. Können wir diese Frage nicht bis morgen verschieben?

Stalin. Gut.

Truman. Mich interessiert sehr die Frage der Binnenwasserstraßen. Es wäre gut, diese Frage zu erörtern und einige grundsätzliche Beschlüsse zu fassen. Wir haben diese Frage am 23. Juli beraten, und sie wurde an eine Kommission überwiesen, die, soweit mir bekannt ist, kein einziges Mal zusammentrat. Mir ist sehr daran gelegen, daß irgendein bestimmter Beschluß über die Benutzung dieser

377 Siehe Anmerkung 53.

Verkehrswege ausgearbeitet wird, weil die Bewegungsfreiheit auf diesen Verkehrswegen von großer Bedeutung ist. Ich denke, daß eine gemeinsame Politik hinsichtlich der Nutzung dieser Binnenwasserstraßen eine große Rolle spielen kann. Es ist leicht möglich, daß wir uns über die Details dieser Frage nicht einigen werden können, aber ich meine, diese Frage ist so wichtig, daß ihre Erörterung sich lohnen würde.

Attlee. Ich bin mit den amerikanischen Vorschlägen zu dieser Frage im allgemeinen einverstanden.

Stalin. Diese Frage ist im Zusammenhang mit der Frage der Schwarzmeer-Meerengen entstanden, die hier zur Debatte stand. Die Frage der Schwarzmeer-Meerengen wurde von den Engländern auf die Tagesordnung gesetzt und dann vertagt. Die Frage der Binnenwasserstraßen wurde hier zusätzlich gestellt. Das ist eine ernste Frage, die geprüft werden muß. Diese Frage kam für uns unerwartet, wir haben die entsprechenden Unterlagen nicht zur Hand. Es ist eine neue Frage, man braucht Leute, die mit dieser Angelegenheit vertraut sind. Vielleicht gelingt es, bis zur Beendigung der Konferenz etwas zu tun, aber das ist kaum zu erhoffen.

Truman. Ich schlage vor, daß diese Frage an den Rat der Außenminister in London überwiesen wird, und inzwischen kann man alle notwendigen Unterlagen zusammentragen und die Frage studieren.

(Stalin und Attlee stimmen zu.)

Truman. Darf ich den Vertretern der polnischen Regierung, die sich hier aufhalten, unsere Beschlüsse über die Westgrenze Polens mitteilen?

Stalin. Gut.

Truman. Wer kann mit der Mitteilung beauftragt werden?

Stalin. Man kann die Minister damit beauftragen oder eine schriftliche Mitteilung schicken. Man könnte auch den Präsidenten bitten, dies zu tun, da er unsere Konferenz leitet.

Truman. Gut. Ich möchte bekanntgeben, daß die Kommission zur Vorbereitung des Kommuniqués gut arbeitet. Wann treffen wir uns morgen? Um vier Uhr?

Stalin. Ich denke, daß wir uns zweimal treffen müssen: Die erste Sitzung legen wir für drei Uhr fest und die zweite für acht Uhr abends. Das wird die Abschlußsitzung sein.

(Truman und Attlee stimmen zu.)

Nach Archiv. Veröffentlicht in:
Meshdunarodnaja Shisn, 1966/7, S. 149ff.

Anlage

Mitteilung über die Sitzung der Außenminister[378]

30. Juli 1945

1. Herr Bevin nahm den Platz des Vorsitzenden ein. Die Sitzung begann damit, daß die Sitzungsteilnehmer ihr Bedauern über die Krankheit Generalissimus Stalins und ihre Hoffnung auf baldige und völlige Genesung äußerten.

2. Die Sitzung kam dann überein, daß jede der drei Regierungen unverzüg-

378 Berichterstatter Bevin.

lich Telegramme an die Regierungen Frankreichs und Chinas sendet mit der Einladung zur Mitarbeit im beabsichtigten Rat der Außenminister[379]. Das Telegramm an die französische Regierung wird außerdem eine Mitteilung über die Auflösung der Europäischen Konsultativkommission[380] enthalten.

3. Die Sitzung stimmte ebenfalls zu, der französischen Regierung Telegramme zu senden mit dem Text der Erklärung über die politischen Grundsätze, von denen man sich bei der Behandlung Deutschlands in der Anfangsperiode der Kontrolle leiten lassen muß[381].

4. Reparationen.

Die Außenminister prüften den folgenden, von der Delegation der USA eingebrachten Vorschlag[382]:

„Die Reparationsansprüche Rußlands und Polens sind aus den Ressourcen der russischen Zone zu befriedigen plus:

a) 25 % der Industrieanlagen, die, nach unserer Festlegung, für die Friedenswirtschaft entbehrlich und aus dem Ruhrgebiet zu entnehmen sind, unter der Bedingung, daß ein Austausch gegen einen entsprechenden Wert an Nahrungsmitteln, Kohle, Pottasche, Zink, Holz, Tonprodukten und Erdölprodukten, die uns von der sowjetischen Seite zur Verfügung zu stellen sind, erfolgt.

b) Zusätzlich sind 15 % der Industrieanlagen, die für die Friedenswirtschaft als nicht notwendig anerkannt werden, aus dem Ruhrgebiet an die Sowjetunion zu übertragen ohne Bezahlung oder Gegenleistung irgendwelcher Art."

5. Die Delegation der USA erklärte, es gäbe zwei weitere Fragen, die gleichzeitig gelöst werden müßten. Die erste ist der Vorschlag über die Zulassung Neutraler und ehemaliger Feindstaaten zur Organisation der Vereinten Nationen, zu dem die Delegation der USA eine überarbeitete Note[383] eingebracht hat; die zweite war der Vorschlag über die Westgrenze Polens, bei dem die Delegation der USA zustimmte, daß die Provisorische polnische Regierung das von ihr geforderte Territorium bis zur endgültigen Regelung der Grenzfrage auf einer Friedenskonferenz[384] verwaltet. Die Delegation der Vereinigten Staaten bestand darauf, daß zu allen drei Vorschlägen gleichzeitig eine Übereinkunft erzielt wird.

6. Die Außenminister behandelten auch die von der Delegation des Vereinigten Königreiches eingebrachten Vorschläge über Reparationen und die Versorgungsquellen für die Besatzungszonen[385].

7. Die Diskussion zeigte, daß allgemeines Einverständnis mit dem Geist des amerikanischen Vorschlages in folgenden beiden Punkten besteht:

I. Die Delegationen der USA und des Vereinigten Königreiches sind der Meinung, daß die Ziffern im Vorschlag der USA lauten müssen: 12,5 % aus allen westlichen Zonen im Austausch gegen Waren und 7,5 % aus allen westlichen Zonen ohne Bezahlung. Die sowjetische Delegation besteht auf folgenden Ziffern: 25 % aus dem Ruhrgebiet auf der Grundlage des Austausches und 15 % aus jeder westlichen Zone ohne Gegenleistung;

379 Vgl. Dok. Nr. 103.
380 Siehe Anmerkung 21.
381 Vgl. Dok. Nr. 105.
382 Vgl. Dok. Nr. 114.
383 Vgl. Dok. Nr. 113.
384 Vgl. Dok. Nr. 121.
385 Vgl. Dok. Nr. 122, 123.

II. Die sowjetische Delegation wünschte, daß außer den Prozentsätzen Mindestziffern für das Gewicht oder den Wert festgelegt werden. Die Delegationen der USA und des Vereinigten Königreiches konnten diesen Vorschlag nicht annehmen. Da in dieser Frage keine Einigung erzielt wurde, wurden die beiden anderen Vorschläge der Delegation der USA nicht erörtert.

8. Wirtschaftliche Grundsätze.
Die britische Delegation schlug vor, in die wirtschaftlichen Grundsätze folgendes aufzunehmen:
„Die Bezahlung der genehmigten Importe nach Deutschland soll in erster Linie durch Erlöse aus dem Export von Produkten aus der laufenden Produktion und aus Warenbeständen erfolgen."

Die sowjetische Delegation bat darum, folgenden Satz hinzuzufügen:

„Was das übrige betrifft, so ist Reparationen der Vorrang gegenüber der Befriedigung anderer wirtschaftlicher Bedürfnisse einzuräumen."

Die Delegationen der Vereinigten Staaten und des Vereinigten Königreiches konnten diesen sowjetischen Vorschlag nicht annehmen.

9. Die deutsche Kriegs- und Handelsflotte.
Die Delegationen des Vereinigten Königreiches und der Sowjetunion legten Memoranden zu dieser Frage vor[386]. Diese Memoranden wurden der aus folgenden Mitgliedern bestehenden Kommission übergeben:

für die Delegation der Vereinigten Staaten – Vizeadmiral Cooke und Herr Russell;

für die Delegation des Vereinigten Königreiches – Admiral McCarthy, Herr Weston und Herr Ward

für die sowjetische Delegation – Admiral Kusnezow und Sobolew.

10. Deutsche Aktiva im Ausland.
Die Delegation der Vereinigten Staaten legte ein Memorandum zu dieser Frage vor[387], das der Wirtschaftskommission übergeben wurde.

11. Deutschland – politische Grundsätze.
Die Delegation des Vereinigten Königreiches schlug zwei Ergänzungen zur Erklärung über die politischen Grundsätze vor. Die erste Ergänzung, die angenommen wurde, lautet wie folgt:

„Soweit dies praktisch durchführbar ist, soll die Behandlung der deutschen Bevölkerung in ganz Deutschland gleich sein."

Die zweite vorgeschlagene Ergänzung war:

„Bewegungsfreiheit der Staatsangehörigen der im Kontrollrat vertretenen Mächte in allen Zonen zu Lande und in der Luft vorbehaltlich einer normalen Regelung."

12. Es wurde beschlossen, daß dieser Vorschlag dem Kontrollrat für Deutschland[388] zur Prüfung übergeben werden soll mit der Bitte, auf der im September 1945 in London stattfindenden ersten Sitzung des Rates der Außenminister Empfehlungen zu dieser Frage vorzulegen.

13. Die sowjetische Delegation schlug dann die folgende dritte Ergänzung zur Erklärung über die politischen Grundsätze vor:

386 Vgl. Dok. Nr. 127, 128.
387 Vgl. Dok. Nr. 119.
388 Siehe Anmerkung 16.

„Es wird jedoch die Organisation einer zentralen deutschen Verwaltung, bestehend aus Sekretären für die entsprechenden Verwaltungsbereiche, unterstützt, in erster Linie die Schaffung eines zentralen Verwaltungsapparates für Außenhandel, Industrie, Finanzen, Transport und Nachrichtenwesen.

Die zentrale deutsche Verwaltung wird unter Leitung des Kontrollrates tätig sein, und es wird ihre Aufgabe sein, die Tätigkeit der Provinzverwaltungen zu koordinieren, um die Erfüllung der Beschlüsse des Kontrollrates zu sichern und die Funktionen, die mit der Lösung von Fragen gesamtdeutschen Charakters in Zusammenhang stehen, zu erfüllen."[389]

14. Man kam überein, diese Frage zu vertagen, bis die Delegationen die Möglichkeit haben werden, sie zu studieren.

15. Jugoslawien.
Memoranden zu dieser Frage wurden von den Delegationen des Vereinigten Königreiches und der Sowjetunion verteilt[390]. Man kam überein, diese Memoranden auf der nächsten Sitzung zu behandeln.

16. Kriegsverbrechen.
Memoranden zu dieser Frage wurden von den Delegationen des Vereinigten Königreiches und der Sowjetunion verteilt[391]. Man kam überein, diese Memoranden auf der nächsten Sitzung zu behandeln.

17. Tätigkeit russischer Faschisten in Deutschland und Österreich.
Der sowjetische Vertreter bezog sich auf das von der sowjetischen Delegation am 25. Juli[392] verteilte Memorandum. Die Delegationen der Vereinigten Staaten und des Vereinigten Königreiches erklärten, daß sie diesbezügliche Informationen von den zuständigen Militärbehörden angefordert, aber noch nicht erhalten hätten.

18. Deutsche Truppen in Norwegen.
Der sowjetische Vertreter bezog sich auf das von der sowjetischen Delegation am 25. Juli[393] verteilte Memorandum. Der Vertreter des Vereinigten Königreiches erklärte, daß zu der angesprochenen Frage eine Antwort eingegangen sei, die in Kürze Molotow zugehen werde.

19. Verwaltung des Industriegebietes an der Ruhr.
Die sowjetische Delegation verteilte ein Memorandum zu dieser Frage[394].

20. Repatriierung sowjetischer Staatsangehöriger aus dem Baltikum, der Westukraine und Belorußland.

Die sowjetische Delegation überreichte ein Memorandum zu dieser Frage[395].

Nach Archiv.

389 Vgl. auch Dok. Nr. 129.
390 Vgl. Dok. Nr. 130, 131.
391 Vgl. Dok. Nr. 120, 132.
392 Vgl. Dok. Nr. 89.
393 Vgl. Dok. Nr. 90.
394 Vgl. Dok. Nr. 117.
395 Vgl. Dok. Nr. 133.

Nr. 27
Kurze Aufzeichnung über die elfte Sitzung der Außenminister
1. August 1945, 11.25 Uhr

(Vorsitzender Byrnes)

1. Über Reparationen.

Es wurde beschlossen, den „großen Drei" Bericht zu erstatten.

2. Über die wirtschaftlichen Grundsätze hinsichtlich Deutschlands.

Es wurde beschlossen, den „großen Drei" Bericht zu erstatten.

3. Kriegsverbrecher.

Es wurde beschlossen, den „großen Drei" Bericht zu erstatten.

4. Über die Verwendung von Eigentum der Alliierten als Reparationen der Satelliten.

Es wurde beschlossen, die Wirtschaftskommission zu beauftragen, sich mit der Frage zu befassen und am Abend Bericht zu erstatten.

5. Über deutsche Investitionen im Ausland.

Es wurde beschlossen, die Frage in der Wirtschaftskommission zu erörtern.

6. Über die alliierten Erdölausrüstungen in Rumänien.

Es wurde beschlossen: 1) eine sowjetisch-amerikanische und eine sowjetisch-englische Kommission zur Prüfung der Dokumente zu schaffen.

2) Sitzungen der sowjetisch-amerikanischen und der sowjetisch-englischen Kommission in 10 Tagen in Rumänien einzuberufen.

7. Über faschistische Tätigkeit in der amerikanischen und der britischen Zone in Deutschland und in Österreich. Die Außenminister Englands und der USA versprachen, eine Untersuchung durchzuführen und eine Antwort zu geben.

8. Über die Repatriierung sowjetischer Staatsangehöriger. Bevin erklärte, daß er sich unverzüglich nach Erhalt des Berichtes der britischen Militärbehörden in dieser Frage mit der Sowjetregierung in Verbindung setzen werde.

Molotow stimmte diesem Vorschlag zu.

9. Über die Nichtzulassung sowjetischer Offiziere zu sowjetischen Staatsangehörigen in Lagern für deutsche Kriegsgefangene.

Molotow übergab Bevin und Byrnes ein Aide-mémoire[396].

Bevin und Byrnes versprachen, Molotow in dieser Frage zu unterstützen.

10. Über das Konferenzprotokoll.

1) Behandelt und beigelegt wurden die Meinungsverschiedenheiten zu folgenden Fragen:

über Königsberg;

über Treuhandterritorien;

über die Meerengen;

über Österreich.

2) Der Vorschlag Byrnes, nur wichtige Fragen, zu denen Entscheidungen getroffen wurden, ins Protokoll aufzunehmen, wurde angenommen.

3) Der Vorschlag Bevins, die Entscheidungen über die alliierten Erdölausrüstungen in Rumänien in das Protokoll aufzunehmen, wurde angenommen.

396 Vgl. Dok. Nr. 147.

11. Über das Arbeitsverfahren der Alliierten Kontrollkommissionen in Bulgarien, Ungarn und Rumänien.

1) Es wurde beschlossen, den Vorschlag Bevins anzunehmen, den sowjetischen Entwurf über die Veränderung der Arbeitsbedingungen der Alliierten Kontrollkommission in Ungarn auf Bulgarien und Rumänien[397] auszudehnen.

2) Die Amerikaner versprachen, ihren Beschlußentwurf zu überarbeiten.

12. Über die Zulassung zur Organisation der Vereinten Nationen. Byrnes schlug vor, den Satz über die volle Arbeitsfreiheit der Korrespondenten in Rumänien, Bulgarien, Ungarn und Finnland auf die Korrespondenten des Rundfunks auszudehnen.

Nach Archiv.

Nr. 28
Aufzeichnung über die zwölfte Sitzung der Regierungschefs
1. August 1945, 15.25 Uhr

Truman. Über die Sitzung der Außenminister wird heute Herr Byrnes Bericht erstatten[398].

Byrnes. Die Kommission, die sich mit den Fragen der Reparationen von Deutschland beschäftigt, berichtete, daß sie es nicht vermocht hat, eine Einigung in allen Fragen des Entwurfes für ein Reparationsabkommen zu erzielen. Die Vertreter der USA und Großbritanniens waren der Ansicht, daß die Vertreter der Sowjetunion einverstanden sind, als Gegenleistung für die vereinbarten Prozentsätze der Industrieausrüstungen, die der Sowjetunion gemäß Punkt 4 des Abkommensentwurfes[399] übergeben werden, auf die Ansprüche in bezug auf die deutschen Aktiva im Ausland, das bei den Deutschen erbeutete Gold und die Aktien deutscher Unternehmen in den westlichen Besatzungszonen zu verzichten. Daher waren die Vertreter der USA und Englands der Ansicht, daß die Aktiva Deutschlands im Ausland in Punkt 3[400] als Reparationsquelle für die anderen Länder, außer der Sowjetunion, aufgenommen werden sollen. Sie erklärten, wenn dies nicht geschehe, wären die in Punkt 4 vereinbarten Prozentsätze der industriellen Ausrüstungen für die Vertreter der USA und Englands unannehmbar.

Der sowjetische Vertreter war der Ansicht, daß noch keine abgestimmte Entscheidung hinsichtlich eines Verzichts der Sowjetunion auf Ansprüche betreffend die Aktiva Deutschlands im Ausland, das Gold und die Aktien getroffen wurde. Deshalb verweigerte der sowjetische Vertreter die Zustimmung zur Aufnahme der deutschen Aktiva im Ausland in Punkt 3 und empfahl, diese Frage den Regierungschefs zur Entscheidung zu übergeben.

Die Vertreter der USA und Englands erklärten, für sie wäre der Entwurf des Abkommens über die Reparationen unter der Bedingung annehmbar, daß der sowjetische Vertreter auf die obenerwähnten Vorschläge betreffend die Aktiva Deutschlands im Ausland, das Gold und die Aktien eingeht. Der sowjetische

397 Vgl. Dok. Nr. 148.
398 Vgl. Anlage.
399 Vgl. Dok. Nr. 149.
400 Vgl. ebenda.

Vertreter erklärte, daß er sich nicht damit einverstanden erklären könne, wie diese Frage von den Vertretern der USA und Englands gestellt werde.

Das Problem besteht darin, ob man davon ausgehen darf, daß die „großen Drei“ gestern ein Übereinkommen über die Reparationsfrage erzielt haben, als der sowjetische Vertreter erklärte, daß er auf der Übergabe von 30 Prozent des deutschen Goldes, der Aktiva im Ausland und der Aktien an die Sowjetunion nicht bestehen werde.

Stalin. Wie soll man den Hinweis in Ihren Vorschlägen verstehen, daß die Sowjetunion keine Ansprüche auf die Industrieaktien erhebt? Betrifft das nur die Westzone?

Truman. Ich denke, als die Außenminister von der Westzone sprachen, haben sie die Zonen der USA, Großbritanniens und Frankreichs gemeint.

Stalin. Könnte man nicht so übereinkommen: Die sowjetische Delegation verzichtet auf das Gold; was die Aktien der deutschen Unternehmen in der Westzone betrifft, so verzichten wir ebenfalls darauf und werden davon ausgehen, daß das gesamte Gebiet Westdeutschlands sich bei Ihnen befinden wird, und das, was Ostdeutschland betrifft, sich bei uns befindet.

Truman. Man muß diesen Vorschlag beraten.

Stalin. Was die deutschen Investitionen betrifft, so würde ich die Frage so stellen: Was die deutschen Anlagen in Osteuropa angeht, so bleiben sie bei uns, alles übrige bleibt bei Ihnen.

Truman. Handelt es sich nur um die deutschen Anlagen in Europa oder auch in anderen Ländern?

Stalin. Ich will es noch konkreter sagen: Die deutschen Anlagen in Rumänien, Bulgarien, Ungarn und Finnland werden uns zuerkannt, alles übrige verbleibt Ihnen.

Bevin. Die deutschen Anlagen in den anderen Ländern verbleiben uns?

Stalin. In allen anderen Ländern, in Südamerika, in Kanada usw. – das alles gehört Ihnen.

Bevin. Folglich werden alle deutschen Aktiva in den anderen Ländern, die westlich der Besatzungszonen Deutschlands liegen, den USA, Großbritannien und anderen Ländern gehören? Trifft das auch auf Griechenland zu?

Stalin. Ja.

Byrnes. Wie sieht das dann bei der Frage der Aktien der deutschen Unternehmen aus?

Stalin. In unserer Zone werden sie bei uns und in Ihrer Zone bei Ihnen bleiben. Es gibt eine West- und eine Ostzone.

Byrnes. Wir haben Ihren gestrigen Vorschlag so aufgefaßt, daß Sie keine Ansprüche auf Aktien in der Westzone erheben werden.

Stalin. Das werden wir nicht.

Byrnes. Und Ihren zweiten Vorschlag, und zwar über die Anlagen im Ausland, ziehen Sie ihn ebenfalls zurück?

Stalin. Hier liegen die Dinge etwas anders.

Bevin. Gestern, als wir die Frage der Reparationen behandelten, habe ich es so verstanden, daß die sowjetische Delegation auf ihre Ansprüche betreffend die Auslandsinvestitionen Deutschlands verzichtet hat.

Stalin. Ich meinte, daß die Anlagen in der Ostzone bei uns bleiben. Wir hatten die Westzone im Auge, als wir vom Verzicht auf Anlagen sprachen. Wir verzichten auf die Anlagen in Westeuropa und in allen anderen Ländern. Bekanntlich gab es in Westeuropa und in Amerika bedeutend mehr deutsche Anlagen als im Osten. Wir hatten gehofft, 30 Prozent dieser Anlagen zu bekommen, aber dann verzichteten wir darauf. Sie müssen aber auf die Ansprüche in Osteuropa ebenfalls verzichten.

Bevin. Ich muß sagen, als ich dem Vorschlag des Generalissimus zustimmte, faßte ich diesen Vorschlag als einen Verzicht der sowjetischen Delegation auf deutsche Auslandsanlagen überhaupt auf.

Stalin. Jedoch nicht in Rumänien, Bulgarien, Ungarn und Finnland.

Byrnes. Das ist klar. Ich möchte hinsichtlich der Aktien der Industrie- und Transportunternehmen in Deutschland präzisieren. Wenn beispielsweise die Verwaltung eines solchen Unternehmens ihren Sitz in Berlin hat, das Unternehmen selbst mit seinem ganzen Vermögen sich aber in der Westzone bzw. in den USA befindet, würden Sie dann Ansprüche auf solche Unternehmen erheben?

Stalin. Wenn das Unternehmen im Westen liegt, werden wir keine Ansprüche erheben. Die Verwaltung kann ihren Sitz in Berlin haben, nicht darum geht es, maßgeblich ist, wo das Unternehmen selbst liegt.

Byrnes. Wenn das Unternehmen nicht in Osteuropa, sondern in Westeuropa oder in einem anderen Teil der Welt liegt, bleibt es dann bei uns?

Stalin. In den USA, in Norwegen, in der Schweiz, in Schweden, in Argentinien (allgemeine Heiterkeit) usw. – das alles gehört Ihnen.

Bevin. Ich möchte den Generalissimus fragen: Ist er bereit, auf alle Ansprüche betreffend die deutschen Aktiva im Ausland zu verzichten, die sich außerhalb der Zone befinden, wo die russischen Besatzungstruppen stehen?

Stalin. Ich bin bereit, darauf zu verzichten.

Byrnes. Und hinsichtlich des Goldes?

Stalin. Wir haben unsere Ansprüche auf das Gold bereits zurückgezogen.

Byrnes. Es gibt Aktiva Deutschlands, die sich in anderen Ländern befinden. Wie soll man in dieser Hinsicht den sowjetischen Vorschlag auffassen?

Stalin. Wir behalten nur diejenigen, die in der Ostzone liegen.

Byrnes. Ich halte es für sehr wichtig, daß wir einander verstehen. Die Frage von Herrn Bevin besteht darin, ob sich die russischen Ansprüche auf Aktiva in der von der russischen Armee besetzten Zone beschränken. Ich wünschte, daß Sie dem Standpunkt Herrn Bevins zustimmen.

Stalin. Wir sind einverstanden.

Byrnes. Vor einigen Minuten sprachen Sie von den Aktiva, die sich in Bulgarien, Rumänien, Ungarn und Finnland befinden. Ich möchte jetzt volle Klarheit darüber schaffen, damit es keine Mißverständnisse in Zukunft gibt. Bedeutet Ihr Vorschlag, daß Sie keine Ansprüche auf Aktiva erheben, die sich außerhalb Ihrer Besatzungszone befinden? Erheben Sie Ansprüche nur auf jene Guthaben, die sich in der sowjetischen Zone befinden?

Stalin. Ja. Die Tschechoslowakei wird nicht dazu gehören, Jugoslawien auch nicht. Die östliche Hälfte Österreichs wird dazu gehören.

Bevin. Es ist klar, daß die Guthaben, die Großbritannien und den USA in dieser Zone gehören, davon nicht betroffen werden.

Stalin. Natürlich. Wir führen keinen Krieg gegen Großbritannien und die USA. (Allgemeine Heiterkeit.)

Bevin. Diese Aktiva könnten jedoch während des Krieges von den Deutschen erbeutet worden sein.

Stalin. Dies muß in jedem konkreten Fall untersucht werden.

Truman. Ich glaube, wir sind gestern übereingekommen, die Ansprüche der Tschechoslowakei und Jugoslawiens zu befriedigen. Aber was wird daraus, wenn sie keine Ansprüche auf die deutschen Aktiva erheben werden, die sich auf ihrem Gebiet befinden?

Stalin. Wir werden keine Ansprüche auf Aktiva Deutschlands in der Tschechoslowakei, Jugoslawien und in Westösterreich erheben.

Vielleicht sollte man unsere Entscheidung im Protokoll festhalten?

Byrnes. Ich glaube, es wird besser sein, dies zu tun, damit keine Mißverständnisse aufkommen.

Stalin. Gut.

Byrnes. Vielleicht sollte man es veröffentlichen?

Stalin. Egal, wie Sie wollen.

Byrnes. Ich möchte Ihre Aufmerksamkeit auf einen Satz im dritten Punkt des Berichtes der Reparationskommission lenken[401], wo es heißt, daß die Reparationsansprüche der USA, des Vereinigten Königreiches und anderer Länder, die ein Recht auf Reparationen besitzen, aus der Westzone und aus den deutschen Aktiva im Ausland befriedigt werden. Angesichts der jetzt von uns erzielten Übereinkunft denke ich, daß es keinerlei Meinungsverschiedenheiten hinsichtlich dieser Fassung geben wird.

Stalin. Ich schlage vor, zu formulieren, „und aus den entsprechenden deutschen Aktiva im Ausland". Und im Protokoll kann diese Formulierung präzisiert werden.

Byrnes. Wir werden die Redaktionskommission beauftragen, diesen Vorschlag zu redigieren.

Stalin. Ich habe keine Einwände.

Attlee. Ich habe zwei Fragen, die ich hier aufwerfen möchte: die erste, daß die französische Regierung von den Regierungen Großbritanniens, der UdSSR und der USA eingeladen wird, von heute an der Reparationskommission[402] als ihr Mitglied anzugehören.

Stalin. Lassen Sie uns auch Polen einladen, es hat schwer zu leiden gehabt.

Attlee. Ich habe es so verstanden, daß wir uns über die Einladung Frankreichs einig sind.

Stalin. Und warum kann man Polen nicht einladen?

Truman. Gestern haben Sie zugestimmt, daß die Sowjetunion die Befriedigung der Reparationsansprüche Polens übernimmt, und wir werden unsererseits die Verpflichtung übernehmen, die Reparationsansprüche Frankreichs und anderer Länder zu befriedigen. Die Einbeziehung Frankreichs in diese Kommission würde meiner Meinung nach eine gewisse Verwirrung schaffen.

Stalin. Besteht Herr Attlee darauf?

Attlee. Ich möchte es.

Stalin. Gut, ich habe nichts einzuwenden.

Attlee. Meine zweite Frage besteht im folgenden: Ich habe ein Memoran-

401 Vgl. Dok. Nr. 149.
402 Siehe Anmerkung 38.

dum[403] vorgelegt, in dem es heißt, daß der englische und der amerikanische Oberkommandierende 40 000 Tonnen Lebensmittel monatlich und 2 400 Tonnen Kohle täglich in den britischen und den amerikanischen Sektor Berlins für die Dauer von 30 Tagen ab 15. Juli zu liefern haben. Der Kontrollrat[404] ist zu beauftragen, unverzüglich ein Programm für die Versorgung von Groß-Berlin mit Lebensmitteln, Kohle und anderen Brennstoffen für die nächsten 6 Monate auszuarbeiten. Diese Mengen werden nach Groß-Berlin von der Sowjetregierung als Vorauslieferungen gemäß Punkt 4a des Abkommens über die Reparationen[405] geliefert. Es sind praktische Maßnahmen, die den laufenden Bedarf decken werden.

Stalin. Die Frage ist nicht vorbereitet, wir sind mit dieser Frage nicht vertraut, die Meinung des Kontrollrates über diese Frage ist uns nicht bekannt. Deshalb fällt es uns einfach schwer, diese Frage jetzt zu entscheiden. Ich bin der Ansicht, daß man zuerst die Meinung des Kontrollrates erfahren muß, wie er die Bedürfnisse der Bevölkerung zu befriedigen gedenkt und welche Pläne er hinsichtlich der Versorgung hat.

Attlee. Ich habe es so verstanden, daß die Lieferung von Industrieausrüstungen aus dem Ruhrgebiet jetzt beginnen soll, und mir scheint, daß man mit den Lieferungen der notwendigen Lebensmittel und Brennstoffe für Groß-Berlin ebenfalls schon jetzt anfangen sollte. Die Menge kann natürlich vom Kontrollrat festgelegt werden.

Stalin. Ein Abkommen muß natürlich sein, aber man muß die Menge angeben, was wir im Moment ohne Bericht des Kontrollrates über seine diesbezüglichen Pläne nicht tun können. Ich muß sagen, der Kontrollrat wird diese Frage besser entscheiden, als wir es hier tun können. Er geht praktisch an die Lösung dieser Frage heran.

Attlee. Das ist es gerade, worum ich bitte. Ich bitte, daß der Kontrollrat ein Programm ausarbeitet, im Prinzip jedoch müssen wir uns hier darüber einigen.

Stalin. Ich weiß nicht, wie es mit dieser Sache steht. Ich kann nichts entscheiden, solange ich kein authentisches Material besitze. Ich kann Zahlen nicht aus der Luft greifen. Die Zahlen müssen fundiert sein.

Attlee. Ich bitte nicht um Zahlen. In meinem Memorandum bitte ich, daß der Kontrollrat dieses Programm aufstellt.

Stalin. 40 000 Tonnen Lebensmittel im Monat, 2 400 Tonnen Kohle pro Tag – woher kommen diese Zahlen, wie sind sie begründet?

Attlee. Diese Zahlen wurden abgestimmt, und diese Mengen werden faktisch bereits geliefert.

Stalin: Davon weiß ich nichts.

Bevin. Es handelt sich darum, daß es ein provisorisches Abkommen über die monatlichen Lieferungen nach Berlin gibt.

Stalin. Wer hat die Zustimmung dazu gegeben?

Bevin. Im Kontrollrat wurde ein provisorisches Abkommen über die Lieferungen abgeschlossen, wonach die britischen und amerikanischen Behörden sich verpflichtet haben, diese Mengen für die Dauer eines Monats nach Berlin zu lie-

403 Vgl. Dok. Nr. 150.
404 Siehe Anmerkung 16.
405 Vgl. Dok. Nr. 149.

fern, was jetzt auch geschieht. Wir schlagen vor, daß der Kontrollrat im Prinzip das erforderliche Programm aufstellt und die sowjetischen Behörden nach Ablauf der Monatsfrist mit der Lieferung der angegebenen Mengen beginnen. Wenn diese Frist abgelaufen ist, erhebt sich die Frage: Wer wird dann Lebensmittel und Brennstoff liefern?

Stalin. Man muß den Kontrollrat und seine Erwägungen hören, dann wird man etwas entscheiden können.

Attlee. Ich habe es so verstanden, als wünschten Sie, daß die Lieferungen von Industrieausrüstungen aus dem Ruhrgebiet schon jetzt beginnen. Wir möchten um das gleiche bitten, was Ihre Lieferungen von Lebensmitteln und Brennstoff betrifft.

Stalin. Ich verstehe das, doch möchte ich wissen, welche Überlegungen der Kontrollrat hat, damit man sie diskutieren und eine Entscheidung treffen kann. Meiner Meinung nach muß diese Frage vertagt werden.

Bevin. Wir wollen gemeinsam miteinander arbeiten.

Stalin. Und wenn wir auf diese Frage nicht vorbereitet sind, wie sollen wir uns dann verhalten?

Bevin. Dann wird man sie vertagen müssen.

Stalin. Eben darum bitten wir.

Bevin. Wir wollten nur eine Einigung erzielen, damit wir einander helfen können.

Stalin. Wir sind auf diese Frage nicht vorbereitet, ich hatte nicht die Gelegenheit, mich mit dem Kontrollrat zu beraten und seine Überlegungen zu erfahren.

Truman. Es scheint, als hätten wir alle Meinungsverschiedenheiten in der Reparationsfrage geklärt?

Attlee. Ich habe den Generalissimus so verstanden, daß wir von Österreich keine Reparationen fordern werden. Vielleicht sollte man das ins Protokoll aufnehmen?

Stalin. Man kann es ins Protokoll aufnehmen.

Byrnes. Bei der nächsten Frage handelt es sich um die wirtschaftlichen Grundsätze hinsichtlich Deutschlands. Die Vertreter der USA und Englands schlagen vor, in das Dokument über die wirtschaftlichen Grundsätze[406] einen Punkt zu den deutschen Aktiva im Ausland aufzunehmen. Das wird Punkt 18 sein, der folgendermaßen lautet: „Der Kontrollrat hat geeignete Schritte zur Verwirklichung der Kontrolle und zur Verfügung über die deutschen Aktiva im Ausland zu unternehmen, die noch nicht unter die Kontrolle der Vereinten Nationen[407], die am Krieg gegen Deutschland teilgenommen haben, gelangt sind."

Stalin. Was ist das, eine Abänderung oder ein neuer Vorschlag?

Byrnes. Das ist eine Empfehlung der Kommission für Wirtschaftsfragen. Sie empfiehlt, diesen Punkt in das Dokument über die wirtschaftlichen Grundsätze hinsichtlich Deutschlands aufzunehmen.

Stalin. Wird in diesem Punkt nach Annahme des Beschlusses über die Reparationen nicht eine Abänderung notwendig sein? Wir haben von diesem Punkt erst erfahren, als wir über diese Frage bereits übereingekommen waren.

Byrnes. Die sowjetischen Vertreter in der Kommission für Wirtschaftsfragen

406 Vgl. Dok. Nr. 55.
407 Siehe Anmerkung 14.

erklärten, daß sie sich für diese Frage wenig interessieren, und behielten sich eine Stellungnahme bis zur Prüfung dieser Frage vor. Die entsprechende Frage betrifft die Kontrolle.

Stalin. Ich habe keine Einwände.

Truman. Danke.

Byrnes. Die Kommission konnte noch keine Übereinstimmung über den Punkt 19 des Entwurfes hinsichtlich der wirtschaftlichen Grundsätze erzielen, der die Bezahlung der Einfuhren nach Deutschland[408] betrifft. Außerdem erklärte der sowjetische Vertreter, daß er vorläufig auf eine weitere Erörterung der Frage der Erdöllieferungen nach Westeuropa nicht vorbereitet sei.

Stalin. Wir haben keine Einwände gegen die britische Fassung des Punktes 19.

Byrnes. Wie ich verstanden habe, sind sich die englischen Vertreter mit den amerikanischen darin einig, im Falle der Annahme des Punktes 19 die von den amerikanischen Vertretern vorgeschlagenen Worte hinzuzufügen, daß die in diesem Punkt genannte Bedingung bei Ausrüstungen und Gütern nicht angewandt wird, die in Punkt 4a und 4b des Abkommens über die deutschen Reparationen genannt sind. Wir sind der Ansicht, daß sich diese Ergänzung aus dem Abkommen über die Reparationen ergibt, das wir gestern erzielt haben.

Stalin. Gut.

Attlee. Einverstanden.

Byrnes. Somit haben wir alle Differenzen zum Entwurf über die wirtschaftlichen Grundsätze beseitigt.

Die nächste Frage betrifft die Kriegsverbrecher.

Bevin. Ich bitte um Verzeihung, aber meines Erachtens müßten die Franzosen über diese wirtschaftlichen Grundsätze unterrichtet werden.

Stalin. Bitte.

Byrnes. Die nächste Frage betrifft die Kriegsverbrecher. Die einzige Frage, die offen bleibt, besteht darin, ob die Namen einiger der größten deutschen Kriegsverbrecher zu nennen sind. Die Vertreter der USA und Englands hielten es auf der heutigen Sitzung der Außenminister für richtig, diese Namen nicht zu nennen, sondern dieses Recht dem Staatsanwalt zu überlassen. Sie kamen auch überein, daß der englische Text angenommen werden soll. Die sowjetischen Vertreter erklärten, daß sie mit dem englischen Entwurf[409] einverstanden sind, allerdings unter der Bedingung, daß einige Namen eingefügt werden.

Stalin. Meines Erachtens sind die Namen notwendig. Das ist für die öffentliche Meinung notwendig. Die Menschen müssen es wissen. Werden wir irgendwelche deutsche Industriellen vor Gericht stellen? Ich denke ja. Wir nennen Krupp. Wenn Krupp nicht geeignet ist, dann lassen Sie uns andere nennen.

Truman. Mir gefallen sie alle nicht. (Heiterkeit.) Ich glaube, wenn wir einige Namen erwähnen und andere unerwähnt lassen, so wird man meinen, daß wir nicht die Absicht haben, diese anderen vor Gericht zu stellen.

Stalin. Aber diese Namen werden hier als Beispiel angeführt. Es frappiert beispielsweise, warum Heß bislang in England ein sorgloses Leben führt und nicht zur Verantwortung gezogen wird. Man muß diese Namen nennen, das wird für die öffentliche Meinung, für die Völker wichtig sein.

408 Vgl. Dok. Nr. 151.
409 Vgl. Dok. Nr. 132.

Bevin. Über Heß brauchen Sie sich keine Gedanken zu machen.

Stalin. Es geht nicht um meine Meinung, sondern um die öffentliche Meinung, um die Meinung der Völker aller Länder, die von den Deutschen okkupiert waren.

Bevin. Wenn Sie irgendwelche Bedenken in bezug auf Heß haben, so kann ich die Verpflichtung abgeben, daß er vor Gericht gestellt wird.

Stalin. Ich bitte um keine Verpflichtung von Herrn Bevin, es reicht seine Erklärung, damit ich nicht zweifle, daß dies geschehen wird. Aber es geht nicht um mich, sondern um die Völker, um die öffentliche Meinung.

Truman. Wie Sie wissen, haben wir Richter Jackson zu unserem Vertreter in der Londoner Kommission[410] ernannt. Er ist ein hervorragender Richter und ein sehr erfahrener Jurist. Er ist mit dem juristischen Verfahrensweg gut vertraut. Jackson ist gegen die Erwähnung der Namen von Kriegsverbrechern, weil dies, wie er sagt, bei der Arbeit stören würde. Er versichert, daß das Gerichtsverfahren in dreißig Tagen vorbereitet sein wird und daß man an unseren Ansichten bezüglich dieser Leute nicht zweifeln soll.

Stalin. Vielleicht nennen wir weniger Personen beim Namen, sagen wir nur drei?

Bevin. Unsere Juristen sind der gleichen Ansicht wie die amerikanischen.

Stalin. Und unsere sind der entgegengesetzten Ansicht. Vielleicht einigen wir uns dahingehend, daß spätestens in einem Monat die erste Liste der deutschen Kriegsverbrecher veröffentlicht wird, die vor Gericht gestellt werden?

(Truman und Attlee stimmen dem Vorschlag Stalins zu.)

Byrnes. Die nächste Frage betrifft die Verwendung von alliiertem Eigentum für Reparationen von Satellitenländern oder als Kriegsbeute.

Ich habe diesen Vorschlag gestern unterbreitet[411]. Auf der heutigen Sitzung bat die sowjetische Delegation, ihr die Möglichkeit einer gründlicheren Einsicht in diesen Vorschlag zu geben.

Molotow. Da es heute zwischen den beiden Sitzungen faktisch keine Pause gab, hatte die sowjetische Delegation keine Zeit, die Fassung dieses Vorschlages zu studieren. Im wesentlichen scheint ihr dieser Vorschlag richtig und akzeptabel, aber seine Formulierung muß geprüft werden.

Byrnes. Ich bin bereit, daß die Frage bis zum Abend vertagt wird.

Attlee. Ich schlage vor, daß auf der Tagesordnung der heutigen Abendsitzung möglichst wenige Fragen stehen.

Byrnes. Die nächste Frage betrifft die Erdölversorgung Westeuropas. Die Frage wird gegenwärtig von der Wirtschaftskommission behandelt.

Die nächste Frage betrifft die alliierten Erdölausrüstungen in Rumänien[412]. Auf der Sitzung der Außenminister wurde beschlossen, daß zwei bilaterale Expertenkommissionen gebildet werden: eine Kommission aus Vertretern der USA und der Sowjetunion und eine zweite Kommission aus Vertretern Großbritanniens und der Sowjetunion. Diese Kommissionen werden nicht nur die zu dem Vorgang gehörenden Dokumente zu prüfen, sondern sich auch an Ort und Stelle mit der Sachlage vertraut zu machen haben. Es wurde vereinbart, daß die Experten ihre Arbeit in Rumänien spätestens in zehn Tagen[413] aufnehmen.

410 Siehe Anmerkung 53.
411 Vgl. Dok. Nr. 95.
412 Siehe Anmerkung 31.
413 Vgl. Dok. Nr. 152.

Die nächste Frage betrifft die gegen die Sowjetunion gerichtete feindliche Tätigkeit der weißrussischen Emigranten und anderer der UdSSR feindlich gesinnter Personen und Organisationen in der amerikanischen und der britischen Besatzungszone in Deutschland und Österreich. Die anglo-amerikanischen Vertreter erklärten, daß sie die im sowjetischen Dokument[414] dargelegte Lage und die dort genannten Fakten untersuchen und die Sowjetunion unverzüglich über die Ergebnisse dieser Untersuchung unterrichten und dann bereit sein werden, Maßnahmen zur Unterbindung dieser Tätigkeit zu erörtern.

Die sowjetische Delegation wies auf das Aide-mémoire betreffend die Repatriierung von sowjetischen Staatsangehörigen[415] hin, das sie der britischen und der amerikanischen Delegation überreicht hatte. Die britischen Vertreter erklärten, daß sie die im sowjetischen Dokument dargestellte Lage klären und sich nach ihrer Rückkehr nach London unverzüglich mit dieser Frage befassen werden.

Die sowjetischen Vertreter überreichten ein neues Dokument zu dieser Frage[416] und unterstrichen die große Bedeutung, die sie dieser Angelegenheit beimessen. Der amerikanische und der britische Vertreter erklärten, daß sie dieser Frage so bald wie möglich nachgehen werden.

Die Außenminister erörterten den Bericht der Kommission zur Abfassung des Konferenzprotokolls. Diese Kommission hatte über vier Fragen keine Einigung erzielen können, den Außenministern gelang es jedoch, zu einer Übereinkunft in diesen Fragen zu kommen. Sie einigten sich auch dahingehend, daß nur wichtige Konferenzbeschlüsse im Protokoll festgehalten werden. Sie wiesen die Protokollkommission darauf hin, daß auch die neuen Konferenzbeschlüsse in das Protokoll aufgenommen werden sollen.

Die nächste Frage betrifft die Revision des Verfahrens der Alliierten Kontrollkommissionen in Bulgarien, Rumänien und Ungarn[417]. Es wurde der USA-Entwurf zu dieser Frage[418] angenommen, in dem der zweite Satz gestrichen wurde. Es wurde beschlossen, an seine Stelle die Punkte 3, 4 und 5 aus dem Schreiben des sowjetischen Vertreters zu setzen, das den Vertretern der Vereinigten Staaten und Großbritanniens in der Alliierten Kontrollkommission in Ungarn[419] überreicht wurde. Diese Frage wurde an die Redaktionskommission überwiesen, die uns nach der Erörterung folgenden Text vorschlägt: „Die drei Regierungen nahmen zur Kenntnis, daß die sowjetischen Vertreter in den Alliierten Kontrollkommissionen in Rumänien, Bulgarien und Ungarn ihren Kollegen vom Vereinigten Königreich und von den Vereinigten Staaten Vorschläge zur Verbesserung der Arbeit der Kontrollkommissionen jetzt, nachdem die Kriegshandlungen in Europa eingestellt worden sind, übermittelt haben.

Die drei Regierungen haben vereinbart, daß die Revision des Verfahrens der Alliierten Kontrollkommissionen in diesen Ländern jetzt durchgeführt wird, wobei die Interessen und Verantwortlichkeit der drei Regierungen, die gemeinsam die Waffenstillstandsbedingungen den jeweiligen Ländern vorgelegt haben, be-

414 Vgl. Dok. Nr. 89.
415 Vgl. Dok. Nr. 133.
416 Vgl. Dok. Nr. 147.
417 Siehe Anmerkung 34.
418 Vgl. Dok. Nr. 148.
419 Vgl. Dok. Nr. 98, Anlage 1.

rücksichtigt und hinsichtlich aller drei Länder die Vorschläge der Sowjetregierung für die Kontrollkommission in Ungarn als Grundlage genommen werden."

Können wir den Vorschlag der Redaktionskommission in dieser Fassung annehmen?

Stalin. Ich habe keine Einwände.

Truman. Heute habe ich den Präsidenten Polens und vier Mitglieder der Provisorischen polnischen Regierung[420] empfangen. Ich habe ihnen die Beschlüsse über Polen mitgeteilt und eine Kopie dieser Beschlüsse überreicht. Sie werden sich mit Äußerungen über diese Beschlüsse bis zu ihrer Veröffentlichung in der Presse zurückhalten. Sie baten mich im Namen der polnischen Regierung, allen drei auf der Konferenz vertretenen Regierungen ihren Dank auszusprechen.

Bevin. Ich möchte hier erwähnen, daß die Schwierigkeiten mit der militärischen Fluglinie London–Warschau, über die ich gestern sprach, jetzt beseitigt sind. Wir haben uns mit Polen in dieser Frage geeinigt.

Byrnes. Auf der Sitzung der Außenminister habe ich vorgeschlagen, daß in den Dokumenten über Polen und über die Zulassung zur Organisation der Vereinten Nationen, dort, wo von den Möglichkeiten die Rede ist, die den Vertretern der alliierten Presse zu gewähren sind, die Worte „und den Vertretern des Rundfunks" hinzugefügt werden.

Stalin. Es lohnt nicht, das zu tun.

Attlee. Ich halte es ebenfalls für unzweckmäßig.

Truman. Bei uns in Amerika verhält es sich mit dem Rundfunk anders als in anderen Ländern, beispielsweise in England. Der englische Rundfunk steht unter der Kontrolle der Regierung, während in Amerika der Rundfunk sich in der gleichen Lage befindet wie die Zeitungen. Wir möchten, daß die Vertreter des Rundfunks die gleichen Rechte erhalten wie die Zeitungskorrespondenten.

Stalin. Das lohnt sich nicht.

Truman. Die Vertreter des amerikanischen Rundfunks werden wie Zeitungskorrespondenten tätig sein, nur werden sie ihre Informationen an den amerikanischen Rundfunk übermitteln.

Stalin. Ich würde nicht empfehlen, das zu tun. Außerdem müßte man es mit Polen vereinbaren.

Bevin. Aber Sie werden nichts gegen Abkommen mit den entsprechenden Regierungen einwenden?

Stalin. Nein, warum denn?

Truman. Dies ist für uns annehmbar.

Stalin. Bitte. Aber wir vereinbaren hier, darüber nicht zu schreiben.

Truman. Gut. Ich bin einverstanden.

Byrnes. Die nächste Frage betrifft die deutsche Kriegs- und Handelsflotte.

Truman. Soweit ich verstehe, wird der Bericht der Kommission zu dieser Frage[421] angenommen, und wir bestätigen den vorbereiteten Beschluß.

Stalin. Ja, das ist richtig.

Byrnes. Man ist auch übereingekommen, daß der Wortlaut dieses Beschlusses später veröffentlicht wird.

Bevin. Herr Präsident, ich habe den Wortlaut des Punktes über den Anteil

420 Siehe Anmerkung 5.
421 Vgl. Dok. Nr. 146.

Polens und der anderen Länder formuliert, dem wir meines Erachtens zustimmen können. Er lautet: „Das Vereinigte Königreich und die Vereinigten Staaten werden aus ihren Anteilen an den deutschen Handelsschiffen, die sich ergeben haben, die entsprechende Anzahl für andere alliierte Staaten bereitstellen, deren Handelsschiffahrt im Kampf für die gemeinsame Sache gegen Deutschland schwere Verluste erlitten hat. Ausgenommen hiervon ist Polen, für das die Sowjetunion aus ihrem Anteil Schiffe bereitstellen wird."

Stalin. Ich habe keine Einwände.

Truman. Ich bin einverstanden.

Attlee. Vor der Pause möchte ich noch fragen, ob die Regierungschefs es nicht für angebracht halten, Herrn Churchill und Herrn Eden ein Telegramm zu schikken, in dem ihnen Dank für ihre Teilnahme am ersten Teil unserer Konferenz und für die Teilnahme an den anderen Konferenzen ausgesprochen wird?

Stalin. Das wäre angebracht.

Truman. Ich bin einverstanden.

(Nach der Pause.)

Byrnes. Haben Sie unser Dokument über die Verwendung des alliierten Eigentums zur Reparationsleistung durch die Satellitenländer oder als Kriegsbeute[422] inzwischen geprüft?

Stalin. Ich sehe keine Schwierigkeiten für eine Lösung dieser Frage in ihrer Substanz, aber über die Formulierung muß ich mich noch beraten.

Attlee. Ich glaube, daß dieses Dokument noch einer gewissen Prüfung bedarf, da nicht alle seine Festlegungen völlig annehmbar erscheinen.

Byrnes. In welcher Hinsicht ist dieser Entwurf nicht annehmbar?

Attlee. Wenn alliierte Länder ihnen gehörendes Eigentum bei den Satellitenländern als Kriegsbeute entnommen haben, so ist das natürlich, denn die Satellitenländer müssen die alliierten Länder, denen dieses Eigentum gehört hat, entschädigen. Wenn aber dieses von einer dritten Seite erbeutet wurde, so erhebt sich die Frage: Muß sie für dieses Eigentum den alliierten Ländern bezahlen, oder müssen wir die Satellitenländer veranlassen, dieses Eigentum zu bezahlen? Außerdem bin ich der Ansicht, daß Punkt 3 über die Währung ebenfalls einer Erörterung bedarf. Meines Erachtens muß dies alles noch geprüft werden.

Truman. Gut. Vielleicht machen wir uns jetzt mit dem Kommuniqué vertraut?

Stalin. Die Kommission ist mit der Aufsetzung noch nicht ganz fertig.

Attlee. Ich schlage vor, daß die Kommission zur Abfassung des Protokolls und die Kommission zur Aufsetzung des Kommuniqués sich sogleich mit dieser Frage befassen, und daß wir auseinandergehen und sofort wieder zusammentreten, sobald die Kommissionen ihre Arbeit abgeschlossen haben. Den Zeitpunkt des Treffens kann man telefonisch vereinbaren. Die Regierungschefs würden sich mit der Frage des Kommuniqués, die Außenminister mit der des Protokolls befassen.

Stalin. Es wäre gut, einen Zeitpunkt für den Beginn der Sitzung festzusetzen, sagen wir, 8.30 Uhr oder 9 Uhr. Der Zeitpunkt wird festgesetzt, um die Kommissionen anzuspornen, dann werden sie sich anstrengen.

Truman. Drei Stunden Unterbrechung sagen mir zu.

422 Vgl. Dok. Nr. 95.

Byrnes. Es gab noch den Vorschlag des Präsidenten über die Binnenwasserstraßen. Die Kommission für das Protokoll und die Kommission für das Kommuniqué konnten sich noch nicht über die Entscheidung einigen, die bezüglich des Vorschlages des Präsidenten getroffen wurde.

Truman. Diese Frage wurde an den Rat der Außenminister in London zur Prüfung überwiesen. Aber ich bin daran interessiert, daß dies im Kommuniqué mitgeteilt wird. Ich möchte bitten, diese Frage im Kommuniqué zu erwähnen.

Stalin. Wir haben sie nicht beraten.

Truman. Ich habe mich dreimal zu dieser Frage geäußert, und die Kommission hat sie mehrere Tage behandelt.

Stalin. Sie stand nicht auf der Liste der Fragen, wir haben uns auf diese Frage nicht vorbereitet und haben keinerlei Unterlagen gehabt, unsere Experten für diese Frage sitzen in Moskau. Warum diese Hast, warum muß man sich so beeilen?

Truman. Diese Frage ist nicht endgültig entschieden, sondern an den Rat der Außenminister in London zur Prüfung überwiesen worden.

Stalin. Die Schwarzmeer-Meerengen werden im Kommuniqué ebenfalls nicht erwähnt werden, obwohl diese Frage auf der Tagesordnung stand. Die Frage der Wasserstraßen entstand als Gratisbeilage zur Frage der Meerengen. Und weshalb der Frage der Binnenwasserstraßen ein solcher Vorrang vor der Meerengenfrage eingeräumt wird, verstehe ich nicht.

Truman. Die Frage der Schwarzmeer-Meerengen wird sowohl im Kommuniqué als auch im Protokoll stehen.

Stalin. Meines Erachtens besteht keine Notwendigkeit, sie in das Kommuniqué aufzunehmen, es genügt, sie ins Protokoll aufzunehmen.

Ich schlage vor, im Kommuniqué weder die Meerengen noch die Binnenwasserstraßen zu erwähnen, sondern diese beiden Fragen nur ins Protokoll aufzunehmen.

Truman. Gut, ich habe keine Einwände.

Bevin. Ich schlage vor, Frankreich zu bitten, sich unserem Beschluß über die Kriegsverbrecher[423] anzuschließen. Frankreich ist Mitglied des Rates der Außenminister in London.

Stalin. Gut.

Truman. Ich habe keine Einwände. Ich verstehe trotzdem nicht, warum wir einen hier angenommenen und ins Protokoll aufgenommenen Beschluß nicht auch in das Kommuniqué aufnehmen können.

Stalin. Das ist nicht notwendig. Das Kommuniqué wird ohnehin zu umfangreich sein.

Truman. Ich möchte eine Frage stellen: Gibt es Geheimabkommen auf dieser Konferenz?

Stalin. Nein. Sie sind nicht geheim.

Byrnes. Ich möchte unterstreichen, daß wir beschlossen haben, die Frage der Binnenwasserstraßen an den Rat der Außenminister zur Behandlung zu überweisen. Somit besteht zu dieser Frage eine Vereinbarung. Haben wir das Recht, den Beschluß zu dieser Frage bekanntzugeben? Wenn er nicht in das Kommuniqué aufgenommen wird, sondern nur in das Protokoll, können wir dann diese Frage ebenjenem Rat der Außenminister offiziell vorlegen?

423 Vgl. Dok. Nr. 153.

Stalin. Nehmen wir die Materialien der Krimkonferenz[424] oder der Teheraner Konferenz[425]. Auf der Teheraner Konferenz wurde eine Reihe von Fragen in das Protokoll aufgenommen, aber es gab auch eine andere Reihe von Beschlüssen, die für alle von Interesse waren, die unsere Politik in den Hauptfragen bestimmten. Diese Beschlüsse wurden in das Kommuniqué aufgenommen.

Ich gehe zur Arbeit der Krimkonferenz über. Dort wurden ebenfalls zwei Reihen von Beschlüssen festgehalten. Die erste Reihe von Beschlüssen – die weitaus größere – kam in das Protokoll, und niemand verlangte, sie in das Kommuniqué zu übernehmen. Die andere Reihe von Beschlüssen – die weitaus geringere – kam in das Kommuniqué. Dies waren Beschlüsse, die unsere Politik bestimmen. Ich schlage vor, diese gute Regel beizubehalten, da es sonst kein Kommuniqué, sondern ein ganzer Foliant wird.

Ein Teil der Beschlüsse hat keine schwerwiegende Bedeutung, einige Fragen, etwa die der Binnenwasserstraßen, wurden nicht einmal erörtert, sie kommen ins Protokoll, und niemand kann uns vorwerfen, wir verheimlichten diese Fragen. Anders steht es mit den Fragen über Deutschland, über Italien, über die Reparationen usw., die große Bedeutung haben: Sie kommen in das Kommuniqué. Ich meine, daß wir an dieser guten Tradition nicht rühren sollten und daß kein Grund besteht, alle Fragen in das Kommuniqué aufzunehmen. Kommuniqué ist Kommuniqué, und Protokoll ist Protokoll.

Truman. Ich habe keine Einwände gegen diese Verfahrensweise, wenn sie auf alle unsere Beschlüsse angewandt wird. Aber wenn ich eine Erklärung vor dem Senat abgeben sollte, daß diese Frage an den Rat der Außenminister zur Prüfung überwiesen wurde, werde ich dann das Recht dazu haben?

Stalin. Niemand kann Ihre Rechte antasten.

(Truman schließt die Sitzung.)

Nach Archiv. Veröffentlicht mit Kürzungen in:
Meshdunarodnaja Shisn, 1966/8, S. 154 ff.

Anlage

Mitteilung über die Sitzung der Außenminister

1. August 1945[426]

1. Reparationen von Deutschland

Es wurde beschlossen, die Regierungschefs zu bitten, den von der Kommission zu dieser Frage vorbereiteten Entwurf des Dokumentes zu prüfen[427].

2. Wirtschaftliche Grundsätze hinsichtlich Deutschlands

Es wurde beschlossen, den Regierungschefs den Bericht der Wirtschaftskommission zu dieser Frage vorzulegen[428].

424 Siehe Anmerkung 2.
425 Siehe Anmerkung 23.
426 Berichterstatter Byrnes.
427 Vgl. Dok. Nr. 149.
428 Vgl. Dok. Nr. 151.

3. Kriegsverbrecher

Es wurde vereinbart, die Regierungschefs zu bitten, die strittig gebliebene Frage zu entscheiden, und zwar: Sollen die Namen einiger Hauptkriegsverbrecher im Beschluß der Konferenz genannt werden.

4. Die Verwendung von alliiertem Eigentum zur Bezahlung von Reparationen oder als Kriegsbeute

Es wurde eine Kommission zur Prüfung des am 25. Juli[429] überreichten Entwurfes der USA zu dieser Frage gebildet. Der Außenminister der USA zog das am gleichen Tag überreichte Dokument „Über die Entnahme des Eigentums von Staatsangehörigen der Vereinten Nationen oder neutraler Staaten aus Deutschland"[430] zurück.

5. Deutsche Aktiva im Ausland

Das Dokument der Delegation der USA zu dieser Frage[431] wird von der Wirtschaftskommission geprüft, die darüber den Regierungschefs Bericht erstatten wird.

6. Erdöl für Westeuropa

Der Vorschlag der Delegation der USA zu dieser Frage[432] wird ebenfalls in der Wirtschaftskommission behandelt, die den Regierungschefs eine entsprechende Mitteilung machen wird.

7. Alliierte Erdölausrüstungen in Rumänien

Die Außenminister vereinbarten, daß am 10. August zwei bilaterale Kommissionen in Rumänien zusammenkommen werden: erstens eine englisch-sowjetische, zweitens eine amerikanisch-sowjetische, die die Dokumente und die Tatsachen, die diese Frage betreffen, untersuchen werden[433]. Es wurde Übereinstimmung darüber erzielt, daß den genannten Kommissionen alle zur Erfüllung der vor ihnen stehenden Aufgaben notwendigen Voraussetzungen eingeräumt werden.

8. Faschistische Tätigkeit in der amerikanischen und der britischen Zone in Deutschland und in Österreich

Die Vertreter der USA und Großbritanniens erklärten, ihre Regierungen werden die in dem sowjetischen Dokument zu dieser Angelegenheit[434] dargelegte

429 Vgl. Dok. Nr. 95.
430 Vgl. Dok. Nr. 96.
431 Vgl. Dok. Nr. 119.
432 Vgl. Dok. Nr. 53.
433 Siehe Anmerkung 31.
434 Vgl. Dok. Nr. 89.

Lage untersuchen und der sowjetischen Seite die Ergebnisse dieser Untersuchung mitteilen und dann die weiteren Maßnahmen, die zu treffen sind, erörtern.

9. Repatriierung sowjetischer Staatsangehöriger

Die britischen Vertreter erklärten, sie würden sich mit der im sowjetischen Dokument dargelegten Frage[435] vertraut machen und sich unverzüglich nach ihrer Rückkehr nach London damit beschäftigen. Die sowjetischen Vertreter überreichten ein neues Dokument zu dieser Frage[436] und unterstrichen dabei die besondere Bedeutung, die sie ihm beimessen. Die Vertreter der USA und Großbritanniens erklärten, sie würden sich möglichst bald mit dieser Angelegenheit befassen.

10. Strittige Fragen in der Kommission zur Abfassung des Protokolls

Der Außenminister der USA informierte über vier Fragen, über die die Kommission zur Abfassung des Konferenzprotokolls keine Einigung erzielen konnte: 1) Treuhandterritorien; 2) Schwarzmeer-Meerengen; 3) das Gebiet Königsberg; 4) Österreich. Den Außenministern ist es gelungen, sich über die Texte zu allen diesen Fragen zu einigen. Sie kamen auch überein, daß nur wichtige Konferenzbeschlüsse in das Protokoll aufgenommen werden. Sie billigten einen Vorschlag, dem zufolge der heute morgen angenommene Beschluß über die Bildung bilateraler Kommissionen zur Untersuchung der Frage der alliierten Erdölausrüstungen in Rumänien im Protokoll zu erwähnen sei.

11. Das revidierte Arbeitsverfahren der Alliierten Kontrollkommissionen in Bulgarien, Ungarn und Rumänien

Es wurde der Entwurf der USA zu dieser Frage[437] angenommen, aus dem der zweite Satz gestrichen wurde. Es wurde beschlossen, diesen Satz durch die Punkte 3, 4 und 5 des sowjetischen Dokuments über die Kontrollkommission in Ungarn[438] zu ersetzen. Es wurde eine Redaktionskommission zur Ausarbeitung des endgültigen Textes, der den Regierungschefs vorgelegt werden wird, gebildet.

12. Über die Möglichkeiten, die den Vertretern des Rundfunks in Polen, Ungarn, Rumänien, Bulgarien und Finnland eingeräumt werden sollen

Der Außenminister der USA schlug vor, in die bereits von der Konferenz angenommenen Dokumente über Polen und über die Zulassung zur Organisation der Vereinten Nationen, in denen bestimmte Möglichkeiten für die Vertreter der

435 Vgl. Dok. Nr. 133.
436 Vgl. Dok. Nr. 147.
437 Vgl. Dok. Nr. 148.
438 Vgl. Dok. Nr. 98, Anlage 1.

alliierten Presse vorgesehen sind, die Worte „und des Rundfunks“ einzufügen, damit dieselben Möglichkeiten auch den Vertretern des alliierten Rundfunks zugänglich sind. Die Außenminister konnten in dieser Frage keine Einigung erzielen, und es wurde beschlossen, eine diesbezügliche Anfrage an die Regierungschefs zu richten, die festlegen werden, ob diese Frage erörtert werden soll oder nicht.

13. Die Aufteilung der deutschen Kriegs- und Handelsflotte

Die Außenminister prüften den Bericht der Kommission zu dieser Frage[439] und kamen überein, daß 30 deutsche Unterseeboote erhalten bleiben sollen. Andere strittige Fragen blieben ungelöst. Man kam überein, den Regierungschefs heute darüber Bericht zu erstatten.

Nach Archiv.

Nr. 29
Aufzeichnung über die dreizehnte (abschließende) Sitzung der Regierungschefs

1. August 1945, 22.40 Uhr

(Truman eröffnet die Sitzung.)

Byrnes. Die Kommission für Wirtschaftsfragen hat den Bericht über die Reparationen vorbereitet. Es ist gelungen, Vorschläge auszuarbeiten, die für alle Delegationen annehmbar sind[440]. In Punkt 1 heißt es, daß die Reparationsansprüche der Sowjetunion aus der von der Sowjetunion besetzten Zone Deutschlands und aus den entsprechenden deutschen Anlagen im Ausland befriedigt werden.

Ich lenke die Aufmerksamkeit auf die Punkte 8 und 9 dieses Dokuments. Ich schlage sehr ungern jetzt gleich eine Abänderung vor, aber ich meine, daß dies im Interesse aller liegt. Punkt 8 lautet: „Die Sowjetregierung verzichtet auf alle Ansprüche auf Aktien deutscher Unternehmen usw.“ Ich schlage vor, nach den Worten „auf alle Ansprüche“ die Worte „in bezug auf Reparationen“ einzufügen. Der Zweck dieser Abänderung besteht darin, den Eindruck zu vermeiden, als hätte die Sowjetunion auch außer den Reparationen noch irgendwelche Ansprüche auf deutsche Unternehmen. Die gleiche Abänderung ist auch bei Punkt 9 vorzunehmen, wo von Ansprüchen der Vereinigten Staaten und des Vereinigten Königreiches die Rede ist.

Stalin. Richtig.

Byrnes. Es ist meine einzige Abänderung. Kann das Dokument über die Reparationen als gebilligt gelten?

Bevin. Und wie soll man beispielsweise einen Fall werten, wo die Deutschen vor 1939 Unternehmen, die Eigentum britischer Untertanen waren, für Kriegszwecke übernommen haben? In solchen Fällen gehen Engländer wegen dieser Abänderung ihres Eigentums verlustig.

439 Vgl. Dok. Nr. 146.
440 Vgl. Dok. Nr. 149.

Byrnes. In dem Falle, den Herr Bevin anführt, rührt die Abänderung nicht am Sachverhalt.

Bevin. Ich habe keine Einwände.

Byrnes. Wir können jetzt die Frage der Verwendung von alliiertem Eigentum zur Reparationszahlung oder als Kriegsbeute erörtern, wenn die sowjetische Delegation die Zeit hatte, den Vorschlag[441] zu prüfen.

Stalin. Wir haben es nicht geschafft, die Fassung dieses Entwurfes zu beraten. Ich schlage vor, den folgenden Beschluß zu notieren: „Die Konferenz beschloß, einen amerikanischen Vorschlag im Prinzip anzunehmen. Die Redaktion dieses Vorschlages ist auf diplomatischem Wege zu vereinbaren."

Wir hatten keine Zeit, die Fassung zu durchdenken, aber im wesentlichen sind wir mit dem Vorschlag einverstanden.

Truman. Ich bin mit dem Vorschlag der sowjetischen Delegation einverstanden.

Attlee. Ich bin ebenfalls einverstanden.

Byrnes. Man hat mir mitgeteilt, daß die Kommission, die sich mit der Aufsetzung des Protokolls befaßt hat, eine Einigung erzielen konnte. Ich halte es für überflüssig, das ganze Protokoll zu verlesen, sondern nur die Punkte, über die es einzelne Meinungsverschiedenheiten gab. Wir müssen natürlich noch den Vorschlag der sowjetischen Delegation zur Kriegsbeute hinzufügen, den wir soeben angenommen haben. Andere Abänderungen habe ich nicht.

Stalin. Ich habe eine Abänderung. Zur Frage der Westgrenze Polens[442] heißt es im zweiten Absatz, daß die Grenze auf der Linie von der Ostsee durch Swinemünde verlaufen soll, als würde die Grenze durch die Stadt selbst gehen. Ich schlage daher vor, zu sagen, daß die Grenzlinie von der Ostsee unmittelbar westlich oder etwas westlich von Swinemünde verläuft. Auf der Karte ist das gezeigt.

(Truman und Attlee stimmen der Formulierung „unmittelbar westlich von Swinemünde" zu.)

Stalin. Die zweite Abänderung betrifft die Grenze des Gebietes Königsberg. Im zweiten Absatz steht geschrieben, daß der genaue Grenzverlauf von Experten festzulegen ist[443]. Es wird vorgeschlagen, zu sagen: „Dabei ist der genaue Grenzverlauf an Ort und Stelle von Experten der UdSSR und Polens festzulegen."

Bevin. Wir können das nicht der Sowjetunion und Polen allein überlassen.

Stalin. Es handelt sich da aber um die Grenze zwischen Polen und Rußland.

Bevin. Aber das muß von den Vereinten Nationen[444] anerkannt werden. Wir haben uns geeinigt, daß wir auf der Friedenskonferenz den sowjetischen Wunsch hinsichtlich dieser Grenze unterstützen werden, und jetzt sagen Sie uns, daß diese Grenze von der Sowjetunion und Polen festgelegt wird und uns das nichts angeht.

Stalin. Das ist ein Mißverständnis. Die Grenze insgesamt wird von der Friedenskonferenz festgelegt, aber es gibt einen anderen Begriff, der Grenzverlauf an Ort und Stelle. Es wird eine generelle Grenzlinie vorgegeben, aber der Grenzverlauf an Ort und Stelle kann von dieser gedachten Linie bis zu einem halben Kilometer nach der einen oder anderen Seite abweichen. Die Grenze verläuft beispielsweise durch eine Siedlung. Warum soll man diese Siedlung durch eine

441 Vgl. Dok. Nr. 95.
442 Vgl. Dok. Nr. 121.
443 Vgl. Dok. Nr. 154.
444 Siehe Anmerkung 14.

Grenzlinie zerschneiden? An der Festlegung des Grenzverlaufes an Ort und Stelle sind nur Polen und Rußland interessiert. Wenn Sie meinen, daß das nicht ganz gesichert ist, wen wollen Sie dann der Kommission beigeben? Jemand für England, für die USA? Wen Sie belieben, wir haben keine Einwände.

Attlee. Mir scheint, daß die Frage in folgendem besteht. Wir haben uns geeinigt, den Vorschlag über die Grenze im Prinzip anzunehmen. Was die endgültige Abgrenzung der Gebiete, die endgültige Grenzfestlegung, betrifft, so ist das Sache der Friedenskonferenz. Wenn wir die Sache jetzt Experten Polens und Rußlands übergeben, so verstoßen wir damit gegen die technische Arbeit der Friedenskonferenz.

Stalin. Was meint Herr Bevin dazu?

Bevin. Wir wollen eine Expertenkommission, die von der Friedenskonferenz benannt wird.

Stalin. Ich verstehe nicht, worum es sich da handelt.

Byrnes. Ich denke, daß man folgende Fassung vorschlagen könnte: Wenn sich Polen und die Sowjetunion auf der Friedenskonferenz über die Grenze einig sind, ist die ganze Sache abgeschlossen, und es bedarf keiner Experten. Wenn es aber auf der Friedenskonferenz zwischen Polen und Rußland Meinungsverschiedenheiten gibt, wird man eine Expertenkommission benennen müssen, deren Zusammensetzung durch den Rat der Außenminister oder durch die Friedenskonferenz selbst bestimmt wird. Das allerdings nur im Falle von Meinungsverschiedenheiten zwischen Polen und der Sowjetunion.

Stalin. Lassen wir es bei der vorherigen Formulierung. Dort ist aber nicht gesagt, aus welchen Experten die Kommission bestehen soll.

(Truman und Attlee stimmen zu, daß die vorherige Formulierung bestehen bleibt.)

Molotow. Die sowjetische Delegation hat eine Abänderung zum Abschnitt über den Abschluß der Friedensverträge und über die Zulassung zur Organisation der Vereinten Nationen. Die Sache ist die, daß zwischen dem ersten und dem dritten Absatz des Dokuments ein Widerspruch besteht. Im ersten Absatz heißt es, die drei Regierungen betrachten es als wünschenswert, daß die gegenwärtige anomale Stellung Italiens, Bulgariens, Rumäniens, Ungarns und Finnlands nach dem Abschluß der Friedensverträge beendet werden soll, während der dritte Absatz die Möglichkeit der Herstellung diplomatischer Beziehungen mit Finnland, Rumänien, Bulgarien und Ungarn vor Abschluß der Friedensverträge mit diesen Ländern vorsieht. Die sowjetische Delegation schlägt vor, aus dem ersten Absatz die Worte „nach dem Abschluß der Friedensverträge“ zu streichen.

Attlee. Das scheint mir nicht richtig zu sein, denn als wir den dritten Absatz formulierten, dachten wir an eine Herstellung diplomatischer Beziehungen „soweit . . . dies möglich ist“. Streicht man aus dem ersten Absatz die Worte „nach dem Abschluß der Friedensverträge“, so wird das bedeuten, daß wir weitergehen, als wir beabsichtigten. Diese Worte müssen bleiben.

Stalin. Aber im ersten Absatz heißt es, daß diplomatische Beziehungen erst nach dem Abschluß der Friedensverträge wiederaufgenommen werden können, und im dritten Absatz heißt es anders. Es ergibt sich ein Widerspruch.

Attlee. Gerade deshalb wünschen die Engländer, diese Worte einzufügen. Im ersten Absatz ist eine unbedingte Handlung vorgesehen, nämlich die Herstellung diplomatischer Beziehungen nach dem Abschluß der Friedensverträge, im dritten Absatz hingegen ergeht die Empfehlung, zu versuchen, dies zu tun, soweit dies vor Abschluß der Friedensverträge möglich ist.

Stalin. Wir können dem nicht zustimmen, da der Versuch, der im dritten Absatz bezüglich der Herstellung diplomatischer Beziehungen zugestanden wird, im ersten Absatz direkt negiert wird. Das ändert den Sinn des ganzen Beschlusses. Wie soll man dem zustimmen können?

Attlee. Mir scheint hier kein Widerspruch vorzuliegen: Im ersten Fall ist von der Herstellung normaler Beziehungen die Rede, das heißt voller diplomatischer Beziehungen, im zweiten Fall aber vom Versuch, möglichst nahe an die Herstellung solcher Beziehungen heranzukommen.

Stalin. Ich kann einer solchen Auslegung auf keinen Fall zustimmen. Ich nehme als konkretes Beispiel Finnland. Es gibt absolut keinen Grund, die Wiederaufnahme diplomatischer Beziehungen zu Finnland weiterhin zu verweigern, aber im ersten Absatz stehen die Worte „nach dem Abschluß der Friedensverträge", die die Herstellung diplomatischer Beziehungen direkt verbieten. Das ist völlig falsch.

Attlee. Wir befinden uns mit Finnland noch im Kriegszustand.

Stalin. Mit Italien ist der Kriegszustand ebenfalls nicht beendet, indessen unterhält Amerika diplomatische Beziehungen zu Italien, und auch wir unterhalten zu ihm diplomatische Beziehungen.

Attlee. Mir scheint, daß wir jetzt wieder zu dem zurückkehren, was wir vor einigen Tagen erörtert haben. Wir haben unseren Standpunkt erschöpfend dargelegt, und wir sind der Sowjetunion entgegengekommen, soweit dies nach unserer Verfassung überhaupt möglich ist. Wir finden, daß wir große Zugeständnisse gemacht haben, über die hinaus wir nicht gehen können.

Stalin. Daraus wird nichts. Finnland hat viel größere Rechte auf die Herstellung diplomatischer Beziehungen als Italien. In Finnland besteht eine frei gewählte Regierung, die den Krieg gegen die Alliierten längst beendet und Deutschland den Krieg erklärt hat. In Italien gibt es keine frei gewählte Regierung, und die Beteiligung Italiens am Krieg gegen Deutschland nach der Kapitulation war minimal. Mit welcher Begründung sollen wir die Herstellung diplomatischer Beziehungen zu Finnland hinausschieben? Wo ist da die Logik?

Bevin. Ich möchte zu einer Einigung kommen und unterbreite deshalb folgenden Vorschlag. Ich schlage die folgende Fassung des ersten Absatzes vor: „Die drei Regierungen betrachten es als wünschenswert, daß die gegenwärtig anomale Stellung Italiens, Bulgariens, Finnlands, Ungarns und Rumäniens durch den Abschluß von Friedensverträgen beendet wird. Sie sind überzeugt, daß auch die anderen interessierten alliierten Regierungen ihren Standpunkt teilen."

Stalin. Gut. Die sowjetische Delegation hat keine weiteren Abänderungsvorschläge.

Bevin. Hurra! (Allgemeine Heiterkeit.)

Byrnes. Die nächste Frage betrifft das Kommuniqué. Wir haben von der englischen Delegation eine neue Fassung der Präambel erhalten. Wir haben keine Einwände dagegen.

Stalin. Ist der Unterschied groß? Worin besteht dieser Unterschied?

Byrnes. Auf Seite zwei wird eine rein redaktionelle Veränderung vorgenommen, der Sinn ändert sich nicht.

Stalin. Vielleicht verfahren wir so: Nach der Übersetzung in die russische

Sprache erörtern wir diese Veränderung und gehen jetzt zum nächsten Abschnitt über.

(Truman und Attlee stimmen zu.)

Byrnes. Abschnitt II: über die Einrichtung eines Rates der Außenminister. Hier gibt es keine Meinungsverschiedenheiten.

(Abschnitt II wird angenommen.)

Byrnes. Abschnitt III: über Deutschland. Im ersten Absatz gibt es Einwände gegen die Worte „denen es laut Beifall spendete“.

Stalin. Man kann sagen, „offen seine Billigung aussprach“.

Bevin. Blind gehorcht hat, das heißt, auf dumme Weise gehorcht hat.

Stalin. Ich schlage vor zu sagen: „die es zur Zeit ihrer Erfolge offen gebilligt und denen es blind gehorcht hat“.

(Der Vorschlag wird angenommen.)

Byrnes. Andere Abänderungen gibt es nicht?

Stalin. Nein.

Bevin. In Punkt 12 der wirtschaftlichen Grundsätze wiederholt sich, was bereits in Punkt 9 (IV) der politischen Grundsätze gesagt ist.

Stalin. Ich schlage vor, diesen Absatz aus den wirtschaftlichen Grundsätzen zu streichen und ihn in den politischen Grundsätzen zu belassen. (Alle stimmen zu.) Wir haben keine weiteren Abänderungen.

Byrnes. Abschnitt IV: über die Reparationen von Deutschland. Keine Abänderungen.

Abschnitt V: über die Kriegs- und Handelsflotte Deutschlands.

Stalin. Es gibt einen abgestimmten Beschluß, wir haben keine Abänderungen.

Byrnes. Abschnitt VI: über Königsberg und das anliegende Gebiet.

Stalin. Einverstanden.

Byrnes. Abschnitt VII: Kriegsverbrecher.

Stalin. Ich denke, daß man den ersten einleitenden Absatz streichen und nur den zweiten Absatz, beginnend mit den Worten „Die drei Regierungen haben Kenntnis genommen“ usw., stehenlassen sollte.

Bevin. Wir haben ihn bereits gestrichen.

Stalin. Gut.

Byrnes. Abschnitt VIII: über Österreich.

Molotow. Die sowjetische Delegation schlägt vor, im Abschnitt über Österreich den letzten, die Reparationen betreffenden Satz zu streichen und ihn nur im Protokoll stehenzulassen.

Truman. Wir nehmen den Vorschlag der sowjetischen Delegation an, den letzten Satz im Kommuniqué zu streichen.

Byrnes. Abschnitt IX: über Polen.

Stalin. Keine Abänderungen.

Bevin. Ich möchte eine kleine Abänderung redaktioneller Art vorschlagen. Im zweiten Absatz statt der Worte „ihre Haltung wurde in der folgenden Erklärung definiert“ zu sagen, „definierten sie ihre Haltung in der folgenden Erklärung“.

Stalin. Das kann man.

Bevin. Auf Seite zwei würde ich ebenfalls hinsichtlich Polens die einleitenden Worte „eine Übereinkunft wurde bezüglich der Westgrenze Polens erzielt“ durch die Worte „bezüglich der Westgrenze Polens legten sie folgenden Standpunkt fest“ ersetzen.

Truman. Ich habe den Vertretern der polnischen Regierung bereits mitgeteilt, daß wir uns auf die frühere Formulierung geeinigt haben.

Stalin. Dann ist es besser, die frühere Formulierung stehenzulassen.

Bevin. Der Vorschlag des Generalissimus „unmittelbar westlich von Swinemünde“ zu sagen, ist meines Erachtens sehr treffend.

Stalin. Ja, so wird es besser sein zu sagen. Gehen wir zum zehnten Abschnitt über.

Bevin. Hier möchte ich eine kleine Abänderung vor allem psychologischen Charakters vornehmen. Ich würde den einleitenden Teil des Abschnitts X folgendermaßen fassen: „Die Konferenz einigte sich auf die folgende Erklärung über eine gemeinsame Politik zur möglichst baldigen Schaffung der Bedingungen für einen dauerhaften Frieden nach der siegreichen Beendigung des Krieges in Europa.“ Das klingt besser.

Stalin. Dem Wesen nach ist es die gleiche Formulierung, sie gibt nichts Neues.

Truman. Beides ist akzeptabel.

Bevin. Im Englischen liest sich das besser. Im Amerikanischen vielleicht schlechter? (Heiterkeit.)

Truman. Beides ist akzeptabel.

Stalin. Die frühere Formulierung enthält den gleichen Gedanken wie bei Herrn Bevin, nur ist sie kürzer. Man kann natürlich die eine wie die andere akzeptieren.

Bevin. Ziehen Sie diesmal unsere Fassung vor. (Heiterkeit.)

Stalin. Wenn Herr Bevin darauf besteht, kann man wohl seine Formulierung akzeptieren.

Truman. Ich bin einverstanden. Abschnitt XII: über die Revision des Verfahrens bei den Alliierten Kontrollkommissionen in Rumänien, Bulgarien und Ungarn[445].

Stalin. Das ist abgestimmt.

Truman. Abschnitt XIII: Überführung deutscher Bevölkerung.

Stalin. Hier ist bereits besser gesagt „geregelte Überführung“.

Truman. Abschnitt XIV: bilaterale Kommissionen zu den rumänischen Erdölausrüstungen.

Molotow. Die sowjetische Delegation schlägt vor, diesen Punkt wie auch den Punkt über Tanger[446] aus dem Kommuniqué herauszunehmen und nur im Protokoll zu belassen. Es wäre auch richtig, aus dem Kommuniqué den Punkt über Iran herauszunehmen und im Protokoll zu belassen.

Attlee. Ich bin einverstanden.

Bevin. Wir möchten den Punkt über Tanger aus dem Kommuniqué herausnehmen und im Protokoll belassen, aber es wäre gut, den Punkt über Iran im Kommuniqué zu belassen.

Attlee. Zu Tanger wurde beschlossen, nichts zu veröffentlichen. Wir möchten die Fragen Tanger und rumänische Erdölausrüstungen aus dem Kommuniqué

445 Siehe Anmerkung 34.
446 Siehe Anmerkung 20.

herausnehmen, aber die Frage Iran infolge ihrer Wichtigkeit für den Mittleren Osten im Kommuniqué belassen.

Truman. Tanger und Rumänien herausnehmen und Iran belassen?

Stalin. Dann muß auch Tanger bleiben.

Bevin. Kann ich im Parlament den Beschluß über Iran bekanntgeben?

Stalin. Natürlich können Sie das.

Truman. Alle drei Punkte werden aus dem Kommuniqué gestrichen und ins Protokoll übernommen.

Truman. Die Frage der militärischen Verhandlungen.

Stalin. Ist von allgemeinem Interesse. Wir haben keine Einwände, daß die Frage in das Kommuniqué aufgenommen wird.

Bevin. Die englische Delegation hat eine Frage zu Abschnitt XII über die Revision des Verfahrens bei den Alliierten Kontrollkommissionen in Rumänien, Bulgarien und Ungarn. In den letzten drei Zeilen heißt es: „und hinsichtlich der drei Länder die Vorschläge der sowjetischen Regierung für die Alliierte Kontrollkommission in Ungarn als Grundlage genommen werden". Aber wir sagen nicht, worin diese Vorschläge bestehen. Deshalb könnte man sagen, „wobei . . . die vereinbarten Vorschläge als Grundlage genommen werden".

Stalin. Dem kann man zustimmen. Wer wird das Kommuniqué unterzeichnen?

Truman. Es unterzeichnen alle.

Stalin. Gut.

Truman. Kehren wir zur Präambel des Kommuniqués zurück.

Stalin. Wir haben nichts dagegen.

Bevin. Wir möchten das Kommuniqué am Freitagmorgen in der Presse veröffentlichen.

Stalin. Und wann kann es im Rundfunk gesendet werden?

Bevin. Am Donnerstag um 9.30 Uhr abends, Greenwich-Zeit.

Stalin. Gut.

Byrnes. Bezüglich des Ruhrgebietes. Im russischen Text des Protokolls heißt es, daß die Konferenz die sowjetischen Vorschläge bezüglich des Ruhrindustriegebietes behandelt hat. Es wurde beschlossen, diese Frage an den Rat der Außenminister in London zur Beratung zu überweisen. Im englischen Text des Protokolls ist das Ruhrgebiet nicht erwähnt. Ich habe das so aufgefaßt, daß es keinen solchen Beschluß gab, aber der Präsident sagt, daß dies auf seinen Vorschlag hin angenommen wurde. Ich schlage deshalb vor, die Fassung zu präzisieren. Hier ist nicht gesagt, worin der Vorschlag der sowjetischen Delegation besteht, der an den Rat der Außenminister in London zur Beratung überwiesen wird.

Stalin. Diese Frage muß man meines Erachtens absetzen.

Truman. Gut.

Stalin. (der sich unterdessen mit der Grußadresse an Churchill und Eden vertraut gemacht hat): Ich habe keine Einwände gegen den vorgeschlagenen Text der Adresse.

Attlee. Ich schlage vor, daß das Telegramm in englischer Sprache vom Präsidenten und vom Generalissimus unterzeichnet wird.

Stalin. Wäre es nicht möglich, daß der Präsident als Vorsitzender der Konferenz als erster unterschreibt?

Attlee. Es werden hier alle drei Unterschriften stehen.

(Die Grußadresse wird von den drei Regierungschefs unterzeichnet.)

Byrnes. Ich denke, daß man Vertreter benennen sollte, die den Text des Protokolls überprüfen.

(Es werden die Vertreter für die Kommission zur Redaktion des Protokolls benannt.)

Truman. Ich erkläre die Berliner Konferenz für geschlossen. Bis zur nächsten Begegnung, die, wie ich hoffe, bald stattfinden wird.

Stalin. Gebe Gott!

Attlee. Herr Präsident, bevor wir auseinandergehen, möchte ich dem Generalissimus unseren Dank aussprechen für die ausgezeichneten Vorkehrungen, die hier getroffen wurden zu unserer Unterbringung und zur Schaffung guter Arbeitsbedingungen, und Ihnen, Herr Präsident, für die so geschickte Leitung dieser Konferenz.

Ich möchte die Hoffnung ausdrücken, daß diese Konferenz sich als wichtiger Markstein auf dem Wege erweisen wird, auf dem unsere drei Völker gemeinsam zu einem dauerhaften Frieden schreiten, und daß die Freundschaft zwischen uns drei, die wir uns hier getroffen haben, fest und von langer Dauer sein wird.

Stalin. Das ist auch unser Wunsch.

Truman. Im Namen der amerikanischen Delegation möchte ich dem Generalissimus Dank aussprechen für alles, was er für uns getan hat, und ich möchte mich den Worten von Herrn Attlee anschließen.

Stalin. Die russische Delegation schließt sich dem von Herrn Attlee hier ausgesprochenen Dank an den Präsidenten für dessen geschickte und präzise Leitung an.

Truman. Ich danke Ihnen für die gute Zusammenarbeit bei der Lösung aller wichtigen Fragen.

Stalin. Ich möchte Herrn Byrnes meinen persönlichen Dank aussprechen, der uns in unserer Arbeit viel geholfen und zum Zustandekommen unserer Beschlüsse beigetragen hat.

Byrnes. Ich bin von den liebenswürdigen Worten des Generalissimus tief gerührt und hoffe, daß ich gemeinsam mit meinen Kollegen für die Arbeit dieser Konferenz nützlich war.

Stalin. Die Konferenz kann man wohl als gelungen bezeichnen.

Truman. Ich möchte den anderen Außenministern und all denen danken, die uns in unserer Arbeit so sehr geholfen haben.

Attlee. Ich schließe mich den Gefühlen, die hier an die Adresse unserer drei Außenminister geäußert wurden, an.

Truman. Ich erkläre die Berliner Konferenz für geschlossen.

(Die Konferenz endete am 2. August 1945 um 00.30 Uhr.)

TEIL II

Nr. 30
Schreiben des Botschafters der USA in der UdSSR an den Volkskommissar für Auswärtige Angelegenheiten der UdSSR

Moskau, 7. Juli 1945

Sehr geehrter Herr Molotow!

Ich bin beauftragt, Sie über die Fragen zu informieren, die der Präsident möglicherweise bei der bevorstehenden Zusammenkunft der Regierungschefs zur Diskussion zu stellen wünscht.

1. Verfahren und Mechanismus bei den Friedensverhandlungen und bei der Regelung territorialer Fragen.
2. Politik hinsichtlich Deutschlands.
   a) Bildung eines Kontrollrates.
   b) Abkommen über die Behandlung Deutschlands in der Anfangsperiode der Kontrolle.
   c) Bildung einer deutschen lokalen Verwaltung.
   d) Behandlung Deutschlands als wirtschaftliche Einheit.
3. Erfüllung der Deklaration von Jalta über das befreite Europa.
4. Politik hinsichtlich Italiens.
5. Zusammenarbeit bei der Lösung europäischer Wirtschaftsprobleme.
6. Kommunikations- und Informationsfreiheit in Europa.

Ferner sollte die Politik hinsichtlich des Fernen Ostens erörtert werden.

Die oben angeführte Liste ist nicht erschöpfend, und der Präsident wird bereit sein, andere Fragen zu erörtern, die Generalissimus Stalin und Premierminister Churchill möglicherweise zu stellen wünschen.

Aufrichtig
Ihr W. A. Harriman

Nach Archiv.

Nr. 31
Schreiben des Botschafters Großbritanniens in der UdSSR an den Volkskommissar für Auswärtige Angelegenheiten der UdSSR

Moskau, 11. Juli 1945

Sehr geehrter Herr Molotow!

Entsprechend der Anweisung meiner Regierung übergebe ich Ihnen zur Information der Sowjetregierung die vorläufige Liste der Fragen, die die britische Delegation auf der Konferenz „Terminal"[1] stellen möchte.

2. Diese Liste ist nicht als erschöpfend zu betrachten, da die britische Delegation auf der Konferenz möglicherweise auch andere Fragen zu stellen wünscht. Ebenso wird sie natürlich bereit sein, jedwede Fragen zu erörtern, die von der sowjetischen und der amerikanischen Delegation gestellt werden.

Aufrichtig
Ihr Archibald Clark Kerr

Anlage

Liste der Fragen, die von der britischen Delegation auf der Konferenz „Terminal" gestellt werden

1. *Allgemeine Fragen.*
   a) Zum Verfahren der europäischen Regelung.
   b) Anwendung der Deklaration von Jalta über das befreite Europa.
   c) Erlaubnis für Pressevertreter, in den Ländern Osteuropas unbehindert zu arbeiten.
   d) Kriegsverbrechen.
2. *Deutschland.*
   a) Westgrenze Polens. Status der polnischen Verwaltung auf dem ehemaligen deutschen Territorium.
   b) Überführung der deutschen Bevölkerung aus Polen und der Tschechoslowakei.
   c) Meinungsaustausch über die Bildung einer deutschen Zentralverwaltung in Berlin zur Koordinierung des Transports und anderer Angelegenheiten; künftige deutsche Regierung.
   d) Haltung zu politischen Parteien und politischer Tätigkeit.
   e) Behandlung Deutschlands als wirtschaftliche Einheit.
   f) Koordinierung der Propaganda- und Informationseinrichtungen.
3. *Italien.*
4. *Balkanstaaten.*
   a) Innere Lage in den ehemaligen Satellitenstaaten.
   b) Eventuelle Friedensverträge mit diesen Ländern.
   c) Status des britischen und des amerikanischen Vertreters in den Kontrollkommissionen[2] bis zum Abschluß von Friedensverträgen.

1 Siehe Anmerkung 54.
2 Siehe Anmerkung 34.

d) Entnahme alliierter Industrieausrüstungen als Kriegsbeute, besonders aus Rumänien[3].

e) Lage in Jugoslawien und Erfüllung des Tito-Šubašić-Abkommens[4].

f) Gewährleistung freier Wahlen in allen Balkanländern.

5. *Türkei.* Frage der Meerengen und der russisch-türkischen Beziehungen generell.
6. *Iran.* Frage des gegenseitigen Truppenabzuges.

Nach Archiv.

Nr. 32
Memorandum der Delegation der USA über die Errichtung eines Rates der Außenminister[5]

17. Juli 1945

Eines der vordringlichsten Probleme auf dem Gebiet der Außenbeziehungen ist gegenwärtig die Festlegung des Verfahrens und des Mechanismus zur Durchführung von Friedensverhandlungen und zur Regelung der territorialen Fragen. Ansonsten werden das bestehende Durcheinander, die politische und ökonomische Unbeständigkeit Europa und der ganzen Welt ernsthaften Schaden zufügen.

Die Erfahrungen der Versailler Konferenz[6] nach dem ersten Weltkrieg begründen nicht die Annahme, daß eine offizielle Friedenskonferenz aller Teilnehmer ohne vorherige Vorbereitung von seiten der maßgebenden Mächte das beste Verfahren sei. Eine solche Konferenz würde, wenn sie nicht entsprechend vorbereitet wird, länger dauern und kompliziert werden, ihre Tagungen würden in einer äußerst gespannten Atmosphäre der Ansprüche und Gegenforderungen der streitenden Seiten verlaufen, und die Ratifizierung der Abschlußdokumente könnte sich längere Zeit hinziehen. Deshalb schlage ich als bestes Verfahren bei der bestehenden Lage die Errichtung eines Rates vor, dem die Außenminister Großbritanniens, der UdSSR, Chinas, Frankreichs und der Vereinigten Staaten angehören, das heißt der Länder, die ständige Mitglieder des Sicherheitsrates der Organisation der Vereinten Nationen sind. Meines Erachtens muß dieser Rat sofort nach unserer Konferenz zusammentreten, sobald die gesamte Vorbereitungsarbeit abgeschlossen ist. Ich möchte deshalb einen Entwurf des Vorschlages entsprechend den oben angeführten Grundsätzen vorlegen, den ich zu Ihrer Prüfung abgefaßt habe.

Anlage

Entwurf des Vorschlages über die Errichtung eines Rates der Außenminister

1. Es ist ein Rat zu errichten, der sich aus den Außenministern Großbritanniens, der Union der Sozialistischen Sowjetrepubliken, Chinas, Frankreichs und der Vereinigten Staaten zusammensetzt.

3 Siehe Anmerkung 31.
4 Siehe Anmerkung 7.
5 Von Truman auf der Sitzung der Regierungschefs vorgelegt.
6 Siehe Anmerkung 24.

2. Der Rat wird in ... tagen, und seine erste Tagung findet am ... statt. Jeder Außenminister wird durch einen Stellvertreter von hohem Rang begleitet werden, der ordnungsgemäß bevollmächtigt ist, in Abwesenheit seines Außenministers die Arbeit im Rat weiterzuführen. Auch er wird von einem kleinen Stab von Beratern begleitet, die Spezialisten auf dem Gebiet der zu erörternden Probleme sind, sowie von technischen Mitarbeitern, die dem gemeinsamen Sekretariat angehören werden.

3. Als eine unverzügliche und wichtige Aufgabe des Rates wird ihm aufgetragen, Friedensverträge mit Italien, Rumänien, Bulgarien und Ungarn aufzusetzen, die den Vereinten Nationen vorzulegen sind, und Vorschläge zur Regelung der ungelösten territorialen Fragen auszuarbeiten, die in Verbindung mit der Beendigung des Krieges in Europa entstehen. Der Rat wird zur Vorbereitung einer Friedensregelung für Deutschland mit der Maßgabe genutzt werden, daß das entsprechende Dokument durch eine für diesen Zweck geeignete Regierung Deutschlands, nachdem eine solche Regierung gebildet sein wird, angenommen wird.

4. Wenn der Rat eine Frage erörtern wird, an der ein Staat unmittelbar interessiert ist, der nicht im Rat vertreten ist, so soll dieser Staat eingeladen werden, seine Vertreter zur Teilnahme an der Beratung und Prüfung dieser Frage zu entsenden. Es sollen jedoch keine strengen und starren Regeln festgelegt werden. Dem Rat soll vielmehr gestattet sein, das Verfahren seiner Arbeit dem Charakter des jeweiligen von ihm zu prüfenden Problems anzupassen. In einigen Fällen kann er die Frage zunächst in seiner Zusammensetzung vor der Teilnahme anderer interessierter Staaten vorberaten. In anderen Fällen kann der Rat eine offizielle Konferenz der Staaten einberufen, die an der Lösung irgendeines gegebenen Prolems am meisten interessiert sind. Dazu wird er bevollmächtigt sein.

Nach Archiv.

Nr. 33
Memorandum der Delegation der USA über die Politik hinsichtlich Deutschlands

17. Juli 1945[7]

1. Ich schlage vor, daß der Kontrollrat[8] in Übereinstimmung mit dem Abkommen, das wir bereits abgeschlossen haben, unverzüglich seine Arbeit aufnimmt.

2. Zu diesem Zweck lege ich Ihnen einen Entwurf zur Prüfung vor, der die Grundsätze enthält, von denen man sich nach Ansicht der Regierung der Vereinigten Staaten leiten lassen muß.

7 Datum der Übergabe durch Truman auf der Sitzung der Regierungschefs.
8 Siehe Anmerkung 16.

Anlage A

Vorgeschlagene Übereinkunft über politische und wirtschaftliche Grundsätze, von denen man sich bei der Behandlung Deutschlands in der Anfangsperiode der Kontrolle leiten lassen muß

Macht des Kontrollrates

1. Der Kontrollrat übt die oberste Macht bei der Ausarbeitung von Plänen und der Herbeiführung abgestimmter Entscheidungen zu den grundsätzlichen militärischen, politischen, wirtschaftlichen und anderen Fragen aus, die Deutschland als Ganzes betreffen. Diese Pläne und Entscheidungen werden in jeder Besatzungszone von dem entsprechenden nationalen Oberkommandierenden verwirklicht. In den ausschließlich seine eigene Zone betreffenden Angelegenheiten wird jeder nationale Oberkommandierende die oberste Macht entsprechend den Weisungen seiner eigenen Regierung ausüben.

Politische Grundsätze

2. Die Ziele der Besetzung Deutschlands, von denen sich der Kontrollrat leiten lassen muß, sind:

I) Völlige Entwaffnung Deutschlands und die Beseitigung der gesamten deutschen Industrie, die für Kriegsproduktion genutzt werden kann, oder Kontrolle über sie. Zu diesem Zweck:

a) müssen alle deutschen Streitkräfte, einschließlich des Generalstabes und aller halbmilitärischen Organisationen, sobald dies praktisch möglich sein wird, demobilisiert und aufgelöst werden, um damit für immer ihrer Wiedergeburt oder Reorganisation vorzubeugen; und

b) müssen alle Waffen, Ausrüstungen und Kriegsgeräte sowie alle Spezialmittel zu deren Herstellung in Besitz genommen oder vernichtet werden. Der Unterhaltung und Herstellung aller Flugzeuge und aller Waffen, Ausrüstung und Kriegsgeräte wird vorgebeugt werden.

II) Das deutsche Volk ist zu überzeugen, daß es eine totale militärische Niederlage erlitten hat und daß es sich nicht der Verantwortung für das entziehen kann, was es selbst dadurch auf sich geladen hat, daß seine eigene mitleidlose Kriegführung und der fanatische Widerstand der Nazis die deutsche Wirtschaft zerstört und Chaos und Elend unvermeidlich gemacht haben.

III) Die nationalsozialistische Partei, ihre Zweigeinrichtungen und die von ihr kontrollierten Organisationen sind zu vernichten; alle nazistischen Einrichtungen sind aufzulösen; es sind Sicherheiten dafür zu schaffen, daß sie in keiner Form wiedererstehen können, und jede nazistische und militaristische Betätigung oder Propaganda ist zu verhindern.

IV) Eine endgültige Umgestaltung des deutschen politischen Lebens auf demokratischer Grundlage und eine eventuelle friedliche Mitarbeit Deutschlands am internationalen Leben sind vorzubereiten.

3. Die nazistischen Gesetze, die die Grundlagen für das Hitlerregime geschaffen oder eine Diskriminierung auf Grund der Rasse, Religion oder politischer Überzeugungen festgelegt haben, müssen außer Kraft gesetzt werden. Kei-

nerlei derartige Diskriminierung, sei sie rechtlicher, administrativer oder irgendeiner anderen Art, wird geduldet werden.

4. Kriegsverbrecher und jene, die an der Planung oder Verwirklichung nazistischer Maßnahmen teilgenommen haben, die Greueltaten oder Kriegsverbrechen nach sich zogen oder zum Ergebnis hatten, sind zu verhaften und vor Gericht zu stellen. Nazistische Führer, einflußreiche Nazianhänger und alle anderen Personen, die für die Besetzung und deren Ziele gefährlich sind, sind zu verhaften und zu internieren.

5. Alle Mitglieder der nazistischen Partei, die mehr als nominell an ihrer Tätigkeit teilgenommen haben, und alle anderen Personen, die den alliierten Zielen feindlich gegenüberstehen, sind aus dem öffentlichen oder halböffentlichen Dienst und von verantwortlichen Posten in wichtigen Privatunternehmen zu entfernen. Diejenigen Deutschen, denen es gestattet wird, in offiziellen Posten zu verbleiben, oder die in diese Funktionen berufen werden (das heißt in die Polizei oder die Verwaltung), müssen begreifen, daß sie ihre Posten nur bei guter Führung behalten.

6. Das Bildungswesen in Deutschland muß so kontrolliert werden, daß nazistische und militaristische Doktrinen völlig ausgemerzt werden und eine Entwicklung demokratischer Ideen möglich gemacht werden.

7. Die Verwaltung in Deutschland muß in Richtung auf eine Dezentralisierung der politischen Struktur und der Entwicklung eines Verantwortungsbewußtseins auf lokaler Ebene durchgeführt werden. Zu diesem Zweck:

I) wird die lokale Selbstverwaltung in ganz Deutschland durch gewählte Räte wiederhergestellt;

II) sind in ganz Deutschland alle nichtnazistischen politischen Parteien bei Gewährung des Rechts, Versammlungen einzuberufen und öffentliche Diskussionen durchzuführen, zu erlauben und zu fördern;

III) sollen die Grundsätze der Vertretung und der Wählbarkeit in die Kreis-, Provinzial- und Landesverwaltungen so schnell, wie es durch die Ergebnisse der örtlichen Selbstverwaltung gerechtfertigt werden kann, eingeführt werden;

IV) wird bis auf weiteres keine deutsche politische[9] Zentralregierung gebildet werden.

8. Unter Berücksichtigung der Notwendigkeit der Erhaltung der militärischen Sicherheit wird die Rede-, Presse- und Religionsfreiheit gewährt, und religiöse Einrichtungen werden respektiert. Die Gründung freier Gewerkschaften, gleichfalls unter Berücksichtigung der Notwendigkeit der Erhaltung der militärischen Sicherheit, wird gestattet werden.

Wirtschaftliche Grundsätze

9. Die deutsche Wirtschaft ist zu dezentralisieren mit Ausnahme dessen, was in den Grenzen, die für die Erfüllung der im vorliegenden Dokument festgelegten Ziele notwendig sind, vom Kontrollrat gestattet oder durch die Errichtung einer zentralen Kontrolle abgesichert wird.

10. Zur Einführung und Aufrechterhaltung der wirtschaftlichen Kontrolle ist den deutschen Behörden zu empfehlen, in vollem praktisch möglichem Umfang

9 So im Text.

die Verwaltung dieser Kontrolle zu beanspruchen und selbst zu übernehmen. So ist dem deutschen Volk einzuprägen, daß die Verantwortung für diese Verwaltung und jedes ihrer Versagen auf ihm und seinen eigenen Behörden ruhen wird. Jede deutsche Verwaltung, die den Zielen der Besatzung widerspricht, wird verboten.

11. Es ist eine alliierte Kontrolle über die deutsche Wirtschaft zu errichten, doch nur, soweit das notwendig sein wird:

a) zur Erfüllung des Programms der industriellen Abrüstung und Entmilitarisierung, der Reparationen, der Hilfe für befreite Gebiete und andere Versorgungszwecke, die genannt werden;

b) zur Sicherung der Warenproduktion und der Dienstleistungen, die zur Befriedigung der Bedürfnisse der Besatzungstruppen und der übergeführten Personen in Deutschland notwendig und zur Verhütung von Hungersnot, Krankheiten oder Bürgerunruhen wichtig sind;

c) zur Sicherung einer gerechten Verteilung wichtiger Waren zwischen den verschiedenen Zonen;

d) zur Kontrolle der deutschen Industrie und aller wirtschaftlichen und finanziellen internationalen Geschäfte einschließlich der Aus- und Einfuhr mit dem Ziel der Verhinderung der Entwicklung eines Kriegspotentials Deutschlands und der Verwirklichung der anderen hier angeführten Aufgaben. Mit dem gleichen Ziel darf keinerlei Ausreichung von Krediten an Deutschland oder an Deutsche durch eine ausländische Person oder Regierung gestattet werden, mit Ausnahme von äußerst dringenden Fällen, wovon der Kontrollrat in Kenntnis zu setzen ist, der das Recht hat, derartige Geschäfte zu verbieten.

12. Die Prinzipien zur Regelung der Erhebung der Reparationen von Deutschland sind in Anlage I zu dieser Übereinkunft festgelegt.

13. Das entsprechende Programm der Restitution identifizierbaren Eigentums, das von den Deutschen auf alliiertem Territorien geraubt worden ist, muß innerhalb kurzer Zeit erfüllt werden.

14. Während der Besatzungszeit ist Deutschland als eine wirtschaftliche Einheit zu betrachten. Zu diesem Zweck:

I) dürfen keinerlei Hindernisse errichtet werden für den Transport von Waren und Leistungen, die erforderlich sind

a) für die Unterhaltung der Besatzungstruppen und der übergeführten Personen, b) für die Erhaltung des Lebensstandards in Deutschland und c) für die Erfüllung der Reparationspflichten Deutschlands unter Berücksichtigung der sich aus den obengenannten Punkten a) und b) ergebenden Forderungen;

II) ist für ganz Deutschland eine weitestgehend einheitliche Rationierungsskala einzuführen;

III) ist in ganz Deutschland eine weitestgehend einheitliche Politik in Industrie und Landwirtschaft durchzuführen;

IV) werden Import- und Exportprogramme für Deutschland als Ganzes aufgestellt;

V) sind Programme für die Förderung und Verteilung deutscher Kohle abzustimmen;

VI) muß das Transportsystem zentralisiert sein;

VII) ist eine zentrale Währungskontrolle zu errichten.

15. Diese Übereinkunft bezieht sich nicht auf Österreich.

Anlage I

Reparationen von Deutschland
Abgestimmte Prinzipien

Die alliierte Reparationskommission[10] ist über sieben Hauptprinzipien übereingekommen (Text liegt bei)[11].

Prinzip, zu dem eine Entscheidung getroffen werden muß.

Die Kommission konnte bezüglich des letzten Passus (unterstrichen) des achten Prinzips zu keiner Übereinkunft gelangen:

„Nach Entrichtung der Reparationen sollen genügend Mittel belassen werden, damit das deutsche Volk ohne Hilfe von außen existieren kann. Bei der Aufstellung der Wirtschaftsbilanz für Deutschland sind die nötigen Mittel für die Bezahlung des Imports zu berücksichtigen, der von den interessierten Regierungen gebilligt wird, bis die Reparationslieferungen aus Waren der laufenden Produktion oder aus Warenbeständen erfolgen."

Die Regierung der Vereinigten Staaten ist vollständig mit diesen Prinzipien einverstanden und wird darauf bestehen, daß die Bezahlung des notwendigen Imports, der von unseren Regierungen genehmigt wird, in erster Linie aus Einnahmen aus dem Export von Waren der laufenden Produktion und vorhandener Bestände aus Deutschland erfolgt. Wenn man anders verfährt, wird das entweder zu einer Wiederholung unserer Fehler, die Ende des vergangenen Krieges begangen wurden, führen oder uns in eine Situation bringen, in der wir die erwünschte industrielle Abrüstung Deutschlands nicht werden vornehmen können.

Begriffsbestimmungen und Verteilung der Reparationen

Die Vereinigten Staaten schlagen vor, unverzüglich eine Vereinbarung über die Begriffsbestimmungen der Restitution, der Kriegsbeute und der Reparationen (Text liegt bei)[12] abzuschließen. Die Kommission hat eine Formel zur Verteilung der Reparationen zwischen der UdSSR, dem Vereinigten Königreich und den Vereinigten Staaten[13] und das Verfahren zur Regelung der Verteilung der Reparationen zwischen anderen Ländern (Text liegt bei)[14] abgestimmt.

Die Regierung der Vereinigten Staaten ist der Ansicht, die Begriffsbestimmung der Restitution, der Kriegsbeute und der Reparationen sollte mit der Formel zur Verteilung der Reparationen derart abgestimmt sein, daß eine Vereinbarung zu all diesen Fragen gleichzeitig erzielt werden kann.

Anlage 1 zu Anlage I

Vereinbarte Prinzipien der Reparationen

I. Die Entnahmen von Vermögen zur Bezahlung der Reparationen werden vor allem solcher Art sein, daß sie zur Beseitigung der militärischen Stärke Deutschlands durch die Ausschaltung jenes Teils der Industriekapazität Deutschlands beitragen, der das militärische Potential ausmacht.

10 Siehe Anmerkung 38.
11 Vgl. Anlage 1.
12 Vgl. Anlage 2.
13 Vgl. Anlage 3.
14 Vgl. Anlage 4.

II. Die Reparationen sollen derart sein, daß sie den Wiederaufbau und die Neugestaltung der von den Deutschen verwüsteten Länder beschleunigen.

III. Bei der Aufstellung eines Reparationsplanes wird Deutschland als eine wirtschaftliche Einheit betrachtet.

IV. Es sollte ein Reparationsplan vermieden werden, der die Notwendigkeit finanzieller Hilfe von außen sowohl dafür hervorrufen würde, Reparationslieferungen zu ermöglichen, als auch dafür, die wirtschaftliche Rekonstruktion zu erleichtern, die für die Zwecke der Reparationen erforderlich ist, oder der nach Ansicht der interessierten Regierungen einer erfolgreichen Erfüllung der Aufgabe schaden könnte, die den Besatzungsarmeen auferlegt ist.

V. Reparationen sollen höchstmöglich aus dem vorhandenen Nationaleigentum Deutschlands entnommen werden. Wenn auch die Reparationsforderungen der Zweckmäßigkeit halber in Geldeinheiten ausgedrückt werden können, muß in Betracht gezogen werden, daß im Unterschied zu den Reparationen nach dem ersten Weltkrieg, die in Geldform festgelegt und entnommen wurden, die jetzigen Reparationen in Sachleistungen festgelegt und erhoben werden, in substantieller Form wie Werke, Maschinen, Ausrüstungen, Warenbestände, Auslandsinvestitionen usw.

VI. Um die Wiederherstellung der industriellen Macht Deutschlands und eine Verletzung der langfristigen Stabilität der Wirtschaft der Vereinten Nationen zu vermeiden, ist eine Bezahlung der Reparationen auf Dauer in Form von Fertigerzeugnissen auf ein Minimum zu reduzieren.

VII. Im Namen der Gerechtigkeit gegenüber den Ländern, die vom Feind okkupiert waren, sind die Reparationen auf einer solchen Grundlage zu erheben, daß der mittlere Lebensstandard in Deutschland im Reparationszeitraum den mittleren Lebensstandard europäischer Länder nicht übersteigt. Unter europäischen Ländern werden alle europäischen Länder mit Ausnahme des Vereinigten Königreiches und der UdSSR verstanden.

Anlage 2 zu Anlage I

Vorgeschlagene Begriffsbestimmung

Die Vereinigten Staaten schlagen vor:

1. Die Restitution ist auf identifizierbare Kunstgegenstände, religiöse und kulturelle Gegenstände zu beschränken, die am Tag des Einmarsches in den Gebieten existierten, aus denen derartige Gegenstände abtransportiert worden sind, insofern diese Gegenstände rückerstattet werden können, auch unabhängig von der Form der Enteignung, durch die sie in die Hände des Feindes gelangten. Wenn den Ansprüchen irgendeines Landes, das das Recht auf Reparationen hat, in bezug auf die Rückerstattung einiger anderer privater Arten des vom Feind abtransportierten identifizierbaren Eigentums der Vorrang gegeben werden kann, ist der Wert dieses Eigentums, falls es zurückerstattet wird, dem Reparationskonto dieses Landes anzurechnen.

2. Kriegsbeute ist auf fertiggestellte Ausrüstungs- und Versorgungsgegenstände zu beschränken, die für die deutschen Streitkräfte produziert wurden und ihnen gehörten, mit Ausnahme aller Einrichtungen, die für die Produktion dieser Ausrüstung oder Versorgung verwendet wurden.

3. Mit Ausnahme des Vermögens, das als Restitution und als Kriegsbeute zu

übergeben ist, oder von Exportgütern, die für die Bezahlung von genehmigtem Import bestimmt sind, unterliegt alles Eigentum, das sich auf dem Territorium innerhalb der zum 31. Dezember 1937 existierenden Grenzen des Deutschen Reiches befindet, den Reparationen.

Anlage 3 zu Anlage I

Mit der Alliierten Reparationskommission abgestimmter Text

In Übereinstimmung mit den auf der Krimkonferenz[15] festgelegten Prinzipien, wonach Länder, die das Recht auf den größten Anteil der Reparationen haben, jene sind, die die Hauptlast des Krieges getragen, die größten Verluste erlitten und den Sieg über den Feind organisiert haben, ist die Alliierte Reparationskommission übereingekommen, daß sich die Gesamtsumme der Reparationen (sowohl das eingeschlossen, was man durch Entnahmen aus dem Nationaleigentum Deutschlands erhalten wird, als auch das, was man durch die jährlichen Lieferungen nach der Kapitulation erhalten wird) folgendermaßen verteilen wird: von der Gesamtsumme

UdSSR	56 %
Vereinigtes Königreich	22 %
USA	22 %
insgesamt	100 %

Zur Befriedigung der begründeten Reparationsforderungen von seiten anderer Staaten wird jede der drei Mächte, wie im gegenseitigen Einvernehmen der drei Mächte beschlossen wurde, in dem Verhältnis, in dem jeder Anteil zur Gesamtsumme steht, von ihrem Anteil einen Teil abtreten.

Anlage 4 zu Anlage I

Verfahren der Verteilung der Reparationen zwischen den Ländern, außer dem Vereinigten Königreich und der UdSSR, das in der Alliierten Reparationskommission abgestimmt worden ist

1. Die Alliierte Reparationskommission wird so bald wie möglich durch Vermittlung der Regierungen des Vereinigten Königreiches, der USA und der UdSSR eine Mitteilung ergehen lassen, in der alle Vereinten Nationen, die unmittelbar am Krieg gegen Deutschland beteiligt waren, aufgefordert werden, der Alliierten Reparationskommission innerhalb eines Monats über ihre diplomatischen Vertreter in Moskau oder auf anderem Wege Erklärungen zukommen zu lassen, die Angaben über ihre Reparationsansprüche an Deutschland und den Wert des deutschen Vorkriegsvermögens auf ihrem Territorium enthalten. Der Charakter der Angaben, die beizubringen sind, wird später definiert.

2. Nach Eingang der Angaben wird die Alliierte Reparationskommission einen Beschluß als Grundlage für die Diskussion über ein vorläufiges Verzeichnis der Länder, die das Recht auf den Erhalt von Reparationen haben, sowie über den Anteil der Reparationen, den jedes von ihnen erhalten wird, treffen.

3. Die Alliierte Reparationskommission wird in einer ihr genehmen Form in

15 Siehe Anmerkung 2.

Verhandlungen mit den Vereinten Nationen treten, deren Reparationsansprüche als ausreichend begründet anerkannt werden, um ihr Einverständnis mit dem Reparationsanteil zu gewährleisten, den die Alliierte Reparationskommission vorläufig vorschlagen wird.

4. Wenn sich die erwähnten Verhandlungen mit den Vereinten Nationen, deren Reparationsansprüche anerkannt werden, als erfolgreich erweisen, wird die Alliierte Reparationskommission diesen Nationen über die Regierungen, die der Kommission angehören, eine weitere Mitteilung zukommen lassen, die sie zur Teilnahme an einer Sonderkonferenz für den Abschluß eines gemeinsamen Reparationsabkommens zwischen den interessierten Staaten einlädt.

Falls sich jedoch die Vorverhandlungen nicht als ausreichend erfolgreich erweisen werden, um die Einberufung einer derartigen Konferenz zu ermöglichen, wird die Alliierte Reparationskommission nochmals anhand des Faktenmaterials, das sich in ihrer Kompetenz befinden wird, die Frage prüfen, welche weiteren Schritte sich erforderlich machen.

5. Den Vereinten Nationen, deren Reparationsansprüche nicht anerkannt werden, wird eine Mitteilung zugehen, in der sie über die Entscheidung der Alliierten Reparationskommission unter Angabe der Gründe für diese Entscheidung informiert werden.

Nach Archiv.

Nr. 34
Vorschlag der Delegation der USA über ein Importprogramm für Deutschland

17. Juli 1945[16]

Es wird vorgeschlagen, daß die UdSSR, das Vereinigte Königreich und die USA ihre entsprechenden Befehlshaber anweisen, dem Kontrollrat zu empfehlen, unverzüglich ein einheitliches Programm des notwendigen Mindestimports für Deutschland als Ganzes aufzustellen. Dieses Programm muß eine Bestimmung über die gleichmäßige Verteilung der in Deutschland vorhandenen Versorgungsmittel zwischen den Zonen enthalten, um das Defizit sowie den Import nach Deutschland als Ganzes auf ein Minimum zu reduzieren. Die Verbrauchsnormen und die Standards für die Festlegung des Mindestbedarfs müssen für jede Zone gleich sein. Die Verantwortung für die Gewährleistung und die Finanzierung des Imports für Deutschland als Ganzes muß auf einer Grundlage aufgeteilt werden, die im Kontrollrat abgestimmt wird. Jegliche anfänglichen Kosten, die sich in Zusammenhang mit der Bestimmung über die Versorgung Deutschlands ergeben, werden aus dem nachfolgenden deutschen Export gedeckt, und die Bezahlung des Imports erfolgt in erster Linie aus Einnahmen aus dem deutschen Export von Waren der laufenden Produktion oder aus Beständen.

Nach Archiv.

16 Datum der Übergabe von Matthews an Nowikow auf der Sitzung der Regierungschefs.

Nr. 35
Vorschlag der Delegation der USA zur Verwirklichung der Jaltadeklaration über das befreite Europa

17. Juli 1945[17]

In der Jaltadeklaration über das befreite Europa, unterzeichnet am 11. Februar 1945, haben die drei Regierungen bestimmte Verpflichtungen gegenüber den befreiten Völkern Europas und den Völkern früherer Satellitenstaaten der „Achse“ übernommen. Seit der Konferenz von Jalta[18] sind die auf der Grundlage dieser Deklaration angenommenen Verpflichtungen nicht erfüllt worden. Nach Ansicht der Regierung der Vereinigten Staaten würde die weitere Nichterfüllung dieser Verpflichtungen in der ganzen Welt als Beweis der fehlenden Einheit zwischen den drei Großmächten aufgefaßt werden und das Vertrauen in die Aufrichtigkeit der von ihnen verkündeten Ziele untergraben.

Deshalb schlägt die Regierung der Vereinigten Staaten vor, auf dieser Beratung folgende Maßnahmen abzustimmen, die auf die Erfüllung der Verpflichtungen gerichtet sind, die sich aus dieser Deklaration ergeben:

1. Die drei alliierten Regierungen müssen über die Notwendigkeit einer unverzüglichen Reorganisation der bestehenden Regierungen in Rumänien und in Bulgarien[19] gemäß Punkt „c“ des dritten Absatzes der Jaltadeklaration über das befreite Europa übereinkommen.

2. Es ist eine unverzügliche Konsultation zur Ausarbeitung jeglicher Verfahren vorzunehmen, die sich für die Reorganisation dieser Regierungen als notwendig erweisen können, damit in diese Vertreter aller bedeutenden demokratischen Gruppen einbezogen werden. Sobald diese Reorganisation stattgefunden haben wird, werden mit diesen Ländern diplomatische Beziehungen aufgenommen und Friedensverträge abgeschlossen werden.

3. Die drei Regierungen sollten in Übereinstimmung mit den Verpflichtungen, die in Absatz drei Punkt „d“ der Deklaration über das befreite Europa enthalten sind, prüfen, wie jeglichen provisorischen Regierungen bei der Durchführung freier und unbehinderter Wahlen am besten Hilfe zu gewähren ist. Diese Hilfe ist unverzüglich in bezug auf Griechenland erforderlich und wird sich im geeigneten Augenblick ohne Zweifel in Rumänien und Bulgarien und möglicherweise auch in anderen Ländern erforderlich machen.

Nach Archiv.

17 Datum der Übergabe durch Truman auf der Sitzung der Regierungschefs.
18 Siehe Anmerkung 2.
19 Siehe Anmerkung 17.

Nr. 36
Vorschlag der Delegation der USA zur Politik hinsichtlich Italiens

17. Juli 1945[20]

Die Ziele der drei Regierungen hinsichtlich Italiens sind die baldige Erringung seiner politischen Unabhängigkeit und seines wirtschaftlichen Wiederaufbaus sowie des Rechts des italienischen Volkes, endgültig seine eigene Regierungsform zu wählen.

Der jetzige Status Italiens als mitkämpfendes Land und als Feind, der bedingungslos kapituliert hat, ist anomal und behindert alle Bemühungen sowohl der Alliierten als auch Italiens selbst, seine wirtschaftliche und politische Lage zu verbessern. Diese anomale Stellung kann letztendlich nur durch Verhandlungen über einen endgültigen Friedensvertrag beendet werden, was bestenfalls einige Monate in Anspruch nehmen wird. Die Vorbereitung eines derartigen Vertrages muß eine der ersten Aufgaben des vorgeschlagenen Rates der Außenminister sein.

Vorerst jedoch würde die innere Lage in Italien beträchtlich durch ein unverzügliches zeitweiliges Abkommen verbessert werden, das der italienischen Regierung eine gewisse reale Anerkennung des Anteils Italiens an der Niederwerfung Deutschlands verschaffen würde.

Deshalb wird empfohlen, die Geltungsdauer der kurzgefaßten Kapitulationsbedingungen und der zahlreichen veralteten Bestimmungen der ausführlichen Kapitulationsbedingungen[21] zu beenden und sie durch bestimmte Verpflichtungen der italienischen Regierung, die den Erfordernissen der bestehenden Situation gerecht werden, zu ersetzen.

Diese Verpflichtungen sollen vorsehen,

1. daß sich die italienische Regierung jeglicher wie auch immer gearteter feindseliger Handlungen gegen irgendeine der Vereinten Nationen bis zum Abschluß eines Friedensvertrages enthält;

2. daß die italienische Regierung keinerlei Truppen, Seestreitkräfte oder Luftstreitkräfte oder Ausrüstungen unterhalten wird, mit Ausnahme dessen, wozu sie durch die Alliierten bevollmächtigt ist, und daß sie sich allen Instruktionen hinsichtlich derartiger Streitkräfte und Ausrüstungen unterwerfen wird.

Während der Geltungsdauer dieses Zwischenabkommens soll die Kontrolle über Italien nur insoweit beibehalten werden, wie das erforderlich ist

A) zur Gewährleistung der militärischen Bedürfnisse der Alliierten, solange die alliierten Truppen in Italien verbleiben oder von seinem Territorium aus handeln;

B) zur Gewährleistung einer gerechten Regelung der Gebietsstreitigkeiten.

Nach Archiv.

20 Datum der Übergabe durch Truman auf der Sitzung der Regierungschefs.

21 Siehe Anmerkung 18.

Nr. 37
Entwurf einer Erklärung der drei Regierungschefs zur polnischen Frage, unterbreitet von der Delegation der UdSSR

18. Juli 1945[22]

Angesichts der Bildung einer Provisorischen polnischen Regierung der nationalen Einheit[23] auf der Grundlage der Beschlüsse der Krimkonferenz[24] sowie angesichts der Aufnahme diplomatischer Beziehungen seitens der Vereinigten Staaten von Amerika und Großbritanniens mit Polen, wie sie zwischen Polen und der Sowjetunion schon vorher bestanden, sind wir übereingekommen, daß die Regierungen Englands und der Vereinigten Staaten von Amerika sowie die Regierungen anderer Vereinter Nationen jegliche Beziehungen mit der Regierung Arciszewski[25] abbrechen werden. Wir erachten es für notwendig, der Provisorischen polnischen Regierung der nationalen Einheit die erforderliche Unterstützung dabei angedeihen zu lassen, daß ihr unverzüglich alle Fonds, Werte und jegliches andere Vermögen, das Polen gehört und sich bis jetzt in der Verfügung der Regierung Arciszewski oder ihrer Organe befand, übergeben werden, ganz gleich, worin sich dieses Vermögen ausdrückt, wo man und wer darüber gegenwärtig verfügt. Eine Übergabe dieses Vermögens an die verschiedensten Organisationen, Einrichtungen und Privatpersonen ist zu verbieten.

Wir haben es ebenfalls als erforderlich anerkannt, daß die polnischen Streitkräfte, darunter die Seekriegsflotte sowie die Handelsflotte, die der Regierung Arciszewski unterstellt waren, der Provisorischen polnischen Regierung der nationalen Einheit zu unterstellen sind, die auch die weiteren Maßnahmen hinsichtlich dieser Streitkräfte, der Besatzungen der Kriegs- und Handelsschiffe festlegen wird.

Nach Archiv.

Nr. 38
Revidierter Entwurf der vorgeschlagenen Übereinkunft über die politischen und die wirtschaftlichen Grundsätze, von denen man sich bei der Behandlung Deutschlands in der Anfangsperiode der Kontrolle leiten lassen muß

18. Juli 1945[26]

Politische Grundsätze

1. Entsprechend der Vereinbarung über den Kontrollmechanismus in Deutschland[27] wird die oberste Macht in Deutschland von den Oberkommandierenden der Streitkräfte der Union der Sozialistischen Sowjetrepubliken, der Vereinigten Staaten von Amerika, des Vereinigten Königreiches und der Französi-

22 Datum der Übergabe auf der Sitzung der Regierungschefs.
23 Siehe Anmerkung 5.
24 Siehe Anmerkung 2.
25 Siehe Anmerkung 4.
26 Vorgetragen auf der Sitzung der Außenminister am 19. Juli. Berichterstatter Strang.
27 Siehe Anmerkung 16.

schen Republik ausgeübt werden, und zwar von jedem in seiner Besatzungszone nach den Weisungen seiner entsprechenden Regierung sowie gemeinsam in ihrer Eigenschaft als Mitglieder des Kontrollrates in den Deutschland als Ganzes betreffenden Fragen.

2. Die Ziele der Besetzung Deutschlands, von denen sich der Kontrollrat leiten lassen soll, sind:

I) Völlige Entwaffnung und Entmilitarisierung Deutschlands und die Beseitigung der gesamten deutschen Industrie, die für Kriegsproduktion genutzt werden kann, oder Kontrolle über sie.
Zu diesem Zweck:

a) werden alle Land-, See- und Luftstreitkräfte Deutschlands, SS, SA, SD und Gestapo mit all ihren Organisationen, Stäben und Einrichtungen einschließlich des Generalstabes, des Offizierskorps, des Reservistenkorps, der Militärschulen, der Organisationen der Kriegsveteranen und aller anderen militärischen und halbmilitärischen Organisationen zusammen mit ihren Klubs und Verbänden, die den Interessen der Erhaltung der militärischen Traditionen in Deutschland dienen, völlig und endgültig aufgelöst, um damit für immer der Wiedergeburt oder Reorganisation des deutschen Militarismus und Nazismus vorzubeugen;

b) müssen sich alle Waffen, Ausrüstung und Kriegsgeräte sowie alle Spezialmittel zu deren Herstellung in der Verfügung der Alliierten befinden oder vernichtet werden. Der Unterhaltung und Herstellung aller Flugzeuge und jeglicher Waffen, Ausrüstung und Kriegsgeräte wird vorgebeugt werden.

II) Das deutsche Volk ist zu überzeugen, daß es eine totale militärische Niederlage erlitten hat und daß es sich nicht der Verantwortung für das entziehen kann, was es selbst dadurch auf sich geladen hat, daß seine eigene mitleidlose Kriegführung und der fanatische Widerstand der Nazis die deutsche Wirtschaft zerstört und Chaos und Elend unvermeidlich gemacht haben.

III) Die nationalsozialistische Partei, ihre Zweigeinrichtungen und die von ihr kontrollierten Organisationen sind zu vernichten; alle nazistischen Einrichtungen sind aufzulösen; es sind Sicherheiten dafür zu schaffen, daß sie in keiner Form wiedererstehen können; jede nazistische und militaristische Betätigung oder Propaganda ist zu verhindern.

IV) Eine endgültige Umgestaltung des deutschen politischen Lebens auf demokratischer Grundlage und eine eventuelle friedliche Mitarbeit Deutschlands am internationalen Leben ist vorzubereiten.

3. Alle nazistischen Gesetze, die die Grundlage für das Hitlerregime geschaffen oder eine Diskriminierung auf Grund der Rasse, der Religion oder politischer Überzeugung festgelegt haben, müssen außer Kraft gesetzt werden. Keinerlei derartige Diskriminierung, sei sie rechtlicher, administrativer oder irgendeiner anderen Art, wird geduldet werden.

4. Kriegsverbrecher und jene, die an der Planung oder Verwirklichung nazistischer Maßnahmen teilgenommen haben, die Greueltaten oder Kriegsverbrechen nach sich zogen oder als Ergebnis hatten, sind zu verhaften und vor Gericht zu stellen. Nazistische Führer oder einflußreiche Nazianhänger und das leitende Personal der nazistischen Einrichtungen und Organisationen sowie alle anderen Personen, die für die Besetzung und ihre Ziele gefährlich sind, sind zu verhaften und zu internieren.

5. Alle Mitglieder der nazistischen Partei, die mehr als nominell an ihrer Tätigkeit teilgenommen haben, und alle anderen Personen, die den alliierten Zielen feindlich gegenüberstehen, sind aus dem öffentlichen und halböffentlichen Dienst und von verantwortlichen Posten in wichtigen Privatunternehmen zu entfernen. Diese Personen müssen durch Personen ersetzt werden, die nach ihren politischen und moralischen Eigenschaften für fähig befunden werden, an der Entwicklung wahrhaft demokratischer Einrichtungen in Deutschland mitzuwirken.

6. Das Bildungswesen in Deutschland muß so überwacht werden, daß nazistische und militaristische Doktrinen völlig ausgemerzt werden und eine erfolgreiche Entwicklung demokratischer Ideen möglich gemacht wird.

7. Das Gerichtswesen wird entsprechend den Grundsätzen der Demokratie und der Gerechtigkeit auf der Grundlage der Gesetzlichkeit und der Gleichberechtigung aller Bürger ohne Unterschied der Rasse, der Nationalität und der Religion neugestaltet.

8. Die Verwaltung in Deutschland muß in Richtung auf eine Dezentralisierung der politischen Struktur und der Entwicklung eines Verantwortungsbewußtseins auf lokaler Ebene durchgeführt werden. Zu diesem Zweck wird folgendes realisiert:

I) Die lokale Selbstverwaltung wird in ganz Deutschland auf demokratischer Grundlage wiederhergestellt, insbesondere durch gewählte Räte, so schnell wie es mit der Wahrung der militärischen Sicherheit und mit den Zielen der militärischen Besetzung vereinbar ist.

II) In ganz Deutschland sind alle demokratischen politischen Parteien bei Gewährung des Rechts, Versammlungen einzuberufen und öffentliche Diskussionen durchzuführen, zu erlauben und zu fördern.

III) Die Grundsätze der Vertretung und der Wählbarkeit sollen in die Kreis-, Provinzial- und Landesverwaltungen so schnell, wie es durch die erfolgreiche Anwendung dieser Grundsätze in der örtlichen Selbstverwaltung gerechtfertigt werden kann, eingeführt werden.

IV) Bis auf weiteres wird keine deutsche Zentralregierung gebildet.

9. Unter Berücksichtigung der Notwendigkeit der Erhaltung der militärischen Sicherheit wird die Rede-, Presse- und die Religionsfreiheit, werden die religiösen Einrichtungen respektiert. Die Gründung freier Gewerkschaften, gleichfalls unter Berücksichtigung der Erhaltung der militärischen Sicherheit, wird gestattet werden.

Nach Archiv.

Nr. 39
Vorschlag der Delegation der UdSSR zur deutschen Kriegs- und Handelsflotte

19. Juli 1945[28]

1. Der Sowjetunion ist ein Drittel des Gesamtbestandes der deutschen Seekriegsflotte zu übergeben, eingeschlossen auch die Schiffe, die sich zu Beginn der bedingungslosen Kapitulation Deutschlands[29] im Bau und in Reparatur befanden.

2. Ein Drittel aller Waffen-, Munitions- und Versorgungsbestände der deutschen Seekriegsflotte ist entsprechend den Schiffsklassen der Sowjetunion zu übergeben.

3. Der Sowjetunion ist ein Drittel der deutschen Handelsflotte zu übergeben.

4. Übergabe und Übernahme der Schiffe der deutschen Seekriegs- und Handelsflotte sind am 1. August zu beginnen und sollen bis zum 1. November 1945 abgeschlossen sein.

5. Für die Übergabe und die Übernahme der Schiffe der deutschen Seekriegs- und der Handelsflotte, die sich sowohl in Häfen und Stützpunkten der alliierten Kommandos als auch in Häfen und Stützpunkten Deutschlands sowie anderer Länder befinden, ist eine Expertenkommission zu bilden, deren Stärke im Ermessen des Marinekommandos der drei alliierten Länder liegt.

Nach Archiv.

Nr. 40
Vorschlag der Delegation der UdSSR zum Francoregime

19. Juli 1945[30]

Die Sowjetregierung legt der Konferenz folgenden Vorschlag zur Prüfung vor.

Angesichts dessen, daß

1) das Francoregime nicht durch die Entwicklung innerer Kräfte in Spanien entstanden ist, sondern durch Einmischung von außen, von seiten der Gründerstaaten der Achse – des faschistischen Deutschlands und des faschistischen Italiens –, die dem spanischen Volk das faschistische Francoregime aufgezwungen haben;

2) das Francoregime für die freiheitliebenden Nationen in Europa und in Südamerika eine ernsthafte Gefahr darstellt;

3) sich das spanische Volk trotz grausamen Terrors von seiten Francos wiederholt gegen das Francoregime und für die Wiederherstellung einer demokratischen Regierungsform in Spanien ausgesprochen hat,

erachtet es die Konferenz für notwendig, den Vereinten Nationen zu empfehlen:

28 Datum der Übergabe durch Molotow an Byrnes und Eden auf der Beratung der Außenminister.
29 Siehe Anmerkung 55.
30 Datum der Übergabe durch Molotow an Byrnes und Eden auf der Beratung der Außenminister.

1. jegliche Beziehungen zur Francoregierung abzubrechen;

2. die demokratischen Kräfte in Spanien zu unterstützen und dem spanischen Volk die Möglichkeit zu geben, eine solche Regierungsform zu schaffen, die seinem Willen entspricht.

Nach Archiv.

Nr. 41
Entwurf einer Erklärung zur polnischen Frage, vorgeschlagen von der Delegation Großbritanniens
19. Juli 1945[31]

Wir haben mit Genugtuung das Abkommen zur Kenntnis genommen, das die polnischen Vertreter aus Polen selbst und aus dem Ausland erzielt haben, durch das in Übereinstimmung mit den Beschlüssen der Krimkonferenz[32] die Bildung der Polnischen provisorischen Regierung der nationalen Einheit[33] möglich geworden ist, die die drei Mächte anerkannt haben. Die Herstellung diplomatischer Beziehungen mit der Polnischen provisorischen Regierung durch die britische Regierung und die Regierung der Vereinigten Staaten führte zur Beendigung ihrer Anerkennung der ehemaligen polnischen Regierung in London[34], die nicht mehr besteht.

Die Regierung Großbritanniens und die Regierung der Vereinigten Staaten geben ihrer Bereitschaft Ausdruck, mit gebührend bevollmächtigten Vertretern der Polnischen provisorischen Regierung die entsprechende Übergabe des Eigentums des polnischen Staates, einschließlich der polnischen Botschaften in London und in Washington, an ihn zu erörtern, wobei die beiden Regierungen Maßnahmen zum Schutz dieses Eigentums getroffen haben. Sie nehmen an, daß eine derartige Erörterung auch Fragen der Anerkennung der Verpflichtungen zu den Krediten, die der ehemaligen polnischen Regierung gewährt worden waren, und hinsichtlich anderer nicht getilgter Schulden durch die Polnische provisorische Regierung einschließen wird sowie Fragen der Wechselbeziehungen dieser Kredite mit allen anderen der polnischen Regierung gehörenden Auslandsguthaben.

Die drei Mächte lassen es sich angelegen sein, der Polnischen provisorischen Regierung so schnell, wie das praktisch möglich ist, bei der Erleichterung der Rückkehr aller im Ausland befindlichen Polen behilflich zu sein, und zwar aller Polen, die nach Polen zurückzukehren wünschen, einschließlich der Mitglieder der polnischen Streitkräfte und der polnischen Handelsflotte. Sie wünschen, daß möglichst viele dieser Polen nach Hause zurückkehren, und sie sind der Ansicht, daß die Polnische provisorische Regierung selbst in größerem Maße in dieser Hinsicht Hilfe leisten könnte, indem sie bestimmte Verpflichtungen dahingehend abgibt, daß die Polen, die zurückkehren werden, dies in der vollen Gewißheit ihrer eigenen Sicherheit, Freiheit und ihrer Existenzmittel tun werden.

Die drei Mächte nehmen zur Kenntnis, daß die Polnische provisorische Regie-

31 Eingebracht auf der Sitzung der Außenminister.
32 Siehe Anmerkung 2.
33 Siehe Anmerkung 5.
34 Siehe Anmerkung 4.

rung verpflichtet ist, möglichst bald freie und durch nichts behinderte Wahlen auf der Grundlage des allgemeinen Wahlrechts und bei geheimer Abstimmung durchzuführen, bei denen alle demokratischen und antinazistischen Parteien das Recht zur Teilnahme und zur Aufstellung von Kandidaten haben werden. Die drei Mächte geben ihrer ernsthaften Hoffnung Ausdruck, daß die Wahlen so organisiert werden, daß alle Kreise der polnischen Öffentlichkeit die Möglichkeit haben, ihre Ansichten frei zu äußern und somit voll und ganz an der Wiederherstellung des politischen Lebens des Landes mitzuwirken. Die drei Mächte erwarten weiterhin, daß die Vertreter der alliierten Presse volle Freiheit genießen, der Welt über die Entwicklung der Ereignisse in Polen vor den und während der Wahlen zu berichten.

Nach Archiv.

Nr. 42
Vorschlag der Delegation Großbritanniens zur jugoslawischen Frage

19. Juli 1945[35]

Am 10. Februar hatten die Chefs der drei Regierungen auf der Krimkonferenz[36] die jugoslawische Frage erörtert und waren übereingekommen, Marschall Tito und Dr. Šubašić zu empfehlen, das zwischen ihnen abgeschlossene Abkommen[37] in Kraft zu setzen und auf der Grundlage dieses Abkommens eine neue Regierung zu bilden.

2. Somit billigten die drei Regierungen das Abkommen Tito – Šubašić mit seinen Garantien der Grundprinzipien der demokratischen Freiheiten, insbesondere der Freiheit der Persönlichkeit, der persönlichen Unversehrtheit, der Religions- und Gewissensfreiheit, der Redefreiheit, der Pressefreiheit, der Versammlungsfreiheit, der Koalitionsfreiheit, des Rechts auf Eigentum und Privatinitiative, und mit dem Versprechen, drei Monate nach der Befreiung Jugoslawiens demokratische Wahlen durchzuführen.

3. Zweifellos sind die im Abkommen Tito – Šubašić dargestellten Prinzipien infolge der Kriegsbedingungen nicht vollständig erfüllt worden. In Verbindung mit der in Jalta veröffentlichten Deklaration erscheint es wünschenswert, daß die drei Regierungschefs zum Abschluß dieses Treffens eine Erklärung veröffentlichen, die an die Tatsache erinnert, daß sie die jugoslawische Regierung auf der Grundlage der Jaltaer Vereinbarung und des Abkommens Tito – Šubašić anerkannt haben, die, wie sie erwarten, in nächster Zukunft vollständig ausgeführt werden.

Nach Archiv.

35 Datum der Vorlage durch die Delegation Großbritanniens auf der Sitzung der Regierungschefs.
36 Siehe Anmerkung 2.
37 Siehe Anmerkung 7.

Nr. 43
Memorandum der Delegation Großbritanniens über die Entnahme alliierter Industrieausrüstungen, insbesondere aus Rumänien, als Kriegsbeute

19. Juli 1945[38]

In den Gesellschaften, die in Rumänien Erdöl fördern, sind große Summen britischen Kapitals angelegt worden. Im Oktober 1944 haben die sowjetischen Organe in Rumänien von diesen britischen Gesellschaften und anderen Gesellschaften der alliierten Länder eine große Menge Ausrüstungen entnommen mit der Begründung, daß diese Kriegsbeute seien.

2. Im Ergebnis dessen ist den britischen Interessen beträchtlicher Schaden zugefügt worden. Außerdem verringerten diese Handlungen die Gesamtleistung der rumänischen Erdölsonden um eine Million Tonnen im Jahr, und das zu einer Zeit, da sich ein ernsthafter Mangel an Erdöl bemerkbar macht.[39] Im Ergebnis dessen hat sich die Kapazität Rumäniens zur Bezahlung der Reparationen verringert, wie sich auch die des englischen Kapitals und des Kapitals anderer Alliierter zum Erzielen von Einkünften hieraus verringerte.

3. Im Januar 1945 erklärte sich die Sowjetregierung einverstanden, die Entnahme von Ausrüstungen einzustellen. Die bisher entnommenen Ausrüstungen sind aber nicht zurückgeführt worden, die Sowjetregierung willigte auch nicht ein, diese als Lieferungen a conto Reparationen zu betrachten.

4. Ferner wurden im April Erdölausrüstungen von unter englischer Kontrolle stehenden Gesellschaften entnommen.

5. Die Regierung Seiner Majestät ersucht darum, daß die von diesen britischen Gesellschaften entnommenen Ausrüstungen möglichst umgehend zurückgeführt werden. Darüber hinaus bittet sie darum, daß die sowjetischen Organe im weiteren keine Handlungen vornehmen, die diesen britischen Gesellschaften schaden würden, und daß das Einverständnis des britischen Vertreters in der Alliierten Kontrollkommission in Rumänien[40] eingeholt wird, bevor irgendwelche Handlungen diese Gesellschaften betreffend unternommen werden.

Nach Archiv.

38 Eingebracht von der englischen Delegation auf der Sitzung der Außenminister.
39 Siehe Anmerkung 31.
40 Siehe Anmerkung 34.

Nr. 44
Briefwechsel zwischen dem Volkskommissar für Auswärtige Angelegenheiten der UdSSR, dem Außenminister der USA und dem Außenminister Großbritanniens zu den Wahlen in Griechenland

1. Schreiben
des Außenministers der USA
an den Volkskommissar für Auswärtige Angelegenheiten der UdSSR
19. Juli 1945[41]

Sehr geehrter Herr Molotow!

Die Regierung der Vereinigten Staaten vertritt die Ansicht, daß die Verpflichtungen der Alliierten hinsichtlich Griechenlands und die in Jalta[42] ergriffenen Maßnahmen eine gemeinsame Hilfe der Alliierten bei der Ausübung der Kontrolle über die anstehenden nationalen Wahlen in Griechenland entsprechend der Verantwortung der Alliierten gegenüber dem griechischen Volk wünschenswert machen. In Übereinstimmung damit wird vorgeschlagen, daß die Verantwortung für die Kontrolle über die griechischen Wahlen von den Regierungen Großbritanniens, der Sowjetunion, Frankreichs und der Vereinigten Staaten geteilt wird.

Die griechische Regierung hat zugestimmt, daß die Wahlen unter der Kontrolle der obengenannten vier Alliierten gemäß Artikel 9 des Abkommens von Varkiza[43], das die Kontrolle der Alliierten über diese Wahlen vorsieht, stattfinden. Die Regierung der Vereinigten Staaten hofft aufrichtig, daß die Sowjetregierung einwilligen wird, eine gemeinsame Kontrolle über die Wahlen, wie vorgeschlagen, auszuüben.

Ihr sehr ergebener
James F. Byrnes

2. Schreiben
des Volkskommissars für Auswärtige Angelegenheiten der UdSSR
an den Außenminister der USA
Berlin, den 20. Juli 1945

Sehr geehrter Herr Byrnes!

Bezug nehmend auf Ihren Brief vom 19. Juli, der einen Vorschlag zur Errichtung einer Kontrolle der Alliierten über die nationalen Wahlen in Griechenland enthielt, teile ich mit, daß ich am 20. Juli auf der Sitzung der drei Außenminister den Standpunkt der Sowjetregierung bezüglich der Situation in Griechenland dargelegt habe.[44] Folglich ist Ihnen damit die ablehnende Haltung der Sowjetre-

41 Überreicht am 20. Juli.
42 Siehe Anmerkung 2.
43 Siehe Anmerkung 56.
44 Vgl. Dok. Nr. 47.

gierung zur Praxis der Kontrolle nationaler Wahlen durch andere Staaten sowie auch dazu bekannt, daß die Sowjetregierung ihre eigenen Vorschläge zum Stand der Dinge in Griechenland hat, die, wie ich hoffe, von uns noch geprüft werden.

Hochachtungsvoll Ihr
W. Molotow

3. Schreiben des Außenministers Großbritanniens an den Volkskommissar für Auswärtige Angelegenheiten der UdSSR

Berlin, den 20. Juli 1945

Sehr geehrter Herr Molotow!

Unter Berücksichtigung der Bündnisverpflichtungen hinsichtlich Griechenlands sowie der Jaltaer Deklaration über befreite Gebiete und Artikel 9 des Abkommens von Varkiza[45] möchte die Regierung Seiner Majestät im Einvernehmen mit der Regierung der Vereinigten Staaten und mit völliger Billigung der griechischen Regierung der Sowjetregierung und der Französischen Regierung vorschlagen, daß die anstehenden griechischen nationalen Wahlen unter der Kontrolle der vier Alliierten durchgeführt werden.

Ich würde mich freuen, wenn man mir mitteilte, ob die Sowjetregierung mit diesem Vorschlag einverstanden ist. Wenn ja und wenn die Antwort der Französischen Regierung rechtzeitig eintrifft, könnte eine entsprechende Erklärung in dem Kommuniqué abgegeben werden, das zum Abschluß der bevorstehenden Beratung verabschiedet werden wird.

Ihr ergebener
Anthony Eden

4. Schreiben des Volkskommissars für Auswärtige Angelegenheiten der UdSSR an den Außenminister Großbritanniens

Berlin, den 20. Juli 1945

Sehr geehrter Herr Eden!

Ich bestätige den Erhalt Ihres Schreibens vom 20. Juli mit dem Vorschlag zur Errichtung einer Kontrolle der Alliierten über die griechischen nationalen Wahlen und teile mit, daß die Ansicht der Sowjetregierung zur Situation in Griechenland von mir am 20. Juli auf der Sitzung der Außenminister dargelegt worden ist. Somit ist Ihnen nun bereits bekannt, daß die Sowjetregierung, die sich zur Praxis der Kontrolle nationaler Wahlen durch andere Staaten ablehnend verhält, ihre eigenen Vorschläge zum Stand der Dinge in Griechenland hat, die wir, wie ich hoffe, noch behandeln werden.

Hochachtungsvoll Ihr
W. Molotow

Nach Archiv.

45 Siehe Anmerkung 56.

Nr. 45
Botschaft des Präsidenten der USA an den Vorsitzenden des Rates der Volkskommissare der UdSSR

20. Juli 1945

Sehr geehrter Generalissimus!

Gegenwärtig wird der amerikanische Luftverkehr zwischen den USA und der UdSSR über Teheran abgewickelt. Vom Standpunkt der Vereinigten Staaten aus ist das ein äußerst verschwenderischer Einsatz von dringend benötigten Transportflugzeugen, vom Zeitverlust bei den Flügen nicht zu reden.

Die Vereinigten Staaten haben jetzt für Regierungstransporte der USA einen militärischen Transportdienst nach Berlin eingerichtet, der genausogut für Regierungstransporte der Sowjetunion genutzt werden könnte. Ich ersuche Sie deshalb um Ihre Zustimmung, den jetzt über Teheran abgewickelten amerikanischen und sowjetischen Luftverkehr auf eine Linie über Berlin umzuleiten.

Harry S. Truman

Veröffentlicht in:
Perepiska Predsedatelja Sowjeta Ministrow SSSR. . ., Bd. 2, S. 271 f.

Nr. 46
Botschaft des Präsidenten der Krajowa Rada Narodowa und des Ministerpräsidenten der Polnischen provisorischen Regierung der nationalen Einheit an den Vorsitzenden des Rates der Volkskommissare der UdSSR

Warschau, den 20. Juli 1945

Im Namen der Polnischen provisorischen Regierung der nationalen Einheit[46] wenden wir uns in der für das polnische Volk lebenswichtigen Frage der Westgrenzen der Polnischen Republik an Sie, Herr Generalissimus.

Die Polnische provisorische Regierung der nationalen Einheit, die den einmütigen und unbeugsamen Willen des ganzen polnischen Volkes zum Ausdruck bringt, ist der Ansicht, daß nur eine Grenze, die im Süden entlang der früheren deutsch-tschechoslowakischen Grenze entlang der westlichen Neiße und am linken Ufer der Oder, Stettin einbezogen, westlich von Swinemünde verläuft, eine gerechte Grenze sein kann, die dem polnischen Volk die Bedingungen für eine gedeihliche Entwicklung, die Sicherheit in Europa und einen dauerhaften Weltfrieden garantiert.

Das polnische Volk, das im Krieg gegen Deutschland riesige Verluste erlitten hat, würde jede andere Entscheidung zur Westgrenze als Beleidigung und als eine Gefahr für die Zukunft des polnischen Volkes und Staates betrachten.

Identische Noten senden wir zugleich dem Präsidenten der USA, Herrn Truman, und dem Premierminister Großbritanniens, Herrn Winston Churchill, in

46 Siehe Anmerkung 5.

der Überzeugung, daß die Frage der Westgrenzen Polens während der zur Zeit stattfindenden außerordentlich wichtigen Verhandlungen positiv entschieden wird.

Bei dieser Gelegenheit möchten wir Sie, Herr Generalissimus, unserer vorzüglichsten Hochachtung versichern.

Präsident der Krajowa Rada Narodowa[47]
Bolesław Bierut

Premierminister der Provisorischen Regierung
der nationalen Einheit
Ed. Osóbka-Morawski

Nach Archiv.

Nr. 47
Memorandum der Delegation der UdSSR zur Jaltadeklaration über das befreite Europa

20. Juli 1945[48]

In Zusammenhang mit der Note der Delegation der USA zur Deklaration von Jalta über das befreite Europa[49] hält es die Sowjetregierung für notwendig zu erklären, daß sie den in genannter Note unterbreiteten Darlegungen, die Rumänien und Bulgarien betreffen, nicht zustimmen kann.

Die Sowjetregierung fühlt sich verpflichtet, die Regierung der USA darauf aufmerksam zu machen, daß in Rumänien und in Bulgarien ebenso wie in Finnland und in Ungarn seit der Unterzeichnung der Waffenstillstandsverträge[50] durch die Regierungen dieser Staaten eine rechtmäßige Ordnung besteht und eine legale Macht wirkt, die das Ansehen und das Vertrauen der Bevölkerung dieser Staaten genießt. Die Regierungen dieser Staaten erfüllen gewissenhaft die Verpflichtungen, die sie laut Kapitulationsakte übernommen haben. Rumänien und Bulgarien haben die Vereinten Nationen[51] im Kampf gegen die deutschen Truppen mit ihren Streitkräften wirksam unterstützt, indem sie je 10 bis 12 Divisionen gegen unseren gemeinsamen Feind aufstellten. Unter diesen Umständen sieht die Sowjetregierung keinerlei Grund für eine Einmischung in die inneren Angelegenheiten Rumäniens und Bulgariens.

Doch es gibt ein Land, das ist Griechenland, in dem bis jetzt noch keine rechtmäßige Ordnung herrscht, wo das Gesetz nicht geachtet wird, wo Terror wütet, der sich gegen die demokratischen Kräfte richtet, die die Hauptlast des Kampfes gegen die deutschen Okkupanten für die Befreiung Griechenlands getragen haben. Darüber hinaus stört die derzeitige griechische Regierung den Frieden mit ihren Nachbarn, bedroht Albanien und Bulgarien mit militärischen Aktionen.

47 Siehe Anmerkung 57.
48 Datum der Übergabe durch Molotow an Byrnes und Eden auf der Sitzung der Außenminister.
49 Vgl. Dok. Nr. 35.
50 Siehe Anmerkung 32.
51 Siehe Anmerkung 14.

All diese Umstände machen es notwendig, dringliche Maßnahmen zur Beseitigung dieser Situation in Griechenland zu ergreifen.

In Übereinstimmung mit dem Obendargelegten hält es die Sowjetregierung für erforderlich:

1) in den kommenden Tagen die diplomatischen Beziehungen mit Rumänien, Bulgarien, Finnland und Ungarn wiederaufzunehmen, da eine weitere Verzögerung in dieser Hinsicht nicht gerechtfertigt ist;

2) dem griechischen Regenten nahezulegen, unverzüglich Maßnahmen zur Bildung einer demokratischen Regierung im Geiste des Abkommens zu ergreifen, das am 12. Februar 1945 in Varkiza[52] zwischen Vertretern der damaligen griechischen Regierung und Vertretern der griechischen Demokratie abgeschlossen wurde.

Die Sowjetregierung verleiht der Überzeugung Ausdruck, daß die obendargelegten Maßnahmen von seiten der Regierungen der Vereinigten Staaten von Amerika und Großbritanniens Unterstützung finden und verwirklicht werden.[53]

Nach Archiv.

Nr. 48
Vorschlag der Delegation der USA, Italien und Spanien betreffend

20. Juli 1945[54]

Wir schlagen vor, daß in die vom Präsidenten am 17. Juli abgegebene Erklärung zur Politik hinsichtlich Italiens[55] eine Aussage darüber aufgenommen wird, daß die drei Regierungschefs den Eintritt Italiens in die Organisation der Vereinten Nationen unterstützen werden.

Die drei Regierungschefs erklären weiter, daß sie den Eintritt Spaniens in die Organisation der Vereinten Nationen so lange nicht unterstützen werden, wie sich Spanien unter der Kontrolle des gegenwärtigen Regimes in diesem Land befindet.

Nach Archiv.

Nr. 49
Vorschlag der Delegation der UdSSR zur Westgrenze Polens

20. Juli 1945[56]

Wir haben die Frage der Westgrenze Polens geprüft und es unter Berücksichtigung der ethnographischen und historischen Bedingungen als notwendig und gerecht anerkannt, bis zur endgültigen Regelung der Gebietsfragen auf dem Friedenskongreß die Westgrenze Polens entlang der Linie festzulegen, die auf der

52 Siehe Anmerkung 56.
53 Siehe Anmerkung 58.
54 Datum der Übergabe durch Byrnes auf der Sitzung der Außenminister.
55 Vgl. Dok. Nr. 36.
56 Datum der Übergabe durch Molotow an Byrnes und Eden auf der Sitzung der Außenminister.

beiliegenden Karte bezeichnet ist, und zwar westlich von Swinemünde bis zur Oder, bei Belassen Stettins auf seiten Polens, weiter den Lauf der Oder entlang bis zur Mündung der westlichen Neiße und von hier aus entlang der westlichen Neiße bis zur tschechoslowakischen Grenze.

Nach Archiv.

Nr. 50
Vorschlag der Delegation der UdSSR hinsichtlich der Treuhandterritorien

20. Juli 1945[57]

In Zusammenhang damit, daß die Charta der Organisation der Vereinten Nationen vorsieht, ein territoriales Treuhandschaftssystem zu verwirklichen, erachtet es die Konferenz für notwendig, in Übereinstimmung mit der Charta in der nächsten Zeit Maßnahmen zur Regelung der Frage der Treuhandterritorien[58] zu umreißen. Dabei sind die Kategorien von Gebieten gemeint, wie sie im Beschluß der Krimkonferenz[59] und in der obenerwähnten Charta der internationalen Sicherheitsorganisation definiert sind.

Mit dem Ziel der Ausarbeitung praktischer Maßnahmen zur Durchführung der in der Charta enthaltenen Bestimmungen zur territorialen Treuhandschaft hält es die Konferenz für erforderlich, den Rat der Außenminister zu beauftragen, diese Frage detailliert zu prüfen und entsprechende praktische Vorschläge vorzubereiten. Bei Erwägen der Frage der Vorbereitung derartiger Vorschläge zur Kategorie von Gebieten, die von Feindstaaten abgetrennt wurden, soll der Rat der Außenminister von der Notwendigkeit ausgehen, die Frage der Formen der Treuhandschaft über die ehemaligen Kolonialbesitzungen Italiens in Afrika und am Mittelmeer in allernächster Zeit zu lösen, wobei die Möglichkeit der Treuhandschaft einzelner Staaten oder der gemeinsamen Treuhandschaft der UdSSR, der USA und Großbritanniens über die obengenannten ehemaligen italienischen Kolonialbesitzungen in Betracht zu ziehen ist.

Der Rat der Außenminister soll ebenfalls Vorschläge für praktische Maßnahmen zum Abschluß von Abkommen über territoriale Treuhandschaft, wie sie in der Charta der Vereinten Nationen vorgesehen sind, vorbereiten, einschließlich von Vorschlägen zum weiteren Schicksal von Gebieten, die auf der Grundlage von Mandaten des Völkerbundes[60] verwaltet werden.

Nach Archiv.

57 Datum der Übergabe durch Molotow an Byrnes und Eden auf der Sitzung der Außenminister.
58 Siehe Anmerkung 12.
59 Siehe Anmerkung 2.
60 Siehe Anmerkung 40.

Nr. 51
Von der Redaktionskommission geprüfte Alternativentwürfe des zweiten und des dritten Absatzes von Punkt 3 des Vorschlages der Delegation der USA zur Errichtung eines Rates der Außenminister

20. Juli 1945[61]

A. (Von den amerikanischen und britischen Mitgliedern der Redaktionskommission gebilligt.)

Zwecks Lösung jeder dieser Aufgaben werden die Entscheidungen des Rates zur Vorlage an die Vereinten Nationen von jenen Mitgliedern vorbereitet, welche Staaten vertreten, die sich im Krieg mit dem Feindstaat befinden, den diese Frage betrifft, doch andere Mitglieder können eingeladen werden, an der Erörterung im Rat teilzunehmen.

B. (Vorgeschlagen vom sowjetischen Mitglied der Redaktionskommission.)

Zwecks Lösung jeder dieser Aufgaben wird der Rat aus Mitgliedern bestehen, welche die Staaten vertreten, die die Kapitulationsbedingungen unterschrieben haben, welche dem Feindstaat vorgeschrieben wurden, den die gegebene Aufgabe betrifft, doch andere Mitglieder können eingeladen werden, an der Erörterung im Rat teilzunehmen.

C. (möglicher Kompromiß)

Zwecks Lösung jeder dieser Aufgaben wird der Rat aus den Mitgliedern bestehen, welche jene Staaten vertreten, die die Kapitulationsbedingungen unterschrieben haben, welche dem Feindstaat vorgeschrieben wurden, den die gegebene Aufgabe betrifft. Bei der Behandlung von Fragen der Friedensregelung für Italien wird Frankreich als ein Unterzeichner der Kapitulationsbedingungen Italiens betrachtet werden.

Andere Mitglieder werden zur Teilnahme eingeladen, wenn Fragen erörtert werden, die sie direkt betreffen.

Nach Archiv.

Nr. 52
Vorschlag der Delegation der USA zum Entwurf der wirtschaftlichen Grundsätze der Behandlung Deutschlands

20. Juli 1945[62]

17. Eines der Hauptziele der Besetzung ist der Erhalt von Reparationen zur Entschädigung für die Zerstörungen und Verluste, die den alliierten Ländern durch die deutsche Aggression zugefügt wurden. Deshalb macht sich ein gewisser Import von Rohstoffen und anderen Gütern erforderlich. Der Kontrollrat[63] sollte sobald wie möglich ein Programm des Mindestimportbedarfs für Deutschland als

61 Datum des Eingangs von Deane.
62 Datum der Vorlage auf der Sitzung der Wirtschaftskommission.
63 Siehe Anmerkung 16.

Ganzes aufstellen. Dieses Programm sollte eine Bestimmung über die gleichmäßige Verteilung der in Deutschland vorhandenen Versorgungsgüter auf die Zonen enthalten, um das Defizit sowie den Import nach Deutschland als Ganzes auf ein Minimum zu reduzieren. In voller Anerkennung des Grundsatzes, nach dem der Import durch den Export von Erzeugnissen aus der laufenden Produktion oder aus Beständen beglichen werden muß, ist die Verantwortung für die Sicherung und Finanzierung des genehmigten Imports für Deutschland als Ganzes auf der Grundlage zu verteilen, die im Kontrollrat abzustimmen ist. Die Bezahlung der Erstlieferungen im Zusammenhang mit der Bestimmung über die Versorgung Deutschlands geht in erster Linie zu Lasten der deutschen Wirtschaft.

Nach Archiv.

Nr. 53
Memorandum der Delegation der USA über die Versorgung Europas mit Erdöl

20. Juli 1945[64]

Es besteht ein dringender Bedarf an zusätzlichen Erdölreserven für die Führung des Krieges gegen Japan. Wenn die Versorung Europas mit Erdöl nicht gesichert wird, dann wird man weiterhin annähernd 300 000 Barrel raffinierte Erdölprodukte täglich mit Überseetankern nach Westeuropa und in den Mittelmeerraum liefern müssen. Etwa 200 solcher Tanker müssen ständig für den Transport dieser Erdölmengen zur Verfügung stehen. Der Mangel an Erdölreserven und an Tankern für den Transport dieser Bestände kann durchaus zu einem Faktor werden, der das Kriegspotential, das gegen Japan eingesetzt werden kann, beschränkt.

Um die vorhandenen Erdölreserven für den Krieg gegen Japan zu vergrößern und Tanker für den Stillen Ozean frei zu machen, müssen unverzüglich mindestens 50 000 Barrel Rohöl oder raffinierte Erdölprodukte pro Tag aus Rumänien, Ungarn und Österreich geliefert werden, um einen Teil des Bedarfes Westeuropas und des Mittelmeerraumes von 300 000 Barrel täglich zu decken.

Es empfiehlt sich, daß die drei Regierungen darin übereinkommen, daß vom 1. September 1945 an mindestens 50 000 Barrel Rohöl oder raffinierte Erdölprodukte täglich aus Süd- und Osteuropa nach Westeuropa geliefert werden.

Nach Archiv.

64 Eingebracht von Byrnes auf der Sitzung der Außenminister am 21. Juli.

Nr. 54
Botschaft des Präsidenten der USA an den Vorsitzenden des Rates der Volkskommissare der UdSSR
21. Juli 1945

Sehr geehrter Generalissimus!

Angesichts der verstärkten Operationen der See- und Luftstreitkräfte in der Nähe von Japan und Sibirien ist es jetzt höchst wünschenswert geworden, die Einrichtungen zur Sammlung und Verbreitung von Wetterinformationen in Ostsibirien zu vermehren. Die verstärkten Dienstleistungen würden für die Sowjetunion in gleichem Maße vorteilhaft sein. Das Wetter in Japan und im Gebiet des Japanischen Meeres wird nicht nur durch die Witterungsbewegung von West nach Ost über Ostsibirien beeinflußt, sondern auch durch Bewegungen, die mit Taifunen zusammenhängen, die aus dem Westpazifik nordwärts über Japan ziehen.

Man ist der Ansicht, daß den obengenannten dringenden Bedürfnissen am besten durch die Erweiterung des Nachrichtennetzes der Vereinigten Staaten entsprochen werden kann, wozu Ausrüstungen und Verbindungspersonal für die Einrichtung von Funk- und meteorologischen Stationen in Chabarowsk und Petropawlowsk nötig sind. Das amerikanische Personal würde ungefähr aus 60 Offizieren und Mannschaften in Chabarowsk und aus 33 Offizieren und Mannschaften in Petropawlowsk bestehen. Einzelheiten dieses Vorschlages sind dem Sowjetischen Generalstab vorab mitgeteilt worden.

Wegen der großen Bedeutung des Wetters für die laufenden und künftigen Operationen ist die baldige Durchführung dieser vorgeschlagenen Verbesserungen äußerst wichtig. Ich bitte Sie deshalb dringend um Ihre Zustimmung und um die Erteilung der nötigen Anweisungen für den baldigen Abschluß der detaillierten Vorkehrungen durch unsere Stäbe.

Harry S. Truman

Veröffentlicht in:
Perepiska Predsedatelja Sowjeta Ministrow SSSR..., Bd. 2, S. 271 f.

Nr. 55
Bericht der Wirtschaftskommission an die Außenminister
21. Juli 1945[65]

Wir haben die Vorschläge in einem Memorandum der Delegation der Vereinigten Staaten zu den wirtschaftlichen Grundsätzen, von denen man sich bei der Behandlung Deutschlands in der Anfangsperiode der Kontrolle leiten lassen muß, zusammen mit der Anlage, die die Reparationen[66] betrifft, geprüft.

Wir sind einmütig übereingekommen, die Annahme der in beiliegenden Paragraphen[67] dargelegten wirtschaftlichen Grundsätze zur Aufnahme in das vorgeschlagene Abkommen zu empfehlen.

65 Datum der Vorlage auf der Sitzung der Außenminister.
66 Vgl. Dok. Nr. 33, Anlage I.
67 Vgl. Anlage.

Wir haben zu berichten, daß zu einer Frage, die sich sowohl auf die wirtschaftlichen Grundsätze als auch auf die Reparationen bezieht, keine Übereinkunft erzielt wurde.

Die Vertreter des Vereinigten Königreiches und der Vereinigten Staaten halten es für wichtig, daß der erforderliche Import nach Deutschland, der von den Deutschland kontrollierenden Regierungen genehmigt wird, in erster Linie mittels des Exports sowohl von Investitionsgütern als auch aus der laufenden Produktion sowie aus Warenbeständen in Deutschland beglichen wird. Sie empfehlen deshalb die Annahme des Textes, der als Anlage II[68] beigelegt ist, zur Aufnahme in das Abkommen über die wirtschaftlichen Grundsätze. Die sowjetischen Vertreter sind mit diesem Grundsatz nicht einverstanden und vertreten die Ansicht, daß Reparationslieferungen Vorrang haben sollen und der notwendige Import Deutschlands auf eine Höhe reduziert werden sollte, die durch den Export Deutschlands beglichen werden kann, nachdem die Reparationslieferungen laut Plan erfüllt worden sind.

Die Vertreter des Vereinigten Königreiches und der Vereinigten Staaten betonen, daß die Bestimmungen in Punkt 18 (darüber, daß als allgemeiner Grundsatz gilt, daß bei Nichtvorhandensein besonderer, dem entgegenstehender Gründe, jede der Besatzungszonen, einschließlich des Gebietes Groß-Berlin, soweit dies praktisch möglich ist, aus den Gebieten Deutschlands versorgt wird, aus denen sie vor dem Krieg versorgt wurde) auf das Territorium Deutschlands, wie es am 31. Dezember 1937 bestand, anwendbar sind, unabhängig davon, ob ein Teil dieses Gebietes von einem anderen Staat verwaltet oder an ihn abgetreten wird.

Die sowjetischen Vertreter sind der Meinung, daß jede Entscheidung zu diesem Punkt gegenwärtig verfrüht ist, solange es keinen Beschluß der Konferenz über die künftigen Grenzen Deutschlands gibt.

Die Vertreter des Vereinigten Königreiches und der Vereinigten Staaten unterstreichen, daß es zwei Fragen in Ergänzung zu denen gibt, die in Punkt 13 genannt sind, wonach eine gemeinsame Politik bei der Behandlung Deutschlands als wirtschaftliche Einheit notwendig ist:

1) gleiche Methoden der Behandlung der deutschen Zivilbevölkerung;

2) im Normalfall Bewegungsfreiheit der Staatsangehörigen des Vereinigten Königreiches, der USA, der UdSSR und Frankreichs in allen Zonen auf dem Land- und Luftwege.

Die sowjetischen Vertreter vertreten den Standpunkt, daß diese zwei Punkte, wenn sie auch von wirtschaftlicher Relevanz sind, eher politisch anzuwenden sind und deshalb nicht von der Wirtschaftskommission behandelt werden sollten.

Die Alliierte Reparationskommission[69] ist bezüglich der sieben Hauptgrundsätze zu einer Übereinkunft gelangt. Die Kommission empfiehlt, diese Grundsätze anzunehmen (Anlage I[70]).

Die Alliierte Reparationskommission gelangte bezüglich des letzten Passus (hervorgehoben) des achten Grundsatzes zu keinem Übereinkommen:

„Nach Zahlung der Reparationen sollen genügend Mittel belassen werden, damit das deutsche Volk ohne Hilfe von außen existieren kann. Bei der Aufstel-

68 Vgl. Anlage II zur Anlage.
69 Siehe Anmerkung 38.
70 Vgl. S. 283.

lung der Wirtschaftsbilanz für Deutschland sind die nötigen Mittel für die Bezahlung des von den interessierten Regierungen genehmigten Imports bereitzustellen, *bevor die Reparationslieferungen erfolgen werden.*“

Wie oben aufgezeigt, war die Kommission nicht in der Lage, zu diesem Punkt eine Übereinkunft zu erzielen.

Die Kommission hat auf Ersuchen des sowjetischen Vertreters die Erörterung der Begriffsbestimmung von Reparationen, Restitution und Kriegsbeute vertagt.

Die Kommission ist darüber informiert worden, daß die Alliierte Reparationskommission ein Übereinkommen über eine Formel zur Verteilung der Reparationen zwischen der UdSSR, dem Vereinigten Königreich und den Vereinigten Staaten sowie hinsichtlich eines Verfahrens der Verteilung der Reparationen zwischen anderen Ländern erzielt hat. Die Texte der Formel und des Verfahrens liegen als Anlage III und IV bei.[71]

Die Vertreter der Vereinigten Staaten sind der Ansicht, daß die Begriffsbestimmung von Restitution, Kriegsbeute und Reparationen mit der Formel über die Verteilung der Reparationen verbunden ist und daß eine Übereinkunft zu all diesen Fragen gleichzeitig erzielt werden muß. Die Kommission unterbreitet deshalb gegenwärtig keinerlei Empfehlungen zu diesen Fragen.

Anlage

Vorgeschlagene Übereinkunft über die politischen und wirtschaftlichen Grundsätze, von denen man sich bei der Behandlung Deutschlands in der Anfangsperiode der Kontrolle leiten lassen muß

Wirtschaftliche Grundsätze

10. Mit dem Ziel der Vernichtung des deutschen Kriegspotentials ist die Produktion von Waffen, Kriegsausrüstung und Kriegsmitteln, ebenso die Herstellung aller Typen von Flugzeugen und Seeschiffen zu verbieten und zu verhindern. Die Produktion von Metallen und chemischen Produkten, der Maschinenbau und die Herstellung anderer Gegenstände, die unmittelbar für die Kriegswirtschaft notwendig sind, sind streng zu kontrollieren und zu beschränken entsprechend dem genehmigten Stand der friedlichen Nachkriegsbedürfnisse Deutschlands, der für die Ziele ausreicht, die in Punkt 14 dargelegt sind. Die für die künftig genehmigte Industrie nicht erforderlichen Produktionskapazitäten sind entsprechend dem durch die Interalliierte Reparationskommission[72] empfohlenen und durch die interessierten Regierungen bestätigten Reparationsplan entweder zu vernichten oder zu entnehmen.

11. In praktisch kürzester Frist ist die deutsche Wirtschaft zu dezentralisieren mit dem Ziel der Vernichtung der bestehenden übermäßigen Konzentration der Wirtschaftskraft, die sich besonders in Form von Kartellen, Syndikaten, Trusts und anderen Monopolvereinigungen verkörpert. Ungeachtet dessen müssen jedoch, auch für die Erreichung der Ziele, die im vorliegenden Dokument nieder-

71 Vgl. ebenda.
72 Siehe Anmerkung 38.

gelegt wurden, bestimmte Formen des zentralen Verwaltungsapparates, insbesondere auf dem Gebiet der Finanzen, des Transports und des Nachrichtenwesens beibehalten oder wiederhergestellt werden.

12. Bei der Organisation der deutschen Wirtschaft ist das Hauptgewicht auf die Entwicklung der Landwirtschaft und der Friedensindustrie für den inneren Bedarf zu legen.

13. Während der Besatzungszeit ist Deutschland als eine wirtschaftliche Einheit zu betrachten. Mit diesem Ziel ist eine gemeinsame Politik festzulegen hinsichtlich:

a) der Erzeugung und der Verteilung der Produkte der Bergbau- und der verarbeitenden Industrie;

b) der Land- und Forstwirtschaft und der Fischerei;

c) der Löhne, der Preise und der Rationierung;

d) des Import- und Exportprogramms für Deutschland als Ganzes;

e) des Geldsystems, der zentralen Steuern und der Zölle;

f) der Reparationen und der Beseitigung des militärischen Industriepotentials.

Bei der Durchführung dieser Politik sind gegebenenfalls die unterschiedlichen örtlichen Bedingungen zu berücksichtigen.

14. Es ist eine alliierte Kontrolle über die deutsche Wirtschaft zu errichten, jedoch nur in den Grenzen, die notwendig sind:

a) zur Erfüllung der Programme der industriellen Abrüstung und der Entmilitarisierung, der Reparationen und des genehmigten Exports und Imports;

b) zur Sicherung der Warenproduktion und der Dienstleistungen, die zur Befriedigung der Bedürfnisse der Besatzungstruppen und übergeführter Personen in Deutschland notwendig und für die Erhaltung eines mittleren Lebensstandards in Deutschland wichtig sind, der den mittleren Lebensstandard europäischer Länder nicht übersteigt („europäische Länder" in diesem Sinne sind alle europäischen Länder mit Ausnahme des Vereinigten Königreiches und der UdSSR);

c) zur Sicherung – in der Weise, die der Kontrollrat festlegen wird – einer gleichmäßigen Verteilung der wesentlichsten Waren zwischen den verschiedenen Zonen, um eine ausgeglichene Wirtschaft in ganz Deutschland zu schaffen und die Einfuhrnotwendigkeit herabzusetzen;

d) zur Kontrolle der deutschen Industrie und aller wirtschaftlichen und finanziellen internationalen Geschäfte einschließlich der Aus- und Einfuhr mit dem Ziel der Verhinderung der Entwicklung des Kriegspotentials Deutschlands und der Verwirklichung der anderen hier angeführten Aufgaben; für den gleichen Zweck darf eine Gewährung von Krediten an Deutschland oder an Deutsche durch irgendwelche ausländische Personen oder Regierungen nicht gestattet werden, außer in den vom Kontrollrat genehmigten Fällen;

e) zur Kontrolle aller deutschen öffentlichen oder privaten wissenschaftlichen Forschungs- und Versuchseinrichtungen, Laboratorien usw., die mit der Wirtschaftstätigkeit verbunden sind.

15. Zur Einführung und Aufrechterhaltung der durch den Kontrollrat errichteten wirtschaftlichen Kontrolle ist ein deutscher Verwaltungsapparat aufzubauen und den deutschen Behörden zu empfehlen, in vollem, praktisch möglichem Umfang die Verwaltung dieses Apparates zu beanspruchen und selbst zu übernehmen. So ist dem deutschen Volk einzuprägen, daß die Verantwortung für

diese Verwaltung und jedes ihrer Versagen auf ihm ruhen wird. Jede deutsche Verwaltung, die den Zielen der Besatzung widerspricht, wird verboten.

16. Die Grundsätze und Bedingungen der Regelung für die Erhebung von Reparationen aus Deutschland werden in Anlage I zum vorliegenden Abkommen festgelegt.[73]

17. Es sind unverzüglich Maßnahmen zu treffen zur:

a) notwendigen Instandsetzung des Verkehrswesens;

b) Steigerung der Kohleförderung;

c) maximalen Erhöhung der landwirtschaftlichen Produktion und

d) kurzfristigen Instandsetzung von Wohnungen und wichtiger kommunaler Einrichtungen.

18. Zur Gewährleistung des unter Punkt 14 (c) genannten Ziels wird der allgemeine Grundsatz aufgestellt, daß bei Nichtvorhandensein besonderer, dem entgegenstehender Gründe jede der Besatzungszonen einschließlich des Gebietes Groß-Berlin, soweit dies praktisch möglich ist, aus den Gebieten Deutschlands versorgt wird, aus denen sie vor dem Krieg versorgt wurde.

Anlage I zur Anlage

Abgestimmte Grundsätze zu den Reparationen (der Text ist identisch mit dem Text in Anlage 1 zum Dokument Nr. 33).

Anlage II zur Anlage
Text von Punkt 19

19. Der Kontrollrat soll sobald wie möglich ein Programm des Mindestimportbedarfs für Deutschland als Ganzes aufstellen. Ein derartiges Programm soll eine Bestimmung über die gleichmäßige Verteilung der in Deutschland verfügbaren Vorräte auf die Zonen enthalten, um so das Defizit für solchen Import Deutschlands als Ganzes auf ein Minimum zu beschränken. Die Verantwortung für die Beschaffung und Finanzierung des genehmigten Imports für Deutschland als Ganzes sollte auf der Grundlage verteilt werden, die im Kontrollrat abzustimmen ist. Die Rückerstattung aller Nettovorschüsse im Rahmen des genehmigten Imports für Deutschland hat in erster Linie mit den Erlösen sowohl aus dem Export von Investitionsgütern als auch aus dem Export aus der laufenden Produktion und von Warenbeständen in Deutschland zu erfolgen.

Anlage III zur Anlage

Text, der in der Alliierten Reparationskommission abgestimmt wurde (der Text ist identisch mit dem Text in Anlage 3 zum Dokument Nr. 33).

Anlage IV zur Anlage

Das Verfahren der Verteilung der Reparationen auf die Länder, außer dem Vereinigten Königreich und der UdSSR, das in der Alliierten Reparationskommission abgestimmt wurde (der Text ist identisch mit dem Text in Anlage 4 zum Dokument Nr. 33).

Nach Archiv.

73 Vgl. Dok.Nr. 33, Anlage I.

Nr. 56
Entwurf einer Erklärung zur polnischen Frage (zweiter, überarbeiteter Entwurf der britischen Delegation vom 19. Juli)

21. Juli 1945[74]

Wir haben mit Genugtuung das Abkommen zur Kenntnis genommen, das die polnischen Vertreter aus Polen und aus dem Ausland erzielt haben, durch das in Übereinstimmung mit den Beschlüssen der Krimkonferenz[75] die Bildung einer Polnischen provisorischen Regierung der nationalen Einheit[76] möglich geworden ist, die die drei Mächte anerkannt haben. Die Herstellung diplomatischer Beziehungen mit der Polnischen provisorischen Regierung durch die britische Regierung und die Regierung der Vereinigten Staaten führte zur Beendigung ihrer Anerkennung der ehemaligen polnischen Regierung in London[77], die nicht mehr besteht.

Die Regierungen Großbritanniens und der Vereinigten Staaten haben bereits Maßnahmen getroffen, um die Übergabe von Vermögenswerten des polnischen Staates, die sich auf ihrem Territorium und unter ihrer Kontrolle befinden, an Dritte zu verhindern. Sie wünschen, die Übergabe dieses Eigentums an die Polnische provisorische Regierung in gebührender Weise und möglichst bald zu vollziehen. Zu diesem Zweck sind sie bereit, mit entsprechend bevollmächtigten Vertretern der Polnischen provisorischen Regierung die Art und Weise sowie den Termin dieser Übergabe zu erörtern. Die drei Mächte sind der Ansicht, daß diese Erörterung auch die Frage der Verpflichtungen der Polnischen provisorischen Regierung aus den der ehemaligen polnischen Regierung gewährten Krediten und den anderen ausstehenden Schulden sowie die Fragen der Wechselbeziehung dieser Kredite mit beliebigen, der polnischen Regierung gehörenden Guthaben im Ausland einschließen wird.

Die drei Mächte lassen es sich angelegen sein, der Polnischen provisorischen Regierung so schnell, wie das praktisch möglich ist, bei der Erleichterung der Rückkehr aller im Ausland befindlichen Polen behilflich zu sein, die nach Polen zurückzukehren wünschen, einschließlich der Mitglieder der polnischen Streitkräfte und der Handelsflotte. Sie wünschen, daß möglichst viele dieser Polen in die Heimat zurückkehren, und sind der Ansicht, daß die Polnische provisorische Regierung selbst in dieser Hinsicht größere Hilfe leisten könnte, indem sie bestimmte Verpflichtungen dahingehend abgibt, daß die Polen, die zurückkehren wollen, dies in der vollen Gewißheit ihrer persönlichen Freiheit und Sicherheit tun werden.

Die drei Mächte nehmen zur Kenntnis, daß die Polnische provisorische Regierung verpflichtet ist, so bald wie möglich freie und durch nichts behinderte Wahlen auf der Grundlage des allgemeinen Wahlrechts bei geheimer Abstimmung durchzuführen, wobei alle demokratischen und antinazistischen Parteien das Recht haben werden, daran teilzunehmen und Kandidaten aufzustellen. Die drei

74 Datum der Vorlage durch die Kommission zur polnischen Frage auf der Sitzung der Außenminister.
75 Siehe Anmerkung 2.
76 Siehe Anmerkung 5.
77 Siehe Anmerkung 4.

Mächte geben der ernsten Hoffnung Ausdruck, daß die Wahlen so durchgeführt werden, daß die Welt klar erkennt, daß alle Kräfte der polnischen Öffentlichkeit die Möglichkeit hatten, frei ihre Ansichten zu bekunden und somit uneingeschränkt an der Wiederherstellung des politischen Lebens im Lande mitzuwirken. Des weiteren erwarten die drei Mächte, daß die Vertreter der alliierten Presse volle Freiheit genießen werden, der Welt über die Entwicklung der Ereignisse in Polen vor den und während der Wahlen zu berichten.

Nach Archiv.

Nr. 57
Entwurf einer Erklärung der drei Mächte zur polnischen Frage, bestätigt auf der Sitzung der Regierungschefs

21. Juli 1945

Wir haben mit Genugtuung das Abkommen zur Kenntnis genommen, das die polnischen Vertreter aus Polen und aus dem Ausland erzielt haben, durch das in Übereinstimmung mit den Beschlüssen der Krimkonferenz die Bildung einer Polnischen provisorischen Regierung der nationalen Einheit möglich geworden ist, die die drei Mächte anerkannt haben. Die Herstellung diplomatischer Beziehungen mit der Polnischen provisorischen Regierung durch die britische Regierung und die Regierung der Vereinigten Staaten führte zur Beendigung ihrer Anerkennung der ehemaligen polnischen Regierung in London, die nicht mehr besteht.

Die Regierungen Großbritanniens und der Vereinigten Staaten haben Maßnahmen zum Schutz der Interessen der Polnischen provisorischen Regierung als der anerkannten Regierung des polnischen Staates hinsichtlich des Eigentums getroffen, das dem polnischen Staat gehört, sich auf ihren Gebieten und unter ihrer Kontrolle befindet, unabhängig davon, welcherart dieses Eigentum auch sein mag.

Sie haben ferner Maßnahmen zur Verhinderung einer Übergabe dieses Eigentums an Dritte getroffen. Der Polnischen provisorischen Regierung werden alle Möglichkeiten zur Anwendung der üblichen rechtlichen Maßnahmen zur Wiedererlangung beliebigen Eigentums des polnischen Staates, das ihm unrechtmäßig entzogen sein sollte, geboten.

Die drei Mächte lassen es sich angelegen sein, der Polnischen provisorischen Regierung so schnell, wie das praktisch möglich ist, bei der Erleichterung der Rückkehr aller im Ausland befindlichen Polen behilflich zu sein, die nach Polen zurückzukehren wünschen, einschließlich der Mitglieder der polnischen Streitkräfte und der Handelsflotte. Sie erwarten, daß den in die Heimat zurückkehrenden Polen dieselben persönlichen und Vermögensrechte eingeräumt werden wie allen polnischen Bürgern.

Die drei Mächte nehmen zur Kenntnis, daß die Polnische provisorische Regierung in Übereinstimmung mit den Krimbeschlüssen der Abhaltung freier und durch nichts behinderter Wahlen, die so bald wie möglich auf der Grundlage des allgemeinen Wahlrechts bei geheimer Abstimmung durchgeführt werden sollen, zugestimmt hat, wobei alle demokratischen und antinazistischen Parteien das

Recht haben werden, daran teilzunehmen und Kandidaten aufzustellen, und die Vertreter der alliierten Presse volle Freiheit genießen sollen, der Welt über die Entwicklung der Ereignisse in Polen vor den und während der Wahlen zu berichten.

Nach Archiv.

Nr. 58
Vorschlag der Delegation der USA zur Erfüllung der Deklaration von Jalta über das befreite Europa

21. Juli 1945[78]

Die drei Regierungen haben folgende, äußerst dringliche Maßnahmen zur Erfüllung der Deklaration von Jalta über das befreite Europa vereinbart:

1. In Übereinstimmung mit den im Punkt „d" des dritten Absatzes der Deklaration über das befreite Europa enthaltenen Verpflichtungen sind die drei Regierungen übereingekommen, entsprechende Maßnahmen zu treffen, die ihnen die Möglichkeit bieten, Informationen über das Verfahren der vorgesehenen Wahlen zu erhalten, und die eine Beobachtung der Wahlen in Italien, Griechenland, Bulgarien, Rumänien und Ungarn zur Einsetzung von Regierungen, die dem Willen des Volkes entsprechen, gewährleisten.

2. Die drei Regierungen sind übereingekommen, daß gegenwärtig angesichts der Beendigung der Kriegshandlungen in Europa Maßnahmen zur Gewährleistung eines raschen und wirksamen Verfahrens getroffen werden müssen, um den Vertretern der Weltpresse und des Rundfunks den Zugang zu den befreiten Staaten oder ehemaligen Satellitenstaaten der Achse zu erleichtern, ihnen zu gestatten, sich frei zu bewegen und ihnen entsprechende Möglichkeiten für die Übermittlung ihrer Meldungen ohne Einschränkungen aus Erwägungen der politischen Zensur einzuräumen, wodurch die Möglichkeiten für die Information der Weltöffentlichkeit, die Interesse am Wohlergehen und Fortschritt dieser Völker zeigt, und für das Verständnis der Bedingungen gewährleistet werden, unter denen sie bemüht sind, ihre Verbindungen zu den anderen Völkern wiederherzustellen; des weiteren bekunden die drei Regierungen ihren Wunsch, daß in den Ländern, von denen die Rede ist, solche Beschränkungen der Pressefreiheit beseitigt werden, die eingeführt worden sein können, um den Zugang zu Informationen aus dem Ausland oder die Verbreitung von Informationen und die Meinungsäußerung zu verhindern.

3. Die drei Regierungen sind übereingekommen, daß die Kontrollkommissionen in Rumänien, Bulgarien und Ungarn[79] angesichts der veränderten Bedingungen nach Beendigung der Kriegshandlungen in Europa vom gegenwärtigen Zeitpunkt an auf dreiseitiger Grundlage nach dem revidierten Verfahren, daß die Mitwirkung der drei Seiten vorsieht, und unter Berücksichtigung der Interessen und der Verantwortung dieser drei Regierungen handeln werden, die den jeweiligen Ländern gemeinsam die Waffenstillstandsbedingungen vorgelegt haben.

Nach Archiv.

78 Datum der Vorlage durch Byrnes auf der Sitzung der Außenminister.
79 Siehe Anmerkung 34.

Nr. 59
Vorschlag der Delegation der USA zur Politik hinsichtlich Italiens
21. Juli 1945[80]

Die Ziele der drei Regierungen in bezug auf Italien sind darauf gerichtet, rasch seine politische Unabhängigkeit und seinen wirtschaftlichen Wiederaufbau zu erreichen, sowie auf das Recht des italienischen Volkes, endlich seine eigene Regierungsform zu wählen.

Die drei Regierungen sind einverstanden, bestimmte Schritte zu unternehmen, die zur weiteren Anerkennung des Beitrages Italiens an der Niederlage Deutschlands verhelfen werden.

1. Die drei Regierungen werden öffentlich ihre Absicht bekunden, in nächster Zeit mit Italien einen Friedensvertrag zu schließen, wobei sie gleichzeitig vorsehen, Italien, soweit dies möglich ist, wirtschaftliche Hilfe zu leisten, und wiederholen, daß es wünschenswert ist, baldmöglichst in Italien Wahlen durchzuführen.

2. Die Alliierte Kommission in Italien[81] wird die bereits getroffenen Maßnahmen hinsichtlich der Übertragung wachsender Verantwortung auf die italienische Regierung beschleunigen.

3. Die drei Regierungen sind übereingekommen, ihre jeweiligen Botschafter in Italien anzuweisen, nach Konsultation mit dem alliierten Oberbefehlshaber ihren jeweiligen Regierungen bis zum 1. September 1945 gemeinsam einen Bericht zur Bestätigung durch die drei Regierungen vorzulegen, der jene Bestimmungen der Kapitulationsbedingungen[82] ausweist, die künftig als nicht mehr wirksam anzusehen sind.

Nach Archiv.

Nr. 60
Vorschlag der Delegation der USA zur Politik hinsichtlich Rumäniens, Bulgariens, Ungarns und Finnlands
21. Juli 1945[83]

Die Ziele der drei Regierungen in bezug auf Rumänien, Bulgarien, Ungarn und Finnland bestehen ebenso wie auch im Fall Italiens darin, rasch die politische Unabhängigkeit und den wirtschaftlichen Wiederaufbau zu erreichen und das Recht der jeweiligen Völker zu verwirklichen, endlich ihre eigene Regierungsform zu wählen.

1. Die Vorbereitung von Friedensverträgen mit Rumänien, Bulgarien, Ungarn und Finnland wird vom Rat der Außenminister in möglichst kurzer Zeit vorgenommen werden.

80 Eingebracht von der USA-Delegation auf der Sitzung der Außenminister.
81 Siehe Anmerkung 37.
82 Siehe Anmerkung 18.
83 Datum der Unterbreitung durch die USA-Delegation auf der Sitzung der Außenminister.

2. Die drei Regierungen werden zu Fragen, die von allgemeinem Interesse sind, hinsichtlich dieser Länder öffentliche Erklärungen abgeben, sofern sie es für notwendig erachten.

3. Die drei Regierungen empfehlen den jeweiligen Kontrollkommissionen[84], Maßnahmen zur schrittweisen Übertragung der Verantwortung auf die rumänische, bulgarische, ungarische und finnische Regierung zu treffen.

4. Die drei Regierungen sind mit einer Revision der jeweiligen Waffenstillstandsbedingungen[85] mit diesen Ländern einverstanden, weil die Bestimmungen dieser Bedingungen nicht mehr wirksam sind.

Nach Archiv.

Nr. 61
Memorandum der Delegation Großbritanniens zum Abzug der alliierten Truppen aus Iran

Berlin, den 21. Juli 1945

Die Regierung Seiner Majestät und die Sowjetregierung unterhalten ihre Truppen in Iran auf der Grundlage des englisch-sowjetisch-iranischen Vertrages vom 29. Januar 1942[86], dessen Artikel 5 besagt, daß diese Truppen „spätestens sechs Monate nach Beendigung aller Kriegshandlungen zwischen den alliierten Staaten und Deutschland mit seinen Mitverschworenen" aus Iran abgezogen sein müssen. Die Regierung Seiner Majestät hat der Sowjetregierung vorgeschlagen, die alliierten Streitkräfte vor Ablauf der im Vertrag fixierten endgültigen Frist pari-passu[87] und etappenweise aus Iran abzuziehen. Die Sowjetregierung hat darauf jedoch nicht geantwortet.

2. Nach Ansicht der Regierung Seiner Majestät ist die Zeit für den vollständigen gemeinsamen Abzug der alliierten Streitkräfte aus Iran gekommen, und sie schlägt vor, daß dies wie folgt in drei Etappen geschieht:

(1) Die britischen und die sowjetischen Streitkräfte werden unverzüglich vollständig aus Teheran abgezogen.

(2) Nach Abschluß der ersten Etappe werden die britischen und die sowjetischen Truppen aus ganz Iran abgezogen, mit Ausnahme der britischen Truppen, die in Abadan und im Gebiet der südlichen Erdöllagerstätten verbleiben, und der sowjetischen Truppen, die entweder in einer Zone im nordöstlichen oder im nordwestlichen Iran verbleiben.

(3) Nach Abschluß der zweiten Etappe werden die britischen Truppen aus Abadan und aus dem Raum der Erdöllagerstätten im Süden Irans abgezogen, und die sowjetischen Truppen werden aus dem letzten Gebiet, in dem sie stationiert waren, entweder aus dem nordöstlichen oder dem nordwestlichen Iran, abgezogen.

3. Wenn dieser Vorschlag angenommen wird, kann die Demarkation der Zonen, aus denen die Truppen abgezogen werden, später erfolgen.

Nach Archiv.

84 Siehe Anmerkung 34.
85 Siehe Anmerkung 32.
86 Siehe Anmerkung 44.
87 Zu gleichen Teilen.

Nr. 62
Entwurf einer Direktive der für die Kontrolle in Deutschland verantwortlichen Regierungschefs an ihre entsprechenden Oberkommandierenden der Besatzungstruppen in Deutschland, unterbreitet von der Delegation der USA

21. Juli 1945[88]

Die Regierungen der Vereinigten Staaten, der Union der Sozialistischen Sowjetrepubliken und des Vereinigten Königreiches haben in Jalta[89] und in Berlin die konkrete Politik und die Grundsätze für die Verwaltung Deutschlands vereinbart. Des weiteren sind sie übereingekommen, die Provisorische Regierung der Französischen Republik in die vierseitige Verwaltung Deutschlands einzubeziehen. In Übereinstimmung mit der auf den Konferenzen in Jalta und Berlin abgestimmten Politik und mit der Erklärung in Anbetracht der Niederlage Deutschlands und der Übernahme der obersten Regierungsgewalt hinsichtlich Deutschlands[90] durch die Regierungen des Vereinigten Königreiches, der Vereinigten Staaten von Amerika, der Union der Sozialistischen Sowjetrepubliken und durch die Provisorische Regierung der Französischen Republik werden Sie hiermit angewiesen, als Oberkommandierender der Besatzungstruppen der Vereinigten Staaten von Amerika und als ihr Vertreter im Kontrollrat[91] in diesem Rat Maßnahmen zu vertreten und zu unterstützen, die die abgestimmte Politik in ganz Deutschland gewährleisten werden und die einschließen müssen:

1. Erfüllung des Plans zur endgültigen und vollständigen Vernichtung aller militärischen und paramilitärischen Organisationen, Klubs und Verbände, die der Bewahrung militärischer Traditionen in Deutschland dienen.

Erfüllung des Plans zur Entfernung aller aktiven Mitglieder der nazistischen Partei aus hohen und verantwortungsvollen Posten im gesellschaftlichen oder privaten Bereich.

Fortsetzung der Fahndung, Festnahme von Kriegsverbrechern und Aburteilung inhaftierter Kriegsverbrecher nach Absprache zwischen den einzelnen Regierungen.

Erfüllung des von der Reparationskommission[92] empfohlenen und von den einzelnen in dieser Kommission vertretenen Regierungen gebilligten Reparationsplans, dessen Ziel es ist, das Potential der Kriegsindustrie Deutschlands zu vernichten.

2. Schaffung eines deutschen Verwaltungsmechanismus, der sich für die Verwaltung Deutschlands als wirtschaftliche Einheit notwendig erweisen kann, und Ergreifen von Maßnahmen zur Herstellung einer Kontrolle über die deutschen Finanzen, die Landwirtschaft, die Industrie, den Handel und die Verteilung, wie sie der Kontrollrat für notwendig erachten kann.

Freie Bewegung von Personen, Waren und Dienstleistungen innerhalb

88 Auf der Sitzung der Außenminister am 22. Juli von Byrnes überreicht.
89 Siehe Anmerkung 2.
90 Siehe Anmerkung 55.
91 Siehe Anmerkung 16.
92 Siehe Anmerkung 38.

Deutschlands im Rahmen der zugänglichen Transportmittel und der Möglichkeiten für eine Angleichung des Lebensniveaus in den einzelnen Zonen.

Unter Kontrolle stehende Ausgabe von Banknoten, Vorbereitung eines Nationalbudgets und ein solches Begleichen gesellschaftlicher Verbindlichkeiten, wie es für notwendig erachtet werden kann.

Entwicklung eines Exportprogramms, das den Import unterstützt, der für ein erforderliches Mindestniveau der Wirtschaft in Deutschland als wesentlich erachtet wird.

Gewährleistung der Aufgaben des Transports und des Nachrichtenwesens in ganz Deutschland.

Gewährleistung des Postdienstes in ganz Deutschland.

Des weiteren andere Maßnahmen, bei denen, wie sich herausstellen wird, die zentrale Kontrolle zur Gewährleistung des Funktionierens der deutschen Wirtschaft als einheitliches Ganzes erforderlich sein wird.

3. Festlegung von Verfahren und Regeln zur Anwendung in jeder Zone, die in Übereinstimmung mit der vom Kontrollrat abgestimmten Politik die Pressefreiheit gewährleisten.

Festlegung von Verfahren und Regeln, die es politischen Parteien mit liberalen Prinzipien ermöglichen werden, politisch aktiv zu werden, wobei das Recht der Wahl der örtlichen Amtspersonen im Ermessen des Oberkommandierenden jeder Zone liegen und davon abhängig sein wird, ob es die Sicherheitsbedingungen zulassen, die Durchführung dieser Wahlen zu gestatten.

Festlegung von Verfahren und Regeln, die die Koordinierung der Informations- und Bildungspläne vorsehen, die in jeder Zone zu verwirklichen sind und die auf die Umorientierung des deutschen Denkens gerichtet sind.

Festlegung von Verfahren und Regeln für die Koordinierung des Gesundheits- und Sozialwesens in den einzelnen Zonen.

Festlegung von Verfahren und Regeln, die die Bildung von Gewerkschaften so rasch ermöglichen werden, wie diese unter Berücksichtigung der Sicherheitserwägungen gegründet werden können.

4. Dezentralisierung aller Verwaltungsfunktionen, die für die Tätigkeit Deutschlands als wirtschaftliches Ganzes keiner zentralen Kontrolle bedürfen, in möglichst hohem Grad bis hin zu den kleineren politischen Instanzen, um auf der unteren Ebene das Gefühl der Verantwortung für die Verwaltung in Deutschland wiederherzustellen.

Im Rahmen der von den im Kontrollrat vertretenen Regierungen vereinbarten Politik werden Ihnen hiermit alle Vollmachten für den Abschluß und die Erfüllung erforderlicher Abkommen zu allen diesem Rat vorgeschlagenen Maßnahmen gewährt, die für die Verwirklichung der genannten Politik notwendig sind. Einen von Ihnen als wünschenswert erachteten Teil dieser Vollmachten können Sie zwecks vereinfachter und beschleunigter Verwirklichung der abgestimmten Politik zur Verwaltung Deutschlands Ihrem Vertreter im Koordinierungsausschuß[93] übertragen.

Nach Archiv.

93 Siehe Anmerkung 59.

Nr. 63
Vorschlag der Delegation der UdSSR zu den Schwarzmeer-Meerengen

22. Juli 1945[94]

Die Konferenz hat bezüglich des Regimes in den Schwarzmeer-Meerengen folgendes für notwendig befunden:

1. Die zu Montreux[95] unterzeichnete internationale Konvention über die Rechtsstellung der Meerengen, die den gegenwärtigen Bedingungen nicht entspricht, muß mit einem entsprechenden normalen Verfahren außer Kraft gesetzt werden.

2. Die Festlegung des Regimes für die Meerengen, dem einzigen Seeweg zum Schwarzen Meer, muß in der Kompetenz der Türkei und der Sowjetunion als der Seiten liegen, die am meisten interessiert und befähigt sind, die Freiheit der Handelsschiffahrt und die Sicherheit in den Schwarzmeer-Meerengen zu gewährleisten.

3. Das neue Regime für die Meerengen muß neben anderen Maßnahmen auch folgendes vorsehen:

Die Türkei und die Sowjetunion gewährleisten in den Meerengen im Interesse ihrer eigenen Sicherheit und der Erhaltung des Friedens in der Schwarzmeerregion mit gemeinsamen Mitteln, daß verhindert wird, daß diese Meerengen von anderen Staaten zu feindlichen Zwecken gegenüber den Schwarzmeermächten genutzt werden (gemeinsam durch türkische Militärstützpunkte und sowjetische Militärstützpunkte in den Meerengen)[96].

Nach Archiv.

Nr. 64
Vorschlag der Delegation der UdSSR das Gebiet Königsberg betreffend

22. Juli 1945[97]

Die Konferenz hat Einverständnis mit dem Vorschlag der Sowjetunion zum Ausdruck gebracht, daß bis zu einer endgültigen Regelung der territorialen Fragen auf einem Friedenskongreß derjenige Abschnitt der Westgrenze der UdSSR, der an die Ostsee stößt, von dem auf der beiliegenden Karte angegebenen Punkt an der östlichen Küste der Danziger Bucht nach Osten – nördlich von Braunsberg – Goldap zum Schnittpunkt der Grenzen der Litauischen SSR, der Polnischen Republik und des früheren Ostpreußens verläuft.

Nach Archiv.

94 Datum der Übergabe durch Molotow an Truman und Churchill auf der Sitzung der Regierungschefs.
95 Siehe Anmerkung 9.
96 Siehe Anmerkung 8.
97 Datum der Übergabe durch Molotow an Truman und Churchill auf der Sitzung der Regierungschefs.

Nr. 65
Vorschlag der Delegation der UdSSR zur internationalen Zone von Tanger

22. Juli 1945[98]

Nach Prüfung der die Zone von Tanger[99] betreffenden Frage einigten wir uns, daß diese Zone, die die Stadt Tanger und das anliegende Gebiet umfaßt, angesichts ihrer besonderen strategischen Bedeutung international bleiben soll.

Ein entsprechendes Statut dieser internationalen Zone, das den neuen, im Ergebnis des Sieges über Hitlerdeutschland entstandenen Bedingungen Rechnung trägt, wird von den Vertretern der am meisten interessierten Staaten erarbeitet werden, und zwar: Großbritanniens, der Vereinigten Staaten von Amerika, der Union der Sozialistischen Sowjetrepubliken und Frankreichs, das eingeladen wird, sich vorliegender Erklärung anzuschließen.

Spanien wird eingeladen, sich dem neuen Statut nach der Wiederherstellung einer demokratischen Ordnung im Land anzuschließen.

Nach Archiv.

Nr. 66
Vorschlag der Delegation der USA zur Zusammenarbeit bei der Lösung dringender europäischer Wirtschaftsprobleme

22. Juli 1945[100]

Die dringenden Aufgaben bei der Hilfeleistung und beim Wiederaufbau in Europa können am effektivsten nur dann gelöst werden, wenn sie durch die vereinten Anstrengungen der Vereinigten Staaten, der Sowjetunion und des Vereinigten Königreiches unterstützt werden. Deshalb wird empfohlen, daß die drei Regierungen übereinkommen, in vollem Umfang im Europäischen Komitee für wirtschaftliche Hilfe (EECE)[101], in der Europäischen Kohleorganisation (ECO)[102] und in der Europäischen zentralen Binnentransportorganisation (ECITO)[103] mitzuwirken. Ziel der drei Regierungen sollte es sein, dabei zu helfen, diese Organisationen durch die tägliche Mitwirkung an deren Aktivitäten zu wirksamen Organen für die Behandlung von Problemen der Hilfeleistung und des Wiederaufbaus zu gestalten.

Nach Archiv.

98 Datum der Übergabe durch Molotow an Truman und Churchill auf der Sitzung der Regierungschefs.
99 Siehe Anmerkung 20.
100 Datum der Entgegennahme von der Delegation der USA durch Nowikow.
101 Siehe Anmerkung 60.
102 Siehe Anmerkung 61.
103 Siehe Anmerkung 50.

Nr. 67
Von der Kommission geprüfter Text über die Zulassung zur Organisation der Vereinten Nationen
22. Juli 1945[104]

Die drei Regierungen sind der Ansicht, daß die Zeit gekommen ist, die gegenwärtige anomale Stellung Italiens zu beenden. Italien brach als erste der Achsenmächte mit Deutschland, zu dessen Niederlage es materiell beitrug. Es hat sich jetzt mit den Alliierten im Kampf gegen Japan vereint. Italien befreite sich selbst vom faschistischen Regime und erzielte große Fortschritte auf dem Wege zur Wiederherstellung einer demokratischen Verwaltung und demokratischer Einrichtungen. Es gibt die Zusage, zu einem entschlossenen Verfechter einer Politik des Friedens und des Widerstandes gegen Aggression zu werden.

Die drei Regierungen haben deshalb beschlossen, daß sofortige Schritte zum Abschluß eines Friedensvertrages mit Italien unternommen werden sollten und haben seine Vorbereitung als eine der vordringlichen und wichtigen Aufgaben vorgesehen, die der neue Rat der Außenminister erörtern soll. Der Abschluß eines solchen Friedensvertrages würde es den drei Regierungen ermöglichen, ihrem Wunsch entsprechend die Bitte Italiens um Aufnahme in die Organisation der Vereinten Nationen zu unterstützen.

Hinsichtlich der Zulassung anderer Staaten lautet Artikel IV der Charta der Vereinten Nationen:

„1. Die Mitgliedschaft in den Vereinten Nationen steht allen anderen friedliebenden Staaten offen, welche die in der vorliegenden Charta enthaltenen Verpflichtungen übernehmen und nach dem Urteil der Organisation fähig und gewillt sind, diese Verpflichtungen zu erfüllen.

2. Die Aufnahme eines solchen Staates als Mitglied der Vereinten Nationen erfolgt durch einen Beschluß der Vollversammlung auf Empfehlung des Sicherheitsrates."

Die drei Regierungen werden ihrerseits die Aufnahmeanträge jener Staaten, die während des Krieges neutral geblieben sind und die oben aufgeführten Bedingungen erfüllen, unterstützen.

Die drei Regierungen fühlen sich jedoch verpflichtet, klarzustellen, daß sie für ihren Teil einen Aufnahmeantrag der gegenwärtigen spanischen Regierung nicht unterstützen werden, die mit Hilfe der Achsenmächte gebildet wurde und wegen ihres Ursprungs, ihres Charakters, ihrer Tätigkeit und ihrer engen Verbindung mit den Aggressorstaaten nicht die für eine solche Mitgliedschaft notwendigen Eigenschaften besitzt.

Nach Archiv.

104 Datum der Übergabe an Gussew durch den Vertreter der Delegation der USA.

Nr. 68
Botschaft des Präsidenten der USA an den Vorsitzenden der Krajowa Rada Narodowa der Polnischen Republik

22. Juli 1945

Im Namen der drei sich gegenwärtig auf der Konferenz in Potsdam aufhaltenden Regierungschefs habe ich die Ehre, die Polnische Regierung[105] einzuladen, wenn möglich am 24. Juli zwei oder drei Vertreter zu entsenden, um dem Außenminister des Vereinigten Königreiches, dem Kommissar für Auswärtige Angelegenheiten der UdSSR und dem Außenminister der USA ihre Standpunkte zur Frage der Westgrenze Polens darzulegen.

Harry S. Truman

Nach Archiv.

Nr. 69
Vorschlag der Delegation der UdSSR für einen Plan der Reparationen von Deutschland

23. Juli 1945[106]

1. Die zur Diskussion stehende Gesamtsumme der Reparationen von 20 Milliarden Dollar soll etwa zu 50 Prozent durch einmalige Entnahmen aus dem Nationaleigentum Deutschlands innerhalb der ersten zwei Jahre nach der Kapitulation und zu etwa 50 Prozent durch Warenlieferungen innerhalb von 10 Jahren nach der Kapitulation beglichen werden.

2. Die Entnahmen aus dem Nationaleigentum Deutschlands sind in folgenden Wirtschaftszweigen vorzunehmen:

		Milliarden Dollar
1.	Rüstungs- und chemische Industrie (Flugzeugbau; Panzerbau; Bau von Kriegsschiffen; Produktion von Pulver und Sprengstoffen sowie von Waffen und Munition; synthetischer Kautschuk, synthetischer Treibstoff, Kunstfasern, Zellulose, Kokschemie)	2,0–2,2
2.	Schwarz- und Nichteisenmetallurgie, Maschinenbau (einschließlich elektrotechnischer Industrie), Kohlebergbau und Elektrizitätswirtschaft	2,3–2,7
3.	Bauwesen, Leichtindustrie (Textil- und Lebensmittelindustrie), polygrafische Industrie, Transport aller Art (einschließlich Schiffsverkehr), Post- und Fernmeldewesen (Rundfunk, Telefon- und Fernschreibverkehr) sowie Hafen-, Speicher- und Lagerausrüstung	1,8–2,0
4.	Auslandsinvestitionen und -ansprüche Deutschlands	1,1–1,4
5.	Edelmetalle und Devisen sowie Aktien der in Deutschland verbleibenden Betriebe (der Eisenbahnen, Häfen, Kanäle usw.)	1,9–2,3
6.	Sonstiges	0,9–1,2
		10,0–11,8

105 Siehe Anmerkung 5.
106 Datum der Übergabe durch Molotow an Byrnes und Eden auf der Sitzung der Außenminister.

Bei der Entnahme ist als deutsches Eigentum sowohl das auf dem Territorium Deutschlands in den Grenzen von 1937 befindliche Eigentum als auch das deutsche Eigentum im Ausland anzusehen.

3. Es ist folgende ungefähre Aufstellung der Erzeugnisse festzulegen, mit denen das Nachkriegsdeutschland seinen jährlichen Verpflichtungen für Reparationslieferungen in Waren nachkommen muß:

Kohle, Briketts
chemische Erzeugnisse
(Medikamente, Farben, Kalium u. a.)
maschinelle Ausrüstungen, Werkzeuge
Zement, Baumaterial
Holz, Papier
Zucker
Vieh, landwirtschaftliche Erzeugnisse
Keramik
Schiffbau für die Binnenschiffahrt
medizinische Geräte, optische Geräte

4. Der Gesamtwert der jährlichen Warenlieferungen ist auf 1 Milliarde Dollar pro Jahr oder 10 Milliarden Dollar innerhalb von 10 Jahren festzulegen. Die Interalliierte Reparationskommission[107] ist zu beauftragen, eingehendere Berechnungen zu diesen Lieferungen vorzunehmen.

5. Den Berechnungen des Wertes der Reparationslieferungen sind die Preise von 1938 mit einem Aufschlag von 15 Prozent für Ausrüstungen und von 10 Prozent für Rohstoffe und Fertigerzeugnisse zugrunde zu legen.

6. Bei der Umrechnung des Dollar in deutsche Mark ist von einem Kurs von 1 Dollar gleich 3,5 Mark auszugehen.

Anlage

Erläuterungen zum Plan der Reparationen von Deutschland

Die angeführten Zahlen wurden ausgehend von der Annahme ermittelt, daß auf Reparationskonto Ausrüstungen und Material entnommen werden:

	Prozent
aus der Rüstungsindustrie	75
aus der chemischen Industrie	65
aus der Schwarz- und Nichteisenmetallurgie und dem Maschinenbau	65
aus der Elektrizitätswirtschaft	65
aus dem Kohlebergbau	40
aus dem Bauwesen	40
aus der Textilindustrie	30
aus der polygrafischen Industrie	50
aus der Lebensmittelindustrie	15
aus dem Transportwesen	25
aus dem Post- und Fernmeldewesen	30

Nach Archiv.

107 Siehe Anmerkung 38.

Nr. 70
Vorschlag der Delegation der UdSSR zu Vorschußlieferungen aus Deutschland

23. Juli 1945[108]

1. Bis zur Errichtung eines ständigen alliierten Organs für Reparation sollen die Lieferungen (die Entnahmen) auf den dringlichen Bedürfnissen der geschädigten Nationen für den Wiederaufbau basieren und werden in Form eines Vorschusses mit nachfolgender Anrechnung dieser Lieferungen auf das Reparationskonto oder das Konto der Restitutionen oder das Erwerbskonto der Empfängerstaaten erfolgen.

2. Hinsichtlich von Vorschußlieferungen an fixem Kapital sollte für alle Vereinten Nationen[109] folgendes Verfahren bestätigt werden:

a) unverzügliche Bildung einer Unterkommission der Interalliierten Reparationskommission[110] mit Sitz in Berlin. Der Unterkommission sollten Vertreter der Staaten angehören, die in der Interalliierten Reparationskommission mitarbeiten. Diese Unterkommission sollte sich ständig mit dem Kontrollrat[111] konsultieren und den Kontrollrat über alle ihre Vorhaben unterrichten.

b) Die Interalliierte Reparationskommission wird der Unterkommission ein Verzeichnis der Industriezweige übermitteln, aus denen Vorschußlieferungen an Ausrüstungen gestattet sind.

c) Vorschußlieferungen (Entnahmen) von Hauptausrüstungen aus diesen Industriezweigen bis zu einem vereinbarten Prozentsatz für die Entnahme mobilen Eigentums als Sachleistung können nur mit Zustimmung oder auf Empfehlung der Unterkommission erfolgen. Die Frachtpapiere für derartige Vorschußlieferungen (Entnahmen) sollten für die Empfängerländer die Mitteilung enthalten, daß diese Lieferungen (Entnahmen) von der Interalliierten Reparationskommission bei der endgültigen Verrechnung auf das Reparationskonto oder das Konto der Restitutionen angerechnet werden können.

d) Jede der Besatzungsmächte kann aus ihrer Besatzungszone ein Werk oder Ausrüstungen aus einem beliebigen in dem Verzeichnis aufgeführten Industriezweig unter folgenden Bedingungen abtransportieren oder deren Abtransport gestatten:

1) In jedem Fall, in dem eine Besatzungsmacht einen Abtransport für sich vornimmt, setzt der jeweilige Oberkommandierende der Zone die Unterkommission im voraus von dem beabsichtigten Abtransport in Kenntnis, damit die Unterkommission die abzutransportierenden Ausrüstungen in den Plan der Vorschußlieferungen aufnehmen kann.

2) In jedem Fall einer Entnahme aus der Zone einer Besatzungsmacht zugunsten eines anderen Mitgliedes der Vereinten Nationen (unabhängig davon, ob diese Nation Besatzungsmacht ist oder nicht) sind diese Entnahmen nur mit Zustimmung oder auf Empfehlung der Unterkommission zulässig.

3. Was Vorschußlieferungen von Rohstoffen aus der laufenden Produktion

108 Datum der Übergabe durch Molotow an Byrnes und Eden auf der Sitzung der Außenminister.
109 Siehe Anmerkung 14.
110 Siehe Anmerkung 38.
111 Siehe Anmerkung 16.

oder aus verfügbaren Beständen an alle Vereinten Nationen anbelangt, so können diese Lieferungen mit Zustimmung oder auf Empfehlung der Unterkommission ausgehend von den Bedürfnissen der Anspruch erhebenden Seiten und unter gebührender Berücksichtigung der vorhandenen Lebensmittel und der Erfordernisse der Besatzungstruppen erfolgen. Die Frachtpapiere für derartige Vorschußlieferungen werden für die Empfängerländer die Mitteilung enthalten, daß diese Lieferungen bei der endgültigen Verrechnung von der Interalliierten Reparationskommission auf das Konto: 1) des Exportguthabens, das in einer annehmbaren Währung zu begleichen ist, 2) der Reparationen, 3) der Restitutionen angerechnet werden können.

4. Hinsichtlich aller Lieferungen, die nach dem vorgeschlagenen Plan abgewickelt werden, ist eine übereinstimmende und einheitliche Erfassungskontrolle einzurichten.

5. Die Anspruch erhebenden Länder sollten zwecks effektiver Abwicklung dringender Vorschußlieferungen von der Festlegung der obengenannten Ordnung in Kenntnis gesetzt werden.

6. Es ist festzulegen, daß jede der Besatzungsmächte 6 Monate nach Unterzeichnung dieses Dokuments eine Aufstellung über das gesamte Eigentum vorlegt, das nach Beendigung des Krieges mit Deutschland aus Deutschland entnommen wurde.

Nach Archiv.

Nr. 71
Vorschlag der Delegation der UdSSR Punkt 19 der wirtschaftlichen Grundsätze Deutschland betreffend, eingebracht auf der Sitzung der Außenminister am 23. Juli 1945

19. Nach Entrichtung der Reparationen sollen dem deutschen Volk genügend Mittel belassen werden, um ohne Hilfe von außen existieren zu können. Dabei sind ihm bei der Aufstellung der Wirtschaftsbilanz Deutschlands die nötigen Mittel zur Bezahlung des vom Kontrollrat genehmigten Imports zur Verfügung zu stellen. Falls die Mittel für eine gleichzeitige Begleichung der Reparationen und des genehmigten Imports fehlen, erfolgt eine proportionale Kürzung aller Arten von Lieferungen.

Nach Archiv.

Nr. 72
Alternativvorschlag der Delegation der UdSSR Punkt 19 der wirtschaftlichen Grundsätze Deutschland betreffend, eingebracht auf der Sitzung der Außenminister

23. Juli 1945

19. Nach Entrichtung der Reparationen sollen dem deutschen Volk genügend Mittel belassen werden, um ohne systematische Hilfe von außen existieren zu können. Dabei sind ihm bei der Aufstellung der Wirtschaftsbilanz Deutschlands die nötigen Mittel zur Bezahlung des Imports aus dem Erlös des vom Kontrollrat genehmigten Exports zur Verfügung zu stellen. Diese Mittel für die Bezahlung des vereinbarten Imports müssen noch vor den Reparationslieferungen bereitgestellt werden, wobei zu beachten ist, daß in jenen Fällen, in denen das Exportvolumen und -sortiment nicht vom Kontrollrat bestätigt sind, die Reparationslieferungen nach dem beschlossenen Plan als vorrangig abgewickelt werden.

Nach Archiv.

Nr. 73
Wortlaut des Vorschlages über die Errichtung eines Rates der Außenminister, gebilligt in der Sitzung der Außenminister

23. Juli 1945

Die Konferenz erzielte folgende Vereinbarung über die Errichtung eines Rates der Außenminister zur Durchführung der notwendigen Vorarbeit zur Friedensregelung:

„ERRICHTUNG EINES RATES DER AUSSENMINISTER

1. Es ist ein Rat zu errichten, der sich aus den Außenministern des Vereinigten Königreiches, der Union der Sozialistischen Sowjetrepubliken, Chinas, Frankreichs und der Vereinigten Staaten von Amerika zusammensetzt.

2.1) Der Rat wird normalerweise in London tagen, wo sich der ständige Sitz des vereinigten Sekretariats befinden wird, das vom Rat zu schaffen ist. Jeder Außenminister wird durch einen Stellvertreter von hohem Rang begleitet werden, der ordnungsgemäß bevollmächtigt ist, in Abwesenheit seines Außenministers die Arbeit im Rat durchzuführen, sowie von einem kleinen Stab technischer Berater.

2) Die erste Sitzung des Rates findet in London nicht später als am 1. September 1945 statt. Die Sitzungen können im allgemeinen Einvernehmen nach anderen Hauptstädten einberufen werden, was von Zeit zu Zeit vereinbart werden kann.

3.1) Als eine unverzügliche und wichtige Aufgabe des Rates wird ihm aufgetragen, Friedensverträge für Italien, Rumänien, Bulgarien, Ungarn und Finnland aufzusetzen, die den Vereinten Nationen[112] vorzulegen sind, und Vorschläge zur Regelung der territorialen Fragen auszuarbeiten, die in Verbindung mit der Beendigung des Krieges in Europa entstehen. Der Rat wird zur Vorbereitung einer Friedensregelung für Deutschland mit der Maßgabe genutzt werden, daß ein entsprechendes Dokument durch eine für diesen Zweck geeignete Regierung Deutschlands, nachdem eine solche gebildet sein wird, angenommen wird.

2) Zur Lösung jeder dieser Aufgaben wird der Rat aus den Mitgliedern bestehen, welche jene Staaten vertreten, die die Kapitulationsbedingungen unterschrieben haben, welche dem Feindstaat vorgeschrieben wurden, den die gegebene Aufgabe betrifft. Bei der Behandlung der Frage der Friedensregelung mit Italien wird Frankreich als ein Unterzeichner der Kapitulationsbedingungen Italiens betrachtet werden. Andere Mitglieder werden zur Teilnahme am Rat eingeladen werden, wenn Fragen erörtert werden, die sie direkt betreffen.

3) Andere Angelegenheiten werden von Zeit zu Zeit dem Rat nach Vereinbarung zwischen den Regierungen, die seine Mitglieder sind, übertragen.

4.1) Wenn der Rat eine Frage erörtern wird, an der ein Staat unmittelbar interessiert ist, der nicht in ihm vertreten ist, so soll dieser Staat eingeladen werden, seine Vertreter zur Teilnahme an der Beratung und Prüfung dieser Frage zu entsenden.

2) Der Rat kann sein Arbeitsverfahren dem Charakter des jeweiligen, von ihm zu prüfenden Problems anpassen. In einigen Fällen kann er die Frage zunächst in seiner Zusammensetzung vor der Teilnahme anderer interessierter Staaten vorberaten. In anderen Fällen kann der Rat eine offizielle Konferenz der Staaten einberufen, die an der Lösung irgendeines gegebenen Problems am meisten interessiert sind."

Es wurde vereinbart, daß jede der drei Regierungen gleichlautende Einladungen an die Regierungen Chinas und Frankreichs schicken wird, diesen Text anzunehmen und sich ihnen bei der Errichtung des Rates anzuschließen.[113]

Es versteht sich, daß die Errichtung eines Rates der Außenminister für die in diesem Text genannten besonderen Zwecke nicht der auf der Krimkonferenz erzielten Vereinbarung widersprechen wird, daß periodische Konsultationen der Außenminister der Vereinigten Staaten von Amerika, der Union der Sozialistischen Sowjetrepubliken und des Vereinigten Königreiches stattfinden sollen.

Die Konferenz erörterte auch die Lage der Europäischen Konsultativkommission[114] im Lichte der Vereinbarung über die Errichtung des Rates der Außenminister. Mit Genugtuung wurde festgestellt, daß die Kommission ihre Hauptaufgaben erfolgreich bewältigt hat, indem sie Empfehlungen betreffend die bedingungslose Kapitulation Deutschlands,[115] die Besatzungszonen Deutschlands[116] und Österreichs[117] und den interalliierten Kontrollmechanismus in diesen Ländern vorlegte. Es wurde festgelegt, daß die weitere, ins einzelne gehende Arbeit zur Koordinierung der Politik der Alliierten hinsichtlich der Kontrolle über Deutschland und Österreich in Zukunft der Zuständigkeit des Kontrollrates in

112 Siehe Anmerkung 14.
113 Vgl. Dok. Nr. 103.
114 Siehe Anmerkung 21.
115 Siehe Anmerkung 55.
116 Siehe Anmerkung 36.
117 Siehe Anmerkung 35.

Berlin[118] und der Alliierten Kommission in Wien[119] unterliegen soll. Demgemäß wird empfohlen, die Europäische Konsultativkommission aufzulösen.

Nach Archiv.

Nr. 74
Vorschlag der Delegation der USA zur Schiffahrt auf internationalen Binnenwasserstraßen

23. Juli 1945[120]

Die Regierung der Vereinigten Staaten schlägt vor, daß eine freie und uneingeschränkte Schiffahrt auf solchen Binnenwasserstraßen hergestellt werden soll, die durch das Gebiet zweier oder mehrerer Staaten verlaufen, und daß diese Schiffahrt durch internationale Organe geregelt werden soll, die alle Nationen vertreten, die unmittelbar an der Schiffahrt auf den genannten Wasserstraßen interessiert sind.

Als erster Schritt sollen in möglichst kurzer Zeit interimistische Schiffahrtsorgane für die Donau und den Rhein gebildet werden. Diese interimistischen Schiffahrtsorgane sollen die Funktion haben, die Navigationsmittel auf den genannten Flüssen wieder instand zu setzen und zu entwickeln, die Flußschiffahrt zur Gewährleistung gleicher Möglichkeiten für Bürger unterschiedlicher Nationalität zu überwachen sowie einheitliche Regeln für die Nutzung dieser Mittel, Navigationsregeln, Zoll- und sanitäre Formalitäten und zu anderen ähnlichen Fragen festzulegen. Mitglieder dieser Organe sollen die Vereinigten Staaten, das Vereinigte Königreich, die UdSSR, Frankreich und die von diesen Regierungen anerkannten souveränen Anliegerstaaten sein.

Nach Archiv.

Nr. 75
Vorschlag der Delegation der UdSSR zu Syrien und Libanon

23. Juli 1945[121]

Angesichts der internationalen Bedeutung, die die Frage der Lage in Syrien und Libanon hat, spricht sich die Konferenz dafür aus, daß diese Frage von Vertretern der Vereinigten Staaten von Amerika, Großbritanniens, der UdSSR und Frankreichs in Betracht gezogen wird, und erachtet es für notwendig, diesen Vorschlag vorab mit der Regierung Frankreichs abzustimmen.

Nach Archiv.

118 Siehe Anmerkung 16.
119 Siehe Anmerkung 22.
120 Eingebracht von Truman auf der Sitzung der Regierungschefs.
121 Datum der Übergabe durch Molotow an Truman und Churchill.

Nr. 76
Vorschlag der Delegation der UdSSR zur Definition des Begriffes „Kriegsbeute“
23. Juli 1945[122]

Unter Kriegsbeute wird verstanden:

1. Kriegsmaterial Deutschlands, alle Geräte und Ausrüstungen eingeschlossen, die militärischen oder paramilitärischen Verbänden des Gegners oder deren Mitgliedern gehören, von ihnen genutzt werden oder zur Nutzung durch diese bestimmt sind;

2. Güter, die der Feind für den eigenen militärischen Bedarf genutzt hatte und die während des Krieges aus Deutschland entnommen wurden, um den militärischen Bedarf der Alliierten zu decken.

Nach Archiv.

Nr. 77
Schreiben des Sekretärs der Delegation der UdSSR an den politischen Berater des Oberkommandierenden der britischen Besatzungstruppen in Deutschland
Berlin, den 23. Juli 1945

Sehr geehrter Herr Strang!

Im Zusammenhang mit der Frage des britischen Lagers für sowjetische Staatsangehörige im Gebiet Cesenàtico (Italien), worüber die sowjetische Delegation auf der Sitzung der drei Regierungschefs vom 22. Juli Mitteilung machte, übersende ich Ihnen beiliegend im Auftrag des Volkskommissars ein Aide-mémoire. Ich wäre Ihnen dankbar, wenn Sie den Erhalt des beigefügten Aide-mémoire bestätigen würden.

Mit aufrichtiger Hochachtung
(Nowikow)
Sekretär der Delegation der UdSSR

Anlage

Aide-mémoire der Delegation der UdSSR für die Delegationen der USA und Großbritanniens über die Repatriierung sowjetischer Staatsangehöriger aus Italien[123]
23. Juli 1945

Die sowjetischen Repatriierungsbehörden haben von ihren Vertretern in Italien folgende Informationen erhalten.

Am 10. Juli d. J. teilte Oberstleutnant Levels dem sowjetischen Vertreter, Oberst Jakowlew, mit, daß sich in dem britischen Lager im Gebiet der Stadt Cese-

122 Datum der Erörterung auf der inoffiziellen Sitzung der Außenminister (um 16 Uhr). (Eine Niederschrift über diese Sitzung wurde in den sowjetischen Archiven nicht aufgefunden.)

123 Ein gleichlautendes Aide-mémoire wurde von Nowikow an Dunn gesandt.

nàtico 150 sowjetische Staatsangehörige befinden. Am 16. Juli hatte der sowjetische Vertreter, Oberstleutnant Podobjed, die Möglichkeit, gemeinsam mit dem Chef der Zone der Kriegsgefangenenlager, dem englischen Brigadekommandeur Denny, das Lager im Gebiet Cesenàtico zu besuchen. Dabei stellte sich heraus, daß sich in diesem Lager nicht 150, sondern 10 000 Personen, vor allem Ukrainer, befinden. Aus den genannten Ukrainern wurde eine Division in Stärke von annähernd 10 000 Mann formiert. Die Division besteht aus 12 Regimentern, darunter ein Nachrichten- und ein Pionierregiment. Die Offiziere dieser Division wurden aus Personen ausgewählt, die in entsprechenden Truppenteilen der deutschen Armee Kommandoposten bekleidet hatten. Des weiteren stellte sich heraus, daß Personen, die den Wunsch geäußert hatten, in die Heimat zurückzukehren, schlechter Behandlung bis hin zu Schlägen ausgesetzt waren.

Nach Archiv.

Nr. 78
Schreiben des Volkskommissars für Auswärtige Angelegenheiten der UdSSR an den Berater des Außenministeriums der USA

Potsdam, den 23. Juli 1945

Sehr geehrter Herr Bohlen!

Ich möchte Sie bitten, so liebenswürdig zu sein und den beiliegenden Wortlaut eines Telegramms von Herrn Präsidenten B. Bierut, das wir heute abend erhielten, an Herrn Präsidenten H. Truman weiterzuleiten.

Hochachtungsvoll
W. Molotow

Anlage

Botschaft des Vorsitzenden der Krajowa Rada Narodowa der Polnischen Republik an den Präsidenten der USA

Warschau, den 23. Juli 1945

Ihre im Namen der drei Regierungschefs ergangene Einladung nehmen wir dankend an, und ich habe die Ehre mitzuteilen, daß die Polnische Regierung folgende Vertreter entsendet:

Edward Osóbka-Morawski, Premierminister der Provisorischen Regierung der nationalen Einheit,

S. Mikołajczyk, Stellvertreter des Premierministers,

W. Rzymowski, Minister für Auswärtige Angelegenheiten.

Angesichts der außerordentlichen Bedeutung, die die zu erörternde Frage für Polen hat, werde ich ebenfalls nach Potsdam kommen, da sich meine Anwesenheit als zweckmäßig erweisen könnte.

Ich benutze die Gelegenheit, Sie des Ausdrucks meiner vorzüglichsten Hochachtung zu versichern.

Ihr
Bolesław Bierut

Nach Archiv.

Nr. 79
Vorschlag der Delegation der UdSSR über Reparationen von Österreich
24. Juli 1945[124]

1. Die Gesamtsumme der Reparationen von Österreich ist auf 250 Millionen Dollar bei einer Zahlung zu gleichen Teilen innerhalb von 6 Jahren, beginnend vom 1. Juli 1945 an, festzulegen.

2. Die Reparationen sind hauptsächlich in Form von Erzeugnislieferungen der österreichischen Industrie zu entnehmen.

3. Die Reparationen werden zur Wiedergutmachung des Schadens entnommen, der der Sowjetunion, Großbritannien, den Vereinigten Staaten von Amerika und Jugoslawien infolge des Krieges entstanden ist.

Nach Archiv.

Nr. 80
Vorschlag der Delegation der UdSSR über Reparationen von Italien
24. Juli 1945[125]

1. Die Gesamtsumme der Reparationen von Italien ist in Höhe von 600 Millionen Dollar festzulegen.

2. Die festgelegten Reparationen muß Italien innerhalb von 6 Jahren durch Lieferungen von Erzeugnissen der italienischen Industrie und Landwirtschaft erbringen.

3. Die Reparationen von Italien sollen zur Wiedergutmachung des Schadens dienen, der der Sowjetunion, Großbritannien, den Vereinigten Staaten von Amerika, Jugoslawien, Griechenland und Albanien durch die Teilnahme Italiens am Krieg entstanden ist.

Nach Archiv.

124 Datum der Übergabe durch Molotow an Byrnes und Eden auf der Sitzung der Außenminister.
125 Datum der Übergabe durch Molotow an Byrnes und Eden auf der Sitzung der Außenminister.

Nr. 81
Memorandum des Außenministers Großbritanniens über die Entnahme alliierter Industrieausrüstungen, insbesondere aus Rumänien[126]

Potsdam, 24. Juli 1945

Unsere Frage läßt sich meines Erachtens folgendermaßen einfach darlegen.

Es gibt nur zwei Artikel im rumänischen Waffenstillstandsabkommen[127], auf deren Grundlage Vermögen aus Rumänien entnommen werden kann.

Einer davon ist Artikel 11, der die Zahlung von Reparationen vorsieht. Die sowjetische Regierung behauptet nicht, daß die Erdölausrüstungen auf der Grundlage dieses Artikels abtransportiert wurden, sondern behauptet, daß sie als Kriegsbeute entnommen wurden.[128]

Der zweite ist Artikel 7, der vorsieht, daß die rumänische Regierung Kriegsmaterial Deutschlands und seiner Satelliten, das sich auf rumänischem Territorium befindet, als „Beutegut" zu übergeben hat (aus Artikel 1 geht hervor, daß Rumänien in diesem Falle nicht zu den Satelliten gerechnet wird).

Es ist deshalb eindeutig, daß das einzige Vermögen, auf das als Kriegsbeute Anspruch erhoben werden kann, deutsches Vermögen oder Vermögen eines anderen Satelliten Deutschlands ist.

Die Frage ist, ob das Vermögen, worum es geht, deutsches Vermögen ist. Die sowjetische Delegation hat nichts darüber verlauten lassen, daß jegliche Ausrüstungen, die vor dem Krieg von Bürgern alliierter Staaten erworben wurden, als deutsches Vermögen betrachtet werden können, und ich kann nicht verstehen, warum dieses Vermögen nicht sofort ohne weitere Auseinandersetzungen zurückgegeben wurde.

Schwieriger ist es mit dem Vermögen, das von Gesellschaften während des Krieges, als sie sich unter Verwaltung der Deutschen befanden, erworben wurde. Doch auch dieser Fall wird klar, wenn man ihn sorgfältig untersucht. Die Gesellschaften verfügten, als sie von den Deutschen vereinnahmt wurden, über bestimmte Aktiva (Kapital, Ausrüstungen, Erdölkonzessionen). Unter deutscher Verwaltung gaben sie einen Teil dieser Aktiva auf (Kapital oder Erdöl) und erhielten im Austausch dafür von Deutschland andere Aktiva (Ausrüstungen). Somit waren also diese Ausrüstungen zum Zeitpunkt der Befreiung ohne Zweifel Vermögen der jeweiligen Gesellschaft.

Wenn irgendein britisches Unternehmen Ansprüche auf Vermögen hätte, das zweifelsfrei Deutschland gehörte und das ihm nur zur Sicherung übergeben wurde, wäre seine Konfiszierung als Beutegut natürlich gerechtfertigt.

Als eine Lösung dieser Frage schlage ich jetzt vor, daß das Eigentumsrecht an dem strittigen Vermögen von Experten einer vorurteilsfreien Prüfung unterzogen wird. Die Angelegenheit könnte einer Kommission anvertraut werden, die aus drei Personen besteht – Bürgern aus nicht an diesem Streitfall interessierten alliierten Staaten. Wenn befunden wird, daß dieses Vermögen Deutschland gehört,

126 Übergeben durch Eden an Molotow und Byrnes auf der Sitzung der Außenminister. Antwort-Memorandum der Delegation der UdSSR vgl. Dok. Nr. 94.

127 Siehe Anmerkung 32.

128 Siehe Anmerkung 31.

sind wir damit einverstanden, daß es in der Hand der Russen bleibt. Wird befunden, daß das Vermögen einem britischen Unternehmen gehört, muß es dem jeweiligen Unternehmen von der Sowjetregierung zurückgegeben werden, oder es muß ein Ausgleich dafür gezahlt werden.

Nach Archiv.

Nr. 82
Änderungsantrag der Delegation Großbritanniens zum Vorschlag der Delegation der USA über die Zulassung zur Organisation der Vereinten Nationen

24. Juli 1945[129]

Es wäre besser, den zweiten Absatz des amerikanischen Entwurfes[130] so zu ändern, daß nicht der Eindruck entsteht, die drei Regierungen seien die einzigen, die am Abschluß eines Friedensvertrages mit Italien interessiert sind. In seiner jetzigen Formulierung ist dieser Absatz für die französische und weitere interessierte alliierte Regierungen möglicherweise nicht uneingeschränkt annehmbar. Es wird deshalb vorgeschlagen, diesen Absatz folgendermaßen zu formulieren:

„Die drei Regierungen haben deshalb beschlossen, daß umgehend Schritte unternommen werden müssen, um mit Italien einen Friedensvertrag abzuschließen, und sie sind gewiß, daß die anderen interessierten alliierten Regierungen diesen Standpunkt teilen. Sie haben deshalb seine Vorbereitung unter die vordringlichen, wichtigen Aufgaben eingeordnet, die vom neuen Rat der Außenminister erörtert werden sollen. Der Abschluß dieses Friedensvertrages wird es den drei Regierungen ermöglichen, ihrem Wunsch entsprechend Italiens Bitte, in die Organisation der Vereinten Nationen aufgenommen zu werden, zu unterstützen."

Nach Archiv.

Nr. 83
Vorschlag der Delegation der USA über die Zulassung zur Organisation der Vereinten Nationen

24. Juli 1945[131]

Die drei Regierungen betrachten es als wünschenswert, die gegenwärtige anomale Stellung Italiens, Bulgariens, Finnlands, Ungarns und Rumäniens durch den Abschluß von Friedensverträgen zu beenden, so daß möglichst schnell danach zwischen ihnen und den Staaten, die ihre Feinde gewesen sind, wo es notwendig ist, ein normaler Zustand wiederhergestellt werden kann. Sie sind überzeugt, daß die anderen interessierten alliierten Regierungen ihren Standpunkt teilen.

129 Datum, an dem die Konferenz der Außenminister den Änderungsvertrag erhielt.
130 Vgl. Dok. Nr. 67, 83.
131 Datum, an dem Byrnes den Vorschlag der Konferenz der Regierungschefs übergab.

Ihrerseits haben die drei Regierungen die Vorbereitung eines Friedensvertrages mit Italien unter den vordringlichen und wichtigen Aufgaben vorgesehen, die der neue Rat der Außenminister erörtern soll. Italien brach als erste der Achsenmächte mit Deutschland, zu dessen Niederlage es materiell beitrug. Es hat sich jetzt mit den Alliierten im Kampf gegen Japan vereint. Italien befreite sich selbst vom faschistischen Regime und erzielte große Fortschitte auf dem Wege zur Wiederherstellung einer demokratischen Verwaltung und demokratischer Einrichtungen. Der Abschluß eines solchen Friedensvertrages mit einer verantwortungsbewußten und demokratischen italienischen Regierung würde es den drei Regierungen ermöglichen, ihrem Wunsch entsprechend die Bitte Italiens um Aufnahme in die Organisation der Vereinten Nationen zu unterstützen.

Die drei Regierungen beauftragen ferner den Rat der Außenminister mit der Vorbereitung von Friedensverträgen mit Bulgarien, Finnland, Ungarn und Rumänien. Der Abschluß von Friedensverträgen mit verantwortungsbewußten demokratischen Regierungen in diesen Staaten wird ebenfalls die drei Regierungen in den Stand setzen, ihre Bitte um Aufnahme in die Organisation der Vereinten Nationen zu unterstützen.

Über die Zulassung anderer Staaten sagt Artikel IV der Charta der Vereinten Nationen:

„1. Die Mitgliedschaft in den Vereinten Nationen steht allen anderen friedliebenden Staaten offen, welche die in der vorliegenden Charta enthaltenen Verpflichtungen übernehmen und nach Auffassung der Organisation fähig und gewillt sind, diese Verpflichtungen zu erfüllen.

2. Die Aufnahme eines solchen Staates als Mitglied der Vereinten Nationen erfolgt durch einen Beschluß der Vollversammlung auf Empfehlung des Sicherheitsrates."

Die drei Regierungen werden ihrerseits Aufnahmeanträge jener Staaten, die während des Krieges neutral geblieben sind und die oben angeführten Bedingungen erfüllen, unterstützen.

Die drei Regierungen fühlen sich jedoch verpflichtet klarzustellen, daß sie für ihren Teil einen Aufnahmeantrag der gegenwärtigen spanischen Regierung nicht unterstützen werden, die mit Hilfe der Achsenmächte gebildet wurde und wegen ihres Ursprungs, ihres Charakters, ihrer Tätigkeit und ihrer engen Verbindung zu den Aggressorstaaten nicht die für eine solche Mitgliedschaft notwendigen Eigenschaften besitzt.

Nach Archiv.

Nr. 84
Memorandum der Delegation Großbritanniens an die Delegationen der UdSSR und der USA. Politische Grundsätze für Deutschland

24. Juli 1945[132]

Der Bericht der Wirtschaftskommission an die Außenminister[133] enthielt fol-

132 Datum der Übergabe durch Eden an Molotow und Byrnes.
133 Vgl. Dok. Nr. 55.

genden Punkt, der, als die Außenminister den Bericht annahmen, nicht behandelt wurde:

„Die Vertreter des Vereinigten Königreiches und der Vereinigten Staaten verweisen darauf, daß es neben den in Punkt 13 genannten zwei Fragen gibt, in denen eine gemeinsame Politik bei der Behandlung Deutschlands als einer wirtschaftlichen Einheit notwendig ist:

1) Gleiche Methoden der Behandlung der deutschen Zivilbevölkerung;

2) Bewegungsfreiheit von Staatsangehörigen des Vereinigten Königreiches, der USA, der UdSSR und Frankreichs in allen Zonen zu Lande und in der Luft unter der Voraussetzung einer normalen Regelung.

Die sowjetischen Vertreter stehen auf dem Standpunkt, daß diese beiden Punkte zwar auch von wirtschaftlicher Bedeutung sind, jedoch stärker den politischen Bereich betreffen und deshalb nicht von der Wirtschaftskommission behandelt werden sollen."

Die Delegation des Vereinigten Königreiches mißt einem Übereinkommen in diesen beiden Fragen wesentliche Bedeutung bei. Sie schlägt entsprechend vor:

a) nach Punkt 1 des von den Regierungschefs gebilligten Textes „Politische Prinzipien"[134] folgenden neuen Punkt einzufügen:

„Soweit dies praktisch durchführbar ist, soll die Behandlung der deutschen Bevölkerung in ganz Deutschland gleich sein."

b) Nach Punkt 9 folgenden neuen Punkt hinzuzufügen:

„Bewegungsfreiheit von Staatsangehörigen der im Kontrollrat vertretenen Mächte in allen Zonen zu Lande und in der Luft unter der Voraussetzung einer normalen Regelung."

Nach Archiv.

Nr. 85
Entwurf einer Direktive für die alliierten Oberkommandierenden

24. Juli 1945[135]

Die Regierungen der USA, des Vereinigten Königreiches und der UdSSR haben sich über folgende politische und wirtschaftliche Grundsätze geeinigt, die sie als richtungweisend für die Behandlung Deutschlands in der Anfangsperiode der Kontrolle betrachten. Sie haben diese der Provisorischen Regierung der Französischen Republik zur Kenntnis gebracht und den aufrichtigen Wunsch geäußert, diese Regierung möge imstande sein, diesen Grundsätzen zuzustimmen.

Sie werden sich in Ihren Handlungen in Ihrer Besatzungszone von diesen Grundsätzen leiten lassen und gemeinsam mit Ihren Kollegen im Kontrollrat Maßnahmen treffen, um sie so durchzusetzen, daß die gebührende Einheit des Handelns in allen Besatzungszonen gewährleistet ist.

Nach Archiv.

134 Vgl. Dok. Nr. 38.
135 Gussew an diesem Tag von Strang übergeben.

Nr. 86
Entwurf einer Adresse der Regierungen der UdSSR, der USA und Großbritanniens an die Provisorische Regierung der Französischen Republik mit der Aufforderung, sich der Übereinkunft über die politischen und wirtschaftlichen Grundsätze der Behandlung Deutschlands anzuschließen

24. Juli 1945[136]

Die Regierungen der USA, des Vereinigten Königreiches und der UdSSR haben sich über folgende politische und wirtschaftliche Grundsätze geeinigt, die sie als richtungweisend für die Behandlung Deutschlands in der Anfangsperiode der Kontrolle betrachten. Sie beabsichtigen, nach Abschluß der gegenwärtigen Konferenz den Wortlaut dieser Grundsätze den Oberkommandierenden ihrer jeweiligen Besatzungstruppen in Deutschland zu übermitteln und sie anzuweisen, sich in ihrer Handlungsweise in der jeweiligen Besatzungszone von diesen Grundsätzen leiten zu lassen und in Abstimmung mit ihren Kollegen im Kontrollrat bei der Durchsetzung dieser Grundsätze so vorzugehen, daß die entsprechende Einheit des Handelns in allen Besatzungszonen gewährleistet wird.

Die drei Regierungen wünschen aufrichtig, die Provisorische Regierung der Französischen Republik möge imstande sein, diesen Prinzipien zuzustimmen, und nach Abschluß der gegenwärtigen Konferenz dem Oberkommandierenden der französischen Besatzungstruppen entsprechende Instruktionen erteilen.

Die drei Regierungen wären dankbar, wenn die Provisorische Französische Regierung diese Information streng vertraulich behandelte, bis ein offizieller Bericht der Konferenz veröffentlicht wird.

Nach Archiv.

Nr. 87
Vorschlag der Delegation der USA zu den Reparationen und damit zusammenhängenden Angelegenheiten

24. Juli 1945[137]

Entsprechend den Empfehlungen der Alliierten Reparationskommission[138] haben die Regierungen des Vereinigten Königreiches, der Vereinigten Staaten und der Union der Sozialistischen Sowjetrepubliken dem folgenden Programm der Reparationen und anderer Leistungen Deutschlands zugunsten der Allierten zugestimmt:

a) Die erhobenen Reparationen sollen unter die anspruchsberechtigten Nationen entsprechend der Last, die sie im Krieg getragen haben, den von ihnen erlittenen Verlusten und dem Grad ihrer Beteiligung an der Organisation des Sieges über den Feind verteilt werden.

136 Gussew an diesem Tag von Strang übergeben.
137 Maiski von Pauley am 25. Juli übergeben.
138 Siehe Anmerkung 38.

b) Mit Ausnahme der Fälle, in denen der Alliierte Kontrollrat andere Anweisungen gibt, kann jeder der vier Staaten, die Deutschland besetzt haben – das Vereinigte Königreich, die Vereinigten Staaten, die UdSSR und Frankreich –, aus seiner Besatzungszone Hauptausrüstungen, Erzeugnisse aus der laufenden Produktion und Warenbestände entnehmen oder zu entnehmen gestatten, entweder zur Bezahlung notwendiger genehmigter Importe, die nicht auf andere Weise bezahlt wurden, oder, nach dieser Bezahlung des Imports, für sich selbst oder als Reparationen für jede beliebige der Vereinten Nationen[139], die Anspruch auf Reparationen hat. Die Entnahmen dürfen nicht einen solchen Charakter annehmen, der mit der Produktion und der Lagerung von Erzeugnissen sowie der Sicherung von Dienstleistungen für die Besatzungstruppen und die Erhaltung des gebilligten Lebensniveaus, einschließlich des für die Bezahlung genehmigter Importe für die Besatzungstruppen und die deutsche Bevölkerung notwendigen Exports, unvereinbar ist. Die Entnahmen dürfen dem Grundsatz von Deutschland als einer wirtschaftlichen Einheit nicht widersprechen.

c) Bei den Entnahmen für Reparationszwecke oder anderen Zuwendungen zugunsten der Alliierten sollen sich die Besatzungsstaaten von folgenden Prinzipien leiten lassen:

1. Die Entnahmen von Vermögen werden in erster Linie so vorgenommen, daß sie zur Liquidierung der militärischen Macht Deutschlands durch Abbau jenes Teils der industriellen Kapazität Deutschlands beitragen, der das Kriegspotential ausmacht.

2. Die Entnahmen sollen so vorgenommen werden, daß der Wiederaufbau und die Rekonstruktion der von den Deutschen verwüsteten Länder beschleunigt wird.

3. Zu vermeiden ist ein solches Entnahmeprogramm, das es notwendig machen würde, finanzielle Hilfe von außen in Anspruch zu nehmen, oder das nach Meinung der betroffenen Regierung die erfolgreiche Erfüllung der den Besatzungsarmeen übertragenen Aufgaben beeinträchtigen könnte.

4. Die Entnahmen sollen zum allergrößten Teil aus dem vorhandenen Nationaleigentum Deutschlands vorgenommen werden.

5. Um zu verhindern, daß Deutschland seine industrielle Stärke wiedererlangt und die langfristige Stabilität der Wirtschaft der Vereinten Nationen gestört wird, sollen die laufenden Entnahmen in Form von Fertigerzeugnissen auf ein Minimum reduziert werden.

6. Um den Ländern, die vom Feind besetzt waren, Gerechtigkeit widerfahren zu lassen, soll der Umfang der Entnahmen so festgelegt werden, daß der mittlere Lebensstandard in Deutschland in der Zeit der Reparationsleistungen das durchschnittliche Niveau in den europäischen Ländern, ausgenommen das Vereinigte Königreich und die UdSSR, nicht übersteigt.

7. Nach Abschluß der Entnahmen müssen genügend Ressourcen verbleiben, um dem deutschen Volk die Möglichkeit zu geben, ohne Hilfe von außen zu existieren. Für die Bezahlung des Imports, der von der betroffenen Regierung so lange genehmigt wurde, bis Entnahmen – welcher Art auch immer – stattfinden, sind die erforderlichen Mittel einzubehalten.

139 Siehe Anmerkung 14.

8. Entnahmen jeglicher Art von Hauptausrüstungen, die per 10. Mai 1945 vorhanden waren, müssen am 10. Mai 1947 eingestellt werden.

9. Entnahmen von Warenbeständen und Erzeugnissen der laufenden Produktion müssen am 10. Mai 1951 eingestellt werden.

Nach Archiv.

Nr. 88
Vorschlag der Delegation der USA zur Schiffahrt auf internationalen Binnenwasserstraßen

25. Juli 1945[140]

Die USA, das Vereinigte Königreich und die UdSSR sind übereingekommen, die freie und uneingeschränkte Schiffahrt auf den Binnenwasserstraßen, die durch das Gebiet zweier oder mehrerer Staaten führen, auf dem Kieler Kanal und in den Meerengen, worunter die Dardanellen, das Marmarameer und der Bosporus zu verstehen sind, festzulegen. Die freie und uneingeschränkte Schiffahrt auf diesen Wasserwegen soll durch ein internationales Abkommen gewährleistet werden.

Als erster Schritt werden möglichst schnell interimistische Schiffahrtsorgane für die Donau und den Rhein gebildet. Diese interimistischen Schiffahrtsorgane sollen die Funktion haben, die Navigationsmittel auf den genannten Flüssen wieder instand zu setzen und zu entwickeln, die Flußschiffahrt zur Gewährleistung gleicher Möglichkeiten für Bürger unterschiedlicher Nationalität zu überwachen sowie einheitliche Regeln für die Nutzung dieser Mittel sowie Navigationsvorschriften, Zoll- und sanitäre Formalitäten und zu anderen ähnlichen Fragen festzulegen. Mitglieder dieser beiden Organe sollen die Vereinigten Staaten, das Vereinigte Königreich, die UdSSR und Frankreich sein; die Schweiz und die Niederlande sollen eingeladen werden, im Schiffahrtsorgan für den Rhein mitzuarbeiten; die Tschechoslowakei, Jugoslawien, Ungarn, Bulgarien und Rumänien sollen eingeladen werden, im Schiffahrtsorgan für die Donau mitzuarbeiten. Ein Abkommen über die eventuelle Mitgliedschaft Österreichs und Deutschlands wird Gegenstand einer späteren Vereinbarung zwischen den Vereinigten Staaten, dem Vereinigten Königreich, der UdSSR und Frankreich sein.

Gemäß dem Grundsatz der freien und uneingeschränkten Schiffahrt wurde außerdem Übereinstimmung darüber erzielt, daß der Kontrollrat in Deutschland gleiche Möglichkeiten für alle Transporte durch den Kieler Kanal gewährleisten wird.

Die drei Staaten werden sich bei jeglicher Revision der Konvention zu Montreux aus dem Jahre 1936[141] von der Politik der freien und uneingeschränkten Schiffahrt leiten lassen.

Nach Archiv.

140 Datum der Erörterung auf der Sitzung der Außenminister.
141 Siehe Anmerkung 9.

Nr. 89
Schreiben des Sekretärs der Delegation der UdSSR an den politischen Berater des Oberkommandierenden der britischen Besatzungstruppen in Deutschland[142]

Berlin, 25. Juli 1945

Sehr geehrter Herr Strang!

Im Auftrag des Volkskommissars für Auswärtige Angelegenheiten Molotow übersende ich Ihnen hiermit ein Aide-mémoire über die antisowjetischen Aktivitäten von seiten weißer Emigranten und anderer UdSSR-feindlicher Personen und Organisationen in der britischen, amerikanischen und französischen Besatzungszone.

Ich wäre Ihnen dankbar, Herr Strang, wenn Sie den Eingang dieses Schreibens bestätigten.

Hochachtungsvoll
Sekretär der UdSSR-Delegation
/Nowikow/

Anlage

Aide-mémoire der Delegation der UdSSR für die Delegation Großbritanniens über die Repatriierung sowjetischer Staatsangehöriger aus Deutschland und Österreich

25. Juli 1945

Die Verwaltung für die Repatriierung sowjetischer Staatsangehöriger hat Informationen darüber erhalten, daß in der britischen, amerikanischen und französischen Besatzungszone in Deutschland sowie in der britischen und amerikanischen Zone in Österreich weiße Emigranten und andere UdSSR-feindliche Personen und Organisationen eine umfangreiche Tätigkeit entfalten, um die Rückkehr sowjetischer Staatsangehöriger in die Heimat zu behindern.

Auf dem Territorium Österreichs spielen sich diese Aktivitäten in den von Truppen der 8. britischen und der 5. amerikanischen Armee besetzten Gebieten ab. Es wird berichtet, daß in der Stadt Salzburg unter dem offiziellen Namen „Ingenieurtechnische Firma Karjakin“ faktisch ein von dem russischen Emigranten Oberst Bobrow geleitetes Komitee besteht, das die genannte Tätigkeit leitet. In den Vororten von Salzburg agiert ein Komitee, geleitet von Sliptschenko und Mischtschenko, das Ukrainer von der Rückkehr in die Heimat abhält. Im Raum Klagenfurt sind Agenten des ehemaligen Wlassow-Korps unter dem Kommando von Oberst Rogoshin aktiv. Geleitet wird die gesamte UdSSR-feindliche Tätigkeit in Österreich von einem Zentrum, dem bekannte weiße Emigranten angehören, zum Beispiel General Krejter, Ingenieur Woskressenzew, Iwanow und Lawrow.

Es wird außerdem über analoge Aktivitäten weißer Emigranten in Deutschland, im Bereich der 1. französischen Armee, berichtet. Hier erfolgt diese Tätigkeit mit aktiver Unterstützung der französischen Militärbehörden der „Sûrité mi-

142 Ein analoges Schreiben erging am 25. Juli an Dunn.

litaire". In der britischen und der amerikanischen Besatzungszone wird die UdSSR-feindliche Tätigkeit von einem sogenannten ukrainischen Zentralkomitee, geleitet von Skoropadski, einem weißgardistischen General, von Kostjuschtschenko, Mironenko und Schmega koordiniert. Nach den sowjetischen Behörden vorliegenden Informationen hat dieses Komitee im Juni dieses Jahres in mehreren Städten Deutschlands, darunter in Weißenberg, Kassel und Nürnberg, sogenannte ukrainische Komitees aufgebaut. Jedes Mitglied dieses Komitees erhält einen gedruckten Ausweis des „Zentralkomitees". Jeder Ausweis ist mit einem Stempel und der Unterschrift des „Präsidenten der freien Ukraine" versehen. Personen mit einem solchen Ausweis bewegen sich frei in den Besatzungszonen der Alliierten in Deutschland und können in den Lagern für sowjetische Staatsangehörige in der britischen, amerikanischen und französischen Zone ungehindert ihre UdSSR-feindliche Tätigkeit ausüben.

Die sowjetische Regierung hält es für notwendig, die britische Regierung und die Regierung der USA auf obengenannte Tatsachen aufmerksam zu machen.

Nach Archiv.

Nr. 90
Schreiben des Sekretärs der Delegation der UdSSR an den politischen Berater des Oberkommandierenden der britischen Besatzungstruppen in Deutschland

Berlin, 25. Juli 1945

Verehrter Herr Strang!

Im Auftrag des Volkskommissars für Auswärtige Angelegenheiten Molotow sende ich Ihnen beiliegend ein Aide-mémoire über die unvollständige Anwendung des Kapitulationsregimes auf deutsche Truppen in Norwegen.

Ich wäre Ihnen dankbar, wenn Sie den Erhalt dieses Schreibens[143] bestätigten.

Hochachtungsvoll
/Nowikow/
Sekretär der Delegation der UdSSR

Anlage

Aide-mémoire der Delegation der UdSSR für die Delegation Großbritanniens über die unvollständige Anwendung der Bestimmungen über die bedingungslose Kapitulation Deutschlands auf deutsche Truppen in Norwegen[144]

25. Juli 1945

Die sowjetische Regierung hat Informationen erhalten, daß in bezug auf deutsche Truppen in Norwegen die in der Urkunde über die bedingungslose Kapitula-

143 Siehe Anmerkung 62.
144 Ein analoges Aide-mémoire richtete Nowikow an Dunn.

tion Deutschlands[145], unterzeichnet am 8. Mai 1945 in Berlin, enthaltenen Kapitulationsbedingungen nicht vollständig angewendet werden. Es heißt, daß die im Gebiet zwischen Mo und Trondheim liegenden deutschen Truppen in Stärke von rund 260 000 Mann und die 140 000 Mann in der Gegend von Troms Waffen tragen und technische Kampfmittel bei sich führen. Die Truppen wurden nicht interniert und können sich frei bewegen.

Die sowjetische Regierung hält es für notwendig, die britische Regierung und die Regierung der Vereinigten Staaten von Amerika auf diese Informationen hinzuweisen, weil die oberste militärische Kontrolle über die Truppen, die kapituliert haben, auf dem Territorium Norwegens vom Alliierten Oberkommando wahrgenommen wird.

Nach Archiv.

Nr. 91
Vorschlag der Delegation Großbritanniens zur Frage der Überführung der deutschen Bevölkerung

25. Juli 1945[146]

Die drei Mächte haben die Frage in allen ihren Aspekten behandelt und anerkannt, daß eine Überführung der deutschen Bevölkerung aus Mittel- und Südosteuropa vorgenommen werden muß. Sie sind übereingekommen, daß alle Überführungen, die erfolgen werden, unter sorgfältiger Kontrolle und Aufsicht vorzunehmen sind, damit sie, soweit möglich, organisiert und auf humane Weise vonstatten gehen, wobei die Fähigkeit Deutschlands, diese Bevölkerung aufzunehmen, zu beachten ist.

Da die Ankunft einer großen Zahl von Deutschen in Deutschland die schwere Bürde, die schon auf den Besatzungsmächten lastet, noch erheblich vergrößern wird, sind sie der Ansicht, daß in erster Linie der Alliierte Kontrollrat in Deutschland[147] sich mit der Untersuchung dieses Problems befassen sollte. Die Mitglieder des Kontrollrates müssen die Instruktion erhalten, ihren Regierungen so schnell wie möglich zu berichten, in welchem Umfang die genannte Bevölkerung aus Polen, der Tschechoslowakei und Ungarn schon in Deutschland eingetroffen ist, und Vorschläge zu machen, in welcher Zeit und Anzahl die weitere Überführung der Bevölkerung in Anbetracht der Situation erfolgen könnte.

Gleichzeitig sind die tschechoslowakische und die Polnische provisorische Regierung sowie die Alliierte Kontrollkommission in Ungarn über die Maßnahmen zu informieren, die getroffen werden, und zu bitten, von weiteren Ausweisungen abzusehen, bis die jeweiligen Regierungen den Bericht ihrer Vertreter im Alliierten Kontrollrat behandelt haben.

Nach Archiv.

145 Siehe Anmerkung 55.
146 An diesem Tag vom britischen Vertreter auf der Sitzung des Umsiedlungsausschusses übergeben.
147 Siehe Anmerkung 16.

Nr. 92
Zweiter Bericht der Wirtschaftskommission an die Außenminister
25. Juli 1945

1. Die Wirtschaftskommission muß leider mitteilen, daß nach langwieriger Erörterung der Probleme der Reparationen von Deutschland, Österreich und Italien kein Einvernehmen erreicht wurde und diese Fragen folglich erneut den Außenministern zur Entscheidung übergeben werden.

2. Die Kommission konstatiert, daß Deutschland, Österreich und Italien verpflichtet sind, Reparationen zu zahlen.

3. Was Deutschland betrifft, so stimmt die Kommission darin überein, daß es erhebliche Reparationen zu erbringen hat. Die Kommission konnte jedoch zu keinem Einvernehmen über die Methoden gelangen, nach denen das Programm dieser Reparationen erfüllt werden soll.

4. Die sowjetischen Vertreter sind der Meinung, daß Österreich in der Lage ist, innerhalb von 6 Jahren Reparationen in Sachleistungen in Höhe von 250 Millionen Dollar zu erbringen, und Italien in Höhe von 600 Millionen Dollar, insbesondere in Anbetracht der Tatsache, daß Italien und Österreich ihre einstigen Rüstungsausgaben nicht mehr zu tragen brauchen. Die britischen und die amerikanischen Vertreter betonen andererseits, daß sowohl Österreich als auch Italien noch einige Zeit Hilfe aus dem Ausland brauchen werden, daß das Vereinigte Königreich, die Vereinigten Staaten und Kanada Italien schon für mehr als 500 Millionen Dollar Waren geliefert haben, um Krankheiten und Chaos zu verhindern, und daß alle Reparationslieferungen aus diesen Ländern faktisch von den diese Waren liefernden Staaten finanziert werden würden. Sie können sich somit nicht damit einverstanden erklären, daß irgendwelche Reparationszahlungen aus der laufenden Produktion Österreichs und Italiens festgelegt werden. Sie sind bereit, die Möglichkeit gewisser einmaliger Entnahmen von Maschinen und Anlagen aus der unmittelbaren Rüstungsindustrie, die nicht für friedliche Zwecke genutzt werden können, zu prüfen.

5. Die Kommission ist bisher nicht in der Lage, einen Bericht zum Vorschlag der Vereinigten Staaten vorzulegen, mindestens 50 000 Barrel Erdöl pro Tag aus den Erdölfördergebieten Südosteuropas nach Westeuropa und in den Mittelmeerraum zur Erleichterung der angespannten Erdöl- und Tankersituation auf dem pazifischen Kriegsschauplatz zu liefern. Die sowjetischen Vertreter verweisen darauf, daß sie noch nicht genügend Informationen über Möglichkeiten dieser Art haben, obzwar aus den vorläufigen Angaben hervorgehe, daß kein auch nur nennenswerter Überschuß an Erdöl in diesen Gebieten vorhanden ist. Die sowjetischen Vertreter erklären, daß sie diese Frage weiter untersuchen und später berichten werden.

Nach Archiv.

Nr. 93
Bericht der Kommission, die zur Prüfung des Vorschlages der Delegation der USA zur Zusammenarbeit bei der Lösung dringender europäischer Wirtschaftsprobleme gebildet wurde

25. Juli 1945

1. Nach der Erörterung der Funktionen und Aufgaben des Europäischen Komitees für wirtschaftliche Hilfe[148] und der Europäischen Kohleorganisation[149] stimmten die sowjetischen Vertreter zu, die sich auf diese Organisationen beziehenden Dokumente zu studieren, um ihre Haltung zur Teilnahme in diesen Organisationen zu bestimmen. Die Regierungen des Vereinigten Königreiches und der Vereinigten Staaten sind schon Mitglied dieser Organisationen.

2. Die Vertreter des Vereinigten Königreiches und der Vereinigten Staaten informierten die sowjetischen Vertreter über ihren Wunsch, die Arbeit der Konferenz zum innereuropäischen Transportverkehr[150] wiederaufzunehmen, und bemerkten, sie würden eine Versicherung der Sowjetregierung begrüßen, sich an der Arbeit der wieder aufzunehmenden Konferenz zu beteiligen. Daraufhin teilten die sowjetischen Vertreter den Vertretern des Vereinigten Königreiches und der Vereinigten Staaten mit, daß die Sowjetregierung an der Arbeit dieser Konferenz teilnehmen wird.

Nach Archiv.

Nr. 94
Memorandum der Delegation der UdSSR über die Entnahme von Industrieausrüstungen aus Rumänien als Kriegsbeute

25. Juli 1945[151]

In ihrem Memorandum vom 24. Juli d. J.[152] wirft die Delegation Großbritanniens wiederum die Frage auf, ob die Entnahme von Erdölausrüstungen aus Rumänien[153] als Kriegsbeute, die vom sowjetischen Oberkommando durchgeführt wurde, rechtmäßig ist.

Die sowjetische Regierung hat ihren Standpunkt in dieser Frage wiederholt dargelegt und sich dabei auf bestimmte Tatsachen bezogen, die belegen, daß die Erdölausrüstungen, worum es geht, vor allem Röhren, deutsches Kriegsmaterial darstellen und Kriegsbeute der Roten Armee sind.

Es muß daran erinnert werden, daß sich die Deutschen schon seit Sommer 1940 der britischen Erdölgesellschaften und -unternehmen in Rumänien bemächtigt hatten und diese von ihnen bis zum 23. August 1944 genutzt wurden, um die deutsche Armee mit Erdölerzeugnissen zu versorgen. Das Volkskommissariat für

148 Siehe Anmerkung 60.
149 Siehe Anmerkung 61.
150 Siehe Anmerkung 50.
151 An die Delegation Großbritanniens an diesem Tag abgeschickt.
152 Vgl. Dok. Nr. 81.
153 Siehe Anmerkung 31.

Auswärtige Angelegenheiten der UdSSR hat in seinen Aide-mémoire vom 30. November 1944 und vom 4. Januar 1945 zur Bestätigung des Obengesagten schon ausführliche Angaben gemacht, die keinen Zweifel daran lassen, daß die Alliierte Kontrollkommission in Rumänien[154] in dieser Frage in voller Übereinstimmung mit Artikel 7 des Waffenstillstandsabkommens mit Rumänien und mit Artikel 2 des Protokolls zu diesem Abkommen[155] handelte. Es besteht deshalb gegenwärtig keine Notwendigkeit, den sowjetischen Standpunkt in dieser Frage erneut darzulegen.

Was den im britischen Memorandum vom 24. Juli enthaltenen Vorschlag betrifft, ein aus drei Personen, Bürgern alliierter Staaten, bestehendes Komitee zu beauftragen, die Frage zu prüfen, ob diese Röhren britisches oder deutsches Eigentum sind, so hält es die Sowjetregierung für zweckmäßiger, diese Frage der Alliierten Kontrollkommission zu übergeben, die sie gemeinsam mit einem britischen Vertreter im Hinblick auf die Erdölausrüstungen und Röhren, die vom Gelände von Betrieben entnommen wurden, die mit britischer Kapitalbeteiligung arbeiten, prüfen soll. Die Alliierte Kontrollkommission könnte mit Beteiligung britischer Vertreter die Fakten und Dokumente prüfen, die von britischer Seite vorgebracht wurden.

Nach Archiv.

Nr. 95
Vorschlag der Delegation der USA über die Verwendung von alliiertem Eigentum für die Bezahlung von Reparationen durch Satellitenländer oder als Kriegsbeute

25. Juli 1945

1. Die Last von Reparationen und „Kriegsbeute“ soll nicht von Staatsangehörigen der Alliierten getragen werden.

2. Hauptausrüstungen. Wir sind gegen die Einziehung solchen Eigentums der Alliierten als Reparationen, „Kriegsbeute“ oder in irgendeiner anderen Eigenschaft. Die Staatsangehörigen der Alliierten würden im Ergebnis der Zerstörung von Fabriken, des Verlustes von Märkten und von Handelsbeziehungen geschädigt werden. Die Einziehung von Eigentum der Alliierten macht die Erfüllung von Verpflichtungen der Satelliten aus dem Waffenstillstandsabkommen, die die volle Wiederherstellung der Rechte und Interessen der alliierten Staaten und ihrer Staatsangehörigkeit betreffen, unmöglich.

Die Vereinigten Staaten erwarten von den anderen Besatzungsstaaten die Rückgabe jedweder bereits abtransportierter Ausrüstung und die Einstellung ihres Abtransports. Falls solch eine Ausrüstung nicht zurückgegeben wird oder nicht zurückerstattet werden kann, werden die Vereinigten Staaten von den Satelliten einen gleichwertigen, effektiven und schnellen Ausgleich für die amerikanischen Staatsangehörigen fordern. Dabei soll dieser Ausgleich denselben Vorrang wie der der Reparationszahlungen besitzen.

154 Siehe Anmerkung 34.
155 Siehe Anmerkung 63.

Diese Prinzipien werden auf jedes Eigentum angewandt, das völlig oder zum wesentlichen Teil Staatsangehörigen der Alliierten gehört. In Fällen des Abtransports von Eigentum, bei dem die Interessen der Amerikaner und der Alliierten insgesamt weniger als den Hauptteil betragen, erwarten die Vereinigten Staaten einen entsprechenden wirksamen und schnellen Ausgleich.

3. Laufende Produktion. Die Vereinigten Staaten erheben keinen Einspruch gegen die Entnahme von Reparationen aus der laufenden Produktion von Unternehmen, in denen es Investitionen der Alliierten gibt. Die Satelliten haben jedoch einen sofortigen und ordnungsgemäßen Ausgleich einschließlich einer ausreichenden Summe ausländischer Valuta oder von Erzeugnissen für die Staatsangehörigen der Alliierten zu gewährleisten, damit diese in vernünftigem Umfang die Kosten in ausländischer Valuta ersetzen und vernünftige Einkünfte aus ihren Investitionen transferieren können. Dieser Ausgleich soll ebenfalls den gleichen Vorrang wie die Reparationen besitzen.

Wir meinen, es ist wichtig, daß die Satelliten keine Verträge, Abkommen oder Geschäfte abschließen, die den Staatsangehörigen der Alliierten den Zugang zu ihrem Handel, ihren Rohstoffen und ihrer Industrie unter gleichen Bedingungen verweigern würden, und daß sie in entsprechender Weise alle bestehenden Vereinbarungen abändern, die solche Folgen haben könnten.

Nach Archiv.

Nr. 96
Memorandum der Delegation der USA über die Entnahme des Eigentums von Staatsangehörigen der Vereinten Nationen oder neutraler Staaten aus Deutschland

25. Juli 1945

Es wird vorgeschlagen:

1. Das Eigentumsrecht von Staatsangehörigen der Vereinten Nationen[156] oder neutraler Staaten darf dem Entnahmeprogramm nicht im Wege stehen.

2. Staatsangehörigen der Vereinten Nationen ist vorzuschlagen, dem Alliierten Kontrollrat Erklärungen über Charakter und Umfang ihres Eigentums in Deutschland vorzulegen.[157] Der Alliierte Kontrollrat muß alle Möglichkeiten und freien Zugang zu diesem Eigentum haben, um die Ansprüche und die Schätzung des Eigentums überprüfen zu können.

3. Entnahmen von Vermögen der Vereinten Nationen sollen zu Bedingungen erfolgen, bei denen die Eigentümerinteressen von Staatsangehörigen der Vereinten Nationen an dem entnommenen Vermögen gewahrt bleiben, mit Ausnahme der Fälle, in denen die Wahrung des Eigentumsrechts praktisch unzweckmäßig ist. In diesen Fällen soll ein Konto in Reichsmark auf der Grundlage der Schätzungen des Alliierten Kontrollrates eröffnet werden, um den Wert des Vermögens auszugleichen. Danach sollen – vor Durchführung der Entnahmen – Verträge darüber abgeschlossen werden, daß das Empfängerland diese Konten in-

156 Siehe Anmerkung 14.
157 Siehe Anmerkung 16.

nerhalb weniger Jahre durch Zahlungen in annehmbarer ausländischer Währung liquidiert.

4. Staatsangehörigen neutraler Staaten oder ihren Regierungen ist zu gestatten, dem Alliierten Kontrollrat Erklärungen über Charakter und Umfang des Eigentums von Staatsangehörigen neutraler Staaten in Deutschland vorzulegen. Reichsmark in der der Schätzung des Alliierten Kontrollrates entsprechenden Summe sollen als Entschädigung auf das Konto dieser neutralen Eigentümer eingezahlt werden.

Nach Archiv.

Nr. 97
Schreiben des Außenministers der USA an den Volkskommissar für Auswärtige Angelegenheiten der UdSSR

26. Juli 1945

Sehr geehrter Herr Molotow!

Beiliegend sende ich Ihnen zu Ihrer Information eine Kopie der Deklaration des Präsidenten der Vereinigten Staaten, des Präsidenten der Nationalregierung der Chinesischen Republik und des Premierministers Großbritanniens über die Ziele und Aufgaben des Krieges gegen Japan.

Diese Deklaration wird morgen früh der Presse zur Veröffentlichung übergeben.

Hochachtungsvoll
James Byrnes

Anlage

Deklaration der Regierungschefs der Vereinigten Staaten, des Vereinigten Königreiches und Chinas über Japan

1. Wir, der Präsident der Vereinigten Staaten, der Präsident der Nationalregierung der Chinesischen Republik und der Premierminister Großbritanniens, die wir Hunderte Millionen unserer Landsleute vertreten, haben beraten und sind übereingekommen, daß Japan die Gelegenheit erhalten muß, diesen Krieg zu beenden.

2. Die gewaltigen Land-, See- und Luftstreitkräfte der Vereinigten Staaten, des britischen Empires und Chinas, mehrfach verstärkt durch ihre Truppen und Luftflotten aus dem Westen, sind bereit, Japan die entscheidenden Schläge zu versetzen. Diese Militärmacht wird getragen und beseelt von dem Entschluß aller alliierten Nationen, den Krieg gegen Japan so lange fortzuführen, bis dieses den Widerstand einstellt.

3. Das Ergebnis des fruchtlosen und unsinnigen Widerstandes Deutschlands gegen die Macht der freien Völker der Welt, die gegen es angetreten sind, liefert dem japanischen Volk Beispiele von schrecklicher Klarheit. Die starken Kräfte, die sich jetzt Japan nähern, sind unendlich viel größer als die, welche die Nazis schlugen, deren Widerstand ihnen nur den unvermeidlichen Ruin des Gebietes,

der Industrie und der Lebensgewohnheiten des gesamten deutschen Volkes einbrachte. Der totale Einsatz unserer militärischen Macht, die von einer so festen Entschlossenheit wie der unseren beseelt ist, wird die unabwendbare und restlose Vernichtung der japanischen bewaffneten Streitkräfte und ebenso unabwendbar die völlige Verwüstung des japanischen Mutterlandes bedeuten.

4. Für Japan ist die Zeit gekommen, sich zu entscheiden, ob es weiter von jenen militaristischen Ratgebern beherrscht werden will, deren Starrköpfigkeit und sinnlose Berechnungen das japanische Reich an die Schwelle der Vernichtung geführt haben, oder ob es dem Pfad der Vernunft folgen will.

5. Es folgen unsere Bedingungen. Wir werden von ihnen nicht abgehen. Es gibt keinen anderen Ausweg. Wir lassen keinen Aufschub zu.

6. Die Autorität und der Einfluß derjenigen, die das Volk Japans getäuscht und es dahin gebracht haben, daß es sich auf den Versuch einer Beherrschung der Welt einließ, müssen für immer ausgeschaltet werden; denn wir versichern, daß eine neue Ordnung des Friedens, der Sicherheit und der Gerechtigkeit nur aufgerichtet werden kann, wenn der unverantwortliche Militarismus von dieser Welt verbannt wird.

7. Bis diese neue Ordnung aufgerichtet und bis auf überzeugende Art die Vernichtung des japanischen Kriegspotentials erwiesen ist, müssen gewisse durch die Alliierten bestimmte Stellen des japanischen Gebietes besetzt werden, um sicherzustellen, daß die Grundziele, für die wir eintreten, erreicht werden.

8. Die Bestimmungen der Erklärung von Kairo[158] müssen durchgeführt und die japanische Souveränität muß auf die Inseln Honshu, Hokkaido, Kyushu, Shikoku und die anderen von uns bestimmten kleinen Inseln beschränkt werden.

9. Die Soldaten der japanischen Streitkräfte werden völlig entwaffnet und dürfen dann in ihre Heimat zurückkehren, wo sie ein friedliches und produktives Leben führen können.

10. Wir haben nicht die Absicht, die Japaner als Volk zu versklaven noch sie als Nation zu vernichten, aber strenge, gerechte Strafe muß alle Kriegsverbrecher treffen, einschließlich derer, die für die an unseren Kriegsgefangenen begangenen Grausamkeiten verantwortlich sind. Die japanische Regierung muß alle Hindernisse aus dem Wege räumen, welche die Wiedergeburt und das Wachsen demokratischer Ideen im japanischen Volk verhindern könnten.

Die Freiheit des Wortes, der Religion und der Meinung muß ebenso gewährleistet sein wie die Achtung der menschlichen Grundrechte.

11. Japan darf die Industrien behalten, die seine Wirtschaft tragen und die uns in den Stand setzen, gerechte Reparationen in Sachleistungen von ihm zu verlangen, aber nicht die Industrien, die ihm die Möglichkeit einer Wiederaufrüstung bieten könnten.

Zu diesem Zweck soll Japan der Zugang zu den Rohstoffen – aber nicht die Kontrolle der Rohstoffe – gewährt werden. Es soll Japan gestattet werden, am internationalen Handel teilzunehmen.

12. Die alliierten Besatzungskräfte werden aus Japan zurückgezogen, sobald diese Ziele erreicht sind und eine verantwortliche Regierung mit friedlichen Absichten gebildet ist, die dem frei ausgesprochenen Willen des japanischen Volkes entspricht.

158 Siehe Anmerkung 64.

13. Wir verlangen von der Regierung Japans, sofort die bedingungslose Übergabe aller bewaffneten japanischen Streitkräfte anzuordnen und geeignete und angemessene Sicherheiten für die Durchführung zu stellen. Für Japan bleibt keine andere Lösung, es sei denn die vollständige totale Vernichtung.

Harry S. Truman
Winston Churchill
Der Präsident Chinas
(über Fernschreiber)

Nach Archiv.

Nr. 98
Entwurf des revidierten Arbeitsverfahrens der Alliierten Kontrollkommissionen in Rumänien, Bulgarien, Ungarn und Finnland, vorgeschlagen von der Delegation der USA

26. Juli 1945[159]

Die drei Regierungen nahmen zur Kenntnis, daß die sowjetischen Vertreter in den Alliierten Kontrollkommissionen in Rumänien, Bulgarien, Ungarn und Finnland[160] ihren Kollegen vom Vereinigten Königreich und von den Vereinigten Staaten Vorschläge zur Verbesserung der Arbeit der Kontrollkommissionen jetzt, nachdem die Kampfhandlungen in Europa eingestellt worden sind, übermittelt haben. Diese Vorschläge enthalten Bestimmungen, die regelmäßige und häufige Treffen der drei Vertreter, eine Verbesserung der Arbeitsbedingungen für den britischen und den amerikanischen Vertreter und die gemeinsame Vorabprüfung von Direktiven vorsehen.

Die drei Regierungen sind der Meinung, daß, wenn auf diplomatischem Wege die Details bestimmt sein werden, diese Vorschläge die Grundlage für die künftige Arbeit der Alliierten Kontrollkommissionen schaffen, wobei die Interessen und die Verantwortung der drei Regierungen, die gemeinsam die Waffenstillstandsbedingungen den jeweiligen Ländern vorgelegt haben, zu beachten sind.

Anlage 1

Wortlaut eines Schreibens der Sowjetregierung, übergeben den Vertretern der USA und Großbritanniens in der Alliierten Kontrollkommission in Ungarn

12. Juli 1945

Angesichts der veränderten Lage im Zusammenhang mit der Beendigung des Krieges gegen Deutschland erachtet es die Sowjetregierung für notwendig, folgende Arbeitsordnung der Alliierten Kontrollkommission in Ungarn[161] festzulegen:

159 Datum der Übergabe von Cannon an Gromyko.
160 Siehe Anmerkung 34.
161 Siehe Anmerkung 34.

1. Bis zum Friedensschluß mit Ungarn beruft der Vorsitzende (oder der Stellvertreter des Vorsitzenden) der AKK regelmäßig Beratungen mit dem britischen und dem amerikanischen Vertreter zur Erörterung der wichtigsten Fragen ein, die die Arbeit der AKK betreffen. Die Beratungen werden einmal in der Dekade, erforderlichenfalls auch häufiger einberufen.

Die Direktiven der AKK zu prinzipiellen Fragen werden nach ihrer Abstimmung mit dem englischen und dem amerikanischen Vertreter vom Vorsitzenden der Alliierten Kontrollkommission an die ungarischen Behörden übergeben.

2. Der britische und der amerikanische Vertreter in der AKK nehmen an den vom Vorsitzenden der AKK regelmäßig einzuberufenden Beratungen der Abteilungsleiter und Bevollmächtigten der AKK teil. Persönlich oder durch ihre Vertreter nehmen sie auch in entsprechenden Fällen an gemischten Kommissionen teil, die vom Vorsitzenden der AKK zu Fragen gebildet werden, die mit der Erfüllung der Funktionen der AKK durch sie zusammenhängen.

3. Die britischen und die amerikanischen Vertreter können sich im Land mit der Maßgabe frei bewegen, daß die AKK über Zeitpunkt und Reiseroute vorher informiert wird.

4. Alle Fragen, die mit der Genehmigung der Ein- und Ausreise von Mitarbeitern der britischen und der amerikanischen Vertretungen in Ungarn verbunden sind, werden vom Vorsitzenden der AKK an Ort und Stelle spätestens innerhalb einer Woche entschieden.

5. Die Anlieferung und die Beförderung von Post, Frachten und diplomatischen Kurieren per Flugzeug realisieren der britische und der amerikanische Vertreter in der AKK auf die Weise und in den Fristen, die von der AKK festgelegt worden sind, und in besonderen Fällen nach vorheriger Abstimmung mit dem Vorsitzenden der AKK.

Ich halte es für notwendig, dem Obendargelegten hinzuzufügen, daß in allen anderen Punkten die von der AKK in Ungarn am 20. Januar 1945 bestätigte Regelung auch künftig in Kraft bleiben soll.

Anlage 2

Wortlaut eines Schreibens des Vertreters der UdSSR in der Alliierten Kontrollkommission in Rumänien an die Vertreter der USA und Großbritanniens, übergeben am 16. Juli 1945[162]

Angesichts der veränderten Lage im Zusammenhang mit der Beendigung des Krieges gegen Deutschland hält es die Sowjetregierung für notwendig, folgende Arbeitsordnung der Alliierten Kontrollkommission in Rumänien festzulegen:

1. Der Vorsitzende (Stellvertreter des Vorsitzenden) der Alliierten Kontrollkommission beruft regelmäßig Beratungen mit dem britischen und dem amerikanischen Vertreter zur Erörterung der wichtigsten Fragen ein, die die Arbeit der Alliierten Kontrollkommission betreffen. Die Beratungen werden einmal in der Dekade, erforderlichenfalls auch häufiger einberufen.

2. Die Direktiven der Alliierten Kontrollkommission zu Fragen prinzipiel-

162 Ein analoges Schreiben übergab der Vertreter der UdSSR den Vertretern der USA und Großbritanniens in der Alliierten Kontrollkommission in Bulgarien am 16. Juli 1945.

len Charakters werden nach vorheriger Erörterung der Entwürfe dieser Direktiven mit dem britischen und dem amerikanischen Vertreter vom Vorsitzenden (Stellvertreter des Vorsitzenden) der Alliierten Kontrollkommission erteilt.

3. Der britische und der amerikanische Vertreter nehmen an den vom Vorsitzenden (Stellvertreter des Vorsitzenden) der Alliierten Kontrollkommission regelmäßig einzuberufenden gemeinsamen Beratungen der Abteilungsleiter und Bevollmächtigten der Alliierten Kontrollkommission teil. Persönlich oder durch ihre Vertreter können sie auch in entsprechenden Fällen an der Arbeit gemischter Kommissionen teilnehmen, die vom Vorsitzenden (Stellvertreter des Vorsitzenden) der Alliierten Kontrollkommission zu Fragen gebildet werden, die mit der Erfüllung der Funktionen der Alliierten Kontrollkommission durch sie zusammenhängen.

4. Die britischen und amerikanischen Vertreter können sich im Land mit der Maßgabe frei bewegen, daß die Alliierte Kontrollkommission über Zeitpunkt und Reiseroute vorher informiert wird.

5. Der britische und der amerikanische Vertreter in der Alliierten Kontrollkommission haben das Recht, die zahlenmäßige Stärke und die Zusammensetzung ihrer eigenen Vertretungen selbst zu bestimmen.

6. Die Anlieferung und die Beförderung von Post, Frachten und diplomatischen Kurieren per Flugzeug realisieren der britische und der amerikanische Vertreter in der Alliierten Kontrollkommission in den Fristen und auf die Weise, die die Alliierte Kontrollkommission festlegt, und in besonderen Fällen nach vorheriger Abstimmung mit dem Vorsitzenden (Stellvertreter des Vorsitzenden) der Alliierten Kontrollkommission.

Dem erachte ich für notwendig hinzuzufügen, daß in allen anderen Punkten die „Bestimmung über die Alliierte Kontrollkommission in Rumänien", die den Regierungen Großbritanniens und der USA am 20. September 1944 zur Kenntnis gegeben wurden, weiterhin in Kraft bleibt.

Nach Archiv.

Nr. 99
Memorandum des Präsidenten der USA für den Vorsitzenden des Rates der Volkskommissare der UdSSR

27. Juli 1945

Eine akute Kohleknappheit droht Europa in diesem Winter, wenn nicht deutsche Kohle in beträchtlichen Mengen für den Export zur Verfügung gestellt werden kann. Trotz unseres eigenen Mangels an Kohle, Transportmitteln im Inland und Ozeanschiffen sind wir jetzt dabei, als Hilfsmaßnahme Kohle nach Europa zu verschiffen, um in der gegenwärtigen Krise etwas Unterstützung zu leisten. Da unsere industriellen und militärischen Ressourcen im Krieg gegen Japan stark gebunden sind, ist es jedoch offensichtlich, daß die Kohlemengen, die wir für Europa zur Verfügung stellen können, nicht ausreichen werden, um die dringendsten europäischen Bedürfnisse zu decken. Um diese Bedürfnisse zu befriedigen, sollten unverzüglich alle nur möglichen Maßnahmen zur Steigerung der Kohleförderung in Deutschland und zur Bereitstellung größtmöglicher Mengen von Kohle für den Export getroffen werden.

Um Verzögerungen zu vermeiden, habe ich den amerikanischen Oberkommandierenden angewiesen, in seiner Besatzungszone die notwendigen Maßnahmen zu ergreifen. Ich hörte, daß die britische und die französische Regierung ihren entsprechenden Befehlshabern in Deutschland ähnliche Direktiven erteilt haben. Eine Kopie der Direktive an General Eisenhower ist beigefügt.

Mir liegt sehr daran, daß hinsichtlich der Kohle eine gemeinsame Politik von den vier Besatzungsmächten verfolgt wird, und deshalb habe ich General Eisenhower beauftragt, die in der obengenannten Direktive dargelegte Politik zum frühestmöglichen Zeitpunkt im Alliierten Kontrollrat zu erörtern. Ich vertraue darauf, daß die Sowjetregierung das Ihre tun wird, diese Politik mit uns gemeinsam zu verfolgen. Ich habe die Hoffnung, daß sie bereit sein wird, ihren Oberkommandierenden anzuweisen, in den von Sowjettruppen besetzten Gebieten Deutschlands ähnliche Schritte zu unternehmen und die Ausarbeitung eines Kohleförderungs- und Exportprogramms für Deutschland als Ganzes im Kontrollrat in Angriff zu nehmen.

Harry Truman

Anlage

Direktive an den Kommandierenden der Streitkräfte der Vereinigten Staaten in Deutschland

Wenn nicht in den kommenden Monaten große Mengen von Kohle für das befreite Europa bereitgestellt werden können, besteht die schwerwiegende Gefahr eines solchen politischen und ökonomischen Chaos, das die Rückführung von alliierten Truppen beeinträchtigt und die Wiederherstellung wirtschaftlicher Stabilität gefährden wird, die die notwendige Grundlage für einen dauerhaften und gerechten Frieden ist. Ausreichende Mengen von Kohle für den größten Teil Europas können praktisch aus keiner anderen Quelle beschafft werden als aus Deutschland. Es ist eine Angelegenheit von größter Dringlichkeit, daß Deutschland in die Lage versetzt wird, für den Export in andere europäische Länder die Kohle zu produzieren, die sie brauchen, um das wirtschaftliche Leben wenigstens auf einer minimalen Grundlage aufrechtzuerhalten.

Sie werden deshalb in Ihrer Eigenschaft als kommandierender General der Streitkräfte der Vereinigten Staaten in Deutschland und als von den Vereinigten Staaten entsandtes Mitglied des Alliierten Kontrollrates angewiesen, alle nötigen Schritte zu unternehmen, um folgende Ziele zu erreichen:

1. Aus der Produktion der Kohlegruben Westdeutschlands für den Export mindestens 10 Millionen Tonnen Kohle im Laufe des Jahres 1945 und weitere 15 Millionen Tonnen bis Ende April 1946 bereitzustellen.

2. In dem für die Erfüllung des Exports von 25 Millionen Tonnen Kohle zum genannten Termin erforderlichen Ausmaß alle die Maßnahmen erstrangig zu behandeln, die auf eine maximale Erhöhung der Förderung und des Abtransports der deutschen Kohle hinzielen, insbesondere auf die Beschaffung von Grubenzubehör und -ausrüstungen, Transportmitteln und Nahrungsmitteln in der notwendigen Menge, um die Leistungsfähigkeit der Arbeitskräfte in den Bergwerken auf

dem erforderlichen Stand zu halten. Diese Forderung soll in der Reihenfolge nur hinter den zivilen und militärischen Erfordernissen rangieren, die notwendig sind, um die Sicherheit, den Schutz, die Gesundheit, die Versorgung und die Handlungsfähigkeit der Besatzungstruppen zu gewährleisten und die rasche Rückführung von alliierten Truppen aus Deutschland sicherzustellen.

3. Dem Kontrollrat zu empfehlen: a) die Menge der von Ostdeutschland zu produzierenden und zu exportierenden Kohle mit der gleichen Dringlichkeit festzulegen, wie das bei dem verlangten Export von 25 Millionen Tonnen Kohle aus Westdeutschland bis Ende April 1946 der Fall ist, und b) ein koordiniertes Programm für Deutschland als Ganzes für die Förderung, die Verteilung und den Export von Kohle auszuarbeiten.

4. In jeder Weise die Anstrengungen zu unterstützen, die unternommen werden, um die Kohleförderung in den anderen Besatzungszonen wie der eigenen zu erhöhen.

5. Dem Kontrollrat das Prinzip zu empfehlen und es in Ihrer Besatzungszone zu befolgen, nach dem bei der Verteilung von Kohle innerhalb Deutschlands dem Export von Kohle der Vorzug zu geben ist gegenüber der Verwendung von Kohle für die Industrieproduktion und für zivile Zwecke innerhalb Deutschlands, und zwar in dem erforderlichen Umfang, um den Export von 25 Millionen Tonnen Kohle aus Westdeutschland in dem Verhältnis durchzuführen, das dem in Punkt 3 oben Vorgeschlagenen entspricht, aber unter Berücksichtigung der in Punkt 2 obendargelegten Forderungen.

Es wird eingeräumt, daß die Durchführung dieser Politik während der Zeit des kritischen Kohlemangels die Wiederaufnahme der industriellen Aktivität in Deutschland verzögern wird. Es wird auch eingeräumt, daß die Durchführung der obengenannten Politik in bezug auf die deutsche Kohle Arbeitslosigkeit, Unruhe und Unzufriedenheit unter den Deutschen in einem Ausmaß hervorrufen kann, das entschlossene und rigorose Aktionen notwendig macht. Jede Aktion, die erforderlich ist, um sich der Lage gewachsen zu zeigen, wird voll unterstützt werden.

6. Der Europäischen Kohleorganisation genaue und vollständige Einzelheiten der Kohleförderung und der Kohleverteilung innerhalb Deutschlands zur Verfügung zu stellen, damit die Mitgliedstaaten der Europäischen Kohleorganisation das Verhältnis zwischen der Höhe des Kohleverbrauches in Deutschland und der Höhe des Kohleverbrauches im befreiten Europa zur Kenntnis nehmen können.

7. Der Produktion und dem Export von Braunkohlenbriketts und zusätzlicher Mengen anderer Kohle über die in Punkt 1 aufgeführten 25 Millionen Tonnen hinaus Vorrang einzuräumen.

8. Eine ähnliche Direktive wird den Oberkommandierenden der Zonen des Vereinigten Königreiches und Frankreichs von ihren entsprechenden Regierungen erteilt.

Veröffentlicht in: Perepiska Predsedatelja Sowjeta Ministrow SSSR ..., Bd. 2, S. 272 ff.

Nr. 100
Vorschlag der Delegation Großbritanniens über die Schiffahrt auf internationalen Binnenwasserstraßen

27. Juli 1945[163]

Man ist übereingekommen, die freie und uneingeschränkte Schiffahrt auf solchen Binnenwasserstraßen festzulegen, die durch das Gebiet zweier oder mehrerer Staaten führen, und diese freie, uneingeschränkte Schiffahrt durch internationale Abkommen zu garantieren.

Als erster Schritt sollten möglichst umgehend interimistische internationale Schiffahrtsorgane für die Donau und den Rhein gebildet werden. Funktionen der interimistischen Schiffahrtsorgane sollen sein: Wiederinstandsetzung und Entwicklung der Navigationsmittel auf dem jeweiligen Fluß, Überwachung der Flußschiffahrt im Interesse der gleichen Behandlung für Staatsangehörige verschiedener Staaten und Festlegung einheitlicher Regeln für die Nutzung der Mittel, von Navigationsvorschriften, Zoll- und sanitären Formalitäten und zu anderen ähnlichen Fragen. Die Vereinigten Staaten, das Vereinigte Königreich, die UdSSR und Frankreich sollen in beiden Organen gemeinsam mit den Anliegerstaaten vertreten sein, allerdings mit der Einschränkung, daß die Zulassung Österreichs und Deutschlands Gegenstand einer späteren Vereinbarung zwischen den vier Mächten im Kontrollrat für Deutschland[164] und der Alliierten Kommission für Österreich[165] sein soll. Zur Beteiligung in diesen Organen könnten weitere Staaten der Vereinten Nationen eingeladen werden, die substantielles Interesse an der Schiffahrt auf diesen Flüssen haben, und zwar über ein Abkommen zwischen den in jedem dieser Organe vertretenen Regierungen.

Es wurde außerdem vereinbart, daß analoge Prinzipien auch auf den Kieler Kanal Anwendung finden sollen, daß das aber unter den gegebenen Umständen Sache des Alliierten Kontrollrates in Deutschland ist und den Erfordernissen der alliierten Behörden in Deutschland untergeordnet wird.

Die drei Regierungen haben beschlossen, daß der Rat der Außenminister Abkommen dieser Art für die Donau, den Rhein und den Kieler Kanal im Rahmen der Vorbereitung der Friedensverträge mit den Feindstaaten prüfen wird.

Außerdem wurde vereinbart, den Grundsatz der freien und uneingeschränkten Schiffahrt auf alle Meerengen zwischen dem Schwarzen Meer und der Ägäis anzuwenden und daß zur Durchsetzung dieses Grundsatzes die Konvention zu Montreux von 1936[166] nach dem vorgeschriebenen Verfahren aufgehoben und durch ein neues internationales Abkommen ersetzt werden wird. Dieses Abkommen wird den Grundsatz der freien und uneingeschränkten Schiffahrt in den Meerengen für Kriegs- und Handelsschiffe in Friedens- und Kriegszeiten festigen und durch die drei Mächte garantiert werden.

Nach Archiv.

163 Datum der Übergabe durch Riddleberger an Geraschtschenko.
164 Siehe Anmerkung 16.
165 Siehe Anmerkung 22.
166 Siehe Anmerkung 9.

Nr. 101
Vorschlag der Delegation Großbritanniens betreffend das Gebiet Königsberg

27. Juli 1945[167]

Die drei Regierungschefs haben zur Kenntnis genommen, daß die UdSSR den eisfreien Hafen Königsberg einzugliedern wünscht.

Es wurde vereinbart, die endgültige Entscheidung dieser Frage bis zur Friedenskonferenz auszusetzen. Die Vertreter der Regierungen der USA und des Vereinigten Königreiches konnten zwar keine Verpflichtung in bezug auf irgendeinen einzelnen Grenzverlauf eingehen, bevor diese Frage nicht sorgfältig geprüft wurde, bekräftigten aber ihre frühere Zustimmung, den Vorschlag der Sowjetregierung im Prinzip zu akzeptieren, und bekundeten ihre Absicht, ihn auf der Friedenskonferenz zu unterstützen.

Nach Archiv.

Nr. 102
Mitteilung des Oberkommandierenden der Gruppe der sowjetischen Besatzungstruppen in Deutschland, G. K. Shukow, an J. W. Stalin über den Abstransport von Ausrüstungen und anderen Werten aus Betrieben in der sowjetischen Besatzungszone durch die Alliierten

28. Juli 1945[168]

Ich teile mit, daß die Amerikaner und die Engländer beim Abzug aus der sowjetischen Besatzungszone, das heißt vom Territorium Sachsens, Thüringens, der Provinz Sachsen und der Provinz Mecklenburg, folgende Ausrüstungen, Werte und Fachleute mitgenommen haben:

Morsleben bei Helmstedt, Provinz Sachsen.

Aus den Salzschächten wurden aus einem Werk der Firma „Askania-Werke", Flugzeugapparaturen, nach Braunschweig gebracht:

- 200 Stück Universal-Zerspanungsmaschinen;
- sämtliche technischen Unterlagen;
- alle optischen Geräte aus dem Labor.

Hadmersleben bei Oschersleben (Sachsen).

Unterirdisches Werk der Firma „Junkers" in den Salzschächten:

Die gesamte Optik wurde beschädigt, aus den Mikroskopen und Fotoapparaten für Mikroaufnahmen wurden die Objektive entnommen.

Unseburg bei Staßfurt.

Aus einem unterirdischen Werk der Firma BMW in den Salzschächten wurden abtransportiert:

a) sämtliche technischen Unterlagen für neue Motoren und die Turbine 0018;

167 Von der Delegation Großbritanniens an diesem Tag übergeben.
168 Truman und Attlee an diesem Tag von Stalin übergeben.

b) der Chefkonstrukteur der (neuen) Strahlturbine 0018 und eine Gruppe von Fachleuten wurden mit ihren Familien mitgenommen.

Schönebeck.

Aus einem Werk der Firma „Junkers", das He-162-Flugzeuge produzierte, wurden mitgenommen:

a) 50 Turbinen der Firma BMW, die man fertigen He 162 entnommen hatte;

b) der Chefingenieur des Werkes und eine Gruppe von Fachleuten mit ihren Familien.

Beendorf bei Helmstedt.

Aus einem Werk der Firma „Siemens", das Flugzeugapparaturen und Autopiloten für die V-1-Geschosse und V-2-Raketen produzierte und in Salzbergwerken des Schachtes „Maria" untergebracht war, wurden mitgenommen:

– sämtliche technischen Unterlagen;

– die gesamte Optik und das Labor;

– der Chefingenieur des Werkes und eine Gruppe von Fachleuten mit Familien.

Tarthun bei Schönebeck.

Aus einem unterirdischen Flugzeugwerk der Firma „Junkers" wurden mitgenommen:

– technische Unterlagen und Zeichnungen;

– der Chefingenieur des Werkes und eine Gruppe von Konstrukteuren und Technologen mit Familien.

Staßfurt.

Aus dem Salzschacht Berlepsch wurden mitgenommen:

– 10 Stück geodätische Präzisionsgeräte und -instrumente.

Aus den Schächten „Ludwig 1" und „Ludwig 2" der Grube „Ludwig" wurden aus unterirdischen Intendanturmagazinen des deutschen Heeresamtes mitgenommen:

– über 100 Waggons Ausrüstung und Bekleidung, einschließlich des Inventars der Textilfabriken.

Klein Wanzleben, westlich von Magdeburg.

Aus dem Institut für Zuckerrübenproduktion (einem Forschungsinstitut von Weltgeltung) wurden im April mitgenommen:

– die gesamte Grundausstattung des Labors und sämtliche Forschungsunterlagen;

– zwei Doktoren der Biologie mit ihren Familien.

Merseburg.

Aus dem „Leuna-Werk", das synthetisches Benzin, Kohlenstoff und Ammoniak produziert, wurden mitgenommen:

– ein Koffer mit Platin (aus dem Lager des Werkes);

– 28 Ingenieure.

Die Amerikaner gestatteten Krupp, das Werk abzutransportieren. Der Kommandeur des 129. Schützenkorps konnte die Ausrüstung zurückhalten, das technische Personal aber war schon fast vollständig weggebracht worden.

Halle.

Aus dem chemisch-physikalischen Institut wurden 24 Wissenschaftler weggebracht, darunter der bedeutende Biochemiker Nobelpreisträger Professor Doktor Emil Abderhalden;

– das Labor des Institutes wurde abtransportiert.

Aus den „Siebel-Werken" wurden mitgenommen:

– Entwurfszeichnungen für neue Hochgeschwindigkeitsflugzeuge;
– der Chefkonstrukteur der Werke.

Schkopau.

Aus den „Buna-Werken" wurden 1 400 Tonnen Fertiggummi und 40 Kilogramm Platin abtransportiert.

Außer den materiellen Werten wurden 26 leitende Chemieingenieure mitgenommen, darunter Erfinder und Forscher mit ihren Familien und ihrem Besitz. Viele Ingenieure protestierten dagegen, sie wurden jedoch unter Gewaltanwendung zum Verlassen gezwungen.

Berka (Sachsen).

Aus Medikamentenlagern wurden fast 100 Tonnen Gold abtransportiert.

Niedersachswerfen (Sachsen).

Ein Werk, das V-1-Geschosse und V-2-Raketen produzierte, wurde teilweise abtransportiert.

Ilfeld (Sachsen).

Die Ausrüstung eines Werkes, das Panzerfäuste herstellte, wurde teilweise abtransportiert.

Langensalza (Sachsen).

Beschäftigte der Krupp- und „Junkers"-Werke wurden weggebracht. Die Werkzeugmaschinen des Lehrkombinates für die Herstellung von Ju-88-Flugzeugen wurden teilweise abtransportiert.

Jena.

Aus den „Zeiss"-Werken wurden abtransportiert:

– das zentrale optische Prüflabor;
– das Reproduktionslabor;
– das physikalische Labor;
– das elektrotechnische Labor;
– das Entfernungsmeßlabor;
– das Kristallografielabor;
– das Metallografielabor;
– das Mikroskopielabor;
– das medizinische Labor;
– das geodätische Labor;
– fertige optisch-mechanische Geräte im Wert von 12 Millionen Reichsmark;
– sämtliche Originalzeichnungen für alle Arten optisch-mechanischer Erzeugnisse;
– 77 wichtige Fachkräfte, darunter der Chefingenieur der Werke, drei Professoren und 35 Doktoren der technischen Wissenschaften.

Aus dem optischen Werk der Firma „Schott" wurden mitgenommen:

– das optische Prüflabor;
– das physikalische Labor;
– das Entfernungsmeßlabor;
– das Kristallografielabor;
– das Mikroskopielabor;
– das geodätische Labor;
– Fertigerzeugnisse im Wert von 3 Millionen Reichsmark;

– sämtliche Zeichnungen für alle Arten optischer Erzeugnisse;
– 50 wichtige Fachkräfte, darunter der Chefingenieur des Werkes, Doktor der technischen Wissenschaften Berger.

Weida.

Aus dem Berliner physikalisch-technischen Institut wurden mitgenommen:
– sämtliche Bestände an Radium und Polonium;
– zwei Sätze Quarzuhren;
– mehrere Eichmaße von hoher Präzision und Meßgeräte (Magnetrons, Vakuumpumpen, Elektromagnete usw.);
– neueste technische Fachliteratur;
– Konstruktionszeichnungen neuer Geräte;
– Protokolle physikalischer Beobachtungen;
– 13 Fachleute des Hochfrequenzlabors, darunter Doktor Scheibe, Leiter des Labors, und der Präsident des Institutes, Doktor Meller.

Eisenach.

Aus den Bayrischen Motorenwerken wurden mitgenommen:
– Ausrüstungen im Wert von 302 000 Reichsmark;
– Ingenieure und Konstrukteure des Werkes.

Gera.

Aus der Elektrotechnik-Firma „Siemens & Halske“ wurden weggebracht:
– wertvollste Ausrüstungen und Fertigerzeugnisse, wie zum Beispiel ein hochmodernes Signal-Sprechsystem für die Eisenbahn;
– alle leitenden technischen Mitarbeiter, darunter Direktor Kaiser und Chefingenieur Paetz.

Aus der „Califon“-Fabrik wurden mitgenommen:
– alle Chemiker und der Direktor des Werkes.

Egeln.

Aus dem Flugzeugwerk „Junkers“ wurden der Chefingenieur und Zeichnungen mitgenommen.

Bad Blankenburg.

Ein Teil des Funklabors der Firma „Telefunken“ wurde abtransportiert. Aus dem Funkwerk wurden 20 Fachleute auf dem Gebiet der militärischen Funktechnik mitgenommen.

Leipzig.

Aus dem Werk der Firma „Leis Schoper“ wurden mitgenommen:
– Zeichnungen für einen kombinierten kontaktlosen Zünder;
– drei Fachleute.

Aus einem Werk der Firma Schitzsche, das Kreiselkompasse für U-Boote herstellte, wurden Zeichnungen und zwei Fachleute mitgenommen.

Zwickau.

Aus dem „Horch“-Werk, Vereinigung „Auto-Union AG“, wurden mitgenommen:
– Zeichnungen für Elektrotorpedos;
– die Chefkonstrukteure für Torpedobau.

Werdau.

a) Aus einem Werk der Firma „Schwarzkopf“ für den Bau wichtiger Maschinen und Steuergeräten für Torpedos wurden drei Fachleute und Zeichnungen mitgenommen.

b) Aus dem Werk für Schiffsapparaturen der Firma „Siemens“ wurden drei Fachleute und Zeichnungen mitgenommen.

Bitterfeld.

Aus einem Werk der deutschen Firma „I.G. Farbenindustrie“ wurden mitgenommen:

- 25 Fachleute;
- Rezepturen, Forschungsberichte, Zeichnungen, Patente für die Herstellung von Chlor, Kalzium, Ätzkali, Wasserstoff, Chlorbenzol, Eisen-III-chlorid u. a.

Bernburg.

Aus einem Betrieb der deutschen Firma „Deutsche Solvay Werke“ wurden mitgenommen:

- 10 Fachleute;
- Rezepturen;
- Forschungsberichte;
- Zeichnungen;
- Patente für die Herstellung von kalzinierter Soda, Ätznatron, Hydrogenkarbonat, Kalziumchlorid und Zement.

Plauen.

Aus dem Werk der Firma „Horn“ wurden mitgenommen:

- sämtliche technischen Unterlagen;
- Modelle und Erzeugnisse zur automatischen Steuerung von Flugzeugen und Bomben;
- Chefkonstrukteur Doktor Edhard Horn und zwei seiner Mitarbeiter;
- viele Unterlagen und Zeichnungen wurden angezündet und verbrannt.

Kahla (Thüringen).

Aus einem Betrieb der Firma „Gustloff-Werke Reimag“ wurden mitgenommen:

- Originale der Zeichnungen für die Me 262, Strahltriebwerke und Turbinen für Flugzeuge;
- sämtliche Kopien von Unterlagen und Versuchsmodelle wurden verbrannt.

Molsdorf (Thüringen).

Forschungslabor der Firma „Siemens & Schuckert“ für die Anwendung von Hochfrequenzstrom und ultravioletten Strahlen zum Kleben von Holz, zum Trocknen von Holz, für die Steigerung des Vitamingehalts von Lebensmitteln, für Katalysatoren chemischer Prozesse, für die Veränderung des Atomaufbaus verschiedener Lösungen u. a.

Alle Berichte über abgeschlossene Arbeiten und laufende Arbeiten sowie die wissenschaftlichen Mitarbeiter, insgesamt 4 Personen, das technische Wartungspersonal und die wertvollsten Geräte wurden weggebracht.

Suhl.

Aus dem „Gustloff“-Werk für Artillerie- und Schützenwaffen, zu dem das zenrale Konstruktionsbüro für Schützen- und leichte Artilleriewaffen und ein großes Labor gehören, wurden mitgenommen:

- alle Konstrukteure;
- alle Ingenieure, die unmittelbar in den Produktionsbereichen tätig waren;
- Fachleute, Zeichnungen und technische Unterlagen.

Merkers (bei Gotha).

In die Gruben Kaiseroda und Großgerzen waren seinerzeit Gold und andere Werte der Deutschen Staatsbank, Bilder und andere Kunstgegenstände der Staatlichen Museen Berlin, Akten und Geräte der Direktion der Königsberger Kanäle ausgelagert worden.

Nach Angaben des Direktors der Aktiengesellschaft Kaiseroda und des Chefingenieurs der Grube wurden alle diese Werte aus der Grube abtransportiert, darunter:

- Gold der Deutschen Bank – über 100 Tonnen;
- Papiergeld, etwa 4 Waggons;
- alle Bilder und sonstigen Werte der Berliner Museen;
- Akten und Geräte der Direktion der Königsberger Kanäle.

Wernrode (Harz).

Den vorliegenden Angaben zufolge müßten sich noch im Kalisalzbergwerk in Wernrode 250 äußerst wertvolle Bilder, 4 Skulpturen, 48 Gobelins und 3 Kisten mit dem sogenannten Kronschatz des Preußischen Königsschlosses (Kronen, Schwerter, Zepter u. a. m.) befinden.

Durch Befragen der einheimischen Bevölkerung wurde festgestellt, daß die in Wernrode versteckten Kulturwerte von den Amerikanern etwa am 18. 4. 1945 abtransportiert worden sind.

Nach vorläufigen Angaben der Kommission, die die Werke für synthetischen Brennstoff im Gebiet von Magdeburg, Chemnitz und Leuna untersucht (Werke „Tröglitz“, „Schwarzheide“, „Ruhland“), wurden die Direktoren, Chemiker, Mechaniker und die technischen Unterlagen mitgenommen.

Insgesamt wurden aus der Provinz Thüringen 80 Prozent aller Militärärzte, das gesamte Gold und Silber, das sich in den Banken befand, mitgenommen.

Darüber hinaus haben die Briten abtransportiert:

Boizenburg.

Die Ausrüstung des Flugzeugmotorenwerkes „Dornier“ wurde teilweise abtransportiert.

Fertigerzeugnisse aus dem Werk für Motorboote und Prahme mit Eigenantrieb wurden abtransportiert.

Wittenburg.

Die Ausrüstung des Zweigbetriebes der Flugzeugwerke „Dornier“ wurde demontiert, verpackt und zum Verladen vorbereitet, aber nicht abtransportiert.

Magdeburg.

Aus dem Motorenwerk „Junkers“ wurden mitgenommen:

- Strahlturbinen 004, komplett – 17 Stück;
- deutsche Fachleute mit Familien – 6 Personen;
- ein Teil der Zeichnungen für Turbinen.

Halberstadt (Provinz Sachsen).

Aus dem „Malachit“-Werk für BMW-Motoren wurden mitgenommen:

- das Modell der neuen Strahlturbine 004;
- Zeichnungen für die Turbine;
- Fachleute: Konstrukteure und Technologen – 6 Personen.

Wernigerode.

Aus dem Werk für Flugzeugguß, Firma „Rautenbach“, wurden abtransportiert:

- Röntgengeräte zur Gußprüfung – 7 Stück;

– Präzisionswerkzeugmaschinen (davon 1 SIP) – 2 Stück;
– sämtliche Zeichnungen für Erzeugnisse;
– Ausstattung des metallografischen und mechanischen Labors.

Aus dem Zweigwerk der Firma „Junkers“ wurden abtransportiert:
– sämtliche Zeichnungen für die Turbine 004 und den Motor.

Königshütte bei Elbingerode.

Es wurden Einzelteile und die Anlage des Kiewer Filmstudios abtransportiert:
– Filmvorführgeräte – 3 Stück;
– Bauteile von Vorführgeräten.

Osterwieck.

Aus der Konfektionsfabrik der Brüder „Asmole-Galle“ wurde die gesamte Fabrikausrüstung abtransportiert.

Salzwedel.

Vom Flugplatz wurden rund 200 000 Tonnen Benzin und Ausrüstungen der Flugplatzwerkstätten abtransportiert.

Oschersleben.

Ein Teil der Ausrüstung, Zeichnungen für alle Arten von Erzeugnissen, das leitende und das technische Personal des Flugzeugwerkes „Junkers“, das Düsenjäger herstellte, wurden mitgenommen.

Wir setzen die Ermittlung abtransportierter Ausrüstungen und Werte fort.

Nach Archiv.

Nr. 103
Britischer Entwurf einer gleichlautenden Einladung, die gesondert von jeder der drei Regierungen an die Regierungen von China und Frankreich gesandt werden soll mit dem Vorschlag, sich der Vereinbarung über die Errichtung eines Rates der Außenminister anzuschließen

28. Juli 1945[169]

Die Regierungen des Vereinigten Königreiches, der Vereinigten Staaten von Amerika und der Union der Sozialistischen Sowjetrepubliken halten es für notwendig, unverzüglich mit der äußerst wichtigen Vorarbeit zur Friedensregelung in Europa zu beginnen. Zu diesem Zweck haben sie sich über die Bildung eines Rates der Außenminister der fünf Großmächte geeinigt, der die Friedensverträge mit den Feindstaaten in Europa zur Vorlage dieser Verträge bei den Vereinten Nationen vorbereiten soll. Der Rat wird auch ermächtigt sein, Vorschläge zur Regelung ungelöster territorialer Fragen in Europa zu unterbreiten und auch solche anderen Fragen zu behandeln, die ihm nach Vereinbarung zwischen den Regierungen, die Mitglieder des Rates sind, übertragen werden können.

Der von den drei Regierungen angenommene Text lautet:

169 Datum, an dem der Entwurf auf der Sitzung der Regierungschefs verteilt wurde. Von Strang an Gussew übergeben.

„DIE ERRICHTUNG EINES RATES DER AUSSENMINISTER

1. Es ist ein Rat zu errichten, der sich aus den Außenministern des Vereinigten Königreiches, der Union der Sozialistischen Sowjetrepubliken, Chinas, Frankreichs und der Vereinigten Staaten von Amerika zusammensetzt.

2. 1) Der Rat wird normalerweise in London tagen, wo sich der ständige Sitz des vereinigten Sekretariats befinden wird, das vom Rat zu schaffen ist. Jeder Außenminister wird durch einen Stellvertreter von hohem Rang begleitet werden, der ordnungsgemäß bevollmächtigt ist, in Abwesenheit seines Außenministers die Arbeit im Rat durchzuführen, sowie durch einen kleinen Stab technischer Mitarbeiter.

2) Die erste Sitzung des Rates findet in London nicht später als am 1. September 1945 statt. Die Sitzungen können im allgemeinen Einvernehmen nach anderen Hauptstädten einberufen werden, was von Zeit zu Zeit vereinbart werden kann.

3. 1) Als eine unverzügliche und wichtige Aufgabe des Rates wird ihm aufgetragen, Friedensverträge für Italien, Rumänien, Bulgarien, Ungarn und Finnland aufzusetzen, die den Vereinten Nationen vorzulegen sind, und Vorschläge zur Regelung territorialer Fragen auszuarbeiten, die in Verbindung mit der Beendigung des Krieges in Europa entstehen. Der Rat wird zur Vorbereitung einer Friedensregelung für Deutschland mit der Maßgabe genutzt werden, daß das entsprechende Dokument durch eine für diesen Zweck geeignete Regierung Deutschlands, nachdem eine solche Regierung gebildet sein wird, angenommen wird.

2) Zwecks Lösung jeder dieser Aufgaben wird der Rat aus den Mitgliedern bestehen, welche jene Staaten vertreten, die die Kapitulationsbedingungen unterschrieben haben, welche dem Feindstaat vorgeschrieben wurden, den die gegebene Aufgabe betrifft. Bei der Behandlung der Frage der Friedensregelung mit Italien wird Frankreich als ein Unterzeichner der Kapitulationsbedingungen Italiens betrachtet werden. Andere Mitglieder werden zur Teilnahme am Rat eingeladen werden, wenn Fragen erörtert werden, die sie direkt betreffen.

3) Andere Angelegenheiten werden von Zeit zu Zeit dem Rat nach Vereinbarung zwischen den Regierungen, die seine Mitglieder sind, übertragen.

4. 1) Wenn der Rat eine Frage erörtern wird, an der ein Staat unmittelbar interessiert ist, der nicht in ihm vertreten ist, so soll dieser Staat eingeladen werden, seine Vertreter zur Teilnahme an der Beratung und Prüfung dieser Frage zu entsenden.

2) Der Rat kann sein Arbeitsverfahren dem Charakter des jeweiligen von ihm zu prüfenden Problems anpassen. In einigen Fällen kann er die Frage zunächst in seiner Zusammensetzung vor der Teilnahme anderer interessierter Staaten vorberaten. In anderen Fällen kann der Rat eine offizielle Konferenz der Staaten einberufen, die an der Lösung irgendeines gegebenen Problems am meisten interessiert sind."

Im Einvernehmen mit den Regierungen

der Vereinigten Staaten und der UdSSR übermittelt die Regierung Seiner Majestät im Vereinigten Königreich (die Regierung der Vereinigten Staaten, die Regierung der UdSSR) eine herzliche Einladung an die Regierung Chinas (Frankreichs), den oben angeführten Text anzunehmen und sich den Maßnahmen zur Errichtung des Rates anzuschließen. Die Regierung Seiner Majestät (die

Regierung der Vereinigten Staaten, die Sowjetregierung) mißt der Teilnahme der chinesischen Regierung (französischen Regierung) an den vorgeschlagenen Maßnahmen große Bedeutung bei und hofft auf eine schnelle und positive Beantwortung dieser Einladung.

Der folgende Absatz sollte nur der Einladung an die Provisorische französische Regierung hinzugefügt werden:

Die Konferenz erörterte auch die Lage der Europäischen Konsultativkommission[170] im Lichte der Vereinbarung über die Errichtung des Rates der Außenminister. Mit Genugtuung wurde festgestellt, daß die Kommission erfolgreich ihre Hauptaufgaben bewältigt hat, indem sie Empfehlungen betreffend die bedingungslose Kapitulation für Deutschland[171], die Besatzungszonen Deutschlands[172] und Österreichs[173] und den interalliierten Kontrollmechanismus in diesen Ländern vorlegte. Es wurde festgelegt, daß die weitere, ins einzelne gehende Arbeit zur Koordinierung der Politik der Alliierten hinsichtlich der Kontrolle über Deutschland und Österreich in Zukunft dem Zuständigkeitsbereich des Kontrollrates in Berlin[174] und der Alliierten Kommission in Wien[175] unterliegen soll. Demgemäß kam die Konferenz überein, den Mitgliedsregierungen der Europäischen Konsultativkommission zu empfehlen, die Kommission jetzt aufzulösen.

Nach Archiv.

Nr. 104
Entwurf der politischen Grundsätze, von denen man sich bei der Behandlung Deutschlands in der Anfangsperiode der Kontrolle leiten lassen muß

28. Juli 1945[176]

1. Entsprechend der Vereinbarung über den Kontrollmechanismus in Deutschland wird die oberste Macht in Deutschland von den Oberkommandierenden der Streitkräfte der Union der Sozialistischen Sowjetrepubliken, der Vereinigten Staaten von Amerika, des Vereinigten Königreiches und der Französischen Republik ausgeübt werden, und zwar von jedem in seiner Besatzungszone nach den Weisungen seiner entsprechenden Regierung sowie gemeinsam in ihrer Eigenschaft als Mitglieder des Kontrollrates in den Deutschland als Ganzes betreffenden Fragen.

2. Soweit dies praktisch durchführbar ist, soll die Behandlung der deutschen Bevölkerung in ganz Deutschland gleich sein.

3. Die Ziele der Besetzung Deutschlands, von denen sich der Kontrollrat leiten lassen soll, sind:

I. Völlige Entwaffnung und Entmilitarisierung Deutschlands und die Beseiti-

170 Siehe Anmerkung 21.
171 Siehe Anmerkung 55.
172 Siehe Anmerkung 36.
173 Siehe Anmerkung 35.
174 Siehe Anmerkung 16.
175 Siehe Anmerkung 22.
176 Datum, an dem der Entwurf auf der Sitzung der Regierungschefs verteilt wurde. Von Strang an Gussew übergeben.

gung der gesamten deutschen Industrie, die für Kriegsproduktion genutzt werden kann, oder Kontrolle über sie. Zu diesem Zweck:

a) werden alle Land-, See- und Luftstreitkräfte Deutschlands, SS, SA, SD und Gestapo mit allen ihren Organisationen, Stäben und Einrichtungen, einschließlich des Generalstabes, des Offizierskorps, des Reservistenkorps, der Militärschulen, der Organisationen der Kriegsveteranen und aller anderen militärischen und halbmilitärischen Organisationen zusammen mit ihren Klubs und Verbänden, die den Interessen der Erhaltung der militärischen Traditionen in Deutschland dienen, völlig und endgültig aufgelöst, um damit für immer der Wiedergeburt oder Reorganisation des deutschen Militarismus und Nazismus vorzubeugen;

b) müssen sich alle Waffen, Ausrüstungen und Kriegsgeräte sowie alle Spezialmittel zu deren Herstellung in der Verfügung der Alliierten befinden oder vernichtet werden. Der Unterhaltung und Herstellung aller Flugzeuge und aller Waffen, Ausrüstung und Kriegsgeräte wird vorgebeugt werden.

II. Das deutsche Volk ist zu überzeugen, daß es eine totale militärische Niederlage erlitten hat und daß es sich nicht der Verantwortung für das entziehen kann, was es selbst dadurch auf sich geladen hat, daß seine eigene mitleidlose Kriegführung und der fanatische Widerstand der Nazis die deutsche Wirtschaft zerstört und Chaos und Elend unvermeidlich gemacht haben.

III. Die nationalsozialistische Partei, ihre Zweigeinrichtungen und die von ihr kontrollierten Organisationen sind zu vernichten; alle nazistischen Einrichtungen sind aufzulösen; es sind Sicherheiten dafür zu schaffen, daß sie in keiner Form wiedererstehen können, und jede nazistische und militaristische Betätigung oder Propaganda ist zu verhindern.

IV. Eine endgültige Umgestaltung des deutschen politischen Lebens auf demokratischer Grundlage und eine eventuelle friedliche Mitarbeit Deutschlands am internationalen Leben sind vorzubereiten.

4. Alle nazistischen Gesetze, die die Grundlagen für das Hitlerregime geschaffen oder eine Diskriminierung auf Grund der Rasse, Religion oder politischer Überzeugungen festgelegt haben, müssen außer Kraft gesetzt werden. Keinerlei derartige Diskriminierung, sei sie rechtlicher, administrativer oder irgendeiner anderen Art, wird geduldet werden.

5. Kriegsverbrecher und jene, die an der Planung oder Verwirklichung nazistischer Maßnahmen teilgenommen haben, die Greueltaten oder Kriegsverbrechen nach sich zogen oder zum Ergebnis hatten, sind zu verhaften und vor Gericht zu stellen. Nazistische Führer, einflußreiche Nazianhänger und das leitende Personal der nazistischen Einrichtungen und Organisationen sowie alle anderen Personen, die für die Besetzung und ihre Ziele gefährlich sind, sind zu verhaften und zu internieren.

6. Alle Mitglieder der nazistischen Partei, die mehr als nominell an ihrer Tätigkeit teilgenommen haben, und alle anderen Personen, die den alliierten Zielen feindlich gegenüberstehen, sind aus dem öffentlichen oder halböffentlichen Dienst und von verantwortlichen Posten in wichtigen Privatunternehmen zu entfernen. Diese Personen müssen durch Personen ersetzt werden, die nach ihren politischen und moralischen Eigenschaften für fähig befunden werden, an der Entwicklung wahrhaft demokratischer Einrichtungen in Deutschland mitzuwirken.

7. Das Bildungswesen in Deutschland muß so überwacht werden, daß nazistische und militaristische Doktrinen völlig ausgemerzt werden und eine erfolgreiche Entwicklung demokratischer Ideen möglich gemacht wird.

8. Das Gerichtswesen wird entsprechend den Grundsätzen der Demokratie und der Gerechtigkeit auf der Grundlage der Gesetzlichkeit und der Gleichberechtigung aller Bürger ohne Unterschied der Rasse, der Nationalität und der Religion neugestaltet.

9. Die Verwaltung in Deutschland muß in Richtung auf eine Dezentralisierung der politischen Struktur und der Entwicklung eines Verantwortungsbewußtseins auf lokaler Ebene durchgeführt werden. Zu diesem Zweck:

I. wird die lokale Selbstverwaltung in ganz Deutschland auf demokratischer Grundlage wiederhergestellt, insbesondere durch gewählte Räte, so schnell, wie es mit der Wahrung der Sicherheit der Besatzungskräfte und mit den Zielen der militärischen Besetzung vereinbar ist;

II. sind in ganz Deutschland alle demokratischen politischen Parteien bei Gewährung des Rechts, Versammlungen einzuberufen und öffentliche Diskussionen durchzuführen, zu erlauben und zu fördern;

III. sollen die Grundsätze der Vertretung und der Wählbarkeit in die Kreis-, Provinzial- und Landesverwaltungen so schnell, wie es durch die erfolgreiche Anwendung dieser Grundsätze in der örtlichen Selbstverwaltung gerechtfertigt werden kann, eingeführt werden.

10. Unter Berücksichtigung der Notwendigkeit der Erhaltung der militärischen Sicherheit werden die Rede-, Presse- und Religionsfreiheit gewährt und religiöse Einrichtungen respektiert. Die Gründung freier Gewerkschaften, gleichfalls unter Berücksichtigung der Notwendigkeit der Erhaltung der militärischen Sicherheit, wird gestattet werden.

Nach Archiv.

Nr. 105
Entwurf einer Adresse mit der Aufforderung, sich der Übereinkunft über die politischen Grundsätze der Behandlung Deutschlands anzuschließen, die von jeder der drei Regierungen an die Provisorische Regierung der Französischen Republik gesandt werden sollte

28. Juli 1945[177]

Die Regierungen der USA, des Vereinigten Königreiches und der UdSSR haben sich über folgende politische Grundsätze geeinigt, die sie als richtungweisend für die Behandlung Deutschlands in der Anfangsperiode der Kontrolle betrachten. Sie beabsichtigen, nach Abschluß der gegenwärtigen Konferenz den Wortlaut dieser Grundsätze den Oberkommandierenden ihrer jeweiligen Besatzungstruppen in Deutschland zu übermitteln und sie anzuweisen, sich in ihrer Hand-

177 Datum, an dem der Entwurf auf der Sitzung der Regierungschefs verteilt wurde. Von Strang an Gussew übergeben.

lungsweise in der jeweiligen Besatzungszone von diesen Grundsätzen leiten zu lassen und in Abstimmung mit ihren Kollegen im Kontrollrat bei der Durchsetzung dieser Grundsätze so vorzugehen, daß die entsprechende Einheit des Handelns in allen Besatzungszonen gewährleistet wird.

Die drei Regierungen wünschen aufrichtig, die Provisorische Regierung der Französischen Republik möge imstande sein, diesen Prinzipien zuzustimmen, und nach Abschluß der gegenwärtigen Konferenz dem Oberkommandierenden der französischen Besatzungstruppen entsprechende Instruktionen erteilen.

Die drei Regierungen wären dankbar, wenn die Provisorische französische Regierung diese Information streng vertraulich behandelte, bis ein offizieller Bericht der Konferenz veröffentlicht wird.

Nach Archiv.

Nr. 106
Schreiben des Vertreters Großbritanniens in der Alliierten Reparationskommission an den Vorsitzenden der Kommission

Berlin, den 28. Juli 1945

Sehr geehrter Herr Maiski!

Wir hatten Gelegenheit, den Vorschlag der Vereinigten Staaten zu den Reparationen und den mit ihnen verbundenen Fragen, der uns unlängst überreicht wurde[178], zu prüfen. Wir sind bereit, diesen Vorschlägen unter der Voraussetzung zuzustimmen, daß die Zeilen 5, 6 und 7[179] des Paragraphen „b" folgendermaßen formuliert werden:

„... entweder zur Bezahlung vor allem notwendiger genehmigter Importe, die nicht auf andere Weise bezahlt werden, oder, nach dieser Bezahlung des Imports, für sich selbst oder als Reparationen für jede beliebige der Vereinten Nationen, die Anspruch auf Reparation hat".

Die Einfügung der Worte „vor allem" bringt den unzweideutigen Standpunkt zum Ausdruck, auf den wir so oft hingewiesen haben. Die Einfügung des Wortes „Reparation" ist lediglich eine stilistische Korrektur. In diesem Zusammenhang wäre es wünschenswert zu definieren, was wir unter „Bedarf der Besatzungstruppen" verstehen. Ich füge ein Memorandum bei, das unseren Standpunkt zu dieser Frage zum Ausdruck bringt.

Eine Kopie dieses Schreibens sende ich an Botschafter Pauley.

Ihr ergebener
S. Waley

178 Vgl. Dok. Nr. 87.
179 Vgl. Dok. Nr. 87, Zeilen 6–10.

Anlage

Memorandum der Delegation Großbritanniens

Das Programm des erforderlichen Mindestimports für Deutschland muß insgesamt die Versorgungsgüter in sich einschließen, die die Besatzungstruppen in Form von Lebensmitteln, Treib- und Schmierstoffen und anderen vergleichbaren Versorgungsgütern sowie in Form von Gegenständen nichtmilitärischen Charakters, das heißt medizinisch-technischen Gütern, Inventar usw. einführen. Andererseits muß der Wert der eingeführten militärischen Bestände (einschließlich Transportmittel und Signalausrüstungen wie auch solch eindeutiger Militärgüter wie Kanonen, Ausrüstung, Uniformen sowie der Bezüge für Truppen außerhalb Deutschlands) in die Kosten der Besatzungstruppen eingehen und darf nicht in das Importprogramm, das durch deutschen Export zu decken ist, aufgenommen werden.

Nach Archiv.

Nr. 107
Entwurf eines Beschlusses der Konferenz über die Treuhandschaftsterritorien, unterbreitet von der Delegation der UdSSR

28. Juli 1945[180]

Die Konferenz erörterte einen Vorschlag der Sowjetregierung, die Frage der Treuhandschaftsterritorien[181] zu regeln. Dabei bezog man sich auf die Kategorien von Gebieten, wie sie in den Beschlüssen der Krimkonferenz[182] und in der Charta der internationalen Sicherheitsorganisation definiert sind. Die sowjetischen Vorschläge sahen vor, den Rat der Außenminister zu beauftragen, Vorschläge zur Kategorie derjenigen Gebiete vorzubereiten, die von Feindstaaten abgetrennt wurden, wobei von der Notwendigkeit ausgegangen werden sollte, in nächster Zukunft die Frage nach den Formen der Treuhandschaft über die früheren Kolonialbesitzungen Italiens in Afrika und im Mittelmeerraum zu entscheiden. Der sowjetische Entwurf sah die Möglichkeit vor, die Treuhandschaft einzelner Staaten zu errichten oder die obengenannten früheren italienischen Kolonialbesitzungen unter die gemeinsame Treuhandschaft der UdSSR, der USA und Großbritanniens zu stellen. Der sowjetische Entwurf sah ferner vor, daß der Rat der Außenminister praktische Maßnahmen zum Abschluß bestimmter Abkommen über territoriale Treuhandschaft entsprechend der Charta der Vereinten Nationen ausarbeiten sollte, einschließlich eines Vorschlages zum weiteren Schicksal derjenigen Gebiete, die auf der Grundlage von Mandaten des Völkerbundes[183] verwaltet werden.

180 Datum der Bestätigung durch Molotow.
181 Vgl. Dok. Nr. 50.
182 Siehe Anmerkung 2.
183 Siehe Anmerkung 40.

Nach einem Meinungsaustausch zu dieser Frage wurde entschieden, die Erklärung der sowjetischen Delegation darüber zur Kenntnis zu nehmen, daß die Sowjetregierung ihren Vorschlag zur Frage der Treuhandschaftsterritorien im September dem Rat der Außenminister zur Prüfung vorlegen wird.

Nach Archiv.

Nr. 108
Vorschlag der Delegation Großbritanniens (mit einem Zusatz der Delegation der USA) über die Schwarzmeer-Meerengen

28. Juli 1945[184]

Die sowjetische Delegation schilderte auf der Konferenz auf Bitte der Delegation des Vereinigten Königreiches die jüngsten Verhandlungen zwischen der Sowjetregierung und der türkischen Regierung[185] und ging dabei insbesondere auf die freie Durchfahrt durch die Meerengen zwischen dem Schwarzen und dem Ägäischen Meer ein. Die Delegation der Vereinigten Staaten unterbreitete den Vorschlag, den Kriegs- und Handelsschiffen aller Nationen durch ein internationales Abkommen der interessierten Staaten, an dem sich die drei auf der gegenwärtigen Konferenz vertretenen Mächte beteiligen sollten, jederzeit die freie Passage der Meerengen zu garantieren. Dieser Vorschlag wurde von der Delegation des Vereinigten Königreiches unterstützt. Die sowjetische Delegation hielt es für besser, diese Frage auf dem Verhandlungswege unmittelbar mit der türkischen Regierung zu regeln. Die Konferenz gelangte zu keiner endgültigen Entscheidung über diese Frage.

Nach Archiv.

Nr. 109
Vorschlag der Delegation der UdSSR über die Schwarzmeer-Meerengen[186]

1. Die drei Regierungen erkannten die Notwendigkeit an, die zu Montreux[187] unterzeichnete Konvention über die Meerengen zu revidieren, da sie den gegenwärtigen Bedingungen nicht mehr entspricht.

2. Es wurde Einvernehmen darüber erzielt, daß diese Frage im nächsten Stadium Gegenstand unmittelbarer Verhandlungen zwischen jeder der drei Regierungen und der türkischen Regierung sein sollte.

Nach Archiv.

184 Datum der Übergabe durch Brooke an Gromyko.
185 Siehe Anmerkung 8.
186 Undatiert.
187 Siehe Anmerkung 9.

Nr. 110
Botschaft des Vorsitzenden des Rates der Volkskommissare der UdSSR an den Präsidenten der USA

Berlin, den 29. Juli 1945

Sehr geehrter Herr Präsident!

Ihre Botschaft vom 20. Juli[188] über die Veränderung der Route der amerikanischen und der sowjetischen Transporte statt über Teheran über Berlin habe ich erhalten.

Die Sowjetregierung steht Ihrem Vorschlag positiv gegenüber. Den entsprechenden sowjetischen Organen sind Anweisungen gegeben worden, mit amerikanischen Vertretern die mit diesem Vorschlag verbundenen technischen Fragen zu erörtern.

J. Stalin

Veröffentlicht in: Perepiska Predsedatelja Sowjeta Ministrow SSSR ..., Bd. 2, S. 275.

Nr. 111
Botschaft des Vorsitzenden des Rates der Volkskommissare der UdSSR an den Präsidenten der USA

Berlin, den 29. Juli 1945

Sehr geehrter Herr Präsident!

Ihr Memorandum vom 27. Juli über die deutsche Kohle und die Kopie Ihrer Direktive an General Eisenhower habe ich erhalten.[189]

Die von Ihnen im Memorandum aufgeworfene wichtige Frage, deutsche Kohle für die Befriedigung der europäischen Bedürfnisse zu nutzen, wird einer entsprechenden Prüfung unterzogen werden. Die Regierung der Vereinigten Staaten wird über den Standpunkt der Sowjetregierung in dieser Frage informiert werden.

Zugleich gilt es zu erwähnen, daß wir vermeiden müssen, daß die Verwirklichung der Maßnahmen zum Export der deutschen Kohle zu irgendwelchen Mißständen in Deutschland führt, wie das in Ihrer Direktive an General Eisenhower erwähnt wird, und mir scheint, daß das durchaus möglich und vom Standpunkt der Interessen der alliierten Staaten notwendig ist.

J. Stalin

Veröffentlicht in: Perepiska Predsedatelja Sowjeta Ministrow SSSR ..., Bd. 2, S. 275f.

188 Vgl. Dok. Nr. 45.
189 Vgl. Dok. Nr. 99.

Nr. 112
Vorschlag der Delegation der USA über die Westgrenze Polens
29. Juli 1945[190]

In Übereinstimmung mit der auf der Krimkonferenz[191] erzielten Vereinbarung haben die drei Regierungschefs die Meinung der Polnischen provisorischen Regierung der nationalen Einheit[192] über den Gebietszuwachs im Norden und im Westen eingeholt, den Polen erhalten soll.

Der Präsident Polens und Mitglieder der Polnischen provisorischen Regierung der nationalen Einheit sind auf der Konferenz empfangen worden und haben ihren Standpunkt in vollem Umfang dargelegt. Die drei Regierungschefs bekräftigen ihre Auffassung, daß die endgültige Festlegung der Westgrenze Polens bis zur Friedensregelung zurückgestellt werden soll.

Die drei Regierungschefs stimmen darin überein, daß bis zur endgültigen Festlegung der Westgrenze Polens die früheren deutschen Gebiete östlich der Linie, die von der Ostsee über Swinemünde und westlich von Stettin bis zur Oder und von dort die Oder entlang bis zur Einmündung der östlichen Neiße und die östliche Neiße entlang bis zur tschechoslowakischen Grenze verläuft, einschließlich des Teils Ostpreußens, der in Übereinstimmung mit der auf dieser Konferenz erzielten Vereinbarung nicht unter die Verwaltung der UdSSR gestellt wurde, sowie das Gebiet der früheren Freien Stadt Danzig unter die Verwaltung des Polnischen Staates kommen und deshalb nicht als Bestandteil der sowjetischen Besatzungszone in Deutschland betrachtet werden sollen.

Nach Archiv.

Nr. 113
Vorschlag der Delegation der USA über die Zulassung zur Organisation der Vereinten Nationen
30. Juli 1945[193]

Die drei Regierungen betrachten es als wünschenswert, daß die gegenwärtig anomale Stellung Italiens, Bulgariens, Finnlands, Ungarns und Rumäniens durch den Abschluß von Friedensverträgen beendet wird, damit danach möglichst rasch zwischen ihnen und ihren früheren Feindstaaten dort, wo das notwendig ist, normale diplomatische Beziehungen wiederaufgenommen werden können. Sie sind überzeugt, daß die anderen interessierten alliierten Regierungen ihren Standpunkt teilen.

Ihrerseits haben die drei Regierungen die Vorbereitung eines Friedensvertrages für Italien als erste unter den vordringlichen und wichtigen Aufgaben vorgesehen, die der neue Rat der Außenminister erörtern soll. Italien brach als erste der Achsenmächte mit Deutschland, zu dessen Niederlage es materiell beigetragen

190 Datum der Übergabe von Byrnes an Molotow (in russischer Sprache).
191 Siehe Anmerkung 2.
192 Siehe Anmerkung 5.
193 Datum der Übergabe von Byrnes an Molotow.

hat. Es hat sich jetzt mit den Alliierten im Kampf gegen Japan vereint. Italien hat sich selbst vom faschistischen Regime befreit und große Fortschritte auf dem Wege zur Wiederherstellung einer demokratischen Verwaltung und demokratischer Einrichtungen gemacht. Der Abschluß eines solchen Friedensvertrages mit einer anerkannten demokratischen italienischen Regierung würde es den drei Regierungen ermöglichen, ihrem Wunsch entsprechend die Bitte Italiens um Aufnahme in die Organisation der Vereinten Nationen zu unterstützen.

Die drei Regierungen beauftragen ferner den Rat der Außenminister mit der Vorbereitung von Friedensverträgen für Bulgarien, Finnland, Ungarn und Rumänien. Der Abschluß von Friedensverträgen mit anerkannten demokratischen Regierungen in diesen Staaten wird ebenfalls die drei Regierungen in den Stand setzen, ihre Bitte um Aufnahme in die Organisation der Vereinten Nationen zu unterstützen. Die drei Regierungen kommen überein, jede für sich in naher Zukunft im Lichte der dann herrschenden Bedingungen die Frage der Herstellung diplomatischer Beziehungen zu Finnland, Rumänien, Bulgarien und Ungarn zu prüfen, soweit dies vor der Ratifikation von Friedensverträgen mit diesen Ländern möglich ist.

Die drei Regierungen äußern den Wunsch, daß die Vertreter der alliierten Presse angesichts der durch das Kriegsende in Europa veränderten Bedingungen volle Freiheit genießen werden, der Welt über die Ereignisse in Rumänien, Bulgarien, Ungarn und Finnland zu berichten.

Hinsichtlich der Zulassung anderer Staaten zur Organisation der Vereinten Nationen lautet Artikel IV der Charta der Vereinten Nationen:

„1. Die Mitgliedschaft in den Vereinten Nationen steht allen anderen friedliebenden Staaten offen, welche die in der vorliegenden Charta enthaltenen Verpflichtungen übernehmen und nach der Auffassung der Organisation fähig und gewillt sind, diese Verpflichtungen zu erfüllen.

2. Die Aufnahme eines solchen Staates als Mitglied der Vereinten Nationen erfolgt durch einen Beschluß der Vollversammlung auf Empfehlung des Sicherheitsrates."

Die drei Regierungen werden ihrerseits Aufnahmeanträge von Staaten, die während des Krieges neutral geblieben sind und die oben aufgeführten Bedingungen erfüllen, unterstützen.

Die drei Regierungen fühlen sich jedoch verpflichtet klarzustellen, daß sie für ihren Teil einen Aufnahmeantrag der gegenwärtigen spanischen Regierung nicht unterstützen werden, die mit Hilfe der Achsenmächte gebildet wurde und wegen ihres Ursprungs, ihres Charakters, ihrer Tätigkeit und ihrer engen Verbindung mit den Aggressorstaaten nicht die für eine solche Mitgliedschaft notwendigen Eigenschaften besitzt.

Nach Archiv.

Nr. 114
Vorschlag der Delegation der USA über die Reparationen von Deutschland

30. Juli 1945[194]

Die Reparationsansprüche Rußlands und Polens sind zu befriedigen aus Ressourcen der russischen Zone plus

a) 25 Prozent derjenigen Industrieanlagen, die nach unserem Dafürhalten für die Friedenswirtschaft entbehrlich und aus dem Ruhrgebiet zu entnehmen sind unter der Voraussetzung, daß sie gegen einen entsprechenden Wert an Nahrungsmitteln, Kohle, Pottasche, Holz, Tonprodukten und Erdölprodukten, die uns die sowjetische Seite zur Verfügung zu stellen hat, ausgetauscht werden;

b) zusätzlich 15 Prozent derjenigen Industrieanlagen, die für die Friedenswirtschaft als entbehrlich erachtet werden, sind der Sowjetregierung ohne Bezahlung oder Gegenleistung irgendwelcher Art aus dem Ruhrgebiet zu übergeben.

Nach Archiv.

Nr. 115
Zusatz zum Vorschlag der Delegation der USA über die Reparationen von Deutschland

30. Juli 1945[195]

Die Entscheidungen über Umfang und Art der Industrieanlagen, die für die Friedenswirtschaft entbehrlich sind und deshalb der Reparation unterliegen, sind durch die Reparationskommission[196] (plus Frankreich), die mit dem Kontrollrat Rücksprache nehmen wird, zu treffen, wobei die endgültigen Entscheidungen von dem Kommandierenden der Zone zu treffen sind, aus der die Ausrüstungen entnommen werden.

Nach Archiv.

Nr. 116
Vorschlag der Delegation der UdSSR über Reparationen von Deutschland

30. Juli 1945[197]

1. Einmalige Entnahmen von Reparationen aus dem Nationaleigentum Deutschlands (Werke, Fabriken, Ausrüstungen, Materialien usw.) werden von jeder Regierung innerhalb von zwei Jahren nach der Kapitulation in ihrer Besatzungszone vorgenommen.

194 Datum der Übergabe von Byrnes an Molotow.
195 Datum der Übergabe von Byrnes an Molotow.
196 Siehe Anmerkung 38.
197 Datum der Übergabe von Molotow an Byrnes und Bevin.

2. Die Entnahmen sollen das Ziel verfolgen, zum möglichst schnellen Wiederaufbau der Wirtschaft in den Ländern, denen durch die deutsche Besetzung Schaden zugefügt wurde, beizutragen, wobei von der Notwendigkeit auszugehen ist, das Kriegspotential Deutschlands größtmöglich zu reduzieren.

3. Angesichts der ungeheuren Verluste der sowjetischen Schwerindustrie sowie der geringen Zahl derartiger deutscher Betriebe in der sowjetischen Besatzungszone und des allgemeinen Ressourcenmangels in dieser Zone muß die UdSSR zusätzlich zu den Entnahmen, die sie in ihrer Zone vornimmt, aus den westlichen Zonen, vorwiegend aus dem Ruhrgebiet, in Form von Reparationen weitere 5,5 bis 6 Millionen Tonnen einsatzfähige und komplette Ausrüstungen gemäß einer speziellen Aufstellung erhalten, um die vom Feind zerstörten Zweige der sowjetischen Industrie, vor allem die Metallurgie, die Chemie und den Maschinenbau, wieder aufzubauen. Diese Entnahmen müssen mit Annahme des vorliegenden Beschlusses unverzüglich beginnen, wofür bei der Interalliierten Reparationskommission[198] eigens ein Organ gebildet wird, und bis spätestens 10. Mai 1947 abgeschlossen sein.

4. Die UdSSR erhält ferner im Werte von 500 Millionen Dollar Aktien derjenigen in den westlichen Zonen erhaltengebliebenen Industrie- und Verkehrsbetriebe, die vom Standpunkt einer größtmöglichen Reduzierung des Kriegspotentials Deutschlands von größter Bedeutung sind.

5. Die Entnahme von jährlichen Warenlieferungen aus der laufenden Produktion erfolgt nicht nach Zonen, sondern im gesamtdeutschen Rahmen, wobei die Interalliierte Reparationskommission einen Gesamtplan sowohl der Bezüge als auch der Verteilung dieser Lieferungen unter den Nationen, die darauf Anspruch haben, aufstellt. Die Gesamthöhe dieser Lieferungen wird auf 8 Milliarden Dollar festgelegt, befristet auf 10 Jahre. Der Anteil der UdSSR an den Warenlieferungen beträgt 50 Prozent der Gesamtsumme.

6. Als mögliche Warenlieferungen werden akzeptiert: Kohle, Briketts, Metall, Metallerzeugnisse, Zement, Baustoffe, Schrott, Holz, Kali, Papier, Zucker, chemische Erzeugnisse und Tonprodukte, Maschinen, Flußschiffe, medizinische Geräte, landwirtschaftliche Erzeugnisse, Vieh usw.

Als Grundlage der Berechnungen gelten die Weltmarktpreise von 1938 in Dollar mit einem Zuschlag von 10 Prozent.

7. Die Interalliierte Reparationskommission stellt einen Plan für die Verteilung der Auslandsinvestitionen und ausländischen Forderungen Deutschlands unter den Nationen, die Anspruch auf Reparationen haben, auf.

8. Im Hinblick auf jenen Teil der Reparationen, der durch einmalige Entnahmen zu decken ist, übernimmt die UdSSR die Befriedigung der Reparationsansprüche Polens aus ihrem Anteil. Die Vereinigten Staaten von Amerika und Großbritannien verfahren ebenso in bezug auf Frankreich, Jugoslawien, die Tschechoslowakei, Belgien, Holland und Norwegen.

Nach Archiv.

198 Siehe Anmerkung 38.

Nr. 117
Vorschlag der Delegation der UdSSR über das Industriegebiet an der Ruhr
30. Juli 1945[199]

Das Industriegebiet an der Ruhr als einen Teil Deutschlands betrachtend und ausgehend von der Notwendigkeit, das Kriegspotential Deutschlands größtmöglich zu reduzieren, erachtete es die Konferenz als zweckmäßig:

1. festzulegen, daß das Industriegebiet an der Ruhr verwaltungsmäßig unter gemeinsamer Kontrolle der USA, Großbritanniens, der UdSSR und Frankreichs stehen soll.

2. Die Verwaltung des Industriegebietes an der Ruhr muß durch den Rat der Alliierten erfolgen, dem Vertreter Großbritanniens, der Vereinigten Staaten von Amerika, der Sowjetunion und Frankreichs angehören.

3. Die Industrie des Ruhrgebietes wird entsprechend dem allgemeinen Reparationsplan für Reparationszwecke genutzt.

4. Um diesen Beschluß so schnell wie möglich zu verwirklichen, ist ein provisorischer Rat der Alliierten aus Vertretern der USA, Großbritanniens, der UdSSR und Frankreichs zu bilden, der binnen eines Monats die notwendige Vorbereitungsarbeit leistet und die provisorische Verwaltung des Ruhrgebietes übernimmt.

Nach Archiv.

Nr. 118
Vorschlag der Delegation der UdSSR über Reparationen von Italien und Österreich
30. Juli 1945[200]

1. Italien und Österreich sind verpflichtet, zur Wiedergutmachung des Schadens, den sie den Vereinten Nationen[201] durch ihre Teilnahme am Krieg auf seiten Deutschlands zugefügt haben, Reparationen zu zahlen.

2. Die Reparationen werden in Form von einmaligen Entnahmen von Ausrüstungen aus denjenigen Zweigen ihrer Wirtschaft beglichen, die die wichtigsten Bestandteile des Kriegspotentials darstellen. Diese Entnahmen müssen binnen Jahresfrist abgeschlossen sein.

3. Die Gesamtsumme der Reparationen von Italien wird auf 300 Millionen Dollar festgesetzt. Die Reparationssumme von Österreich wird von der Interalliierten Reparationskommission festgelegt.

4. Italien zahlt Reparationen an die Sowjetunion, Jugoslawien, Griechenland und Albanien, Österreich an die Sowjetunion und Jugoslawien.

Nach Archiv.

199 Datum der Übergabe von Molotow an Byrnes und Bevin.
200 Datum der Übergabe von Molotow an Byrnes.
201 Siehe Anmerkung 14.

Nr. 119
Vorschlag der Delegation der USA über deutsche Auslandsaktiva

30. Juli 1945[202]

Die Vereinigten Staaten erachten es als wichtig, unverzüglich Maßnahmen zu treffen, um die deutschen Auslandsaktiva unter Kontrolle zu nehmen und die Verfügungsrechte über sie zu regeln, insbesondere in neutralen Ländern. Das ist nicht nur vom Standpunkt der Sicherheit notwendig, sondern auch, um diese Aktiva zur Verwendung für Zwecke der Alliierten zu erhalten.

Daher wird die Frage der Veröffentlichung einer entsprechenden Erklärung von seiten der Vereinigten Staaten, des Vereinigten Königreiches, der Sowjetunion und, wenn möglich, Frankreichs zur Annahme einer Rechtsprechung über diese Aktiva als außerordentlich vordringlich angesehen. Die Erklärung wird als Anlage beigefügt.

Wir schlagen vor, daß der Kontrollrat nach Veröffentlichung einer solchen Erklärung einen Beschluß über die Feststellung des Eigentumsrechts an deutschen Auslandsaktiva herausgibt.

Anlage

Wortlaut der vorgeschlagenen Erklärung der „Großen Drei" und Frankreichs[203]

Im Ergebnis des Potsdamer Treffens der Staatschefs der Vereinigten Staaten, des Vereinigten Königreiches und der Sowjetunion und nach Abstimmung mit der Regierung Frankreichs wird folgende Erklärung veröffentlicht:

Die Regierungen der Vereinigten Staaten, des Vereinigten Königreiches, der Sowjetunion und Frankreichs erklären, daß die deutschen Auslandsaktiva, die noch nicht unter Kontrolle der Vereinten Nationen, die am Krieg gegen Deutschland teilgenommen haben, stehen, der Rechtsprechung der Mächte, die Deutschland besetzt haben, sowie des Alliierten Kontrollrates unterliegen.

Alle Länder, in denen sich solche Aktiva befinden, sind hiermit aufgerufen, diese Einlagen den Besatzungsmächten sowie dem Alliierten Kontrollrat zur Verfügung zu stellen. Die diplomatischen Vertreter der Mächte, die die vorliegende Erklärung unterzeichnet haben, werden sie bei der Ausübung der Kontrolle und Wahrnehmung des Verfügungsrechts über diese Aktiva vertreten.

Nach Archiv.

202 Datum der Übergabe von Byrnes an Molotow.
203 Titel des Dokuments.

Nr. 120
Vorschlag der Delegation der UdSSR zum Gerichtsverfahren gegen die Hauptkriegsverbrecher
30. Juli 1945[204]

1. Die Konferenz erachtete es als notwendig, für das Gerichtsverfahren gegen die Hauptkriegsverbrecher, deren Verbrechen nach der Moskauer Deklaration vom 1. November 1943[205] nicht an einen bestimmten geographischen Ort gebunden sind, in nächster Zeit einen Internationalen Gerichtshof zu konstituieren.

2. Die Konferenz entschied, daß vom Internationalen Gerichtshof in erster Linie folgende Hauptverantwortliche der Hitlerclique abgeurteilt werden sollen: Göring, Heß, Ribbentrop, Ley, Keitel, Dönitz, Kaltenbrunner, Frick, Streicher, Krupp[206].

3. Die Chefs der drei alliierten Regierungen erklären, daß sie entsprechend der Moskauer Deklaration vom 1. November 1943 alle ihnen zur Verfügung stehenden Maßnahmen ergreifen werden, um die Auslieferung von Kriegsverbrechern, die sich in neutralen Ländern verborgen halten, in die Hände der Justiz zu sichern. Sollte sich irgendeines dieser Länder weigern, die auf seinem Territorium untergetauchten Kriegsverbrecher auszuliefern, werden sich die drei alliierten Regierungen gegenseitig über Maßnahmen konsultieren, die getroffen werden müssen, um die Verwirklichung ihres unbeirrbaren Entschlusses zu gewährleisten.

Nach Archiv.

Nr. 121
Vorschlag der Delegation der USA über die Westgrenze Polens
30. Juli 1945[207]

In Übereinstimmung mit der auf der Krimkonferenz[208] erzielten Vereinbarung über Polen holten die drei Regierungschefs die Meinung der Polnischen provisorischen Regierung der nationalen Einheit hinsichtlich des Gebietszuwachses im Norden und Westen, den Polen erhalten soll, ein. Der Präsident Polens und Mitglieder der Polnischen provisorischen Regierung der nationalen Einheit sind auf der Konferenz empfangen worden und haben ihren Standpunkt in vollem Umfang dargelegt. Die drei Regierungschefs bekräftigen ihre Auffassung, daß die endgültige Festlegung der Westgrenze Polens bis zur Friedensregelung zurückgestellt werden soll.

Die drei Regierungschefs stimmen darin überein, daß bis zur endgültigen

204 Datum der Übergabe von Molotow an Byrnes.
205 Siehe Anmerkung 65.
206 In dem gleichlautenden Vorschlag, den Molotow am 30. Juli auf der Sitzung der Außenminister unterbreitete, sind Papen, Hans Frank und Schacht zusätzlich in die Liste aufgenommen, während Dönitz gestrichen wurde.
207 Von Byrnes Molotow überreicht.
208 Siehe Anmerkung 2.

Festlegung der Westgrenze Polens die früheren deutschen Gebiete östlich der Linie, die von der Ostsee über Swinemünde und von dort die Oder entlang bis zur Einmündung der westlichen Neiße und die westliche Neiße entlang bis zur tschechoslowakischen Grenze verläuft, einschließlich des Teils Ostpreußens, der in Übereinstimmung mit der auf dieser Konferenz erzielten Vereinbarung nicht unter die Verwaltung der Union der Sozialistischen Sowjetrepubliken gestellt wurde, und einschließlich des Gebietes der früheren Freien Stadt Danzig unter die Verwaltung des Polnischen Staates fallen und in dieser Hinsicht nicht als Teil der sowjetischen Besatzungszone in Deutschland betrachtet werden sollen.

Nach Archiv.

Nr. 122
Vorschlag der Delegation Großbritanniens über den Anteil der Sowjetunion an Reparationen

30. Juli 1945[209]

Die Regierung Seiner Majestät ist zur Entscheidung, die diese und andere Fragen bereinigt, bereit zuzustimmen, daß Rußland zusätzlich zu den Reparationen in Form von Entnahmen und Lieferungen aus der russischen Besatzungszone außerdem das Recht hat, aus den westlichen Zonen, vor allem aus dem Ruhrgebiet, 10 Prozent derjenigen Ausrüstungen, vor allem aus der Schwerindustrie, zu erhalten, deren Entnahme auf der Grundlage des abgestimmten Reparationsplans beschlossen werden wird, der einerseits die Reduzierung des deutschen Kriegspotentials auf ein entsprechendes Niveau vorsehen und andererseits Deutschland genügend Industrieausrüstungen belassen soll, damit es das zugestandene Lebensniveau aufrechterhalten kann. Die Politik der Regierung Seiner Majestät besteht darin, daß zur Vernichtung des deutschen Kriegspotentials in der Schwerindustrie recht beträchtliche Entnahmen erfolgen müssen, sie kann jedoch keine bestimmte Meinung zu einer exakten Summe äußern, solange nicht ein allumfassender Plan vorliegt.

Der Reparationsplan muß so beschaffen sein, daß außer der Sowjetunion und Polen die anderen Staaten, die Reparationsansprüche haben, aus der russischen Zone entsprechende Jahresmengen an Holz- und Pottaschelieferungen beziehen können. Die alliierte Reparationskommission[210] wird diesen Plan im Detail ausarbeiten.

Nach Archiv.

209 Datum der Übergabe von Bevin an Molotow.
210 Siehe Anmerkung 38.

Nr. 123
Vorschlag der Delegation Großbritanniens über die Versorgungsquellen für die Besatzungszonen, einschließlich des Gebietes von Groß-Berlin

30. Juli 1945[211]

a) Falls keine Ausnahmen besonderen Charakters vorliegen, gilt als allgemeine Regel, daß jede Besatzungszone, einschließlich des Gebietes von Groß-Berlin, soweit das praktisch möglich ist, aus denjenigen Gebieten Deutschlands versorgt werden wird, aus denen das vor dem Krieg geschah.

b) *Lebensmittel.* Es wird anerkannt, daß in der Besatzungszone, für die die Sowjetregierung verantwortlich ist, bis zu dem Zeitpunkt, da man die Ernte von 1946 nutzen kann, möglicherweise nur ein geringer oder überhaupt kein Überschuß an Lebensmitteln zur Versorgung der westlichen Zone vorhanden ist. Bis dahin muß jedoch die Besatzungszone, für die die Sowjetregierung verantwortlich ist, ausreichend mit Lebensmitteln versorgt werden, damit in dieser Zone und im ganzen Gebiet von Groß-Berlin Selbstversorgung herrscht und die Ernährungsrichtsätze ohne Einfuhr von Lebensmitteln aus den westlichen Zonen nicht unter denen liegen, die der Kontrollrat in Deutschland[212] insgesamt festgelegt hat.

Beginnend mit der Ernte von 1946 und in der Folgezeit muß die Besatzungszone, für die die Sowjetregierung verantwortlich ist, das Gebiet von Groß-Berlin sowie die westlichen Zonen ungefähr in gleichem Umfang versorgen, wie das in der Vergangenheit der Fall war, was sich aus dem allgemeinen Grundsatz der Behandlung Deutschlands als wirtschaftliche Einheit ergibt.

c) *Kohle.* Der Teil des Gebietes Deutschlands, der sich innerhalb der Grenzen von 1937 befindet und gegenwärtig von Polen verwaltet wird, muß den westlichen Zonen und dem Gebiet von Groß-Berlin drei Jahre lang jährlich fünf Millionen Tonnen Anthrazit liefern.

d) Alternativ ist vom Kontrollrat eine Vereinbarung über festgelegte Mengen an Lebensmitteln, Kohle und anderen Brennstoffarten auszuarbeiten, und wenn diese Vereinbarung abgeschlossen wird, müssen diese Vereinbarung und die Vereinbarung darüber, daß die Sowjetregierung aus den westlichen Zonen, vor allem aus dem Ruhrgebiet, Industriebetriebe erhalten soll, gleichzeitig in Kraft treten.

Nach Archiv.

211 Datum der Übergabe von Bevin an Molotow und Byrnes auf der Sitzung der Außenminister.
212 Siehe Anmerkung 16.

Nr. 124
Vorschlag der Delegation Großbritanniens zur Bezahlung der genehmigten Importe nach Deutschland
30. Juli 1945[213]

In die wirtschaftlichen Grundsätze ist folgendes einzufügen:

„Die Bezahlung der genehmigten Importe nach Deutschland muß in erster Linie mit den Einnahmen aus dem Export von Erzeugnissen der laufenden Produktion und von Warenbeständen erfolgen."

Das entspricht dem, was Herr Molotow am 23. Juli auf der Sitzung der Außenminister gesagt hat. „Genehmigte Importe" bedeutet Importe, die vom Kontrollrat genehmigt wurden. Wenn der Kontrollrat Importe, die eine der vier Regierungen für notwendig erachtet, nicht genehmigt, entsteht eine neue Situation, die von den vier Regierungen zu prüfen ist. Inzwischen trägt jeder Zonenkommandierende gegenüber seiner Regierung die Verantwortung für die Verwaltung seiner Zone.

Nach Archiv.

Nr. 125
Vorschlag der Delegation Großbritanniens über die Reparationen von Italien
30. Juli 1945[214]

Italien ist verpflichtet, denjenigen der Vereinten Nationen[215], gegen die es Krieg geführt hat, Reparationen zu zahlen. Es wird jedoch anerkannt, daß diese Reparationen nicht auf Kosten jener Staaten erfolgen dürfen, die an Italien die notwendige Mindestversorgung liefern oder liefern können, oder zu Lasten der Aufrechterhaltung der wirtschaftlichen Stabilität in Italien.

Es wird empfohlen, daß der Rat der Außenminister bei der Erörterung des Friedensvertrages für Italien das vorliegende Problem diesbezüglich prüfen sollte.

Nach Archiv.

Nr. 126
Vorschlag der Delegation Großbritanniens über die Reparationen von Österreich
30. Juli 1945[216]

Von Österreich werden keine Reparationen erhoben. Die Frage der Entnahme von Betrieben, Ausrüstungen und anderen Waren aus Österreich als Beutegut oder in anderer Form wird künftig vom Kontrollrat entschieden werden.

Nach Archiv.

213 Datum der Übergabe vom Sekretariat der Delegation Großbritanniens an Pawlow auf der Sitzung der Außenminister.
214 Datum der Übergabe von Bevin an Molotow und Byrnes.
215 Siehe Anmerkung 14.
216 Datum der Übergabe von Bevin an Molotow und Byrnes.

Nr. 127
Vorschlag der Delegation der UdSSR über die deutsche Kriegs- und Handelsflotte

30. Juli 1945[217]

1. Der Sowjetunion ist ein Drittel des Gesamtbestandes der deutschen Überwasserkriegsflotte, einschließlich der zum Beginn der bedingungslosen Kapitulation Deutschlands[218] im Bau oder in Reparatur befindlichen Schiffe, zu übergeben.

2. Der Großteil der deutschen Unterwasserflotte soll versenkt werden. Ein Teil der Unterwasserflotte – Unterseeboote, die in technischer Hinsicht am interessantesten sind – bleibt erhalten und ist unter die UdSSR, Großbritannien und die USA aufzuteilen.

3. Ein Drittel aller Waffen-, Munitions- und Versorgungsbestände der deutschen Kriegsflotte, entsprechend den Schiffsklassen, ist der Sowjetunion zu übergeben.

4. Ein Drittel der deutschen Handelsflotte ist der Sowjetunion zu übergeben.

5. Die Übergabe der Schiffe der deutschen Kriegs- und Handelsflotte ist am 1. August zu beginnen und bis zum 1. November 1945 abzuschließen.

6. Für die Übergabe und Abnahme von Schiffen der deutschen Kriegs- und Handelsflotte, die sich in Häfen und Stützpunkten der alliierten Länder sowie in Deutschland und anderen Ländern befinden, wird eine marinetechnische Kommission gebildet.

Nach Archiv.

Nr. 128
Memorandum der Delegation Großbritanniens für die Delegationen der UdSSR und der USA über die Aufteilung der deutschen Kriegsflotte und der Handelsschiffe

30. Juli 1945

Als auf der dritten Plenarsitzung am 19. Juli diese Frage auf der Grundlage eines Memorandums der sowjetischen Delegation vom gleichen Tage[219] erörtert wurde, wurden einige Schlußfolgerungen gezogen und entschieden, diese Frage bis zur letzten Phase der Konferenz zu verschieben.

2. Die britische Delegation hat die im sowjetischen Memorandum angeschnittenen Fragen unter Berücksichtigung der Diskussion vom 19. Juli einer weiteren Prüfung unterzogen und unterbreitet folgende Vorschläge als Grundlage für Entscheidungen der Konferenz zu dieser Frage. Diese Vorschläge beziehen sich auf die entsprechenden Punkte des sowjetischen Memorandums.

1 (a) Am 19. Juli kam man überein, daß die deutschen Überwasserschiffe zu

217 Datum der Übergabe von Molotow an Byrnes und Bevin auf der Sitzung der Außenminister.
218 Siehe Anmerkung 55.
219 Vgl. Dok. Nr. 39.

gleichen Teilen unter den drei Mächten aufgeteilt werden. Die britische Delegation schlägt vor, jetzt die Frage zu prüfen, ob Frankreich, das in den Bedingungen der Kapitulation Deutschlands[220] als gleichwertiger Partner erscheint und vollberechtigtes Mitglied des Kontrollrates für Deutschland[221] ist, einen Anteil erhalten sollte. Es wird empfohlen, die konkrete Aufteilung der Schiffe als eine Angelegenheit zu behandeln, zu der eine Expertenkommission den drei Regierungen Empfehlungen geben sollte, nachdem sie ein Verzeichnis aller zur Verfügung stehenden Überwasserschiffe, einschließlich der im Bau befindlichen oder schon vom Stapel gelaufenen sowie derer, deren Reparatur schnell abgeschlossen werden kann, aufgestellt hat. Irgendwelche Schiffe, deren Indienststellung mehr als drei Monate erfordert, müssen von dem Land, dem sie zugeteilt wurden, aus Deutschland entnommen werden. Die restlichen im Bau befindlichen Schiffe werden vernichtet.

b) Gleichzeitig einigte man sich grundsätzlich dahingehend, daß die Frage der deutschen Unterseeboote gesondert entschieden und ein Großteil von ihnen vernichtet werden müsse. Eine bestimmte Zahl von ihnen ist zu erhalten und zu Forschungszwecken zu gleichen Teilen unter den drei Mächten aufzuteilen. Die Frage, ob Frankreich ein Teil der erhaltengebliebenen Unterseeboote zuzusprechen ist, muß ebenfalls geprüft werden. Hierzu wird erneut vorgeschlagen, eine Expertenkommission anzuweisen, nach eingehendem Studium der Anzahl der Unterseeboote – intakter, beschädigter sowie im Bau oder in Reparatur befindlicher –, die sich in der Hand der alliierten Mächte befinden, einen konkreten Vorschlag zu unterbreiten. Jede der drei Mächte wird für die Vernichtung der Unterseeboote, die sich unter ihrer Kontrolle befinden, mit Ausnahme der Zahl, deren Erhaltung beschlossen werden kann, verantwortlich sein.

Die britische Delegation ist der Auffassung, daß bei der Entscheidung über die Aufteilung der deutschen Kriegsschiffe die rumänischen und bulgarischen Kriegsschiffe, über die die Sowjetunion verfügt, berücksichtigt werden müssen.

2) Der sowjetische Vorschlag zur proportionalen Aufteilung der Waffen-, Ausrüstungs- und Versorgungsbestände der deutschen Flotte wurde auf der Plenarsitzung vom 19. Juli nicht erörtert. Die sowjetischen Vorschläge sind für die britische Delegation grundsätzlich annehmbar, sie muß jedoch darauf hinweisen, daß diese Bestände von den Deutschen auf weitem Raum verteilt wurden und daß der erste Schritt in der Vorbereitung einer Bestandsaufnahme bestehen muß, was eine der Aufgaben sein sollte, die der geplanten Expertenkommission zu übertragen sind.

3) Grundsätzlich kam man überein, daß die deutsche Handelsflotte nach der Kapitulation aufgeteilt werden muß, doch eine endgültige Entscheidung über die Proportionen der Aufteilung an die verschiedenen alliierten Staaten wurde nicht erreicht. Herr Churchill hat die Auffassung geäußert, man müsse die Handelsflotte, die durch den Waffenstillstand mit Finnland und Rumänien[222] unter die Kontrolle der Sowjetregierung kam, in Betracht ziehen. Präsident Truman betonte, daß die deutsche Handelsflotte für den Krieg gegen Japan und für die Versorgungslieferungen für den Wiederaufbau Europas benötigt würde.

220 Siehe Anmerkung 55.
221 Siehe Anmerkung 16.
222 Siehe Anmerkung 32.

Auf der Sitzung einigte man sich grundsätzlich, ohne Beeinträchtigung der Vorbereitung eines Plans für die Aufteilung der deutschen Handelsschiffe, die sich ergeben haben, alle diese Schiffe zur Unterstützung der alliierten Kampfhandlungen gegen Japan bereitzustellen.

Die britische Delegation hält ihren Standpunkt aufrecht, wonach bei der Aufteilung der deutschen Handelsflotte, die sich ergeben hat, die von der Sowjetunion bei Satellitenstaaten als Reparationen entnommene Handelsflotte in Betracht gezogen werden muß. Zu berücksichtigen ist ferner die Notwendigkeit, entsprechend jeglichen Empfehlungen, die der Alliierte Kontrollrat für Deutschland vorbringen kann, Schiffe für den deutschen Eigenbedarf zur Verfügung zu stellen. In Übereinstimmung mit diesen Bedingungen erneuert die britische Delegation den von Herrn Churchill am 19. Juli unterbreiteten Vorschlag, wonach ein Viertel unter den anderen alliierten Staaten, deren Handelsschiffahrt von den Deutschen schwere Verluste beigebracht wurden, aufgeteilt werden sollte. Der Anteil der Sowjetunion würde in diesem Falle ein Viertel der vorhandenen Gesamtzahl von Schiffen betragen.

Die Anteile der verschiedenen alliierten Staaten würden nach dem gleichen Grundsatz berechnet wie die Reparationsleistungen.

4) Die britische Delegation kann dem von der sowjetischen Delegation vorgeschlagenen Zeitplan nicht zustimmen, da, wie oben bemerkt wurde, zunächst eine umfangreiche notwendige Untersuchung und Bestandsaufnahme vorgenommen werden muß, bevor man mit der Übergabe der Schiffe beginnen kann. Die britische Delegation schlägt vor, folgenden Zeitplan auf der Konferenz grundsätzlich zu billigen:

a) Kriegsschiffe: Die Übergabe erfolgt möglichst schnell, sobald die Regierungen den Empfehlungen der geplanten Expertenkommission zustimmen.

b) Handelsschiffe: Die Vorschläge bezüglich der Aufteilung spezifischer deutscher Handelsschiffe entsprechend einer solchen Entscheidung über die Aufteilung, die von der Konferenz angenommen werden kann, müssen möglichst schnell zwischen den drei Regierungen ausgehend von den Empfehlungen der Experten abgestimmt werden, wonach die spezifischen Schiffe gekennzeichnet werden müssen. Die Übergabe dieser Schiffe wird erfolgen, sobald sie nach Beendigung des Krieges mit Japan wieder zur Verfügung stehen.

5) Die Plenarsitzung vom 19. Juli stimmte grundsätzlich der Bildung einer Dreimächtekommission für die Kriegsflotte zu, wobei jeder der drei Seiten das Recht zugestanden wird, die für ihre Arbeit notwendigen Untersuchungen an jedem Ort, der von den anderen Seiten kontrolliert wird, durchzuführen. Wie oben festgestellt wurde, schlägt die britische Delegation vor, eine Expertenkommission zur Prüfung der Frage der deutschen Kriegsschiffe zu bilden. Die Vorschläge über ihre Zusammensetzung und ihre Pflichten sind oben in den Paragraphen (1) und (2) enthalten.

Was die Handelsschiffe betrifft, so schlägt die britische Delegation vor, daß detaillierte Empfehlungen zur Verwirklichung der in den Paragraphen (3) und (4) (b) enthaltenen Vorschläge von entsprechenden sachkundigen Vertretern, die die drei Regierungen zur Prüfung der Frage der Handelsschiffe ernennen, gemeinsam mit Vertretern anderer interessierter Regierungen ausgearbeitet werden.

3. Es besteht die Möglichkeit, daß jede öffentliche Mitteilung über die Auf-

teilung der deutschen Kriegsschiffe unter den Alliierten dazu führen könnte, daß deutsche Besatzungen, denen befohlen würde, alliierte Häfen anzulaufen, die Schiffe versenken. Daher wäre es wünschenswert, die Aufteilung der deutschen Kriegsflotte zumindest so lange nicht bekanntzugeben, bis die Expertenkommission ihre Untersuchungen, die die Ausarbeitung von konkreten Maßnahmen zur Realisierung der Schiffsübergabe einschließen müssen, abgeschlossen hat. Außerdem ist die Veröffentlichung jeder konkreten Mitteilung über die Aufteilung der deutschen Handelsschiffe, die sich ergeben haben, für eine gewisse Zeit zu unterlassen.

Nach Archiv.

Nr. 129
Zusatz der Delegation der UdSSR zum Entwurf über die politischen Grundsätze für Deutschland

30. Juli 1945[223]

Die sowjetische Delegation schlägt vor, Punkt 8 (IV) der „Politischen Grundsätze für Deutschland"[224] folgendermaßen zu ergänzen:

„Es wird jedoch die Organisation einer deutschen Zentralverwaltung, bestehend aus Sekretären für die entsprechenden Verwaltungsbereiche, unterstützt, in erster Linie die Schaffung eines zentralen Verwaltungsapparates für Außenhandel, Industrie, Finanzen, Transport und Verkehr.

Die deutsche Zentralverwaltung wird unter Leitung des Kontrollrates handeln, und es wird ihre Aufgabe sein, die Tätigkeit der Provinzialverwaltungen zu koordinieren, um die Erfüllung der Beschlüsse des Kontrollrates zu sichern, und die Funktionen, die mit der Lösung von Fragen gesamtdeutschen Charakters in Zusammenhang stehen, wahrzunehmen."

Nach Archiv.

Nr. 130
Memorandum der Delegation Großbritanniens zu Südosteuropa[225]

Potsdam, 30. Juli 1945

Die Delegation des Vereinigten Königreiches ist der Ansicht, es wäre vielleicht wünschenswert, zum Abschluß der Konferenz in ihrem Namen folgende Erklärung zu veröffentlichen:

Die drei Regierungschefs haben mit Bedauern festgestellt, daß die Regierungen Südosteuropas ihre Nachbarn aggressiver Handlungen beschuldigen und daß Befürchtungen entstehen, es werde zu Versuchen kommen, die Friedensregelung

223 Von Molotow Byrnes und Bevin auf der Sitzung der Außenminister überreicht.
224 Vgl. Dok. Nr. 38.
225 Nowikow am 30. Juli vom Sekretariat der Delegation Großbritanniens auf der Sitzung der Außenminister übergeben.

mit gewaltsamen und einseitigen Aktionen zu betreiben. Die drei Regierungschefs werden sich jedweden Versuchen dieser Art, die den Grundsätzen widersprechen würden, um derentwillen Krieg geführt wurde und die in der Charta der Vereinten Nationen verkörpert sind, strikt widersetzen. Sie sind der Überzeugung, daß die Regierungen der interessierten Länder, die vor ganz kurzem noch unter den gemeinsamen Prüfungen des Krieges und der faschistischen Okkupation gelitten haben, friedliche Mittel zur Beilegung ihrer Streitigkeiten finden werden und daß ihren Völkern jetzt die Möglichkeit geboten werden wird, in eine Zeit der erfolgreichen und demokratischen Entwicklung einzutreten in der Richtung, wie sie in solchen Dokumenten wie dem Vertrag von Varkiza[226] und dem Abkommen Tito–Šubašić[227] vorgezeichnet wurde.

Nach Archiv.

Nr. 131
Vorschlag der Delegation der UdSSR im Zusammenhang mit der Lage im Gebiet Triest – Istrien

30. Juli 1945

Die Sowjetregierung hat sich mit einem an die drei Regierungschefs gerichteten Schreiben des Außenministers von Jugoslawien, Herrn J. Šubašić, und des Premierministers von Jugoslawien, Marschall J. Broz Tito, zur Lage im Gebiet Triest – Istrien[228] vertraut gemacht. In diesem Schreiben wird mitgeteilt, daß im Ergebnis des Vorgehens der alliierten Militärbehörden im Gebiet Triest – Istrien die faschistischen italienischen Gesetze, die vor dem 8. September 1943 in Kraft waren, wieder gelten, daß die früheren italienischen Einrichtungen wiederhergestellt und Personen, die während der deutschen Besetzung Verwaltungsposten bekleidet haben, zum zivilen Verwaltungsdienst zugelassen werden. Gleichzeitig legt man dem Wirken demokratischer Organe der jugoslawischen örtlichen Verwaltung, die in der Zeit des Kampfes gegen die Okkupanten gebildet wurden, Hindernisse in den Weg, und in einigen Fällen werden diese Organe von den Vertretern der alliierten Militärbehörden ignoriert.

Die jugoslawische Regierung äußert die Bitte, die Gesetze, die vor dem 8. September 1943 im Gebiet Triest – Istrien in Kraft waren, aufzuheben, damit den demokratischen örtlichen Verwaltungsorganen in Gestalt der Volkskomitees, die die Unterstützung und das Vertrauen der Bevölkerung genießen, eine normale Tätigkeit ermöglicht wird und diese Organe in den Fällen, da sie den an sie gestellten Forderungen nicht gerecht werden, in freien, demokratischen Wahlen ersetzt werden.

Die Sowjetregierung hält es für wünschenswert, daß die Konferenz der drei Regierungschefs den in dem Schreiben des Außenministers von Jugoslawien, Herrn J. Šubašić, und des Premierministers von Jugoslawien, Marschall J. Broz Tito, geäußerten Vorschlägen der jugoslawischen Regierung entgegenkommt.

Nach Archiv.

226 Siehe Anmerkung 56.
227 Siehe Anmerkung 7.
228 Siehe Anmerkung 66.

Nr. 132
Memorandum der Delegation Großbritanniens für die Delegationen der UdSSR und der USA über ein Gerichtsverfahren gegen die Hauptkriegsverbrecher

30. Juli 1945[229]

Die britische Delegation hat diese Frage auf die Tagesordnung der Konferenz gesetzt. Angesichts des ungeheuren Interesses, das die Öffentlichkeit in der ganzen Welt daran hat, daß die Hauptkriegsverbrecher einer gerechten und schnellen Bestrafung zugeführt werden, hält sie es für höchst wünschenswert, zwischen den drei Regierungen zu einer Vereinbarung dahingehend zu gelangen, den nachstehenden Punkt in das Protokoll und das Kommuniqué aufzunehmen.

„Die drei Regierungen haben von dem Meinungsaustausch Kenntnis genommen, der in den letzten Wochen in London zwischen britischen, amerikanischen (Vereinigte Staaten), sowjetischen und französischen Vertretern[230] mit dem Ziel stattgefunden hat, eine Vereinbarung über die Methoden des Gerichtsverfahrens gegen die Hauptkriegsverbrecher zu erzielen, deren Verbrechen nach der Moskauer Deklaration vom Oktober 1943[231] nicht an einen bestimmten geographischen Ort gebunden sind. Die drei Regierungen bekräftigen ihre Absicht, diese Verbrecher einer schnellen und gerechten Aburteilung zuzuführen. Sie hoffen, daß die Verhandlungen in London zu einer schnellen Vereinbarung führen, die diesem Zweck dient, und sie betrachten es als eine Angelegenheit von größter Wichtigkeit, daß der Prozeß gegen diese Hauptverbrecher zum frühestmöglichen Zeitpunkt beginnt."

Nach Archiv.

Nr. 133
Aide-mémoire der Delegation der UdSSR an die Delegation Großbritanniens über die Repatriierung sowjetischer Staatsangehöriger

30. Juli 1945

Wie die sowjetischen Militärbehörden für Repatriierungsfragen mitteilen, hat sich der Befehlshaber der englischen Truppen in Norwegen, General Thorne, unter Berufung auf eine Anweisung der britischen Regierung geweigert, die in Norwegen befindlichen Staatsangehörigen der sowjetischen Ostseerepubliken sowie sowjetische Staatsangehörige, die aus der Westukraine und Westbelorußland stammen, insgesamt mehrere tausend Personen, an diese Behörden zu übergeben.

Eine ähnliche Situation herrscht auch in Großbritannien, wo die englischen Behörden die Ausreise von 287 sowjetischen Staatsangehörigen, die aus den sowjetischen Ostseerepubliken sowie aus der Westukraine und Westbelorußland stammen, in die Heimat nicht gestattet haben.

229 Datum der Übergabe des Memorandums durch Bevin an Molotow und Byrnes. Ursprünglich war das Memorandum auf den 13. Juli 1945 datiert.

230 Siehe Anmerkung 53.

231 Siehe Anmerkung 65.

Die Sowjetregierung macht die Regierung Großbritanniens auf diese Tatsachen aufmerksam und erwartet, daß die britischen Militärbehörden unverzüglich Anweisung erhalten, alle sowjetischen Staatsangehörigen, die aus den Ostseerepubliken sowie aus der Westukraine und Westbelorußland stammen, den sowjetischen Militärbehörden für Repatriierungsfragen zu übergeben.

Nach Archiv.

Nr. 134
Entwurf eines Vorschlages zur Überführung deutscher Bevölkerung, abgestimmt in der Kommission am 30. Juli 1945[232]

Die drei Regierungen haben die Frage unter allen Gesichtspunkten beraten und erkennen an, daß die Überführung deutscher Bevölkerung oder von Teilen derselben, die in Polen, der Tschechoslowakei und Ungarn zurückgeblieben ist bzw. sind, nach Deutschland durchgeführt werden muß. Sie stimmen darin überein, daß jede Überführung, die stattfinden wird, in organisierter und humaner Weise erfolgen soll. Da der Zustrom einer großen Zahl Deutscher nach Deutschland die Last vergrößert, die bereits auf den Besatzungsbehörden ruht, sind sie der Auffassung, daß der Alliierte Kontrollrat in Deutschland in erster Linie dieses Problem unter besonderer Berücksichtigung der Frage einer gerechten Verteilung dieser Deutschen auf alle Besatzungszonen prüfen soll. Sie werden ihre Vertreter im Kontrollrat anweisen, ihren Regierungen so bald wie möglich über den Umfang zu berichten, in dem derartige Personen schon aus Polen, der Tschechoslowakei und Ungarn nach Deutschland gekommen sind, und Vorschläge über Zeit und Schnelligkeit zu unterbreiten, in denen unter Berücksichtigung der gegenwärtigen Lage in Deutschland die weitere Überführung durchgeführt werden könnte.

Gleichzeitig werden die tschechoslowakische Regierung, die Polnische provisorische Regierung und die Alliierte Kontrollkommission in Ungarn von obigem in Kenntnis gesetzt werden (und ihnen wird vorgeschlagen werden, weitere Ausweisungen zu unterlassen, bis die entsprechenden Regierungen die Berichte ihrer Vertreter im Alliierten Kontrollrat geprüft haben – anglo-amerikanischer Vorschlag).

Nach Archiv.

232 Von Dunn am 31. Juli Gromyko übergeben.

Nr. 135
Botschaft des Präsidenten der USA an den Vorsitzenden des Rates der Volkskommissare der UdSSR

31. Juli 1945

Als Antwort auf Ihren Vorschlag, daß ich Ihnen einen Brief zur Situation im Fernen Osten schreibe, füge ich die Fassung eines Schreibens bei, das ich Ihnen, wenn es Ihnen recht ist, zu senden beabsichtige, nachdem Sie mich benachrichtigt haben, daß Sie eine Vereinbarung mit der Regierung Chinas[233] erzielt haben. Falls es für Sie akzeptabel ist, können Sie mich unverzüglich davon in Kenntnis setzen, wenn Sie eine solche Vereinbarung erzielt haben, und ich werde Ihnen das Schreiben telegrafisch übermitteln, damit Sie es nach Ihrem Ermessen verwenden können. Ich werde Ihnen auch durch Eilkurier den von mir unterzeichneten offiziellen Brief schicken. Wenn Sie sich entschließen sollten, ihn zu verwenden, so wäre es gut.

Falls Sie jedoch beschließen, eine Erklärung zu veröffentlichen, in der Sie Ihr Handeln mit anderen Motiven begründen, oder es aus anderen Gründen vorziehen, keinen Gebrauch von diesem Brief zu machen, wird es mir auch recht sein.

Ich überlasse es Ihrem Gutdünken.

Harry S. Truman

Anlage

Wortlaut des Schreibens des Präsidenten der USA an Generalissimus J. W. Stalin

31. Juli 1945
Sowjetische Delegation

Sehr geehrter Generalissimus Stalin!

Absatz 5 der am 30. Oktober 1943 in Moskau von den Vereinigten Staaten, der Sowjetunion, dem Vereinigten Königreich und China[234] unterzeichneten Deklaration sieht vor:

„5. daß sie zur Aufrechterhaltung des Weltfriedens und der internationalen Sicherheit bis zur Wiederherstellung von Recht und Ordnung und bis zur Schaffung eines allgemeinen Sicherheitssystems einander und gegebenenfalls andere Mitglieder der Vereinten Nationen konsultieren werden, um gemeinsam im Interesse der Gemeinschaft der Nationen zu handeln“.

Artikel 106 der vorgeschlagenen Charta der Vereinten Nationen sieht vor:

„Bis zum Inkrafttreten der in Artikel 43 erwähnten Sonderabkommen, die den Sicherheitsrat nach seiner Meinung in die Lage versetzen, mit der Ausübung seiner Verantwortlichkeiten gemäß Artikel 42 zu beginnen, konsultieren die Unterzeichner der Moskauer Vier-Mächte-Erklärung vom 30. Oktober 1943 und Frankreich gemäß den Bestimmungen des Absatzes 5 dieser Erklärung einander

233 Siehe Anmerkung 11.
234 Siehe Anmerkung 67.

und gegebenenfalls andere Mitglieder der Vereinten Nationen, um gemeinsam die zur Aufrechterhaltung des Weltfriedens und der internationalen Sicherheit erforderlichen Maßnahmen im Namen der Organisation zu ergreifen."

Artikel 103 der Charta sieht vor:

„Widersprechen sich die Verpflichtungen der Mitglieder der Vereinten Nationen aus der vorliegenden Charta und ihren Verpflichtungen aus irgendeinem anderen internationalen Abkommen, so haben die Verpflichtungen auf Grund der vorliegenden Charta den Vorrang."

Obwohl die Charta noch nicht formell ratifiziert worden ist, wurde ihr in San Francisco[235] von den Vertretern der Union der Sozialistischen Sowjetrepubliken zugestimmt, und die Sowjetregierung wird eines der ständigen Mitglieder des Sicherheitsrates sein.

Es scheint mir, daß es gemäß den Bedingungen der Moskauer Deklaration und entsprechend den oben erwähnten Bestimmungen der Charta für die Sowjetunion angebracht wäre, ihre Bereitschaft zum Ausdruck zu bringen, sich mit anderen Großmächten, die sich gegenwärtig im Krieg mit Japan befinden, zu konsultieren und mit ihnen zusammenzuarbeiten, um gemeinsam zur Aufrechterhaltung von Frieden und Sicherheit im Namen der Gemeinschaft der Nationen zu handeln.

Ihr ergebener

Veröffentlicht in: Perepiska Predsedatelja Sowjeta Ministrow SSSR ..., Bd. 2, S. 277ff.

Nr. 136
Vorschlag der Delegation der UdSSR zu den Reparationen von Deutschland

31. Juli 1945[236]

1. Reparationen werden von jeder Regierung in ihrer Besatzungszone erhoben. Sie haben zwei Formen: einmalige Entnahmen aus dem Nationaleigentum Deutschlands (Ausrüstungen, Material), die im Laufe von zwei Jahren nach der Kapitulation vorgenommen werden, und jährliche Warenlieferungen aus der laufenden Produktion, die nach der Kapitulation innerhalb von zehn Jahren erfolgen werden.

2. Die Reparationen haben das Ziel, zum möglichst schnellen Wiederaufbau der Wirtschaft in den Ländern, die unter der deutschen Besatzung gelitten haben, beizutragen, wobei der Notwendigkeit Rechnung zu tragen ist, das Rüstungspotential Deutschlands maximal zu reduzieren.

3. Zusätzlich zu den Reparationen, die die UdSSR in der eigenen Zone einzieht, wird sie als Ergänzung aus den westlichen Zonen erhalten:

a) 15 % derjenigen verwendungsfähigen und kompletten Industrieanlagen, vor allem der Metallurgie, der Chemie und des Maschinenbaus, die nach Festlegung des Kontrollrates in Deutschland[237] zum Bericht der Reparationskommission[238] in den westlichen Zonen als Reparationen zu entnehmen sind; diese Anla-

235 Siehe Anmerkung 3.
236 Datum der Übergabe von Molotow an Truman und Attlee.
237 Siehe Anmerkung 16.
238 Siehe Anmerkung 38.

gen werden der Sowjetunion im Laufe von fünf Jahren im Austausch gegen eine wertentsprechende Menge an Lebensmitteln, Kohle, Kali, Holz und Erdölprodukten übergeben.

b) 10 % der Hauptindustrieanlagen, die in den westlichen Zonen als Reparationen zu entnehmen sind, ohne Bezahlung oder Gegenleistung irgendwelcher Art.

Der Umfang der in den westlichen Zonen als Reparationen zu entnehmenden Ausrüstungen und Materialien muß spätestens in einer Frist von drei Monaten festgelegt sein.

4. Außerdem erhält die UdSSR als Reparationen:

a) Für 500 Millionen Dollar Aktien von Industrie- und Verkehrsbetrieben in den westlichen Zonen;

b) 30 % der Auslandsinvestitionen Deutschlands;

c) 30 % des deutschen Goldes, worüber die Alliierten verfügen.

5. Die UdSSR übernimmt die Regelung der Reparationsforderungen Polens aus ihrem eigenen Reparationsanteil. Die USA und Großbritannien verfahren ebenso mit Frankreich, Jugoslawien, der Tschechoslowakei, Belgien, Holland und Norwegen.

Nach Archiv.

Nr. 137
Mitteilung des Oberkommandierenden der Gruppe der sowjetischen Besatzungstruppen in Deutschland, G. K. Shukow, an J. W. Stalin über den Abtransport von rollendem Material aus der sowjetischen Besatzungszone durch die Alliierten

31. Juli 1945[239]

Ich teile mit, daß die Amerikaner und die Engländer beim Truppenabzug von dem zeitweilig von ihnen besetzten Gebiet unserer Zone ohne unsere Zustimmung rollendes Material in folgendem Umfang entnommen haben:

AMERIKANER

1. Bahndirektion ERFURT:	
beladene Güterwagen	9 722 Stück
Personenwagen	278 Stück
Lokomotiven jeder Art	87 Stück
2. Bahnbereich MAGDEBURG:	
beladene Güterwagen	655 Stück
leere Güterwagen	939 Stück
Personenwagen	322 Stück

239 Datum der Übergabe von Molotow an Truman und Attlee.

ENGLÄNDER

1. Bahndirektion SCHWERIN:

beladene Güterwagen	36 Stück
leere Güterwagen	1 200 Stück
Lokomotiven jeder Art	15 Stück

Insgesamt wurden abtransportiert:

	Amerikaner	Engländer	Insgesamt
beladene Güterwagen	10 377	36	10 413
leere Güterwagen	939	1 200	2 139
Personenwagen	600	–	600
Lokomotiven jeder Art	87	15	102

Ich bitte, die Alliierten zu ersuchen, das obige rollende Material in unsere Besatzungszone zurückzuschicken, da wir in unserer Zone über extrem wenig rollendes Material verfügen.

Oberkommandierender der Gruppe
der sowjetischen Besatzungstruppen in Deutschland
Marschall der Sowjetunion
Shukow

Nach Archiv.

Nr. 138
Anfrage der Delegation Großbritanniens an die Delegation der Polnischen provisorischen Regierung der nationalen Einheit

31. Juli 1945[240]

Bevor die britische Delegation ihre endgültige Meinung zu den Forderungen der Polnischen provisorischen Regierung[241] bezüglich der Grenze entlang der westlichen Neiße und der Oder, einschließlich Stettins, äußert, wünscht sie von der polnischen Delegation befriedigende Versicherungen zu folgenden Punkten zu erhalten:

1. Welche Maßnahmen beabsichtigt die Polnische provisorische Regierung zu ergreifen zur Verwirklichung des von der Polnischen provisorischen Regierung akzeptierten Beschlusses der Krimkonferenz[242], so bald wie möglich freie und durch nichts behinderte Wahlen auf der Grundlage des allgemeinen Wahlrechts und geheimer Abstimmung durchzuführen, bei denen alle demokratischen und antifaschistischen Parteien das Recht haben werden, daran teilzunehmen und Kandidaten aufzustellen?

2. Wird es in Polen Pressefreiheit geben, und wird es ausländischen Korre-

240 Auf der Sitzung der Regierungschefs entgegengenommen.
241 Siehe Anmerkung 5.
242 Siehe Anmerkung 2.

spondenten gestattet sein, in alle Gebiete, die unter polnische Verwaltung gestellt werden könnten, frei einzureisen, sich frei zu bewegen und von dort ohne jede Zensur Berichte über die Entwicklungen in Polen vor und während der Wahlen zu schicken?

3. Wird es in allen unter polnischer Verwaltung stehenden Gebieten Religionsfreiheit geben?

4. Die Polen, die sich im Westen aufhalten, haben kein Vertrauen zur neuen Regierung. Es ist wichtig, dieses Vertrauen herzustellen. Wird die Polnische provisorische Regierung eine öffentliche Erklärung mit solchen Bedingungen abgeben, die diese Polen überzeugen und sie zur Rückkehr bewegen würden? Eine solche Erklärung müßte völlig klarstellen, daß diejenigen Angehörigen der polnischen Streitkräfte, die unter britischem Kommando stehen und zurückzukehren wünschen, nach Polen mit denselben Rechten zurückkommen, wie sie die in Polen dienenden polnischen Streitkräfte gegenwärtig besitzen. Gleichermaßen ist zu erklären, daß allen Polen, die in die unter polnische Verwaltung gestellten neuen Westgebiete zurückkehren werden, die gleiche Möglichkeit, Wohnung und Arbeit zu finden, geboten wird wie Polen, die aus dem polnischen Vorkriegsgebiet kommen.

5. Wird die Polnische provisorische Regierung alles in ihren Kräften Stehende tun, um die schnelle Errichtung einer britischen Militärflugverbindung London – Berlin – Warschau zu erleichtern, damit die Regierung Seiner Majestät mit der Botschaft Seiner Majestät in Warschau in regelmäßiger offizieller Verbindung stehen kann?

Die Haltung der britischen Delegation zu dem Vorschlag der Polnischen provisorischen Regierung, die laufende Konferenz solle bekräftigen, daß das gesamte deutsche Gebiet bis zur Linie entlang der Oder und der westlichen Neiße unter polnische Verwaltung gestellt wird, wird vom Charakter der Antwort auf die obengenannten Fragen abhängen.

Nach Archiv.

Nr. 139
Schreiben des Mitglieds der Redaktionskommission aus Großbritannien an das Mitglied der Redaktionskommission aus der UdSSR zu den Vorschlägen der Delegation Großbritanniens für einen Entwurf über die politischen Grundsätze für Deutschland

Berlin, 31. Juli 1945[243]

Sehr geehrter Herr Golunski!

1. Auf der gestrigen Abendsitzung[244] der Außenminister verteilte Herr Molotow einen Ergänzungsvorschlag zu Punkt 8 (IV) der „Politischen Grundsätze für Deutschland“[245]. Die britische Delegation verpflichtete sich, den sowjetischen Vorschlag zu prüfen.

243 Am 31. Juli 1945 um 14.15 Uhr mit der Post erhalten.

244 Eine Aufzeichnung der Sitzung der Außenminister vom 30. Juli wurde in den sowjetischen Archiven nicht aufgefunden.

245 Vgl. Dok. Nr. 129.

2. Ich freue mich, Ihnen mitteilen zu können, daß die britische Delegation dem sowjetischen Zusatz unter Vorbehalt einiger redaktioneller Veränderungen grundsätzlich zustimmt. Wir schlagen folgenden neuen Wortlaut des Punktes 8 (IV) vor:

„Bis auf weiteres wird keine deutsche Zentralregierung gebildet werden. Ungeachtet dessen werden jedoch einige wichtige zentrale deutsche Verwaltungsabteilungen unter der Leitung von Staatssekretären eingerichtet werden, insbesondere auf den Gebieten der Finanzen, des Transports, des Nachrichtenwesens, des Außenhandels und der Industrie. Diese Abteilungen werden unter der Leitung des Kontrollrates tätig sein."

3. Sie sehen, daß das dem mündlichen Vorschlag, den Herr Byrnes am Ende der Diskussion geäußert und dem, wie ich es sehe, Herr Molotow zugestimmt hat, sehr nahekommt.

4. Die Außenminister kamen gestern abend überein, den britischen Vorschlag anzunehmen, einen neuen Punkt 2 folgenden Inhalts in den Wortlaut der „Politischen Grundsätze" einzufügen:

„Soweit dies praktisch durchführbar ist, soll die Behandlung der deutschen Bevölkerung in ganz Deutschland gleich sein." Daher müßten die nachfolgenden Punkte neu numeriert werden. Das würde bedeuten, daß der Punkt, der im sowjetischen Vorschlag als Punkt 8 (IV) bezeichnet wird, im endgültig abgestimmten Text als Punkt 9 (IV) erscheinen würde.

5. Ich muß hinzufügen, daß wir heute morgen den Wortlaut des Abkommens und den abgestimmten Text des Entwurfes einer Mitteilung für die Provisorische französische Regierung an die britische Botschaft in Paris telegrafiert haben. Angesichts des bevorstehenden Endes dieser Konferenz haben wir den britischen Botschafter bevollmächtigt, nach Rücksprache mit seinem amerikanischen und seinem sowjetischen Kollegen zu entscheiden, ob diese Mitteilung mit dem Vorbehalt, daß der Wortlaut von Punkt 9 (IV) noch nicht endgültig abgestimmt ist, unverzüglich der Provisorischen französischen Regierung zur Kenntnis zu geben oder aber abzuwarten ist, bis dieser Wortlaut endgültig abgestimmt ist.

6. Natürlich ist uns besonders daran gelegen, daß dieses Dokument eine ausreichende Zeit vor seiner Veröffentlichung in der Presse in die Hand der Franzosen gelangt. Daher hoffe ich, daß wir sehr bald imstande sein werden, uns über den endgültigen Wortlaut von Punkt 9 (IV) zu einigen.

7. Ich habe den oben in Paragraph 2 vorgeschlagenen Wortlaut der amerikanischen Delegation mitgeteilt.

Hochachtungsvoll
Ihr
D. Harrison

Nach Archiv.

Nr. 140
Entwurf einer Adresse der drei Regierungen an die Provisorische Regierung der Französischen Republik
31. Juli 1945[246]

Die Regierungen der Vereinigten Staaten von Amerika, des Vereinigten Königreiches und der Union der Sozialistischen Sowjetrepubliken sind zu folgender Übereinkunft bezüglich der Umsiedlung deutscher Bevölkerung nach Deutschland gelangt:

(Beginn . . . Ende)[247]

Die drei Regierungen wünschen sehr, daß sich die Provisorische Regierung der Französischen Republik dem obigen Abkommen anschließen und nach Beendigung der Konferenz dem Oberkommandierenden der französischen Besatzungskräfte in Deutschland sowie, falls sie das für richtig befindet, ihren Vertretern bei der Polnischen provisorischen Regierung und bei der tschechoslowakischen Regierung entsprechende Anweisungen erteilen könnte.

Die drei Regierungen wären dankbar, wenn die Französische provisorische Regierung die vorliegende Information so lange als streng geheim behandeln würde, bis die Konferenz eine offizielle Mitteilung veröffentlicht.

Nach Archiv.

Nr. 141
Text einer Anweisung an die Vertreter der USA, der UdSSR und Großbritanniens in Prag und Warschau
31. Juli 1945[248]

Die drei Regierungen sind zu folgender Übereinkunft bezüglich der Überführung deutscher Bevölkerung nach Deutschland gelangt:

(Beginn . . . Ende)[249]

Konsultieren Sie sich mit Ihrem amerikanischen und Ihrem sowjetischen Kollegen über die Ausarbeitung einer in diesem Sinne gehaltenen Mitteilung an die Regierung, bei der Sie akkreditiert sind.

Sie müssen sagen, daß diese Mitteilung so lange als geheim zu behandeln ist, bis die Ergebnisse der Konferenz bekannt sind.

Nach Archiv.

246 Datum der Übergabe vom Sekretariat der Delegation der USA auf der Sitzung der Regierungschefs.

247 Wortlaut vgl. Dok. Nr. 134.

248 Auf der Sitzung der Regierungschefs an diesem Tage entgegengenommen.

249 Wortlaut vgl. Dok. Nr. 134.

Nr. 142
Entwurf des revidierten Arbeitsverfahrens der Alliierten Kontrollkommissionen in Rumänien, Bulgarien und Ungarn, vorgeschlagen von der Delegation der USA[250]

31. Juli 1945

Die drei Regierungen nahmen zur Kenntnis, daß die sowjetischen Vertreter in den Alliierten Kontrollkommissionen in Rumänien, Bulgarien und Ungarn[251] ihren Kollegen vom Vereinigten Königreich und von den Vereinigten Staaten Vorschläge zur Verbesserung der Arbeit der Kontrollkommissionen jetzt, nachdem die Kampfhandlungen in Europa eingestellt worden sind, übermittelt haben. Diese Vorschläge schließen Bestimmungen für regelmäßige und häufige Treffen der drei Vertreter, verbesserte Arbeitsbedingungen der britischen und amerikanischen Vertreter und eine vorherige gemeinsame Prüfung von Direktiven ein.

Die drei Regierungen haben vereinbart, daß die Revision des Verfahrens der Alliierten Kontrollkommissionen in diesen Ländern jetzt durchgeführt wird, wobei die oben dargelegten Vorschläge als Diskussionsgrundlage genommen und die Interessen und Verantwortlichkeiten der drei Regierungen, die gemeinsam die Waffenstillstandsbedingungen den jeweiligen Ländern vorgelegt haben, berücksichtigt werden.[252]

Nach Archiv.

Nr. 143
Vorschlag der Delegation der UdSSR zur Griechenlandfrage

31. Juli 1945[253]

Angesichts der Tatsache, daß im heutigen Griechenland die Ordnung gestört ist und die Gesetzlichkeit nicht beachtet wird, wobei das zwischen der griechischen Regierung und den demokratischen Kräften geschlossene Abkommen von Varkiza[254] offenkundig nicht eingehalten wird, ist der Regierung Großbritanniens zu empfehlen, auf den Regenten Griechenlands dahingehend Einfluß zu nehmen, eine Veränderung der Zusammensetzung der griechischen Regierung im Sinne des am 12. Februar 1945 zwischen Vertretern der damaligen griechischen Regierung und Vertretern der griechischen Demokratie in Varkiza geschlossenen Abkommens herbeizuführen.

Nach Archiv.

250 Von Truman auf der Sitzung der Regierungschefs übergeben.
251 Siehe Anmerkung 34.
252 Siehe Anmerkung 32.
253 Datum der Übergabe von Molotow an Truman und Attlee.
254 Siehe Anmerkung 56.

Nr. 144
Erklärung der Delegation der UdSSR über aggressive Handlungen Griechenlands gegenüber Albanien

31. Juli 1945[255]

Es liegen Tatsachen vor, die zeigen, daß die griechische Regierung gegenüber ihren Nachbarn, vor allem gegenüber Albanien, eine aggressive Politik betreibt. In der griechischen Presse und selbst in Erklärungen von Mitgliedern der griechischen Regierung (beispielsweise in einem Interview von Premierminister Vulgaris für die Athener Zeitung „Embros" und in einer Erklärung des Ministers für Presse und Propaganda, Zakinthinos, auf einer Pressekonferenz am 3. Juli) werden Drohungen gegenüber Albanien ausgestoßen.

Es gehen Informationen ein, wonach griechische Grenztruppen die albanische Grenze beschießen und Grenzverletzungen verüben. Am 27. Mai, am 10. und 17. Juni überschritten Gruppen griechischer Soldaten die albanische Grenze im Gebiet von Pogon, Aimarin und andernorts. Es liegen Meldungen von Überfällen bewaffneter griechischer Trupps auf die albanische Bevölkerung vor, die in der Regel mit Plünderung, Ermordung und Verschleppung von Albanern einhergehen. Außerdem gibt es Informationen, wonach die griechische Regierung ihre Streitkräfte an der albanischen Grenze konzentriert.

Die Sowjetregierung hält es für notwendig, daß die Regierungen der USA, der UdSSR und Großbritanniens im Interesse der Aufrechterhaltung des Friedens in Europa unverzüglich Maßnahmen treffen, um die obengenannten Aktionen der gegenwärtigen griechischen Regierung gegenüber Albanien zu unterbinden.

Nach Archiv.

Nr. 145
Vorschlag der Delegationen Großbritanniens und der USA über die Schwarzmeer-Meerengen

31. Juli 1945[256]

Die drei Regierungen erkannten an, daß die zu Montreux unterzeichnete Konvention über die Meerengen[257] der Revision bedarf, da sie den heutigen Bedingungen nicht mehr entspricht.

Sie kamen überein, daß als nächster Schritt die gegebene Frage Gegenstand direkter Verhandlungen zwischen jeder der drei Regierungen und der türkischen Regierung sein wird.

Nach Archiv.

255 Datum der Übergabe an die Delegationen der USA und Großbritanniens.
256 Datum der Übergabe an die Delegation der UdSSR.
257 Siehe Anmerkung 9.

Nr. 146
Bericht der Sonderkommission für die Ausarbeitung von Empfehlungen hinsichtlich der Aufteilung der deutschen Kriegs- und Handelsflotte

31. Juli 1945

Anlagen: (A) Beschlüsse der dreiseitigen Konferenz über die Aufteilung der deutschen Kriegsflotte.

(B) Beschlüsse der dreiseitigen Konferenz über die Aufteilung der deutschen Handelsflotte.

1. Die Kommissionssitzung fand am 31. Juli 1945, 10.30 Uhr, statt und befaßte sich mit der obengenannten Frage. Die Empfehlungen der Kommission, Anlage (A) und Anlage (B), beruhen auf den Vorentscheidungen, die vom 17. Juli 1945 an auf den Plenarsitzungen der dreiseitigen Konferenz erreicht worden sind. Diese Anlagen sind in Form von Beschlüssen abgefaßt, um ihre endgültige Annahme auf der Plenarsitzung der dreiseitigen Konferenz zu erleichtern. In den Teilen der Anlagen, in denen man nicht zu abgestimmten Empfehlungen gelangen konnte, sind die verschiedenen Standpunkte in jedem konkreten strittigen Paragraphen angeführt.

2. Die Kommission erachtet es als ihre Pflicht, die Konferenz darauf aufmerksam zu machen, daß jede öffentliche Mitteilung über die Aufteilung der deutschen Kriegsschiffe unter die Alliierten dazu führen könnte, daß deutsche Besatzungen die Schiffe, denen befohlen würde, alliierte Häfen anzulaufen, versenken. Daher wäre es wünschenswert, die Aufteilung der deutschen Kriegsflotte zumindest so lange nicht bekanntzugeben, bis die Expertenkommission ihre Untersuchungen, die die Aufstellung konkreter Maßnahmen zur Abwicklung der Schiffsübergabe einschließen sollen, abgeschlossen hat. Einen ähnlichen Aufschub muß auch die Veröffentlichung einer konkreten Mitteilung über die Aufteilung der deutschen Handelsschiffe erfahren. Demgemäß empfiehlt die Kommission der Konferenz, sich auf die Veröffentlichung folgender Mitteilung zu beschränken:

„Die Konferenz einigte sich grundsätzlich über Maßnahmen hinsichtlich der Verwendung und der Verfügung über die deutschen Kriegs- und Handelsschiffe, die sich ergeben haben. Es wurde beschlossen, daß die drei Regierungen Experten bestellen, die gemeinsam detaillierte Pläne zur Verwirklichung der vereinbarten Grundsätze ausarbeiten sollen. Eine weitere gemeinsame Erklärung wird von den drei Regierungen zu gegebener Zeit gleichzeitig veröffentlicht werden.

N. G. Kusnezow
Flottenadmiral
Seekriegsflotte der UdSSR

S. M. Cooke jr.
Vizeadmiral
U. S. Navy

E. D. B. McCarthy
Konteradmiral
Royal Navy

Anlage (A)

Beschlüsse der dreiseitigen Konferenz über die Aufteilung der deutschen Kriegsflotte

1. Die dreiseitige Konferenz einigte sich über folgende Grundsätze für die Aufteilung der deutschen Kriegsflotte:

(a) Die gesamte deutsche Überwasserkriegsflotte, mit Ausnahme der versenkten und von anderen alliierten Staaten eroberten Schiffe, aber einschließlich der im Bau oder in Reparatur befindlichen Schiffe, wird zu gleichen Teilen zwischen der UdSSR, dem Vereinigten Königreich und den Vereinigten Staaten aufgeteilt.

(1) (Die britischen Vertreter äußerten die Meinung, ein Teil der deutschen Kriegsflotte müsse Frankreich zugeteilt werden, und daher solle die vollständige Annahme der obigen Grundsätze der endgültigen Entscheidung der Plenarsitzung der Konferenz unterliegen.)

(b) Als im Bau oder in Reparatur befindlich sind jene Schiffe anzusehen, deren Bau oder Reparatur innerhalb von drei bis sechs Monaten je nach Schiffstyp abgeschlossen werden kann. Die Frage, ob die im Bau oder in Reparatur befindlichen Schiffe fertigzustellen oder zu reparieren sind, wird von der im folgenden erwähnten und von den drei Mächten zu ernennenden technischen Kommission entschieden, wobei das Prinzip zu beachten ist, daß die Fertigstellung oder Reparatur in der genannten Frist abzuschließen ist, ohne daß die Zahl der qualifizierten Arbeitskräfte in deutschen Werften erhöht und ohne daß die Wiederaufnahme der Produktion irgendeines deutschen Schiffsbaus oder damit verbundener Industriezweige zugelassen wird. Als Zeitpunkt der Fertigstellung gilt der Tag, an dem das Schiff in der Lage ist, zum ersten Mal in See zu stechen, oder, nach Friedensstandards, der übliche Zeitpunkt der Übergabe eines Schiffes durch die Werft an die Regierung.

(c) Ein Großteil der deutschen Unterwasserflotte ist zu versenken.

Die Kommission sieht sich außerstande, Empfehlungen zur Zahl der Unterseeboote, die für experimentelle und technische Zwecke erhalten bleiben sollen, abzugeben.

(1) Die britische und die amerikanische Delegation sind der Auffassung, es sollten höchstens 30 Unterseeboote erhalten bleiben und zu gleichen Teilen zu experimentellen und technischen Zwecken auf die UdSSR, das Vereinigte Königreich und die Vereinigten Staaten aufgeteilt werden. Paragraph 1 (a) und (1) treffen auch für Unterseeboote zu.

(2) Nach Meinung der russischen Kommissionsmitglieder ist diese Zahl für ihren Bedarf nicht ausreichend. Die UdSSR müsse für ihre eigenen technischen und Versuchszwecke etwa 30 Unterseeboote erhalten.

(d) Alle Waffen-, Munitions- und Versorgungsbestände der deutschen Kriegsflotte, die zu den entsprechend den Paragraphen (a) und (c) dieses Dokuments zu übergebenden Schiffen gehören, sind den jeweiligen Mächten, die diese Schiffe erhalten, zu übergeben.

(e) Die drei Regierungen sind übereingekommen, eine Dreierkommission für die Kriegsflotte zu bilden, die sich aus je zwei Vertretern von jeder Regierung zusammensetzt, denen das erforderliche Personal beigegeben wird, um den drei Regierungen abgestimmte Empfehlungen über die Aufteilung der konkreten deutschen Kriegsschiffe zu unterbreiten und andere detaillierte Fragen zu behandeln, die sich aus Abkommen zwischen den drei Regierungen über die deutsche Flotte ergeben. Die erste Sitzung der Kommission soll bis spätestens 15. August 1945 in Berlin stattfinden, wo sie ihren Sitz haben wird. Jede Delegation in der Kommission wird auf der Grundlage der Gegenseitigkeit das Recht haben, deutsche Kriegsschiffe an jedem beliebigen Ort zu besichtigen.

(f) Die drei Regierungen sind übereingekommen, daß die Übergabe der Schiffe, einschließlich der im Bau oder in Reparatur befindlichen, so bald wie möglich, spätestens aber bis zum 15. Februar 1946, abzuschließen sind. Die Kommission wird alle zwei Wochen Berichte vorlegen, die nach Maßgabe der Beschlußfassung in der Kommission Vorschläge über die schrittweise Aufteilung der Schiffe enthalten.

Anlage (B)

Beschlüsse der dreiseitigen Konferenz über die Aufteilung der deutschen Handelsflotte

1. Die dreiseitige Konferenz einigte sich über folgende Grundsätze für die Aufteilung der deutschen Handelsflotte:

(a) (1) Die sowjetischen und die amerikanischen Vertreter schlugen vor: Die deutsche Handelsflotte, die sich den drei Mächten ergeben hat, wird unabhängig von ihrem Standort zu gleichen Teilen zwischen der UdSSR, dem Vereinigten Königreich und den Vereinigten Staaten aufgeteilt. Die tatsächliche Übergabe der Schiffe an die entsprechenden Länder wird stattfinden, sobald dies nach Beendigung des Krieges gegen Japan praktisch möglich sein wird. Diese Aufteilung hindert keine der Seiten, einen Teil ihres Anteils anderen alliierten Nationen zur Verfügung zu stellen.

(2) Die britischen Vertreter erachteten es als wichtig, einen Anteil von mindestens 25 Prozent den kleineren alliierten Staaten mit eigener Flotte zuzusprechen, deren Handelsschiffahrt bei der Unterstützung des gemeinsamen Kampfes gegen Deutschland schwere Verluste erlitten hat. Demgemäß schlug die britische Delegation folgenden Alternativentwurf von Unterpunkt (a) (1) vor:

„Ein Viertel der deutschen Handelsflotte, die sich den drei Mächten ergeben hat, wird unabhängig von ihrem Standort der Sowjetunion zugesprochen, und der Rest ist unter dem Vereinigten Königreich und den Vereinigten Staaten aufzuteilen, die dafür sorgen, daß denjenigen alliierten Staaten, deren Handelsschiffahrt bei der Unterstützung des gemeinsamen Kampfes gegen Deutschland schwere Verluste beigebracht wurden, ein entsprechender Anteil übergeben wird. Die tatsächliche Übergabe der Schiffe an die entsprechenden Länder wird stattfinden, sobald dies nach Beendigung des Krieges gegen Japan praktisch möglich sein wird."

(b) Die Aufteilung, Bemannung und Verwendung dieser Schiffe während des Krieges gegen Japan wird in den Zuständigkeitsbereich und die Verfügungsgewalt des Vereinigten Rates zur Koordinierung der Schiffahrt und der Vereinigten Verwaltung der Handelsflotte fallen.

(c) In der Zeit, während der die tatsächliche Übergabe der Schiffe bis zur Beendigung des Krieges gegen Japan aufgehoben ist, führt eine Dreierkommission für die Handelsflotte eine Inventarisierung und Schätzung aller vorhandenen

Schiffe durch und erteilt Empfehlungen über die konkrete Aufteilung entsprechend Unterpunkt (a) (in der Form, wie er angenommen wurde).

(d) Die britischen und die amerikanischen Vertreter schlugen folgenden Unterpunkt vor:

„Die deutschen Küsten- und Binnenschiffe, die der Alliierte Kontrollrat in Deutschland als unerläßlich zur Aufrechterhaltung der Grundlagen der Friedenswirtschaft Deutschlands einstuft, werden nicht in die Gesamtmasse der auf diese Weise zwischen den drei Mächten aufzuteilenden Schiffe einbezogen."

Die sowjetischen Vertreter stimmen der Aufnahme dieses Unterpunktes nicht zu.

(e) Die drei Regierungen sind übereingekommen, eine Dreierkommission für die Handelsflotte zu bilden, bestehend aus je zwei Vertretern von jeder Regierung, denen das erforderliche Personal beigegeben wird, um den drei Regierungen abgestimmte Empfehlungen über die Aufteilung der konkreten deutschen Handelsschiffe zu unterbreiten und andere konkrete Fragen zu behandeln, die sich aus dem Abkommen zwischen den drei Regierungen über die deutschen Handelsschiffe ergeben. Die erste Sitzung der Kommission findet spätestens am 1. September 1945 in Berlin statt, wo sie ihren Sitz haben wird. Jede Delegation in der Kommission wird auf der Grundlage der Gegenseitigkeit das Recht haben, deutsche Handelsschiffe unabhängig von ihrem möglichen Standort zu inspizieren.

(f) Die britischen Vertreter unterbreiteten den Vorschlag, es müsse folgende Klausel eingefügt werden:

„Der Anteil der verschiedenen alliierten Staaten wird auf die Reparationszahlungen angerechnet."

Die sowjetische Delegation war der Auffassung, dazu bestehe angesichts des von der Konferenz zur Frage der Reparationen angenommenen neuen Beschlusses keine Notwendigkeit.

Die amerikanischen Vertreter äußerten sich nicht zu dieser Frage.

Nach Archiv.

Nr. 147
Aide-mémoire der Delegation der UdSSR an die Delegationen der USA und Großbritanniens zur Frage der Repatriierung sowjetischer Staatsangehöriger

1. August 1945

Wie die für Repatriierungsfragen zuständigen sowjetischen Vertreter mitteilen, gibt es in den englischen und amerikanischen Lagern für deutsche Kriegsgefangene eine beträchtliche Zahl sowjetischer Staatsangehöriger. Die Sowjetregierung verfügt über Informationen, wonach in Norwegen Anfang Juli dieses Jahres mit den deutschen Kriegsgefangenen etwa 1 000 sowjetische Staatsangehörige interniert waren. In verschiedenen amerikanischen Lagern für deutsche Kriegsgefangene in Großbritannien und den Vereinigten Staaten befindet sich ebenfalls eine beträchtliche Zahl sowjetischer Staatsangehöriger.

Die für Repatriierungsfragen zuständigen sowjetischen Vertreter haben die amerikanischen und die englischen Behörden wiederholt ersucht, ihnen den Zugang zu diesen Lagern zu gestatten, um die sowjetischen Kriegsgefangenen zu identifizieren. Das wird ihnen jedoch systematisch verweigert.

Die Sowjetregierung erwartet, daß die entsprechenden amerikanischen und englischen Behörden Anweisung erhalten, dem Besuch von Lagern für deutsche Kriegsgefangene durch die für Repatriierungsfragen zuständigen sowjetischen Vertreter keine Hindernisse in den Weg zu legen.

Nach Archiv.

Nr. 148
Entwurf des revidierten Arbeitsverfahrens der Alliierten Kontrollkommissionen in Rumänien, Bulgarien und Ungarn

31. Juli 1945[258]

Die drei Regierungen nahmen zur Kenntnis, daß die sowjetischen Vertreter in den Alliierten Kontrollkommissionen in Rumänien, Bulgarien und Ungarn ihren Kollegen vom Vereinigten Königreich und von den Vereinigten Staaten Vorschläge zur Verbesserung der Arbeit der Kontrollkommissionen jetzt, nachdem die Kampfhandlungen in Europa eingestellt worden sind, übermittelt haben.

Die drei Regierungen haben vereinbart, daß die Revision des Verfahrens der Alliierten Kontrollkommissionen in diesen Ländern jetzt durchgeführt wird, wobei die Interessen und die Verantwortlichkeiten der drei Regierungen, die gemeinsam die Waffenstillstandsbedingungen den entsprechenden Ländern vorgelegt haben, berücksichtigt und hinsichtlich aller drei Länder die Vorschläge der Sowjetregierung für Ungarn[259] für alle, die anbei aufgeführt werden, als Grundlage genommen werden.

Nach Archiv.

Nr. 149
Bericht der Redaktionskommission zum Protokoll über deutsche Reparationen[260]

1. Die Reparationsansprüche der UdSSR werden durch Entnahmen aus der von der UdSSR besetzten Zone Deutschlands befriedigt.

2. Die UdSSR wird die Reparationsansprüche Polens aus ihrem Anteil an Reparationen befriedigen.

3. Die Reparationsansprüche der Vereinigten Staaten, des Vereinigten Königreiches und anderer zu Reparationsforderungen berechtigten Länder werden aus den westlichen Zonen und den deutschen Auslandsanlagen befriedigt.

4. In Ergänzung der Reparationen, die die Sowjetunion aus ihrer eigenen Besatzungszone erhält, wird die UdSSR zusätzlich aus den westlichen Zonen erhalten:

258 Zeitpunkt der Abstimmung in der Redaktionskommission.
259 Vgl. Dok. Nr. 98, Anlage 1.
260 Undatiert.

a) 15 % derjenigen verwendungsfähigen und kompletten Industrieanlagen, vor allem aus Industriezweigen wie der Metallurgie, der chemischen Industrie und dem Maschinenbau, die für die deutsche Friedenswirtschaft entbehrlich und aus den Westzonen Deutschlands zu entnehmen sind, im Austausch gegen einen entsprechenden Wert an Nahrungsmitteln, Kohle, Pottasche, Zink, Holz, Tonprodukten, Erdölprodukten und anderen Materialien, über die eine Vereinbarung getroffen wird.

b) 10 % derjenigen Industrieanlagen, die für die deutsche Friedenswirtschaft entbehrlich und aus den Westzonen zu entnehmen und der Sowjetregierung ohne Bezahlung oder Gegenleistung irgendwelcher Art als Reparationen zu übertragen sind.

Die Entnahmen der Ausrüstungen, wie sie oben in den Paragraphen a) und b) vorgesehen sind, werden gleichzeitig erfolgen.

5. Der Umfang der aus den Westzonen auf Reparationskonto zu entnehmenden Ausrüstungen muß spätestens innerhalb von sechs Monaten, von heute an gerechnet, festgelegt sein.

6. Die Entnahmen der industriellen Ausrüstung werden so bald wie möglich beginnen und innerhalb von zwei Jahren, gerechnet vom Zeitpunkt der in Paragraph 5 genannten Entscheidung, abgeschlossen. Die Lieferung der in Paragraph 4 a) genannten Produkte wird so schnell wie möglich beginnen und in durch Vereinbarung festgelegten Teillieferungen seitens der Sowjetunion innerhalb von fünf Jahren von dem erwähnten Datum an erfolgen. Entscheidungen über den Umfang und die Art der industriellen Ausrüstungen, die für die deutsche Friedenswirtschaft entbehrlich sind und deshalb der Reparation unterliegen, werden durch den Kontrollrat gemäß der Politik getroffen, die von der Alliierten Reparationskommission[261] unter Beteiligung Frankreichs festgelegt wurde, wobei die endgültigen Entscheidungen vom Kommandierenden der Zone zu treffen sind, aus der die Ausrüstungen entnommen werden. (Der Vertreter der sowjetischen Delegation behielt sich seinen Standpunkt vor.)

7. Bis zur Festlegung des Gesamtumfanges der der Entnahme unterliegenden Ausrüstungen werden Vorschußlieferungen solcher Ausrüstungen erfolgen, die in Übereinstimmung mit dem Verfahren bestimmt werden, das im letzten Satz von Punkt 6 vorgesehen ist.

8. Die Sowjetregierung verzichtet auf alle Ansprüche auf Aktien deutscher Unternehmen, die sich in den westlichen Besatzungszonen Deutschlands befinden; das gleiche gilt für die deutschen Auslandsaktiva in allen Ländern mit Ausnahme jener, die in Punkt 9 genannt sind.

9. Die Regierungen der USA und des Vereinigten Königreiches verzichten auf alle Ansprüche auf Aktien deutscher Unternehmen, die sich in der östlichen Besatzungszone Deutschlands befinden; das gleiche gilt für deutsche Auslandsaktiva in Bulgarien, Finnland, Ungarn, Rumänien und Ostösterreich.

10. Die Sowjetregierung erhebt keine Ansprüche auf das von den alliierten Truppen in Deutschland erbeutete Gold.

Nach Archiv.

261 Siehe Anmerkung 38.

Nr. 150
Memorandum der Delegation Großbritanniens über die Einfuhr von Nahrungsmitteln und Brennstoffen in das Gebiet von Groß-Berlin durch die Sowjetunion gemäß der Reparationsvereinbarung

1. August 1945[262]

Es wurde vereinbart, daß der britische und der amerikanische Kommandierende vom 15. Juli an innerhalb von 30 Tagen 40 000 Tonnen Nahrungsmittel monatlich und 2 400 Tonnen Kohle täglich in die britische und die amerikanische Zone in Berlin liefern werden. Bis zum Inkrafttreten des Abkommens über die Warenlieferungen der Sowjetregierung gemäß Punkt 4 „a" der Reparationsvereinbarung[263] soll der Kontrollrat beauftragt werden, unverzüglich ein Programm für die Einfuhr von Nahrungsmitteln, Kohle und Brennstoffen nach Groß-Berlin in den nächsten sechs Monaten aufzustellen, um den Lebensstandard der gesamten Bevölkerung dieses Gebietes auf den vereinbarten Stand zu heben. Diese Einfuhrmenge wird von der Sowjetregierung gemäß Punkt 4 „a" der Reparationsvereinbarung als Vorschußlieferungen in das Gebiet von Groß-Berlin übergeben werden.

Nach Archiv.

Nr. 151
Dritter Bericht der Wirtschaftskommission an die Beratung der Außenminister

1. August 1945

Die Wirtschaftskommission erörterte Fragen der Erklärung zu den deutschen Auslandsaktiva[264] und zu Punkt 19 der wirtschaftlichen Grundsätze[265] hinsichtlich der Bezahlung der Importe nach Deutschland.

Zur Frage der deutschen Auslandsaktiva wurde keine Entscheidung getroffen. Im Anschluß an eine allgemeine Erläuterung des Problems ersuchten die sowjetischen Vertreter um ausführliche Informationen und behielten sich ihren Standpunkt vor, bis sie diese Informationen erhalten würden.

Die Kommission erzielte auch keine Übereinkunft zu Punkt 19 der wirtschaftlichen Grundsätze.

Die sowjetischen Vertreter teilten mit, sie seien noch nicht in der Lage, die Diskussion der Frage nach der Erdölversorgung aus dem Osten fortzusetzen.

262 Datum der Übergabe von Harriman an Golunski.
263 Vgl. Dok. Nr. 149, 158.
264 Vgl. Anlage 1.
265 Vgl. Anlagen 2, 3 und 4.

Anlage 1

Entwurf eines Beschlusses der Wirtschaftskommission zu den deutschen Auslandsaktiva

31. Juli 1945[266]

Der Kontrollrat muß entsprechende Schritte unternehmen, um diejenigen deutschen Auslandsaktiva, die noch nicht unter Kontrolle der Vereinten Nationen stehen, zu kontrollieren und über sie zu verfügen.

Anlage 2

Anglo-amerikanischer Vorschlag zur strittigen Frage der Priorität des Imports vor Reparationen[267]

19. Der Kontrollrat wird binnen kürzester Frist ein Minimalprogramm des notwendigen Imports für ganz Deutschland festlegen. Dieses Programm muß eine Bestimmung über die gleichmäßige Verteilung der innerhalb Deutschlands vorhandenen Bestände auf die Zonen enthalten, um den Mangel sowie den Import für ganz Deutschland auf ein Mindestmaß zu reduzieren. Die Verantwortung für die Absicherung und Finanzierung des genehmigten Imports für ganz Deutschland ist nach Grundlagen, über die man sich im Kontrollrat einigen wird, aufzuteilen. Die Bezahlung aller anfänglichen Lieferungen im Rahmen des genehmigten Imports für ganz Deutschland muß vor der Ausfuhr von Ausrüstungen, Erzeugnissen der laufenden Produktion und der Warenbestände den Vorrang haben.

Anlage 3

Vorschlag der Delegation Großbritanniens zu Punkt 19 der wirtschaftlichen Grundsätze für Deutschland

1. August 1945[268]

Nach Entrichtung der Reparationen sollen dem deutschen Volk genügend Mittel belassen werden, um ohne Hilfe von außen existieren zu können. Bei der Aufstellung der Wirtschaftsbilanz für Deutschland sind die nötigen Mittel für den von den entsprechenden Regierungen genehmigten Import bereitzustellen. Die Einnahmen aus dem Export von Erzeugnissen der laufenden Produktion und von Warenbeständen werden in erster Linie zur Bezahlung dieses Imports verwendet.

266 Datum der Übergabe von den Vertretern der USA und Großbritanniens auf der Kommissionssitzung.

267 Undatiert.

268 Datum der Übergabe von Waley auf der Sitzung der Wirtschaftskommission.

Anlage 4

Anglo-amerikanischer Vorschlag zu Punkt 19 der wirtschaftlichen Grundsätze für Deutschland

1. August 1945[269]

Die Entrichtung der Reparationen muß genügend Mittel übriglassen, damit das deutsche Volk ohne Hilfe von außen leben kann.

Die Bezahlung des vom Kontrollrat genehmigten Imports nach Deutschland wird in erster Linie aus den Einnahmen aus dem Export von Erzeugnissen der laufenden Produktion und von Beständen erfolgen.

Sollte der Kontrollrat zu keiner Vereinbarung gelangen, so kann der Kommandierende einer jeden Zone dennoch in seine Zone diejenigen Versorgungsgüter, die seine Regierung für notwendig erachtet, einführen; zur Bezahlung dieses Imports kann er in erster Linie den Export aus der laufenden Produktion und den Beständen seiner eigenen Zone verwenden.

Diese Klausel trifft nicht auf die Ausrüstungen und Produkte zu, die in den Paragraphen 4 „a" und 4 „b" der Vereinbarung über die deutschen Reparationen erwähnt sind.

Nach Archiv.

Nr. 152
Vorschlag der Delegation der USA über die Bildung von zweiseitigen Kommissionen zum Studium der Frage der Entnahme von Erdölausrüstungen aus Rumänien

1. August 1945[270]

Die Konferenz kam überein, zwei zweiseitige Expertenkommissionen, eine aus Vertretern des Vereinigten Königreiches und sowjetischen Vertretern sowie eine aus Vertretern der Vereinigten Staaten und sowjetischen Vertretern, zu bilden, die als Grundlage für die Entscheidung der Fragen, die sich aus der Entnahme von Erdölausrüstungen aus Rumänien[271] ergeben, Fakten und Dokumente prüfen sollen. Ferner einigte man sich dahingehend, daß diese Experten im Laufe von zehn Tagen unverzüglich ihre Arbeit aufnehmen werden.

Nach Archiv.

269 Datum der Übergabe von Clayton und Pauley auf der Sitzung der Wirtschaftskommission.
270 Datum der Übergabe von Byrnes auf der Konferenz der drei Regierungschefs.
271 Siehe Anmerkung 31.

Nr. 153
Entwurf eines Telegramms der Delegation Großbritanniens an das Außenministerium Großbritanniens zur Frage der Hauptkriegsverbrecher

1. August 1945[272]

Teilen Sie dem Botschafter Seiner Majestät in Paris unverzüglich folgendes mit:

1. Sie müssen sich mit Ihrem amerikanischen und Ihrem sowjetischen Kollegen in Verbindung setzen, um die folgende äußerst dringende Information an die Provisorische französische Regierung weiterzugeben:

2. Die Regierungen der Vereinigten Staaten von Amerika, des Vereinigten Königreiches und der UdSSR haben von dem Meinungsaustausch Kenntnis genommen, der in den letzten Wochen in London[273] zwischen britischen, amerikanischen, sowjetischen und französischen Vertretern mit dem Ziel stattgefunden hat, eine Vereinbarung über die Methoden des Gerichtsverfahrens gegen die Hauptkriegsverbrecher zu erzielen, deren Verbrechen nach der Moskauer Deklaration vom Oktober 1943[274] nicht an einen bestimmten geographischen Ort gebunden sind. Die drei Regierungen bekräftigen ihre Absicht, diese Verbrecher einer schnellen und gerechten Aburteilung zuzuführen. Sie hoffen, daß die Verhandlungen in London zu einer schnellen Vereinbarung führen, die diesem Zweck dient, und sie betrachten es als Angelegenheit von größter Wichtigkeit, daß der Prozeß gegen diese Hauptverbrecher zum frühestmöglichen Zeitpunkt beginnt. Die erste Liste der Angeklagten wird bis zum 1. September dieses Jahres veröffentlicht.

3. Die drei Regierungen halten es für äußerst wünschenswert, daß sich die Provisorische Regierung der Französischen Republik der obigen Erklärung anschließen möge.

4. Die drei Regierungen wären dankbar, wenn die Provisorische französische Regierung diese Information so lange als streng geheim behandeln würde, bis die Konferenz eine offizielle Mitteilung veröffentlicht.

Nach Archiv.

Nr. 154
Entwurf des Beschlusses der Berliner Konferenz über die Stadt Königsberg und das anliegende Gebiet, angenommen in der Sitzung der Außenminister am 1. August 1945

Die Konferenz prüfte einen Vorschlag der Sowjetregierung, daß bis zur endgültigen Entscheidung der territorialen Fragen bei der Friedensregelung derjenige Abschnitt der Westgrenze der UdSSR, der an die Ostsee stößt, von einem Punkt an der östlichen Küste der Danziger Bucht nach Osten – nördlich von

272 Datum der Übergabe vom Sekretariat der Delegation Großbritanniens an Nowikow.
273 Siehe Anmerkung 53.
274 Siehe Anmerkung 65.

Braunsberg – Goldap zu dem Schnittpunkt der Grenzen Litauens, der Polnischen Republik und Ostpreußens verläuft.

Die Konferenz hat grundsätzlich dem Vorschlag der Sowjetregierung hinsichtlich der Übergabe der Stadt Königsberg und des anliegenden Gebietes an die Sowjetunion gemäß der obigen Beschreibung zugestimmt. Der genaue Grenzverlauf unterliegt jedoch einer Sachverständigenprüfung.

Der Präsident der USA und der Premierminister Großbritanniens haben erklärt, daß sie diesen Vorschlag der Konferenz bei der bevorstehenden Friedensregelung unterstützen werden.

Nach Archiv.

Nr. 155
Entwurf einer Entscheidung der Konferenz über Treuhandschaftsterritorien, eingebracht von den Delegationen der USA und Großbritanniens

1. August 1945[275]

Die Konferenz prüfte einen Vorschlag der Sowjetregierung hinsichtlich einer Erörterung der Frage einer Treuhandschaft über Territorien, wie sie in dem Beschluß der Krimkonferenz[276] und in der Charta der Vereinten Nationen[277] definiert sind.

Nach einem Meinungsaustausch wurde beschlossen, daß die Frage der früheren italienischen Kolonialgebiete zu den Fragen gehört, die im Zusammenhang mit der Vorbereitung eines Friedensvertrages für Italien entschieden werden müssen und daß die Frage der italienischen Kolonialgebiete im September vom Rat der Außenminister beraten wird.

Nach Archiv.

Nr. 156
Entwurf der Delegationen Großbritanniens und der USA über die Verwendung von alliiertem Eigentum zur Bezahlung von Reparationen durch Satellitenländer oder als Kriegsbeute

1. August 1945[278]

Damit Reparationen und „Kriegsbeute“ in dcn Satellitenländern nicht zu Lasten von Bürgern der Vereinten Nationen gehen, kamen die drei Regierungen über folgendes überein:

2. Hauptausrüstungen.

a) Eigentum der Vereinten Nationen darf nicht in Form von Reparationen, „Kriegsbeute“ oder auf irgendeinem anderen Wege entnommen werden.

275 Datum der Annahme auf der Tagung der Außenminister.
276 Siehe Anmerkung 2.
277 Siehe Anmerkung 12.
278 Datum der Übergabe von Coulson und Cannon an Gussew und Arkadjew.

b) Die alliierten Kontrollkommissionen in den Satellitenländern[279] haben dafür zu sorgen, daß die Regierungen der Satellitenländer unverzüglich Maßnahmen treffen, um die Bestimmungen der Waffenstillstandsvereinbarungen zu erfüllen, die vorsehen, die legitimen Rechte und Interessen der Bürger der Vereinten Nationen und Regierungen wiederherzustellen und ihnen ihr Eigentum in gutem Zustand zurückzuerstatten.

c) Wenn solches Eigentum nicht zurückerstattet werden kann, müssen die Bürger der Vereinten Nationen oder die Regierungen, deren Besitz es gewesen war, eine Entschädigung erhalten. Eine solche Entschädigung erfolgt:

I. durch die entsprechende Regierung des Satellitenlandes, wenn das den Waffenstillstandsbedingungen entspricht;

II. durch die Empfängerregierung, wenn das in den Waffenstillstandsbedingungen nicht vorgesehen ist[280].

d) Bei der Entscheidung der Frage des Eigentumsrechts müssen sich die alliierten Kontrollkommissionen in den Satellitenländern von folgenden Grundsätzen leiten lassen:

I. Eigentum, das Bürgern von Ländern der Vereinten Nationen oder Regierungen gehört und vor dem Kriege erworben wurde, ist als Eigentum der Vereinten Nationen zu betrachten.

II. Falls das Eigentum während des Krieges erworben wurde, sind die Guthaben, die im Austausch gegen Guthaben von Unternehmen der Vereinten Nationen aus Deutschland bezogen wurden, als Eigentum der Vereinten Nationen anzusehen.

III. Laufende Produktion.

Die Satellitenländer können Reparationslieferungen aus der laufenden Produktion von Unternehmen abwickeln, die vollständig oder zum großen Teil Bürgern der Vereinten Nationen oder Regierungen gehören. Die alliierten Kontrollkommissionen werden Maßnahmen treffen, um für die Zahlung einer Entschädigung an die Regierungen von Satellitenländern für solche Lieferungen – soweit dies möglich sein wird, einschließlich einer ausreichenden Summe in ausländischer Währung – zu sorgen, damit den kommerziellen Positionen von Unternehmen der Vereinten Nationen kein Schaden entsteht.

Nach Archiv

279 Siehe Anmerkung 34.

280 Die Delegation der UdSSR ist der Auffassung, daß die Entschädigung in Fall I und II von der Regierung des Satellitenlandes zu zahlen sei (Anm. Dok.).

Nr. 157
Briefwechsel zwischen dem Außenminister der USA und dem Volkskommissar für Auswärtige Angelegenheiten der UdSSR zur Reparationsfrage

1. SCHREIBEN DES AUSSENMINISTERS DER USA AN DEN VOLKSKOMMISSAR FÜR AUSWÄRTIGE ANGELEGENHEITEN DER UdSSR

1. August 1945

Sehr geehrter Herr Molotow!

Nachdem zwischen der UdSSR, dem Vereinigten Königreich und den Vereinigten Staaten gemäß den Forderungen des Krimprotokolls[281] eine Einigung über den allgemeinen dreiseitigen Reparationsplan erzielt wurde, bleiben jetzt nur noch diejenigen Fragen offen, die mit der Verwirklichung des hier in Potsdam erzielten Abkommens in Zusammenhang stehen.

Die Lösung der wichtigsten Aufgabe, nämlich die Festlegung dessen, was als Reparationen aus den westlichen Zonen entnommen werden soll, und die Erzielung einer Übereinkunft über die Lieferungen notwendiger Erzeugnisse durch die sowjetische Seite müssen möglichst umgehend erfolgen. Da diese Aufgaben nur in Zusammenarbeit mit dem Alliierten Kontrollrat erfüllt werden können, ist klar, daß die Alliierte Reparationskommission[282] unverzüglich in Berlin zusammentreten muß.

Ich bin überzeugt, daß Sie sich mir, getragen von dem Wunsch, die erzielten Vereinbarungen schnell zu verwirklichen, in der Entscheidung anschließen werden, daß die Alliierte Reparationskommission unverzüglich in Berlin zusammentreten sollte, wobei ich hoffe, daß Sie den sowjetischen Vertreter in dieser Kommission entsprechend instruieren werden.

Hochachtungsvoll
Ihr
James F. Byrnes

2. SCHREIBEN DES VOLKSKOMMISSARS FÜR AUSWÄRTIGE ANGELEGENHEITEN DER UdSSR AN DEN AUSSENMINISTER DER USA

Berlin, 2. August 1945

Sehr geehrter Herr Byrnes!

Ich stimme mit Ihnen völlig darin überein, daß die auf der Berliner Konferenz erzielte Vereinbarung über die deutschen Reparationen so schnell wie möglich verwirklicht werden muß. Ich stimme Ihnen auch dahingehend zu, daß die Inter-

281 Siehe Anmerkung 2.
282 Siehe Anmerkung 38.

alliierte Reparationskommission eng mit dem Alliierten Kontrollrat in Berlin zusammenarbeiten sollte. Dazu sollte sie in Berlin ihr eigenes Organ bilden. Ständiger Sitz der Kommission selbst muß aber natürlich Moskau bleiben, wie das auf der Krimkonferenz beschlossen wurde. Um so mehr, als die Interalliierte Reparationskommission kraft der auf der Berliner Konferenz getroffenen wichtigen Entscheidungen in ihrer gesamten Tätigkeit am engsten mit der Sowjetunion als mit allen anderen alliierten Ländern verbunden sein wird.

Hochachtungsvoll
Ihr
W. Molotow

Nach Archiv.

TEIL III

Nr. 158
Protokoll der Berliner Konferenz der drei Großmächte
1. August 1945

Die Konferenz der Regierungschefs der Union der Sozialistischen Sowjetrepubliken, der Vereinigten Staaten von Amerika und Großbritanniens, die vom 17. Juli bis 2. August 1945 in Berlin tagte, faßte folgende Beschlüsse:

I. ÜBER DIE ERRICHTUNG EINES RATES DER AUSSENMINISTER

A. Die Konferenz erreichte folgende Vereinbarung über die Bildung eines Rates der Außenminister zur Durchführung der notwendigen vorbereitenden Arbeiten zur Friedensregelung:

DIE ERRICHTUNG EINES RATES DER AUSSENMINISTER

1. Es ist ein Rat zu errichten, der sich aus den Außenministern des Vereinigten Königreiches, der Union der Sozialistischen Sowjetrepubliken, Chinas, Frankreichs und der Vereinigten Staaten von Amerika zusammensetzt.

2. a) Der Rat wird normalerweise in London tagen, wo sich der ständige Sitz des Vereinigten Sekretariats befinden wird, das vom Rat zu schaffen ist. Jeder Außenminister wird durch einen Stellvertreter von hohem Rang begleitet werden, der ordnungsgemäß bevollmächtigt ist, in Abwesenheit seines Außenministers die Arbeit im Rat durchzuführen, sowie von einem kleinen Stab technischer Berater.

b) Die erste Sitzung des Rates findet in London nicht später als am 1. September 1945 statt. Die Sitzungen können im allgemeinen Einvernehmen nach anderen Hauptstädten einberufen werden, was von Zeit zu Zeit vereinbart werden kann.

3. a) Als eine unverzügliche und wichtige Aufgabe des Rates wird ihm aufgetragen, Friedensverträge für Italien, Rumänien, Bulgarien, Ungarn und Finnland aufzusetzen, die den Vereinten Nationen vorzulegen sind, und Vorschläge zur Regelung der territorialen Fragen auszuarbeiten, die in Verbindung mit der

Beendigung des Krieges in Europa entstehen. Der Rat wird zur Vorbereitung einer Friedensregelung für Deutschland mit der Maßgabe genutzt werden, daß ein entsprechendes Dokument durch eine für diesen Zweck geeignete Regierung Deutschlands, nachdem eine solche gebildet sein wird, angenommen wird.

b) Zur Lösung jeder dieser Aufgaben wird der Rat aus den Mitgliedern bestehen, welche jene Staaten vertreten, die die Kapitulationsbedingungen unterschrieben haben, welche dem Feindstaat vorgeschrieben wurden, den die gegebene Aufgabe betrifft. Bei der Behandlung der Frage der Friedensregelung mit Italien wird Frankreich als ein Unterzeichner der Kapitulationsbedingungen Italiens betrachtet werden. Andere Mitglieder werden zur Teilnahme am Rat eingeladen werden, wenn Fragen erörtert werden, die sie direkt betreffen.

c) Andere Angelegenheiten werden von Zeit zu Zeit dem Rat nach Vereinbarung zwischen den Regierungen, die seine Mitglieder sind, übertragen.

4. a) Wenn der Rat eine Frage erörtern wird, an der ein Staat unmittelbar interessiert ist, der nicht in ihm vertreten ist, so soll dieser Staat eingeladen werden, seine Vertreter zur Teilnahme an der Beratung und Prüfung dieser Frage zu entsenden.

b) Der Rat kann sein Arbeitsverfahren dem Charakter des jeweiligen, von ihm zu prüfenden Problems anpassen. In einigen Fällen kann er die Frage zunächst in seiner Zusammensetzung vor der Teilnahme anderer interessierter Staaten vorberaten. In anderen Fällen kann der Rat eine offizielle Konferenz der Staaten einberufen, die an der Lösung irgendeines gegebenen Problems am meisten interessiert sind.

B. Es wurde gleichfalls beschlossen, daß alle drei Regierungen gleichlautende Einladungen an die Regierungen von China und Frankreich schicken, diesen Text anzunehmen und sich der Errichtung des Rates anzuschließen. Die bestätigten Einladungen haben folgenden Wortlaut:

DER RAT DER AUSSENMINISTER

Entwurf einer gleichlautenden Einladung, die gesondert von jeder der drei Regierungen an die Regierungen von China und Frankreich geschickt werden soll

„Die Regierungen des Vereinigten Königreiches, der Vereinigten Staaten von Amerika und der Union der Sozialistischen Sowjetrepubliken halten es für notwendig, unverzüglich mit der äußerst wichtigen Vorbereitungsarbeit zur Friedensregelung in Europa zu beginnen. Zu diesem Zweck haben sie sich über die Bildung eines Rates der Außenminister der fünf Großmächte geeinigt, der die Friedensverträge mit den ehemaligen europäischen Feindstaaten zur Vorlage dieser Verträge bei den Vereinten Nationen vorbereiten soll. Der Rat wird auch ermächtigt sein, Vorschläge zur Regelung ungelöster territorialer Fragen in Europa zu unterbreiten und andere Fragen zu behandeln, welche die Regierungen, die Mitglieder des Rates sind, ihm nach Vereinbarung zwischen ihnen übertragen können (der von den drei Regierungen angenommene Wortlaut ist oben angeführt).[1]

1 Vgl. Dok. Nr. 32, 73.

Im Einvernehmen mit den Regierungen ... lädt die Regierung ... die Regierung von China/Frankreich ein, den oben angeführten Text anzunehmen und sich den Maßnahmen zur Errichtung des Rates anzuschließen.

Die Regierung ... mißt der Teilnahme der Chinesischen Regierung/Französischen Regierung an den vorgeschlagenen Maßnahmen große Bedeutung bei und hofft auf eine schnelle und positive Beantwortung ihrer Einladung."

C. Die Errichtung des Rates der Außenminister für besondere Ziele, die in diesem Text genannt worden sind, widerspricht nicht der auf der Krimkonferenz erzielten Vereinbarung, daß periodisch Konsultationen der Außenminister der Vereinigten Staaten von Amerika, der Union der Sozialistischen Sowjetrepubliken und des Vereinigten Königreiches stattfinden sollten.

D. Die Konferenz erörterte auch die Lage der Europäischen Konsultativkommission im Lichte der Vereinbarung über die Errichtung des Rates der Außenminister. Mit Genugtuung wurde festgestellt, daß die Kommission ihre Hauptaufgaben erfolgreich bewältigt hat, indem sie Empfehlungen betreffend die bedingungslose Kapitulation Deutschlands, die Besatzungszonen Deutschlands und Österreichs und den interalliierten Kontrollmechanismus in diesen Ländern vorlegte. Es wurde festgelegt, daß die weitere, ins einzelne gehende Arbeit zur Koordinierung der Politik der Alliierten hinsichtlich der Kontrolle über Deutschland und Österreich in Zukunft der Zuständigkeit des Kontrollrates in Berlin und der Alliierten Kommission in Wien unterliegen soll. Demgemäß wird empfohlen, die Europäische Konsultativkommission aufzulösen.

II. POLITISCHE UND WIRTSCHAFTLICHE GRUNDSÄTZE, VON DENEN MAN SICH BEI DER BEHANDLUNG DEUTSCHLANDS IN DER ANFANGSPERIODE DER KONTROLLE LEITEN LASSEN MUSS

Es wurden folgende politische und wirtschaftliche Grundsätze für die Behandlung Deutschlands angenommen:

A. Politische Grundsätze

1. Entsprechend der Vereinbarung über den Kontrollmechanismus in Deutschland wird die oberste Macht in Deutschland von den Oberkommandierenden der Streitkräfte der Union der Sozialistischen Sowjetrepubliken, der Vereinigten Staaten von Amerika, des Vereinigten Königreiches und der Französischen Republik ausgeübt werden, und zwar von jedem in seiner Besatzungszone nach den Weisungen seiner entsprechenden Regierung sowie gemeinsam in ihrer Eigenschaft als Mitglieder des Kontrollrates in den Deutschland als Ganzes betreffenden Fragen.

2. Soweit dies praktisch durchführbar ist, soll die Behandlung der deutschen Bevölkerung in ganz Deutschland gleich sein.

3. Die Ziele der Besetzung Deutschlands, von denen sich der Kontrollrat leiten lassen soll, sind:

I) Völlige Entwaffnung und Entmilitarisierung Deutschlands und die Beseitigung der gesamten deutschen Industrie, die für Kriegsproduktion genutzt werden kann, oder Kontrolle über sie. Zu diesem Zweck:

a) werden alle Land-, See- und Luftstreitkräfte Deutschlands, SS, SA, SD und Gestapo mit allen ihren Organisationen, Stäben und Einrichtungen, einschließlich des Generalstabes, des Offizierskorps, des Reservistenkorps, der Militärschulen, der Organisationen der Kriegsveteranen und aller anderen militärischen und halbmilitärischen Organisationen zusammen mit ihren Klubs und Verbänden, die den Interessen der Erhaltung der militärischen Traditionen in Deutschland dienen, völlig und endgültig aufgelöst, um damit für immer der Wiedergeburt oder Neugestaltung des deutschen Militarismus und Nazismus vorzubeugen;

b) müssen sich alle Waffen, Ausrüstung und Kriegsgeräte sowie alle Spezialmittel zu deren Herstellung in der Verfügung der Alliierten befinden oder vernichtet werden. Der Unterhaltung und Herstellung aller Flugzeuge und jeglicher Waffen, Ausrüstung und Kriegsgeräte wird vorgebeugt werden.

II) Das deutsche Volk ist zu überzeugen, daß es eine totale militärische Niederlage erlitten hat und daß es sich nicht der Verantwortung für das entziehen kann, was es selbst dadurch auf sich geladen hat, daß seine eigene mitleidlose Kriegführung und der fanatische Widerstand der Nazis die deutsche Wirtschaft zerstört und Chaos und Elend unvermeidlich gemacht haben.

III) Die nationalsozialistische Partei, ihre Zweigeinrichtungen und die von ihr kontrollierten Organisationen sind zu vernichten; alle nazistischen Einrichtungen sind aufzulösen; es sind Sicherheiten dafür zu schaffen, daß sie in keiner Form wiedererstehen können; jede nazistische und militaristische Betätigung oder Propaganda ist zu verhindern.

IV) Eine endgültige Umgestaltung des deutschen politischen Lebens auf demokratischer Grundlage und eine eventuelle friedliche Mitarbeit Deutschlands am internationalen Leben sind vorzubereiten.

4. Alle nazistischen Gesetze, die die Grundlagen für das Hitlerregime geschaffen oder eine Diskriminierung auf Grund der Rasse, Religion oder politischer Überzeugungen festgelegt haben, müssen außer Kraft gesetzt werden. Keinerlei derartige Diskriminierung – sei sie rechtlicher, administrativer oder irgendeiner anderen Art – wird geduldet werden.

5. Kriegsverbrecher und jene, die an der Planung oder Verwirklichung nazistischer Maßnahmen teilgenommen haben, die Greueltaten oder Kriegsverbrechen nach sich zogen oder zum Ergebnis hatten, sind zu verhaften und vor Gericht zu stellen. Nazistische Führer, einflußreiche Nazianhänger und das leitende Personal der nazistischen Einrichtungen und Organisationen sowie alle anderen Personen, die für die Besetzung und ihre Ziele gefährlich sind, sind zu verhaften und zu internieren.

6. Alle Mitglieder der nazistischen Partei, die mehr als nominell an ihrer Tätigkeit teilgenommen haben, und alle anderen Personen, die den alliierten Zielen feindlich gegenüberstehen, sind aus dem öffentlichen oder halböffentlichen Dienst und von verantwortlichen Posten in wichtigen Privatunternehmen zu entfernen. Diese Personen müssen durch Personen ersetzt werden, die nach ihren politischen und moralischen Eigenschaften für fähig befunden werden, an der Entwicklung wahrhaft demokratischer Einrichtungen in Deutschland mitzuwirken.

7. Das Bildungswesen in Deutschland muß so überwacht werden, daß nazistische und militaristische Doktrinen völlig ausgemerzt werden und eine erfolgreiche Entwicklung demokratischer Ideen möglich gemacht wird.

8. Das Gerichtswesen wird entsprechend den Grundsätzen der Demokratie und der Gerechtigkeit auf der Grundlage der Gesetzlichkeit und der Gleichberechtigung aller Bürger ohne Unterschied der Rasse, der Nationalität und der Religion neugestaltet.

9. Die Verwaltung in Deutschland muß in Richtung auf eine Dezentralisierung der politischen Struktur und der Entwicklung eines Verantwortungsbewußtseins auf lokaler Ebene durchgeführt werden. Zu diesem Zweck:

I) wird die lokale Selbstverwaltung in ganz Deutschland auf demokratischer Grundlage wiederhergestellt, insbesondere durch gewählte Räte, so schnell wie es mit der Wahrung der militärischen Sicherheit und mit den Zielen der militärischen Besetzung vereinbar ist,

II) sind in ganz Deutschland alle demokratischen politischen Parteien bei Gewährung des Rechts, Versammlungen einzuberufen und öffentliche Diskussionen durchzuführen, zu erlauben und zu fördern,

III) sollen die Grundsätze der Vertretung und der Wählbarkeit in die Kreis-, Provinzial- und Landesverwaltungen so schnell, wie es durch die erfolgreiche Anwendung dieser Grundsätze in der örtlichen Selbstverwaltung gerechtfertigt werden kann, eingeführt werden,

IV) wird bis auf weiteres keine deutsche Zentralregierung gebildet werden. Ungeachtet dessen werden jedoch einige wichtige zentrale deutsche Verwaltungsabteilungen unter der Leitung von Staatssekretären eingerichtet werden, insbesondere auf den Gebieten der Finanzen, des Transports, des Nachrichtenwesens, des Außenhandels und der Industrie. Diese Abteilungen werden unter der Leitung des Kontrollrates tätig sein.

10. Unter Berücksichtigung der Notwendigkeit der Erhaltung der militärischen Sicherheit werden die Rede-, Presse- und Religionsfreiheit gewährt und religiöse Einrichtungen respektiert. Die Gründung freier Gewerkschaften, gleichfalls unter Berücksichtigung der Notwendigkeit der Erhaltung der militärischen Sicherheit, wird gestattet werden.

B. Wirtschaftliche Grundsätze

11. Mit dem Ziel der Vernichtung des deutschen Kriegspotentials ist die Produktion von Waffen, Kriegsausrüstung und Kriegsmitteln und auch die Herstellung aller Typen von Flugzeugen und Seeschiffen zu verbieten und zu verhindern. Die Produktion von Metallen und chemischen Produkten, der Maschinenbau und die Herstellung anderer Gegenstände, die unmittelbar für die Kriegswirtschaft notwendig sind, sind streng zu kontrollieren und zu beschränken entsprechend dem genehmigten Stand der friedlichen Nachkriegsbedürfnisse Deutschlands, der für die Ziele ausreicht, die in Punkt 15 dargelegt sind. Die für die künftig genehmigte Industrie nicht erforderlichen Produktionskapazitäten sind entsprechend dem durch die Interalliierte Reparationskommission empfohlenen und durch die interessierten Regierungen bestätigten Reparationsplan entweder zu entnehmen oder, falls sie nicht entnommen werden, zu vernichten.

12. In praktisch kürzester Frist ist die deutsche Wirtschaft zu dezentralisieren

mit dem Ziel der Vernichtung der bestehenden übermäßigen Konzentration der Wirtschaftskraft, die sich besonders in Form von Kartellen, Syndikaten, Trusts und anderen Monopolvereinigungen verkörpert. Ungeachtet dessen müssen jedoch, auch für die Erreichung der Ziele, die im vorliegenden Dokument niedergelegt wurden, bestimmte Formen des zentralen Verwaltungsapparates, insbesondere auf dem Gebiet der Finanzen, des Transports und des Nachrichtenwesens, beibehalten oder wiederhergestellt werden.

13. Bei der Organisation der deutschen Wirtschaft ist das Hauptgewicht auf die Entwicklung der Landwirtschaft und der Friedensindustrie für den inneren Bedarf zu legen.

14. Während der Besatzungszeit ist Deutschland als eine wirtschaftliche Einheit zu betrachten. Mit diesem Ziel ist eine gemeinsame Politik festzulegen hinsichtlich:

a) der Erzeugung und der Verteilung der Produkte der Bergbau- und der verarbeitenden Industrie;

b) der Land- und Forstwirtschaft und der Fischerei;

c) der Löhne, der Preise und der Rationierung;

d) des Import- und Exportprogramms für Deutschland als Ganzes;

e) des Geld- und Banksystems, der zentralen Steuern und der Zölle;

f) der Reparationen und der Beseitigung des militärischen Industriepotentials;

g) des Transport- und Nachrichtenwesens.

Bei der Durchführung dieser Politik sind gegebenenfalls die unterschiedlichen örtlichen Bedingungen zu berücksichtigen.

15. Es ist eine alliierte Kontrolle über die deutsche Wirtschaft zu errichten, jedoch nur in den Grenzen, die notwendig sind:

a) zur Erfüllung des Programms der industriellen Abrüstung und Entmilitarisierung, der Reparationen und des genehmigten Exports und Imports;

b) zur Sicherung der Warenproduktion und der Dienstleistungen, die zur Befriedigung der Bedürfnisse der Besatzungstruppen und der übergeführten Personen in Deutschland notwendig und für die Erhaltung eines mittleren Lebensstandards in Deutschland wichtig sind, der den mittleren Lebensstandard europäischer Länder nicht übersteigt (europäische Länder in diesem Sinne sind alle europäischen Länder mit Ausnahme des Vereinigten Königreiches und der Sowjetunion);

c) zur Sicherung – in der Weise, die der Kontrollrat festlegen wird – einer gleichmäßigen Verteilung der wesentlichsten Waren zwischen den verschiedenen Zonen, um eine ausgeglichene Wirtschaft in ganz Deutschland zu schaffen und die Einfuhrnotwendigkeit herabzusetzen;

d) zur Kontrolle der deutschen Industrie und aller wirtschaftlichen und finanziellen internationalen Geschäfte einschließlich der Aus- und Einfuhr mit dem Ziel der Verhinderung der Entwicklung eines Kriegspotentials Deutschlands und dem der Verwirklichung der anderen hier angeführten Aufgaben;

e) zur Kontrolle aller deutschen öffentlichen oder privaten wissenschaftlichen Forschungs- und Versuchseinrichtungen, Laboratorien usw., die mit der Wirtschaftstätigkeit verbunden sind.

16. Zur Einführung und Aufrechterhaltung der durch den Kontrollrat errichteten wirtschaftlichen Kontrolle ist ein deutscher Verwaltungsapparat aufzubau-

en und den deutschen Behörden zu empfehlen, in vollem, praktisch möglichem Umfang die Verwaltung dieses Apparates zu beanspruchen und selbst zu übernehmen. So ist dem deutschen Volk einzuprägen, daß die Verantwortung für diese Verwaltung und jedes ihrer Versagen auf ihm ruhen wird. Jede deutsche Verwaltung, die den Zielen der Besatzung widerspricht, wird verboten.

17. Es sind unverzüglich Maßnahmen zu treffen zur:

a) notwendigen Instandsetzung des Verkehrswesens;

b) Steigerung der Kohleförderung;

c) maximalen Erhöhung der landwirtschaftlichen Produktion und

d) kurzfristigen Instandsetzung von Wohnungen und wichtiger kommunaler Einrichtungen.

18. Der Kontrollrat hat entsprechende Schritte zur Verwirklichung der Kontrolle und der Verfügung über diejenigen deutschen Aktiva im Ausland zu unternehmen, die noch nicht unter die Kontrolle der Vereinten Nationen, die am Krieg gegen Deutschland teilgenommen haben, gelangt sind.

19. Nach Entrichtung der Reparationen sollen dem deutschen Volk genügend Mittel belassen werden, um ohne Hilfe von außen existieren zu können. Bei der Aufstellung der Wirtschaftsbilanz für Deutschland sind die nötigen Mittel für den vom Kontrollrat in Deutschland genehmigten Import bereitzustellen. Die Einnahmen aus dem Export von Erzeugnissen aus der laufenden Produktion und von Warenbeständen werden in erster Linie zur Bezahlung dieses Imports verwendet.

Die hier erwähnten Bedingungen werden nicht angewandt bei Ausrüstungen und Produkten, die in den Punkten 4 a und 4 b der Vereinbarung über die deutschen Reparationen erwähnt sind.

III. REPARATIONEN VON DEUTSCHLAND

1. Die Reparationsansprüche der UdSSR sollen durch Entnahmen aus der von der UdSSR besetzten Zone Deutschlands und aus entsprechenden deutschen Auslandsinvestitionen befriedigt werden.

2. Die UdSSR wird die Reparationsansprüche Polens aus ihrem Anteil an den Reparationen befriedigen.

3. Die Reparationsansprüche der Vereinigten Staaten, des Vereinigten Königreiches und der anderen zu Reparationsforderungen berechtigten Länder werden aus den Westzonen und aus entsprechenden deutschen Auslandsinvestitionen befriedigt werden.

4. In Ergänzung der Reparationen, die die UdSSR aus ihrer eigenen Besatzungszone erhält, wird die UdSSR zusätzlich aus den Westzonen erhalten: a) 15 % derjenigen verwendungsfähigen und kompletten Industrieanlagen, vor allem der metallurgischen, chemischen und Maschinenbauindustrie, die für die deutsche Friedenswirtschaft entbehrlich und aus den Westzonen Deutschlands zu entnehmen sind, im Austausch gegen einen entsprechenden Wert an Nahrungsmitteln, Kohle, Pottasche, Zink, Holz, Tonprodukten, Erdölprodukten und anderen Materialien, über die eine Vereinbarung getroffen wird.

b) 10 % derjenigen Industrieanlagen, die für die deutsche Friedenswirtschaft entbehrlich und aus den Westzonen zu entnehmen und an die Sowjetregierung ohne Bezahlung oder Gegenleistung irgendwelcher Art auf Reparationskonto zu übertragen sind.

Die Entnahmen der Ausrüstungen, wie sie oben in den Paragraphen a) und b) vorgesehen sind, werden gleichzeitig erfolgen.

5. Der Umfang der aus den Westzonen auf Reparationskonto zu entnehmenden Ausrüstungen muß spätestens innerhalb von sechs Monaten von heute an gerechnet festgelegt sein.

6. Die Entnahmen der industriellen Ausrüstungen werden so bald wie möglich beginnen und innerhalb von 2 Jahren, gerechnet vom Zeitpunkt der in Paragraph 5 genannten Entscheidung abgeschlossen. Die Lieferung der in Paragraph 4 (a) genannten Produkte wird so schnell wie möglich beginnen und in durch Vereinbarung festgelegten Teillieferungen seitens der Sowjetunion innerhalb von 5 Jahren von dem erwähnten Datum an erfolgen. Entscheidungen über den Umfang und die Art der industriellen Ausrüstungen, die für die deutsche Friedenswirtschaft entbehrlich sind und deshalb der Reparation unterliegen, werden durch den Kontrollrat gemäß der Politik getroffen, die von der Alliierten Reparationskommission unter Beteiligung Frankreichs festgelegt wurde, wobei die endgültigen Entscheidungen von dem Kommandierenden der Zone zu treffen sind, aus der die Ausrüstungen entnommen werden.

7. Bis zur Festlegung des Gesamtumfanges der der Entnahme unterliegenden Ausrüstungen werden Vorschußlieferungen solcher Ausrüstungen erfolgen, die in Übereinstimmung mit dem Verfahren bestimmt werden, das im letzten Satz von Punkt 6 vorgesehen ist.

8. Die Sowjetregierung verzichtet auf alle Reparationsansprüche in bezug auf Aktien deutscher Unternehmen, die sich in den Westlichen Besatzungszonen Deutschlands befinden; das gleiche gilt für deutsche Auslandsaktiva in allen Ländern, mit Ausnahme jener, die in Punkt 9 genannt sind.

9. Die Regierungen der USA und des Vereinigten Königreiches verzichten auf alle Reparationsansprüche in bezug auf Aktien deutscher Unternehmen, die sich in der Östlichen Besatzungszone Deutschlands befinden; das gleiche gilt für deutsche Auslandsaktiva in Bulgarien, Finnland, Ungarn, Rumänien und Ostösterreich.

10. Die Sowjetregierung erhebt keine Ansprüche auf das von den alliierten Truppen in Deutschland erbeutete Gold.

IV. ÜBERGABE DER DEUTSCHEN KRIEGS- UND HANDELSFLOTTE

A

Es wurden folgende Prinzipien für die Aufteilung der deutschen Kriegsflotte angenommen:

1) Die gesamte deutsche Überwasserkriegsflotte, mit Ausnahme der versenkten und der von den verbündeten Staaten eroberten Schiffe, aber einschließlich der im Bau und in Reparatur befindlichen Schiffe, wird zu gleichen Teilen zwischen der UdSSR, dem Vereinigten Königreich und den Vereinigten Staaten aufgeteilt.

2) Als im Bau oder in Reparatur befindlich sind jene Schiffe anzusehen, deren Bau oder Reparatur innerhalb von 3 bis 6 Monaten je nach Schiffstyp abgeschlossen werden kann. Die Frage, ob die im Bau oder in Reparatur befindlichen Schiffe fertigzustellen oder zu reparieren sind, wird von der im folgenden erwähnten und von den drei Mächten ernannten Technischen Kommission entschieden, wobei das Prinzip zu beachten ist, daß die Fertigstellung oder Reparatur in der genannten Frist abzuschließen ist, ohne daß die Zahl der qualifizierten Arbeitskräfte in deutschen Werften erhöht und ohne daß die Wiederaufnahme der Produktion irgendeines deutschen Schiffsbaus oder damit verbundener Industriezweige zugelassen wird. Als Zeitpunkt der Fertigstellung gilt der Tag, an dem das Schiff in der Lage ist, zum ersten Mal in See zu stechen, oder, nach Friedensstandards, der übliche Zeitpunkt der Übergabe eines Schiffes durch die Werft an die Regierung.

3) Ein Großteil der deutschen Unterwasserflotte soll versenkt werden. Höchstens 30 Unterseeboote sind zu erhalten und zu gleichen Teilen zwischen der UdSSR, dem Vereinigten Königreich und den Vereinigten Staaten zu experimentellen und technischen Zwecken aufzuteilen.

4) Alle Waffen-, Munitions- und Versorgungsbestände der deutschen Kriegsflotte, die zu den entsprechend den Paragraphen 1 und 3 dieses Dokuments zu übergebenden Schiffen gehören, sind den jeweiligen Mächten, die diese Schiffe erhalten, zu übergeben.

5) Die drei Regierungen sind übereingekommen, eine Dreierkommission für die Kriegsflotte zu bilden, die sich aus je zwei Vertretern von jeder Regierung zusammensetzt, denen das erforderliche Personal beigegeben wird, um den drei Regierungen abgestimmte Empfehlungen über die Aufteilung der konkreten deutschen Kriegsschiffe zu unterbreiten und andere Fragen zu behandeln, die sich aus Abkommen zwischen den drei Regierungen über die deutsche Flotte ergeben. Die erste Sitzung der Kommission soll bis spätestens 15. August 1945 in Berlin stattfinden, wo sie ihren Sitz haben wird. Jede Delegation in der Kommission wird auf der Grundlage der Gegenseitigkeit das Recht haben, deutsche Kriegsschiffe an jedem beliebigen Ort zu besichtigen.

6) Die drei Regierungen sind übereingekommen, daß die Übergabe der Schiffe, einschließlich der im Bau oder in Reparatur befindlichen, so bald wie möglich, spätestens aber bis 15. Februar 1946, abzuschließen ist. Die Kommission wird alle zwei Wochen Berichte vorlegen, die nach Maßgabe der Beschlußfassung in der Kommission Vorschläge über die schrittweise Aufteilung der Schiffe enthalten.

B

Es wurden folgende Prinzipien für die Aufteilung der deutschen Handelsflotte angenommen:

1) Die deutsche Handelsflotte, die sich den drei Mächten ergeben hat, wird unabhängig von ihrem Standort zu gleichen Teilen zwischen der UdSSR, dem Vereinigten Königreich und den Vereinigten Staaten aufgeteilt. Die tatsächliche Übergabe der Schiffe an die entsprechenden Länder wird stattfinden, sobald dies nach Beendigung des Krieges gegen Japan praktisch möglich sein wird. Das Vereinigte Königreich und die Vereinigten Staaten werden aus ihren Anteilen an den

deutschen Handelsschiffen, die sich ergeben haben, die entsprechende Anzahl für andere alliierte Staaten bereitstellen, deren Handelsschiffahrt im Kampf für die gemeinsame Sache gegen Deutschland schwere Verluste erlitten hat. Ausgenommen hiervon ist Polen, für das die Sowjetunion aus ihrem Anteil Schiffe bereitstellen wird.

2) Die Verteilung, Bemannung und der Einsatz dieser Schiffe während des Krieges gegen Japan wird der Kompetenz und Verfügungsgewalt des Vereinigten Rates zur Koordinierung der Schiffahrt und der Vereinigten Verwaltung der Handelsflotte obliegen.

3) In der Zeit, während der die tatsächliche Übergabe der Schiffe bis zur Beendigung des Krieges gegen Japan aufgeschoben ist, führt eine Dreierkommission für die Handelsflotte eine Inventarisierung und Schätzung aller vorhandenen Schiffe durch und erteilt Empfehlungen über die konkrete Aufteilung entsprechend Paragraph 1.

4) Die deutschen Küsten- und Binnenschiffe, die der Alliierte Kontrollrat in Deutschland als unerläßlich zur Aufrechterhaltung der Grundlagen der Friedenswirtschaft Deutschlands einstuft, werden nicht in die Gesamtmasse der auf diese Weise zwischen den drei Mächten aufzuteilenden Schiffe einbezogen.

5) Die drei Regierungen sind übereingekommen, eine Dreierkommission für die Handelsflotte zu bilden, bestehend aus je zwei Vertretern von jeder Regierung, denen das erforderliche Personal beigegeben wird, um den drei Regierungen abgestimmte Empfehlungen über die Aufteilung der spezifischen deutschen Handelsschiffe zu unterbreiten und andere konkrete Fragen zu behandeln, die sich aus dem Abkommen zwischen den drei Regierungen über die deutschen Handelsschiffe ergeben. Die erste Sitzung der Kommission findet bis spätestens 1. September 1945 in Berlin statt, wo sie ihren Sitz haben wird. Jede Delegation in der Kommission wird auf der Grundlage der Gegenseitigkeit das Recht haben, deutsche Handelsschiffe unabhängig von ihrem möglichen Standort zu inspizieren.

V. STADT KÖNIGSBERG UND DAS ANLIEGENDE GEBIET

Die Konferenz prüfte einen Vorschlag der Sowjetregierung, daß bis zur endgültigen Entscheidung der territorialen Fragen bei der Friedensregelung derjenige Abschnitt der Westgrenze der UdSSR, der an die Ostsee stößt, von einem Punkt an der östlichen Küste der Danziger Bucht nach Osten – nördlich von Braunsberg – Goldap zu dem Schnittpunkt der Grenze Litauens, der Polnischen Republik und Ostpreußens verläuft.

Die Konferenz hat grundsätzlich dem Vorschlag der Sowjetregierung hinsichtlich der Übergabe der Stadt Königsberg und des anliegenden Gebietes an die Sowjetunion gemäß der obigen Beschreibung zugestimmt. Der genaue Grenzverlauf unterliegt jedoch einer Sachverständigenprüfung.

Der Präsident der USA und der Premierminister Großbritanniens haben erklärt, daß sie diesen Vorschlag der Konferenz bei der bevorstehenden Friedensregelung unterstützen werden.

VI. KRIEGSVERBRECHER

Die drei Regierungen haben von dem Meinungsaustausch Kenntnis genommen, der in den letzten Wochen in London zwischen britischen, amerikanischen, sowjetischen und französischen Vertretern mit dem Ziel stattgefunden hat, eine Vereinbarung über die Methoden des Gerichtsverfahrens gegen die Hauptkriegsverbrecher zu erzielen, deren Verbrechen nach der Moskauer Deklaration vom Oktober 1943 nicht an einen bestimmten geographischen Ort gebunden sind. Die drei Regierungen bekräftigen ihre Absicht, diese Verbrecher einer schnellen und gerechten Aburteilung zuzuführen. Sie hoffen, daß die Verhandlungen in London zu einer schnellen Vereinbarung führen, die diesem Zweck dient, und sie betrachten es als eine Angelegenheit von größter Wichtigkeit, daß der Prozeß gegen diese Hauptverbrecher zum frühestmöglichen Zeitpunkt beginnt. Die erste Liste der Angeklagten wird bis zum 1. September dieses Jahres veröffentlicht.

VII. ÜBER ÖSTERREICH

Die Konferenz hat einen Vorschlag der Sowjetregierung über die Ausdehnung der Kompetenz der Provisorischen Österreichischen Regierung auf ganz Österreich geprüft.

Die drei Regierungen stimmten darin überein, daß sie bereit sind, diese Frage nach dem Einzug der britischen und amerikanischen Streitkräfte in die Stadt Wien zu prüfen.

Man kam überein, daß von Österreich keine Reparationen zu entnehmen sind.

VIII. POLEN

A. Erklärung zur polnischen Frage

Die Konferenz nahm folgende Erklärung zur polnischen Frage an:

Wir haben mit Genugtuung das Abkommen zur Kenntnis genommen, das die polnischen Vertreter aus Polen und aus dem Ausland erzielt haben, durch das in Übereinstimmung mit den Beschlüssen der Krimkonferenz die Bildung einer Polnischen Provisorischen Regierung der Nationalen Einheit möglich geworden ist, die die drei Mächte anerkannt haben. Die Herstellung diplomatischer Beziehungen mit der Polnischen Provisorischen Regierung durch die Britische Regierung und die Regierung der Vereinigten Staaten führte zur Beendigung ihrer Anerkennung der ehemaligen polnischen Regierung in London, die nicht mehr besteht.

Die Regierungen der Vereinigten Staaten und Großbritanniens haben Maßnahmen zum Schutz der Interessen der Polnischen Provisorischen Regierung der Nationalen Einheit als der anerkannten Regierung des polnischen Staates hinsichtlich des Eigentums getroffen, das dem polnischen Staat gehört, sich auf ihren Gebieten und unter ihrer Kontrolle befindet, unabhängig davon, welcherart dieses Eigentum auch sein mag.

Sie haben ferner Maßnahmen zur Verhinderung einer Übergabe dieses Eigentums an Dritte getroffen. Der Provisorischen Polnischen Regierung der Nationalen Einheit werden alle Möglichkeiten zur Anwendung der üblichen rechtlichen Maßnahmen zur Wiedererlangung beliebigen Eigentums des polnischen Staates, das ihm unrechtmäßig entzogen sein sollte, geboten.

Die drei Regierungen lassen es sich angelegen sein, der Polnischen Provisorischen Regierung der Nationalen Einheit so schnell, wie das praktisch möglich ist, bei der Erleichterung der Rückkehr aller im Ausland befindlichen Polen behilflich zu sein, die nach Polen zurückzukehren wünschen, einschließlich der Mitglieder der polnischen Streitkräfte und der Handelsflotte. Sie erwarten, daß den in die Heimat zurückkehrenden Polen dieselben persönlichen und Vermögensrechte eingeräumt werden wie allen polnischen Bürgern.

Die drei Mächte nehmen zur Kenntnis, daß die Polnische Provisorische Regierung der Nationalen Einheit in Übereinstimmung mit den Beschlüssen der Krimkonferenz der Abhaltung freier und durch nichts behinderter Wahlen, die so bald wie möglich auf der Grundlage des allgemeinen Wahlrechts, bei geheimer Abstimmung durchgeführt werden sollen, zugestimmt hat, wobei alle demokratischen und antinazistischen Parteien das Recht haben werden, daran teilzunehmen und Kandidaten aufzustellen, und die Vertreter der alliierten Presse volle Freiheit genießen sollen, der Welt über die Entwicklung der Ereignisse in Polen vor den und während der Wahlen zu berichten.

B. Die Westgrenze Polens

In Übereinstimmung mit der auf der Krimkonferenz erzielten Vereinbarung haben die drei Regierungschefs die Meinung der Polnischen Provisorischen Regierung der Nationalen Einheit über das Territorium im Norden und Westen eingeholt, das Polen erhalten soll. Der Vorsitzende des Landesnationalrates und die Mitglieder der Polnischen Provisorischen Regierung der Nationalen Einheit sind auf der Konferenz empfangen worden und haben ihren Standpunkt in vollem Umfang dargelegt. Die drei Regierungschefs bekräftigen ihre Auffassung, daß die endgültige Festlegung der Westgrenze Polens bis zur Friedensregelung zurückgestellt werden soll.

Die drei Regierungschefs stimmen darin überein, daß bis zur endgültigen Festlegung der Westgrenze Polens die früheren deutschen Gebiete östlich der Linie, die von der Ostsee unmittelbar westlich von Swinemünde und von dort die Oder entlang bis zur Einmündung der Westlichen Neiße und die Westliche Neiße entlang bis zur tschechoslowakischen Grenze verläuft, einschließlich des Teils Ostpreußens, der in Übereinstimmung mit dem Beschluß der Berliner Konferenz nicht unter die Verwaltung der Union der Sozialistischen Sowjetrepubliken gestellt wurde, und einschließlich des Gebietes der früheren Freien Stadt Danzig unter die Verwaltung des Polnischen Staates kommen und in dieser Hinsicht nicht als Teil der sowjetischen Besatzungszone in Deutschland betrachtet werden sollen.

IX. ABSCHLUSS DER FRIEDENSVERTRÄGE UND ZULASSUNG ZUR ORGANISATION DER VEREINTEN NATIONEN

Die drei Regierungen betrachten es als wünschenswert, daß die gegenwärtig anomale Stellung Italiens, Bulgariens, Finnlands, Ungarns und Rumäniens durch den Abschluß von Friedensverträgen verändert wird. Sie sind überzeugt, daß auch die anderen interessierten alliierten Regierungen ihren Standpunkt teilen.

Ihrerseits haben die drei Regierungen die Vorbereitung eines Friedensvertrages für Italien als erste unter den vordringlichen und wichtigen Aufgaben vorgesehen, die der Rat der Außenminister erörtern soll. Italien brach als erste der Achsenmächte mit Deutschland, zu dessen Niederlage es materiell beigetragen hat, und es hat sich jetzt mit den Alliierten im Kampf gegen Japan vereint. Italien hat sich selbst vom faschistischen Regime befreit und einen großen Fortschritt auf dem Wege zur Wiederherstellung einer demokratischen Verwaltung und demokratischer Einrichtungen gemacht. Der Abschluß eines solchen Friedensvertrages mit einer anerkannten demokratischen Italienischen Regierung würde es den drei Regierungen ermöglichen, ihrem Wunsch entsprechend die Bitte Italiens um Aufnahme in die Organisation der Vereinten Nationen zu unterstützen.

Die drei Regierungen beauftragen ferner den Rat der Außenminister mit der Vorbereitung von Friedensverträgen für Bulgarien, Finnland, Ungarn und Rumänien. Der Abschluß von Friedensverträgen mit anerkannten demokratischen Regierungen in diesen Staaten wird ebenfalls die drei Regierungen in den Stand setzen, ihre Bitte um Aufnahme in die Organisation der Vereinten Nationen zu unterstützen. Die drei Regierungen kommen überein, jede für sich, in naher Zukunft im Lichte der dann herrschenden Bedingungen die Frage der Herstellung diplomatischer Beziehungen zu Finnland, Rumänien, Bulgarien und Ungarn zu prüfen, soweit dies vor Abschluß von Friedensverträgen mit diesen Ländern möglich ist.

Die drei Regierungen zweifeln nicht daran, daß angesichts der durch das Kriegsende in Europa veränderten Bedingungen die Vertreter der alliierten Presse volle Freiheit genießen werden, der Welt über die Ereignisse in Rumänien, Bulgarien, Ungarn und Finnland zu berichten.

Hinsichtlich der Zulassung anderer Staaten zur Organisation der Vereinten Nationen lautet Artikel IV der Charta der Vereinten Nationen:

„1. Die Mitgliedschaft in den Vereinten Nationen steht allen anderen friedliebenden Staaten offen, welche die in der vorliegenden Charta enthaltenen Verpflichtungen übernehmen und nach der Auffassung der Organisation fähig und gewillt sind, diese Verpflichtungen zu erfüllen.

2. Die Aufnahme eines solchen Staates als Mitglied der Vereinten Nationen erfolgt durch einen Beschluß der Vollversammlung auf Empfehlung des Sicherheitsrates."

Die drei Regierungen werden ihrerseits Aufnahmeanträge von Staaten, die während des Krieges neutral geblieben sind und die oben aufgeführten Bedingungen erfüllen, unterstützen.

Die drei Regierungen fühlen sich jedoch verpflichtet, klarzustellen, daß sie für ihren Teil einen Aufnahmeantrag der gegenwärtigen spanischen Regierung nicht unterstützen werden, die mit Hilfe der Achsenmächte gebildet wurde und wegen ihres Ursprungs, ihres Charakters, ihrer Tätigkeit und ihrer engen Verbindung mit den Aggressorstaaten nicht die für eine solche Mitgliedschaft notwendigen Eigenschaften besitzt.

X. ÜBER TREUHANDSCHAFTSTERRITORIEN

Die Konferenz erörterte einen Vorschlag der Sowjetregierung zur Frage der Treuhandschaft über Territorien, wie sie in dem Beschluß der Krimkonferenz und in der Charta der Vereinten Nationen definiert sind.

Nach einem Meinungsaustausch wurde beschlossen, daß die Frage der früheren italienischen Kolonialgebiete auch zu den Fragen gehört, die im Zusammenhang mit der Vorbereitung eines Friedensvertrages mit Italien entschieden werden müssen und daß die Frage der italienischen Kolonialgebiete im September dieses Jahres vom Rat der Außenminister beraten wird.

XI. REVIDIERTES VERFAHREN DER ALLIIERTEN KONTROLLKOMMISSIONEN IN RUMÄNIEN, BULGARIEN UND UNGARN

Die drei Regierungen nahmen zur Kenntnis, daß die sowjetischen Vertreter in den Alliierten Kontrollkommissionen in Rumänien, Bulgarien und Ungarn ihren Kollegen vom Vereinigten Königreich und von den Vereinigten Staaten Vorschläge zur Verbesserung der Arbeit der Kontrollkommissionen jetzt, nachdem die Kampfhandlungen in Europa eingestellt worden sind, übermittelt haben.

Die drei Regierungen haben vereinbart, daß die Revision des Verfahrens der Alliierten Kontrollkommissionen in diesen Ländern jetzt durchgeführt wird, wobei die Interessen und Verantwortlichkeiten der drei Regierungen, die gemeinsam die Waffenstillstandsbedingungen den jeweiligen Ländern vorgelegt haben, berücksichtigt und hinsichtlich aller drei Länder die Vorschläge der Sowjetischen Regierung für Ungarn, die anbei aufgeführt werden (Anlage 1), als Grundlage genommen werden.

XII. GEREGELTE ÜBERFÜHRUNG DER DEUTSCHEN BEVÖLKERUNG

Die Konferenz faßte folgenden Beschluß:

Die drei Regierungen haben die Frage unter allen Gesichtspunkten beraten und erkennen an, daß die Überführung der deutschen Bevölkerung oder eines Teils derselben, die in Polen, der Tschechoslowakei und Ungarn zurückgeblieben ist, nach Deutschland durchgeführt werden muß. Sie stimmen darin überein, daß jede derartige Überführung, die stattfinden wird, in organisierter und humaner Weise erfolgen soll. Da der Zustrom einer großen Zahl Deutscher nach Deutschland die Last vergrößert, die bereits auf den Besatzungsbehörden ruht, sind sie der Auffassung, daß der Kontrollrat in Deutschland in erster Linie dieses Problem unter besonderer Berücksichtigung der Frage einer gerechten Verteilung dieser Deutschen auf alle Besatzungszonen prüfen soll. Sie werden ihre Vertreter im Kontrollrat anweisen, ihren Regierungen so bald wie möglich über den Umfang zu berichten, in dem derartige Personen schon aus Polen, der Tschechoslowakei und Ungarn nach Deutschland gekommen sind, und einen Vorschlag über Zeit und Schnelligkeit zu unterbreiten, in denen unter Berücksichtigung der gegenwärtigen Lage in Deutschland die weitere Überführung der Bevölkerung durchgeführt werden könnte.

Gleichzeitig werden die Tschechoslowakische Regierung, die Polnische Provisorische Regierung und die Alliierte Kontrollkommission in Ungarn von obigem in Kenntnis gesetzt werden, und ihnen wird vorgeschlagen werden, weitere Ausweisungen der deutschen Bevölkerung zu unterlassen, bis die entsprechenden Regierungen die Berichte ihrer Vertreter im Kontrollrat geprüft haben.

XIII. ERDÖLAUSRÜSTUNGEN IN RUMÄNIEN

Die Konferenz kam überein, zwei zweiseitige Expertenkommissionen zu bilden, eine aus Vertretern des Vereinigten Königreiches und sowjetischen Vertretern und eine aus Vertretern der Vereinigten Staaten und sowjetischen Vertretern, zur Untersuchung der Fakten und der Dokumente als Grundlage für die Lösung der Fragen, die sich aus der Entnahme von Erdölausrüstungen in Rumänien ergeben haben. Es wurde weiterhin vereinbart, daß diese Experten ihre Arbeit an Ort und Stelle nicht später als in zehn Tagen aufnehmen werden.

XIV. IRAN

Man kam überein, daß die alliierten Truppen unverzüglich aus Teheran abgezogen werden und daß die weiteren Etappen des Truppenabzuges aus Iran auf der Tagung des Rates der Außenminister zu behandeln sind, die im September 1945 in London stattfindet.

XV. ÜBER DIE INTERNATIONALE ZONE VON TANGER

Es wurde ein Vorschlag der sowjetischen Regierung behandelt und folgender Beschluß gefaßt:

Nach Prüfung der die Zone von Tanger betreffenden Frage einigten sich die drei Regierungen, daß diese Zone, die die Stadt Tanger und das anliegende Gebiet umfaßt, angesichts ihrer besonderen strategischen Bedeutung international bleiben soll.

Die Tangerfrage ist in der nächsten Zeit auf einer Beratung von Vertretern der vier Regierungen, der UdSSR, der USA, Großbritanniens und Frankreichs, in Paris zu behandeln.

XVI. SCHWARZMEER-MEERENGEN

Die drei Regierungen erkannten an, daß die Konvention zu Montreux über die Meerengen der Revision bedarf, da sie den heutigen Bedingungen nicht mehr entspricht.

Sie kamen überein, daß als nächster Schritt die gegebene Frage Gegenstand direkter Verhandlungen zwischen jeder der drei Regierungen und der türkischen Regierung sein wird.

XVII. INTERNATIONALE BINNENWASSERSTRASSEN

Die Konferenz behandelte einen Vorschlag der amerikanischen Delegation zu dieser Frage und kam überein, ihn zur Behandlung an die bevorstehende Tagung des Rates der Außenminister in London zu überweisen.

XVIII. ÜBER DIE KONFERENZ ZUM INNEREUROPÄISCHEN TRANSPORTVERKEHR

Die Britische und die Amerikanische Delegation auf der Konferenz unterrichteten die Sowjetische Delegation von dem Wunsch der Britischen und der Amerikanischen Regierung, die Innereuropäische Transportkonferenz wiederaufzunehmen, und erklärten, daß sie eine Zusage der Sowjetischen Regierung, an der Arbeit der Konferenz teilzunehmen, begrüßen würden. Die Sowjetische Regierung erklärte sich bereit, an dieser Konferenz teilzunehmen.

XIX. DIREKTIVE AN DIE OBERKOMMANDIERENDEN, DIE MITGLIEDER DES ALLIIERTEN KONTROLLRATES IN DEUTSCHLAND SIND

Die drei Regierungen vereinbarten, daß jede ihrem Vertreter im Kontrollrat eine Direktive über die Fragen, die in dessen Kompetenz fallen, zuleiten wird.

XX. VERWENDUNG VON ALLIIERTEM EIGENTUM ZUR BEZAHLUNG VON REPARATIONEN DURCH SATELLITENLÄNDER ODER ALS KRIEGSBEUTE

Die Konferenz beschloß, einen Vorschlag der Amerikanischen Delegation im Prinzip anzunehmen (Anlage 2). Die Redaktion dieses Vorschlages ist auf diplomatischem Wege zu vereinbaren.

XXI. VERHANDLUNGEN ZU MILITÄRISCHEN FRAGEN

Während der Konferenz fanden Begegnungen zwischen den Stabschefs der drei Regierungen über militärische Fragen gemeinsamen Interesses statt.

Berlin, 1. August 1945

J. Stalin
Harry Truman
C. R. Attlee

Anlage 1

Text des Briefes, der am 12. Juli 1945 den Vertretern der Vereinigten Staaten und Großbritanniens in der Alliierten Kontrollkommission (AKK) in Ungarn übergeben wurde

Angesichts der veränderten Lage, im Zusammenhang mit der Beendigung des Krieges gegen Deutschland, hält es die Sowjetregierung für notwendig, folgende Arbeitsordnung der Alliierten Kontrollkommission in Ungarn festzulegen:

1. Bis zum Friedensschluß mit Ungarn beruft der Vorsitzende (oder der Stellvertreter des Vorsitzenden) der AKK regelmäßig Beratungen mit dem britischen und dem amerikanischen Vertreter zur Erörterung der wichtigsten Fragen ein, die die Arbeit der AKK betreffen. Die Beratungen werden einmal in der Dekade, erforderlichenfalls auch häufiger einberufen.

Die Direktiven der AKK zu prinzipiellen Fragen werden nach ihrer Abstimmung mit dem englischen und dem amerikanischen Vertreter vom Vorsitzenden der Alliierten Kontrollkommission an die ungarischen Behörden übergeben.

2. Der britische und der amerikanische Vertreter in der AKK nehmen an den vom Vorsitzenden regelmäßig einzuberufenden Beratungen der Abteilungsleiter und Bevollmächtigten der AKK teil. Persönlich oder durch ihre Vertreter nehmen sie auch in entsprechenden Fällen an gemischten Kommissionen teil, die vom Vorsitzenden der AKK zu Fragen gebildet werden, die mit der Erfüllung der Funktionen der AKK durch sie zusammenhängen.

3. Die britischen und amerikanischen Vertreter können sich im Land mit der Maßgabe frei bewegen, daß die AKK über Zeitpunkt und Reiseroute vorher informiert wird.

4. Alle Fragen, die mit der Genehmigung der Ein- und Ausreise von Mitarbeitern der britischen und der amerikanischen Vertretungen in Ungarn verbunden sind, werden vom Vorsitzenden der AKK an Ort und Stelle spätestens innerhalb einer Woche entschieden.

5. Die Anlieferung und die Beförderung von Post, Frachten und diplomatischen Kurieren per Flugzeug realisieren der britische und der amerikanische Vertreter in der AKK auf die Weise und in den Fristen, die von der AKK festgelegt worden sind, und in besonderen Fällen nach vorheriger Abstimmung mit dem Vorsitzenden der AKK.

Ich halte es für notwendig, dem oben Dargelegten hinzuzufügen, daß in allen anderen Punkten die von der AKK in Ungarn am 20. Januar 1945 bestätigte Regelung auch künftig in Kraft bleiben soll.

Anlage 2

Verwendung von alliiertem Eigentum für die Bezahlung von Reparationen durch Satellitenländer oder als Kriegsbeute

1. Die Last von Reparationen und Kriegsbeute soll nicht von Staatsangehörigen der Alliierten getragen werden.

2. Hauptausrüstungen. Wir sind gegen die Einziehung solchen Eigentums der Alliierten als Reparationen, Kriegsbeute oder in irgendeiner anderen Eigenschaft. Die Staatsangehörigen der Alliierten würden im Ergebnis der Zerstörung von Fabriken, des Verlustes von Märkten und von Handelsverbindungen geschädigt werden. Die Einziehung von Eigentum der Alliierten macht die Erfüllung von Verpflichtungen der Satelliten aus dem Waffenstillstandsabkommen, die die volle Wiederherstellung der Rechte und Interessen der Alliierten Staaten und ihrer Staatsangehörigen betreffen, unmöglich.

Die Vereinigten Staaten erwarten von den anderen Besatzungsstaaten die Rückgabe jedweder bereits abtransportierter Ausrüstung und die Einstellung ihres Abtransports. Falls solch eine Ausrüstung nicht zurückgegeben wird oder nicht zurückgegeben werden kann, werden die Vereinigten Staaten von den Satelliten einen gleichwertigen, effektiven und schnellen Ausgleich für die amerikanischen Staatsangehörigen fordern. Dabei soll dieser Ausgleich denselben Vorrang wie der der Reparationszahlungen besitzen.

Diese Prinzipien werden auf jedes Eigentum angewandt, das völlig oder zum wesentlichen Teil Staatsangehörigen der Alliierten gehört. In den Fällen des Abtransports von Eigentum, bei dem die Interessen der Amerikaner und der Alliierten insgesamt weniger als den Hauptanteil betragen, erwarten die Vereinigten Staaten einen entsprechenden wirksamen und schnellen Ausgleich.

3. Laufende Produktion. Die Vereinigten Staaten erheben keinen Einspruch gegen die Entnahme von Reparationen aus der laufenden Produktion von Unternehmen, in denen es Investitionen der Alliierten gibt. Die Satelliten haben jedoch einen sofortigen und ordnungsgemäßen Ausgleich einschließlich einer ausreichenden Summe ausländischer Valuta oder von Erzeugnissen für die Staatsangehörigen der Alliierten zu gewährleisten, damit diese im vernünftigen Umfang die Kosten in ausländischer Valuta ersetzen und vernünftige Einkünfte aus ihren Investitionen transferieren können. Dieser Ausgleich soll ebenfalls den gleichen Vorrang wie die Reparationen besitzen.

Wir meinen, daß es wichtig ist, daß die Satelliten keine Verträge, Abkommen oder Geschäfte abschließen, die den Staatsangehörigen der Alliierten den Zugang zu ihrem Handel, ihren Rohstoffen und ihrer Industrie unter gleichen Bedingungen verweigern würden, und daß sie in entsprechender Weise alle bestehenden Vereinbarungen abändern, die solche Folgen haben könnten.

Nach Archiv. Veröffentlicht in: Sbornik dejstwujuschtschich dogoworow, soglascheni i konwenzi, sakljutschonnych SSSR s inostrannymi gosudarstwami, Folge XI, Nr. 462, Moskau 1955, S. 122ff.

Nr. 159
Mitteilung über die Berliner Konferenz der drei Mächte
2. August 1945

I

Am 17. Juli 1945 trafen sich der Präsident der Vereinigten Staaten von Amerika, Harry S. Truman, der Vorsitzende des Rates der Volkskommissare der Union der Sozialistischen Sowjetrepubliken, Generalissimus J. W. Stalin, und der Premierminister Großbritanniens, Winston S. Churchill, zusammen mit Herrn Clement R. Attlee auf der Berliner Dreimächtekonferenz. Sie wurden begleitet von den Außenministern der drei Regierungen, W. M. Molotow, Herrn D. F. Byrnes und Herrn A. Eden, den Stabschefs und anderen Beratern.

In der Zeit vom 17. bis 25. Juli fanden neun Sitzungen statt. Danach wurde die Konferenz für zwei Tage unterbrochen, für die Zeit, in der in England die Ergebnisse der allgemeinen Wahlen verkündet wurden.

Am 28. Juli kehrte Herr Attlee als Premierminister in Begleitung des neuen Außenministers, Herrn E. Bevin, zu der Konferenz zurück. Es fanden vier weitere Sitzungen statt. Während der Konferenz kam es zu regelmäßigen Begegnungen der drei Regierungschefs in Begleitung der Außenminister und zu regelmäßigen Beratungen der Außenminister.

Die Kommissionen, die die Außenministerberatung für die vorherige Vorbereitung von Fragen eingesetzt hatte, tagten ebenfalls täglich. Die Sitzungen der Konferenz fanden in Cecilienhof bei Potsdam statt.

Die Konferenz endete am 2. August 1945.

Es wurden wichtige Entscheidungen und Vereinbarungen getroffen. Zu einer Reihe anderer Fragen fand ein Meinungsaustausch statt. Die Beratung dieser Probleme wird im Rat der Außenminister fortgesetzt werden, der auf dieser Konferenz gebildet wurde.

Präsident Truman, Generalissimus Stalin und Premierminister Attlee verlassen diese Konferenz, die die Verbindungen zwischen den drei Regierungen gefestigt und den Rahmen ihrer Zusammenarbeit und ihres Verständnisses erweitert hat, mit der erneuten Überzeugung, daß ihre Regierungen und Völker, zusammen mit den anderen Vereinten Nationen, die Errichtung eines gerechten und festen Friedens sichern werden.

II
DIE ERRICHTUNG EINES RATES DER AUSSENMINISTER

A. Die Konferenz erzielte eine Vereinbarung über die Errichtung eines Rates der Außenminister, die die fünf Hauptmächte vertreten, zur Fortsetzung der notwendigen Vorarbeit zur Friedensregelung und zur Beratung anderer Fragen, die nach Vereinbarung zwischen den am Rat teilnehmenden Regierungen von Zeit zu Zeit dem Rat übertragen werden können.

Der Text des Abkommens über die Errichtung des Rates der Außenminister lautet:

1. Es ist ein Rat zu errichten, der sich aus den Außenministern des Vereinig-

ten Königreiches, der Union der Sozialistischen Sowjetrepubliken, Chinas, Frankreichs und der Vereinigten Staaten von Amerika zusammensetzt.

2. a) Der Rat wird normalerweise in London tagen, wo sich der ständige Sitz des Vereinigten Sekretariats befinden wird, das vom Rat zu schaffen ist. Jeder Außenminister wird durch einen Stellvertreter von hohem Rang begleitet werden, der ordnungsgemäß bevollmächtigt ist, in Abwesenheit seines Außenministers die Arbeit durchzuführen, sowie durch einen kleinen Stab technischer Mitarbeiter.

b) Die erste Sitzung des Rates findet in London nicht später als am 1. September 1945 statt. Die Sitzungen können im gemeinsamen Einvernehmen nach anderen Hauptstädten einberufen werden, was von Zeit zu Zeit vereinbart werden kann.

3. a) Als eine unverzügliche und wichtige Aufgabe des Rates wird ihm aufgetragen, Friedensverträge für Italien, Rumänien, Bulgarien, Ungarn und Finnland aufzusetzen, die den Vereinten Nationen vorzulegen sind, und Vorschläge zur Regelung der ungelösten territorialen Fragen auszuarbeiten, die in Verbindung mit der Beendigung des Krieges in Europa entstehen. Der Rat wird zur Vorbereitung einer Friedensregelung für Deutschland mit der Maßgabe genutzt werden, daß das entsprechende Dokument durch eine für diesen Zweck geeignete Regierung Deutschlands, nachdem eine solche gebildet sein wird, angenommen wird.

b) Zwecks Lösung jeder dieser Aufgaben wird der Rat aus den Mitgliedern bestehen, welche die Staaten vertreten, die die Kapitulationsbedingungen unterschrieben haben, welche dem Feindstaat vorgeschrieben wurden, den die gegebene Aufgabe betrifft. Bei der Behandlung der Frage der Friedensregelung mit Italien wird Frankreich als ein Unterzeichner der Kapitulationsbedingungen Italiens betrachtet werden. Andere Mitglieder werden zur Teilnahme am Rat eingeladen werden, wenn Fragen erörtert werden, die sie direkt betreffen.

c) Andere Angelegenheiten werden von Zeit zu Zeit dem Rat nach Vereinbarung zwischen den Regierungen, die seine Mitglieder sind, übertragen.

4. a) Wenn der Rat eine Frage erörtern wird, an der ein Staat unmittelbar interessiert ist, der nicht in ihm vertreten ist, so soll dieser Staat eingeladen werden, seine Vertreter zur Teilnahme an der Beratung und Prüfung dieser Frage zu entsenden.

b) Der Rat kann sein Arbeitsverfahren dem Charakter des jeweiligen, von ihm zu prüfenden Problems anpassen. In einigen Fällen kann er die Frage zunächst in seiner Zusammensetzung vor der Teilnahme anderer interessierter Staaten vorberaten. In anderen Fällen kann der Rat eine offizielle Konferenz der Staaten einberufen, die an der Lösung irgendeines gegebenen Problems am meisten interessiert sind.

B. Der Entschließung der Konferenz entsprechend, schickte jede der drei Regierungen gleichlautende Einladungen an die Regierungen von China und Frankreich, diesen Text anzunehmen und sich ihnen bei der Errichtung des Rates anzuschließen.

C. Die Errichtung des Rates der Außenminister für besondere Ziele, die in diesem Text genannt worden sind, widerspricht nicht der auf der Krimkonferenz erzielten Vereinbarung, daß periodische Konsultationen der Außenminister der Vereinigten Staaten von Amerika, der Union der Sozialistischen Sowjetrepubliken und des Vereinigten Königreiches stattfinden sollten.

D. Die Konferenz erörterte auch die Lage der Europäischen Konsultativkommission im Lichte der Vereinbarung über die Errichtung des Rates der Außenminister. Mit Genugtuung wurde festgestellt, daß die Kommission ihre Hauptaufgaben erfolgreich bewältigt hat, indem sie Empfehlungen betreffend die bedingungslose Kapitulation Deutschlands, die Besatzungszonen Deutschlands und Österreichs und den interalliierten Kontrollmechanismus in diesen Ländern vorlegte. Es wurde festgelegt, daß die weitere, ins einzelne gehende Arbeit zur Koordinierung der Politik der Alliierten hinsichtlich der Kontrolle über Deutschland und Österreich in Zukunft der Zuständigkeit des Kontrollrates in Berlin und der Alliierten Kommission in Wien unterliegen soll. Demgemäß wird empfohlen, die Europäische Konsultativkommission aufzulösen.

III
ÜBER DEUTSCHLAND

Die alliierten Armeen führen die Besetzung von ganz Deutschland durch, und das deutsche Volk hat begonnen, Sühne zu leisten für die furchtbaren Verbrechen, die unter der Führung derer, die es zur Zeit ihrer Erfolge offen gebilligt und denen es blind gehorcht hat, begangen wurden.

Auf der Konferenz wurde eine Vereinbarung über die politischen und wirtschaftlichen Grundsätze einer koordinierten Politik der Alliierten gegenüber dem besiegten Deutschland in der Periode der alliierten Kontrolle erzielt.

Ziel dieser Vereinbarung ist die Durchführung der Krimdeklaration über Deutschland. Der deutsche Militarismus und Nazismus werden ausgerottet, und die Alliierten werden in Übereinstimmung miteinander in der Gegenwart und in der Zukunft auch andere Maßnahmen treffen, die notwendig sind, damit Deutschland nie wieder seine Nachbarn oder die Erhaltung des Friedens in der ganzen Welt bedrohen kann.

Es ist nicht die Absicht der Alliierten, das deutsche Volk zu vernichten oder zu versklaven. Die Alliierten wollen dem deutschen Volk die Möglichkeit geben, sich darauf vorzubereiten, sein Leben im weiteren auf einer demokratischen und friedlichen Grundlage wiederaufzubauen. Wenn die eigenen Anstrengungen des deutschen Volkes unablässig auf dieses Ziel gerichtet sein werden, wird es ihm möglich sein, mit der Zeit einen Platz unter den freien und friedlichen Völkern der Welt einzunehmen.

Der Text dieser Vereinbarung lautet:

Politische und wirtschaftliche Grundsätze, von denen man sich bei der Behandlung Deutschlands in der Anfangsperiode der Kontrolle leiten lassen muß

A. Politische Grundsätze

1. Entsprechend der Vereinbarung über den Kontrollmechanismus in Deutschland wird die oberste Macht in Deutschland von den Oberkommandierenden der Streitkräfte der Union der Sozialistischen Sowjetrepubliken, der Vereinigten Staaten von Amerika, des Vereinigten Königreiches und der Französischen Republik ausgeübt, und zwar von jedem in seiner Besatzungszone nach den Weisungen seiner entsprechenden Regierung sowie gemeinsam in ihrer Eigen-

schaft als Mitglieder des Kontrollrates in den Deutschland als Ganzes betreffenden Fragen.

2. Soweit dies praktisch durchführbar ist, soll die Behandlung der deutschen Bevölkerung in ganz Deutschland gleich sein.

3. Die Ziele der Besetzung Deutschlands, von denen sich der Kontrollrat leiten lassen soll, sind:

I) Völlige Entwaffnung und Entmilitarisierung Deutschlands und die Beseitigung der gesamten deutschen Industrie, die für Kriegsproduktion genutzt werden kann, oder Kontrolle über sie. Zu diesem Zweck:

a) werden alle Land-, See- und Luftstreitkräfte Deutschlands, SS, SA, SD und Gestapo mit allen ihren Organisationen, Stäben und Einrichtungen, einschließlich des Generalstabes, des Offizierskorps, des Reservistenkorps, der Militärschulen, der Organisationen der Kriegsveteranen und aller anderen militärischen und halbmilitärischen Organisationen zusammen mit ihren Klubs und Verbänden, die den Interessen der Erhaltung der militärischen Traditionen in Deutschland dienen, völlig und endgültig aufgelöst, um damit für immer der Wiedergeburt oder Neugestaltung des deutschen Militarismus und Nazismus vorzubeugen;

b) müssen sich alle Waffen, Ausrüstung und Kriegsgeräte sowie alle Spezialmittel zu deren Herstellung in der Verfügung der Alliierten befinden oder vernichtet werden. Der Unterhaltung und Herstellung aller Flugzeuge und jeglicher Waffen, Ausrüstung und Kriegsgeräte wird vorgebeugt werden.

II) Das deutsche Volk ist zu überzeugen, daß es eine totale militärische Niederlage erlitten hat und daß es sich nicht der Verantwortung für das entziehen kann, was es selbst dadurch auf sich geladen hat, daß seine eigene mitleidlose Kriegführung und der fanatische Widerstand der Nazis die deutsche Wirtschaft zerstört und Chaos und Elend unvermeidlich gemacht haben.

III) Die nationalsozialistische Partei, ihre Zweigeinrichtungen und die von ihr kontrollierten Organisationen sind zu vernichten; alle nazistischen Einrichtungen sind aufzulösen, es sind Sicherheiten dafür zu schaffen, daß sie in keiner Form wiedererstehen können, und jede nazistische und militaristische Betätigung oder Propaganda ist zu verhindern.

IV) Eine endgültige Umgestaltung des deutschen politischen Lebens auf demokratischer Grundlage und eine eventuelle friedliche Mitarbeit Deutschlands am internationalen Leben sind vorzubereiten.

4. Alle nazistischen Gesetze, die die Grundlagen für das Hitlerregime geschaffen oder eine Diskriminierung auf Grund der Rasse, Religion oder politischer Überzeugungen festgelegt haben, müssen außer Kraft gesetzt werden. Keinerlei derartige Diskriminierung, sei sie rechtlicher, administrativer oder irgendeiner anderen Art, wird geduldet werden.

5. Kriegsverbrecher und jene, die an der Planung oder Verwirklichung nazistischer Maßnahmen teilgenommen haben, die Greueltaten oder Kriegsverbrechen nach sich zogen oder zum Ergebnis hatten, sind zu verhaften und vor Gericht zu stellen. Nazistische Führer, einflußreiche Nazianhänger und das leitende Personal der nazistischen Einrichtungen und Organisationen sowie alle anderen Personen, die für die Besetzung und ihre Ziele gefährlich sind, sind zu verhaften und zu internieren.

6. Alle Mitglieder der nazistischen Partei, die mehr als nominell an ihrer Tä-

tigkeit teilgenommen haben, und alle anderen Personen, die den alliierten Zielen feindlich gegenüberstehen, sind aus dem öffentlichen oder halböffentlichen Dienst und von verantwortlichen Posten in wichtigen Privatunternehmen zu entfernen. Diese Personen müssen durch Personen ersetzt werden, die nach ihren politischen und moralischen Eigenschaften für fähig befunden werden, an der Entwicklung wahrhaft demokratischer Einrichtungen in Deutschland mitzuwirken.

7. Das Bildungswesen in Deutschland muß so kontrolliert werden, daß nazistische und militaristische Doktrinen völlig ausgemerzt werden und eine erfolgreiche Entwicklung demokratischer Ideen möglich gemacht wird.

8. Das Gerichtswesen wird entsprechend den Grundsätzen der Demokratie und der Gerechtigkeit auf der Grundlage der Gesetzlichkeit und der Gleichberechtigung aller Bürger ohne Unterschied der Rasse, der Nationalität und der Religion neugestaltet.

9. Die Verwaltung in Deutschland muß in Richtung auf eine Dezentralisierung der politischen Struktur und der Entwicklung eines Verantwortungsbewußtseins auf lokaler Ebene durchgeführt werden. Zu diesem Zweck:

I) wird die lokale Selbstverwaltung in ganz Deutschland auf demokratischer Grundlage wiederhergestellt, insbesondere durch gewählte Räte, so schnell wie es mit der Wahrung der militärischen Sicherheit und mit den Zielen der militärischen Besetzung vereinbar ist;

II) sind in ganz Deutschland alle demokratischen politischen Parteien bei Gewährung des Rechts, Versammlungen einzuberufen und öffentliche Diskussionen durchzuführen, zu erlauben und zu fördern;

III) sollen die Grundsätze der Vertretung und der Wählbarkeit in die Kreis-, Provinzial- und Landesverwaltungen so schnell, wie es durch die erfolgreiche Anwendung dieser Grundsätze in der örtlichen Selbstverwaltung gerechtfertigt werden kann, eingeführt werden;

IV) wird bis auf weiteres keine deutsche Zentralregierung gebildet werden. Ungeachtet dessen werden jedoch einige wichtige zentrale deutsche Verwaltungsabteilungen unter der Leitung von Staatssekretären eingerichtet werden, insbesondere auf den Gebieten der Finanzen, des Transports, des Nachrichtenwesens, des Außenhandels und der Industrie. Diese Abteilungen werden unter der Leitung des Kontrollrates tätig sein.

10. Unter Berücksichtigung der Notwendigkeit der Erhaltung der militärischen Sicherheit werden die Rede-, Presse- und Religionsfreiheit gewährt und religiöse Einrichtungen respektiert. Die Gründung freier Gewerkschaften, gleichfalls unter Berücksichtigung der Notwendigkeit der Erhaltung der militärischen Sicherheit, wird gestattet werden.

B. Wirtschaftliche Grundsätze

11. Mit dem Ziel der Vernichtung des deutschen Kriegspotentials ist die Produktion von Waffen, Kriegsausrüstungen und Kriegsmitteln und auch die Herstellung aller Typen von Flugzeugen und Seeschiffen zu verbieten und unmöglich zu machen. Die Produktion von Metallen und chemischen Produkten, der Maschinenbau und die Herstellung anderer Gegenstände, die unmittelbar für die Kriegswirtschaft notwendig sind, sind streng zu kontrollieren und zu beschränken entsprechend dem genehmigten Stand der friedlichen Nachkriegsbedürfnisse

Deutschlands, der für die Ziele ausreicht, die in Punkt 15 dargelegt sind. Die für die künftig genehmigte Industrie nicht erforderlichen Produktionskapazitäten sind entsprechend dem durch die Interalliierte Reparationskommission empfohlenen und durch die interessierten Regierungen bestätigten Reparationsplan entweder zu entnehmen oder, falls sie nicht entnommen werden, zu vernichten.

12. In praktisch kürzester Frist ist die deutsche Wirtschaft zu dezentralisieren mit dem Ziel der Vernichtung der bestehenden übermäßigen Konzentration der Wirtschaftskraft, die sich besonders in Form von Kartellen, Syndikaten, Trusts und anderen Monopolvereinigungen verkörpert.

13. Bei der Organisation der Wirtschaft Deutschlands ist das Hauptgewicht auf die Entwicklung der Landwirtschaft und der Friedensindustrie für den inneren Bedarf zu legen.

14. Während der Besatzungszeit ist Deutschland als eine wirtschaftliche Einheit zu betrachten. Mit diesem Ziel ist eine gemeinsame Politik festzulegen hinsichtlich:

a) der Erzeugung und der Verteilung der Produkte der Bergbau- und der verarbeitenden Industrie;

b) der Land- und Forstwirtschaft und der Fischerei;

c) der Löhne, der Preise und der Rationierung;

d) des Import- und Exportprogramms für Deutschland als Ganzes;

e) des Geld- und Banksystems, der zentralen Steuern und der Zölle;

f) der Reparationen und der Beseitigung des militärischen Industriepotentials;

g) des Transport- und Nachrichtenwesens.

Bei der Durchführung dieser Politik sind gegebenenfalls die unterschiedlichen örtlichen Bedingungen zu berücksichtigen.

15. Es ist eine alliierte Kontrolle über die deutsche Wirtschaft zu errichten, jedoch nur in den Grenzen, die notwendig sind:

a) zur Erfüllung des Programms der industriellen Abrüstung und Entmilitarisierung, der Reparationen und des genehmigten Exports und Imports;

b) zur Sicherung der Warenproduktion und der Dienstleistungen, die zur Befriedigung der Bedürfnisse der Besatzungstruppen und der übergeführten Personen in Deutschland notwendig und für die Erhaltung eines mittleren Lebensstandards in Deutschland wichtig sind, der den mittleren Lebensstandard europäischer Länder nicht übersteigt (europäische Länder in diesem Sinne sind alle europäischen Länder mit Ausnahme des Vereinigten Königreiches und der Sowjetunion);

c) zur Sicherung – in der Weise, die der Kontrollrat festlegen wird – einer gleichmäßigen Verteilung der wesentlichsten Waren zwischen den verschiedenen Zonen, um eine ausgeglichene Wirtschaft in ganz Deutschland zu schaffen und die Einfuhrnotwendigkeit herabzusetzen;

d) zur Kontrolle der deutschen Industrie und aller wirtschaftlichen und finanziellen internationalen Geschäfte einschließlich der Aus- und Einfuhr mit dem Ziel der Verhinderung der Entwicklung eines Kriegspotentials Deutschlands und dem Ziel der Verwirklichung der anderen hier angeführten Aufgaben;

e) zur Kontrolle aller deutschen öffentlichen oder privaten wissenschaftlichen Forschungs- und Versuchseinrichtungen, Laboratorien usw., die mit der Wirtschaftstätigkeit verbunden sind.

16. Zur Einführung und Aufrechterhaltung der durch den Kontrollrat errichteten wirtschaftlichen Kontrolle ist ein deutscher Verwaltungsapparat aufzubauen, und den deutschen Behörden ist zu empfehlen, in vollem, praktisch möglichem Umfang die Verwaltung dieses Apparates zu beanspruchen und selbst zu übernehmen. So ist dem deutschen Volk einzuprägen, daß die Verantwortung für diese Verwaltung und jedes ihrer Versagen auf ihm ruhen wird. Jede deutsche Verwaltung, die den Zielen der Besatzung widerspricht, wird verboten.

17. Es sind unverzüglich Maßnahmen zu treffen zur:

a) notwendigen Instandsetzung des Verkehrswesens;

b) Steigerung der Kohleförderung;

c) maximalen Erhöhung der landwirtschaftlichen Produktion und

d) kurzfristigen Instandsetzung von Wohnungen und wichtiger kommunaler Einrichtungen.

18. Der Kontrollrat hat entsprechende Schritte zur Verwirklichung der Kontrolle und der Verfügung über die deutschen Aktiva im Ausland zu unternehmen, die noch nicht unter die Kontrolle der Vereinten Nationen, die am Krieg gegen Deutschland teilgenommen haben, gelangt sind.

19. Nach Entrichtung der Reparationen sollen dem deutschen Volk genügend Mittel belassen werden, um ohne Hilfe von außen existieren zu können. Bei der Aufstellung des Wirtschaftsplanes Deutschlands sind die nötigen Mittel für den vom Kontrollrat in Deutschland genehmigten Import bereitzustellen. Die Einnahmen aus dem Export aus der laufenden Produktion und von Warenbeständen werden in erster Linie zur Bezahlung dieses Imports verwendet.

Die hier erwähnten Bedingungen werden nicht angewandt bei Ausrüstungen und Produkten, die in den Punkten 4 a und 4 b der Vereinbarung über die deutschen Reparationen erwähnt sind.

IV
REPARATIONEN VON DEUTSCHLAND

In Übereinstimmung mit der Entscheidung der Krimkonferenz, wonach Deutschland gezwungen werden soll, in größtmöglichem Ausmaß für die Verluste und die Leiden, die es den Vereinten Nationen zugefügt hat und wofür das deutsche Volk der Verantwortung nicht entgehen kann, Ausgleich zu schaffen, wurde folgende Vereinbarung über Reparationen erreicht:

1. Die Reparationsansprüche der UdSSR sollen durch Entnahmen aus der von der UdSSR besetzten Zone Deutschlands und aus entsprechenden deutschen Auslandsinvestitionen befriedigt werden.

2. Die UdSSR wird die Reparationsansprüche Polens aus ihrem Anteil an den Reparationen befriedigen.

3. Die Reparationsansprüche der Vereinigten Staaten, des Vereinigten Königreiches und der anderen zu Reparationsforderungen berechtigten Länder werden aus den westlichen Zonen und entsprechenden deutschen Auslandsinvestitionen befriedigt werden.

4. In Ergänzung der Reparationen, die die UdSSR aus ihrer eigenen Besatzungszone erhält, wird die UdSSR zusätzlich aus den westlichen Zonen erhalten:
a) 15 % derjenigen verwendungsfähigen und kompletten Industrieanlagen, vor allem der metallurgischen, chemischen und Maschinen erzeugenden Industrie,

die für die deutsche Friedenswirtschaft entbehrlich und aus den westlichen Zonen Deutschlands zu entnehmen sind, im Austausch gegen einen entsprechenden Wert an Nahrungsmitteln, Kohle, Pottasche, Zink, Holz, Tonprodukten, Erdölprodukten und anderen Materialien, über die eine Vereinbarung getroffen wird.

b) 10 % derjenigen Industrieanlagen, die für die deutsche Friedenswirtschaft entbehrlich und aus den westlichen Zonen zu entnehmen und an die Sowjetregierung ohne Bezahlung oder Gegenleistung irgendwelcher Art auf Reparationskonto zu übertragen sind.

Die Entnahmen der Ausrüstungen, wie sie oben in den Paragraphen a) und b) vorgesehen sind, werden gleichzeitig erfolgen.

5. Der Umfang der aus den westlichen Zonen auf Reparationskonto zu entnehmenden Ausrüstungen muß spätestens innerhalb von sechs Monaten, von heute an gerechnet, festgelegt sein.

6. Die Entnahmen der industriellen Ausrüstungen werden so bald wie möglich beginnen und innerhalb von zwei Jahren, gerechnet vom Zeitpunkt der in Paragraph 5 genannten Entscheidung, abgeschlossen. Die Lieferung der in Paragraph 4 a) genannten Produkte wird so schnell wie möglich beginnen und in durch Vereinbarung festgelegten Teillieferungen seitens der Sowjetunion innerhalb von 5 Jahren von dem erwähnten Datum an erfolgen. Entscheidungen über den Umfang und die Art der industriellen Ausrüstungen, die für die deutsche Friedenswirtschaft entbehrlich sind und deshalb der Reparation unterliegen, werden durch den Kontrollrat gemäß der Politik erfolgen, die von der Alliierten Reparationskommission unter Beteiligung Frankreichs festgelegt wurde, wobei die endgültigen Entscheidungen von dem Kommandierenden der Zone zu treffen sind, aus der die Ausrüstungen entnommen werden.

7. Bis zur Festlegung des Gesamtumfanges der der Entnahme unterliegenden Ausrüstungen werden Vorschußlieferungen solcher Ausrüstungen erfolgen, die in Übereinstimmung mit dem Verfahren bestimmt werden, das im letzten Satz von Punkt 6 vorgesehen ist.

8. Die Sowjetregierung verzichtet auf alle Reparationsansprüche in bezug auf Aktien deutscher Unternehmen, die sich in den westlichen Besatzungszonen Deutschlands befinden; das gleiche gilt für deutsche Auslandsaktiva in allen Ländern, mit Ausnahme jener, die in Punkt 9 genannt sind.

9. Die Regierungen der USA und des Vereinigten Königreiches verzichten auf alle Reparationsansprüche in bezug auf Aktien deutscher Unternehmen, die sich in der östlichen Besatzungszone Deutschlands befinden; das gleiche gilt für deutsche Auslandsaktiva in Bulgarien, Finnland, Ungarn, Rumänien und Ostösterreich.

10. Die Sowjetregierung erhebt keine Ansprüche auf das von den alliierten Truppen in Deutschland erbeutete Gold.

V
DIE DEUTSCHE FLOTTE UND DIE HANDELSSCHIFFE

Die Konferenz erzielte im Prinzip eine Einigung über die Maßnahmen zur Nutzung und Verfügung über die deutsche Flotte, die sich ergeben hat, und über Handelsschiffe. Es wurde beschlossen, daß die drei Regierungen Sachverständige bestellen, die gemeinsam detaillierte Pläne zur Verwirklichung der vereinbarten Grundsätze ausarbeiten. Eine weitere gemeinsame Erklärung wird von den drei Regierungen gleichzeitig zu gegebener Zeit veröffentlicht werden.

VI
STADT KÖNIGSBERG UND DAS ANLIEGENDE GEBIET

Die Konferenz prüfte einen Vorschlag der Sowjetregierung, daß bis zur endgültigen Entscheidung der territorialen Fragen bei der Friedensregelung derjenige Abschnitt der Westgrenze der UdSSR, der an die Ostsee stößt, von einem Punkt an der östlichen Küste der Danziger Bucht nach Osten – nördlich von Braunsberg – Goldap zu dem Schnittpunkt der Grenzen Litauens, der Polnischen Republik und Ostpreußens verläuft.

Die Konferenz hat grundsätzlich dem Vorschlag der Sowjetregierung hinsichtlich der Übergabe der Stadt Königsberg und des anliegenden Gebietes an die Sowjetunion gemäß der obigen Beschreibung zugestimmt. Der genaue Grenzverlauf unterliegt jedoch einer Sachverständigenprüfung.

Der Präsident der USA und der Premierminister Großbritanniens haben erklärt, daß sie diesen Vorschlag der Konferenz bei der bevorstehenden Friedensregelung unterstützen werden.

VII
ÜBER KRIEGSVERBRECHER

Die drei Regierungen haben von dem Meinungsaustausch Kenntnis genommen, der in den letzten Wochen in London zwischen britischen, amerikanischen, sowjetischen und französischen Vertretern mit dem Ziel stattgefunden hat, eine Vereinbarung über die Methoden des Gerichtsverfahrens gegen die Hauptkriegsverbrecher zu erzielen, deren Verbrechen nach der Moskauer Deklaration vom Oktober 1943 nicht an einen bestimmten geographischen Ort gebunden sind. Die drei Regierungen bekräftigen ihre Absicht, diese Verbrecher einer schnellen und gerechten Aburteilung zuzuführen. Sie hoffen, daß die Verhandlungen in London zu einer schnellen Vereinbarung führen, die diesem Zweck dient, und sie betrachten es als eine Angelegenheit von größter Wichtigkeit, daß der Prozeß gegen diese Hauptverbrecher zum frühestmöglichen Zeitpunkt beginnt. Die erste Liste der Angeklagten wird bis zum 1. September dieses Jahres veröffentlicht.

VIII
ÜBER ÖSTERREICH

Die Konferenz hat einen Vorschlag der Sowjetregierung über die Ausdehnung der Kompetenz der Provisorischen Österreichischen Regierung auf ganz Österreich geprüft.

Die drei Regierungen stimmten darin überein, daß sie bereit sind, diese Frage nach dem Einzug der britischen und amerikanischen Streitkräfte in die Stadt Wien zu prüfen.

IX
ÜBER POLEN

Die Konferenz hat die Fragen erörtert, die die Polnische Provisorische Regierung der Nationalen Einheit und die Westgrenze Polens betreffen.

Hinsichtlich der Polnischen Provisorischen Regierung der Nationalen Einheit definierten sie ihre Haltung in der folgenden Erklärung:

A. Wir haben mit Genugtuung das Abkommen zur Kenntnis genommen, das die polnischen Vertreter aus Polen und aus dem Ausland erzielt haben, durch das in Übereinstimmung mit den Beschlüssen der Krimkonferenz die Bildung einer Polnischen Provisorischen Regierung der Nationalen Einheit möglich geworden ist, die die drei Mächte anerkannt haben. Die Herstellung diplomatischer Beziehungen mit der Polnischen Provisorischen Regierung durch die Britische Regierung und die Regierung der Vereinigten Staaten führte zur Beendigung ihrer Anerkennung der ehemaligen polnischen Regierung in London, die nicht mehr besteht.

Die Regierungen der Vereinigten Staaten und Großbritanniens haben Maßnahmen zum Schutz der Interessen der Polnischen Provisorischen Regierung der Nationalen Einheit als der anerkannten Regierung des Polnischen Staates hinsichtlich des Eigentums getroffen, das dem Polnischen Staat gehört, sich auf ihren Gebieten und unter ihrer Kontrolle befindet, unabhängig davon, welcherart dieses Eigentum auch sein mag.

Sie haben ferner Maßnahmen zur Verhinderung einer Übergabe dieses Eigentums an Dritte getroffen. Der Polnischen Provisorischen Regierung der Nationalen Einheit werden alle Möglichkeiten zur Anwendung der üblichen rechtlichen Maßnahmen zur Wiedererlangung beliebigen Eigentums des Polnischen Staates, das ihm unrechtmäßig entzogen sein sollte, geboten.

Die drei Regierungen lassen es sich angelegen sein, der Polnischen Provisorischen Regierung der Nationalen Einheit so schnell, wie das praktisch möglich ist, bei der Erleichterung der Rückkehr aller im Ausland befindlichen Polen behilflich zu sein, die nach Polen zurückzukehren wünschen, einschließlich der Mitglieder der polnischen Streitkräfte und der Handelsflotte. Sie erwarten, daß den in die Heimat zurückkehrenden Polen dieselben persönlichen und Vermögensrechte eingeräumt werden wie allen polnischen Bürgern.

Die drei Mächte nehmen zur Kenntnis, daß die Polnische Provisorische Regierung der Nationalen Einheit in Übereinstimmung mit den Beschlüssen der Krimkonferenz der Abhaltung freier und durch nichts behinderter Wahlen, die so bald wie möglich auf der Grundlage des allgemeinen Wahlrechts, bei geheimer Abstimmung durchgeführt werden sollen, zugestimmt hat, wobei alle demokratischen und antinazistischen Parteien das Recht haben werden, daran teilzunehmen und Kandidaten aufzustellen, und die Vertreter der alliierten Presse volle Freiheit genießen sollen, der Welt über die Entwicklung der Ereignisse in Polen vor und während der Wahlen zu berichten.

B. Hinsichtlich der Westgrenze wurde folgende Vereinbarung erzielt:

In Übereinstimmung mit der auf der Krimkonferenz erzielten Vereinbarung über Polen haben die drei Regierungschefs die Meinung der Provisorischen Polnischen Regierung der Nationalen Einheit über das Territorium im Norden und Westen erörtert, das Polen erhalten soll. Der Vorsitzende des Landesnationalrates Polens und die Mitglieder der Provisorischen Polnischen Regierung der Nationalen Einheit sind auf der Konferenz empfangen worden und haben ihren Standpunkt in vollem Umfang dargelegt. Die drei Regierungschefs bekräftigten ihre Auffassung, daß die endgültige Festlegung der Westgrenze Polens bis zur Friedenskonferenz zurückgestellt werden soll.

Die drei Regierungschefs stimmen darin überein, daß bis zur endgültigen Festlegung der Westgrenze Polens die früheren deutschen Gebiete östlich der Linie, die von der Ostsee unmittelbar westlich von Swinemünde und von dort die Oder entlang bis zur Einmündung der Westlichen Neiße und die Westliche Neiße entlang bis zur tschechoslowakischen Grenze verläuft, einschließlich des Teils Ostpreußens, der in Übereinstimmung mit dem Beschluß der Berliner Konferenz nicht unter die Verwaltung der Union der Sozialistischen Sowjetrepubliken gestellt wurde, und einschließlich des Gebietes der früheren Freien Stadt Danzig unter die Verwaltung des Polnischen Staates kommen und in dieser Hinsicht nicht als Teil der sowjetischen Besatzungszone in Deutschland betrachtet werden sollen.

X
ÜBER DEN ABSCHLUSS DER FRIEDENSVERTRÄGE UND ÜBER DIE ZULASSUNG ZUR ORGANISATION DER VEREINTEN NATIONEN

Die Konferenz einigte sich auf folgende Erklärung über eine gemeinsame Politik zur möglichst baldigen Schaffung der Bedingungen für einen dauerhaften Frieden nach der siegreichen Beendigung des Krieges in Europa.

Die drei Regierungen betrachten es als wünschenswert, daß die gegenwärtig anomale Stellung Italiens, Bulgariens, Finnlands, Ungarns und Rumäniens durch den Abschluß von Friedensverträgen beendet wird. Sie sind überzeugt, daß auch die anderen interessierten alliierten Regierungen ihren Standpunkt teilen.

Ihrerseits haben die drei Regierungen die Vorbereitung eines Friedensvertrages für Italien als erste unter den vordringlichen und wichtigen Aufgaben vorgesehen, die der Rat der Außenminister erörtern soll. Italien brach als erste der Achsenmächte mit Deutschland, zu dessen Niederlage es materiell beigetragen hat. Es hat sich jetzt mit den Alliierten in ihrem Kampf gegen Japan vereint. Italien hat sich selbst vom faschistischen Regime befreit und große Fortschritte auf dem Wege zur Wiederherstellung einer demokratischen Verwaltung und demokratischer Einrichtungen gemacht. Der Abschluß eines solchen Friedensvertrages mit einer anerkannten demokratischen Italienischen Regierung würde es den drei Regierungen ermöglichen, ihrem Wunsch entsprechend die Bitte Italiens um Aufnahme in die Organisation der Vereinten Nationen zu unterstützen.

Die drei Regierungen beauftragen ferner den Rat der Außenminister mit der Vorbereitung von Friedensverträgen für Bulgarien, Finnland, Ungarn und Rumänien. Der Abschluß von Friedensverträgen mit anerkannten demokratischen Regierungen in diesen Staaten wird ebenfalls die drei Regierungen in den Stand setzen, ihre Bitte um Aufnahme in die Organisation der Vereinten Nationen zu unterstützen. Die drei Regierungen kommen überein, jede für sich in naher Zukunft im Lichte der dann herrschenden Bedingungen die Frage der Herstellung diplomatischer Beziehungen zu Finnland, Rumänien, Bulgarien und Ungarn zu prüfen, soweit dies vor Abschluß von Friedensverträgen mit diesen Ländern möglich ist.

Die drei Regierungen zweifeln nicht daran, daß angesichts der durch das Kriegsende in Europa veränderten Bedingungen die Vertreter der alliierten Presse volle Freiheit genießen werden, der Welt über die Ereignisse in Rumänien, Bulgarien, Ungarn und Finnland zu berichten.

Hinsichtlich der Zulassung anderer Staaten zur Organisation der Vereinten Nationen lautet Artikel IV der Charta der Vereinten Nationen:

„1. Die Mitgliedschaft in den Vereinten Nationen steht allen anderen friedliebenden Staaten offen, welche die in der vorliegenden Charta enthaltenen Verpflichtungen übernehmen und nach der Auffassung der Organisation fähig und gewillt sind, diese Verpflichtungen zu erfüllen.

2. Die Aufnahme eines solchen Staates als Mitglied der Vereinten Nationen erfolgt durch einen Beschluß der Vollversammlung auf Empfehlung des Sicherheitsrates."

Die drei Regierungen werden ihrerseits Aufnahmeanträge von Staaten, die während des Krieges neutral geblieben sind und die oben aufgeführten Bedingungen erfüllen, unterstützen.

Die drei Regierungen fühlen sich jedoch verpflichtet klarzustellen, daß sie für ihren Teil einen Aufnahmeantrag der gegenwärtigen spanischen Regierung nicht unterstützen werden, die mit Hilfe der Achsenmächte gebildet wurde und wegen ihres Ursprungs, ihres Charakters, ihrer Tätigkeit und ihrer engen Verbindung mit den Aggressorstaaten nicht die für eine solche Mitgliedschaft notwendigen Eigenschaften besitzt.

XI
ÜBER TREUHANDSCHAFTSTERRITORIEN

Die Konferenz erörterte einen Vorschlag der Sowjetregierung hinsichtlich einer Treuhandschaft über Territorien, wie sie in dem Beschluß der Krimkonferenz und in der Charta der Vereinten Nationen definiert sind.

Nach einem Meinungsaustausch wurde beschlossen, daß die Frage der früheren italienischen Kolonialgebiete zu den Fragen gehört, die im Zusammenhang mit der Vorbereitung eines Friedensvertrages für Italien entschieden werden müssen, und daß die Frage der italienischen Kolonialgebiete im September vom Rat der Außenminister beraten wird.

XII
ÜBER DIE REVISION DES VERFAHRENS DER ALLIIERTEN KONTROLLKOMMISSIONEN IN RUMÄNIEN, BULGARIEN UND UNGARN

Die drei Regierungen nahmen zur Kenntnis, daß die sowjetischen Vertreter in den Alliierten Kontrollkommissionen in Rumänien, Bulgarien und Ungarn ihren Kollegen vom Vereinigten Königreich und von den Vereinigten Staaten Vorschläge zur Verbesserung der Arbeit der Kontrollkommissionen jetzt, nachdem die Kampfhandlungen in Europa eingestellt worden sind, übermittelt haben.

Die drei Regierungen haben vereinbart, daß die Revision des Verfahrens der

Alliierten Kontrollkommissionen in diesen Ländern jetzt durchgeführt wird, wobei die Interessen und Verantwortlichkeiten der drei Regierungen, die gemeinsam die Waffenstillstandsbedingungen den jeweiligen Ländern vorgelegt haben, berücksichtigt und die vereinbarten Vorschläge als Grundlage genommen werden.

XIII
GEREGELTE ÜBERFÜHRUNG DER DEUTSCHEN BEVÖLKERUNG

Die Konferenz erzielte folgende Vereinbarung über die Aussiedlung Deutscher aus Polen, der Tschechoslowakei und Ungarn:

Die drei Regierungen haben die Frage unter allen Gesichtspunkten beraten und erkennen an, daß die Überführung der deutschen Bevölkerung oder eines Teils derselben, die in Polen, der Tschechoslowakei und Ungarn zurückgeblieben ist, nach Deutschland durchgeführt werden muß. Sie stimmen darin überein, daß jede derartige Überführung, die stattfinden wird, in organisierter und humaner Weise erfolgen soll. Da der Zustrom einer großen Zahl Deutscher nach Deutschland die Last vergrößert, die bereits auf den Besatzungsbehörden ruht, sind sie der Auffassung, daß der Kontrollrat in Deutschland in erster Linie dieses Problem unter besonderer Berücksichtigung der Frage einer gerechten Verteilung dieser Deutschen auf alle Besatzungszonen prüfen soll. Sie werden ihre Vertreter im Kontrollrat anweisen, ihren Regierungen so bald wie möglich über den Umfang zu berichten, in dem derartige Personen schon aus Polen, der Tschechoslowakei und Ungarn nach Deutschland gekommen sind, und einen Vorschlag über Zeit und Schnelligkeit zu unterbreiten, in denen unter Berücksichtigung der gegenwärtigen Lage in Deutschland die weitere Überführung der Bevölkerung durchgeführt werden könnte.

Gleichzeitig werden die Tschechoslowakische Regierung, die Polnische Regierung und die Alliierte Kontrollkommission in Ungarn von obigem in Kenntnis gesetzt werden, und ihnen wird vorgeschlagen werden, weitere Ausweisungen der deutschen Bevölkerung zu unterlassen, bis die entsprechenden Regierungen die Berichte ihrer Vertreter im Kontrollrat geprüft haben.

XIV
VERHANDLUNGEN ZU MILITÄRISCHEN FRAGEN

Während der Konferenz fanden Begegnungen zwischen den Stabschefs der drei Regierungen über militärische Fragen gemeinsamen Interesses statt.

XV
A. Aufstellung der Delegation der Sowjetunion

Der Vorsitzende des Rates der Volkskommissare der UdSSR, Generalissimus J. W. Stalin.

Der Volkskommissar für Auswärtige Angelegenheiten der UdSSR, W. M. Molotow,

Volkskommissar für die Seekriegsflotte der UdSSR, Admiral N. G. Kusnezow,

Chef des Generalstabes der Roten Armee, Armeegeneral A. I. Antonow,

Stellvertreter des Volkskommissars für Auswärtige Angelegenheiten, A. J. Wyschinski,

Stellvertreter des Volkskommissars für Auswärtige Angelegenheiten, S. I. Kawtaradse,

Stellvertreter des Volkskommissars für Auswärtige Angelegenheiten, I. M. Maiski,

Chef des Hauptstabes der Seekriegsflotte, Admiral S. G. Kutscherow,

Botschafter der Sowjetunion in Großbritannien, F. T. Gussew,

Botschafter der Sowjetunion in den Vereinigten Staaten von Amerika, A. A. Gromyko,

Mitglied des Kollegiums und Leiter der 2. Europäischen Abteilung des Volkskommissariats für Auswärtige Angelegenheiten, K. W. Nowikow,

Mitglied des Kollegiums und Leiter der Abteilung USA des Volkskommissariats für Auswärtige Angelegenheiten, S. K. Zarapkin,

Leiter der 1. Europäischen Abteilung des Volkskommissariats für Auswärtige Angelegenheiten, S. P. Kosyrew,

Leiter der Abteilung Balkanländer des Volkskommissariats für Auswärtige Angelegenheiten, A. A. Lawrischtschew,

Gehilfe des Obersten Chefs der Sowjetischen Militäradministration in Deutschland, M. S. Saburow,

Leiter der Politischen Abteilung der Sowjetischen Militäradministration in Deutschland, A. A. Sobolew,

Berater des Volkskommissariats für Auswärtige Angelegenheiten, S. A. Golunski.

B. Aufstellung der Delegation
der Vereinigten Staaten von Amerika

Der Präsident: Harry S. Truman.

Der Außenminister: James F. Byrnes.

Admiral William D. Leahy, Chef des Stabes beim Präsidenten,

Joseph E. Davies, Sonderbotschafter,

Edwin Pauley, Sonderbotschafter,

W. Averell Harriman, Botschafter in der UdSSR,

General George C. Marshall, Stabschef des Heeres der Vereinigten Staaten,

Admiral Ernest J. King, Chef der Seekriegsoperationen und Oberbefehlshaber der Seestreitkräfte der USA,

General H. H. Arnold, Luftstreitkräfte des Heeres,

Generalleutnant Brehon B. Somervell, Chef der Rückwärtigen Dienste des amerikanischen Heeres,

Vizeadmiral Emory S. Land, Administrator für Seekriegstransport,

William L. Clayton, Stellvertreter des Außenministers,

James C. Dunn, Stellvertreter des Außenministers,

Ben Cohen, Sonderberater des Außenministers,

H. Freeman Matthews, Direktor der Europa-Abteilung des Außenministeriums,

Charles E. Bohlen, Berater des Außenministers
(gemeinsam mit politischen, militärischen und technischen Beratern).

C. Aufstellung der Delegation des Vereinigten Königreiches

Der Premierminister:
Herr Winston S. Churchill.
Herr C. R. Attlee.
Der Außenminister:
Herr Anthony Eden.
Herr Ernest Bevin.
Lord Leathers, Ministerium für Kriegstransport,
Sir Alexander Cadogan, Ständiger Stellvertreter des Außenministers,
Sir Archibald Clark Kerr, Botschafter Seiner Majestät in Moskau,
Sir Walter Monckton, Leiter der Delegation des Vereinigten Königreiches in der Moskauer Reparationskommission,
Sir William Strang, Politischer Berater des Oberbefehlshabers der Britischen Besatzungszone in Deutschland,
Sir Edward Bridges, Sekretär des Kabinetts,
Feldmarschall Sir Alan Brooke, Chef des Generalstabes des Empires,
Luftmarschall Sir Charles Portal, Chef des Stabes der Royal Air Force,
Admiral Sir Andrew Cunningham, Erster Seelord,
General Sir Hastings Ismay, Chef des Stabes beim Verteidigungsminister,
Feldmarschall Sir Harold Alexander, Alliierter Oberbefehlshaber im Mittelmeerraum,
Feldmarschall Sir Henri Maitland Wilson, Chef der Britischen Mission im Vereinigten Stab in Washington
und andere Berater.

J. Stalin
Harry Truman
C. R. Attlee

Nach Archiv. Veröffentlicht in:
Iswestija vom 3. 8. 1945.

Anmerkungen

1 Am 5. Juli 1945 fanden in Großbritannien Parlamentswahlen statt. Am Tag der Bekanntgabe der Wahlergebnisse, am 26. Juli, kehrte die britische Delegation auf der Berliner Konferenz, die vom Premierminister der konservativen Regierung, Churchill, geleitet wurde, nach London zurück. Da bei den Wahlen die Labour Party gesiegt hatte und eine Labourregierung gebildet wurde, leitete ab 28. Juli Premierminister Attlee die englische Delegation auf der Potsdamer Konferenz.

2 Auf der Krim(Jalta)konferenz der drei alliierten Mächte – UdSSR, USA und Großbritannien – (4. bis 11. Februar 1945) wurden folgende Hauptdokumente unterzeichnet (nachstehend gekürzt abgedruckt):

Mitteilung über die Konferenz der UdSSR, USA und Großbritanniens auf der Krim

I
„NIEDERWERFUNG DEUTSCHLANDS

Wir haben die militärischen Pläne der drei alliierten Mächte für die endgültige Niederwerfung des gemeinsamen Feindes behandelt und festgelegt. Die militärischen Stäbe der drei alliierten Nationen haben während der gesamten Dauer der Konferenz täglich Beratungen abgehalten. Diese Beratungen waren von allen Gesichtspunkten aus höchst befriedigend und haben zu einer engeren Koordinierung der militärischen Anstrengungen der drei Alliierten geführt als je zuvor. Es hat ein gegenseitiger Austausch umfassendster Informationen stattgefunden. Termine, Umfang und Koordinierung von neuen und noch kraftvolleren Schlägen, die unsere Armeen und Luftstreitkräfte gegen das Herz Deutschlands von Osten, Westen, Norden und Süden her führen werden, sind vollständig abgestimmt und in den Einzelheiten geplant worden.

Unsere gemeinsamen militärischen Pläne werden erst dann bekannt, wenn wir sie verwirklichen; wir sind jedoch überzeugt, daß die auf dieser Konferenz erreichte sehr enge praktische Zusammenarbeit zwischen unseren drei Stäben zu einem schnelleren Ende des Krieges führen wird. Die Beratungen unserer drei Stäbe werden jeweils dann fortgesetzt, wenn es sich als notwendig erweisen sollte.

Das nazistische Deutschland ist dem Untergang geweiht. Dem deutschen Volk wird seine Niederlage nur noch teurer zu stehen kommen, wenn es versucht, seinen hoffnungslosen Widerstand fortzusetzen.

II
BESETZUNG DEUTSCHLANDS
UND KONTROLLE ÜBER DEUTSCHLAND

Wir sind über die gemeinsame Politik und die Pläne zur zwangsweisen Durchführung der Bestimmungen der bedingungslosen Kapitulation übereingekommen, die wir gemeinsam dem nazistischen Deutschland auferlegen werden, nachdem der bewaffnete deutsche Widerstand endgültig gebrochen sein wird. Diese Bestimmungen werden erst bekanntgegeben, wenn die endgültige Niederwerfung Deutschlands vollzogen ist. Gemäß dem in gegenseitigem Einvernehmen festgelegten Plan werden die Streitkräfte der drei Mächte besondere Zonen in Deutschland besetzen. Der Plan sieht eine koordinierte Verwaltung und Kontrolle durch eine Zentrale Kontrollkommission mit Sitz in

Berlin vor, die aus den Oberkommandierenden der drei Mächte besteht. Es ist beschlossen worden, daß Frankreich von den drei Mächten eingeladen wird, falls es das wünscht, eine Besatzungszone zu übernehmen und sich als viertes Mitglied an der Kontrollkommission zu beteiligen. Die Ausmaße der französischen Zone werden zwischen den vier interessierten Regierungen durch ihre Vertreter in der Europäischen Konsultativkommission vereinbart.

Es ist unser unerschütterliches Ziel, den deutschen Militarismus und Nazismus zu vernichten und dafür Garantien zu schaffen, daß Deutschland nie wieder imstande sein wird, den Weltfrieden zu brechen. Wir sind fest entschlossen, alle deutschen Streitkräfte zu entwaffnen und aufzulösen; den deutschen Generalstab, der wiederholt zur Wiedergeburt des deutschen Militarismus beigetragen hat, ein für allemal zu zerschlagen, sämtliche deutschen militärischen Anlagen zu konfiszieren oder zu zerstören, die gesamte deutsche Industrie, die für militärische Produktion genutzt werden könnte, zu beseitigen oder unter Kontrolle zu stellen; alle Kriegsverbrecher einer gerechten und schnellen Bestrafung zuzuführen sowie Wiedergutmachung in Form von Sachleistungen für die Zerstörungen zu erheben, die von den Deutschen verursacht worden sind; die nazistische Partei, die nazistischen Gesetze, Organisationen und Einrichtungen zu liquidieren, alle nazistischen und militaristischen Einflüsse in den öffentlichen Einrichtungen sowie dem kulturellen und wirtschaftlichen Leben des deutschen Volkes zu beseitigen und gemeinsam solche anderen Maßnahmen in Deutschland zu ergreifen, die sich für den künftigen Frieden und die Sicherheit der ganzen Welt als notwendig erweisen können. Es ist nicht unser Ziel, das deutsche Volk zu vernichten. Nur dann, wenn der Nazismus und Militarismus ausgerottet sein werden, wird für das deutsche Volk Hoffnung auf ein würdiges Leben und einen Platz in der Völkergemeinschaft bestehen.

III
REPARATIONEN VON DEUTSCHLAND

Wir haben die Frage des Schadens, den Deutschland in diesem Krieg den verbündeten Ländern zugefügt hat, erörtert und für gerecht erkannt, Deutschland zu verpflichten, diesen Schaden in größtmöglichem Umfang in Form von Sachleistungen wiedergutzumachen.

Es wird eine Kommission für die Wiedergutmachung des Schadens eingesetzt, die beauftragt wird, die Frage des Umfanges und der Art und Weise der Wiedergutmachung des von Deutschland den verbündeten Ländern zugefügten Schadens zu erörtern. Die Kommission wird in Moskau arbeiten.

IV
KONFERENZ DER VEREINTEN NATIONEN

Wir haben beschlossen, in nächster Zeit gemeinsam mit unseren Verbündeten eine allgemeine internationale Organisation zur Aufrechterhaltung des Friedens und der Sicherheit zu gründen. Wir sind der Ansicht, daß dies wesentlich ist sowohl zur Verhinderung einer Aggression als auch zur Beseitigung der politischen, wirtschaftlichen und sozialen Ursachen des Krieges durch enge und ständige Zusammenarbeit aller friedliebenden Völker.

Die Grundlagen dafür wurden in Dumbarton Oaks geschaffen. Allerdings wurde dort in der wichtigen Frage des Abstimmungsverfahrens keine Einigung erzielt. Auf der jetzigen Konferenz gelang es, diese Schwierigkeit zu lösen. Wir einigten uns darauf, daß die Konferenz der Vereinten Nationen am 25. April 1945 in San Francisco, in den Vereinigten Staaten, zusammentritt, um die Charta einer solchen Organisation entsprechend den während der inoffiziellen Verhandlungen in Dumbarton Oaks ausgearbeiteten Grundsätzen vorzubereiten.

Mit der Regierung Chinas und der Provisorischen Regierung Frankreichs werden unverzüglich Konsultationen durchgeführt. An sie wird das Ersuchen gerichtet werden, gemeinsam mit den Regierungen der Vereinigten Staaten, Großbritanniens und der Union der Sozialistischen Sowjetrepubliken an der Einladung anderer Länder zur Konferenz mitzuwirken.

Sobald die Konsultationen mit China und Frankreich abgeschlossen sind, wird der Text der Vorschläge über das Abstimmungsverfahren veröffentlicht.

V
DEKLARATION ÜBER DAS BEFREITE EUROPA

Wir haben eine Deklaration über das befreite Europa abgefaßt und unterzeichnet. Diese Deklaration sieht die Abstimmung der Politik der drei Mächte und ihr gemeinsames Vorgehen bei der Lösung der politischen und wirtschaftlichen Probleme des befreiten Europas in Übereinstimmung mit demokratischen Prinzipien vor. Sie lautet wie folgt:

‚Der Premier der Union der Sozialistischen Sowjetrepubliken, der Premierminister des Vereinigten Königreiches und der Präsident der Vereinigten Staaten von Amerika haben im gemeinsamen Interesse der Völker ihrer Länder und der Völker des befreiten Europas Konsultationen miteinander durchgeführt. Sie erklären gemeinsam, daß sie übereingekommen sind, die Politik ihrer Drei Regierungen während der Periode zeitweiliger Unbeständigkeit im befreiten Europa miteinander abzustimmen, um den von der Herrschaft des nazistischen Deutschlands befreiten Völkern und den Völkern der früheren Satellitenstaaten der Achse in Europa bei der auf demokratischem Wege herbeizuführenden Lösung ihrer dringenden politischen und wirtschaftlichen Probleme zu helfen.

Die Herstellung der Ordnung in Europa und die Umgestaltung des nationalen Wirtschaftslebens müssen in einer Weise zuwege gebracht werden, die es den befreiten Völkern gestattet, die letzten Spuren des Nazismus und Faschismus zu beseitigen und demokratische Einrichtungen nach eigener Wahl zu schaffen. In Übereinstimmung mit dem Grundsatz der Atlantikcharta über das Recht aller Völker, die Regierungsform, unter der sie leben werden, selbst zu wählen, ist die Wiederherstellung der souveränen Rechte und der Selbstverwaltung derjenigen Völker, die dieser durch die aggressiven Nationen mit Gewalt beraubt worden waren, zu gewährleisten.

Zur Verbesserung der Bedingungen, unter denen die befreiten Völker diese Rechte ausüben können, werden die Drei Regierungen, wo immer die Umstände es ihrer Ansicht nach erfordern, die Völker in jedem befreiten europäischen Staat oder früheren Satellitenstaat der Achse in Europa gemeinsam in folgendem unterstützen: a) bei der Schaffung von Bedingungen für den inneren Frieden; b) bei der Durchführung von dringenden Maßnahmen zur Unterstützung hilfsbedürftiger Völker; c) bei der Schaffung provisorischer Regierungsbehörden, die umfassend alle demokratischen Kräfte der Bevölkerung vertreten und die verpflichtet sind, so schnell wie möglich auf dem Wege freier Wahlen Regierungen zu bilden, die dem Willen des Volkes entsprechen; d) die Durchführung solcher Wahlen, wo dies nötig ist.

Die Drei Regierungen werden die anderen Vereinten Nationen und provisorischen Behörden oder anderen Regierungen in Europa konsultieren, wenn Angelegenheiten, die für diese von unmittelbarem Interesse sind, behandelt werden.

Falls die Verhältnisse in irgendeinem der befreiten europäischen Staaten oder in einem früheren Satellitenstaat der Achse in Europa nach Ansicht der Drei Regierungen ein solches Vorgehen erfordern, werden sie sich unverzüglich über die notwendigen Maßnahmen zur Verwirklichung der in der vorliegenden Deklaration festgelegten gemeinsamen Verantwortung untereinander konsultieren.

Mit dieser Deklaration bekräftigen wir erneut unseren Glauben an die Grundsätze der Atlantikcharta, unsere Treue zur Deklaration der Vereinten Nationen und unsere Entschlossenheit, in Zusammenarbeit mit den anderen friedliebenden Nationen eine auf den Prinzipien des Rechts gegründete internationale Ordnung zu schaffen, die dem Frieden, der Sicherheit, der Freiheit und dem allgemeinen Wohl der Menschheit gewidmet ist.

Mit der Veröffentlichung dieser Deklaration verleihen die drei Mächte ihrer Hoffnung Ausdruck, daß die Provisorische Regierung der Französischen Republik sich ihnen hinsichtlich des vorgeschlagenen Verfahrens anschließen kann.‘

VI
ÜBER POLEN

Wir haben uns auf der Krimkonferenz versammelt, um unsere Meinungsverschiedenheiten in der polnischen Frage beizulegen. Wir haben alle Aspekte der polnischen Frage ausgiebig erörtert. Wir haben erneut bekräftigt, daß es unser gemeinsamer Wunsch ist, ein starkes, freies, unabhängiges und demokratisches Polen errichtet zu sehen. Im Ergebnis unserer Verhandlungen einigten wir uns über die Bedingungen, gemäß denen die neue Provisorische Polnische Regierung der Nationalen Einheit auf eine Weise gebildet wird, daß sie von den drei Hauptmächten anerkannt wird.

Es wurde folgendes Abkommen erzielt:

‚Infolge seiner vollständigen Befreiung durch die Rote Armee ist in Polen eine neue Lage entstanden. Das erfordert die Bildung einer Provisorischen Polnischen Regierung, die eine breitere Basis haben würde, als es bislang, vor der kürzlichen Befreiung des westlichen Teils Polens, möglich war. Die gegenwärtig in Polen amtierende Provisorische Regierung muß daher auf breiterer demokratischer Basis unter Einbeziehung von demokratischen Persönlichkeiten aus Polen selbst und von Polen aus dem Ausland reorganisiert werden. Diese neue Regierung soll sich dann Polnische Provisorische Regierung der Nationalen Einheit nennen.

W. M. Molotow, Herr W. A. Harriman und Sir Archibald C. Kerr werden als Kommission bevollmächtigt, sich in Moskau vorrangig mit Mitgliedern der derzeitigen Provisorischen Regierung und anderen polnischen führenden demokratischen Persönlichkeiten sowohl aus Polen selbst als auch aus dem Ausland über eine Reorganisation der jetzigen Regierung auf den obengenannten Grundlagen zu beraten. Diese Polnische Provisorische Regierung der Nationalen Einheit muß sich verpflichten, so bald wie möglich freie und durch nichts behinderte geheime Wahlen auf der Grundlage des allgemeinen Wahlrechts abzuhalten. Alle antinazistischen und demokratischen Parteien müssen das Recht haben, an diesen Wahlen teilzunehmen und Kandidaten aufzustellen.

Sobald die Polnische Provisorische Regierung der Nationalen Einheit entsprechend den obengenannten Grundsätzen gebildet ist, nehmen die Regierung der UdSSR, die zur jetzigen Provisorischen Regierung Polens diplomatische Beziehungen unterhält, die Regierung des Vereinigten Königreiches und die Regierung der USA diplomatische Beziehungen zu der neuen Polnischen Provisorischen Regierung der Nationalen Einheit auf und tauschen Botschafter aus, die in ihren Berichten die entsprechenden Regierungen über die Lage in Polen informieren.

Die Drei Regierungschefs sind der Ansicht, daß die Ostgrenze Polens entlang der Curzonlinie mit fünf bis acht Kilometern Abweichung von ihr in einigen Gebieten zugunsten Polens verlaufen soll. Die Drei Regierungschefs erkennen an, daß Polen im Norden und im Westen einen wesentlichen Gebietszuwachs erhalten muß. Sie sind der Ansicht, daß über das Ausmaß dieses Zuwachses zu geeigneter Zeit die Meinung der neuen Polnischen Regierung der Nationalen Einheit eingeholt und dann die endgültige Festlegung der Westgrenze Polens bis zur Friedenskonferenz vertagt wird.‘

VII
ÜBER JUGOSLAWIEN

Wir haben es als notwendig erachtet, Marschall Tito und Dr. Šubašić die unverzügliche Inkraftsetzung des zwischen ihnen geschlossenen Abkommens und die Bildung einer Provisorischen Vereinten Regierung auf der Grundlage dieses Abkommens zu empfehlen.

Desgleichen wurde beschlossen zu empfehlen, daß die neue Jugoslawische Regierung sofort nach ihrer Bildung erklärt:

I) daß der Antifaschistische Rat der Nationalen Befreiung Jugoslawiens durch Einbeziehung von Mitgliedern der letzten jugoslawischen Skupština, die sich nicht durch Zusammenarbeit mit dem Feind kompromittiert haben, erweitert und damit ein Organ mit der Bezeichnung Provisorisches Parlament gebildet wird;

II) daß die durch den Antifaschistischen Rat der Nationalen Befreiung verabschiedeten Gesetzgebungsakte der nachträglichen Bestätigung durch die Konstituierende Versammlung bedürfen.

Es erfolgte auch eine allgemeine Behandlung anderer Balkanfragen.

VIII
BERATUNGEN DER AUSSENMINISTER

Während der gesamten Konferenz fanden neben den täglichen Sitzungen der Regierungschefs gemeinsam mit den Außenministern jeden Tag gesonderte Sitzungen der drei Außenminister unter Hinzuziehung ihrer Berater statt.

Diese Beratungen haben sich als außerordentlich nützlich erwiesen, und es wurde auf der Konferenz ein Übereinkommen darüber erzielt, einen ständigen Mechanismus für die regelmäßige Konsultation der drei Außenminister zu schaffen. Deshalb werden die Außenminister so oft wie erforderlich, wahrscheinlich alle 3 oder 4 Monate, zusammenkommen. Diese Beratungen werden abwechselnd in den drei Hauptstädten stattfinden, wobei die erste Beratung in London nach der Konferenz der Vereinten Nationen über die Gründung der Internationalen Sicherheitsorganisation stattfinden soll.

IX
EINIGKEIT BEI DER ORGANISIERUNG DES FRIEDENS WIE AUCH BEI DER FÜHRUNG DES KRIEGES

Unsere Zusammenkunft auf der Krim hat unsere gemeinsame Entschlossenheit von neuem bekräftigt, die Einheit der Ziele und Handlungen, welche den Vereinten Nationen den Sieg in diesem Krieg ermöglicht und gesichert hat, in der kommenden Friedenszeit aufrechtzuerhalten und zu stärken. Wir glauben, daß dies eine heilige Pflicht unserer Regierungen gegenüber ihren eigenen Völkern und auch den Völkern der Welt ist.

Nur durch fortdauernde und wachsende Zusammenarbeit und gegenseitige Verständigung zwischen unseren drei Ländern und allen friedliebenden Völkern kann das höchste Streben der Menschheit verwirklicht werden, nämlich ein fester und dauerhafter Frieden, der, wie es in der Atlantikcharta heißt, ‚einen Zustand gewährleistet, bei dem alle Menschen in allen Ländern ihr Leben frei von Furcht und Mangel leben können'.

Der Sieg in diesem Kriege und die Gründung der beabsichtigten internationalen Organisation bieten die in der gesamten Geschichte der Menschheit größte Möglichkeit, die wichtigsten Voraussetzungen für einen solchen Frieden in den kommenden Jahren zu schaffen."

Protokoll über die Verhandlungen zur Frage der deutschen Reparationen in Form von Sachleistungen

„Die drei Regierungschefs sind über folgendes übereingekommen:

1. Deutschland ist verpflichtet, den Schaden, den es den verbündeten Nationen im Laufe des Krieges zugefügt hat, durch Sachleistungen wiedergutzumachen.

Reparationen sollen vorrangig jene Länder erhalten, die die Hauptlast des Krieges getragen, die größten Verluste erlitten und den Sieg über den Feind organisiert haben.

2. Die Reparationen sind von Deutschland in drei Formen zu erheben:

a) einmalige Entnahmen innerhalb von zwei Jahren nach der Kapitulation Deutschlands oder nach der Einstellung des organisierten Widerstandes aus dem Nationaleigentum Deutschlands, das sich sowohl auf dem Territorium Deutschlands als auch außerhalb Deutschlands befindet (Ausrüstungen, Werkzeugmaschinen, Schiffe, rollendes Material, deutsche Auslandsinvestitionen, Aktien von deutschen Industrie-, Verkehrs-, Schiffahrts- und anderen Betrieben usw.), wobei diese Entnahmen hauptsächlich mit dem Ziel zu erfolgen haben, das Kriegspotential Deutschlands zu vernichten;

b) jährliche Warenlieferungen aus der laufenden Produktion nach Kriegsende innerhalb eines Zeitraumes, dessen Dauer noch festzulegen ist;

c) Nutzung deutscher Arbeit.

3. Zur Ausarbeitung eines detaillierten Reparationsplanes nach den oben erwähnten Prinzipien wird in Moskau eine interalliierte Reparationskommission gebildet, der Vertreter der UdSSR, der USA und Großbritanniens angehören.

4. In bezug auf die Festlegung der Gesamtsumme der Reparationen unter die von der deutschen Aggression betroffenen Länder stimmten die sowjetische und die amerikanische Delegation in folgendem überein: ‚Die Moskauer Reparationskommission wird im Anfangsstadium ihrer Arbeit als Diskussionsgrundlage den Vorschlag der Sowjetregierung nehmen, wonach die Gesamtsumme der Reparationen gemäß Paragraph 2 Punkte a) und b) 20 Milliarden Dollar betragen und 50 % dieser Summe an die Sowjetunion gehen sollen.'

Die britische Delegation war der Ansicht, daß vor der Behandlung der Frage der Reparationen durch die Moskauer Reparationskommission keine Ziffern für die Reparationen genannt werden können.

Der oben erwähnte sowjetisch-amerikanische Vorschlag wurde der Moskauer Reparationskommission als einer der Vorschläge übermittelt, die von ihr zu prüfen sind."

Abkommen (über den Eintritt der Sowjetunion in den Krieg gegen Japan)

„Die höchsten Repräsentanten der Drei Großmächte – der Sowjetunion, der Vereinigten Staaten von Amerika und Großbritanniens – sind übereingekommen, daß die Sowjetunion zwei bis drei Monate nach der Kapitulation Deutschlands und der Beendigung des Krieges in Europa auf der Seite der Alliierten in den Krieg gegen Japan unter der Bedingung eintreten wird, daß

1. der Status quo der Äußeren Mongolei (der Mongolischen Volksrepublik) erhalten bleibt;

2. die früheren Rechte Rußlands, welche durch den wortbrüchigen Überfall Japans im Jahre 1904 verletzt wurden, wiederhergestellt werden, und zwar:

a) der Südteil der Insel Sachalin und alle ihr vorgelagerten Inseln werden der Sowjetunion zurückgegeben;

b) der Handelshafen von Daïren wird unter Gewährleistung der vorrangigen Interessen der Sowjetunion an diesem Hafen internationalisiert, und das Pachtverhältnis bezüglich Port Arthurs als Flottenstützpunkt der UdSSR wird wiederhergestellt;

c) die Ostchinesische Eisenbahn und die Südmandschurische Eisenbahn, welche eine Verbindung mit Daïren sichert, sollen gemeinsam durch eine zu gründende gemischte sowjetisch-chinesische Gesellschaft unter Gewährleistung der vorrangigen Interessen der Sowjetunion betrieben werden, wobei beachtet wird, daß China in der Mandschurei die volle Souveränität behält;

3. die Kurilen der Sowjetunion übergeben werden.

Es wird vorausgesetzt, daß die Vereinbarung hinsichtlich der Äußeren Mongolei und der oben genannten Häfen und Eisenbahnen die Zustimmung von Generalissimus Tschiang Kaischek erfordert. Nach dem Rat von Marschall J. W. Stalin wird der Präsident Schritte unternehmen, um diese Zustimmung zu erhalten.

Die Regierungschefs der Drei Großmächte sind übereingekommen, daß diese Ansprüche der Sowjetunion nach dem Sieg über Japan unbedingt erfüllt werden müssen.

Die Sowjetunion ihrerseits drückt die Bereitschaft aus, mit der Nationalen Regierung Chinas einen Freundschafts- und Bündnispakt zwischen der UdSSR und China zu schließen, um China bei der Befreiung vom japanischen Joch mit ihren Streitkräften Hilfe zu leisten."

Protokoll der Arbeit der Krimkonferenz

„Die Konferenz der Regierungschefs der Vereinigten Staaten von Amerika, Großbritanniens und der UdSSR, die vom 4. bis 11. Februar auf der Krim stattfand, kam zu folgenden Schlußfolgerungen:

I. WELTORGANISATION

Es wurde beschlossen:

1) daß eine Konferenz der Vereinten Nationen über die vorgeschlagene Weltorganisation am Mittwoch, dem 25. April 1945, einberufen werden und in den Vereinigten Staaten von Amerika stattfinden soll;

2) daß zu dieser Konferenz folgende Staaten eingeladen werden sollen:

a) die Vereinten Nationen, wie sie am 8. Februar 1945 bestanden haben;

b) diejenigen beigetretenen Nationen, die dem gemeinsamen Feind bis zum 1. März 1945 den Krieg erklärt haben. (Im gegebenen Fall werden unter dem Begriff ‚beigetretene Nationen' die 8 beigetretenen Nationen und die Türkei verstanden.) Auf der Konferenz über die Weltorganisation werden die Delegierten des Vereinigten Königreiches und der Vereinigten Staaten von Amerika den Vorschlag unterstützen, als ursprüngliche Mitglieder zwei Sozialistische Sowjetrepubliken zuzulassen, und zwar die Ukraine und Belorußland;

3) daß die Regierung der Vereinigten Staaten im Namen der drei Mächte die Regierung von China und die Französische Provisorische Regierung hinsichtlich der auf dieser Konferenz über die beabsichtigte Weltorganisation angenommenen Beschlüsse konsultiert;

4) daß der Text der Einladungen, die an alle Staaten gesandt werden, die an der Konferenz teilnehmen, folgendermaßen lauten soll:

Einladung

Die Regierung der Vereinigten Staaten von Amerika lädt im eigenen Namen und im Namen der Regierungen des Vereinigten Königreiches, der Union der Sozialistischen Sowjetrepubliken und der Republik China sowie im Namen der Provisorischen Regierung der Französischen Republik die Regierung von . . . . ein, Vertreter zur Konferenz der Vereinten Nationen zu entsenden, die am 25. April 1945 oder bald danach in San Francisco, in den Vereinigten Staaten von Amerika, stattfinden soll, um eine Charta der Allgemeinen Internationalen Organisation zur Aufrechterhaltung des internationalen Friedens und der Sicherheit vorzubereiten.

Die oben genannten Regierungen schlagen vor, daß die Konferenz als Grundlage für eine solche Charta die Vorschläge zur Gründung der Allgemeinen Internationalen Organisation prüft, die im Oktober vorigen Jahres als Ergebnis der Konferenz von Dumbarton Oaks veröffentlicht und durch die folgenden Bestimmungen für Abschnitt C des Kapitels VI ergänzt wurden:

‚C. Abstimmung

1. Jedes Mitglied des Sicherheitsrates hat eine Stimme.

2. Beschlüsse des Sicherheitsrates über Verfahrensfragen werden durch eine Mehrheit von sieben Stimmen der Mitglieder gefaßt.

3. Beschlüsse des Sicherheitsrates über alle anderen Fragen werden durch eine Mehrheit von sieben Stimmen der Mitglieder, inbegriffen die gleichlautenden Stimmen der ständigen Mitglieder, gefaßt, wobei vorausgesetzt wird, daß sich bei Beschlüssen gemäß Kapitel VIII Abschnitt A und gemäß Kapitel VIII Abschnitt C Absatz 1 zweiter Satz eine an einem Streitfall beteiligte Partei der Stimme enthält.'

Zusätzliche Informationen über entsprechende Maßnahmen werden später übermittelt werden.

Im Falle, daß die Regierung von . . . . noch vor der Konferenz ihre Ansichten und Bemerkungen zu den Vorschlägen zu äußern wünscht, wird die Regierung der Vereinigten Staaten von Amerika solche Ansichten und Bemerkungen gern an die anderen teilnehmenden Regierungen weiterleiten.

Territoriale Treuhandschaft

Es wurde beschlossen, daß die fünf Staaten, die ständige Sitze im Sicherheitsrat haben werden, einander vor der Konferenz der Vereinten Nationen über die Frage der territorialen Treuhandschaft konsultieren sollen.

Diese Empfehlung ist unter der Voraussetzung angenommen worden, daß die territoriale Treuhandschaft nur angewandt wird: a) auf bestehende Mandate des Völkerbundes; b) auf Territorien, die als Folge des derzeitigen Krieges von den Feindstaaten abgetrennt werden; c) auf jedes andere Territorium, das freiwillig unter die Treuhandschaft gestellt werden kann, und daß d) keinerlei Diskussionen über konkrete Territorien auf der bevorstehenden Konferenz der Vereinten Nationen oder bei vorbereitenden Konsultationen vorgesehen sind und daß die Entscheidung darüber, welche Territorien der oben genannten Kategorien unter Treuhandschaft gestellt werden, Gegenstand einer späteren Vereinbarung sein wird.

II. DEKLARATION ÜBER DAS BEFREITE EUROPA

Es wurde folgende Deklaration angenommen: . . . (vgl. S. 418f.).

III. AUFTEILUNG DEUTSCHLANDS

Es wurde beschlossen, daß Art. 12 (a) der Kapitulationsbedingungen für Deutschland zu verändern ist und wie folgt lauten soll:

‚Das Vereinigte Königreich, die Vereinigten Staaten von Amerika und die Union der Sozialistischen Sowjetrepubliken werden gegenüber Deutschland die oberste Gewalt besitzen. Bei der Ausübung dieser Gewalt werden sie solche Maßnahmen, einschließlich der vollständigen Entwaffnung, Entmilitarisierung und Aufteilung Deutschlands, ergreifen, die sie für den künftigen Frieden und die Sicherheit für notwendig erachten.'

Mit dem Studium des Verfahrens der Aufteilung Deutschlands ist eine Kommission beauftragt worden, der Herr Eden (Vorsitzender), Herr Winant und Herr Gussew angehören. Dieses Organ wird prüfen, ob es wünschenswert ist, daß sich ihm ein Vertreter Frankreichs anschließt.

IV. BESATZUNGSZONE FÜR DIE FRANZOSEN UND KONTROLLRAT FÜR DEUTSCHLAND

Es wurde beschlossen, daß Frankreich eine Zone in Deutschland zugeteilt wird, die von französischen Streitkräften besetzt werden soll. Diese Zone wird aus der britischen und der amerikanischen Zone heraus gebildet, und ihre Ausmaße werden von den Engländern und Amerikanern in Konsultation mit der Französischen Provisorischen Regierung bestimmt.

Es wurde ebenfalls beschlossen, daß die Französische Provisorische Regierung eingeladen werden soll, als Mitglied dem Kontrollrat für Deutschland beizutreten.

V. REPARATIONEN

Es wurde folgendes Protokoll unterzeichnet: . . . (vgl. S. 421).

VI. HAUPTKRIEGSVERBRECHER

Die Konferenz hat beschlossen, daß die Frage der Hauptkriegsverbrecher nach Ende der Konferenz Gegenstand einer Prüfung durch die drei Außenminister zwecks Berichterstattung zum gegebenen Zeitpunkt sein soll.

VII. POLEN

Von der Konferenz wurde folgende Deklaration über Polen angenommen: . . . (vgl. S. 419f.).

VIII. JUGOSLAWIEN

Es wurde beschlossen, Marschall Tito und Dr. Šubašić zu empfehlen:

a) daß das Abkommen Tito – Šubašić unverzüglich in Kraft gesetzt und auf seiner Grundlage eine neue Regierung gebildet wird;

b) daß die neue Regierung sofort nach ihrer Bildung erklären soll:

(1) daß der Antifaschistische Rat der Nationalen Befreiung Jugoslawiens durch Einbeziehung von Mitgliedern der letzten Jugoslawischen Skupština, die sich nicht durch Zusammenarbeit mit dem Feind kompromittiert haben, erweitert wird und damit ein Organ bildet, das als Provisorisches Parlament gelten wird, und

(2) daß die durch den Antifaschistischen Rat der Nationalen Befreiung Jugoslawiens verabschiedeten Gesetzgebungsakte der nachträglichen Ratifizierung der Konstituierenden Versammlung bedürfen.

Diese Erklärung ist im Kommuniqué über die Konferenz zu veröffentlichen.

IX. ITALIENISCH-JUGOSLAWISCHE GRENZE. ÖSTERREICHISCH-JUGOSLAWISCHE GRENZE

Zu diesen Fragen wurden Noten der britischen Delegation vorgelegt. Die amerikanische und die sowjetische Delegation stimmten zu, diese Noten zu prüfen und ihre Auffassungen dazu später darzulegen.

X. JUGOSLAWISCH-BULGARISCHE BEZIEHUNGEN

Zwischen den Außenministern fand ein Meinungsaustausch darüber statt, ob ein jugoslawisch-bulgarischer Bündnisvertrag wünschenswert ist. Es wurde die Frage aufgeworfen, ob es einem Staat, der sich noch unter einem Waffenstillstandsregime befindet, erlaubt werden kann, mit einem anderen Staat einen Vertrag abzuschließen. Herr Eden schlug vor, die bulgarische und die jugoslawische Regierung darüber zu informieren, daß dies nicht gebilligt werden kann. Herr Stettinius schlug vor, daß der britische und der amerikanische Botschafter mit W. M. Molotow die Erörterung dieser Frage in Moskau fortsetzen. W. M. Molotow erklärte sich mit dem Vorschlag von Herrn Stettinius einverstanden.

XI. SÜDOSTEUROPA

Die britische Delegation übergab ihren Kollegen Noten zu folgenden Fragen:

a) Kontrollkommission in Bulgarien.

b) Griechische Ansprüche an Bulgarien, insbesondere in bezug auf Reparationen.

c) Erdölausrüstung in Rumänien.

XII. IRAN

Es fand ein Meinungsaustausch zwischen Herrn Eden, Herrn Stettinius und W. M. Molotow über die Lage in Iran statt. Es wurde beschlossen, die Erörterung dieses Gegenstandes auf diplomatischem Wege fortzusetzen.

XIII. BERATUNGEN DER DREI AUSSENMINISTER

Die Konferenz erzielte ein Übereinkommen darüber, einen ständigen Mechanismus für Konsultationen zwischen den drei Außenministern zu schaffen; diese sollen sich so oft wie erforderlich, wahrscheinlich alle drei oder vier Monate, treffen.

Diese Beratungen werden abwechselnd in den drei Hauptstädten stattfinden, wobei die erste Beratung in London stattfinden wird.

XIV. DIE KONVENTION ZU MONTREUX UND DIE MEERENGEN

Es wurde ein Übereinkommen darüber erzielt, daß die drei Außenminister auf ihrer nächsten Beratung in London Vorschläge der Sowjetregierung hinsichtlich der Konvention zu Montreux erörtern und ihren Regierungen Bericht erstatten werden.

Die türkische Regierung wird darüber zu einem geeigneten Zeitpunkt informiert.

Dieses Protokoll wurde von den drei Außenministern auf der Krimkonferenz am 11. Februar 1945 gebilligt und unterzeichnet."

3 Die Konferenz der Vereinten Nationen (s. Anmerkung 14) in San Francisco fand vom 25. April bis 26. Juni 1945 in Übereinstimmung mit dem Beschluß der Krimkonferenz (s. Anmerkung 2) über die Gründung einer internationalen Sicherheitsorganisation statt. Die Konferenz nahm die Charta der Organisation der Vereinten Nationen an, die am 24. Oktober 1945 nach ihrer Ratifikation durch die Teilnehmerländer der Konferenz in Kraft trat.

4 Die polnische Emigrantenregierung, in der Vertreter des „Sanacja"-Regimes die Hauptpositionen einnahmen, wurde im September 1939 in Angers (Frankreich) gebildet, nachdem Polen infolge der Aggression Hitlerdeutschlands zusammengebrochen war. Im Juni 1940 übersiedelte die polnische Emigrantenregierung nach London. Am 25. April 1943 brach die Sowjetregierung wegen unfreundlicher Akte gegenüber der UdSSR die diplomatischen Beziehungen zu dieser ab.

5 Gemeint ist die Polnische provisorische Regierung der nationalen Einheit, die in Übereinstimmung mit dem Beschluß der Krimkonferenz (s. Anmerkung 2) am 28. Juni 1945 durch Reorganisation der Provisorischen polnischen Regierung unter Aufnahme neuer Mitglieder aus den Reihen der polnischen Emigranten und aus Polen selbst gebildet wurde.

6 Istrien ist eine Halbinsel im Adriatischen Meer, von der ein großer Teil zu Jugoslawien gehört. Im Verlaufe des Jahres 1944 machte sich die Volksbefreiungsarmee Jugoslawiens die Offensive der Roten Armee zunutze und befreite fast ganz Istrien. Bis zum 7. Mai 1945 war der Widerstand des Gegners im Raum Istrien gebrochen. Am 1. Mai 1945 hatten jugoslawische Truppen Triest befreit. Das paßte nicht in das Konzept der herrschenden Kreise Englands und der USA, die den Abzug der jugoslawischen Truppen aus Triest und Istrien forderten. Diese Forderungen wurden von der jugoslawischen Führung zurückgewiesen, dennoch bestanden die Regierungen der USA und Englands in Noten vom 15. Mai 1945 weiter auf der Erfüllung ihrer Forderungen. Die eingetretene Lage löste einen Notenwechsel zwischen J. W. Stalin und USA-Präsident H. Truman aus. Insbesondere schrieb J. W. Stalin am 22. Mai 1945 an H. Truman: „In dieser Hinsicht muß man meines Erachtens unbedingt die Tatsache berücksichtigen, daß gerade die verbündeten jugoslawischen Truppen die deutschen Okkupanten aus dem Gebiet Istrien – Triest vertrieben und damit der gemeinsamen Sache der Alliierten einen wichtigen Dienst erwiesen haben. Schon deshalb wäre es ungerecht und eine unverdiente Kränkung der jugoslawischen Armee und des jugoslawischen Volkes, wenn man Jugoslawien das Recht verweigerte, dieses vom Feind zurückeroberte Gebiet zu besetzen."

Auf der Pariser Friedenskonferenz 1946 strebte Italien mit Unterstützung der USA und Großbritanniens an, Triest und die ganze Westküste Istriens für sich zu behalten. Dank der Haltung der Sowjetunion wurde ganz Istrien, ausgenommen eine kleine Zone, die zu Triest gehört und in das Freie Territorium Triest einbezogen wurde, mit Jugoslawien wiedervereinigt.

7 Das Abkommen zwischen dem Vorsitzenden des Nationalkomitees der Befreiung Jugoslawiens, Marschall Broz Tito, und dem Premierminister der königlich-jugoslawischen Regierung in London, Šubašić, vom 1. November 1944 sah vor, in Jugoslawien einen Regentschaftsrat zu gründen und aus Vertretern des Nationalkomitees der Befreiung Jugoslawiens und der königlich-jugoslawischen Regierung eine vereinte jugoslawische Regierung zu bilden. Wegen Obstruktion seitens des jugoslawischen Königs und der königlichen Emigrantenregierung, die sich in London aufhielten, wurde das Inkrafttreten des Abkommens Tito – Šubašić verzögert. Auf der Krimkonferenz (s. Anmerkung 2) beschlossen die drei alliierten Mächte, Broz Tito und Šubašić zu empfehlen, das Abkommen unverzüglich in Kraft zu setzen und eine Provisorische Vereinte Regierung zu bilden. Es wurde ebenfalls beschlossen zu empfehlen, daß die Vereinte Jugoslawische Regierung erklärt, den AVNOJ (s. Anmerkung 30) durch Aufnahme neuer Mitglieder zu erweitern, auf diese Weise ein Provisorisches Parlament zu bilden und die vom AVNOJ verabschiedeten Gesetze von der Konstituierenden Versammlung bestätigen zu lassen.

8 Gemeint sind die sowjetisch-türkischen Verhandlungen im Juni 1945 in Moskau über die Regelung der Beziehungen zwischen der UdSSR und der Türkei, die notwendig wurden, weil die Sowjetregierung am 19. März 1945 den sowjetisch-türkischen Vertrag über Freundschaft und Neutralität vom 17. Dezember 1925 als nicht der neuen Lage entsprechend und einer ernsthaften Verbesserung bedürfend kündigte.

Am 30. Mai 1953 gab die Sowjetregierung gegenüber der Regierung der Türkei die Erklärung ab, daß es „die Regierungen Armeniens und Georgiens im Namen der Erhaltung gutnachbarlicher Beziehungen und der Festigung des Friedens und der Sicherheit für möglich halten, von ihren territorialen Ansprüchen an die Türkei Abstand zu nehmen. Die Frage der Meerengen betreffend hat die Sowjetregierung ihre frühere Meinung revidiert und hält es für möglich, zu Bedingungen, die sowohl für die UdSSR als auch für die Türkei gleichermaßen akzeptabel sind, die Sicherheit der UdSSR von den Meerengen her zu gewährleisten.

Somit erklärt die Sowjetregierung, daß die Sowjetunion keinerlei territoriale Ansprüche an die Türkei hat."

9 Die Konvention über die Rechtsstellung der Schwarzmeer-Meerengen, unterzeichnet von Vertretern der UdSSR, Großbritanniens, Australiens, Frankreichs, der Türkei, Bulgariens, Griechenlands, Rumäniens, Jugoslawiens und Japans am 20. Juli 1936 zu Montreux, sah vor, die Freiheit der Durchfahrt durch die Meerengen für Handelsschiffe aller Länder in Friedens- wie in Kriegszeiten vorbehaltlich der Bestimmungen der Konvention zu wahren. Die Konvention räumte der Türkei das Recht ein, die Zone der Meerengen unverzüglich wieder zu befestigen. Die Internationale Meerengenkommission wurde aufgelöst, und die Aufsicht und Kontrolle über die Durchfahrt von Schiffen durch die Meerengen erhielt die Türkei.

Bei der Durchfahrt von Kriegsschiffen durch die Meerengen wurde zwischen Schwarzmeer- und Nichtschwarzmeermächten unterschieden. Die Kriegsschiffe der Schwarzmeerstaaten genossen das Recht der freien Durchfahrt durch die Meerengen. Somit erwarb die Sowjetunion das Recht, in Friedenszeiten ihre Kriegsschiffe und Unterseeboote die Meerengen passieren zu lassen.

Für die Nichtschwarzmeerstaaten wurden gewisse Beschränkungen festgelegt. Ihnen war nur gestattet, leichte Überwasserschiffe, kleine Kampfschiffe und Hilfskreuzer in das Schwarze Meer einfahren zu lassen. Die äußerste Aufenthaltsdauer für Kriegsschiffe aus Nichtschwarzmeerländern im Schwarzen Meer war auf drei Wochen begrenzt.

In Kriegszeiten war den Kriegsschiffen jeglicher kriegführenden Macht, sofern die Türkei nicht am Krieg teilnahm, die Durchfahrt durch die Meerengen verboten. Sofern die Türkei am Kriege teilnahm, lag die Durchfahrt durch die Meerengen im Ermessen der türkischen Regierung, und sie war berechtigt, diese Bestimmungen auch dann anzuwenden, wenn sie entschied, daß die Türkei von unmittelbarer Kriegsgefahr bedroht sei.

Die Konvention wurde mit einer Laufzeit von 20 Jahren abgeschlossen, und diese Laufzeit verlängerte sich automatisch, wenn nicht eine der vertragschließenden Parteien die Konvention zwei Jahre vor Ablauf dieser Frist kündigte.

10 „Curzonlinie" ist die gebräuchliche Bezeichnung für die Linie, die der Oberste Rat der Entente am 8. Dezember 1919 als Ostgrenze Polens empfohlen hatte. Bei der Festlegung der „Curzonlinie" wurde ein Beschluß von Delegationen der Hauptmächte der Entente zugrunde gelegt, die es für notwendig erachteten, nur die ethnographisch polnischen Gebiete in das Territorium Polens einzugliedern. Im Juli 1920 richtete der englische Außenminister, Curzon, an die Sowjetregierung eine Note, in der er als Ostgrenze Polens die Linie skizzierte, die der Oberste Rat der Entente 1919 gebilligt hatte. In der Note Curzons hieß es: „Diese Linie verläuft annähernd so: Grodno – Jalowka – Nemirow – Brest-Litowsk – Dorohusk – Ustilug, östlich von Hrubieszów, über Krylow und weiter westlich von Rawa-Russkaja und östlich von Przemyśl bis zu den Karpaten." Am 16. August 1945 wurde in Moskau zwischen der UdSSR und Polen ein Vertrag über die sowjetisch-polnische Grenze unterzeichnet, nach dem die Grenze im großen und ganzen entsprechend der „Curzonlinie" mit einigen Abweichungen zugunsten Polens festgelegt wurde.

11 Vom 30. Juni bis 14. Juli 1945 fanden in Moskau sowjetisch-chinesische Verhandlungen über die Beziehungen zwischen den beiden Ländern statt. Nach einer Pause, bedingt durch die Potsdamer Konferenz, wurden die Verhandlungen fortgesetzt und endeten am 14. August 1945 mit der Unterzeichnung eines Freundschafts- und Bündnisvertrages zwischen der UdSSR und der Chinesischen Republik sowie Abkommen über die Chinesische Changchun-Eisenbahn, über Port Arthur, über den Hafen Daïren und über die Beziehungen zwischen dem sowjetischen Oberkommandierenden und der chinesischen Verwaltung nach dem Einmarsch sowjetischer Truppen in das Gebiet der drei Ostprovinzen Chinas im Zusammenhang mit dem gemeinsamen Krieg gegen Japan.

12 Gemeint ist die Einrichtung eines internationalen Treuhandschaftssystems, wie es die Charta der Organisation der Vereinten Nationen (Kapitel XII, XIII) vorsah, die auf der Konferenz von San Francisco (s. Anmerkung 3) angenommen worden war.

13 Die Achsenmächte waren die Staaten, die dem militärisch-politischen Block mit Deutschland angehörten. Der erste Schritt zum Block der aggressiven Staaten war 1936 die Bildung des militärisch-politischen Blocks zwischen dem faschistischen Deutschland und Italien, der die Bezeichnung „Achse Berlin – Rom" erhielt.

14 Diese Bezeichnung begann man für die Staaten, die am 1. Januar 1942 in Washington die Deklaration der sechsundzwanzig Staaten (UdSSR, USA, Großbritannien, China u. a.), später Deklaration der Vereinten Nationen genannt, unterzeichneten, und die beigetretenen Staaten anzuwenden. Die Unterzeichnerstaaten der Deklaration verpflichteten sich, alle ihre wirtschaftlichen und militärischen Ressourcen gegen die Mitglieder des Dreimächtepaktes und ihm beigetretene Länder, mit denen sie sich im Kriegszustand befanden, einzusetzen, zusammenzuarbeiten und keinen Separatfrieden oder -waffenstillstand mit den gemeinsamen Feinden zu schließen.

In Übereinstimmung mit dem Beschluß der Krimkonferenz (s. Anmerkung 2), in San Francisco (s. Anmerkung 3) eine internationale Sicherheitsorganisation zu gründen, fand die Konferenz der Vereinten Nationen statt, die die Charta der Organisation der Vereinten Nationen annahm.

15 Gemeint ist das Abkommen zwischen der UdSSR, den USA und Großbritannien, das während der Krimkonferenz (s. Anmerkung 2) am 11. Februar 1945 unterzeichnet wurde. Darin kamen die drei Mächte überein, daß „die Sowjetunion zwei bis drei Monate nach der Kapitulation Deutschlands und der Beendigung des Krieges in Europa auf der Seite der Alliierten in den Krieg gegen Japan unter der Bedingung eintreten wird", daß ihre politischen Ansprüche nach dem Sieg über Japan erfüllt werden.

16 Der Kontrollrat in Deutschland wurde errichtet gemäß dem Abkommen zwischen den Regierungen der UdSSR, der USA und Großbritanniens über den Kontrollmechanismus in Deutschland vom 14. November 1944 und dem Abkommen zwischen den Regierungen der UdSSR, der USA, Großbritanniens und Frankreichs vom 1. Mai 1945 mit den Veränderungen an diesem Abkommen, die von der Europäischen Konsultativkommission (s. Anmerkung 21) ausgearbeitet und angenommen wurden, sowie dem Beschluß der Krimkonferenz (s. Anmerkung 2) über die Besetzung Deutschlands und die Kontrolle über Deutschland. Zu den Aufgaben des Kontrollrates, gebildet aus den Oberkommandierenden der vier Mächte mit Sitz in Berlin, gehörte die Verfolgung einer koordinierten Politik der Alliierten gegenüber Deutschland in der Zeit der Besetzung.

17 Am 23. August 1944 wurde in Rumänien, nachdem die sowjetischen Truppen die rumänisch-deutsche Gruppierung Kischinjow – Iaşi zerschlagen hatten, im Ergebnis einer volksdemokratischen Revolution die Regierung der Nationalen Einheit unter General Sănătescu gebildet. Im Verlaufe der weiteren Entwicklung der volksdemokratischen Revolution wurde am 6. März 1945 in Rumänien die Regierung der breiten demokratischen Konzentration unter P. Groza gebildet.

Am 9. September 1944 wurde in Bulgarien, nachdem die Sowjetunion Bulgarien am 5. September 1944 den Krieg erklärt hatte und sowjetische Truppen in Bulgarien einmarschiert waren, im Ergebnis einer volksdemokratischen Revolution die Regierung der Vaterländischen Front unter K. Georgiew gebildet.

Am 22. Dezember 1944 wurde in Ungarn (in Debrecen) nach dem Einmarsch sowjetischer Truppen im Ergebnis einer volksdemokratischen Revolution die Provisorische Nationalregierung unter Generaloberst Béla Miklos gebildet.

18 Am 3. September 1943 unterzeichneten in Sizilien General Castellano seitens Italiens und General Bedell Smith im Namen der Vereinten Nationen (s. Anmerkung 14) sogenannte kurze Bedingungen für die Kapitulation Italiens. Sie bestanden aus 12 Artikeln, die hauptsächlich militärische Fragen betrafen. Am 29. September 1943 unterzeichneten Badoglio seitens Italiens und General Eisenhower im Namen der Vereinten Nationen auf Malta die „langen" oder „ausführlichen" Kapitulationsbedingungen für Italien. Diese bestanden aus 44 Artikeln und enthielten nicht nur Bestimmungen militärischer Art, sondern auch die politischen, ökonomischen und finanziellen Bedingungen für die Kapitulation Italiens.

19 Am 23. Mai 1945 schrieb J. W. Stalin in einer Botschaft an Truman: „Nach Angaben des sowjetischen Militär- und Marinekommandos hat Deutschland auf der Grundlage der Kapitulationsurkunde" (s. Anmerkung 55) „seine gesamte Kriegs- und Handelsflotte an die Engländer und Amerikaner ausgeliefert. Ich muß Ihnen mitteilen, daß sich die Deutschen geweigert haben, den sowjetischen Streitkräften auch nur ein einziges Kriegs- oder Handelsschiff zu übergeben, und ihre gesamte Flotte den anglo-amerikanischen Streitkräften überantwortet haben.

Unter solchen Umständen erhebt sich natürlich die Frage, der Sowjetunion nach dem Beispiel, wie es seinerzeit gegenüber Italien gehandhabt wurde, ihren Anteil an deutschen Kriegs- und Handelsschiffen zuzuteilen. Die Sowjetregierung glaubt allen Grund zu haben und mit vollem Recht auf mindestens ein Drittel der deutschen Kriegs- und Handelsflotte rechnen zu können. Ich halte es auch für notwendig, daß Vertretern der Seekriegsflotte der UdSSR die Möglichkeit gegeben wird, sich mit allen Materialien über die Übergabe der deutschen Kriegs- und Handelsflotte sowie mit dem tatsächlichen Zustand der ausgelieferten Flotte bekanntzumachen.

Das Oberkommando der sowjetischen Seekriegsflotte hat dafür Admiral Lewtschenko mit einer Gruppe Helfer ausersehen.

Die gleiche Botschaft übersende ich Premierminister Churchill."

Am 30. Mai 1945 ging von Truman folgende Antwort ein: „Vielen Dank für den in Ihrer Botschaft vom 23. Mai enthaltenen Vorschlag hinsichtlich der ausgelieferten deutschen Schiffe.

Das scheint mir ein geeigneter Diskussionsgegenstand für uns drei auf der bevorstehenden Zusammenkunft zu sein, auf der sicherlich eine Lösung gefunden werden kann, die für uns alle voll und ganz annehmbar ist.

Hinsichtlich der verfügbaren Unterlagen über die Kapitulation der deutschen Kriegsflotte ist mir bekannt, daß die deutschen Akten jetzt von unseren entsprechenden Befehlshabern durchgesehen werden."

20 Tanger – Stadt und Hafen im Nordwesten Afrikas am Eingang zur Straße von Gibraltar vom Atlantik her – ist ein Teil von Marokko. Die wichtige strategische Lage von Tanger bewirkte, daß es (ab 1904) eine besondere Ordnung erhielt. 1923 unterzeichneten Frankreich, Großbritannien und Spanien die Konvention über das Tangerstatut, wonach Tanger zur internationalen entmilitarisierten, neutralen Zone erklärt wurde. Während des zweiten Weltkrieges wurde Tanger im Juni 1940 von Spanien besetzt. Die Aufhebung des internationalen Status der Tanger-Zone und die Anerkennung der uneingeschränkten Souveränität Marokkos über dieses Territorium wurden am 29. Oktober 1956 auf einer internationalen Konferenz in Fedal (Mahammedia) verkündet. Geleitet von den Prinzipien der Gleichberechtigung und der Selbstbestimmung der Völker und in Respektierung des Strebens des marokkanischen Volkes nach Unabhängigkeit und Vereinigung des Landes, erklärte die Sowjetunion die uneingeschränkte Anerkennung der souveränen Rechte Marokkos auf Tanger.

21 Die Europäische Konsultativkommission (EKK) wurde gemäß einem Beschluß der Moskauer Konferenz der Außenminister der drei alliierten Mächte (19. bis 30. Oktober 1943) aus Vertretern der UdSSR, Großbritanniens und der USA gebildet. Der Kommission wurde die Aufgabe übertragen, „europäische Fragen, die mit der Beendigung der Kampfhandlungen zusammenhängen und die die drei Regierungen ihr zu übertragen für zweckmäßig erachten, zu prüfen und dazu den drei Regierungen gemeinsame Empfehlungen zu geben". Am 11. November 1944 luden die Regierungen der UdSSR, der USA und Großbritanniens die Provisorische Regierung der Französischen Republik ein, „an den Arbeiten der Europäischen Konsultativkommission zu europäischen Angelegenheiten, die ihren Sitz in London hat, als viertes ständiges Mitglied dieser Kommission mitzuwirken". Im August 1945 wurde die Europäische Konsultativkommission auf Beschluß der Berliner Konferenz aufgelöst.

22 Entsprechend dem Abkommen vom 4. Juli 1945 zwischen den Regierungen der UdSSR, der USA und Großbritanniens und der Provisorischen Regierung Frankreichs über den Kontrollmechanismus der Alliierten in Österreich, das in der Europäischen Konsultativkommission (s. Anmerkung 21) vorbereitet und angenommen worden war, wurde in Österreich aus Vertretern der vier Staaten eine Alliierte Kommission gebildet. Hauptaufgaben der Alliierten Kommission in Österreich waren: Trennung Österreichs von Deutschland; Sicherung der schnellstmöglichen Bildung eines zentralen österreichischen Verwaltungsapparates; Vorbereitung der Grundlage für die Bildung einer frei gewählten österreichischen Regierung; in der Zwischenzeit Gewährleistung einer zufriedenstellenden Verwaltung in Österreich.

23 Die Teheraner Konferenz der höchsten Repräsentanten der drei alliierten Mächte – UdSSR, USA und Großbritannien – fand vom 28. November bis 1. Dezember 1943 statt.

24 Der Versailler Friedensvertrag beendete formell den ersten Weltkrieg 1914 bis 1918 und wurde am 28. Juni 1919 unterzeichnet. Der Versailler Friedensvertrag trat am 10. Januar 1920 in Kraft, nachdem ihn Deutschland und die vier verbündeten Hauptmächte (Großbritannien, Frankreich, Italien und Japan) ratifiziert hatten. In Gebietsfragen wurde folgendes beschlossen: 1. Elsaß und Lothringen erhielt Frankreich zurück; 2. das linke Rheinufer und ein 50-Kilometer-Streifen am rechten Rheinufer wurden demilitarisiert, verblieben aber bei Deutschland und unter seiner Souveränität; 3. Frankreich bekam die Kohlegruben im Saarbecken.

Erhebliche Meinungsverschiedenheiten entbrannten um die Grenzen Polens. Am 8. Dezember 1919 verabschiedete der Oberste Rat der Entente eine Deklaration zu den provisorischen Ostgrenzen Polens (s. Anmerkung 10).

Eine ernste Verletzung der territorialen Bestimmungen des Versailler Friedensvertrages erfolgte durch Hitler am 7. März 1936, als deutsche Truppen die demilitarisierte Rheinzone besetzten. Die nächste Verletzung der territorialen Bestimmungen war die Annexion Österreichs am 12. März 1938; am 30. September 1938 besetzte Hitler das Sudetengebiet der Tschechoslowakei; am 15. März 1939 wurde die ganze Tschechoslowakei annektiert; am 22. März 1939 besetzte Deutschland Memel (Klaipeda), das zu Litauen gehörte.

Damit waren zu Beginn des zweiten Weltkrieges die meisten wichtigen Bestimmungen des Versailler Friedensvertrages gebrochen.

25 Gemeint ist das Abkommen zwischen den Regierungen der UdSSR, Großbritanniens, der USA und Frankreichs vom 25. Juli 1945 über einige zusätzliche Forderungen an Deutschland, dessen Wortlaut in der Europäischen Konsultativkommission (s. Anmerkung 21) ausgearbeitet und angenommen worden war. Das Abkommen war eine Ergänzung und Weiterentwicklung der Erklärung in Anbetracht der Niederlage Deutschlands und der Übernahme der obersten Regierungsgewalt hinsichtlich Deutschlands durch die Regierungen des Vereinigten Königreiches, der Vereinigten Staaten von

Amerika und der Union der Sozialistischen Sowjetrepubliken und durch die Provisorische Regierung der Französischen Republik vom 5. Juni 1945.

26 Gemeint ist das britisch-deutsche Flottenabkommen, unterzeichnet am 18. Juni 1935. Nach diesem Abkommen durfte die deutsche Kriegsflotte 35 Prozent der Gesamttonnage der vereinigten Seestreitkräfte des Britischen Commonwealth nicht übersteigen. Insbesondere verpflichtete sich Deutschland, daß seine U-Boot-Flotte nicht größer sein darf als 45 Prozent der U-Boot-Flotte des Britischen Commonwealth. Doch schon 1938 brach Deutschland dieses Abkommen und baute eine Flotte auf, deren Tonnage der britischen gleichkam.

27 In einer Botschaft (eingegangen am 17. Januar 1945) teilte Churchill J. W. Stalin mit: „Der spanische Botschafter in London übersandte mir kürzlich einen Brief zu den Beziehungen zwischen dem Vereinigten Königreich und Spanien, den er von General Franco erhielt. Jetzt habe ich General Franco in Formulierungen geantwortet, die das Kriegskabinett sorgfältig erwogen und uneingeschränkt gebilligt hat. Meine Kollegen und ich meinen, daß für Sie ein Einblick in den Schriftwechsel interessant wäre, besonders zumal darin die Freundschaft zwischen Großbritannien und der UdSSR erwähnt wird, und daher lege ich beide Briefe zu Ihrer Information bei." Die Botschaft enthielt als Anlage nichtdatierte Kopien eines Briefes von Franco und des Antwortschreibens von Churchill.

Franco gab in seinem Brief, der feindliche Ausfälle gegen die UdSSR enthielt, an, daß er sich eine Annäherung zwischen Spanien und England wünsche, und aus dem Brief wurde deutlich, daß diese Annäherung nach Francos Meinung vor allem Kampf gegen die UdSSR und die USA zum Ziel haben sollte. „Wenn Deutschland vernichtet sein wird", hieß es in dem Brief, „und Rußland seine Herrschaft in Europa und Asien festigen wird, und wenn die Vereinigten Staaten als die stärkste Weltmacht in der gleichen Weise im Atlantik und im Pazifik herrschen werden, werden sich die europäischen Länder, die auf dem verheerten Kontinent unversehrt bleiben, der ernstesten und gefährlichsten Krise in ihrer Geschichte gegenübersehen." Franco beklagte sich in seinem Brief über die „Tätigkeit des britischen Geheimdienstes" und die „kleinen Intrigen", die Großbritannien gegen Spanien spinnt.

In seinem Antwortschreiben bestritt Churchill die Erklärung Francos zur Tätigkeit einer britischen Agentur in Spanien. Er erinnerte an die Schwierigkeiten, die Spanien während des Krieges den militärischen Anstrengungen der Alliierten bereitete, die Hilfe, die es ihren Gegnern erwies, und die geringschätzigen Äußerungen Francos über England. „Ich war sehr froh", schrieb Churchill weiter, „positive Wandlungen in der spanischen Politik gegenüber Großbritannien zu beobachten, die begannen, als der verstorbene General Jordana in der Regierung war, und ich habe diese Ereignisse in einer Rede, die ich am 24. Mai im Unterhaus hielt, öffentlich erwähnt. Leider haben sich diese Ereignisse, wie Sie, Eure Exzellenz, in Ihrem Brief an Herzog Alba zugeben, noch nicht tiefgreifend genug entwickelt, um die Schranken zwischen unseren beiden Ländern zu beseitigen. Solange solche Schranken bestehen, muß die Entwicklung wirklich enger Beziehungen der Freundschaft und Zusammenarbeit mit Spanien, die die Regierung Seiner Majestät erstrebt, auf Schwierigkeiten stoßen ..."

In demselben Brief an Franco schrieb Churchill: „Ich würde Sie ernstlich irreführen, wenn ich nicht sofort jegliche falsche Vorstellung ausschaltete, wonach die Regierung Seiner Majestät bereit sei, die Frage einer Mächtegruppierung in Westeuropa oder andernorts, deren Grundlage Feindschaft zu unseren russischen Verbündeten oder vermeintliche Notwendigkeit der Verteidigung gegen unsere russischen Verbündeten ist, zu prüfen. Die Politik der Regierung Seiner Majestät gründet sich nach wie vor fest auf den Englisch-Sowjetischen Vertrag von 1942, und sie betrachtet die Fortsetzung der englich-russischen Zusammenarbeit im Rahmen einer künftigen Weltorganisation nicht nur für ihre eigenen Interessen, sondern auch für den künftigen Frieden und das Gedeihen Europas als Ganzes als wesentlich notwendig."

28 Nach dem Überfall Hitlerdeutschlands auf die UdSSR (22. Juni 1941) schickte Francospanien die sogenannte Blaue Division zur Teilnahme am Krieg gegen die UdSSR an die sowjetisch-deutsche Front. Nach Verlusten wurde die „Blaue Division" dreimal aufgefüllt. Insgesamt wurden 47 000 Soldaten und eine Fliegerstaffel aus Francospanien an die sowjetisch-deutsche Front geschickt.

29 Die Bucht von Algeciras, in der Zone der Straße von Gibraltar gelegen, wurde von Großbritannien und den USA bei der Vorbereitung der Landung anglo-amerikanischer Truppen im November 1942 zur Befreiung Nordafrikas von den deutsch-italienischen Truppen benutzt.

30 Der Antifaschistische Rat der Nationalen Befreiung Jugoslawiens (AVNOJ) war das höchste legislative und exekutive Organ Jugoslawiens, gegründet im November 1942 in Bihać von der Verfassunggebenden Versammlung der antifaschistischen politischen Organisationen und Gruppen, die auf Initiative des ZK der KP Jugoslawiens stattfand. Auf der zweiten Tagung des AVNOJ im November 1943 konstituierte sich das Nationalkomitee der Befreiung Jugoslawiens (NKOJ) als höchstes exekutives Machtorgan. Aus dem NKOJ wurde am 7. März entsprechend dem Abkommen

Tito–Šubašić (s. Anmerkung 7) die Regierung des Demokratischen Föderativen Jugoslawien gebildet. Auf seiner dritten Tagung im August 1945 wurde der AVNOJ in Provisorische Volksskupština umbenannt.

31 Die Erklärung der Regierung Großbritanniens, daß das Vorgehen der Sowjetunion den Erdölbetrieben Rumäniens geschadet habe, widerspricht den Tatsachen. Als die Sowjetunion Deutschland gehörende Erdölanlagen als Beutegut entsprechend Artikel 7 des Waffenstillstandsabkommens mit Rumänien aus Rumänien abtransportierte, berücksichtigte die Sowjetregierung, daß die normale Arbeit der rumänischen Erdölbetriebe gesichert werden mußte, und leistete Rumänien bei der Wiederherstellung der Erdölbohrstellen große Hilfe. Das beweisen die folgenden Zahlen. 1939 wurden auf den Erdölfeldern Rumäniens 250 000 Meter gebohrt und 18 000 Tonnen verschiedene Röhren verbraucht. 1943 – im Jahr der größten Bohrleistungen – wurden 342 000 Meter gebohrt und 24 000 Tonnen Röhren verbraucht. Nach dem Abtransport der Deutschland gehörenden Röhren in die Sowjetunion blieben 64 000 Tonnen Röhren in Rumänien, und das sicherte für drei Jahre eine maximale (dem Stand von 1943 entsprechende) Erdölförderung. Der Rückgang der Erdölförderung 1944 in Rumänien war auf die Kampfhandlungen auf seinem Territorium zurückzuführen.

32 Das Waffenstillstandsabkommen zwischen den Regierungen der UdSSR, Großbritanniens und der USA einerseits und der Regierung Rumäniens andererseits wurde am 12. September 1944 in Moskau unterzeichnet; das Waffenstillstandsabkommen zwischen der UdSSR und Großbritannien einerseits und Finnland andererseits wurde am 19. September 1944 in Moskau unterzeichnet; das Waffenstillstandsabkommen zwischen den Regierungen der UdSSR, Großbritanniens und der USA einerseits und Bulgariens andererseits wurde am 28. Oktober 1944 in Moskau unterzeichnet; das Waffenstillstandsabkommen zwischen der UdSSR, Großbritannien und den USA einerseits und Ungarn andererseits wurde am 20. Januar 1945 in Moskau unterzeichnet.

33 Der britische Premierminister Churchill besuchte Moskau zu Verhandlungen mit der Sowjetregierung vom 12. bis 16. August 1942 und vom 9. bis 18. Oktober 1944.

34 Alliierte Kontrollkommissionen wurden in Rumänien, Bulgarien und Ungarn gemäß Artikel 18, in Finnland gemäß Artikel 22 der Waffenstillstandsabkommen (s. Anmerkung 32) zur Regelung und Kontrolle der Einhaltung der Waffenstillstandsbedingungen unter Gesamtleitung des alliierten (sowjetischen) Oberkommandos gebildet.

35 Das Abkommen über die Besatzungszonen in Österreich und die Stadt Wien zwischen den Regierungen der UdSSR, der USA und Großbritanniens und der Provisorischen Regierung Frankreichs vom 9. Juli 1945 wurde in der Europäischen Konsultativkommission (s. Anmerkung 21) vorbereitet und angenommen. Das Abkommen sah vor, daß Österreich in den Grenzen von 1937 zum Zwecke der Besetzung in vier Zonen aufgeteilt und den vier Mächten je eine überlassen wird. Wien wurde von den Streitkräften der vier Mächte gemeinsam besetzt, und die Verwaltung der Stadt sollte eine interalliierte Kommandantur ausüben.

36 Gemeint sind das Protokoll des Abkommens zwischen den Regierungen der UdSSR, der USA und Großbritanniens über die Besatzungszonen in Deutschland und die Verwaltung von Groß-Berlin vom 12. September 1944, das Abkommen zwischen den Regierungen der UdSSR, der USA und Großbritanniens vom 14. November 1944, Änderungen im Protokoll zum Abkommen vom 12. September 1944 betreffend, und das Abkommen zwischen den Regierungen der UdSSR, Großbritanniens, der USA und der Provisorischen Regierung Frankreichs vom 26. Juli 1945, Änderungen im Protokoll zum Abkommen vom 12. September 1944 betreffend, deren Wortlaut in der Europäischen Konsultativkommission (s. Anmerkung 21) vorbereitet und angenommen wurde. Nach den genannten Abkommen war Deutschland für den Zeitraum der Erfüllung der Forderungen der bedingungslosen Kapitulation zum Zwecke der Besetzung in vier Zonen aufgeteilt, von denen die vier Mächte je eine zugeteilt erhielten, und es wurde das besondere Gebiet Berlin gebildet, das von den vier Mächten gemeinsam besetzt werden sollte.

37 Die Kontrollkommission in Italien wurde in Übereinstimmung mit Artikel 37 der „ausführlichen Bedingungen“ für die Kapitulation Italiens (s. Anmerkung 18) aus Vertretern der Vereinten Nationen unter der Gesamtleitung des alliierten Oberkommandierenden für die Regelung und Kontrolle der Einhaltung der Kapitulationsbedingungen gebildet.

38 Die Interalliierte Reparationskommission, bestehend aus Vertretern der UdSSR, der USA und Großbritanniens mit Sitz in Moskau, wurde entsprechend dem Beschluß der Krimkonferenz (s. Anmerkung 2) zur Aufstellung eines Plans der Reparationen von Deutschland gebildet.

39 In der erwähnten Note der Regierung der UdSSR an die Regierungen Frankreichs, Großbritanniens und der USA vom 1. Juni 1945 hieß es: „Nach eingegangenen Meldungen sind auf dem Territorium Syriens und Libanons gegenwärtig Kampfhandlungen im Gange, wobei die dort stehenden französischen Truppen in Zusammenstöße mit Syrern und Libanesen verwickelt wurden und die Hauptstadt Syriens, Damaskus, unter Artillerie- und Granatwerferbeschuß nahmen. Damaskus wird aus der

Luft beschossen. Zu bewaffneten Zusammenstößen kommt es auch in einigen anderen Städten Syriens und Libanons. Die Zahl der Toten und Verwundeten steigt von Tag zu Tag. Die Lage wird dadurch verschlimmert, daß die genannten drei Staaten – Frankreich, Syrien und Libanon – Mitglieder der Vereinten Nationen sind, die an der stattfindenden Konferenz in San Francisco teilnehmen.

Die Sowjetregierung ist der Ansicht, daß die Ereignisse in Syrien und Libanon dem Geist der Beschlüsse von Dumbarton Oaks und den Zielen der in San Francisco stattfindenden Konferenz der Vereinten Nationen zur Gründung einer Organisation für die Gewährleistung von Frieden und Sicherheit der Völker nicht entsprechen. Daher müssen nach Auffassung der Sowjetregierung dringliche Maßnahmen getroffen werden, um die Kampfhandlungen in Syrien und Libanon zu beenden und den Konflikt friedlich beizulegen."

40 Gemeint sind die Territorien der ehemaligen deutschen Besitzungen in Afrika und im Pazifik und die ehemaligen Besitzungen des Osmanischen Reiches, über die laut Artikel 22 der Völkerbundsatzung – einer internationalen Organisation, die nach dem ersten Weltkrieg 1914 bis 1918 von den imperialistischen Mächten als ein Bestandteil des Versailler Systems gegründet wurde – die Siegermächte die Treuhandschaft errichteten. Mandatsträger, denen der Völkerbund die Treuhandschaft übertrug, waren Großbritannien, Frankreich, Belgien, Japan, Australien und Neuseeland.

41 Bei den sowjetisch-britischen Verhandlungen vom 9. bis 18. Oktober 1944 in Moskau und während der Krimkonferenz 1945 äußerte Churchill die Bereitschaft, die Konvention zu Montreux (s. Anmerkung 9) zu revidieren.

42 Nach dem russisch-türkischen Bündnisvertrag von 1805 und dem russisch-türkischen Verteidigungsbündnis von Hunkiar-Iskelessi aus dem Jahre 1833 waren Rußland und die Türkei übereingekommen, das Schwarze Meer als für alle ausländischen Kriegsschiffe gesperrt zu betrachten, „darin das einzige Mittel zur Gewährleistung ihrer gegenseitigen Sicherheit sehend", wie es im Vertrag von 1805 hieß.

43 Truppen des hitlerfreundlichen Regimes, das im Südwesten Frankreichs entsprechend den Bedingungen des Waffenstillstandes von Copiègne vom 22. Juni 1940 zwischen Hitlerdeutschland und der verräterischen „Kapitulantenregierung" Frankreichs errichtet wurde. Das Vichyregime, das unter den Bedingungen der deutschen Okkupation des übrigen französischen Territoriums bestand, war nach der gleichnamigen Stadt benannt, in der die antinationale Vichyregierung unter Pétain gebildet wurde.

44 Der Bündnisvertrag zwischen der UdSSR, Großbritannien und Iran wurde am 29. Januar 1942 in Teheran unterzeichnet. Laut Vertrag verpflichteten sich die UdSSR und Großbritannien, die territoriale Integrität, die Souveränität und die politische Unabhängigkeit Irans zu respektieren, es vor einer Aggression Deutschlands oder irgendeiner anderen Macht zu schützen und ihm mögliche wirtschaftliche Hilfe zu gewähren. Iran verpflichtete sich, mit allen ihm zur Verfügung stehenden Mitteln mit den alliierten Staaten zusammenzuarbeiten, wobei sich die Hilfe der iranischen Streitkräfte auf die Aufrechterhaltung der inneren Ordnung auf iranischem Territorium beschränkte. Die Seiten verpflichteten sich, keine Abkommen zu schließen, die mit den Bestimmungen des Vertrages unvereinbar sind. Der Vertrag sicherte die Zusammenarbeit Irans mit den Staaten der Antihitlerkoalition.

45 Die Provisorische Koalitionsregierung unter K. Renner wurde am 27. April 1945 in Wien gebildet.

46 Am 28. Juli 1945 setzten die Vertreter der Provisorischen polnischen Regierung der nationalen Einheit, die zur Berliner Konferenz gekommen waren, auch einige schriftliche Materialien in Umlauf: „Erklärung des Mitgliedes des Präsidiums der Krajowa Rada Narodowa Grabski": „Gründe für die Herstellung polnischer Verwaltung in einigen Teilen des Gebietes bis zur Oder und zur Westlichen Neiße" u. a.

47 Gemeint ist der Austausch von Botschaften zwischen Churchill und Stalin am 21. und 22. September 1943. Churchill schrieb in seiner Botschaft: „Jetzt, da die Deutschen Mussolini als Oberhaupt einer sogenannten republikanischen faschistischen Regierung eingesetzt haben, ist es sehr wichtig, diese Maßnahme zu parieren, indem wir alles in unserer Macht Stehende tun, um die Autorität des Königs und Badoglios zu stärken, die den Waffenstillstand" (s. Anmerkung 18) „unterzeichnet und ihn seither nach besten Kräften ehrlich mit uns erfüllt sowie den größten Teil ihrer Flotte ausgeliefert haben. Außerdem müssen wir aus militärischen Gründen alle Kräfte in Italien mobilisieren und konzentrieren, die bestrebt sind, gegen die Deutschen zu kämpfen oder ihnen wenigstens Widerstand zu leisten. Sie sind bereits in Aktion.

Ich schlage deshalb vor, dem König zu empfehlen, über den Rundfunk an das italienische Volk zu appellieren, es möge sich um die Regierung Badoglio scharen, und seine Absicht zu verkünden, eine antifaschistische Koalitionsregierung auf breiter Basis zu bilden, wobei es selbstverständlich ist, daß nichts unternommen wird, was das italienische Volk daran hindern könnte, über die ihm genehme demokratische Regierungsform nach dem Krieg zu entscheiden.

Es sollte auch gesagt werden, daß alle nützlichen Dienste des Volkes und der Armee der italienischen Regierung gegen den Feind bei der Ausarbeitung und Durchführung des Waffenstillstandes anerkannt werden, daß die italienische Regierung Deutschland den Krieg erklären könne, dadurch aber Italien nicht zu einem Alliierten, sondern nur zu einem kriegführenden Staat würde."

Stalin erwiderte in seiner Botschaft: „Ich bin einverstanden mit Ihrem Vorschlag, daß der italienische König einen Rundfunkappell an das Volk richtet. Ich halte es aber für völlig unerläßlich, daß in dem Appell des Königs eindeutig erklärt wird, daß Italien vor Großbritannien, den Vereinigten Staaten und der Sowjetunion kapituliert hat und zusammen mit Großbritannien, den Vereinigten Staaten und der Sowjetunion gegen Deutschland kämpfen wird."

48 Am 11. Februar 1945 wurden während der Krimkonferenz (s. Anmerkung 2) zwischen der UdSSR und Großbritannien und der UdSSR und den USA unterzeichnet: Abkommen betreffend die von Truppen unter sowjetischem Kommando und Truppen unter britischem Kommando befreiten Kriegsgefangenen und Zivilpersonen; Abkommen zwischen der Regierung der UdSSR und der Regierung Großbritanniens über befreite sowjetische Staatsangehörige in Großbritannien; Abkommen betreffend die von Truppen unter sowjetischem Kommando und Truppen unter dem Kommando der USA befreiten Kriegsgefangenen und Zivilpersonen. Die Abkommen enthielten Maßnahmen für den Schutz, den Unterhalt und die Repatriierung von Kriegsgefangenen und Zivilpersonen Großbritanniens, der UdSSR und der USA, welche durch die jetzt in Deutschland einziehenden alliierten Streitkräfte befreit wurden.

49 Das Abkommen über die Gründung der United Nations Relief und Rehabilitation Administration (UNRRA) wurde am 9. November 1943 von Vertretern aus 44 Ländern in Washington unterzeichnet. Im Namen der UdSSR unterzeichnete A. A. Gromyko das Abkommen. Aufgabe der UNRRA war es, den Ländern, die während des zweiten Weltkrieges gelitten hatten, bei der Wiederherstellung ihrer Wirtschaft Hilfe zu leisten. 1947 wurde die UNRRA aufgelöst.

50 Das Abkommen über die Gründung der Zentralen Europäischen Binnentransportorganisation wurde am 27. September 1945 in London abgeschlossen. Es ersetzte das Abkommen über die provisorische Organisation für europäischen Binnentransport vom 8. Mai 1945.

Am Abkommen vom 27. September waren beteiligt: Belgien, England, Frankreich, Griechenland, Holland, Jugoslawien, Luxemburg, Norwegen, Polen, die Tschechoslowakei und die UdSSR. In Artikel 1 des Abkommens stand, daß diese „Organisation als Koordinierungs- und Konsultativorgan gegründet wird. In Anbetracht der erfolgreichen Beendigung des Krieges soll sie die Bemühungen um die Nutzung aller Transportmittel koordinieren, damit die Verbindungen so geregelt werden, daß die Wiederherstellung normaler Bedingungen für das Wirtschaftsleben gewährleistet ist." Laut Artikel III bestand diese Organisation aus dem Rat und dem Exekutivbüro. Letzteres setzte sich aus sieben vom Rat ernannten Mitgliedern zusammen, darunter je ein Mitglied Großbritanniens, der USA und Frankreichs. Mitglied der Organisation sollten die Regierungen sein, die dieses Abkommen unterzeichnet hatten, „und diejenigen Regierungen, die zu diesem Rat zugelassen werden können".

51 Gemeint ist ein Brief des japanischen Botschafters in der UdSSR, Sato, an das Volkskommissariat für Auswärtige Angelegenheiten der UdSSR vom 13. Juli 1945, in dem er die Sowjetregierung um Zustimmung zur Einreise des Sonderbeauftragten Japans, Konoye, in die UdSSR bat. Dem Brief lag eine Botschaft des japanischen Kaisers zu seinem Wunsch, „dem Krieg möglichst bald ein Ende zu setzen", bei. In diesen beiden Dokumenten wurde weder über den Zweck der Reise Konoyes in die UdSSR noch über seine Vollmachten etwas Konkretes gesagt. Am 18. Juli, während der Berliner Konferenz, überreichte das Volkskommissariat für Auswärtige Angelegenheiten der UdSSR Sato die Antwort der Sowjetregierung auf seinen Brief. Darin hieß es, daß „die in der Botschaft des japanischen Kaisers geäußerten Erwägungen in allgemeiner Form gehalten sind und keine konkreten Vorschläge enthalten. Der Sowjetregierung ist auch unklar, worin die Aufgaben der Mission des Fürsten Konoye bestehen." Abschließend wurde erklärt: „Angesichts des Dargelegten sieht die Sowjetregierung keine Möglichkeit, auf die Botschaft des Kaisers und zur Mission Konoye irgendeine bestimmte Antwort zu geben."

52 Auf der Krimkonferenz (s. Anmerkung 2) faßten die UdSSR, die USA und Großbritannien folgenden Beschluß zur Aufteilung Deutschlands: „Es wurde beschlossen, daß Art. 12 (a) der Kapitulationsbedingungen für Deutschland" (s. Anmerkung 55) „zu verändern ist und wie folgt lauten soll:

‚Das Vereinigte Königreich, die Vereinigten Staaten von Amerika und die Union der Sozialistischen Sowjetrepubliken werden gegenüber Deutschland die oberste Gewalt besitzen. Bei der Ausübung dieser Gewalt werden sie solche Maßnahmen, einschließlich der vollständigen Entwaffnung, Entmilitarisierung und Aufteilung Deutschlands, ergreifen, die sie für den künftigen Frieden und die Sicherheit für notwendig erachten.'

Mit dem Studium des Verfahrens der Aufteilung Deutschlands ist eine Kommission beauftragt worden, der Herr Eden (Vorsitzender), Herr Winant und Herr Gussew angehören. Dieses Organ wird prüfen, ob es wünschenswert ist, daß sich ihm ein Vertreter Frankreichs anschließt."

Als jedoch die Kommission für die Aufteilung Deutschlands in London ihre Arbeit aufnahm, leitete der Vertreter der UdSSR, Gussew, am 26. März 1945 im Auftrage der Sowjetregierung dem Vorsitzenden der Kommission, Eden, einen Brief zu, in dem es hieß: „Die Sowjetische Regierung faßt den Beschluß der Krimkonferenz über die Aufteilung Deutschlands nicht als verbindlichen Plan zur Aufteilung Deutschlands auf, sondern als eine mögliche Perspektive der Druckausübung auf Deutschland, wenn sich die anderen Mittel als unzulänglich erweisen sollten."

Am 9. Mai 1945, dem Tag des Sieges über Hitlerdeutschland, erklärte J. W. Stalin in einer Ansprache an das Sowjetvolk: „Deutschland ist aufs Haupt geschlagen. Die deutschen Truppen kapitulieren. Die Sowjetunion feiert den Sieg, wenn sie sich auch nicht anschickt, Deutschland zu zerstükkeln oder zu vernichten."

53 Die Verhandlungen in London wurden vom 28. Juni bis 8. August 1945 zwischen Vertretern der UdSSR, der USA, Großbritanniens und Frankreichs über die gerichtliche Verfolgung und Bestrafung der Hauptkriegsverbrecher der europäischen Achsenmächte geführt. Diese Verhandlungen endeten mit dem Abschluß eines Abkommens zwischen den Regierungen der UdSSR, der USA, Großbritanniens und Frankreichs über die Gründung eines Komitees zur Voruntersuchung und zur Anklage der Hauptkriegsverbrecher sowie über die Gründung eines Internationalen Gerichtshofes zur Aburteilung der Hauptkriegsverbrecher der europäischen Achsenmächte. Dem Abkommen lag ein Statut bei, das die Verfassung, die Zuständigkeit und die Aufgaben des Gerichtshofes festlegte.

54 „Terminal" war die Codebezeichnung für die Berliner Konferenz der höchsten Repräsentanten der drei alliierten Mächte – UdSSR, USA und Großbritannien – vom 17. Juli bis 2. August 1945.

55 Die Urkunde über die militärische Kapitulation der deutschen Streitkräfte wurde am 8. Mai 1945 in Berlin im Namen des deutschen Oberkommandos von Keitel, Friedeburg und Stumpff unterzeichnet. Anwesend waren: bevollmächtigt vom Oberkommando der Roten Armee Marschall der Sowjetunion G. Shukow, bevollmächtigt vom Obersten Befehlshaber der Alliierten Expeditionsstreitkräfte Luftmarschall Tedder. Zugegen waren bei der Unterzeichnung als Zeugen: der Oberkommandierende der strategischen Fliegerkräfte der USA, General Spaatz, und der Oberbefehlshaber der Französischen Armee, General de Lattre de Tassigny. Die Urkunde bestand aus sechs Punkten und sah die bedingungslose Kapitulation aller deutschen Streitkräfte, die Einstellung ihrer Kampfhandlungen am 8. Mai 1945 und ihre vollständige Entwaffnung vor.

Am 5. Juni 1945 unterzeichneten die vier alliierten Mächte die Erklärung in Anbetracht der Niederlage Deutschlands und der Übernahme der obersten Regierungsgewalt hinsichtlich Deutschlands durch die Regierungen der UdSSR, der USA, Großbritanniens und durch die Provisorische Regierung Frankreichs. Die Erklärung bestand aus 15 Artikeln und enthielt die Hauptforderungen der vier alliierten Mächte, die sich aus der vollständigen Niederlage und der bedingungslosen Kapitulation Deutschlands ergaben. Grundlage der Erklärung war die Urkunde über die bedingungslose Kapitulation Deutschlands, vorbereitet und angenommen von der Europäischen Konsultativkommission (s. Anmerkung 21) am 25. Juli 1944.

Gleichzeitig mit der Veröffentlichung der Erklärung am 5. Juni 1945 in Berlin wurde der Inhalt der Abkommen über den Kontrollmechanismus in Deutschland (s. Anmerkung 16) und über die Besatzungszonen Deutschlands (s. Anmerkung 36) bekanntgegeben.

56 Das Abkommen von Varkiza wurde am 12. Februar 1945 im Beisein der Emissäre Churchills in Griechenland, McMillan und Leeper, zwischen der reaktionären griechischen Regierung und einer Delegation der Nationalen Befreiungsfront (EAM), geleitet von Georgios Siantos, über die Einstellung des bewaffneten Kampfes der Griechischen Volksbefreiungsarmee (ELAS) gegen die britischen Interventen und ihre monarcho-faschistischen Marionetten geschlossen. In dem Abkommen von Varkiza ging die EAM die Verpflichtung ein, die Kampfhandlungen einzustellen und die Volksbefreiungsarmee zu demobilisieren. Die griechische Regierung verpflichtete sich, in Griechenland demokratische Freiheiten herzustellen, den Staatsapparat von Kollaborateuren zu säubern, bis Ende 1945 im Lande einen Volksentscheid zur Staatsordnung Griechenlands herbeizuführen usw.

Während die EAM ihre Pflichten aus dem Vertrag restlos erfüllte, kam die Regierung Griechenlands keiner der übernommenen Verpflichtungen nach.

57 Die Krajowa Rada Narodowa (Landesnationalrat) war das provisorische Parlament Polens, das im Dezember 1943 auf Initiative der Polnischen Arbeiterpartei ins Leben gerufen worden war, um die demokratischen Kräfte des polnischen Volkes im Kampf gegen die faschistischen deutschen Okkupanten und gegen die verräterische Politik der polnischen Emigrantenregierung in London (s. Anmerkung 4) sowie gegen deren „Delegatur" in Polen zu vereinen. Auf ihrer ersten Tagung in der Nacht vom 31. Dezember 1943 zum 1. Januar 1944 nahm die KRN eine Deklaration an, die das polnische Volk im Bündnis mit der UdSSR zum Kampf für die Vertreibung der faschistischen Okku-

panten, die Erringung der nationalen Unabhängigkeit und die Schaffung eines wahrhaft demokratischen Polen aufrief. Nachdem die Rote Armee polnischen Boden betreten hatte, bildete die Krajowa Rada Narodowa am 21. Juli 1944 das Polnische Komitee der Nationalen Befreiung (PKWN). Am 31. Dezember 1944 bildete die Krajowa Rada Narodowa in Lublin das PKWN in die Provisorische Regierung der Polnischen Republik um, die nach der Befreiung Warschaus durch die Rote Armee am 17. Januar 1945 in die Hauptstadt Polens übersiedelte.

58 Im Zusammenhang mit dem Memorandum der Delegation der UdSSR vom 20. Juli 1945 verbreitete die Delegation Großbritanniens am 22. Juli auf der Berliner Konferenz ein Memorandum Churchills mit zwei Anlagen: einem Bericht von Feldmarschall Alexander und einem Bericht über die Reise einer britischen Gewerkschaftsdelegation unter Citrine nach Griechenland.

Bekanntlich unternahm die britische Regierung im Herbst 1944 eine bewaffnete Intervention in Griechenland, um die nationale Befreiungsbewegung in Griechenland, an deren Spitze die Nationale Befreiungsfront (EAM) (s. Anmerkung 56) stand, zu unterdrücken. In dem Memorandum suchte Churchill zu beweisen, daß die EAM und die ELAS (Volksbefreiungsarmee) nicht die Mehrheit des griechischen Volkes repräsentierten.

59 Laut Artikel 4 des Abkommens über den Kontrollmechanismus in Deutschland zwischen den Regierungen der UdSSR, der USA und Großbritanniens vom 14. November 1944 und dem Abkommen zwischen den Regierungen der UdSSR, Großbritanniens, der USA und der Provisorischen Regierung Frankreichs vom 1. Mai 1945, Änderungen an diesem Abkommen betreffend, wurde beim Kontrollrat in Deutschland (s. Anmerkung 16) aus den vier Oberkommandierenden ein ständiger Koordinierungsausschuß gebildet. Zu seinen Aufgaben gehörten: a) die Ausführung der Beschlüsse des Kontrollrates; b) Beobachtung und Kontrolle der Tätigkeit der entsprechenden Organe der deutschen Zentralverwaltung und der Institutionen; c) die Abstimmung laufender Fragen, die in allen vier Zonen einheitliche Maßnahmen erfordern; d) die vorhergehende Prüfung und Vorbereitung von Fragen für den Kontrollrat, die von den einzelnen Oberkommandierenden aufgeworfen wurden.

60 Das Europäische Komitee für wirtschaftliche Hilfe wurde am 28. Mai 1945 auf Initiative Englands in einer konstituierenden Sitzung aus Vertretern Belgiens, Englands, Hollands, Norwegens, der Türkei und der USA gebildet.

61 Die Europäische Kohleorganisation wurde am 18. Mai 1945 auf Initiative Englands gegründet. Dieser Organisation gehörten an: England, Belgien, die Niederlande, Griechenland, Dänemark, Luxemburg, Norwegen, die Türkei, die USA und als Beobachter die Tschechoslowakei und Jugoslawien.

62 Als Antwort auf das Aide-mémoire der Delegation der UdSSR sandte Bevin W. M. Molotow am 30. Juli 1945 ein Schreiben, in dem er darauf hinwies, daß er auf die Informationen hin, die er von „kompetenten Organen in London" erhalten habe, sich freue, mitteilen zu können, daß „die im sowjetischen Aide-mémoire vom 25. Juli enthaltenen Behauptungen unbegründet" seien. Indessen wurde in dem Brief eingestanden, daß von allen Deutschen in Norwegen etwa 7300 (Offiziere und 2 Prozent andere Dienstgrade) ihre Pistolen und Gewehre behalten durften, davon im Raum Mo – Trondheim 1400 und im Raum Bodø – Tromsø 2750. In denselben Gebieten wurden über 20000 Deutsche aus Gefangenenlagern entlassen.

63 In Artikel 7 des Waffenstillstandsabkommens zwischen den Regierungen der UdSSR, Großbritanniens und der USA einerseits und der Regierung Rumäniens andererseits vom 12. September 1944 hieß es: „Die Regierung und das Hauptkommando Rumäniens verpflichten sich, dem Alliierten (Sowjetischen) Oberkommando als Kriegsbeute alles Kriegsmaterial Deutschlands und seiner Satelliten, welches sich auf rumänischem Gebiet befindet, einschließlich deutscher Kriegsschiffe und der seiner Satelliten, die sich in rumänischen Häfen befinden, zu übergeben."

In Punkt 2 des Protokolls zum Abkommen hieß es: „Der Begriff ‚Kriegsmaterial', der in Artikel 7 verwendet ist, wird verstanden als alles Gerät oder alle Ausrüstungen umfassend, die militärischen oder paramilitärischen Verbänden des Gegners und ihren Mitgliedern gehören, von ihnen verwendet werden oder zu deren Verwendung bestimmt sind."

64 Die Deklaration von Kairo, deren Veröffentlichung am 1. Dezember 1943 erfolgte, wurde auf der Konferenz von Kairo von den USA, Großbritannien und China angenommen. Die Deklaration definierte die Kriegsziele der drei Staaten gegen Japan. In der Deklaration wurde angeführt, daß die USA, Großbritannien und China den Krieg gegen Japan führen, um seiner Aggression „Einhalt zu tun" und sie zu bestrafen und es zur bedingungslosen Kapitulation zu zwingen. Ihre Absicht sei es, Japan alle Inseln im Pazifik zu entreißen, die es „seit Beginn des ersten Weltkrieges 1914 in Besitz genommen oder besetzt hat", und der Chinesischen Republik „alle Gebiete, die Japan den Chinesen gestohlen hat, wie die Mandschurei, Formosa und die Pescadoren, zurückzugeben". Weiter hieß es in der Deklaration, daß Korea zu gegebener Zeit frei und unabhängig werden soll. Die Teilnehmer

der Deklaration erklärten: „Sie begehren keinen Gewinn für sich selbst und denken nicht an Gebietserweiterungen.“

65 Die Erklärung über die Verantwortlichkeit der Hitleranhänger für begangene Greueltaten wurde auf der Moskauer Konferenz der Außenminister der UdSSR, der USA und Großbritanniens, die vom 19. bis 30. Oktober 1943 stattfand, angenommen und am 2. November 1943 mit den Unterschriften Roosevelts, Stalins und Churchills veröffentlicht. In der Erklärung hieß es, daß die Deutschen, die an Massakern, Exekutionen oder an der Ausrottung der Bevölkerung beteiligt waren, an den Schauplatz ihrer Verbrechen zurückgebracht und an Ort und Stelle von den Völkern abgeurteilt werden, denen sie Gewalt angetan haben. Die Erklärung ging nicht auf die Hauptverbrecher ein, deren Verbrechen nicht an einen bestimmten geographischen Ort gebunden waren und die auf gemeinsamen Beschluß der Regierungen der Alliierten bestraft werden sollten.

66 Gemeint ist der Brief von I. Šubašić und Marschall Josip Broz Tito an J. W. Stalin, der am 26. Juli 1945 während der Potsdamer Konferenz einging und die Zivilverwaltung im Gebiet Giulia betraf, das unter der militärischen Verwaltung des Kommandos Englands und der USA stand. Dem Brief lag eine Note des Ministeriums für Auswärtige Angelegenheiten Jugoslawiens vom 17. Juli 1945 an die Botschaften Großbritanniens und der USA in Belgrad zu derselben Frage bei.

67 Die Erklärung der vier Staaten über allgemeine Sicherheit wurde auf der Moskauer Konferenz der Außenminister der UdSSR, der USA und Großbritanniens vom 19. bis 30. Oktober 1943 von Molotow, Hull und Eden und vom Botschafter Chinas in der UdSSR, Fu Bingchang, unterzeichnet. Darin wurde erklärt, daß das vereinte Handeln der UdSSR, der USA, Großbritanniens und Chinas, das gerichtet ist auf die Kriegführung gegen ihre gemeinsamen Feinde, „zur Herbeiführung und Aufrechterhaltung von Frieden und Sicherheit fortgeführt werden wird“; daß es die vier Staaten als notwendig anerkennen, in möglichst kurzer Frist eine internationale Organisation für die Aufrechterhaltung des internationalen Friedens und der Sicherheit zu gründen; daß sie sich gegenseitig konsultieren werden über gemeinsame Handlungen mit dem Ziel der Erhaltung des internationalen Friedens und der Sicherheit, bis Recht und Ordnung wiederhergestellt sind und bis ein allgemeines Sicherheitssystem eingerichtet worden ist; daß sie nach Beendigung des Krieges ihre Streitkräfte nicht innerhalb der Gebiete anderer Staaten einsetzen werden, außer nach gemeinsamer Konsultation für die in dieser Erklärung ins Auge gefaßten Ziele; daß sie sowohl miteinander als auch mit anderen Mitgliedern der Vereinten Nationen beraten und zusammenarbeiten werden, um ein durchführbares allgemeines Abkommen betreffend die Regelung der Rüstung in der Zeit nach dem Krieg zu erzielen.

Sachregister

Namensverzeichnis

Inhaltsverzeichnis

Sachregister

Abessinien
s. Äthiopien
Afrika 41 83 276 338
s. auch Italien
Ägypten 83 137 156
Albanien 64 83 274 303 345 366
albanisch-griechischer Konflikt 64 83 366
Alliierte Kontrollkommission
s. Kontrollrat
Antifaschistischer Rat der Nationalen Befreiung Jugoslawiens (AVNOJ) 75
Argentinien 151
Äthiopien 83
Aufnahme (Wiederaufnahme) diplomatischer Beziehungen 203
– zu Bulgarien 23 24 171 187 188 207 243 275 342 395 411
– zu Finnland 23 24 171 187 188 207 243 275 342 395 411
– zu Italien 24 43
– zu Rumänien 23 24 171 187 188 207 243 275 342 395 411
– zu Ungarn 23 24 171 187 188 207 243 275 342 395 411
s. auch Friedensvertrag; Organisation der Vereinten Nationen (UNO)
Australien 85
AVNOJ (Antifašističko veće narodnog oslobodenja Jugoslavije)
s. Antifaschistischer Rat der Nationalen Befreiung Jugoslawiens

bedingungslose Kapitulation Deutschlands
s. Deutschland
Belgien 87 164 175 203 211 213 344 360
Berlin
s. Deutschland
Berliner Konferenz
s. Potsdamer (Berliner) Konferenz
Binnenwasserstraßen
s. Schiffahrt
Bulgarien 9 11 22–24 73 80 83 85–87 91 98 106 108 121 133 150 151 153–155 171 185 187 226–228 240 243 274 275 286 287 310 372 390 408
Kontrollkommission in – 110 125 143 218 219 226 234 240 246 247 286 287 320 365 371 396 412
Regierungsumbildung 23 24 41 262 287
Zulassung zur Organisation der Vereinten Nationen (UNO) 24 144 147 159 160 254 342 394 411
s. auch Friedensvertrag, Reparationen

China 39 46 47 318
Mitarbeit im Rat der Außenminister 39 45 46 49 82 93 106 130 132 143 222 253 298 299 332 333 383–385 401–403
s. auch sowjetisch-chinesische Verhandlungen in Moskau
Curzonlinie 36 99 102 112 116 136
s. auch Polen

Deklaration über das befreite Europa 10 15 22 40 41 65 73–75 78 79 91 93 106–109 124 147 159 169 193 218 251 252 262 269 272 274 286
Deklaration von Kairo 319
Deutschland 8 12–20 40 49–54 59 64–66 79 80 82 83 85 86 90 92 99 101 102 111–113 126–128 134 145 146 148 238 244 251–254 299 311 402
Aufteilung der Flotte 20 34 37 43 48 50 60 61 63 65–69 78 107 144 148 160 161 170 185 193 197 198 218 223 235 241 245 267 351–354 367–370 390–392 408
Auslandsaktiva (-investitionen) 20 204 210 223 225 226 227 229 231 239 241 346 372 373 374 389 407
bedingungslose Kapitulation 12 299 312 351 352 402
Besatzungszonen in – 10–13 16 17 57 89 99 101 102 127 128 161 198 199 201–203 206 208 209 211 215 222 227–229 239 280 299 309 311 323 324 334 349 402 403 407
Eigentum der Alliierten in – 236 239 242 317

Entnahme von Ausrüstungen 19 127 128 174 175 182–184 199 200 206 208 209 211 296 309 310 326–332 343 359 360 372 389 390 408
Erklärung über die Niederlage – 12 16 289
Groß-Berlin 13 230 280 283 349 373
Importe für – 232 261 279–283 297 298 309 337 350 374
Kontrollrat 13 15 17 40 49–52 58 59 108 126 131 136 141 166 167 203 204 206 208 209 213 216 217 223 224 230 231 251 254–257 261 264 265 277 278 282 283 289 290 296 298 299 307 309 310 313 317 318 323–325 334 337 343 346 349 350 353 354 357 359 363 373–375 379 385 388 392 396 402–405
Lebensmittelfrage (Nahrungsmittel) 102–104 112 114 127 162 163 166 182–184 202 230 231 349 373
militärische Kapitulationsurkunde 7 15 16
politische und wirtschaftliche Grundsätze bei der Behandlung – 8 16–18 57 59 64 77 79 90 93 107 108 110 125 129 131 141 146 169 170 172 193 194 214–217 222 223 225 231 238 245 255–257 264–266 277 278 279–283 297 298 306–309 334–339 354 362 363 374 375 385–389 403–407
Reparationen von – 8 10 15 18–20 105 107 125 127–131 141 142 146 148 159 160 172–176 182–184 193 195 197–212 214 222 223 225–227 229 230 232 238 241 245 258–261 279–283 294–297 308–310 314 316 317 337 343–345 348 349 353 359–361 371–375 377–379 389 390 406 407 408
Ruhrgebiet 19 102 103 116 128 163 164 182–184 198–202 204 206 208 215 216 222 224 230 231 247 343–345 348 349
Schlesien 103 104 113 116 174
Überführung (Umsiedlung) der Bevölkerung 21 102 103 112 161 162 164 166–168 170 192 193 217 246 252 312 357 364 396 413
s. auch Friedensvertrag; Reparationen
Direktiven an die alliierten Oberkommandierenden in Deutschland 109 126 129 132 142 289 290 308 323 324 336 398

Erdöl
s. Versorgung Europas mit Erdöl
Europäische Binnenverkehrskonferenz 180 292 315 398
Europäische Kohleorganisation 292 315 324
Europäische Konsultativkommission (EKK) 12 15 16 45–47 49 52 59 61 222 299 334 385 403
Europäischer Wirtschaftsausschuß 292 315

Finnland 8 22–24 67 83 86 87 98 106 140 143 147 149–154 159 160 171 187 227 228 240 243 244 274 287 305 306 341 342 372 383 390 394 395 408 411 412
Kontrollkommission in – 143 288 320
Waffenstillstandsabkommen 288
s. auch Friedensvertrag; Organisation der Vereinten Nationen (UNO)
Frankreich 23 27 41 46 49 55 59 87 91 101 102 111 132 137 138 142 143 164 175 210 211 213 229 237 292 300 307–310 336 337 343–346 352 358 360 364 368 372 376 390 403 408
Mitarbeit im Rat der Außenminister 46 60 82 93 106 130 132 143 222 237 253 277 298 299 332–334 383 401–403
Friedensvertrag 8 22 24 45–47 84 86 90 147 154 155 159 160 162 163 171 187 188 193 207 243 244 252 254 263 332 341 383–385 411
– mit Bulgarien 8 15 22 24 46 49 51 58 90 147 154 155 160 171 186 254 287 298 305 333 341 383 394 402 411
– mit Deutschland 46 51 91 298 333 384 402
– mit Finnland 8 15 22 24 49 51 58 90 147 154 160 171 287 298 305 333 341 383 394 402 411
– mit Italien 8 15 22 24 46 49 51 58 60 84 86 88 90 120 131 142 147 149 153 159 254 263 287 293 298 305 333 341 377 383 394 402 411
– mit Rumänien 8 15 22 24 46 49 51 58 90 147 154 155 160 171 186 254 287 298 305 333 341 383 394 402 411
– mit Ungarn 8 15 22 24 46 49 51 58 90 147 154 160 171 254 287 298 305 333 341 383 394 402 411

Griechenland 24 26 79 83 85 88 91 133 178 179 211 227 262 271 272 274 303 345 365 366
Abkommen von Varkiza 271 272 275 355 365
Beobachtung der Wahlen 24 79 91 108 271 272
s. auch griechisch-albanische Beziehungen; griechisch-bulgarische Beziehungen; griechisch-jugoslawische Beziehungen
griechisch-albanische Beziehungen 64 83 274 366
griechisch-bulgarische Beziehungen 274
griechisch-jugoslawische Beziehungen 85

Hauptkriegsverbrecher 8 17 20 170 193 204 219 220 224
Hilfs- und Wiedergutmachungskommission der Vereinten Nationen (UNRRA) 179
Holland
s. Niederlande

Interalliierte Reparationskommission 11 15 18 110 126 127 129 172 173 194 203 206 209 210 229 258 260 280 281 283 289 295 296 297 308 337 343 344 345 359 379 387 390 408
Irak 137

Iran 27 109 111 126 130 132 139 143 246 247 253 273 288 397
Abzug der alliierten Truppen aus – 27 139 253 288 397
Italien 8 15 23 24 37 38 41–43 55 60 65 79 80 82–88 90 92 97 98 106–108 119 120 139 147 149–153 157 169 175 178 179 184 185 187–191 194 203 204 238 243 244 251 252 263 275 277 286 287 303 305 345 350 377 395 402 411
Kapitulationsbedingungen für – 23 42 83 84 86 87 91 263 288 299 402
Kolonialfrage 37 84 118–120 131 142 276 377 412
Kontrollkommission in – 110 125 287
sowjetische Kriegsgefangene in – 111 124 157 158 301
Waffenstillstandsbedingungen 87 189 193
Zulassung zur Organisation der Vereinten Nationen (UNO) 23 41 80 144 147 149 150 169 171 172 181 185–187 193 214 275 293 305 341 342 395 411
s. auch Friedensvertrag; Reparationen

Japan 9 10 11 27 38 41 46 65–68 83 121 123 137 140 181 185 198 278 293 306 318–320 322 342 352 353 359 369 391 392 395 411
Jugoslawien 15 25 34 35 63–65 74–76 78 85 113 175 178 179 219 224 229 253 269 303 310 344 345 355 360
Abkommen Tito – Šubašić 35 78 253 269 355
Territorium Istrien – Triest 25 34 219 355
s. auch Antifaschistischer Rat der Nationalen Befreiung Jugoslawiens

Konferenz der Vereinten Nationen in San Francisco 10 13 34 35 37 39 45 70 117 118 168 359
Konferenz und Vertrag von Versailles 39 54 253
Konferenz von Jalta
s. Krimkonferenz
Königsberg und das anliegende Gebiet 21 53 123 130 132 136 143 225 240 242 245 291 326 376 392 409
Kontrollrat (Alliierte Kontrollkommission)
s. Bulgarien; Deutschland; Finnland; Italien; Österreich; Rumänien; Ungarn
Konvention zu Montreux 35 121–123 133–135 156 291 310 325 339 366 397
Kriegsbeute 65 110 127 128 174 179 233 236 239 242 258 259 270 281 301 304 315 316 377 398 400
s. auch Reparationen
Kriegsgefangene
s. Italien; Repatriierung
Kriegsverbrecher
s. Hauptkriegsverbrecher
Krimkonferenz 8 9 11 13 18 21 23 25 34 44 45 47 49 50 53 63 74–76 94 96 97 99 113 116 117 145 173–176 183 200 284 289 299 338 341 361 377 380 394 396 402 407 410 412

Libanon 26 34 44 109 111 126 130 132 136–138 143 300
Londoner Kommission
s. Europäische Konsultativkommission

Meerengen 35 36 133 134 225 310 325 339
s. auch Konvention zu Montreux; Schiffahrt; Schwarzmeer-Meerengen; Türkei
Militärflugverbindungen 213 214 235
Moskauer Deklaration 347 356 359 376 393 409
Moskauer Konferenz 12

Neuseeland 85
Niederlande 164 173 203 211 213 310 344 360
Norwegen 21 203 344
deutsche Truppen in – 21 164 224
Flotte 67
Repatriierung sowjetischer Staatsbürger aus – 356 370

Organisation der Vereinten Nationen (UNO) 70 75 131 142 253 359 394 395
Zulassung zur – 23–25 80 91 92 107 124 143 147–151 159 160 169–172 181 185 188 193 205 207 222 226 235 240 243 275 293 305 306 341 342 394 395 411 412
Österreich 26 80 81 88 89 141 165 177–179 189 193 194 204 225 228 231 234 239 240 245 278 303 311 345 350 372 390 393 409
Besatzungszonen in – und Wien 13 89 108 139 158
Einzug der Truppen der Westmächte in Wien 13 26 89 108 140 158 299 311 334 385 393 403 409
Kontrollrat in – 49 52 59 299 325 334 350 385 403
Versorgung der Besatzungszonen 139 140 158
s. auch Reparationen

Polen 5 15 34 37 44 50 55 56 59 61–63 65 78 79 90 93–107 112–118 127 144–146 148 149 162 163 175 195–197 199 202 212–214 221 222 229 235 236 240 242 245 268 269 284 285 302 303 341 343 344 360 389 392–394 407 410 411
Durchführung von Wahlen 15 22 44 50 55 57 59 63 93 94 97 106 212 268 269 284 285 361 394 410
Grenzen 21 99–102 104 105 113–115 145 146 148 196 205 212 214 242
Krajowa Rada Narodowa (Landesnationalrat) 13 273 274 294 302 410 411
Ostgrenze 99 116 145
Streitkräfte im Ausland 55–57 62 94–96 212 284 362
Überführung (Aussiedlung) der deutschen

Bevölkerung aus den Westgebieten – 102–104 113 162 166–168 170 192 193 216 313 357 413
Westgrenze 9 21 53 80 81 90 92 99 100 102 107 110 112 114–117 126 144 145 148 157 160 170 185 189 193 195–197 202 205 207 212 221 242 245 252 274–276 294 341 347 348 394 410 411
s. auch Curzonlinie; Repatriierung
Polnische Emigrantenregierung 9 15 22 34 44 50 51 55 56 59 62 63 106 264 268 284 285 393 410
Übergabe von Eigentum und Wertgegenständen der ehemaligen – 62 63 93–95 98 264 268 284 285 410
Polnische Provisorische Regierung der Nationalen Einheit 9 10 13 15 21 22 44 56 62 63 94–97 99–101 106 113 116 143 145 146 149 160 222 235 268 273 284 285 294 302 341 347 357 361 362 393 394 410 411
Portugal 72 80 92
Potsdamer (Berliner) Konferenz
Kommuniqué und Protokoll 27 157 168 169 192 234 236–238 240 244–248 383–400
Mitteilung über die – 16 27 401–415
Tagesordnungen der Sitzungen der Außenminister 60 78 79 90–92 107 124 126 170 193
Tagesordnungen der Sitzungen der Regierungschefs 51 58 63 81 92 98 107–110 132 143 144 148 160
Teilnehmer 14 15 401 413–415
Verfahrensfragen zur Arbeit 15 39 42–44 47 48 81
Presse, Korrespondenten in den befreiten Ländern 79 91 109 125 151 203 207 212 226 240 241 252 269 286 412

Rat der Außenminister 15 22 24 27 39 42 44–49 51 52 58 60 64 77 81 82 84 88 90 91 93 105 107 113–115 117 119 120 124 129–132 139 142 154 216 222 223 237 238 243 245 247 253 263 276 277 287 293 298 299 305 306 332–334 338 341 350 383–385 395 398 401–403 411
s. auch China; Frankreich
Reparationen 34 37 43 65 100 104 105 107 108 110 127 143 144 146 159 169 172 173–185 189–191 193 194 195–202 203 204 205 206 208–212 215 222 223 225 229 230 233 236 238 241 242 258 259 260 304 314 316 317 337 345 350 353 377–379 388 389 390 393 398 400
– von Bulgarien 85
– von Italien 80 84 87 92 107 124 129 130 141 143 146 159 169 177 178 179 181 185 189–191 193 194 204 303 314 345 350
– von Österreich 80 92 107 124 129 130 141–143 146 159 169 177 178 179 181 185 189 193 194 204 231 245 303 314 345 350
– von Rumänien 178 270 304
s. auch Deutschland; Interalliierte Reparationskommission; Kriegsbeute
Reparationskommission
s. Interalliierte Reparationskommission
Repatriierung
– polnischer Staatsangehöriger 55 63 94 149 212 268 284 362 394 410
– sowjetischer Staatsangehöriger 165 224 225 234 240 301 311 312 356 357 370 371
Ruhrgebiet
s. Deutschland
Rumänien 9 11 22–24 67 76 78 79 83 86 87 98 106 108 150–155 171 178 187 226–228 240 243 244 274 275 278 286 310 372 390 408
Erdölausrüstungen 65 78 107 108 110 124 126 144 147 160 170 180 193 225 233 239 240 246 270 304 315 375 397
Kontrollkommission in – 110 125 143 153 218 219 226 234 240 246 247 270 286 288 316 320–322 365 371 396 412
Regierungsumbildung 23 41 262 287
Waffenstillstandsabkommen 23 178 288 304 316 365
Zulassung zur Organisation der Vereinten Nationen (UNO) 24 144 147 159 160 305 306 394 411 412
s. auch Friedensvertrag; Reparationen
russisch-türkische Verträge 123

Saudi-Arabien 137
Schiffahrt 26 121 133 134 135 148 155 160 168 170 300 310 325
Donau 135 300 310 325
Kieler Kanal 135 310 325
Rhein 135 300 310 325
– auf internationalen Binnenwasserstraßen 26 134 135 148 155 160 165 168 170 193 220 237 300 310 325 398
s. auch Konvention zu Montreux; Meerengen; Schwarzmeer-Meerengen; Suezkanal; Türkei
Schlesien
s. Deutschland
Schwarzmeer-Meerengen 26 122 123 132 134 148 155 156 160 221 237 240 291 325 339 366 397
s. auch Konvention zu Montreux; Meerengen; Türkei
Schweden 80 92 103
Schweiz 55 80 92
sowjetisch-chinesische Verhandlungen in Moskau 37–39
sowjetisch-englische Verhandlungen in Moskau 121 136
sowjetisch-türkische Verhandlungen in Moskau 35 121 339
Spanien 15 24 25 34 37 43 60 63 65 69 70–74 78 80 91 92 107 184 186 267 292

Haltung zum Francoregime 24 25 37 43 60 63 70–74 186 203 267
Zulassung zur Organisation der Vereinten Nationen (UNO) 25 80 91 92 107 124 186 275 293 306 342 395 412
Suezkanal 137 138 156
Syrien 26 34 44 109 111 126 130 132 136–138 143 300

Tanger 27 34 37 43 107 109 111 126 130 132 142 143 246 247 292 397
Teheraner Konferenz 15 21 50 115 136 196 216 238
„Terminal" 14 252
territoriale Treuhandschaft 26 34 37 43 80 81 90 92 99 107 109 110 117–120 126 129 131 142 225 240 276 277 338 339 396 412
Treuhandgebiete
s. territoriale Treuhandschaft
Tschechoslowakei 35 53 228 229 310 344 360
Überführung (Umsiedlung) der deutschen Bevölkerung 161 164 166–168 170 192 193 217 252 313 357 396 397 413
Türkei 35 36 99 107 109 110 121–123 126 130 132–135 143 144 155 156 253 291 397
s. auch Konvention zu Montreux; Schwarzmeer-Meerengen; sowjetisch-türkische Verhandlungen in Moskau

UN-Charta
s. Vereinte Nationen
Ungarn 9 11 22–24 83 86 87 98 106 108 150 151 153 171 187 226–228 240 243 244 274 278 310 371 383 408
Beobachtung der Wahlen 24 79 91 108 168 286
Kontrollkommission in – 110 125 143 217–219 226 234 240 246 247 286 288 320 321 365 371 394 395 399 412
Überführung (Umsiedlung) der deutschen Bevölkerung 166–168 192 193 313 357 396 397 413
Zulassung zur Organisation der Vereinten Nationen (UNO) 24 144 147 159 160 342 394 395 411
s. auch Friedensvertrag
UNRRA (United Nations Relief and Rehabilitation Administration)
s. Hilfs- und Wiedergutmachungskommission der Vereinten Nationen

Vereinte Nationen 9 38 43 46 49 51 52 58 90 231 242 254 259–261 296 297 299 309 317 325 332 337 358 378 383 401 402 407
Charta 13 70 117 118 276 293 306 338 358 359 377 396 412
Versorgung Europas mit Erdöl 124 143 146 159 169 181 193 194 232 239 278 314 373
Völkerbund 118 338

Weltorganisation
s. Organisation der Vereinten Nationen (UNO)

Zusammenarbeit bei der Lösung dringlicher europäischer Probleme 108 109 111 126 130 132 142 170 180 181 193 251 292 315

Namensverzeichnis

Alexander, Sir Harold (Feldmarschall, Alliierter Befehlshaber im Mittelmeerraum) 88 89 133 139 140 158 415

Anders, Władysław (General des bürgerlich-gutsherrlichen Polens, kommandierte die polnischen Truppenteile an der Westfront) 55

Antonow, Alexej Innokentjewitsch (Armeegeneral, Chef des Generalstabes der Roten Armee) 26 37 133 414

Arciszewski, Tomasz (Premierminister der polnischen Emigrantenregierung in London) 34 56 264

Arkadjew, Georgi Petrowitsch (Stellvertreter des Leiters der Wirtschaftsabteilung des Volkskommissariats für Auswärtige Angelegenheiten der UdSSR, Generalsekretär der Interalliierten Reparationskommission der UdSSR) 377

Arnold, Henry H. (Armeegeneral, Kommandierender der Luftstreitkräfte des US-Heeres) 414

Arutjunjan, Amazasp Awakimowitsch (Stellvertreter der Wirtschaftsabteilung des Volkskommissariats für Auswärtige Angelegenheiten der UdSSR) 50 130 132 142

Attlee, Clement R. (Premierminister Großbritanniens seit 26. Juli 1945) 14 415

Badoglio, Pietro (Marschall, Premierminister Italiens) 152

Beneš, Edvard (Chef der tschechoslowakischen Emigrantenregierung) 164

Bevin, Ernest (Außenminister Großbritanniens seit 28. Juli 1945) 15–415

Bierut, Bolesław (Vorsitzender des Landesnationalrates der Polnischen Republik) 112 144 148 157 160–162 274 303

Bohlen, Charles E. (Berater des Außenministers der USA) 63 195 302 414

Brand, Lord Thomas H. (Vorsitzender des britischen Komitees für die Versorgung der befreiten Gebiete) 130 132 142

Bridges, Sir Edward (Sekretär des Kriegskabinetts Großbritanniens) 169 192 415

Brook, Sir Norman (beigeordneter Sekretär des britischen Kriegskabinetts) 168 169 192

Brooke, Sir Alan (Feldmarschall, Chef des Generalstabes des Britischen Empire) 11 339 415

Brown, Walter J. (Sonderberater des Außenministers der USA) 169 192

Broz Tito, Josip s. Tito, Josip Broz

Byrnes, James F. (Außenminister der USA) 15–414

Cadogan, Sir Alexander G. (Ständiger Stellvertreter des Außenministers Großbritanniens) 141 166–168 170–173 176 177 179 180 187 188 192–194 415

Cannon, Cavendish W. (1. Sekretär der Botschaft der USA in Portugal) 80 92 108 110 125 168 192 320 377

Churchill, Winston S. (Premierminister und Verteidigungsminister Großbritanniens) 10–415

Clayton, William L. (stellvertretender Außenminister der USA) 50 130 132 142 161 183 375 414

Cohen, Benjamin V. (Sonderberater des Außenministers der USA) 49 168 192 414

Cooke, Charles M. jr. (Vizeadmiral, Stabschef des Oberbefehlshabers der Seestreitkräfte der USA) 223 367

Coulson, John E. (amtierender Leiter der Abteilung für Wirtschaftsbeziehungen des Außenministeriums Großbritanniens) 50 130 132 142 377

Cunningham, Sir Andrew (Flottenadmiral, Erster Seelord Großbritanniens) 415

Davies, Joseph E. (Sonderbotschafter der USA) 12 13 414

Dean, Patrick H. (stellvertretender Rechtsberater im britischen Außenministerium) 63 80 92 168 169 192

Dönitz, Karl (Oberbefehlshaber der Kriegsmarine des faschistischen Deutschland) 347
Dunn, James C. (stellvertretender Außenminister der USA) 168 192 301 311 312 357 414

Eden, R. Anthony (Außenminister Großbritanniens) 15–415
Eisenhower, Dwight D. (Armeegeneral, Oberkommandierender der Besatzungstruppen der USA in Deutschland) 89 211 323 340

Fallalejew, Fjedor Jakowlewitsch (Marschall der Luftstreitkräfte, Chef des Stabes der Luftstreitkräfte der UdSSR) 37
Foote, Wilder (Berater des Außenministers der USA) 169 192
Franco, Bahamonde 15 25 38 43 60 63 69–75 186 267
Frank, Hans (Generalgouverneur des von dem faschistischen Deutschland besetzten polnischen Territoriums) 347
Frick, Wilhelm (Innenminister, Generalbevollmächtigter für die Reichsverwaltung des faschistischen Deutschland) 347

de Gaulle, Charles (Präsident der Provisorischen Regierung der Französischen Republik) 137
Geraschtschenko, Wladimir Sergejewitsch (Leiter der Wirtschaftsabteilung des Volkskommissariats für Auswärtige Angelegenheiten der UdSSR) 130 132 142 168 192 325
Goebbels, Josef (Propagandaminister des faschistischen Deutschland) 33 104
Göring, Hermann (Oberbefehlshaber der Luftwaffe und Minister für Luftfahrt des faschistischen Deutschland) 20 33 219 347
Golikow, Filipp Iwanowitsch (Generaloberst, Bevollmächtigter des Rates der Volkskommissare der UdSSR für Repatriierung) 158
Golunski, Sergej Alexandrowitsch (Fachberater des Volkskommissariats für Auswärtige Angelegenheiten der UdSSR) 63 108 169 192 362 373 414
Gomułka, Władysław (Stellvertreter des Ministerpräsidenten der Polnischen Provisorischen Regierung der Nationalen Einheit) 144
Grabski, Stanisław (Vizepräsident des Landesnationalrates der Polnischen Provisorischen Regierung der Nationalen Einheit) 144
Gribanow, Michail Georgewitsch (Berater des Volkskommissariats für Auswärtige Angelegenheiten der UdSSR) 168 192
Gromyko, Andrej Andrejewitsch (Botschafter der UdSSR in den USA) 15 168 192 320 339 357 414
Gussew, Fedor Tarassowitsch (Botschafter der UdSSR in Großbritannien, Vertreter der UdSSR in der Europäischen Konsultativkommission) 15 80 92 129 132 142 293 307 308 332 334 336 377 414

Harriman, W. Averell (Botschafter der USA in der UdSSR) 10 12 37 63 251 414
Harrison, Geoffrey W. (1. Sekretär in der Deutschland-Abteilung des Außenministeriums Großbritanniens) 49 130 132 142 168 192 363 373
Hayter, William G. (Generalsekretär der britischen Delegation auf der Potsdamer Konferenz, Berater des Außenministeriums Großbritanniens) 108 110 125 168 192
Heß, Rudolf (Stellvertreter Hitlers in der Nazipartei, Minister – bis 1938 „ohne Geschäftsbereich") 20 219 232 233 347
Hitler, Adolf 55 50–72 84 220
Hopkins, Harry L. (Sonderberater des Präsidenten der USA) 12 13 204
Hurley, Patrick J. (Botschafter der USA in China) 181

Ismay, Sir Hastings Lionel (General, Chef des Stabes des Verteidigungsministers Großbritanniens) 415

Jackson, Robert H. (Vorsitzender des Obersten Bundesgerichtes der USA) 205 220 233
Johnson, Hewlett (Dekan von Canterburry, Großbritannien) 36

Kaltenbrunner, Ernst (Chef des Reichssicherheitshauptamtes und der Sicherheitspolizei des faschistischen Deutschland) 347
Kawtaradse, Sergej Iwanowitsch (Stellvertreter des Volkskommissars für Auswärtige Angelegenheiten der UdSSR) 414
Keitel, Wilhelm (Chef des Oberkommandos der Wehrmacht des faschistischen Deutschland) 20 219 347
Kerr, Sir Archibald Clark (Botschafter Großbritanniens in der UdSSR) 34 63 252 415
King, Ernest J. (Flottenadmiral, Oberkommandierender der Seestreitkräfte und Chef der Seeoperationen der USA) 414
Konew, Iwan Stepanowitsch (Marschall der Sowjetunion, Oberbefehlshaber der 1. Ukrainischen Front) 140 158
Kosyrew, Semjon Pawlowitsch (Leiter der 1. Europäischen Abteilung des Volkskommissariats für Auswärtige Angelegenheiten der UdSSR) 168 192 414
Krupp (von Bohlen und Halbach), Gustav (Chef eines Rüstungsindustriekonzerns des faschistischen Deutschland) 232 347
Kusnezow, Nikolai Gerassimowitsch (Flottenadmiral, Volkskommissar für die Seekriegsflotte der UdSSR) 37 223 367 413

Kutscherow, Stepan Grigorjewitsch (Admiral, Chef des Hauptstabes der Seekriegsflotte der UdSSR) 414

Land, Emory S. (Vizeadmiral, Administrator für Seekriegstransporte) 161 414
Lawrischtschew, Alexander Andrejewitsch (Leiter der Abteilung Balkanländer des Volkskommissariats für Auswärtige Angelegenheiten der UdSSR) 168 192 414
Leahy, William D. (Flottenadmiral, Stabschef des Präsidenten der USA) 47 246 280 414
Leathers, Lord (Minister für Kriegstransport Großbritanniens) 415
Ley, Robert (Leiter der „Arbeitsfront" des faschistischen Deutschland) 347

Maiski, Iwan Michailowitsch (Stellvertreter des Volkskommissars für Auswärtige Angelegenheiten der UdSSR) 50 80 92 128 173 174 200 201 308 337 414
Marshall, George C. (Armeegeneral, Chef des Stabes des US-Heeres) 37 414
Matthews, H. Freeman (Direktor der Europa-Abteilung des Außenministeriums der USA) 49 80 92 168 181 192 261 414
McCarthy, Edward D. B. (Konteradmiral, Stellvertreter des Chefs des Stabes der Seestreitkräfte Großbritanniens) 223 367
Mikołajczyk, Stanisław (stellvertretender Ministerpräsident und Minister für Landwirtschaft in der Polnischen Provisorischen Regierung der Nationalen Einheit) 34 56 57 144 301
Millar, Sir Frederick R. H. (Leiter der Westabteilung des Außenministeriums Großbritanniens) 80 92
Modzelewski, Zygmunt (Stellvertreter des Außenministers in der Polnischen Provisorischen Regierung der Nationalen Einheit) 144
Molotow, Wjatscheslaw Michailowitsch (Volkskommissar für Auswärtige Angelegenheiten der UdSSR) 10–413
Monckton, Sir Walter T. (Leiter der Delegation Großbritanniens in der Moskauer Reparationskommission) 415
Montgomery, Sir Bernard L. (Oberkommandierender der Besatzungstruppen Großbritanniens in Deutschland) 89
Murphy, Robert D. (politischer Berater, Mitarbeiter der Delegation der USA im Kontrollrat für Deutschland) 130 132 142
Mussolini, Benito 70–72

Nowikow, Kirill Wassiljewitsch (Kollegiumsmitglied des Volkskommissariats für Auswärtige Angelegenheiten der UdSSR) 261 292 301 311 312 354 376 414

Osóbka-Morawski, Edward Bolesław (Ministerpräsident der Polnischen Provisorischen Regierung der Nationalen Einheit) 112 144 274 302

Papen, Franz von (Botschafter des faschistischen Deutschland in der Türkei) 347
Pawlow, Wladimir Nikolajewitsch (persönlicher Sekretär und Dolmetscher des Delegationsleiters der UdSSR auf der Potsdamer Konferenz) 350
Pauley, Edwin W. (Sonderbotschafter der USA) 50 130 132 142 173 174 183 194 199 308 337 375 414
Portal, Sir Charles (Luftmarschall, Chef des Stabes der Royal Air Force Großbritanniens) 415

Renner, Karl (Bundeskanzler der Provisorischen Regierung Österreichs) 26 140 158
Ribbentrop, Joachim von (Außenminister des faschistischen Deutschland) 20 219 347
Riddleberger, James W. (Direktor der Mitteleuropa-Abteilung des Außenministeriums der USA) 130 132 142 168 192 325
Rokossowski, Konstantin Konstantinowitsch (Marschall der Sowjetunion, Oberbefehlshaber der 2. Belorussischen Front) 197
Rola-Żymierski, Michał (Verteidigungsminister der Polnischen Provisorischen Regierung der Nationalen Einheit) 144
Roosevelt, Franklin D. (Präsident der USA 1933–12. 4. 1945) 10 14 38 42 84 116 117 136 173 204
Rosenberg, Alfred (Minister für die vom faschistischen Deutschland besetzten Ostgebiete) 20 219
Russel, Donald (Sonderberater des Außenministers der USA) 108 110 125 168 192 223
Rzymowski, Wincenty (Außenminister in der Polnischen Provisorischen Regierung der Nationalen Einheit) 144 302

Saburow, Maxim Sacharowitsch (Gehilfe des Oberkommandierenden der Sowjetischen Militäradministration in Deutschland) 414
Sarper, Selim (Botschafter der Türkei in der UdSSR) 122
Schacht, Hjalmar (Finanzminister und Minister des faschistischen Deutschland) 347
Semjonow, Wladimir Semjonowitsch (Berater der Gesandtschaft der UdSSR in Schweden) 49 168 192
Shukow, Georgi Konstantinowitsch (Marschall der Sowjetunion, Oberkommandierender der Gruppe der sowjetischen Besatzungstruppen in Deutschland) 12 37 326 360 361
Sikorski, Władysław (Premierminister der polnischen Emigrantenregierung in London) 96

Sobolew, Arkadi Alexandrowitsch (Chef der Politischen Abteilung der Sowjetischen Militäradministration in Deutschland) 50 108 110 125 129 132 142 168 192 223 414
Somervell, Brehon B. (Generalleutnant, Chef der Rückwärtigen Dienste des Heeres der USA) 414
Song Ziwen (Premierminister und Außenminister der Guomindang-Regierung Chinas) 38
Stalin, Josif Wissarionowitsch (Generalsekretär des ZK der KPdSU, Vorsitzender des Rates der Volkskommissare und Oberster Befehlshaber der Roten Armee und der Seekriegsflotte) 10–413
Stevenson, Donald F. (Marschall der Royal Air Force Großbritanniens) 153
Strang, Sir William (politischer Berater des Oberkommandierenden der britischen Besatzungszone in Deutschland) 49 60 130 132 142 264 301 307 308 311 312 332 334 336 415
Streicher, Julius (Nazigauleiter von Franken) 347
Šubašić, Ivan (Premierminister der jugoslawisch-königlichen Regierung in London) 35 74 75 78 253 269 355

Tito, Josip Broz (Marschall, Vorsitzender des Nationalkomitees für die Befreiung Jugoslawiens) 25 34 35 74–76 78 253 269 355
Truman, Harry S. (Präsident der USA) 10–414
Tschiang Kaischek (Jiang Jieshi) (Generalissimus, Präsident der Guomindang-Regierung Chinas) 181

Vulgaris, Petros (Premierminister Griechenlands) 366

Waley, Sir Sigismund D. (Vertreter Großbritanniens in der Moskauer Reparationskommission) 50 337 374
Ward, John G. (amtierender Leiter der Wiederaufbau-Abteilung des Außenministeriums Großbritanniens) 168 192 223
Weston, William G. (Mitarbeiter im Ministerium für Kriegstransport Großbritanniens) 223
Wilson, Sir Henry M. (Feldmarschall, Leiter der Militärmission Großbritanniens in Washington) 415
Wyschinski, Andrej Januarewitsch (Stellvertreter des Volkskommissars für Auswärtige Angelegenheiten der UdSSR) 49 63 414

Zakinthinos, Dionysios (Stellvertreter des Ministers für Presse und Information Griechenlands) 366
Zarapkin, Semjon Konstantinowitsch (Leiter der Abteilung USA und Kollegiumsmitglied des Volkskommissariats für Auswärtige Angelegenheiten) 414

Inhalt

Vorbemerkung 5

Dokumente der Berliner Konferenz (Einleitung) 7

Teil I

1. Aufzeichnung über die Unterredung des Volkskommissars für Auswärtige Angelegenheiten der UdSSR mit dem Außenminister Großbritanniens. *16. Juli 1945* 33
2. Aufzeichnung über die Unterredung des Vorsitzenden des Rates der Volkskommissare der UdSSR mit dem Präsidenten der USA. *17. Juli 1945* 37
3. Aufzeichnung über die erste Sitzung der Regierungschefs. *17. Juli 1945* 39
4. Kommuniqué über die Eröffnung der Berliner (Potsdamer) Konferenz der Regierungschefs der UdSSR, der USA und Großbritanniens. *17. Juli 1945* 48
5. Aufzeichnung über die erste Sitzung der Außenminister. *18. Juli 1945* 48
6. Aufzeichnung über die zweite Sitzung der Regierungschefs. *18. Juli 1945* 50
   Anlage. Mitteilung über die Sitzung der Außenminister 58
7. Aufzeichnung über die zweite Sitzung der Außenminister. *19. Juli 1945* 60
8. Aufzeichnung über die dritte Sitzung der Regierungschefs. *19. Juli 1945* 64
   Anlage. Mitteilung über die Sitzung der Außenminister 77
9. Aufzeichnung über die dritte Sitzung der Außenminister. *20. Juli 1945* 79
10. Aufzeichnung über die vierte Sitzung der Regierungschefs. *20. Juli 1945* 81
    Anlage. Mitteilung über die Sitzung der Außenminister 90

11. Aufzeichnung über die fünfte Sitzung der Regierungschefs. *21. Juli 1945* 93
Anlage. Mitteilung über die Sitzung der Außenminister 105
12. Kurze Aufzeichnung der fünften Sitzung der Außenminister. *22. Juli 1945* 107
13. Aufzeichnung über die sechste Sitzung der Regierungschefs. *22. Juli 1945* 109
Anlage. Mitteilung über die Sitzung der Außenminister 124
14. Aufzeichnung über die Unterredung des Volkskommissars für Auswärtige Angelegenheiten der UdSSR mit dem Außenminister der USA. *23. Juli 1945* 127
15. Kurze Aufzeichnung über die sechste Sitzung der Außenminister. *23. Juli 1945* 129
16. Aufzeichnung über die siebente Sitzung der Regierungschefs. *23. Juli 1945* 130
Anlage. Mitteilung über die Sitzung der Außenminister 141
17. Kurze Aufzeichnung über die siebente Sitzung der Außenminister. *24. Juli 1945* 143
Anlage. Rede Molotows auf der Sitzung der Außenminister 145
18. Aufzeichnung über die achte Sitzung der Regierungschefs. *24. Juli 1945* 146
Anlage. Mitteilung über die Sitzung der Außenminister 159
19. Aufzeichnung über die neunte Sitzung der Regierungschefs. *25. Juli 1945* 161
20. Aufzeichnung über die achte Sitzung der Außenminister. *25. Juli 1945* 165
Anlage. Protokoll 168
21. Aufzeichnung über die neunte Sitzung der Außenminister. *27. Juli 1945* 169
Anlage. Protokoll 181
22. Aufzeichnung über die Unterredung des Volkskommissars für Auswärtige Angelegenheiten der UdSSR mit dem Außenminister der USA. *27. Juli 1945* 181
23. Aufzeichnung über die zehnte Sitzung der Regierungschefs. *28. Juli 1945* 185
Anlage 1. Mitteilung über die Sitzung der Außenminister 192
Anlage 2. Mitteilung über die Sitzung der Außenminister 193
24. Aufzeichnung über die Unterredung des Volkskommissars für Auswärtige Angelegenheiten der UdSSR mit dem Präsidenten der USA. *29. Juli 1945* 195
25. Aufzeichnung über das Gespräch des Volkskommissars für Auswärtige Angelegenheiten der UdSSR mit dem Außenminister der USA. *30. Juli 1945* 202

26. Aufzeichnung über die elfte Sitzung der Regierungschefs. *31. Juli 1945* 205
Anlage. Mitteilung über die Sitzung der Außenminister 221

27. Kurze Aufzeichnung über die elfte Sitzung der Außenminister. *1. August 1945* 225

28. Aufzeichnung über die zwölfte Sitzung der Regierungschefs. *1. August 1945* 226
Anlage. Mitteilung über die Sitzung der Außenminister 238

29. Aufzeichnung über die dreizehnte (abschließende) Sitzung der Regierungschefs. *1. August 1945* 241

Teil II

30. Schreiben des Botschafters der USA in der UdSSR an den Volkskommissar für Auswärtige Angelegenheiten der UdSSR. *7. Juli 1945* 251

31. Schreiben des Botschafters Großbritanniens in der UdSSR an den Volkskommissar für Auswärtige Angelegenheiten der UdSSR. *11. Juli 1945* 252
Anlage. Liste der Fragen, die von der britischen Delegation auf der Konferenz „Terminal" gestellt werden 252

32. Memorandum der Delegation der USA über die Errichtung eines Rates der Außenminister. *17. Juli 1945* 253
Anlage. Entwurf des Vorschlages über die Errichtung eines Rates der Außenminister 253

33. Memorandum der Delegation der USA über die Politik hinsichtlich Deutschlands. *17. Juli 1945* 254
Anlage A. Vorgeschlagene Übereinkunft über politische und wirtschaftliche Grundsätze, von denen man sich bei der Behandlung Deutschlands in der Anfangsperiode der Kontrolle leiten lassen muß 255
Anlage I. Reparationen von Deutschland 258
Anlage 1 zu Anlage I. Vereinbarte Prinzipien der Reparationen 258
Anlage 2 zu Anlage I. Vorgeschlagene Begriffsbestimmung 259
Anlage 3 zu Anlage I. Mit der Alliierten Reparationskommission abgestimmter Text 260
Anlage 4 zu Anlage I. Verfahren der Verteilung der Reparationen zwischen den Ländern, außer dem Vereinigten Königreich und der UdSSR, das in der Alliierten Reparationskommission abgestimmt worden ist 260

34. Vorschlag der Delegation der USA über ein Importprogramm für Deutschland. *17. Juli 1945* 261

35. Vorschlag der Delegation der USA zur Verwirklichung der Jaltadeklaration über das befreite Europa. *17. Juli 1945* 262

36. Vorschlag der Delegation der USA zur Politik hinsichtlich Italiens. *17. Juli 1945* 263

37. Entwurf einer Erklärung der drei Regierungschefs zur polnischen Frage, unterbreitet von der Delegation der UdSSR. *18. Juli 1945* 264

38. Revidierter Entwurf der vorgeschlagenen Übereinkunft über die politischen und wirtschaftlichen Grundsätze, von denen man sich bei der Behandlung Deutschlands in der Anfangsperiode der Kontrolle leiten lassen muß. *18. Juli 1945* 264

39. Vorschlag der Delegation der UdSSR zur deutschen Kriegs- und Handelsflotte. *19. Juli 1945* 267

40. Vorschlag der Delegation der UdSSR zum Francoregime. *19. Juli 1945* 267

41. Entwurf einer Erklärung zur polnischen Frage, vorgeschlagen von der Delegation Großbritanniens. *19. Juli 1945* 268

42. Vorschlag der Delegation Großbritanniens zur jugoslawischen Frage. *19. Juli 1945* 269

43. Memorandum der Delegation Großbritanniens über die Entnahme alliierter Industrieausrüstungen, insbesondere aus Rumänien, als Kriegsbeute. *19. Juli 1945* 270

44. Briefwechsel zwischen dem Volkskommissar für Auswärtige Angelegenheiten der UdSSR, dem Außenminister der USA und dem Außenminister Großbritanniens zu den Wahlen in Griechenland. 271
1. Schreiben des Außenministers der USA an den Volkskommissar für Auswärtige Angelegenheiten der UdSSR. *19. Juli 1945* 271
2. Schreiben des Volkskommissars für Auswärtige Angelegenheiten der UdSSR an den Außenminister der USA. *20. Juli 1945* 271
3. Schreiben des Außenministers Großbritanniens an den Volkskommissar für Auswärtige Angelegenheiten der UdSSR. *20. Juli 1945* 272
4. Schreiben des Volkskommissars für Auswärtige Angelegenheiten der UdSSR an den Außenminister Großbritanniens. *20. Juli 1945* . 272

45. Botschaft des Präsidenten der USA an den Vorsitzenden des Rates der Volkskommissare der UdSSR. *20. Juli 1945* 273

46. Botschaft des Präsidenten der Krajowa Rada Narodowa und des Ministerpräsidenten der Polnischen provisorischen Regierung der nationalen Einheit an den Vorsitzenden des Rates der Volkskommissare der UdSSR. *20. Juli 1945* 273

47. Memorandum der Delegation der UdSSR zur Jaltadeklaration über das befreite Europa. *20. Juli 1945* 274

48. Vorschlag der Delegation der USA, Italien und Spanien betreffend. *20. Juli 1945* 275

49. Vorschlag der Delegation der UdSSR zur Westgrenze Polens. *20. Juli 1945* 275

50. Vorschlag der Delegation der UdSSR hinsichtlich der Treuhandterritorien. *20. Juli 1945* 276

51. Von der Redaktionskommission geprüfte Alternativentwürfe des zweiten und des dritten Absatzes von Punkt 3 des Vorschlages der

Delegation der USA zur Errichtung eines Rates der Außenminister. *20. Juli 1945* 277

52. Vorschlag der Delegation der USA zum Entwurf der wirtschaftlichen Grundsätze der Behandlung Deutschlands. *20. Juli 1945* 277

53. Memorandum der Delegation der USA über die Versorgung Europas mit Erdöl. *20. Juli 1945* 287

54. Botschaft des Präsidenten der USA an den Vorsitzenden des Rates der Volkskommissare der UdSSR. *21. Juli 1945* 279

55. Bericht der Wirtschaftskommission an die Außenminister. *21. Juli 1945* 279

Anlage. Vorgeschlagene Übereinkunft über die politischen und wirtschaftlichen Grundsätze, von denen man sich bei der Behandlung Deutschlands in der Anfangsperiode der Kontrolle leiten lassen muß. 281

Anlage I zur Anlage 283

Anlage II zur Anlage. Text von Punkt 19 283

Anlage III zur Anlage. Text, der in der Alliierten Reparationskommission abgestimmt wurde 283

Anlage IV zur Anlage. Das Verfahren der Verteilung der Reparationen auf die Länder, außer dem Vereinigten Königreich und der UdSSR, das in der Alliierten Reparationskommission abgestimmt wurde 283

56. Entwurf einer Erklärung zur polnischen Frage (zweiter, überarbeiteter Entwurf der britischen Delegation vom 19. Juli). *21. Juli 1945* 284

57. Entwurf einer Erklärung der drei Mächte zur polnischen Frage, bestätigt auf der Sitzung der Regierungschefs. *21. Juli 1945* 285

58. Vorschlag der Delegation der USA zur Erfüllung der Deklaration von Jalta über das befreite Europa. *21. Juli 1945* 286

59. Vorschlag der Delegation der USA zur Politik hinsichtlich Italiens. *21. Juli 1945* 287

60. Vorschlag der Delegation der USA zur Politik hinsichtlich Rumäniens, Bulgariens, Ungarns und Finnlands. *21. Juli 1945* 287

61. Memorandum der Delegation Großbritanniens zum Abzug der alliierten Truppen aus Iran. *21. Juli 1945* 288

62. Entwurf einer Direktive der für die Kontrolle in Deutschland verantwortlichen Regierungschefs an ihre entsprechenden Oberkommandierenden der Besatzungstruppen in Deutschland, unterbreitet von der Delegation der USA. *21. Juli 1945* 289

63. Vorschlag der Delegation der UdSSR zu den Schwarzmeer-Meerengen. *22. Juli 1945* 291

64. Vorschlag der Delegation der UdSSR das Gebiet Königsberg betreffend. *22. Juli 1945* 291

65. Vorschlag der Delegation der UdSSR zur internationalen Zone von Tanger. *22. Juli 1945* 292

66. Vorschlag der Delegation der USA zur Zusammenarbeit bei der Lösung dringender europäischer Wirtschaftsprobleme. *22. Juli 1945* 292
67. Von der Kommission geprüfter Text über die Zulassung zur Organisation der Vereinten Nationen. *22. Juli 1945* 293
68. Botschaft des Präsidenten der USA an den Vorsitzenden der Krajowa Rada Narodowa der Polnischen Republik. *22. Juli 1945* 294
69. Vorschlag der Delegation der UdSSR für einen Plan der Reparationen von Deutschland. *23. Juli 1945* 294
Anlage. Erläuterungen zum Plan der Reparationen von Deutschland 295
70. Vorschlag der Delegation der UdSSR zu Vorschußlieferungen aus Deutschland. *23. Juli 1945* 296
71. Vorschlg der Delegation der UdSSR Punkt 19 der wirtschaftlichen Grundsätze Deutschland betreffend, eingebracht auf der Sitzung der Außenminister am 23. Juli 297
72. Alternativvorschlag der Delegation der UdSSR Punkt 19 der wirtschaftlichen Grundsätze Deutschland betreffend, eingebracht auf der Sitzung der Außenminister. *23. Juli 1945* 298
73. Wortlaut des Vorschlages über die Errichtung eines Rates der Außenminister, gebilligt in der Sitzung der Außenminister. *23. Juli 1945* 298
74. Vorschlag der Delegation der USA zur Schiffahrt auf internationalen Binnenwasserstraßen. *23. Juli 1945* 300
75. Vorschlag der Delegation der UdSSR zu Syrien und Libanon. *23. Juli 1945* 300
76. Vorschlag der Delegation der UdSSR zur Definition des Begriffes „Kriegsbeute". *23. Juli 1945* 301
77. Schreiben des Sekretärs der Delegation der UdSSR an den politischen Berater des Oberkommandierenden der britischen Besatzungstruppen in Deutschland. *23. Juli 1945* 301
Anlage. Aide-memoire der Delegation der UdSSR für die Delegationen der USA und Großbritanniens über die Repatriierung sowjetischer Staatsangehöriger aus Italien 301
78. Schreiben des Volkskommissars für Auswärtige Angelegenheiten der UdSSR an den Berater des Außenministers der USA. *23. Juli 1945* 302
Anlage. Botschaft des Vorsitzenden der Krajowa Rada Narodowa der Polnischen Republik an den Präsidenten der USA 302
79. Vorschlag der Delegation der UdSSR über Reparationen von Österreich. *24. Juli 1945* 303
80. Vorschlag der Delegation der UdSSR über Reparationen von Italien. *24. Juli 1945* 303
81. Memorandum des Außenministers Großbritanniens über die Entnahme alliierter Industrieausrüstungen, insbesondere aus Rumänien. *24. Juli 1945* 304

82. Änderungsantrag der Delegation Großbritanniens zum Vorschlag der Delegation der USA über die Zulassung zur Organisation der Vereinten Nationen. *24. Juli 1945* 305

83. Vorschlag der Delegation der USA über die Zulassung zur Organisation der Vereinten Nationen. *24. Juli 1945* 305

84. Memorandum der Delegation Großbritanniens an die Delegationen der UdSSR und der USA. Politische Grundsätze für Deutschland. *24. Juli 1945* 306

85. Entwurf einer Direktive für die alliierten Oberkommandierenden. *24. Juli 1945* 307

86. Entwurf einer Adresse der Regierungen der UdSSR, der USA und Großbritanniens an die Provisorische Regierung der Französischen Republik mit der Aufforderung, sich der Übereinkunft über die politischen und wirtschaftlichen Grundsätze der Behandlung Deutschlands anzuschließen. *24. Juli 1945* 308

87. Vorschlag der Delegation der USA zu den Reparationen und damit zusammenhängenden Angelegenheiten. *24. Juli 1945* 308

88. Vorschlag der Delegation der USA zur Schiffahrt auf internationalen Binnenwasserstraßen. *25. Juli 1945* 310

89. Schreiben des Sekretärs der Delegation der UdSSR an den politischen Berater des Oberkommandierenden der britischen Besatzungstruppen in Deutschland. *25. Juli 1945* 311
Anlage. Aide-mémoire der Delegation der UdSSR für die Delegation Großbritanniens über die Repatriierung sowjetischer Staatsangehöriger aus Deutschland und Österreich 311

90. Schreiben des Sekretärs der Delegation der UdSSR an den politischen Berater des Oberkommandierenden der britischen Besatzungstruppen in Deutschland. *25. Juli 1945* 312
Anlage. Aide-mémoire der Delegation der UdSSR für die Delegation Großbritanniens über die unvollständige Anwendung der Bestimmungen über die bedingungslose Kapitulation Deutschlands auf deutsche Truppen in Norwegen 312

91. Vorschlag der Delegation Großbritanniens zur Frage der Überführung der deutschen Bevölkerung. *25. Juli 1945* 313

92. Zweiter Bericht der Wirtschaftskommission an die Außenminister. *25. Juli 1945* 314

93. Bericht der Kommission, die zur Prüfung des Vorschlages der Delegation der USA zur Zusammenarbeit bei der Lösung dringender europäischer Wirtschaftsprobleme gebildet wurde. *25. Juli 1945* 315

94. Memorandum der Delegation der UdSSR über die Entnahme von Industrieausrüstungen aus Rumänien als Kriegsbeute. *25. Juli 1945* 315

95. Vorschlag der Delegation der USA über die Verwendung von alliiertem Eigentum für die Bezahlung von Reparationen durch Satellitenländer oder als Kriegsbeute. *25. Juli 1945* 316

96. Memorandum der Delegation der USA über die Entnahme des Eigentums von Staatsangehörigen der Vereinten Nationen oder neutraler Staaten aus Deutschland. *25. Juli 1945* 317

97. Schreiben des Außenministers der USA an den Volkskommissar für Auswärtige Angelegenheiten der UdSSR. *26. Juli 1945* 318
Anlage. Deklaration der Regierungschefs der Vereinigten Staaten, des Vereinigten Königreiches und Chinas über Japan 318

98. Entwurf des revidierten Arbeitsverfahrens der Alliierten Kontrollkommission in Rumänien, Bulgarien, Ungarn und Finnland, vorgeschlagen von der Delegation der USA. *26. Juli 1945* 320
Anlage 1. Wortlaut eines Schreibens der Sowjetregierung, übergeben den Vertretern der USA und Großbritanniens in der Alliierten Kontrollkommission in Ungarn 320
Anlage 2. Wortlaut eines Schreibens des Vertreters der UdSSR in der Alliierten Kontrollkommission in Rumänien an die Vertreter der USA und Großbritanniens, übergeben am 16. Juli 1945 321

99. Memorandum des Präsidenten der USA für den Vorsitzenden des Rates der Volkskommissare der UdSSR. *27. Juli 1945* 322
Anlage. Direktive an den Kommandierenden der Streitkräfte der Vereinigten Staaten in Deutschland 323

100. Vorschlag der Delegation Großbritanniens über die Schiffahrt auf internationalen Binnenwasserstraßen. *27. Juli 1945* 325

101. Vorschlag der Delegation Großbritanniens betreffend das Gebiet Königsberg. *27. Juli 1945* 326

102. Mitteilung des Oberkommandierenden der Gruppe der sowjetischen Besatzungstruppen in Deutschland, G. K. Shukow, an J. W. Stalin über den Abtransport von Ausrüstungen und anderen Werten aus Betrieben in der sowjetischen Besatzungszone durch die Alliierten. *28. Juli 1945* 326

103. Britischer Entwurf einer gleichlautenden Einladung, die gesondert von jeder der drei Regierungen an die Regierungen von China und Frankreich gesandt werden soll mit dem Vorschlag, sich der Vereinbarung über die Errichtung eines Rates der Außenminister anzuschließen. *28. Juli 1945* 332

104. Entwurf der politischen Grundsätze, von denen man sich bei der Behandlung Deutschlands in der Anfangsperiode der Kontrolle leiten lassen muß. *28. Juli 1945* 334

105. Entwurf einer Adresse mit der Aufforderung, sich der Übereinkunft über die politischen Grundsätze der Behandlung Deutschlands anzuschließen, die von jeder der drei Regierungen an die Provisorische Regierung der Französischen Republik gesandt werden sollte. *28. Juli 1945* 336

106. Schreiben des Vertreters Großbritanniens in der Alliierten Reparationskommission an den Vorsitzenden der Kommission. *28. Juli 1945* 337
Anlage. Memorandum der Delegation Großbritanniens 338

107. Entwurf eines Beschlusses der Konferenz über die Treuhandschaftsterritorien, unterbreitet von der Delegation der UdSSR. *28. Juli 1945* 338

108. Vorschlag der Delegation Großbritanniens (mit einem Zusatz der Delegation der USA) über die Schwarzmeer-Meerengen. *28. Juli 1945* 339

109. Vorschlag der Delegation der UdSSR über die Schwarzmeer-Meerengen. 339

110. Botschaft des Vorsitzenden des Rates der Volkskommissare der UdSSR an den Präsidenten der USA. *29. Juli 1945* 340

111. Botschaft des Vorsitzenden des Rates der Volkskommissare der UdSSR an den Präsidenten der USA. *29. Juli 1945* 340

112. Vorschlag der Delegation der USA über die Westgrenze Polens. *29. Juli 1945* 341

113. Vorschlag der Delegation der USA über die Zulassung zur Organisation der Vereinten Nationen. *30. Juli 1945* 341

114. Vorschlag der Delegation der USA über die Reparationen von Deutschland. *30. Juli 1945* 343

115. Zusatz zum Vorschlag der Delegation der USA über die Reparationen von Deutschland. *30. Juli 1945* 343

116. Vorschlag der Delegation der UdSSR über Reparationen von Deutschland. *30. Juli 1945* 343

117. Vorschlag der Delegation der UdSSR über das Industriegebiet an der Ruhr. *30. Juli 1945* 345

118. Vorschlag der Delegation der UdSSR über Reparationen von Italien und Österreich. *30. Juli 1945* 345

119. Vorschlag der Delegation der USA über deutsche Auslandsaktiva. *30. Juli 1945* 346

Anlage. Wortlaut der vorgeschlagenen Erklärung der „Großen Drei" und Frankreichs 346

120. Vorschlag der Delegation der UdSSR zum Gerichtsverfahren gegen die Hauptkriegsverbrecher. *30. Juli 1945* 347

121. Vorschlag der Delegation der USA über die Westgrenze Polens. *30. Juli 1945* 347

122. Vorschlag der Delegation Großbritanniens über den Anteil der Sowjetunion an Reparationen. *30. Juli 1945* 348

123. Vorschlag der Delegation Großbritanniens über die Versorgungsquellen für die Besatzungszonen, einschließlich des Gebietes von Groß-Berlin. *30. Juli 1945* 349

124. Vorschlag der Delegation Großbritanniens zur Bezahlung der genehmigten Importe nach Deutschland. *30. Juli 1945* 350

125. Vorschlag der Delegation Großbritanniens über die Reparationen von Italien. *30. Juli 1945* 350

126. Vorschlag der Delegation Großbritanniens über die Reparationen von Österreich. *30. Juli 1945* 350
127. Vorschlag der Delegation der UdSSR über die deutsche Kriegs- und Handelsflotte. *30. Juli 1945* 351
128. Memorandum der Delegation Großbritanniens für Delegationen der UdSSR und der USA über die Aufteilung der deutschen Kriegsflotte und der Handelsschiffe. *30. Juli 1945* 351
129. Zusatz der Delegation der UdSSR zum Entwurf über die politischen Grundsätze für Deutschland. *30. Juli 1945* 354
130. Memorandum der Delegation Großbritanniens zu Südosteuropa. *30. Juli 1945* 354
131. Vorschlag der Delegation der UdSSR im Zusammenhang mit der Lage im Gebiet Triest – Istrien. *30. Juli 1945* 355
132. Memorandum der Delegation Großbritanniens für die Delegationen der UdSSR und der USA über ein Gerichtsverfahren gegen die Hauptkriegsverbrecher. *30. Juli 1945* 356
133. Aide-mémoire der Delegation der UdSSR an die Delegation Großbritanniens über die Repatriierung sowjetischer Staatsangehöriger. *30. Juli 1945* 356
134. Entwurf eines Vorschlages zur Überführung deutscher Bevölkerung, abgestimmt in der Kommission am 30. Juli 1945 357
135. Botschaft des Präsidenten der USA an den Vorsitzenden des Rates der Volkskommissare der UdSSR. *31. Juli 1945* 358
Anlage. Wortlaut des Schreibens des Präsidenten der USA an Generalissimus J. W. Stalin 358
136. Vorschlag der Delegation der UdSSR zu den Reparationen von Deutschland. *31. Juli 1945* 359
137. Mitteilung des Oberkommandierenden der Gruppe der sowjetischen Besatzungstruppen in Deutschland, G. K. Shukow, an J. W. Stalin über Abtransport von rollendem Material aus der sowjetischen Besatzungszone durch die Alliierten. *31. Juli 1945* 360
138. Anfrage der Delegation Großbritanniens an die Delegation der Polnischen provisorischen Regierung der nationalen Einheit. *31. Juli 1945* 361
139. Schreiben des Mitgliedes der Redaktionskommission aus Großbritannien an das Mitglied der Redaktionskommission aus der UdSSR zu den Vorschlägen der Delegation Großbritanniens für einen Entwurf über die politischen Grundsätze für Deutschland. *31. Juli 1945* 362
140. Entwurf einer Adresse der drei Regierungen an die Provisorische Regierung der Französischen Republik. *31. Juli 1945* 364
141. Text einer Anweisung an die Vertreter der USA, der UdSSR und Großbritanniens in Prag und Warschau. *31. Juli 1945* 364
142. Entwurf des revidierten Arbeitsverfahrens der Alliierten Kontroll-

kommissionen in Rumänien, Bulgarien und Ungarn, vorgeschlagen von der Delegation der USA. *31. Juli 1945* 365

143. Vorschlag der Delegation der UdSSR zur Griechenlandfrage. *31. Juli 1945* 365

144. Erklärung der Delegation der UdSSR über aggressive Handlungen Griechenlands gegenüber Albanien. *31. Juli 1945* 366

145. Vorschlag der Delegation Großbritanniens und der USA über die Schwarzmeer-Meerengen. *31. Juli 1945* 366

146. Bericht der Sonderkommission für die Ausarbeitung von Empfehlungen hinsichtlich der Aufteilung der deutschen Kriegs- und Handelsflotte. *31. Juli 1945* 367

Anlage (A). Beschlüsse der dreiseitigen Konferenz über die Aufteilung der deutschen Kriegsflotte 368

Anlage (B). Beschlüsse der dreiseitigen Konferenz über die Aufteilung der deutschen Handelsflotte 369

147. Aide-mémoire der Delegation der UdSSR an die Delegationen der USA und Großbritanniens zur Frage der Repatriierung sowjetischer Staatsangehöriger. *1. August 1945* 370

148. Entwurf des revidierten Arbeitsverfahrens der Alliierten Kontrollkommissionen in Rumänien, Bulgarien und Ungarn. *31. Juli 1945* 371

149. Bericht der Redaktionskommission zum Protokoll über deutsche Reparationen. 371

150. Memorandum der Delegation Großbritanniens über die Einfuhr von Nahrungsmitteln und Brennstoffen in das Gebiet von Groß-Berlin durch die Sowjetunion gemäß der Reparationsvereinbarung. *1. August 1945* 373

151. Dritter Bericht der Wirtschaftskommission an die Beratung der Außenminister. *1. August 1945* 373

Anlage 1. Entwurf eines Beschlusses der Wirtschaftskommission zu den deutschen Auslandsaktiva 374

Anlage 2. Anglo-amerikanischer Vorschlag zur strittigen Frage der Priorität des Imports vor Reparationen 374

Anlage 3. Vorschlag der Delegation Großbritanniens zu Punkt 19 der wirtschaftlichen Grundsätze für Deutschland 374

Anlage 4. Anglo-amerikanischer Vorschlag zu Punkt 19 der wirtschaftlichen Grundsätze für Deutschland 375

152. Vorschlag der Delegation der USA über die Bildung von zweiseitigen Kommissionen zum Studium der Frage der Entnahme von Erdölrüstungen aus Rumänien. *1. August 1945* 375

153. Entwurf eines Telegramms der Delegation Großbritanniens an das Außenministerium Großbritanniens zur Frage der Hauptkriegsverbrecher. *1. August 1945* 376

154. Entwurf des Beschlusses der Berliner Konferenz über die Stadt Königsberg und das anliegende Gebiet, angenommen in der Sitzung der Außenminister am 1. August 1945 376

155. Entwurf einer Entscheidung der Konferenz über Treuhandschaftsterritorien, eingebracht von den Delegationen der USA und Großbritanniens. *1. August 1945* 377
156. Entwurf der Delegationen Großbritanniens und der USA über die Verwendung von alliiertem Eigentum zur Bezahlung von Reparationen durch Satellitenländer oder als Kriegsbeute. *1. August 1945* 377
157. Briefwechsel zwischen dem Außenministerium der USA und dem Volkskommissar für Auswärtige Angelegenheiten der UdSSR zur Reparationsfrage 379
1. Schreiben des Außenministers der USA an den Volkskommissar für Auswärtige Angelegenheiten der UdSSR. *1. August 1945* 379
2. Schreiben des Volkskommissars für Auswärtige Angelegenheiten der UdSSR an den Außenminister der USA. *2. August 1945* 379

Teil III

158. Protokoll der Berliner Konferenz der drei Großmächte. *1. August 1945* 383
Anlage 1. Text des Briefes, der am 12. Juli 1945 den Vertretern der Vereinigten Staaten und Großbritanniens in der Alliierten Kontrollkommission (AKK) in Ungarn übergeben wurde 399
Anlage 2. Verwendung von alliiertem Eigentum für die Bezahlung von Reparationen durch Satellitenländer oder als Kriegsbeute 400
159. Mitteilung über die Berliner Konferenz der drei Mächte. *2. August 1945* 401

Anmerkungen 417

Sachregister 439

Namensverzeichnis 445